THE STUDY

OF

THE ECONOMIC ISSUES

IN

WEST ASIA

AND

AFRICA

西亚非洲
经济问题研究文选

主 编 杨 光

副主编 安春英 姚桂梅 陈 沫

社会科学文献出版社
SOCIAL SCIENCES ACADEMIC PRESS (CHINA)

前　言

西亚非洲国家的经济发展问题,是关系世界和平与发展的重大现实问题。该地区有 70 多个国家和 12.5 亿人口,但总体而言,经济发展问题长期没有得到很好解决。该地区国家对发展道路的探索历经坎坷,但迄今还没有哪一个典型发展中国家成功晋升到工业发达国家行列。该地区至今仍是世界上发展中国家数量最集中的地区,约 4 亿人口生活在国际贫困线以下。经济发展问题不仅影响当地人民福祉的提高,还经常引发政局动荡和战争冲突;甚至有些安全问题外溢,直接影响到世界的和平安宁。该地区的经济发展症结何在,路在何方,需要从理论上和实践上给予阐述和解答。

西亚非洲国家的经济发展问题,也是中国对外关系中的重大现实问题。习近平主席在 2013 年把中非比作"休戚与共的命运共同体",在 2014 年又提出"打造中阿利益共同体和命运共同体"的愿景。中国与西亚非洲国家的经贸合作迅速发展,经济关系日益密切。中国提出的"一带一路"倡议,在该地区反响热烈。中国的减贫和发展经验受到该地区一些国家的重视和借鉴,有关治国理政的经验交流也已起步。实现合作共赢和共同发展,已成双方的共同愿景和强烈期盼,这对双方加强相互了解,特别是全面深入地研究双方的经济发展和经济合作问题,提出了更加迫切的要求。

为了回答时代和中国对外关系提出的重大现实问题,中国对西亚非洲国家经济发展问题的研究在 21 世纪加快了步伐。2009 年中国社会科学院批准了"西亚非洲经济发展问题研究"重点学科建设工程项目,并提供了为期 5 年的项目资助。这部文选就是该项目的成果之一。它汇集了项目组成员撰写的有代表性的研究成果,大致可以反映国内相关研究的最新进展。

　　诚然,西亚非洲国家经济发展问题研究在国内仍处在初级阶段。我们希望这部文选的出版,一方面能为读者打开一扇窗口,"瞭望"西亚非洲国家的经济发展问题;另一方面也能发挥抛砖引玉的作用,推动学界对相关问题的研究走向深入。由于作者的水平所限,书中的疏漏和错误在所难免,敬请读者批评指正。

中国社会科学院西亚非洲研究所

"西亚非洲经济发展问题研究"项目主持人

杨光

2016 年 5 月 14 日

CONTENTS 目录

上篇　西亚非洲经济发展问题

1

下篇　中国与西亚非洲国家的经济合作

上　篇
西亚非洲经济发展问题

西亚非洲国家的可持续发展问题

杨　光[*]

自从可持续发展观念提出，40多年的时间已经过去；自从可持续发展成为广为世界各国所接受的发展战略，也已经过去20多年的时间。然而，从总体上看，西亚非洲国家的发展业绩距可持续发展的要求仍然相差甚远，解决一系列的可持续发展重大问题，仍是该地区国家面临的严峻挑战，需要它们与国际社会在许多重要领域共同努力。

一　新发展观的由来

发展是一个在实践中不断丰富和更新的概念。就第二次世界大战以来发展中国家的经济发展而言，20世纪50~60年代，发展被界定为经济增长和工业化。70年代初期，当人们发现经济增长并不能像预期的那样消除贫困和缩小贫富差距的时候，提出了"社会经济综合发展"和"满足基本需要"的发展战略，从而把发展的概念延伸到分配领域。70~80年代，人口急剧增长和生态环境恶化对社会经济发展的不利影响日益显露出来，这些新发现的问题与远未得到解决的贫困问题交织在一起，大有相互推动和恶性循环之势。从80年代开始，世界银行和国际货币基金组织等国际金融机构根据新古典主义经济学理念，在非洲和中东地区推行以经济市场化和贸易自由化为特点的"结构调整"方案，但事实证明，该方案并非包治百病的良方。联合国环境规

---

*　杨光，中国社会科学院西亚非洲研究所所长、研究员。

划署的报告认为："结构调整计划产生了经济、社会和环境效益，也对社会稳定和环境可持续产生了负面影响。"[①] 环境问题的凸现向人们昭示，发展的概念不能再局限于生产和分配领域，而必须包含人类发展与生态环境相协调等更为广泛的内容。因此，反映这种认识的可持续发展观在70~80年代逐渐脱颖而出，并日益成为世界各国的共识。

早在第二次世界大战以后，西方国家就开始有人对西方的工业化发展模式提出质疑，但直到70年代初，可持续发展观才开始产生世界规模的影响。1972年6月联合国在瑞典召开联合国人类环境大会，成立了联合国环境问题专门机构——联合国环境规划署，并通过了具有历史意义的《人类环境宣言》。宣言明确提出了"我们应该做些什么，才能保持地球不仅成为现在适合人类生活的场所，而且将来也适合子孙后代居住"的问题，并且提出了包括保护资源、防止污染、提供援助、人口政策、环境教育、国际合作、消除大规模杀伤性武器等26条解决环境问题的基本原则。同年，"罗马俱乐部"出版了《增长的极限》一书，指出技术、人口、营养、自然资源和环境5个因素影响着世界未来的发展。如果现在的趋势继续下去，全球体系将超载和崩溃。这些颇有影响的文献和著述在世界范围内唤起了人们对环境问题的觉醒。1987年，长期研究环境与发展问题的世界环境与发展委员会向联合国提交了《我们共同的未来》研究报告，明确提出了应当走社会经济发展与环境保护相结合的可持续发展道路，对可持续发展进行了明确界定，并且从加快经济增长和解决贫困、保护环境和资源、满足人民基本需要、控制人口增长、技术发展、法律和政策等方面阐述了可持续发展的基本要求。1991年联合国环境规划署、联合国开发计划署和世界银行创办了全球环境基金会，开始为发展中国家提供环境保护项目的低息贷款。1992年6月，具有历史意义的联合国环境与发展大会在巴西的里约热内卢召开。大会通过的《里约热内卢环境与发展宣言》和作为21世纪环境与发展行动指南的《21世纪日程》等重要文件，标志着可持续发展已经从一种观念和理论变为一种为世界各国普遍接受的发展战略和实施方案。2002年8月，联合国在南非的约翰内斯堡召开第二次世界环境首脑会议。会议通过了《约翰内斯堡可持续发展宣言》和《可持续发展世界首脑会议执行计划》等文件，承诺继续坚持以经济发展、社会发

---

① 详见联合国环境规划署《全球环境展望之三》，中国环境科学出版社，2002，第3页。

展和环境保护为三大支柱的可持续发展原则，全面执行《21世纪日程》，以及实现《联合国千年宣言》等有关国际会议文件所提出的发展目标。

如今，阐释可持续发展的著述已不鲜见，人们从不同角度进行界定，提出的可持续发展概念不胜枚举。但得到国际社会普遍认同的，是《我们共同的未来》研究报告提出的概念。该报告把可持续发展界定为"既满足当前需要，又不损害后代人满足其自身需要之能力的发展"。该报告提出的可持续发展概念保留了过去经济发展概念的内容，继续强调经济增长和"满足基本需要"的意义，认为倘若发展中国家达不到一定的经济增长速度，倘若穷人的基本需要得不到优先满足，贫困问题得不到解决，发展是难以实现的。但该报告提出的可持续发展概念也有两个不同以往的突出特点。第一，它引进代际发展观念。传统的经济发展理论忽视了传统工业化道路所代表的生产方式和消费方式对资源和环境造成的破坏，及其他对后代人发展的不利影响。而可持续发展突出强调当代人的发展不应以破坏子孙后代的发展为代价，拓展了发展理论的时间维度。第二，它把外差因素内部化。传统的发展观把经济发展与生态环境完全对立起来，没有把非市场化的自然资源和生态环境视为经济资源和财富，实际上假设它们的供给是无限的，因而并不考虑经济活动与这些非市场化的资源环境之间的互动关系。而可持续发展突出强调经济活动与生态环境的和谐发展，充分考虑到生态环境对经济活动的承载能力，把环境保护这个经济发展的外差因素视为经济发展的一个重要的内在组成部分。《里约热内卢环境与发展宣言》明确指出："为了实现可持续发展，环境保护工作应是发展进程的一个整体组成部分。"在可持续发展观念中，环境保护已经成为衡量发展质量和发展水平的主要标准之一。

二　可持续发展问题的挑战

西亚非洲是世界上经济欠发达地区。多年来，该地区在经济总量的增长、适龄人口入学率提高、儿童死亡率和文盲率下降等经济和社会方面取得了一定的发展成就。但从可持续发展角度看，该地区还面临很多问题，不仅经济社会发展面临的问题还相当严重，特别是人均经济增长停滞、脱贫效果不明显，而且资源和环境退化的问题也已经非常明显地显露出来。

最近30年来，西亚非洲地区的经济增长虽然几经波动起伏，但从总体上看，人均经济增长基本上陷于停滞。以 1972 年与 1999 年相比，按照 1995 年美元不变价格计算，阿拉伯国家的人均国内生产总值年平均增长率仅为 0.3%；撒哈拉以南非洲地区的人均国内生产总值平均每年下降 1%。① 因此，西亚非洲国家与发达国家和东亚国家的经济差距不断拉大。

贫困问题在撒哈拉以南非洲地区相当突出，甚至还有加重趋势。从绝对贫困情况来看，1987～1998 年期间，日均生活费用低于 1 美元的人口，在中东北非地区从 930 万人下降到 550 万人，但在撒哈拉以南非洲地区却从 2.2 亿人增加到 2.9 亿人；同一时期，贫困人口占全部人口的比例在中东北非地区从 4.3% 下降到 1.9%，而在撒哈拉以南非洲地区却几乎没有改变，1987 年为 46.6%，1998 年为 46.3%。撒哈拉以南非洲是世界上贫困人口所占比例最大的地区。由于世界其他地区的贫困状况相对改善，全世界的贫困正在向非洲相对集中。在上述同一时期，撒哈拉以南非洲在全世界绝对贫困人口中所占的比例从 18.4% 上升到 24.3%，仅次于南亚居世界第二位。从相对贫困状况来看，撒哈拉以南非洲也是最糟糕的地区之一。从 1998 年的统计来看，当年消费水平达到 1993 年本国平均消费水平 1/3 程度的人口，在中东北非地区占 10.8%，在撒哈拉以南非洲地区高达 50.5%。撒哈拉以南非洲的相对贫困水平与世界上相对贫困最严重的拉美地区不相上下。②

西亚非洲地区的资源环境问题突出表现在土地退化、水源短缺、森林减少、物种濒危和污染加剧等方面。③

西亚地区耕地资源稀缺，仅占该地区面积的大约 6%。非洲 60% 的人口以农业为生，对他们而言，土地是至关重要的生产要素。然而，由于干旱、风蚀、水蚀、沙漠侵蚀、落后的土地耕作方式、灌溉效率低导致的土壤盐碱化和水涝，以及人口快速增长、城市扩展对土地的占用，以及土地占有严重不平等、土地产权和使用权不清所导致的穷人对生态脆弱地区土地的过度开发等多种原因，该地区存在着比较明显的土地退化和荒漠化现象。据统计，西亚地区有 42.1% 的土地发生了不同程度的退化，其中 75.6% 是由于风蚀，12% 是由于水蚀。在主要农业区，伊拉克 64% 的土地有盐化和水涝问题，叙

---

① 联合国开发计划署《2001 年人类发展报告》，中国财政经济出版社，2001，第 179 页。
② 世界银行：《2000～2001 年世界发展报告》，中国财政经济出版社，2002，第 23～24 页。
③ 本文引用的数字主要摘自联合国环境规划署《全球环境展望之三》的有关章节，中国环境科学出版社，2002。

利亚和伊朗有50%的灌溉用地受到碱化和洪水严重影响。西亚地区牧场占总面积的50%，由于干旱缺水，以及过度放牧等原因，多数也都发生了退化现象。非洲有46%的国土面积受到荒漠化的影响，其中55%受到非常严重的影响，受影响最严重的地区是沙漠边缘地区。

水资源短缺是中东地区面临的一个突出问题。该地区气候干旱，降水稀少，水资源是一种稀缺要素。随着人口的急剧增长，中东的人均水资源供给量正在急剧下降，从1960年的3430立方米下降到1998年的1045立方米，居世界末位。据预测，如果现在的趋势持续下去，到2025年将下降到667立方米。① 随着人口增长和社会经济活动对水资源需求的迅速增加，以及污染造成的可利用淡水资源减少，许多国家已经出现水资源供应短缺，其他国家也存在出现水资源短缺的可能。利比亚、阿拉伯半岛国家、约旦等国水资源的消费量已经超过可更新水资源的供给量，埃及、以色列和约旦的水资源消费量很快将达到并超过可再生水资源的供给量，阿尔及利亚、伊朗、摩洛哥和突尼斯的水资源消费量尽管总体上还远未超过可再生水资源的供给量，但也在朝缺水方向发展，并已经因难以承受地区间调水成本而面临区域性缺水问题。

非洲的森林占世界森林覆盖面积的17%。但为满足人口增长所导致的扩大耕地需求、出口换汇需求，以及为了满足贫穷的农牧民对传统能源柴薪的需求，非洲森林的过度砍伐现象严重，森林面积在1990~2000年期间以平均每年0.7%的速度减少，是世界上森林减少速度最快的地区。西亚地区森林稀少，只占该地区面积的1%。但由于火灾、过度放牧以及柴薪需求，在同期也以平均每年0.03%的缓慢速度趋于减少。

非洲是世界上生物种类比较丰富的地区，但物种濒危现象相当突出。非洲有5个地区被联合国环境规划署划定为"生物多样性热点"地区，即物种丰富但受到严重威胁的地区，它们是西印度洋群岛、开普植物区、南部非洲肉质植物干旱台地高原、上几内亚森林和东非的东部弧形山脉森林。在西亚非洲地区造成物种濒危的主要原因是森林、沼泽和湿地减少，战争对生态环境的破坏，工业和生活垃圾以及石油泄漏对生态环境的破坏，农业和水利建设和城市扩展，以及屡禁不止的偷猎行为导致物种栖息地受到破坏。有关国

---

① 世界银行：《2000~2001年世界发展报告》，中国财政经济出版社，2001，第295页；世界银行：《中东北非水资源管理战略》，1994，第68页。

家政府因经济困难、财力缺乏而无法对物种栖息地进行充分保护，也是重要的原因。

该地区面临水源污染和空气污染两个主要污染问题。由于工业排放和居民生活垃圾的污染，以及城市和乡村供水和卫生设施的缺乏等原因，2000 年非洲获得清洁用水的人口只有 62%，在农村地区这一比例仅达 47%。每年非洲约有 300 万人死于与水有关的疾病。污染已经造成维多利亚湖等湖河出现富营养化现象，水质下降。西亚地区是世界上高度缺水的地区，工业排放、城市排污和农用化学品污染，以及固体废物存放不当，使该地区的河湖和一些地下水层受到不同程度的污染，进一步加剧了水源的短缺。未经处理的污水大量向海洋排放，加上不时出现的石油泄漏事故，导致沿海污染日益严重。由于水引起的疾病，特别是腹泻类疾病已经成为仅次于呼吸道疾病，造成儿童死亡和生病的第二大原因。在该地区的一些大城市，由于工业排放和车辆尾气，以及煤炭、木材等传统能源的使用，悬浮颗粒物、二氧化硫、氮氧化物和铅等物质造成的空气污染严重，威胁着人类健康，直接导致大量呼吸道疾病以及铅中毒疾病的发生。穷人往往是污染的更大受害者。

三　面对挑战的思考

西亚非洲国家在经济增长、减轻贫困和环境保护方面的问题说明了该地区在可持续发展方面与世界其他地区的差距正在扩大，同时也说明了该地区国家迅速采取措施消除可持续发展障碍的紧迫性。如果不能迅速采取有效措施，该地区就会在可持续发展的大潮中扩大与世界其他地区的差距，进一步边缘化。

西亚非洲国家的可持续发展问题错综复杂，解决问题的思路千头万绪。但从大的方面来看，与国际社会共同努力，从以下几个方面着力推动，显得尤为重要。

第一，恢复经济增长。经济增长是实现可持续发展的主要内容和必要条件。只有实现较快的经济增长，才能为消除贫困、解决社会问题和保护环境提供必要的物质基础。因此，恢复经济增长应当是该地区可持续发展战略面临的首要任务。该地区国家经济增长停滞的原因是复杂的。一方面，增长停滞与发展战略失误有关。一个比较普遍的问题是，许多国家长期通过政府对经济的过度干预，推行内向型的进口替代工业化发展战略，导致大量的资源配置失误和浪费。另一方面，增长停滞也与该地区经济无法适应国际发展环境的深刻变化有关。国际援助的减少和初级产品价格一蹶不振，对于严重依赖外国援助和出口单一初级产品的该地区经济而言，是灾难性的打击。而两极格局结束造成的该地区战略地位下降，以及世界科技革命和产业结构调整导致国际市场对该地区出口初级产品的需求相对减少，则是这种变化的深层原因。在经济全球化趋势加快发展的形势下，该地区国家总体上受益甚少。它们在国际贸易中的比重没有显著提高，很少受到外国直接投资青睐，人才外流依然严重，经济安全受到新威胁。恢复该地区国家经济增长取决于国内和国际两个方面的努力。从解决内部问题来看，该地区国家需要继续推行以市场经济为方向的经济调整，特别是提高宏观经济管理的能力和水平，建立符合市场经济要求的政治、经济、法律、企业制度、基础设施，创造有利于提高国内储蓄和投资以及吸引外国直接投资的环境，按照比较优势原则调整产业结构，并通过开放和创新形成新的比较优势产业，以及开展多种形式的区域性经济合作。从改善国际环境来看，它们需要与国际社会共同努力建立国际经济新秩序，特别是在新的世界贸易规则体系中体现发展中国家的利益，使发达国家取消不利于发展中国家出口的农产品补贴和市场壁垒，提高官方开发援助的数量和效率，切实减轻"重债穷国"的债务负担，促进发达国家对发展中国家的技术转让，推动南北经济合作。

第二，抓住脱贫重点。恢复经济增长是脱贫的基础，但并不能自然而然地迅速惠及贫困阶层。有效的脱贫战略应当是增长战略与分配战略的适当组合。从该地区的实际情况来看，脱贫战略的头绪很多，但采取以下几个方面的措施显得尤为重要。

其一，重视发展农业。该地区的绝大多数贫困人口都以农业为生，因此加快农业发展对脱贫具有至关重要的意义。长期以来许多国家把农业摆在工业发展的从属地位，政府对农业的投入较少，农产品价格偏低，农业组织形式效率低，有些国家土地产权和使用权不明，有些国家土地占有高度不均，农业产业化程度低下，以至多数国家农业增长缓慢。增加农业投入，建设必要的农业基础设施，理顺农产品价格，减轻农业税赋，使农民获得明确的土地所有权和使用权，以及推动农产品加工工业的发展，是提高农民收入和减轻贫困的当务之急。

其二，提高穷人素质。劳动力是穷人的主要资产，改善穷人劳动力的资产质量至少与为其提供资本或土地等生产要素同样重要。该地区的穷人缺乏受教育的机会和适当的医疗卫生条件，许多穷人因缺乏适当的技能而无法就业，许多穷人因患各种各样的传染病而失去劳动能力。在许多情况下，以知识和体能的欠缺为特征的劳动力素质低下对穷人的劳动能力形成严重制约。增加穷人接受教育和培训的机会，改善其医疗卫生条件，有效地与艾滋病等严重威胁当地人身体健康的疾病做斗争，进而提高穷人的素质和劳动能力，应当成为该地区脱贫战略的一项重要内容。

其三，扩大就业机会。该地区相当多的穷人是城市和农村中的失业者或未充分就业人员，扩大穷人的就业机会是脱贫的重要渠道。在相当长的时间里，该地区国家推行内向型的进口替代工业化战略，把重点放在较大型的国有企业发展上，所采用的低利率或负利率、高估汇率、进口资本货物关税减免等财税政策客观上鼓励了资本密集技术的引进，抑制了劳动密集型企业特别是中小企业的发展。改变不利的财税环境，依照比较优势原则激励和支持包括乡镇企业在内的劳动密集型产业的发展，有利于创造更多的就业机会。在政府支持下在贫困地区开展基础设施建设和资源开发工程，也是改变贫困地区发展条件和解决农村失业问题的可取措施。大量的城市贫民只能依靠从事"非正规经济"维持生计。政府对"非正规经济"提供必要的基础设施和服务并加强引导，对于改善城市穷人的就业条件和增加其就业机会具有重要意义。

其四，完善社会保障。防止贫困的发生需要社会安全网，以便人们在因年迈、伤残、患病、失业、受灾或家庭劳动力死亡而难以为生的时候，能够获得必要的救助。对于正在经历经济转型和自然灾害频发的西亚非洲地区国家而言，建立这样的安全网对于防止贫困的发生和蔓延意义更为显著。然而，尽管该地区国家的社会保障制度建设已取得一定进展，但覆盖面窄和项目不全等问题仍然相当突出。现有社会保障形式仍以社会保险为主，仅能惠及为数不多的正规经济部门就业者。许多国家还没有建立医疗保险制度，已经建立失业保障制度和专门针对穷人的社会救济制度的国家更是寥若晨星。完善社会保障制度，特别是建立与国有企业改革配套的失业保障制度，以及社会救济制度对于防止贫困的发生和蔓延具有显著意义。

第三，控制人口增长。西亚非洲是世界上人口增长最快的地区。1975 ~

1999 年阿拉伯国家和撒哈拉以南非洲的年度人口增长率分别高达 2.7% 和 2.8%，[1] 过快增长的人口对可持续发展的危害是明显的。它使经济增长掉进人口陷阱，人均经济增长水平难以提高；过快的人口增长加重了国家的教育、医疗卫生和就业等社会负担，增大了脱贫的难度；过快的人口增长加大了对资源和环境的压力，使资源和环境保护更加困难。因此，控制人口过快增长对于实现可持续发展目标具有十分重要的意义。1994 年在开罗召开的联合国国际人口与发展大会提出，应当在实现经济持续增长、促进社会经济全面进步和保护环境的前提下解决人口问题，从而进一步强调了控制人口增长对于可持续增长的重要意义。对于经济社会发展水平相对落后的西亚非洲国家而言，当前的人口快速增长固然与社会经济发展水平以及"人口过渡"的阶段性有关。但长期坐等经济社会发展导致人口增长率自然下降，势必影响可持续发展目标的实现。许多发展中国家的经验已经证明，通过政府采取积极的人口控制措施，特别是增加妇女受教育和就业机会、改善医疗卫生状况、建立社会保障制度、采取多种形式的节育鼓励措施，以及实现政局稳定和减少战争和地区冲突，可以降低人们的生育需求；计划生育服务可以成为控制人口增长的有效手段。西亚非洲国家借鉴这些成功的经验，在控制人口快速增长方面是可以有所作为的。

第四，政府适度干预。许多与可持续发展直接相关的问题，仅仅依靠市场无法解决，政府干预对于恢复经济增长、减轻贫困和保护资源环境可以发挥重要的作用。尽管该地区的许多国家在过去的发展经历中，都有因政府过度干预而导致发展战略失误的教训，但从可持续发展的要求来看，需要政府适度干预的领域依然相当广泛。在贯彻国家制定的有关法律和法规，创建可持续发展的制度，确保宏观经济稳定，制定和实施有关的政策，控制人口过度增长，提供教育、医疗卫生和基础设施等公共产品，实施有利于可持续发展的重大产业结构调整，创造有利于国内外投资者的投资环境、开创有利于可持续发展的对外关系等许多方面，政府的作用是市场所无法替代的。对于那些市场发育程度较低的国家，促进市场发育和完善市场机制本身也是政府发挥作用的重要领域。即便是在市场发育比较成熟的国家，利用市场机制实

---

① 参见联合国开发计划署《2001 年人类发展报告》的相关统计表，中国财政经济出版社，2001。

现可持续发展，也需要政府创造必要的条件。例如，空气和水等公共资源往往不被当作具有交换价值的商品，因而经常被免费使用或成为政府大量补贴的对象，生产者和消费者无须考虑或大大低估了这些资源的环境成本，以至这些资源被过度使用和逐渐退化。只有当政府根据法律，通过课收税费、取消补贴等手段使这些资源的交换价值显现出来后，生产者和消费者才可能充分考虑耗用这些资源的成本，市场机制也才能够为保护和合理配置这些资源发挥作用。世界银行发表的报告承认："环境保护恰恰是政府必须发挥中心作用的领域。私人市场不能或几乎不能为制止污染提供什么鼓励性措施。"① 有效发挥政府干预的作用需要通过政治改革，实现政府自身的廉洁和高效。《非洲发展新伙伴关系计划》已把按照"民主、透明、负责、统一、尊重人权和促进法治"的原则加强政治和行政管理，确定为非洲国家的一项共同任务。但西亚非洲各国的国情千差万别，符合国情的政治改革的具体形式，只能由每个国家自己选择。

第五，维护地区稳定。西亚非洲地区不仅是世界上内战和冲突最频繁的地区，而且经常发生诸如海湾战争、阿富汗战争和伊拉克战争等较大规模的局部战争。冷战结束以来的 10 多年时间里，该地区的战争和冲突频仍，不仅直接导致大量人员伤亡和财产损失，使有关国家的发展计划付诸东流，而且造成军备竞赛成风、难民流离失所、人道主义灾难和环境灾难时有发生、经济制裁旷日持久、内资望风而逃、外资望而却步、区域经济合作无望实现等一系列不利后果，对该地区的社会经济发展和环境保护构成严重威胁。发生战争和冲突的原因是复杂的。该地区国家一般都处于经济、政治和社会的转型时期，民族宗教问题错综复杂，贫富差距悬殊，历史遗留的边界领土争端尚未解决，新的资源矛盾不断出现，极端主义势力活跃，大国利益激烈角逐，因而比世界其他地区更容易发生战争和冲突。消除地区冲突和战争根源是一项长期艰巨的任务，任重而道远，绝非朝夕之功。从短期来看，维护地区局势稳定是当务之急。坚持按照国际法准则处理国家间关系，发挥联合国在维持地区和平方面的权威作用，控制大规模杀伤性武器，恢复中东和平进程，建立非洲的地区性维和机制，将有助于维护该地区的稳定，为可持续发展创造和平的外部环境。

---

① 世界银行：《1992 年世界发展报告》，中国财政经济出版社，1992，第 1 页。

21 世纪初的中东经济发展问题

杨 光[*]

21 世纪初，中东经济发展面临新的发展环境。经济全球化深入发展、国际石油价格重新高涨、环境和可持续发展问题更加突出，为中东国家的经济发展带来了巨大的机遇，也提出了严峻的挑战。本文的目的，就是要对中东国家如何进行自身调整，适应发展新环境，进行探讨，对中东国家经济发展在新发展环境下所面临的问题进行一次比较全面的重新评估。

一 全球化与中东经济体制调整

从 20 世纪 80 年代开始，世界经济和政治环境相继发生重大变化，经济全球化加速发展，世界两极格局解体。在新的世界经济政治格局中，有些国家通过改革开放，趋利避害，加快经济增长速度，缩小了与发达国家的经济差距；也有些国家未能适应新的发展环境，成为经济发展的落伍者。从总体上看，中东国家属于后一种情况。

20 年代 80 年代中东经济增长几乎陷于停滞，国内生产总值年均增长率仅为 0.4%，是世界上经济增长最慢的地区，[①] 同期人均国内生产总值年均下降 2%。[②]

---

[*] 杨光，中国社会科学院西亚非洲研究所所长、研究员。

① 世界银行：《1998~1999 年世界发展报告》，中国财政经济出版社，1999，第 211 页。

② 世界银行：《争取未来：选择中东北非的繁荣》，1995，第 15 页。

90 年代虽然国内生产总值年均增长率恢复到 3%，① 但人均国内生产总值年均增长率只有 0.7%。② 与世界其他地区相比，这两项指标仅高于撒哈拉以南非洲地区和俄罗斯中亚地区。2001 年该地区石油输出国的人均国民收入普遍低于 1980 年水平，非石油输出国的人均国民收入水平仅比 20 年前略有提高，多数国家提高并不明显。中东国家与发达国家以及与经济增长较快的亚洲和拉美国家相比，经济差距越拉越大。

中东经济之所以在 20 世纪最后 20 年世界经济全球化大潮中出现边缘化趋向，就严重依赖原油单一原料出口的海湾主要石油输出国而言，主要原因显然在于国际石油价格的暴跌和长期低迷以及由此导致的石油出口收入大幅度减少；但就那些拥有更加多样化的资源禀赋和产业结构的国家而言，在很大程度上是由于原有发展战略不适应经济全球化环境的结果。在这一类国家中，除约旦和黎巴嫩以外，多数国家在取得民族独立以后受到苏联计划经济、基马尔的"国家主义"以及"依附论"等发展理论和模式的影响，选择了内向型的进口替代工业化发展战略。尽管从中东国家争取经济独立的良好愿望出发，我们对采用这种战略的动机不能简单否定，但这种战略把与世界市场"脱钩"并建立完全独立的经济体系作为目标，因而从根本上否定了参与国际分工的合理性，在本质上是与经济全球化格格不入的。在体制上，这种战略表现为资源配置计划化，削弱甚至完全取消市场在资源配置方面的作用；经济主体国有化，忽视甚至排斥民营经济和外国直接投资；贸易制度内向化，只顾支持和保护进口替代工业而忽视发展具有比较优势的出口产业；宏观管理盲目化，不惜通过大量举借国际债务或膨胀式的财政货币政策支持资金需要，而忽视宏观经济稳定的重要性。80 年代以后，世界经济政治格局的巨大变化对这种发展战略提出了严峻挑战，特别是严重冲击了这种战略赖以存在的资金基础。两霸争夺的结束和国际石油价格暴跌，使发达国家援助减少，石油收入萎缩（包括石油输出国对非石油输出国援助的急剧减少），可供国家支配的资源急剧减少，国有企业发展陷入困境。在优惠资金供应来源严重削弱的情况下，原有经济体制不仅无法起到激励私人投资和吸引外国直接投资，以及激励出口创汇的补救

---

① 世界银行：《2003 年世界发展报告》，中国财政经济出版社，2003，第 245 页。

② 联合国开发计划署：《2003 年人类发展报告》，中国财政经济出版社，2003，第 285 页。

作用，反而促使私人资本外流，加剧国家的资金短缺。① 许多国家的政府依靠增发通货和继续举债勉强维持，很快陷入严重的通货膨胀和债务危机。根据国际货币基金组织《世界经济展望》提供的数据，20 世纪最后 20 年，土耳其通货膨胀率长期在两位数徘徊并两次超过 100%，阿尔及利亚、埃及、叙利亚等国家也在不同时期出现两位数通货膨胀。据世界银行 1985 年《世界发展报告》提供的数据，1983 年许多中东国家的债务还本付息率（债务还本付息与货物和劳务出口额的百分比）都超过或接近 25% 的安全水平，在埃及为 27.5%，在阿尔及利亚为 33.1%，在摩洛哥为 38.2%，在土耳其为 28.9%，在突尼斯也达到 22.3%。旧的经济发展战略已难以为继，经济调整势在必行。世界进入 21 世纪以来，这种调整仍在进行之中，而且是中东经济发展的一个主要内容。

（一）经济调整的进展

从 80 年代开始，中东国家开始接受国际援助机构的"结构调整"方案，陆续开展以市场经济为方向的经济调整。这种调整的基本内容大致可以归纳为宏观经济稳定化、资源配置市场化、国有企业民营化和贸易制度自由化。调整的目的是减少政府对经济的过度干预，通过建立市场经济体制，恢复中东经济增长的活力。

第一，宏观经济稳定化。当时影响中东宏观经济稳定的两大问题，一个是通货膨胀，另一个是外债负担。在经济调整中，解决通货膨胀主要从实行从紧的财政政策和货币政策入手，特别是通过减少国家补贴的数量和范围、缩减政府投资和信贷规模，减轻国家财政负担；通过纠正长期存在的负利率现象，约束货币供应，抑制过旺的投资和消费。从 1980 年土耳其开始实施"经济稳定化计划"开始，从紧的财政和货币政策逐渐成为中东国家普遍实施的一项长期政策。解决债务问题的主要方式是债权国与代表政府债权人的"巴黎俱乐部"以及世界银行和国际货币基金组织等国际援

---

① 据世界银行《中东北非工作报告》1993 年第 9 期发表的数据，1991 年中东北非主要石油输出国的私人海外资产总额达到 1800 亿美元。另据日本岸本健夫在《世界经济评论》1993 年 3 月号发表的《石油美元的动向》一文，尽管石油输出国政府在 80 年代后期已经开始抽回官方的海外资产，但 1987～1990 年欧佩克成员国的海外资产总额却从 4732 亿美元上升到 6700 亿美元，其中包括大量的私人海外资产。

助机构举行谈判，签署债务重新安排协议，对一时无力偿还的债务通过减免、延期偿还或债权转换股权等方式进行重新安排。土耳其、突尼斯、摩洛哥、阿尔及利亚、埃及等中东国家都进行过这样的债务重新安排。叙利亚主要拖欠苏联东欧国家债务，从 2004 年开始与俄罗斯、波兰、捷克和斯洛伐克等债权国重开债务谈判并在 2005 年达成重新安排债务协议。2000 年以来，随着国际石油价格上涨和石油出口收入增加，有石油出口收入的国家普遍加快了偿还外债的步伐。

第二，资源配置市场化。为了让市场在资源配置中发挥更大作用，中东国家逐步放开对生产要素价格的控制并加强了资源配置的市场机制建设。典型的措施包括放开政府对商品价格、利率、汇率和工资的控制，开办证券交易市场等。土耳其原有一定的混合经济基础。自 20 世纪 80 年代开始大规模经济调整以来，已基本放开了政府对商品价格的管制；企业工资由雇主和工会通过集体谈判决定；国有企业也普遍获得了决定产品价格、雇工、工资、奖金、投资和内外贸易的自主权；通过放开汇率和持续的货币贬值实现了里拉的全部可兑换，汇率高估的状况得到纠正；商业银行获得了按照市场变化决定利率的自主权，长期的实际负利率状况得到纠正；伊斯坦布尔证券交易所成为各类股票和证券交易的活跃市场，在动员和配置本国和外国资金方面发挥了重要的作用。土耳其的市场经济体制已经基本确立。20 世纪 90 年代才开始大规模经济调整的埃及原有经济体制比较僵化，在资源配置市场化方面也取得显著进展，特别是政府部分放开了对燃料、电力以及除棉花和糖类以外农产品的销售价格补贴；在错综复杂的六重汇率基础上实现了汇率的统一；允许外资银行经营埃及镑业务；成立 16 家拥有财务资助权的控股公司取代政府对国有企业的直接管理；通过开罗和亚历山大两家证券交易所开展多种形式的融资活动。

第三，市场主体民营化。为了发挥私人资本和外国直接投资在经济发展中的潜在作用，几乎所有国家都颁布了鼓励私人投资的法规，并且开始对国有企业进行多种形式的民营化改造。许多国家在引进外国投资方面进行了努力，不仅颁布了吸引外国直接投资的法规，还开办了不少以吸引外资和激励出口产业发展为目的的经济特区。吸引外国直接投资的形式多种多样，除了以股份制形式出售国有企业股票以外，还包括外国公司直接并购和与外国投资者建立合资企业（主要见于石油和石化工业、制造业和银行业）、产量分成和回购方式（主要见于石油勘探开发和生产领域）、建设—经营—转让（BOT）模式（主要见于交通、通信、能源、电力等基础设施项目）、来样或来料加工（主要见于纺织服装行业和电器行业），也有的国家采用了外国债权人将债权转换为股权等其他形式。从全地区来看，允许私人和外国直接投资的领域逐步从加工制造工业扩大到金融业和电力、电信和环保等基础设施领域，对私人和外国股权比例的限制明显减少。

土耳其从 80 年代开始加快企业民营化进程。到 2005 年为止，主要国有钢铁企业 Kardemir 钢铁厂已实现民营化，Erdemir 钢铁厂已实现私人持股 54%，拥有 4 家炼油厂的国有炼油企业 Tupras 已把 49% 的股权出售给本国和外国投资者，国有化纤和塑料企业 Petkim 已出售股权 34.5%。除烟草和初级产品加工部门以外，制造业几乎由民营企业一统天下。汽车及零部件制造行业主要采用与跨国公司合资方式，家用器皿和家用电器行业基本由私营制造商控制，出口的电视机和服装生产多采用跨国家用电器公司、连锁零售商或西方服装公司来样加工方式，生产外国品牌产品。食品加工企业不少都有跨国公司投资或持跨国公司特许证由当地公司生产。银行部门已有 70% 的股权归私人所有。大型基础设施主要采用 BOT 方式吸引私人投资，80 年代以来共以这种方式发包 12 个发电厂项目，私人资本在全国发电能力中已占40%。控制全国固定线路和移动通信的土耳其电信公司从 2005 年开始招标出售 55% 的股权。伊斯坦布尔股票交易所自 1985 年 12 月开业以来，在企业民营化、吸引私人和外国投资方面发挥了重要作用，2004 年上市公司已达 276 家。

埃及在 1991 年进行了 314 家国有企业脱离主管部委控制并改由控股公司管理的改革。1996 年开始以招标出售、租赁经营等多种方式对这些企业实行民营化。到 2002 年为止，其中 132 家企业已完成多数股权私有化。从 90 年代末开始以 BOT 方式吸引外国和本国的投资者在发电、港口和机场等基础设施建设领域投资。2002 年美国公司以 BOT 方式建设的发电厂已投入运营。埃及在全国市场普遍对外资开放以前，采取建立经济特区的方式逐步过渡。全国共设立 7 个自由区，对投资者提供特别优惠措施和最低限度的管制，并鼓励出口导向型产业发展。

突尼斯从 1987 年开始国有企业民营化并鼓励私人投资。第一阶段涉及旅游、运输、食品和建材部门的小型和亏损企业。1994 年颁布统一投资法后加快民营化步伐。1998 年开始出售大型的赢利企业，包括水泥厂、糖厂、银行、石油销售和机电制造企业。到 2003 年 4 月为止，共对旅游和手工业、运输、化学和机械工业、商业、农业和渔业、建材、纺织等产业的 165 家国有企业实行了民营化。国家所有的 14 家银行减少到 3 家。全国的两大外国投资项目分别是迦太基电站和第二个全球移动通信系统，此外政府还计划特许私营部门投资 Enfidha 国际机场、南方的一座 350 兆瓦电厂，以及突尼斯城西部废水处理系统。

第四，贸易制度自由化。为了发挥进出口对经济发展的推动作用，各国普遍采取降低进口关税，缩小许可证的使用范围和限制进口商品的范围措施，降低进口壁垒；采取货币贬值措施，纠正货币定值过高现象，以及多重汇率现象，鼓励出口；与此同时，从区内经济合作走向跨地区经济合作，加强与世界主要发达国家的贸易关系。

90 年代是中东国家关税下降比较明显的时期。以 1991～1995 年与 1996～1998 年两个时期相比，中东国家的平均关税水平从 37% 左右下降到 27% 左右。[1] 土耳其 1996 年与欧共体建成关税同盟。进入 21 世纪以后，降低关税有加快的趋势。2000～2004 年，全地区平均关税从 22% 下降到 15% 略强，降幅达到 30%，降税的速度超过同期发展中国家 19% 的平均降幅。同期埃及的平均关税税率从 21% 下降到 9.1%，伊朗的平均关税水平从 40% 下降到 20%。[2]

为了鼓励出口，各国普遍采取统一汇率和货币适度贬值方式，纠正长期存在的多重汇率和汇率高估政策，并在不同程度上实现货币的自由兑换。土耳其从 1980 年开始实行大幅度的货币贬值，纠正了长期的汇率高估状况，并逐步实现了土耳其里拉在国际收支经常项目和资本项目的完全可兑换。埃及 1991 年实现汇率统一，结束了六重汇率的严重汇率扭曲状况，并逐步消除了官方汇率与市场汇率的差别，实现了埃及镑在国际收支经常项目下的可兑换。伊朗 2003 年也在接近市场汇率的水平实现了多重汇率的统一。此外，土耳其等国家还采取了出口退税措施，以鼓励出口。

---

① Dipak Dasgupta and all, "Making Trade Work for Jobs," Middle East and North Africa Working Paper Series No. 32, July 2003, p. 6.

② The World Bank, *Middle East and North Africa Region: 2005 Economic Developments and Prospects*, Washington, D. C., p. 45.

20 世纪 90 年代中期以来中东国家对外经济关系的一个重大趋势是，在继续寻求与本地区国家实现区域经济联合的同时，积极寻求与经济互补性更为显著的欧洲和美国加强跨地区经济联合。自从 1995 年欧盟与南地中海国家在西班牙召开首脑会议并决定通过谈判建立双边自由贸易区以来，突尼斯、摩洛哥、以色列、阿尔及利亚、埃及、叙利亚、约旦、黎巴嫩等一批国家已经与欧盟签署了新的地中海联系协定，凡签署这一协定的国家，均承诺在 12 年之内与欧盟建成自由贸易区。1996 年土耳其与欧共体已建成关税同盟。进入 21 世纪以来，美国出于在中东地区争夺势力范围和对中东国家实行"改造"的需要，也提出与中东国家建立双边自由贸易区的要求，到 2006 年为止，以色列、约旦、巴林和摩洛哥等国家已先后与美国签署了双边自由贸易协定。在积极融入世界主要经济集团的同时，中东国家并没有放弃本地区经济一体化的努力。海湾合作委员会成员国 2003 年建成关税同盟，对内实行自由贸易，对外执行 5% 的统一关税，同时继续与欧盟就建立自由贸易区进行谈判。20 世纪 90 年代末以来，还有一批中东国家签署了大阿拉伯自由贸易协定。

（二）经济调整的成效

影响中东经济的因素很多。就海湾主要石油输出国而言，由于其资源禀赋的单一性，国际石油市场价格变化至今仍然是最重要的因素，在油价因素的强大影响下，经济调整的作用不易判断。例如，沙特阿拉伯经济增长从 2003 年开始骤然加快，显然是伊拉克战争以后国际油价暴涨的结果。一批国家饱受战争蹂躏或长期遭受美国制裁，在恶劣的政治环境下，经济调整无法产生决定性影响。例如，叙利亚在经济调整方面做出了不少努力，但业绩平平，这与该国近年不断受到制裁有关。因此，只有观察那些在相对正常国际环境下积极推行经济调整的非主要石油输出国的经济业绩，才能更清楚地看出经济调整的影响。土耳其、突尼斯、埃及和阿尔及利亚基本属于这一类国家。从这类国家的经济业绩看，经济调整对经济发展的效果主要表现在以下几个方面。

第一，改善了宏观经济状况，保持了经济稳定。从表 1 可以看出，由于这些国家坚持实行从紧的财政和货币政策，其通货膨胀率明显下降，并保持在一位数的较低水平。作为鼓励出口政策和产业结构变化的结果，绝大多数国家的出口增长较快，国际收支经常项目由逆差转为顺差，或逆差趋于减少。经过与国际债权人的谈判和债务减免及重新安排，外债还本付息率都降到安全线以内，目前的债务还本付息率都保持在一位数的安全水平，外债已不再是制约这些国家经济发展的主要问题。应当说，宏观经济的改善和稳定化是这些国家进行经济调整的最显著成果。

表1   2001～2005 年若干中东国家主要宏观经济指标

年　份	2001	2002	2003	2004	2005
中东 GDP 实际增长率（%）	3.2	4.3	6.6	5.4	5.9
土耳其	-7.5	7.9	5.8	8.9	7.4
突尼斯	4.9	1.7	5.6	6.0	4.2
阿尔及利亚	2.6	4.7	6.9	5.2	5.3
埃及	3.5	3.2	3.1	4.1	5.0
叙利亚	3.6	4.1	1.3	2.5	3.5
中东国家通货膨胀率（%）	5.5	6.3	7.1	8.4	8.4
中东国家中央政府财政收支差额/GDP（%）	-0.5	-3.4	-1.1	1.3	5.9
中东国家国际收支经常项目差额（10 亿美元）	39.8	29.5	59.0	103.4	196.0
中东国家外债还本付息额/货物和劳务出口额（%）	10.2	6.6	7.6	6.6	7.0

资料来源：国际货币基金组织《2006 年 4 月世界经济展望》附表，华盛顿，2006。

　　第二，增加了投资来源，扩大了经济增长的基础。对于推行经济调整的中东国家而言，一个重要收获就是通过发展市场经济和改善投资环境，促进了本国私人投资和外国直接投资。在这类国家，外国直接投资不仅数额增加明显，而且在全球外国直接投资中的比重也趋于上升。私人投资和消费逐渐成为经济增长的主要来源，外资在经济发展中的作用逐步扩大。据世界银行的研究报告统计，在 21 世纪的最初几年中，私营部门对国内生产总值的贡献率在埃及、约旦、黎巴嫩、摩洛哥、叙利亚、突尼斯等国已达到 60% ～80%。[1] 在土耳其，民营经济 90 年代以来已在国民经济中占有支配地位，私人消费通常占 GDP 的 2/3，私人投资通常每年占固定资产投资总额的 70% ～80%。在这些国家，私营经济已经成为推动经济增长的主要动力。从总体上

---

[1]　The World Bank, *Middle East and North Africa: 2005 Economic Developments and Porspects*, Figure 3.2a, Washington D.C., 2005, p.50.

看，外国直接投资的总量虽然不大，但在石油、汽车制造、电器、纺织服装等行业比较集中，在引进技术、解决就业和带动出口等方面发挥了重要作用。例如，土耳其约有 20 家轿车、商用车辆和拖拉机制造商，所有企业都有跨国公司参股或合作，采用欧洲和日本的先进技术，生产雷诺、丰田、现代、本田等轿车，2000 年达到最高产量46.8 万辆。国产汽车60% 以上用于出口，销售渠道也是外国合资方的国际销售网。[①] 突尼斯到 2001 年 7 月共有 2243 家外国独资或合资企业，其中 1863 家在制造业，多数是出口生产企业；外资企业雇工 20.7 万人，其出口占出口总额的 1/3 以上。[②] 因此，在这些国家近年的经济增长中，私营部门和外国投资都发挥了重要作用，经济增长的基础比以前主要依赖国家投资的时候更加广泛。（见表 2）

表 2 2003 ~ 2005 年中东国家外国直接投资流入额

单位：百万美元

国家 \ 年份	2003	2004	2005
阿尔及利亚	634	882	1081
埃及	237	2157	5376
利比亚	142	-354	261
摩洛哥	2429	1070	2933
突尼斯	584	639	782
苏丹	1349	1511	2305
巴林	517	865	1049
伊朗	—	90	300
约旦	436	651	1532
科威特	-67	24	250
黎巴嫩	2860	1899	2573
阿曼	489	200	715
沙特阿拉伯	778	1942	4628
叙利亚	180	275	500
土耳其	1752	2837	9681

---

① 英国经济学家情报社：《土耳其国家概览》，2003，第 9 页。

② 英国经济学家情报社：《突尼斯国家概览》，2004，第 51 页。

年份 国家	2003	2004	2005
阿拉伯联合酋长国	4256	8359	12000
也门	6	144	−266
中东总计	17690	24486	47199
发展中国家总计	358539	369145	542312
中东占发展中国家比重（%）	4.9	6.6	8.7
世界总计	557869	710755	916277
中东占世界比重（%）	3.2	3.4	5.2

资料来源：联合国贸易发展会议《2006 年世界投资报告》，第 299～301 页。

第三，优化了产业结构，推动了工业化进程。中东国家开展以市场经济为方向的经济调整，使一些真正具有比较优势的产业获得迅速发展，推动了产业结构的迅速升级和制造业的快速发展。例如，土耳其在 20 世纪 80 年代开展经济调整以来，充分利用当时能源价格低廉、本国劳动力价格低廉以及国内市场具有一定空间，周边国家和欧盟大市场对钢铁、汽车、家用电器以及纺织服装需求旺盛的优势和机遇，在利用本地原料和进口能源、棉花、汽车和电器零部件等原料和半成品的基础上，鼓励本国私人企业和外国投资者大力发展小型电炉炼钢、汽车装配、电视机组装和纺织服装生产，使钢铁、汽车、电视机和纺织品工业加速发展，迅速提升了本国的制造业水平。制造业产品在出口总额中的比例在 70 年代末到 90 年代末 20 年间从 30% 提高到 80% 以上，使土耳其成为中东地区的钢铁、汽车、电视机和纺织品出口大国。突尼斯在 70 年代主要出口石油、橄榄油和磷酸盐三大初级产品。但最近 20 多年来产业结构发生了重大变化，制造业，特别是纺织业、食品加工业、电动设备生产业迅速发展起来。突尼斯充分发挥本国劳动力价格相对低廉且比邻欧盟大市场的优势，鼓励本国私营企业和与外国合资企业以来料加工和来样加工等方式，大力发展纺织工业，使该行业的实际产值在 1990～2002 年以年平均 8% 的速度增长，2004 年已成长为占全国制造业产值的 1/3、就业人数的 50%（28 万人）和全国出口总额的 37.2% 的核心产业，95% 的产品销往欧洲市场，使突尼斯成为欧洲第四大纺织品进口来源国。[①] 食品

① 英国经济学家情报社：《突尼斯国家概览》，2005，第 40 页。

加工、电缆生产、化学产业和制药行业也获得较快发展。工业制成品在全国出口中的比重在 1982～1999 年间从 33% 提高到 77%。这些国家严重依靠初级产品出口的落后经济结构发生了彻底改变。这些事例都有力地证明，在经济调整的推动下，这些中东国家利用经济全球化提供的机遇，在工业化道路上迈上了新的台阶。

（三）经济调整的问题

尽管经济调整在中东地区已经形成风气，但迄今为止调整的速度还过于缓慢，经济调整的步伐受到国际和国内多种因素的制约。

中东经济调整虽然取得一定进展，但与其他发展中国家相比，在许多方面仍然进展滞后。因而，从总体上看，中东地区在全球贸易市场和外国投资的竞争中，仍然处于劣势。中东地区的贸易壁垒仍然较高。2004 年发展中国家的平均关税水平不到 11%，而中东地区只有海湾合作委员会、黎巴嫩、埃及等国家低于这一水平，即便是突尼斯和摩洛哥等经济调整进展较快的国家，平均关税水平也还高达 25%～30%。一些国家虽然与欧盟签署了建立自由贸易区的协定，但由于欧盟坚持把农产品排除在自由贸易以外，并对输入欧盟的工业制成品实行严格的原产地标准限制，因此中东国家的出口仍然面临很大的障碍。世界银行的研究报告认为："与欧盟的协定还没有对中东北非的伙伴产生显著的积极影响。"[1] 与贸易相关的运输、电信和金融服务的欠缺也影响了贸易的开展。在这些障碍的制约下，中东的对外贸易无法跟上世界贸易快速发展的步伐。1980 年中东 18 个国家占世界贸易额的比重为 9.6%，而 2000 年所有中东国家占世界贸易额的比重只有 2.6%。[2] 与世界其他地区相比，一些中东国家的投资环境仍然受到战争和冲突频仍、工商业管理规则复杂、开办企业的最低资本要求过高、长期融资困难等因素的制约，对外国直接投资的竞争力相对较弱。根据英国经济学家情报社对中东一些国家的投资环境评级，埃及、阿尔及利亚、摩洛哥、突尼斯等国家的主权风险、政治风险、货币风险、银行业风险和经济结构风险都被评为 B 级范围。[3] 因此，中东

---

[1] The World Bank, *Middle Eas and North and North Africa: 2005 Economic Developments and Porspects*, Figure 3. 2a, Washington D. C., 2005, p. 49.

[2] 参见世界银行《1982 年世界发展报告》和《2003 年世界发展报告》附表。

[3] 参见英国经济学家情报社《国别风险服务》2006 年有关各期。

地区的外国直接投资水平也远远落后于世界其他地区。从外国直接投资流入额与 GDP 之比来看，2003 年中东不足 1%，与南亚差不多，只及世界平均水平的 1/3，远远低于非洲、东亚、东欧中亚、拉美和经济合作与发展组织等任何一个组别。[①]

随着经济调整的深化，调整与稳定的矛盾日益突出，社会成本制约着改革的步伐。中东经济调整进展缓慢，除了起步较晚和外部政治环境制约的因素以外，来自内部的强大阻力不容忽视。中东国家人口增长较快，加上长期经济增长缓慢，失业问题相当严重。阿尔及利亚、土耳其、伊朗、埃及等国官方公布的失业率都超过 10%，[②] 独立研究机构评估的失业率更高。各国普遍存在社会收入差距悬殊问题，基尼系数在埃及和阿尔及利亚为 0.35 左右，在摩洛哥、土耳其、伊朗、突尼斯等国接近或超过 0.4。[③] 在这种情况下，经济调整所采取的削减政府补贴、企业私有化、大幅度货币贬值等措施，虽然长期有利于恢复经济增长和就业，短期却可能使就业难度加大，以及贫困人口生活条件恶化。除海湾国家等少数国家以外，中东国家的社会保障体系普遍存在的保障水平低、覆盖面狭窄和项目不全面问题，使失业和贫困人口在经济调整中的处境更加脆弱。阿尔及利亚等国的工会组织势力强大，成为有组织地抵制企业民营化的强大力量。伊朗坚持不收取利息的伊斯兰教融资原则，金融体制与国际接轨困难重重。所有这些因素都使经济调整的决策者不得不考虑经济调整的社会代价是否可以承受，在推进经济调整和维护社会和政治稳定之间犹豫不决。

以市场经济为方向的经济调整在中东地区日益展开，并正在给中东经济发展带来新的希望。在一些国家，经济调整取得显著进展，提高了有关国家应对经济全球化挑战的能力，并且带来了较好的经济发展业绩。但是在多数国家，经济调整受到多种外部因素和内部因素的制约，进展和成效都不显著。特别是与许多发展中国家相比，中东经济调整进展比较缓慢，从而严重影响了该地区国家对国际资金和贸易市场的竞争力。经济调整代表了中东国家探索发展道路的正确方向，但调整的成效将取决于加快调整步伐，取决于为经

---

① The World Bank, *Middle Eas and North and North Africa: 2005 Economic Developments and Porspects*, Figure 3. 2a, Washington D. C. , 2005, p. 44.

② 参见英国经济学家情报社《国别概览》有关各期。

③ 联合国开发计划署：《2003 年人类发展报告》，中国财政经济出版社，2003，第 287～288 页。

济调整创造和平的地区环境和提高解决社会问题的能力。

二 石油输出国在高油价条件下的发展特点

以海湾国家为代表的中东主要石油输出国，对原油出口收入过分依赖的状况还没有根本改观，经济增长、财政收入和居民福利水平对石油收入依赖依然很大。石油出口收入 2005 年在沙特阿拉伯占 GDP 的 41.9% 和政府税收的 85%[1]，在科威特占国内生产总值的 31.5% 和财政收入的 91%[2]，在阿联酋占国内生产总值的 1/4 以上和财政收入的 68%，在卡塔尔占国内生产总值的 81% 和财政收入的 63%，在巴林政府占财政收入的 70%。长期以来，石油收入的变化是影响经济发展的唯一重要因素。随着国际石油价格的起伏，这些国家经历了 20 世纪 70 年代到 80 年代初的高速发展时期，此后长期经济增长乏力，一些国家陷入长期财政赤字和对外贸易赤字的经济困难状况，甚至不得不举借国际债务。

从 2000 年以来，国际石油价格结束长期的低迷状态，不断上涨。伊拉克战争的爆发和战后严峻的安全局势，伊朗核问题的不断升级，加上世界石油剩余生产能力的减少，使国际石油市场对石油供应中断的担忧难以消散，成为导致国际石油价格长期居高不下的基本因素。而国际金融和期货市场的炒家乘机兴风作浪，以及世界主要石油进口国消费和战略石油储备需求的不断增加，则进一步推动了国际石油价格的上涨。在这种背景下，欧佩克现货原油一揽子参考价格的年平均水平从 2001 年的每桶 23.12 美元直线上升到 2005 年的每桶 61.08 美元。[3] 与此同时，石油输出国的出口量也不断提高，欧佩克成员国石油出口量从 2002 年的每日 1775 万桶直线上升到 2005 年的 2277 万桶。[4] 中东主要石油输出国的石油收入水平从高油价和增加出口量两个方面获益匪浅，出口收入急剧增加，迎来了 20 世纪 70 年代以来第二个石油收入高峰期。石油收入的激增使这些国家在伊拉克战争以来普遍实现了经济高速增长，财政状况或扭亏为盈或顺差不断扩大，沙特阿拉伯和阿联酋等国结束了

---

[1] 英国经济学家情报社：《沙特阿拉伯国家概览》，2005。
[2] 英国经济学家情报社：《科威特国别报告》2006 年 8 月号。
[3] 石油输出国组织：《每月石油市场报告》2007 年 1 月号，第 11 页。
[4] 石油输出国组织：《欧佩克年度统计公报》，2005，第 11 和 117 页。

长期财政赤字的历史，以对外贸易顺差为表现的资金剩余重新大量出现，经济发展再次面临巨大的历史机遇。面对机遇，中东主要石油输出国加紧了经济多样化的发展，同时也吸取20世纪后期经济发展的一些教训，在宏观经济管理和经济发展战略方面，表现得更加稳健和成熟。（见表3、表4）

表3　2003～2006年海湾国家若干经济指标变化

年　份	2003	2004	2005	2006（预测）
沙特阿拉伯				
GDP 实际增长（%）	7.7	5.3	6.6	5.3
通胀率（年平均,%）	0.6	0.3	0.4	0.9
出口额（亿美元）	932.44	1259.98	1746.35	1991.00
进口额（亿美元）	338.68	410.5	513.27	560
科威特				
GDP 实际增长（%）	13.4	6.2	8.1	7.6
通胀率（年平均,%）	1.0	1.3	4.1	3.5
出口额（亿美元）	271.9	302.2	468.7	591.3
进口额（亿美元）	98.8	109.2	156.7	223.6
阿联酋				
GDP 实际增长（%）	11.9	9.7	8.8	10.0
通胀率（年平均,%）	3.1	7.0	12.5	9.0
出口额（亿美元）	671	906	1185	1425
进口额（亿美元）	458	634	805	999
卡塔尔				
GDP 实际增长（%）	5.9	9.9	8.8	7.9
通胀率（年平均,%）	2.3	6.8	8.8	7.2
出口额（亿美元）	133.8	186.8	218.6	318
进口额（亿美元）	43.6	54.1	98.9	124
巴林				
GDP 实际增长（%）	7.2	5.4	5.4	6.1
通胀率（年平均,%）	1.6	2.4	2.7	2.5
出口额（亿美元）	67.2	76.0	100.0	132.0
进口额（亿美元）	53.1	61.0	74.0	91.0
阿曼				
GDP 实际增长（%）	—	5.6	5.6	6.5

年　份	2003	2004	2005	2006（预测）
通胀率（年平均,%）	—	0.3	0.3	1.7
出口额（亿美元）	—	133	187	243
进口额（亿美元）	—	79	81	101

资料来源：英国经济学家情报社出版的有关国家《国别报告》2006 年 8 月号。

表4　2001～2005 年沙特阿拉伯财政收支变化

单位：亿沙特里亚尔

年　份	2001	2002	2003	2004	2005
财政收入	2282	2040	2930	3920	5550
财政支出	2551	2250	2570	2850	3410
财政余额	-269	-210	360	1070	2140

资料来源：英国经济学家情报社《沙特阿拉伯国别报告》2006 年 2 月号。

（一）保持宏观经济稳定

在 20 世纪的最后 30 年时间，海湾石油输出国虽然经历过快速发展期，但其宏观经济状况却经常处于很不稳定的状态。70 年代出现过高通货膨胀，80 年代以后则经历了油价下跌导致的增长乏力和财政困难。宏观经济的不稳定，不仅给经济发展带来不利影响，而且也容易引起政治和社会动荡。因此，在 21 世纪初出现的高油价条件下，海湾国家吸取过去的教训，都把维护宏观经济稳定放在经济政策的重要位置，普遍采取了两个方面的措施。

第一，合理调整石油收入的开支和储备结构，时刻预防可能出现的石油价格剧烈波动。尽管有不少人认为，世界已经告别了低油价时代，高油价时代已经到来，但对于以石油收入作为唯一的资金积累来源的海湾石油输出国并不敢对油价前景过分乐观。尽管近年来这些国家的石油收入激增，但其石油收入的开支政策却更加谨慎。为防止国际石油价格再次暴跌可能给资金积累带来的重大震荡，各国都更加重视石油收入战略性储备。世界银行的研究报告注意到，在 1973 年开始的第一次石油价格暴涨时期，中东主要石油输出国每年增加的石油收入大约有 60% 都以货物和劳务进口的形式被开支掉，而在目前这一石油价格上涨期间，每年增加的石油收入只有 25% 被开支掉，其余部分则被储备起来。① 科威特的后代人基金到 2003 年已经达到 650 亿美元。有些原来没有石油储备基金的国家，近年建立了石油储备基金。2000 年以来，伊朗、卡塔尔等国都新建政府石油收入稳定基金。例如，伊朗于 2000 年建立石油收入稳定基金，以便在石油收入跌破预算时用于预算补贴，资金来源是超过预算的石油收入，到 2004 年达 84 亿美元。② 该基金的最多 50% 资金可以用于中央银行批准的出口导向型私营非石油项目。卡塔尔不仅建立了石油稳定基金，而且利用石油收入增加的机会提前偿还所欠的债务，以减少未来可能承担的债务风险。

第二，采取审慎的财政和货币政策，预防通货膨胀重新抬头。随着石油收入的增加，海湾国家经济发展加快，但也面临更加明显的通货膨胀压力。海湾国家的石油出口通常都是以美元计价，进口却主要来自使用欧元的欧洲国家。近年来，随着美元的贬值和欧元的升值，进口成本有比较明显的上升。它们的汇率政策普遍采用盯住美元的做法，导致其货币对欧元也相应呈现贬值趋势。石油收入增加导致的国内投资和消费需求上升，货币供应增加较快，对物价上涨产生强大拉力。这些因素都给保持多年的低通货膨胀局面带来新的冲击。为了预防通货膨胀的加剧，海湾国家普遍追随美国联邦储备银行的利率政策，在近年内多次提高利率，以抑制货币供应。阿联酋 2006 年还采取削减政府开支、限制房租上涨幅度、提高银行资本充足率等措施，遏制通货膨胀的发展。

（二）保护本地人就业

海湾国家人口稀少，长期以来本地人口就业压力不大，劳动力供给主要依靠从国外引进。由于教育事业起步较晚，以及本地人口普遍享受高福利待遇，外籍劳动力往往在素质和成本方面均比本地劳动力更加具有市场竞争优势。因此，当地国家对于本地人就业问题长期以来并不十分重视，沙特阿拉伯在 2000 年以前甚至还没有进行过就业和工资的统计工作。然而，该地区也是人口增长速度很快的地区。随着大量本地劳动力逐步进入就业年龄，本地人劳动就业的问题逐渐显露出来。据沙特阿拉伯计划部公布的数据，该国公

---

① 世界银行：《中东北非地区 2005 年经济发展与前景》，2005，第 32 页。
② 世界银行：《中东北非地区 2005 年经济发展与前景》，2005，第 31 页。

民 2000 年的失业率已经达到 8.1%，而 2004 年沙特美国银行则估计该国男性失业率达到 13%。在这种情况下，海湾国家为了保障本国劳动力的就业机会，从 20 世纪 80 年代石油收入下跌和经济增长减缓以后，就开始实行限制外国劳动力进入和保护本国公民就业的政策，21 世纪以来石油收入增加和经济增长加快并没有改变这一趋势，劳动力本地化的政策反而不断强化。

沙特阿拉伯 1999 年规定，所有雇工超过 20 人的企业都要按每年 10% 的速度实现劳动力沙特化。从 2001 年 9 月起，政府只对符合沙特化要求的公司招标和签署合同，同时对每个要求变换工作的外籍劳工收取 1000 里亚尔的费用。2003 年 5 月起外国人不能获得新的出租车司机驾照。2003 年阿卜杜拉王储下令，对于从 21 种职业中辞退外籍劳工，以便为 20 万沙特人创造就业机会的可能性进行研究，这些职业包括出售成衣、玩具、家具、家用电器、汽车、车辆零部件、建材和移动电话的商店等。根据这项建议，这些商店要在 3 年过渡期之内实现雇员的全部沙特化。科威特的外籍人口比例高达 2/3，根据 2000 年 5 月颁布的《劳动力市场法》和 2002 年第 904 号法规，劳动力"科威特化"政策主要采用配额制度，限制外籍劳工在雇员中的比例。为了防止私有化导致科威特人失业，2006 年议会的专门委员会已经拟就一项法案，要求私有化企业必须与科威特雇员签订为期 5 年的就业合同，合同条件不得低于企业私有化以前的标准。阿联酋政府近年来正在进行以限制外籍人就业，鼓励本国人就业为内容的劳动力"阿联酋化"改革。改革重点起初集中在银行业。政府要求本地银行和外国银行的本地雇员比例达到 40%。2006 年，对外国劳动力的限制开始从部门行业扩大到工作种类。政府要求本国及外国的公司在 18 个月的限期内解雇从事文秘、人力资源管理的外籍雇员职务，并以阿联酋国民取而代之。为配合这一改革，政府机构正在为阿联酋人举办多种职业培训计划。目前巴林私营企业 3/4 的职位被外籍人占据。2005 年巴林公民的失业率已经高达 15%。巴林劳动力市场改革方案建议包括对外籍劳动力收费，规定企业的外籍雇员配额等。巴林内阁已经通过决议，将在大型零售市场、家具行业、旅行社和汽车销售行业逐步实现 100% 的雇员本地化。

（三）改善外国投资环境

石油输出国虽然资金比较充裕，但大型石油天然气开发项目、基础设施建设项目和工业建设项目仍然需要利用一部分外国投资。不仅如此，这些国家在石油天然气开发以及制造业和服务业方面所严重缺乏的技术和市场，也需要通过引进外国直接投资的方式加以解决。因此，它们长期采取比较自由开放的经济制度，进入21世纪以来吸引外国投资的环境进一步改善。

近年来，海湾国家对外国直接投资的限制明显减少。沙特阿拉伯从2003年开始把保险业、输电和配电行业、教育和管道服务等4个部门和行业列为允许外国直接投资的领域。同年首次与外国公司签署天然气开发合同，标志着能源上游领域在1976年实现国有化以来，第一次重新对外国资本开放，引起国际商界高度关注。2004年开办股票交易所，从此外国人可以通过经纪人在沙特阿拉伯从事股票交易。2005年把外国投资者持有沙特阿拉伯银行股权的上限从49%放宽到60%。2006年科威特议会通过了有关向本地和外国投资者销售非石油天然气行业国有企业股权的私有化法律。阿联酋经济部长卢布纳最近也宣称，计划把某些部门的合资企业中外方投资比例上限从49%放宽到70%。卡塔尔2004年颁布埃米尔令，允许外国人在预计2009年全部完工的"海湾明珠"人工岛住房项目中购买或拥有房产99年，此后可以再延长99年，从而打破2000年投资法关于外国投资者只可以租赁房地产50年的限制。2005年卡塔尔开始允许外国投资者通过互助基金购买在证券交易所上市的公司的20%股权。同年，由经济与商务大臣穆罕默德·本艾哈麦德·阿尔萨尼领导的卡塔尔金融中心开始运作，以便为大型石油天然气项目以及基础设施项目融资。该中心为外国金融机构和跨国公司入驻提供的优惠条件包括3年免税期和3年以后的低所得税待遇、允许外国独资经营等。一些国家为投资审批提供便利。沙特阿拉伯2000年通过的新外商投资法规定，文件齐全的情况下，所有投资许可证的批准程序不得超过30天，从而有效缩短了投资审批时间。一些国家降低了对外国投资者的税收。沙特阿拉伯2004年通过的新税法把外国公司的所得税率从35%下调到20%。科威特政府2006年批准了把非科威特国民的所得税最高税率从55%降低到15%的法案。此外，海湾国家加入世界贸易组织，接受国际贸易和投资的新规则；2003年建成海湾合作委员会关税同盟，对内取消关税，对外实行统一的低关税；巴林还与美国签署了建立自由贸易区的协定。这些措施也增加了对外国直接投资者的吸引力。

海湾国家改善投资环境的努力受到国际评级机构的肯定。英国经济学家情报社在对海湾国家投资环境的最新评级中认为，该地区国家政权比较稳定，有丰厚的石油收入和海外资产保障债务偿还能力，银行不良贷款率较低，汇率比较稳定，因此对该地区绝大多数国家的投资环境都给予了相当高的评价（见表5）。

表5　2006 年海湾国家投资风险等级评定

风险类别	主权风险	货币风险	银行风险	经济结构风险	政治风险
沙特阿拉伯	BBB	BBB	BBB	BBB	CCC
科 威 特	A	A	A	BBB	BBB
阿 联 酋	A	A	BBB	A	A
卡 塔 尔	A	A	A	A	BBB
阿 曼	A	A	A	A	BBB
巴 林	A	A	A	BBB	B

资料来源：英国经济学家情报社出版的有关国家《国别报告》2006 年 8 月号。

从 2003～2005 年中东国家外国直接投资流入额可以看出，投资环境的改善已经收到效果。投资环境的改善，是该地区近年外国直接投资数额持续显著上升的主要原因。

（四）推动产业结构多样化

经济多样化是海湾石油输出国长期推行的经济发展战略。在过去大约 30 年的时间里，这一战略已经收到一定的效果。每个国家根据本国不同国情，发展出天然气开采业、制造业、金融业、旅游业、航运业等新兴产业部门，使完全依赖原油出口的经济结构逐渐发生改变。但也走过一些弯路，例如沙特阿拉伯在自然条件严重不利的条件下发展小麦种植，寻求粮食自给自足。尽管成为小麦出口国，但小麦生产成本却相当于国际市场小麦价格的 4 倍。在新一轮高油价条件下，海湾国家的经济多样化战略更加注重发挥比较优势，天然气开发、服务业和海外投资成为重点发展的产业。

第一，发展天然气开采业。海湾国家发展天然气工业具有坚实的资源基础。2005 年海湾地区沙特阿拉伯、科威特、阿联酋、卡塔尔、阿曼、伊朗和伊拉克的探明天然气储量为 72.9 万亿立方米，占世界探明储量的 40.5%。[1]

---

① 石油输出国组织：《欧佩克年度统计公报》，2005，第 47 页。

随着人类对清洁能源的需求不断增加，国际天然气市场需求旺盛。技术进步和生产规模的扩大使天然气的生产成本总体呈下降趋势，而随着国际石油价格的上升，天然气的市场价格却不断上升。天然气也是石化工业的重要原料。这些因素为中东国家发展天然气工业提供了巨大优势和动力。近年来，沙特阿拉伯、伊朗、阿尔及利亚、卡塔尔等主要天然气资源国都不同程度地实现了天然气工业对外国资本开放，通过引进跨国公司的资金、先进技术和利用跨国公司的国际销售网络促进本国天然气工业的发展。中东地区的卡塔尔、阿曼、伊朗、阿尔及利亚还与世界其他主要天然气出口国于 2001 年成立了由拥有全球 2/3 天然气资源的国家组成的天然气输出国论坛（Gas Exporting Countries Forum，GECF），试图发挥类似欧佩克在国际石油市场上的作用。这些措施，使中东海湾地区的天然气产量在近年有显著增长。2000～2005 年，中东地区的商品天然气产量从 2090 亿立方米增加到 3063 亿立方米，增幅达 45.6%，远远超过同期世界天然气产量 13.8% 的增幅。[①] 国际能源机构预测，今后 20 年中东将是世界上天然气产量增长最快的地区。

第二，发展多种服务业。除石油天然气以外，海湾地区自然资源匮乏，但该地区地处国际石油主产地和石油美元的大本营，以及欧洲、亚洲和非洲之间的航运中心地带，发展金融服务业和航运服务业具有地理区位优势。该地区巴林、阿联酋和卡塔尔都在努力把自己建设成海湾地区金融中心和航运中心，并为此大力发展相关的交通和电信基础设施。巴林利用独特的地理位置，大力发展离岸银行部门，2004 年银行保险等服务业已占国内生产总值 60%，成为支柱产业。卡塔尔以成为中东地区航空中转中心为目标，以 2006 年亚运会为契机，大规模扩建机场，并于 2003 年和 2005 年分别签订了购买 34 架空中客车飞机和 20 架波音客机的合同。

第三，扩大海外投资。21 世纪以来石油收入的持续增加所带来的一个新变化是，海湾国家重新出现了大量的剩余资金，具体表现为国际收支经常项目的巨大顺差。这部分资金的重新出现和不断增加说明，这些国家在满足了国内的投资和消费需求以外，还有大量的剩余石油收入，即人们通常所说的"石油美元"需要到世界其他地区寻找投资市场。例如，沙特阿拉伯的国际收支经常项目顺差额在 2001 年至 2005 年就从 94 亿美元增加到 842 亿美元之多。

---

① 石油输出国组织：《欧佩克年度统计公报》，2005，第 26 页。

有关国家在利用石油美元对外投资的时候各具特色，其海外投资一般包括外国银行存款、持有外国政府或企业的债券、产权投资等多种形式。海外资产标志着海湾国家对国际金融业和其他产业的参与，因此也是海湾国家产业结构多样化的一种重要形式。尽管海湾国家一般不正式公布其海外资产的变动情况。但从可以获得的信息来看，近年海湾国家的海外资产数额呈明显的上升势头。例如，沙特阿拉伯的海外资产数量在 20 世纪 80 年代初曾经多达每月 1500 亿美元，后来因石油收入减少而被提取，到 1991 年只剩下 500 多亿美元，而 2005 年重新上升到大约 1000 亿美元。[①] 值得说明的是，这一数字只能够反映沙特阿拉伯官方拥有的海外资产。如果加上该国公民私人拥有的海外资产，则海外资产的数额更加庞大。2004 年 1 月沙特经济计划大臣 Mohammed al – Gsaibi 透露，该国的公司和个人在海外存放的金融资产总额已经达到 6500 亿美元。

（五）面临的问题和风险

海湾主要石油输出国近年来借助国际油价飙升，加快经济发展步伐，但经济发展的许多重大问题还没有解决。

第一，经济结构多样化尽管取得一些进展，但这些国家严重依赖原油出口收入的单一原料出口经济结构还没有得到彻底改观。这就使它们的经济发展仍然严重依赖国际石油市场的价格变化。国际石油价格虽然多年来居高不下，但国际石油资源并不缺乏，世界石油开采成本远远低于国际石油价格的水平，近年油价居高不下的基本原因在于 20 世纪最后 10 多年国际石油价格长期低迷，国际石油工业投资不足造成生产能力趋于紧张，以及 21 世纪以来主要产油区中东地区的战争和紧张局势所导致的恐慌和投机心理所致。随着高油价激励下国际石油工业上游领域投资的增加，以及地区局势可能发生的变化，伊拉克战争以后持续 3 年的油价过高局面不可能长期持续下去，并会一如既往地产生波动。因此，在相当长的时期内，海湾国家经济状况仍面临遭受国际石油市场波动冲击的风险。由于天然气价格在很大程度上与石油价格挂钩，因此一旦国际石油价格下跌，天然气工业的发展也不可避免地会受到冲击，从而危及天然气资源国的经济发展。

---

① 世界银行：《中东北非地区 2005 年经济发展与前景》，2005，第 31 页。

第二，在全球石油工业上游领域对外开放的大趋势下，海湾主要石油输出国沙特阿拉伯和科威特的石油工业上游领域仍然对外国直接投资大门紧闭。这种政策的持续将不利于充分发挥这两个主要石油资源国石油开发成本低的优势，吸引国际石油工业的资金和技术为本国的石油工业发展服务，而是更加激励国际石油资金和技术流向新兴的石油资源国和输出国，从而最终可能导致两国自身的国际石油市场份额缩小和对国际石油价格的影响力下降。除此之外，海湾国家仍然有不少非战略性的产业不允许外国直接投资进入，从而使这些产业的发展受到限制。例如沙特阿拉伯仍然禁止外国投资进入批发零售业、陆地和海洋运输业等部门。在经济全球化和国际竞争加剧的形势下，对外国直接投资的过多限制，实际上只能制约经济发展和经济结构多样化的步伐。

第三，海湾国家虽然经济自由化程度相对比较高，但仍然存在不少市场机制扭曲和政府对经济过度干预的现象。除以上提到的某些产业对外开放问题以外，政府对经济的过度干预还主要表现在对水、电、能源供应的大量补贴方面。尽管沙特阿拉伯等国在 20 世纪 90 年代国际石油价格低迷和政府财政收入困难的情况下，一度考虑削减补贴，但由于民众反对和石油收入的重新增加，削减补贴的计划进展十分缓慢。该地区国家以行政手段干预劳动市场，强制推行劳动力本地化的政策，不利于控制生产和经营成本，也受到许多外国投资者和本地私营企业家的反对。尽管采取这些措施有现实的政治社会稳定方面的理由，但从改善市场经济环境，吸引外国和本地私人投资，实现可持续发展，最终实现经济多样化的长远战略目标来看，还应当进行调整。

三 可持续发展问题的挑战

中东经济发展所面临的问题，不限于经济体制问题。从可持续发展的观念来观察，中东经济发展所面临的问题更加严重。

可持续发展是诞生于 20 世纪 70 年代的新发展观。受到国际社会普遍接受的可持续发展概念，是 1987 年世界环境与发展委员会向联合国提交的《我们共同的未来》研究报告所提出的概念，即这种发展应当是"既满足当前需要，又不损害后代人满足其自身需要之能力的发展"。可持续发展观与以往的发展观的不同之处在于，它强调了当前经济增长和当前的收入分配以外的重要问题。第一，它引进代际发展观念。传统的经济发展理论忽视了传统工业化道路所代表的生产方式和消费方式对资源和环境造成的破坏，及其他对后代人发展的不利影响。而可持续发展突出强调当代人的发展不应以破坏子孙后代的发展为代价，拓展了发展理论的时间维度。第二，它把外差因素内部化。传统的发展观把经济发展与生态环境完全对立起来，没有把非市场化的自然资源和生态环境视为经济资源和财富，实际上假设它们的供给是无限的，因而并不考虑经济活动与这些非市场化的资源环境之间的互动关系。而可持续发展突出强调经济活动与生态环境的和谐发展，充分考虑到生态环境对经济活动的承载能力，把环境保护这个经济发展的外差因素视为经济发展的一个重要的内在组成部分。在可持续发展观中，资源和环境保护成为衡量发展质量和发展水平的主要标准之一。

自可持续发展观念在 20 世纪 70 年代初被提出，30 多年的时间已经过去；自可持续发展在 20 世纪 90 年代初开始成为广为世界各国所接受的发展战略，也已经过去 10 多年时间。然而，从总体上看，中东国家的可持续发展仍然差距很大，许多方面的突出问题需要解决。以可持续发展观来观察中东的经济发展，两个最突出的问题是水资源短缺问题和污染问题。

（一）水资源问题[①]

1. 中东水资源的特点

中东地区的淡水资源主要有两个特点。

首先，降水数量稀少和分布不均。中东地区的降水主要集中在黎巴嫩、以色列北部，伊朗北部和西部大部分地区，以及马格里布，包括阿特拉斯山南麓等地区，降水主要集中在冬季。这些地区的年降水量可以达到 500 ~ 700 毫米，有些山区冬季降水量可超过 1500 毫米。由于降水量变化，河水流量也随之变化。其他地区降水则较少。阿拉伯半岛的年降水量不足 100 毫米，科威特年降水量只有 35 ~ 60 毫米。马什雷克大约 70% 的地区年降水量不

---

① 本部分节选了陈沫撰写的《中东水资源问题》论文内容，参见杨光主编《中东非洲发展报告（2003 ~ 2004）》，社会科学文献出版社，2003。

足 250 毫米。① 伊朗高原大部分地区年降水量在 100～300 毫米。埃及大部分地区的年降水量在 100 毫米以下，有些地区多年无雨。阿拉伯半岛和北非高原的大部分地区以及伊朗高原中西部地区基本上没有长年流水河。为了弥补地表水供应的不足，阿尔及利亚、沙特阿拉伯、也门、约旦、以色列等许多国家都大量开采地下水。在一些国家，地下水已经成为主要淡水供应源。例如，除海水淡化以外，海湾国家基本上以地下水为唯一淡水源；在约旦和以色列，地下水已分别占淡水供应量的 50% 和 55%。

其次，许多水资源都为多国共用。从总体上看，中东每年的可更新水资源供给量大约是 3500 亿立方米，其中 35% 即大约 1200 亿立方米都是由该地区以外水源供给的。该地区有 4 条重要的跨国和跨地区河流，即约旦河、尼罗河、幼发拉底河和底格里斯河。约旦河流域完全处于中东地区之内，而尼罗河、幼发拉底河和底格里斯河则发源于该地区以外。除河流以外，该地区一些大型地下水层也是跨越国界的。约旦河上游流经叙利亚、以色列和黎巴嫩。上游水源是流量比较稳定的泉水。尼罗河是埃及最大水源，85% 的水量来自埃塞俄比亚高原，其他水量主要来自中部非洲。幼发拉底河发源于土耳其东部高原和山区，经叙利亚流入伊拉克。土耳其提供了该河流 94% 的水量，其余水量的 4% 来自叙利亚，来自伊拉克的水量很少。底格里斯河发源于土耳其东南部的哈扎尔湖，经土耳其和叙利亚边境流入伊拉克，其水量 40% 来自土耳其，50% 来自伊拉克，10% 来自伊朗。这两条河流在伊拉克汇合，形成阿拉伯河，最后注入波斯湾。多国共用的水源除了河流以外，还包括北非和阿拉伯半岛的跨越国界的地下水层。东伊尔格水层位于阿尔及利亚的阿特拉斯山南部，一直延伸到突尼斯，总面积 40 万平方公里。努比亚石水层位于埃及、利比亚和苏丹之间，面积 180 万平方公里。撒克水层即约旦的迪斯水层面积为 10.6 万平方公里，从约旦向东和向南延伸，进入沙特阿拉伯。

2. 水资源供求失衡趋势

随着中东国家人类活动的发展，中东地区水资源的供求失衡趋势也在发展，导致水资源短缺问题日益突出。

20 世纪 90 年代中期，世界银行对中东地区的水资源供求趋势进行了研

---

① 马什雷克指西亚地中海沿岸地区。

究，研究结果表明中东的人均水资源供给量在急剧下降，并将从 1960 年的 3430 立方米下降到 2025 年的 667 立方米。2003 年中东北非地区的人均内陆可更新淡水资源获取量只有 761 立方米，远远落后于世界其他地区。[①]

许多国家水资源的消费量已经超过其可更新水资源的供给量，这样的国家包括利比亚、阿拉伯半岛国家、约旦等国。还有一批国家的水资源消费量将很快达到并超过可再生水资源的供给量。这类国家包括埃及、以色列、约旦。尽管有一批国家的水资源消费量还远远没有超过可再生水资源的供给量，但也正在逐渐逼近这一水平，而且已经开始面临地区性的缺水问题。因为它们尽管总体上水源还比较充足，但由于难以承受调水的成本，某些地区的缺水问题已经比较突出。这类国家包括阿尔及利亚、伊朗、摩洛哥和突尼斯。

从中东地区水资源消费的部门结构来看，情况更加令人担忧。绝大多数水资源被用于农业生产。1987～2003 年农业占淡水消费总量的 88%，工业和居民生活用水分别只占 5% 和 7%。[②] 然而，随着工业化和城市化的推进，工业和城市对水资源的需求将快速上升。预计即便按照现有居民水资源消费水平，城市消费的可更新水资源比例也将从 10% 提高到 20% 以上。另据对约旦的预测，即便按照最保守的估计，随着人口增长和城市化的进程，2030 年如果充分满足城市用水，则可供农业使用的水资源就只剩下不到 15%。工业和城市发展与农业发展之间的水资源矛盾日益凸显。

维持人类生活的最低水需要量为每天 25 升，即每人每年消费 10 立方米；维持合理健康水平的最低水需要量是每人每天 100～200 升，即每年 40～80 立方米。在发达国家，家庭用水超过每天 300～400 升，即每年 150 立方米以上。按照这样的标准，到 2025 年，约旦、利比亚、马耳他、沙特阿拉伯和也门 5 国的可更新水资源量甚至连人类基本需求也难以满足。

世界银行的报告根据各国水资源状况不同，把中东国家分为 3 类。第一类是水资源消费量未超过可更新水资源供给量但水质问题严重的国家，包括阿尔及利亚、埃及、伊朗、伊拉克、黎巴嫩、摩洛哥、叙利亚和突尼斯。第二类是水资源消费量超过可更新水资源供给量但水质问题不太严重的国家，包括巴林、以色列、科威特、利比亚、卡塔尔、沙特阿拉伯、阿联酋、也门、

① 世界银行：《2005 年世界发展指标》，中国财政经济出版社，2005，第 148 页。
② 世界银行：《2005 年世界发展指标》，中国财政经济出版社，2005，第 148 页。

阿曼。第三类是水资源消费量超过可更新水资源供给量且水质问题严重的地区和国家，包括加沙和约旦。[1]

因此，水资源短缺已经或者将要成为威胁中东国家可持续发展的重大问题。解决水资源短缺问题，防范威胁可持续发展的水资源风险已经成为摆在中东国家面前的一个相当紧迫的任务。

3. 水资源问题产生的原因和解决出路

中东水资源问题的成因是复杂的，自然因素至关重要，但不在本文的论述范围之内。本文所关注的更多的是人为的原因，特别是经济体制方面的原因和出路。

第一，理顺资源价格。在中东地区，政府对水资源消费的价格补贴是鼓励用水的一个重要原因，水费偏低的情况相当普遍。水费的确定不仅没有考虑到水资源的环境成本，甚至低于水资源的生产成本。在阿尔及利亚，灌溉用水的生产成本为 0.32 美元/立方米，而水价只有 0.02 美元/立方米。在埃及，城市用水的生产成本为 0.25 美元/立方米，而居民交纳的水费平均不超过 0.03 美元/立方米。在约旦，约旦河谷的农业用水的收费是 0.23 美元/立方米，而从约旦河抽水的费用却是 1 美元/立方米。埃及和也门的地表水都是由有关政府机构免费提供的。水的生产成本与收费之间的差价基本上是由政府补贴。政府对水资源消费的补贴可以提出多种理由，包括尽量实现粮食的自给自足、防止国内粮食价格上涨、保障农民收入等等。但低水价的信号误导了水资源的消费者，鼓励了水资源的过度使用，不利于把水资源配置给高附加值产业，使节水和提高用水效率失去动力，造成了日益严重的水资源短缺，也给政府财政增加了日益沉重的负担。面对水资源日益短缺对可持续发展造成的严重威胁，原有的发展政策无疑应当调整。因此，理顺水费是解决水资源短缺问题的一项必要举措。80 年代以来，许多国家在以市场为导向的经济调整过程中，正在按照这样的思路对水费过低的状况进行纠正。

第二，合理配置水源。中东地区把大量稀缺的水资源用于发展低回报率的农业生产，特别是粮食生产，是不符合许多中东国家的比较利益原则的。事实上，当前许多中东国家农业生产技术还比较粗放，土地等其他生产要素也相当稀缺，在这种条件下仅仅依靠增加水源的投入数量，实际上难以达到

---

[1]　世界银行：《中东北非环境战略——走向可持续发展》，1995，第 15 页。

粮食增产和自给自足的目标。某些海湾国家在 70～80 年代国际石油价格高涨，石油收入猛增，资金十分丰裕，甚至出现了国内投资无法吸收全部石油收入的资金剩余情况。在这种背景下，它们有能力不计成本地开发淡水资源，发展小麦生产，但 80 年代中期以后国际石油价格长期低迷，这些国家的石油收入锐减，已经逐渐丧失了维持这种发展模式的能力。中东地区水资源的日益短缺和粮食进口日益增加的事实已经说明，在中东一些国家，把绝大部分极其宝贵的淡水资源用于发展粮食生产的模式是难以持久的，有必要进行调整。应当考虑把淡水这种宝贵的稀缺资源配置到低水耗高附加值的产业上去，并把这种思路贯彻到产业结构调整中去。由于目前农业消耗的水量过大，因此只要把很小一部分农业用水调拨给其他用途，就可以显著提高其他部门的供水状况。

第三，采用增效技术。由于中东地区的水资源储量非常有限，采用新技术，提高水资源使用效率，把海水转化成淡水资源，以及实现废水的处理和重新利用，对于解决水资源短缺问题都具有重要意义。中东地区用水效率低下，灌溉效率低是一个主要原因。如果考虑到农业用水在水资源消费中的比重，提高农业用水效率对于解决水资源问题的意义就十分明显。提高灌溉效率需要采用先进的高效节水技术。目前，以色列 90% 的农作物已经使用了滴灌技术，大大节约了农业用水。土耳其、约旦和海湾一些国家也不同程度上正在采用这项技术，节水效果明显。当然，滴灌技术的成本要高于传统灌溉技术，例如以色列的重力灌溉成本是 0.1～0.29 美元/立方米，滴灌成本是 0.53～0.89 美元/立方米。但以色列的经验同样证明，如果把灌溉技术改进与农业生产结构的改进相结合，特别是利用灌溉发展高附加值经济作物，仍然能够产生良好的经济效益。此外，尽管滴灌技术目前还比较昂贵，但随着技术的不断改进，其成本下降的趋势也很明显。中国新疆天业集团已经成功地自主开发了滴灌系统并开始出口这项技术，其成本大大低于美国和以色列的同类设备就是一个很好的例证，说明高效灌溉技术的进一步普及是大有希望的。中东地区一方面面临淡水缺乏问题，另一方面大量废水未经处理就被排放到河流和海洋，不仅造成了污染，也浪费了水资源。废水处理和水资源循环使用技术具有缓解水资源短缺的很大潜力。就目前技术水平而言，废水处理成本大约在 0.12～0.4 美元/立方米，[①] 这样的成本实际上已经与一些传统

---

① 例如，摩洛哥的重力灌溉成本是 0.12～0.35 美元/立方米。

灌溉技术的成本所差无几，而与海水淡化和昂贵的储水运水计划相比则更加经济。目前，以色列、约旦和沙特阿拉伯等国已经开始广泛开展大规模的废水处理计划。中东素有"三洲五海之地"之称，海水资源丰富，海水淡化技术的发展为解决该地区淡水缺乏问题带来了希望。目前的海水淡化技术一般为蒸馏法，需要消耗较多的能源且成本较高，通常为 1.0 ~ 1.5 美元/立方米。但中东地区不乏中等收入和高收入国家，石油天然气资源十分丰富，因此从长期来看，海水淡化仍不失为解决淡水问题的一项战略选择。70 年代以来，海水淡化已逐渐成为该地区某些中等收入和高收入国家扩大淡水来源的重要途径。中东地区的海水淡化能力已占全世界海水淡化能力的 60%，仅沙特阿拉伯一国的海水淡化能力就占世界总能力的 30%。随着海水淡化技术的不断创新，使用这种技术的国家还会增加。

第四，开展国际合作。解决中东地区的水资源缺乏问题需要广泛的国际合作。通过国际合作解决中东水资源问题的必要性是明显的。由于该地区水资源具有跨国分布的特点，以及国与国之间水资源的拥有量和消费量的不平衡，水资源的分配问题必须通过国际协调与合作的方式解决。该地区具有解决水资源问题的一定潜力，例如以色列的节水滴灌技术已经取得了举世公认的成就，并且早已大量出口到世界其他地区。在阿以中东和平计划中，也包括大量的阿拉伯国家与以色列在水资源方面进行的合作内容。中东一些学者还曾经提出过诸如利用轮船或修建输水管道，把土耳其的水资源向海湾地区出口等雄心勃勃的设想。但是，由于该地区的政治矛盾错综复杂，中东和平进程一波三折，中东地区长期以来是全世界区域合作发展缓慢的地区，在水资源合作方面也鲜有建树，计划和设想都没有变为现实。相反，水资源的跨国流动往往引发流域国家新的冲突。因此，中东地区的水资源合作潜力还远未发挥出来。未来中东地区水资源合作能否顺利实施将取决于地区和平能否实现，而且由于该地区绝大多数国家是发展中国家，在资金和技术方面都离不开国际社会的援助与合作。

（二）环境污染问题

1. 污染的程度

在中东地区，污染已经成为一个严重的问题。

空气污染问题已经相当突出，在大城市中尤为严重。20 世纪中叶以前，中东地区的"空气污染的唯一来源是灰尘和沙暴"。[①] 而到 20 世纪末期，悬浮颗粒物、二氧化硫、铅、氮氧化物等已经成为空气的主要污染物质。在 100 万人口以上的城市中，空气中悬浮颗粒物和铅的含量达到世界卫生组织标准的 2～5 倍；在一些靠近炼油厂和以高硫燃料作为燃料的发电厂附近，二氧化硫含量普遍过高。

水污染也成为带有普遍性的重大问题。一些地下水层和地表水源受到工业和农业化学污染，重金属和有毒有机物质的含量增高。有些国家和地区的地表水和地下水层已达不到饮用水标准。加上许多国家缺乏水处理和运输的基础设施，不少居民还不能获得安全用水。由于该地区国际性河流较多，两国共用同一个地下水层的现象亦不鲜见，因此水污染问题存在跨国传播的现实危险。[②] 地中海、红海、海湾等中东地区的海洋水质也受到陆源有害工业物质、农用化学物质和人类生活垃圾的污染。石油泄漏的污染情况也比较严重。

城市固体废物污染问题日益突出。这个问题主要表现在城市居民无法享受到垃圾处理和安全饮水方面的设施和服务。据估算，仅在 1970 年至 1997 年之间，西亚国家的固体废物日产生量就从 450 万吨增加到 2500 万吨，[③] 其中既包括居民生活垃圾，也包括大量的有毒工业垃圾。由于多数国家缺乏固体废物特别是有害废物的处理设施，大量固体废物被存放在公共用地、海边，随意填埋或被倒入河流，成为重要污染源。

2. 污染的危害

污染既影响人类健康，也影响产业发展。

污染对人类健康的损害形式主要包括：空气污染引起的呼吸道疾病；不洁饮水引起和传播的腹泻疾病；有毒工业和农业化学物质导致的癌症和心血管疾病等。铅污染不仅可以引起成年人心肌梗死和中风，还会严重影响儿童的智力发育。污染引起的这些疾病往往成为受害者过早死亡的原因。

世界银行进行的调查显示，污染与健康状况之间的负相关关系是相当明

---

① 联合国环境规划署：《全球环境展望》，中国环境科学出版社，2000，第 154 页。

② 例如，埃及每年 96% 的可再生水资源依赖境外供应。叙利亚每年 80% 的水资源供应依赖土耳其和黎巴嫩。伊拉克 66% 的水资源依赖叙利亚供应。土耳其、叙利亚和伊拉克分享幼发拉底河水。约旦与沙特阿拉伯共用 DISI 水层，以色列、约旦河西岸、加沙共用一些地下水层。

③ 联合国环境规划署：《全球环境展望之三》，中国环境科学出版社，2002，第 260 页。

显的。例如：在污染严重的埃及赫勒万水泥厂附近，在校儿童29%患有肺病，而在乡村地区的比例只有9%。在阿尔及利亚的化肥和钢铁生产基地阿纳巴，由于空气污染，居民患哮喘病的比例比全国平均水平高1~2倍。埃及的开罗每年因缺少安全用水和卫生服务造成的腹泻多达610万人次，并导致1700~5500人死亡。空气中悬浮颗粒物导致每年9000人过早死亡，铅污染每年导致6500~11600例心肌梗死、800~1400例中风和6300~11000例过早死亡，以及820例儿童死亡和儿童智商下降4.25%。食品中杀虫剂残留物也是致癌的原因之一。为了量化污染对人类健康的影响，世界银行的研究报告采用了"寿命折损年"（DALYs）指标，用以表示因过早死亡和残疾而损失的健康寿命年数，并且测定出中东地区每年大约损失7000万个"寿命折损年"，其中68%是因为过早死亡，32%是因为残疾，大约30%的"寿命折损年"是呼吸系统疾病和腹泻症状疾病所致。①

值得注意的是，由于城市人口比较集中，污染源又多，因此城市的污染问题比农村更加严重。而在城市地区，由于低收入家庭居住条件差，难以享受饮水、排污和垃圾回收等方面的服务，因而城市穷人是污染的主要受害者。

污染对某些产业的长期影响也相当明显。许多排放到水中和以不安全方式存放的有毒工业垃圾和农药、杀虫剂影响了农产品质量或对渔场造成破坏，对农业和渔业生产造成不利影响。旅游业是当地许多国家的重要外汇来源，但污染威胁着旅游业的增长。城市和工业废水排放污染了海滩、历史遗迹，也破坏了珊瑚等海洋生物的生长环境。空气污染恶化了城市环境，从而减少了对旅游者的吸引力。

污染造成的经济损失是难以准确量化的。世界银行的一份估算认为，每年中东地区自然资源退化和环境恶化所引起的旅游业损失达20亿~30亿美元，水质恶化、卫生条件不佳以及城市空气污染造成的健康损失大约为70亿美元，铅污染造成的损失在15亿~20亿美元。②

3. 主要污染源

在中东地区，污染主要有以下一些直接的来源。

---

① 世界银行：《中东和北非环境战略——走向可持续发展》，1995，第8页。
② 世界银行：《中东和北非环境战略——走向可持续发展》，1995，第10页。

第一是工业排放。工业技术老化和缺乏环保设备是城市工业污染的重要原因。中东地区的工业大部分建于 20 世纪 50～70 年代,以冶金、炼油、石化、电力、水泥等产业为主,缺乏环保设备。80 年代以来该地区经济发展遇到较大困难,工业设备逐渐老化,得不到及时更新,使污染问题越发突出。工业已经成为中东地区空气污染的主要来源。工业和电力部门是二氧化硫和悬浮颗粒物等污染物质的主要来源,也是氮氧化物的产生大户。工业和电力部门产生的二氧化硫约占 90%,炼油厂排放的二氧化硫占全地区排放量的25%。伊朗的 SAR CHESHME 化工厂是中东北非地区最大的二氧化硫来源之一,每年排放量达 12.5 万吨之多。工业和电力工业排放的氮氧化物大约占氮氧化物排放总量的 60%,排放的悬浮颗粒物占悬浮颗粒物排放总量的 80%。水泥厂和钢铁厂排放的悬浮颗粒约占悬浮颗粒物排放总量的 50%。[①] 化学工业和炼油厂是有毒排放的主要来源。有些金属工业也产生有毒污染。伊朗和埃及的有毒物质排放都有大约一半来自化学工业和金属工业。此外,在该地区中低收入国家,虽然大型工业不多,但采矿、纺织、金属加工、印染、电镀和食品加工也是重要的污染源。

第二是化肥农药。农业使用的化肥、农药等也是一个重要的污染源。一方面,农产品中的化肥和农药残留缺乏严格的环境标准;另一方面,化肥农药的使用也是水污染的重要原因。一些国家由于磷肥的大量使用,导致了水库、湖泊和沿海水域的富营养化和水质恶化。

第三是汽车尾气。汽车尾气是空气污染的一个重要原因。中东地区平均每 15 人拥有一部汽车,人均车辆的拥有量与发达国家每 2～3 人拥有一部汽车相比并不高,但普遍存在车龄老化问题。全地区 30% 的汽车车龄超过 15年,而埃及、伊朗和叙利亚的平均车龄都达到或超过了 15 年。这些车辆与新型车辆相比,排放的碳氢化合物和一氧化碳至少高出 20～25 倍,排放的氮氧化物相当于新型车辆的 4 倍以上。此外,老化和维修不善的柴油车的烟尘排放量也相当于新型车辆的 4～5 倍。多数国家的车辆所使用的汽油还没有完全实现无铅化,汽油中的含铅量一般达到每升 0.3～0.4 克,加上旧汽车的耗油量比新车高 40%～50%,因此汽车的铅排放量也相当高。据统计,在中东地区,汽车排放占二氧化碳排放量的 5%,氮氧化物排放量的 37%,悬浮颗粒

---

① 世界银行:《中东和北非环境战略——走向可持续发展》,1995,第 51 页。

物排放量的 10%，一氧化碳排放量和碳氢化合物排放量的 80%，以及铅排放量的 80%～90%。① 尽管排放总量并不高，但对人类健康的危害很大，因为汽车排放造成的污染都集中在人口最稠密的大城市。

第四是固体废物。随着经济发展和人民生活水平的提高，中东地区固体废物的数量也在快速增长，其中包括大量的危险废物。据估计，约旦人均产生的危险废物量几乎与美国相同，每年为 16～28 公斤，而石油生产国每年人均产生的危险废物量则是美国的 2～8 倍。② 这些废物得不到安全存放和处理，是造成污染的一个重要原因。中东地区一些国家的城市环卫设施还很不健全。据统计，1999 年在埃及、伊朗、摩洛哥、叙利亚和也门等国，城市地区获得环卫设施服务的人口占城市总人口的比例只有 20%～77%。③ 中东地区大城市的固体废物收集和处理情况也因国而异，差别较大。例如，垃圾收集户数在阿联酋的迪拜和约旦的安曼都达到 100%，但在也门的萨那只达到 10%。④ 一般来说，大城市的垃圾收集比较充分，但小城市的收集面很小。例如在埃及，开罗的固体废物收集面为 68%，而中小城市的收集面还不到 15%。由于缺乏零部件、职工缺乏培训和运行成本高等原因，全国有 8 家垃圾焚化厂无法充分运行。该地区的多数城市还没有建立适当的垃圾填埋场，往往利用海滨作为露天垃圾场。一些国家的垃圾填埋场在接受生活垃圾的同时也接受工业废物和有害废物，从而造成水源污染。

第五是城市污水。城市工业污水和居民生活污水的排放和缺乏处理，构成污染的直接原因。中东国家的城市废水排放量在过去 15～20 年中增加了 1 倍，但在大多数国家只有 20% 得到处理。⑤ 阿尔及利亚等国家的生活污水和工业废水几乎未经处理就排放到为数不多的河流中和地中海沿岸水域。该地区的许多企业没有废水处理设备，有些城市虽然建立了废水处理厂，但由于资金、技术和管理等问题无法正常运转。马什雷克国家每年大约 20%～30% 的污水未经处理或者进行部分处理就直接排入海中。⑥ 未经处理

---

① 世界银行：《中东和北非环境战略——走向可持续发展》，1995，第 41 页。
② 联合国环境规划署：《全球环境展望》，中国环境科学出版社，2001，第 157 页。
③ 世界银行：《2000～2001 年世界发展报告》，中国财政经济出版社，2001，第 280～281 页。
④ 联合国环境规划署：《全球环境展望》，中国环境科学出版社，2000，第 156 页。
⑤ 世界银行：《中东和北非环境战略——走向可持续发展》，1995，第 23 页。
⑥ 联合国环境规划署：《全球环境展望》，中国环境科学出版社，2000，第 153 页。马什雷克国家泛指西亚地中海沿岸地区的阿拉伯国家。

的废水被直接排放到城市下水系统、河流和海洋，成为水污染的重要因素。未经处理的废水排入海中，也是造成地中海沿岸和海湾污染和富营养化的重要原因。据统计，直到 90 年代中期，获得改善水源的人口比例在埃及、伊朗、摩洛哥和也门只达到 39% ~ 64%，[①] 水处理设施的不完善，增加了污水对居民健康的威胁。

第六是石油泄漏。中东地区是主要的国际石油供应来源，红海和海湾都是重要的石油运输通道，分布着大量的石油管道终端。每年有 1 万多艘轮船通过霍尔木兹海峡，其中约 60% 是油轮。除经常发生的石油泄漏事故以外，每年仅随压舱水排入霍尔木兹海峡地区的石油就达 120 万桶。[②] 如遇战争，石油泄漏情况就更加严重。1980 ~ 1988 年的两伊战争导致 200 万 ~ 400 万桶石油泄漏，1991 年的海湾战争导致 600 万 ~ 800 万桶石油泄漏，其中大量石油流入了海湾和阿拉伯海，造成对这些海域的严重污染。

4. 深层原因

中东国家污染问题的深层原因很多，但以下一些原因应当引起特别注意。

第一是发展战略的缺陷。20 世纪，特别是第二次世界大战以后，随着石油资源的发现和开采，中东国家开始了大规模的工业化建设。不少中东国家把经济发展视为巩固政治独立的手段，在激进的经济理论影响下，选择了进口替代工业化的发展战略，目标是建立独立的工业体系实现食品的自给自足。水泥、金属冶炼和加工、化工、发电、炼油等基础工业的发展受到高度重视，成为政府投资的重点。增加农药、化肥和农业机械的使用，以及发展灌溉设施成为农业集约化发展的主要手段。从 60 年代到 80 年代初期，由于当时相对有利的国际发展环境和石油收入的急剧增长，中东国家的工业化发展比较顺利，也取得了显著的成就，但它们并没有意识到这种战略可能产生的环境后果，更没有及时进行战略调整，制定防治污染的法律和标准。许多政府当年优先发展的产业和企业，如今都成为重要的污染源。

第二是价格补贴的效果。长期以来，中东国家政府对经济干预较深，价格补贴是政府干预经济的一种重要手段。从能源价格来看，尽管中东不乏石

---

① 世界银行：《2000 ~ 2001 年世界发展报告》，中国财政经济出版社，2001，第 290 ~ 291 页。改善的水源特指处理后的地表水和未经处理但未被污染的水。

② 联合国环境规划署：《全球环境展望之三》，中国环境科学出版社，2002，第 200 页。

油天然气资源，能源本是充裕要素，但许多国家为了激励工业化发展，仍采取大幅度的能源价格补贴政策，甚至把能源价格压低到供应成本以下。及至20世纪90年代中期，中东国家的能源补贴开支每年总额约达250亿美元。[①]大量的能源补贴鼓励了能源消费，同时使节能技术的引进和开发以及能源效率的改进失去动力，导致能源消费的过快增长及引起日趋严重的污染问题。除能源价格以外，政府对优先发展的基础产业的生产资料和产品价格普遍采取价格补贴政策，并且在贷款利率、汇率和关税等方面予以支持和保护，没有把是否会造成污染作为实施这类政策的重要标准。这些政策与能源价格补贴一样，都对污染的形成起到了推动作用。

第三是能源结构的失当。中东地区不仅有大量的石油，也有非常丰富的天然气资源。长期以来，石油能源得到比较充分的利用。但由于中东国家使用的石油能源中所含污染物质比重较高，特别是占该地区化石燃料消费量45%的重燃料油含硫量高达3%~4%，成为该地区二氧化硫污染的主要来源。与此同时，该地区无铅汽油的使用推广缓慢，许多国家至今还大量使用含铅汽油，因此汽车尾气成为铅污染的重要原因。长期以来，由于对污染问题的认识不足，以及由于技术方面的原因，中东地区丰富的天然气作为清洁替代能源的潜力尚未发挥出来。目前全地区初级能源结构中天然气的比重仅仅达到1/3。

第四是资金能力的不足。90年代以来，可持续发展观念开始受到中东国家的重视。然而，防治污染需要投入巨额资金。据估算，在10年的时间里，中东国家要减少工业污染，保护土壤和水源，实现城市和乡村地区的安全用水和卫生保障，降低发电燃料中的含硫量，减少含铅汽油的使用量，以及进行有关的环境制度建设，就必须投入580亿~780亿美元。[②]这对于总体上经济仍处于困难之中的中东国家而言，是一笔难以承受的负担。

5. 治理的思路

从对造成中东国家污染的深层原因的分析不难看出，解决中东国家的污染问题应当从以下几个方面入手。

第一，调整发展战略。中东国家污染问题表明，工业化已经不能成为发

---

① 世界银行：《中东和北非环境战略——走向可持续发展》，1995，第72页。
② 世界银行：《中东和北非环境战略——走向可持续发展》，1995，第70页。

展的唯一战略目标，必须实现工业化与清洁环境的协调，才能实现可持续发展。必须调整产业结构，特别是鼓励低耗能、低污染产业的发展，逐渐取代高污染企业。必须进行制度建设，特别是制定和完善防治污染的法律和法规，制定全国性的防治污染计划和环境质量标准，以及采取一套经济杠杆，体现谁污染谁付费的原则。

第二，理顺价格机制。造成污染的一个深层原因在于价格的扭曲，逐步取消不合理的政府价格补贴和其他形式的政府不合理价格干预，适当提高能源以及其他可能产生污染的生产资料和产品价格，以此方法使其环境成本显现出来，对于遏制污染的发生和发展可以发挥重要的作用。

第三，改善能源结构。解决这一问题可以从两个方面入手。一方面，可以通过引进外资和技术，大量开发本地丰富的天然气资源，加快以气代油的进程；另一方面，也可以通过企业的设备技术改造，使用低含硫石油燃料，降低石油燃料的污染水平，同时加快推广使用无铅汽油。

第四，开拓融资思路。治理污染的资金仅仅依赖政府提供肯定是不够的，只能遵循多元化的原则加以解决，特别是本着谁污染谁付费的原则，建立政府与污染者的成本分摊机制。减少补贴，增加税费，对从前由政府无偿提供的固体垃圾回收等实行有偿服务甚至改为由私人承包经营，把炼油厂回收的硫黄和水泥厂回收的水泥粉尘加工销售等，都可以成为筹集防治污染资金的方法。

第五，开展国际合作。治理污染需要巨额资金和先进技术，中东绝大多数国家是发展中国家，只有通过对外开放才能实现。许多污染的治理问题涉及本地区多个国家，需要依靠区域性合作来解决。

四　结语

在新的发展环境下，中东国家通过自身调整，利用机遇，取得了经济发展的显著业绩。20 世纪取得的经济发展经验教训使中东国家在 21 世纪的政府宏观经济管理表现得更加稳健和成熟。尽管国际油价居高不下仍然是主要石油输出国经济加快增长的基本动力，但许多非主要石油输出国和石油净进口国在高油价条件下取得的经济发展成就，则说明以市场经济为方向的经济体制调整正在成为中东经济发展的新动力，其威力正在日益显著地发挥出来。

这种调整不仅对于利用经济全球化提供的机遇加快经济增长可以发挥显著作用，而且对于解决可持续发展问题也不可或缺。因此，这种经济调整尽管还面临许多困难或障碍，但它代表了在新的发展环境下中东经济发展的希望。在新的发展环境下，中东经济发展所面临的问题很多。石油输出国的产业结构还没有发生彻底改变，在相当长的时间内，这些国家抗御国际石油市场波动的能力依然是脆弱的。全地区的可持续发展问题严重存在，解决这些问题还需要新的思路和长期不懈努力。战争和冲突尽管不是本章分析的重点，但其无疑是制约中东经济发展的重大因素。中东经济的未来发展，以及缩小其与其他地区发展中国家的差距，在很大程度上将取决于这些问题的解决。

中东淡水资源短缺问题

陈　沫[*]

一　中东水资源的供求平衡问题

中东地区由于地理位置的特点决定了该地区气候炎热干旱，降水稀少，严重缺水。该地区国家人口急剧增长和城市化迅速出现，工农业生产规模扩大，使各行业用水猛增，对水的需求迅速上升。而同时，人口过快的增长和工农业生产活动又造成中东地区的水资源污染，从而进一步加剧了淡水资源的短缺。中东地区水资源的供求严重失衡，如果不对水资源的供给实行计划和控制，那么社会经济发展就会受到威胁而难以持续。

（一）水资源的供给

1. 地区内水资源供给

在中东地区，水资源供给的季节性较为明显，并且每年之间变化很大，年降水量的差异也非常大。大部分地区降水量在500毫米以下。伊朗高原大部、阿拉伯半岛北部在100～300毫米间。埃及大部、阿拉伯半岛东部和伊朗高原中部在100毫米以下。科威特年降水量只有35～60毫米。沙特阿拉伯首都利雅得即使在最湿润的4月降水量也只有25毫米左右。在沙漠地区的降水量极少，如埃及的艾斯尤特市年平均降水量则只有5毫米，有些地区甚至多年无雨。[①]　而山

---

　　* 陈沫，中国社会科学院西亚非洲研究所副研究员，主要研究能源及中东经济发展问题。
　　① 朱和海：《中东，为水而战》，世界知识出版社，2007，第5页。

区冬季的降水量可以超过 1500 毫米，降水量中等的地区，即 500~750 毫米的地区，有黎巴嫩、以色列北部、伊朗北部和西部大部地区，以及马格里布，包括阿特拉斯山南麓内陆地区，降水主要集中在冬季几个月。由于降水量变化，河流的流量变化也很明显。在典型的情况下，夏季的流量相当于高水量冬季的 1/5~1/10。年度之间的变化也很明显，干旱地区比湿润地区变化更加明显。因此水的获取量变化很大，如表 1 所示。底格里斯河和幼发拉底河低流量季节的水量还不到平均流量的 1/3，约旦河在低水量季节的流量还不如年平均流量的 50%。

　　总的来说，中东每年的可再生水资源供给量大约是 350BCM[①]，其中大约 120BCM 或者 35% 都是由该地区以外水源供给的。56BCM 是由尼罗河供给的，28BCM 是由幼发拉底河供给的，38BCM 是由底格里斯河及其支流供给的，除不可再生的地表水和地下水以外，该地区还有大量不可再生水资源。此外还不同程度地拥有含盐水和海水。

表 1 中东北非的水获取量

国　　家	全年国内可再生水资源	全年河流流向		全年可再生水资源	人均可再生的资源数量		
		从他国流入	向他国流出		1960 年（立方米/年）	1990 年（立方米/年）	2025 年（立方米/年）
	（10 亿立方米）	（10 亿立方米）	（10 亿立方米）	（10 亿立方米）			
阿尔及利亚	18.9	0.20	0.70	18.40	1704	737	354
巴　　林	n. a	n. a	n. a	n. a	n. a	n. a	n. a
埃　　及	1.80	56.50	＊＊	58.30	2251	1112	645
伊　　朗	117.50	＊＊	＊＊	117.50	5788	2152	1032
伊　拉　克	34.00	66.00	n. a	100.00	14706	5285	2000
约　　旦	0.70	0.16	＊＊	0.86	529	224	91
黎　巴　嫩	4.80	n. a	0.86	3.94	2000	1407	809
利　比　亚	0.70	n. a	n. a	0.70	538	154	55
马　耳　他	n. a	n. a	n. a	n. a	100	75	75
摩　洛　哥	30.00	n. a	0.30	29.70	2560	1185	651

---

　　①　BCM 即 10 亿立方米。

续表

国　　家	全年国内可再生水资源（10亿立方米）	全年河流流向		全年可再生水资源（10亿立方米）	人均可再生的资源数量		
		从他国流入（10亿立方米）	向他国流出（10亿立方米）		1960年（立方米/年）	1990年（立方米/年）	2025年（立方米/年）
阿　　曼	2.00	n.a	＊＊	2.00	4000	1333	421
卡 塔 尔	n.a	n.a	＊＊	0.00	n.a	n.a	n.a
沙特阿拉伯	2.20	n.a	＊＊	2.20	537	156	49
叙 利 亚	7.60	27.90	30.00	5.50	1196	439	161
突 尼 斯	3.75	0.60	n.a	4.35	1036	532	319
阿 联 酋	0.30	n.a	n.a	0.30	3000	189	113
也　　门	2.50	n.a	＊＊	2.50	481	214	72
中东地区	228.45	152.05	31.86	384.64	3430	1436	667
非　　洲	4184.00	n.a		4184.00	14884	6516	2620
亚　　洲	10485.00	＊＊	＊＊	10485.00	6290	3368	2134
世　　界	40673.00	n.a	n.a	40673.00	13471	7685	4783

注：＊＊未知的跨边界河流，假定忽略；n.a表示空缺。

资料来源：《世界资源》1991～1992年和1992～1993年，世界银行评估。

如表1所示，1990年只有6个中东国家的人均水资源供给量超过每年1000立方米。把中东作为一个整体，人均水供给量预计2025年为每年667立方米，相当于亚洲的30%、非洲的25%，以及全世界的15%。这些数字中最令人震惊的是，水匮乏问题的发展速度如此之快。在一代人的时间里，人均供给量将下降81%，将从1960年的3430立方米下降到2025年的667立方米，主要原因是人口的迅速增长。

为了尽可能地解决水资源缺乏问题，许多国家，如阿尔及利亚、沙特阿拉伯、也门、海湾各国、约旦、以色列都在开采地下水，但前景并不乐观。因为开采地下水有风险，地下水与河流的相互作用会影响地表水的供应。而水层的下降会导致盐水或海水的渗入，从而影响水质。虽然开采存量较大的不可再生的所谓化石水层具有一定潜力，但是，由于开采水层的规模大，而水层又非常深，而且随着水层的下降，抽水的费用会不断提高，所以在经济上会受到制约。

2. 跨地区的水资源供给

中东地区的主要水资源都是国家间共用的。该地区有三条最重要的也是最有争议的河流，即约旦河、尼罗河、幼发拉底河和底格里斯河。约旦河谷完全处于中东地区之内，而尼罗河、幼发拉底河和底格里斯河主要来自该地区以外。除了河流以外，一些大的水层也是跨越边界的。

（1）约旦河流域。约旦河上游流经叙利亚、以色列和黎巴嫩。该河上游水源是流量比较稳定的泉水，最大的泉水是以色列的 DAN 泉。哈斯巴尼河（Hasbani）是约旦河的北方支流，是源于黎巴嫩的泉水。巴尼亚斯河（Baniaias）是源于叙利亚戈兰高地的赫尔蒙（Hermon）泉。约旦河上游流入太巴列湖，该湖现在是约旦河流域的主要蓄水之地。以色列把湖水直接调入全国输水管道。该水道的主要支流雅木克河（Yarmouk），在约旦与叙利亚之间，长40公里，在太巴列湖下游10公里处注入约旦河。叙利亚和约旦利用该河流分别灌溉 15000 公顷和 12000 公顷土地。约旦还从东戈尔运河（Eastern Ghor Canal）的灌溉项目中获得用水。在约旦河与雅木克河汇合之后，又有一些泉水和灌溉剩余的水注入约旦河中，最后流入死海。

约旦河受到两岸的严重污染，河水的盐化使盐分增加。此外，由于约旦和以色列的人口高速增长，对水的需求大大超过或不久将超过这两个国家的可再生水源量，加上以色列从约旦河大量引水，造成沿岸国家因河水而发生冲突。

（2）尼罗河流域。这是埃及最大水源，根据在阿斯旺测定的数据，每年大约85%的水量来自埃塞俄比亚高原，其他水量主要来自中部非洲。埃及为了确保水供应，积极寻求与上游各国合作，试图签署协议，但迄今为止，只同苏丹签订了协议。1959 年这两个国家签署了一项条约，规定了它们每年的用水份额。由于阿斯旺水坝蒸发量很大，占水量的14%，因此条约规定两国分担收益和损失，实施联合水源开发项目。由于两国同意分享尼罗河水量，该条约规定沿岸其他国家的要求将由两国共同考虑，这就意味着如果向另外一个国家分配水源，这一水量就要从埃及和苏丹的份额中按照相等的数量减除。埃塞俄比亚从来不承认 1959 年协定，并称其损害了埃塞俄比亚的利益。埃及和苏丹与埃塞俄比亚在历次有关会议上都表现出对立的情绪。然而，对水源的需求使沿岸国家认识到必须在水源使用和管理以及节约上进行合作。所以，近来沿岸各国加强了技术性接触。

（3）幼发拉底河和底格里斯河流域。幼发拉底河发源于土耳其，土耳其提供了94%的水量，还有4%是来自叙利亚的，来自伊拉克的水量很少。底格里斯河水量40%来自土耳其，50%来自伊拉克，10%来自伊朗。这两条河流汇合在一起，形成阿拉伯河，最后注入波斯湾。这两条河的水主要用于灌溉，占用水量的80%。在伊拉克用幼发拉底河水灌溉的面积为100万公顷，用底格里斯河水灌溉的面积为200万公顷。尽管叙利亚和土耳其的灌溉面积比伊拉克少得多，但这两个国家也有雄心勃勃的灌溉计划。与此同时，由于城市化和现代化，人均水消费量也在增加，加上这两条河的水流因蒸发而损失较多。所以，预计水资源，特别是幼发拉底河的水资源将大大减少，而底格里斯河水量还比较充足。但是底格里斯河也将受到所有计划灌溉项目的影响。事实上，这两条河流的水系越来越联系在一起。所有的有关水资源的开发项目都可能导致阿拉伯河流量严重减少，从而导致这条河流下游和三角洲地带水资源状况的恶化。因此，主要的问题是如何协调沿河各国之间的利益冲突。

（4）国际水层。北非和阿拉伯半岛有一些大型水层，有些是跨越国界的水层。因此，相邻国家都提出要求。最大的有争议水层是 Eastern Erg、The Nubian Stone Aquifer 和 The Saq/Disi。Eastern Erg 水层位于阿尔及利亚的阿特拉斯山南部，一直延伸到突尼斯，包括40万平方公里的面积，蓄水量大约相当于整个北非地区年平均可再生水源供应量的4倍。但目前每年补水只占其总量的0.04%。

The Nubian Stone Aquifer 位于埃及、利比亚和苏丹之间，面积180万平方公里，其中大约15万平方公里位于自喷井状态，蓄水量相当于中东地区年均可再生供水量的20倍。而且这一水层的补水状况良好，每年补水量相当于其总量的2.5%。对这一水层最大的争议是利比亚在水层的东南部进行大量开发，通过所谓的人工河项目，把水调往利比亚的沿海地区，其他两个沿岸国家担心这会大大减少该地区的地下水储量。

SAQ 结构即约旦的 Disi Aquifer，面积10.6万平方公里，从约旦向东和向南延伸，进入沙特阿拉伯。据认为，这是沙特阿拉伯最好的地下水资源。约旦担心的是，沙特阿拉伯正在开采这一水层的水源，用于种植低回报率的小麦，这将减少享受优先用途的用水量，从而损害约旦的利益。约旦至今还没有利用这一水源为农业服务，只是正在考虑利用这一水源为城市和工业服务。这些大型水层的性质和特点，以及可能的开采方法和对邻国的影响要通过广泛的调查才能确认。但一般而言，它们的特点是浅度斜坡和低渗透率，因此水位和水量不会很快受到距离的影响。抽水可以导致本地的水量迅速减少以及某个水井或井区的干枯。但在边界地区开采水源会影响邻国的利益，无疑只有通过合作管理和开采，才能较公正地解决争端。

（二）水资源的需求

维持人类生活的最低水需要量为每天 25 升，即每年 10 立方米；维持合理健康水平的最低水需要量是每天每人 100～200 升，即每年 40～80 立方米。在发达国家，家庭用水超过每天 300～400 升，即每年 150 立方米以上。按照这样的标准，到 2025 年，5 个中东国家的可再生水资源将无法满足本国居民的基本需求，它们是约旦、利比亚、马耳他、沙特阿拉伯和也门。其他国家的水资源供应将超过人类基本需要，虽然超过的幅度不尽相同，但在多数国家超过的幅度比较可观。以上假设是建立在所有可再生水资源都被调动的基础上的，实际上，不可能调动所有可再生的水资源，因为调动水资源的成本会随着地点和水量的变化而不同。因此从经济方面看，除了沙特阿拉伯、马耳他、巴林、卡塔尔等少数特例之外，灌溉是水资源最大的用途，大约占全地区用水量的 85%。在 1970～1987 年，灌溉区的总面积扩大了 250 万公顷，或者说扩大了 15%，灌溉区的 60% 集中在摩洛哥、埃及、伊拉克和伊朗。其他国家如埃及、摩洛哥和叙利亚也都有继续扩大灌溉区的大型计划。由于对稀缺水资源的竞争，这些计划能否实现还是一个问题。

尽管这些国家的用水量主要是灌溉，但城市用水量也在迅速增加。该地区国家已经高度城市化，多数国家都被列为中等收入国家，居民和工业用水的需求比其他发展中国家要高，城市人口中可以获得安全饮用水的人数达到 100%，城市卫生的覆盖面也比较高，与此相对照的是，在农村这些服务还比较差，只有 66% 的居民可以获得安全用水。该地区 1965～1990 年这个时期与 1990～2030 年这个时期相比，预期人口增长率将从 3% 下降到 2.4%，但这一增长率按国际标准仍然很高，人口总数将从 1990 年的 2.45 亿增加到 2025 年的 5.25 亿。如果城市人口比例从 60％ 提高到 75％，城市消费的可再生水资源所占份额必须从 10％ 提高到 20％ 以上，这还仅仅为了维持现有的用水水平。对水的需求还在不断地增加，所以，要提高灌溉的效率以及把灌溉用水重新配置为其他用途，用以提供充足的可再生水源，以满足需求。但是对灌溉用水重新配置将非常困难，尽管付出很高代价，但很多国家仍继续把水资源配置给回报率很低的农业部门。

水质退化是中东地区的一个重要问题，也是影响对水的需求的一个重要因素。该地区主要污染源：第一，未经处理的城市废水，其中包括管理不善的厕所和化粪池以及其他一些地面废物渗透到水体；第二，未经处理的工业废物被排放到城市排污系统中，或直接被排放到水体中；第三，不卫生的垃圾填埋场所存放的固体废物中的有害污染物质渗透到水体中；第四、化肥、农药等农用化学物质渗透到水体中。

由于这些原因引起的污染造成水体质量下降，影响了大众健康，影响了资源的再生和利用，也使合乎卫生标准的水资源数量进一步减少，或者使获得合乎标准的水资源的成本更加高昂。地下水一旦被污染，就很难恢复。尽管河流具有一定的自我净化功能，但水质的下降增加了处理的成本，特别是增加了下游用户的处理成本。而海水渗透到沿海的淡水层，在一些国家这是一个严重的问题，比如以色列、海湾国家和利比亚。许多国家的灌溉区，如埃及、伊拉克和尼罗河三角洲的一个普遍问题就是涝注和海水渗透，和由此引起有关的盐碱问题。

合乎质量要求的用水的成本正在上升。因为需要开发周边的和更加遥远的水源，水的成本还要增加。此外，不仅处理水的成本在增加，安全存放废水的成本也在增加。如果水的价格远远低于用水的成本，对于回收和减少水的使用，或减少废水的产生就不会产生激励。低成本的水导致收入的流失，这将导致运行和维修缺乏资金，结果是绩效差和服务差，与此同时，限制了本地水源管理机构和政府调动投资满足今天和未来需要的能力。

（三）水资源供求失衡

在中东地区，只有黎巴嫩和伊拉克的水资源是充足的，而且较好地分配给它们的居民。但就这两个国家而言，储存水源也是必需的。伊拉克面临的问题是，由于幼发拉底河上游开发，水量骤减。底格里斯河在一定程度上也存在类似问题。蓄水有利于枯水季节对水的调控。黎巴嫩面临的问题是，长期内战以后对水源的管理。从理论上讲，对水量盈余部分进行分流有助于解决与邻国的冲突问题，但实际上这种做法不被接受。

从另一个极端的情况来看，一些国家采用的水量已经超过其水资源的供给，包括利比亚、沙特阿拉伯、也门、海湾国家。就其他国家而言，基本上达到了极限，或不久就将达到极限，它们是埃及、以色列、约旦。阿尔及利亚、伊朗、摩洛哥和突尼斯面临严重的地区性缺水问题。尽管从总体上它们是水量盈余的国家，但调动地方的盈余水量用于其他缺水地区是一项非常昂贵的举措，转让的成本高，要充分调动盈余水是难以操作的，因为会受到现有用户的抵制，此外，还有物质方面的困难。

水资源的平衡有难度，无论供给还是需求都有不确定性。如果投资有限，或有物质方面的困难，就会出现缺水的情况。但是，归根结底，水资源与其他商品一样，供给和需求最终是平衡的。问题是以计划的方式还是以无计划的方式实现平衡，以高成本还是以低成本来实现平衡。由于有大量的无穷无尽的海水可以淡化后供应，因此水资源的供给平衡问题最终是一个经济问题。水能否被开采或者净化出来使用，以及废水能否安全存放，都是一个经济问题。这个问题可以进行理性分析，但是各国对水的需求以及为此发生的一些冲突则使这种理性分析的结果难以变成现实。

二 中东地区面临的水资源的问题和解决的思路

（一）理顺水资源的价格

在中东地区，水费普遍过低。如在阿尔及利亚，水的边际成本为 0.52 美元/立方米，而税费只有 0.12 美元/立方米。用于灌溉时二者差距更大：成本是 0.32 美元/立方米，而水价却是 0.02 美元/立方米。在埃及，城市用水成本为 0.25 美元/立方米，但居民消费者的水费平均不超过 0.03 美元/立方米。例如约旦，约旦河谷的农业用水费用是 0.23 美元/立方米，而从约旦河谷所抽地上水费用是 1 美元/立方米。

以上水的成本还未包括废水处理成本，而这一成本在摩洛哥是 0.12 美元/立方米，在约旦是 0.37 美元/立方米，在海湾国家是 0.4 美元/立方米。

即便在约旦这样一个城市用水的水费接近新水源长期边际成本的国家，政府依然对水资源供应机构提供补贴。在该地区其他国家，水费普遍低于成本。灌溉水费一般都低于城市用水水费，而城市用水水费已经低于供水成本。对水费的补贴往往被认为是冲销农产品低价格的手段，而农产品低价格又是为了保证城市的食品价格不上涨。这种观点有一定道理，但免费使用灌溉用水向农民发出了错误的信号，导致水资源的过度使用。

对中东地区来说，水的价格应该充分反映水资源的稀缺性和环境成本。低价格鼓励了水的消费和浪费，也给水资源管理部门的保养预算增加了压力，导致水处理的状况差和质量差。所以，在理顺水资源价格的过程中，理顺水费是必不可少的。摩洛哥有关用水的法律规定，所有用户都按同样价格支付水费，但实际上灌溉用水的收费低于城市用水。在许多国家，灌溉仍然得到补贴。埃及和也门的地表水供应由有关机构免费提供，而这些机构的经费也是来自于税收和其他公众收入，而不是水费。提高水费可以鼓励节水，可以提高水的利用效率，可以激励农民增加对节水技术的投资，不再耕种高耗水的作物等。可使用补贴和退税的手段，鼓励对水处理的投资，既可以用国家预算投资，也可以用水费开支。对于违反用水数量和质量规定的用户应当采取惩罚措施。灌溉用水的节约可以采取多种方法，如对微灌溉设备给予补贴，制定惩罚性税收标准，对节约用水的用户给予财政奖励。

（二）水资源的合理配置

中东地区农业用水过多，不符合缺水地区的比较利益原则。

该地区水资源的供给成本不断上升，将其与农业生产中的价值进行比较，假定 1 公斤小麦需要 1 立方米的水，那么近似的估计是每单位小麦生产用水的价值的增加相当于 0.05 ~ 0.1 美元/立方米。另一方面，小麦价值的比例对于海水淡化成本来说大概是 1∶25 到 1∶50。如果修建水库以建立蓄水能力用于调节年度和季节间水量，则代价更为高昂。水库还要考虑高蒸发率的损失，如阿斯旺水库的蒸发率达到 14%。

因此，在各种用途之间重新配置水资源的供应，是合理利用水资源的关键因素。应该减少农业用水，特别是像小麦等低增加值高耗水的农作物的种植，把有限的水资源用于高增加值的产业。中东地区灌溉用水大约占全部用水的 80%。因此，只要把很小一部分农业用水调拨给其他用途，就可以提高其他部门的水供应。例如在摩洛哥，如果把农业用水调出 5%，就可以使居民用水总量增加 1 倍。在约旦，如果把农业用水调出 5%，可以使居民用水增加 15%。

一些国家采取不同的调控措施，比如，调控地下水开采。多数国家采用了颁发开采许可证的制度，但实际上很难控制，因为只有少数国家具有相应的行政管理能力。比如，融资的制约。与抽水有关的融资制约可以成为最终的控制手段。如果设备、电力、能源、贷款这些投入和农作物、工业产品这些产出按照真正的成本定价，且没有不利的外部因素，如盐分的渗透等，那么就可以产生经济上行之有效的解决办法。再比如，财政激励。财政干预应当遵循两项原则，一是使用者付费原则，一是污染者付费原则。这些原则在许多情况下被认为是公正的，得到公众认可，经济上也是行之有效的。但中东还没有国家系统地采用这种机制。有些国家想做，但行政管理能力弱，因而在实施过程中失败了。以色列是一个例外，70 年代初以来采取了严格的需求限制措施。收费往往被认为是回收为水资源管理机构运行和保养成本的机制，但它也可以促进提高用水的效率，鼓励把水资源从低回报的用途转向高回报的用途。水资源的开采成本较稳定，那么水的价格就相当于边际成本价格。

但没有哪个国家愿意下决心把灌溉用水转变为居民用水。即便有些政府承认这样做从长期来看是不可避免的，但实际上仍然难以实行。因为从干旱地区调出灌溉用水会摧毁那些地区的农业，此外，许多中东国家已经无法生产基本的口粮，而更加依赖于进口，这种风险在政治上是难以接受的。因此，许多政府继续推行灌溉区计划，尽管它们也承认水的问题很严重，但它们强调这对于食品安全和地区性开发是十分重要的。

所以水资源的合理配置是中东国家迫切需要解决而同时又长期存在的问题。

（三）采用先进技术，节水和提高用水效率

中东地区用水效率低下，例如灌溉效率就很低，如果灌溉方面损失的水能成为地下水的补水，那么就能提高整个流域的用水效率。而这要求有先进的技术支持。例如利用微灌溉技术，就可以使灌溉用水节约 30%～50%。以色列的灌溉 90% 使用了滴灌，大大节约了农业用水。约旦也正在努力学习和

利用这项技术。但滴灌技术昂贵，而且需要可靠的水源。以色列的重力灌溉的成本是 0.1~0.29 美元/立方米，滴灌的成本是 0.53~0.89 美元/立方米。摩洛哥的重力灌溉的成本是 0.12~0.35 美元/立方米。尽管滴灌的价格不低，但对于水资源稀缺的地区来说，也不失为一种选择。

对于中东地区一些有条件的地方，则可以实行海水淡化。

由于该地区水资源匮乏，地理特点使其海水淡化能力占全世界的 60%。海水淡化在沙特阿拉伯、海湾地区和马耳他已经是淡水供给的一个重要的途径。沙特阿拉伯的海水淡化量占了世界容量的 30% 和中东的几乎全部。马耳他经海水淡化后的供水量占总供水量的 50%。

海水淡化通常首选的是蒸馏法，其成本通常在 1.0~1.5 美元/立方米。由于成本昂贵，海水淡化几乎全部集中在富裕国家的工业用水和居民用水方面，而且大型的海水淡化厂无一例外地都与获得廉价能源有关。这里成本是一个问题，尤其对于那些内陆的城市而言更是如此。但尽管如此，海水淡化水依然提供了一种比可再生水供给更为可靠的资源。

另外，采用废水处理技术也可以缓解水资源的短缺。

处理过的废水在灌溉中被频繁使用，如 1993 年世界银行就有报告断定，废水再利用能够增加水供给，并已经提供了具有重要的环保利益的使用功能。在阿拉伯半岛缺水的国家，主要是要保证长期的农业灌溉用水的需求。

在以色列、约旦和沙特阿拉伯，使用处理过的废水的计划已经广泛地展开。在另一些国家，如摩洛哥、埃及，尽管健康受到影响，但仍然使用未经处理的废水。由于技术的利用，废水处理成本在 0.12~0.4 美元/立方米，这比海水淡化和储水运输计划要经济。如果水是用来直接灌溉，那么应该达到健康指标。这样，附加成本可能比正常环境里要高一点。但对于这个水资源匮乏的地区，城市废水处理将发挥日益重要的作用。

（四）开展国际合作

缺乏合作是许多地区性节水项目无法开展的原因之一。如以色列的滴灌技术无法应用于阿拉伯国家，还有将水或冰山由拖船、油轮从北极运到该地区，或在土耳其修建管道，将剩余水流引入下游地区等。但这些方案需要较高的成本，而且，在选择管道和油轮的情况下，许多国家面临技术上的困难，以及可能遇到的政治问题和地区冲突问题。再如对地下水的利用，相对于世界其他许多地区而言，中东相当依赖于地下水，至少在尼罗河、幼发拉底河和底格里斯河流域以外地区是如此。在一些国家，地下水已经成为主要供水来源，包括沙特阿拉伯和海湾地区，地下水基本上是唯一的自然生成的淡水来源，在约旦和以色列，地下水分别占淡水供应的50%和55%。地下水的开采接近或超过限度的国家不少，包括也门、以色列、约旦、沙特阿拉伯和海湾国家。

过度抽取地下水已经导致许多地方的水位迅速下降。盐分的渗透和城市以及工业废水造成的污染已经成为普遍的问题。如果要改变这种状况，成本是巨大的。而且，地下水的抽取会引发国家间对水源的争夺，进而引发地区冲突。因此，开展国际合作有利于地区开发利用水资源和开展节水项目。

西亚非洲的人口控制与可持续发展

杨 光 仝 菲[*]

西亚、非洲都属世界上人口增长速度最快的地区之列。据统计，1990~1999 年世界年均人口增长率为 1.4%，而撒哈拉以南非洲为 2.6%，中东和北非地区为 2.2%。[①] 目前，非洲地区的人口密度已经达到每千公顷 249 人，远远低于每千公顷 442 人的世界平均水平。[②] 中东地区虽然总体人口密度不大，但由于该地区绝大部分地区是沙漠，适合人类居住的面积实际上并不多。人口过快增长已经成为该地区国家可持续发展的一个重要制约因素。中东国家的人口快速增长具有复杂的社会经济原因，但随着该地区国家可持续发展意识的增强，控制人口增长的努力正在取得进展。

一 人口快速增长的负面影响

（一）人口增长冲销了经济增长的成果

对于经济增长来说，快速的人口增长仿佛是一个陷阱。在人口增长率高的国家，新增长的国内生产总值往往被快速增长的人口所冲销，以至于人均国内生产总值增长缓慢、停滞不前，甚至下降。20 世纪 90 年代，尽管

* 杨光，中国社会科学院西亚非洲研究所所长、研究员。仝菲，博士，中国社会科学院西亚非洲研究所副研究员。

① 世界银行：《2000~2001 年世界发展报告》附表，中国财政经济出版社，2001。

② 联合国人口基金会：《2001 年世界人口状况——人口与环境变化》，纽约，2001，第 24 页。

中东和非洲两个地区的经济增长都有所恢复，但由于人口增长过快，人均国内生产总值的增长却处于停滞和倒退状态。1990～1999 年，阿拉伯国家的人均年 GDP 增长率仅为 0.7%，撒哈拉以南非洲国家的人均年经济增长率为 −0.4%。①

（二）人口快速增长加重了就业负担

人口快速增长的后果之一是就业年龄的人口迅速增加和就业需求的迅速增长。大量的就业机会在很大程度上要依靠充足的投资来创造。然而 80 年代世界经济形势恶化，西亚非洲国家普遍陷入经济困难，投资增长停滞，甚至大幅度下降。1980～1990 年中东北非和撒哈拉以南非洲地区的劳动力分别年均增长 3.1% 和 2.6%，而同期这两个地区的年均国内生产总值增长率分别只有 3.0% 和 2.4%。② 劳动力数量的快速增加和经济增长速度缓慢使就业压力越来越大，失业问题日益严重。例如，1991～1999 年摩洛哥的总失业人数从 69.55 万人增加到 116.18 万人，1980～1999 年土耳其的失业人数从 25.6 万人增加到 173 万人。③

（三）人口快速增长对环境造成压力

人口快速增长对环境造成的压力主要表现在土壤退化、水资源短缺和森林面积减少等方面。

土地是一种有限的不可再生资源。然而，西亚地区 80% 的土地已经沙漠化或正在沙漠化过程中。非洲已经有 5 亿公顷的土地发生退化，其中包括 65% 的农业用地。④ 土壤退化的直接后果是耕地数量减少，农业生产下降，粮食供应越来越困难，对进口粮食的依赖日益严重。非洲地区甚至经常爆发大规模的饥荒。1979～1981 年中东北非人均可耕地 0.29 公顷，1995～1997 年减少到 0.21 公顷；同期撒哈拉以南非洲地区人均可耕地从 0.32 公顷减少到 0.25 公顷。⑤ 在 1985～1995 年之间，非洲 46 个国家有 31 个人均粮食产量下降。

① 联合国开发计划署：《2001 年人类发展报告》，中国财政经济出版社，2001，第 179 页。
② 世界银行：《2000～2001 年世界发展报告》，中国财政经济出版社，2001，第 283、299 页。
③ 国际劳工组织：《1989～1990 年劳工统计年鉴》，第 9 表；《2001 年劳工统计年鉴》，第 456 页。
④ 联合国人口基金会：《2001 年世界人口状况——人口与环境变化》，纽约，2001，第 24 页。
⑤ 世界银行：《2001 年世界发展报告》，中国财政经济出版社，2001，第 283 页。

据联合国粮农组织统计，撒哈拉以南非洲地区目前缺粮人数已达 2800 万人，其中 1800 万人生活在非洲东部地区，[①] 预计撒哈拉以南非洲国家的谷物生产和市场需求之间的差距将从 1990 年的 900 万吨增加到 2020 年的 2700 万吨。[②]

土壤退化的原因是复杂的，暴雨、洪水、旱灾等自然灾害的频发无疑是造成土壤退化的重要原因。但人口过度增长也对土壤退化起到了促进作用。在土地资源有限和生产集约化程度很低的情况下，随着人口快速增长，西亚和非洲北部和南部地区的居民特别是贫穷的牧民只能依靠过度放牧来满足相应增长的食品需求，从而超过了草场的恢复能力，导致草场退化。非洲西部和中部国家尽管尚有一些可耕地资源，但在现有经济和技术条件下，开发这些土地相当困难。由于尚未有效地治理河盲症（盘尾丝虫病），沃尔特河、尼日尔河、刚果河、冈比亚河和上尼罗河的大片肥沃河谷无法开发；昏睡病（由采采蝇引发的锥虫病）使占撒哈拉以南非洲大约 45% 的地区难以发展农牧业生产。这些地区的农村居民在有限耕地上广泛采用原始的烧荒和轮种制度，致使土壤的植被遭到破坏。西亚的约旦、叙利亚、也门、黎巴嫩等国的农民被迫开发生态环境脆弱的山区坡地，造成了严重的水土流失，从而使农业生产的条件趋于恶化。

人口过度增长加剧了水资源的短缺。西亚地区是世界上水资源短缺较为严重的地区。降雨稀少、蒸发量大和海水对淡水层的渗漏是该地区水资源短缺的主要自然因素，而人口的快速增长、由此引起的对水资源的需求急剧增长和人均水资源数量减少，以及人类社会经济活动导致的水污染则是主要的人为因素。1998 年，中东北非地区的人均淡水资源拥有量仅为 1045 立方米，远远低于世界其他地区，更是远远低于 8345 立方米的世界平均水平。[③] 非洲的水资源总体上是充足的，目前每年只使用可再生淡水资源的 4%，一些国家还拥有较大的江河，1998 年人均淡水资源拥有量达 8441 立方米。但非洲水资源的分布不平衡，干旱地区的国家只能依靠抽取地下水和使用有限的地表水，随着人口的快速增长和社会经济活动的增加，水资源供应日趋紧张。据估计，目前，已经有 14 个非洲国家面临水资源紧张问题，到 2025 年还将有 11 个国

---

① 《非洲 2800 万人口缺粮》，人民网时事要闻栏目，2001 年 5 月 25 日。
② 联合国人口基金会：《2001 年世界人口状况——人口与环境变化》（中文版），第 15 页。
③ 世界银行：《2000~2001 年世界发展报告》，中国财政经济出版社，2001，第 295 页。

家面临同样的问题，其中北非地区的问题特别突出。[①] 水资源的短缺不仅逐渐成为制约一些国家经济社会发展的因素，而且对有限水资源的分配纠纷与争夺已对中东、非洲地区的和平构成威胁。

人口过度增长使森林资源进一步减少。非洲是世界上森林资源丰富的地区，约占世界森林总量的 17%，但非洲的森林正在逐渐减少，1990～1995 年减少的速度为平均每年 0.7%。森林减少的原因很多，其中包括干旱、商业性开采、火灾、战争等因素，但人口增长的因素不容忽视。人口增长对森林减少的主要影响在于：一方面，为了满足不断增长的粮食需求，农民垦荒毁坏了大量的森林；另一方面，非洲国家还有 90% 的人口以木柴和其他植物为主要燃料，人口增长使木柴的需求增长，成为森林减少的重要原因。据统计，1970～1994 年非洲的木柴和木炭产量和消费量翻了一番。[②]

（四） 人口增长也是过度城市化的原因

西亚非洲与世界其他地区相比，城市化程度虽然不高，但城市化的发展速度相当快，城市人口的增长速度往往高于平均人口增长速度。1975～1999 年，阿拉伯国家的城市人口比例从 40.4% 提高到 54%，撒哈拉以南非洲国家的城市人口比例从 20.8% 提高到 43.3%。[③] 非洲是世界上城市化速度最快的地区，每年城市人口以 4% 的速度增长。目前非洲已经有百万人口以上的城市 43 个，到 2015 年将增加到 70 个。阿拉伯半岛是西亚非洲城市化程度最高的地区，城市人口比例平均已经超过 80%。[④] 西亚非洲地区城市化快速发展除城市人口自身繁衍以外，主要是由以下原因造成的。第一，城市现代工业和服务业的发展，吸引了大量的农村劳动力涌入城市。特别是 20 世纪 70 年代至 80 年代初国际石油价格上升，该地区的一批石油输出国石油出口收入急剧增加，导致工业和服务业的快速发展，也带动了农业人口向城市人口迅速转变。石油输出国往往是该地区城市化发展较快的国家。第二，石油输出国的经济发展不仅带动了国内的劳动力转移，而且导致大量本地区和地区以外国家的外籍劳工涌入其城市劳动力市场。在海湾国家，80 年代外籍移民劳工的

---

① 联合国人口基金会：《2001 年世界人口状况——人口与环境变化》，纽约，2001，第 24 页。
② 联合国人口基金会：《2001 年世界人口状况——人口与环境变化》，纽约，2001，第 24 页。
③ 联合国开发计划署：《2001 年人类发展报告》，中国财政经济出版社，2001，第 155 页。
④ 联合国环境规划署：《全球环境展望之三》，中国环境科学出版社，2002，第 244 页。

人数一度达 500 万人之多，科威特的外籍人口甚至超过了本国人口。这些外籍劳动力绝大部分集中在城市地区。第三，该地区农业长期以来发展比较缓慢，农业机械化逐步取得进展，农业耕地资源越来越紧张，一些国家在 80 年代以后的经济改革过程中重新出现了土地集中的情况，这些因素都导致农业就业形势日益严峻，农民收入没有得到明显的改善。因此，许多农民怀着改善收入的希望从农村向城市流动。第四，该地区冲突和战争频仍，经常导致大量农村人口躲避战乱而逃往城市。例如，在莫桑比克，80 年代就有大约 450 万人为躲避国内战争而迁移到城市地区。①

城市化的过快发展导致的主要问题是城市经济的发展难以提供足够的就业机会，大量城市劳动力处于失业状态，或只能依靠从事"非正规经济"维持生计。据联合国开发计划署统计，南非 45% 的城市家庭仍然依靠种植农作物维持生存。② 城市基础设施建设远远赶不上城市人口增长的需求，特别是城市周围贫民区迅速扩大得不到相应的市政服务，许多城市居民缺少适当的住房、道路、供排水设施、卫生设施和垃圾管理服务。城市过度膨胀还带来交通拥挤、城市空气和水污染以及犯罪率上升等一系列社会问题。从各种案件受害人数占城市人口比例来看，1996 年博茨瓦纳的哈博罗内市为 31.7%，1995 年南非的约翰内斯堡市为 38%，1995 年乌干达的坎帕拉市为 40.9%，都属于犯罪率较高的城市。③

二　人口快速增长的原因

人口增长是受社会经济发展水平决定的。在一定的社会经济条件下，人口出生率和死亡率的变化组合，使人口增长大致经历 3 个阶段，这 3 个阶段所构成的进程，被人口学家称作"人口过渡"。从发达国家的经历来看，在它们实现经济现代化以前的漫长岁月中，尽管出生率很高，但因生产力水平低下，无力抵御灾荒、瘟疫，且战争频仍，所以死亡率也很高，因此人口数量只是缓慢增长。从工业革命到第二次世界大战以前，经济迅速发展和随之而

---

① 联合国环境规划署：《全球环境展望之三》，中国环境科学出版社，2002，第 244 页。
② 联合国环境规划署：《全球环境展望之三》，中国环境科学出版社，2002，第 244 页。
③ 联合国发展计划署：《2001 年人类发展报告》，中国财政经济出版社，2001，第 206 页。

来的食品、卫生条件显著改善，导致人均寿命延长和死亡率的降低，但出生率变化尚不明显，因此人口进入高速增长时期。第二次世界大战以后，社会经济的进一步发展，改变了人们的生育观念，出生率下降，死亡率也已度过急剧下降时期而趋于稳定，人口增长率开始显著下降，趋近"更替"水平，即每一代母亲所生育的女儿数目仅够更替她们自己的数目。

中东和非洲国家近25年来，在社会发展方面取得了比较显著的成就。死亡率显著下降，婴儿死亡率降低，人均寿命延长，但出生率的下降幅度仍不明显，甚至在个别国家还有所增高，1995～2000年，非洲地区人口出生率为3.8%，死亡率为1.4%，西亚地区的人口出生率为3.0%，而人口死亡率为0.7%，[①] 正是出生率与死亡率的较大差异决定了较高的人口增长率。从总和生育率即每名妇女终生可能生育的子女总数统计来看，西亚非洲国家已经开始下降。以1970～1975年和1995～2000年两个时期相比，阿拉伯国家的这一指标从6.5个下降到4.1个，撒哈拉以南非洲的这一指标从6.8个下降到5.8个。[②] 但这两个地区的指标仍然远远高于世界其他地区。从总体上讲，西亚非洲地区显然还处于人口过渡进程的第二阶段，距达到人口更替水平还相当遥远。

西亚非洲国家人口增长率之所以居高不下，主要原因在于，其落后的社会经济状况依然对生育需求产生着强烈的刺激。

第一，总的来说，这些国家的医疗卫生条件已明显改观，儿童死亡率正在下降。以1970年与1999年相比，阿拉伯国家的婴儿死亡率从129‰下降到44‰，撒哈拉以南非洲婴儿死亡率从138‰下降到107‰；阿拉伯国家5岁以下儿童死亡率从198‰下降到59‰，撒哈拉以南非洲国家5岁以下儿童死亡率从226‰下降到172‰。[③] 但是，非洲国家的儿童死亡率仍然是世界各地区中最高的，而且远远超过发展中国家的平均水平。非洲是世界艾滋病发病最严重的地区，2001年该地区有230万人死于艾滋病，到2001年底共有2880万人感染了HIV病毒，其中南非有500万人，成为世界上艾滋病感染人数最多的国家。博茨瓦纳是世界成人艾滋病感染率最高的国家，感染率达38.8%。

---

① 国际劳工组织：《2001年统计年鉴》，第89页。
② 联合国开发计划署：《2001年人类发展报告》，中国财政经济出版社，2001，第155页。
③ 联合国开发计划署：《2001年人类发展报告》，中国财政经济出版社，2001，第167页。

阿拉伯国家中的低收入国家儿童死亡率也相当高。这些地区的父母为了确保一定数量的子女能够成活下来，只能采取多生多育的办法。

第二，在经济落后的乡村地区，粗放式的农牧业生产收益往往取决于劳动力数量的投入。多生孩子，特别是男孩，就意味着家庭劳动力和经济收入来源的增加。

第三，非洲国家社会保障制度普遍不发达，覆盖面窄，全民化程度低，多数伤病残疾者和老人仍需依靠子女抚养。因此养儿防老、养儿防病、多子多福的生育观念仍然根深蒂固。

第四，该地区妇女地位低下，是导致高生育率的重要原因。女性的受教育程度较低。1999 年阿拉伯国家和撒哈拉以南非洲国家的女性（15 岁以上）成人识字率分别为 49.0% 和 52.6%，不仅均低于东亚太平洋和拉美地区，也低于这两个地区各自平均成人识字率 61.3% 和 60.5% 的水平。[1] 到 1993 年撒哈拉以南非洲仍有 35% 的学龄女孩上不了小学，78% 的适龄女孩上不了中学。[2] 妇女就业的人数远远少于男性。中东北非地区的石油输出国和约旦等国妇女就业人数只及男性就业人数的 7%～11%。[3] 缺乏受教育和就业机会使妇女早婚成风，且不了解现代高效避孕知识。据统计，1990～1998 年非洲育龄妇女的避孕普及率仅有 21%，是世界各地区中最低的。[4] 由于多数妇女没有收入来源，完全依赖丈夫，缺少应有的权益，无权继承财产，易遭丈夫休弃，在丈夫致残或失去劳动能力时便失去依靠，因而把生活的保障寄托于自己生育的子女特别是男性后代身上，因此生育愿望很高。

第五，在某些地区，政治局势的不稳定也是刺激生育的重要原因。在非洲，由于部族冲突频仍，人口多寡乃是决定部族实力的重要因素。在中东，国家之间和民族之间的长期对峙，大规模冲突和战争时有爆发，为了应付战争，一些国家对控制人口态度消极。据国际计划生育协会中东地区分会透露，海湾战争后，该分会下属的 14 个阿拉伯会员国的绝大多数，已不愿公开支持计划生育和调拨相应的人力和资金。

---

① 联合国开发计划署：《2001 年人类发展报告》，中国财政经济出版社，2001，第 167 页。

② 世界银行：《1996 年世界发展报告》，中国财政经济出版社，1996。

③ 美国《新闻周刊》，1993 年 3 月 1 日。

④ 世界银行：《2000～2001 年世界发展报告》，中国财政经济出版社，2001，第 291 页。

三　遏制人口快速增长的举措

尽管西亚非洲国家人口过速增长的现象是其社会经济发展水平落后的必然反映，但并不意味着它们对人口快速增长的挑战无动于衷。事实上，一些西亚非洲国家已经逐渐认识到控制人口增长的必要性和重要意义，并陆续采取了对策。到目前为止，一些开展生育控制较早的国家已经建立起一套人口增长控制机制，并摸索出一些适合本国国情的办法。一些原来未采取措施控制人口增长的国家也在转变态度。例如，伊朗在 1979 年"伊斯兰革命"后曾经长期反对计划生育。但自 1991 年起，官方开始采取鼓励计划生育政策，并制定出到 2011 年把人口增长率由目前 3% 降到 2.3% 的目标。20 世纪 70 年代因意识形态原因鼓励生育的阿尔及利亚等国在 80 年代也转而采取号召减少生育的政策。

西亚非洲国家采取的控制人口增长政策一般以推行计划生育服务为核心，并采取多种配套措施。

所谓计划生育服务就是为推行避孕措施提供信息和服务，以帮助夫妇控制生育数量和间隔。津巴布韦国家计划生育协会报告称，该国育龄人口的避孕率已从 1994 年的 48% 上升到 2001 年的 54%。[1] 埃塞俄比亚人口 2000 年的避孕率为 8%，政府的工作目标是到 2015 年将综合避孕率提高到 44%。[2] 埃塞俄比亚的一个非政府组织"埃塞救援组织"派工作人员挨家挨户地散发传单和避孕药具。计划生育服务的改善使育龄人口控制生育的愿望得以实现。据人口理事会对阿拉伯国家的一项调查显示，推迟生育对人口最多的阿拉伯国家阿尔及利亚、埃及、摩洛哥、苏丹和也门五国生育率的降低起了很大的作用。在摩洛哥 10% 的已婚妇女结婚后 5 年内没有生育，在城市地区这一比例为 15%。在埃及越来越多的妇女倾向于晚婚，控制子女数量和生育间隔。[3]

各国采取的配套措施主要包括提高妇女受教育和就业的机会，加紧社会保险体系建设，对儿童实行义务教育，加强妇幼保健，降低婴儿死亡率等。

---

① 《世界人口网络信息》（双月刊）2001 年 5～6 月，第 7 页。
② 《世界人口网络信息》（双月刊）2001 年 1～2 月，第 11 页。
③ 《世界人口网络信息》（双月刊）2001 年 5～6 月，第 11 页。

阿尔及利亚在联合国人口基金会帮助下，实施了青年信息项目，全国 48 个行政区的医疗中心以组织培训的方式，为青年提供生殖健康所需的信息和服务。联合国人口基金会、世界卫生组织和联合国开发计划署在吉布提联合开展了一个少女项目，主要目的是提供信息和社区优生健康服务。乌干达政府制定了在 2004 年向 20% 青少年提供适宜、方便和可承受的生殖健康服务的计划。马里新建了 7 个社区诊所和 1 家妇产医院，并配备了双向无线通信和运送病人的汽车，使妇产科的服务大大改观。摩洛哥一家全国非政府组织法玛中心对妇女提供生殖健康服务和为受到暴力侵害的妇女提供法律咨询。1999 年 11 月联合国人口基金会拨款 110 万美元，开始实施一项为期 3 年的改善约旦少女健康和福利项目，以便对 4.2 万名 13~17 岁的少女进行生殖健康和生活技能方面的教育和培训。① 这些措施的目的都是与计划生育措施相配套，以期降低人们的生育需求。

尽管非洲、中东地区的一些国家采取了控制人口快速增长的措施，但总的来看，不利于人口控制的因素依然广泛存在。经济发展还比较困难，脱贫的任务还相当艰巨，传统习俗和宗教势力的影响还相当广泛，局部战争和部族冲突的因素远未消除，教育普及和妇女解放还任重道远，有些国家还没有采取计划生育政策，这些因素仍在推动人口快速增长。展望 21 世纪，中东、非洲地区仍然是全球人口问题最严峻的地区。该地区人口增长的趋势是，总体上增长速度将放慢，但在相当长时期仍将高居世界榜首，对可持续发展构成严峻挑战。

---

① 联合国人口基金会：《1999 年报告》，中国人口信息研究中心，2000，第 14 页。

中东粮食进口安全问题

刘 冬[*]

中东是全球最为重要的粮食进口市场，该地区绝大多数国家所需粮食及其他基本食品严重依赖对外进口。而在中东国家中，存在严重粮食进口安全隐患的主要是那些基本食品进口支付能力较低的国家，特别是支付能力较低的非产油国，这些国家由于服务、货物商品出口收入难以满足国内粮食进口用汇需求，很难阻止国际高粮价向国内市场的传递，而这些国家普通民众对粮食价格变动又异常敏感，国内粮价上涨往往极易引发严重政治动荡。中东粮食进口安全问题的产生首先与该地区恶劣的农业生产条件有关，由于缺乏农业生产所必需的土地资源和水资源，除极少数国家外，均不具备实现粮食自给的能力。其次，催生中东粮食安全问题更为重要的原因是该地区非产油国工业制造业发展滞后，贸易账户存在巨额赤字，难以满足粮食进口用汇需求。由于中东粮食进口安全问题具有外生性的特点，未来国际粮价的走势将是影响中东粮食进口安全状况的首要因素。由于未来全球粮食价格及其他基本食品价格将会出现回落，中东粮食进口安全状况将会有所改善，粮价问题在该地区再次引发政治动荡的可能性将会大幅降低。

一　中东国家粮食进口现状

中东地区粮食安全问题与其他地区有着很大不同，中东地区并不存在绝

---

* 刘冬，中国社会科学院西亚非洲研究所助理研究员，主要研究领域为中东经济、能源经济。

对粮食短缺，无论从居民卡路里摄入量还是居民营养状况来看，均要好于世界平均水平。当前，中东粮食安全方面存在的主要问题是，该地区部分国家粮食对外依存度过高，而粮食进口支付能力又相对较低，当国际粮价大幅上涨传递到国内市场时，极易引发较为严重的社会问题，进而威胁到国家的政治稳定。

（一）中东国家高度依赖粮食进口

中东地区是世界上依赖粮食及食品进口最为严重的地区之一。2012 年，中东地区各国的人口总数虽然仅占到全球人口的 7.34%，但该地区食品进口贸易额却要占到全球粮食进口贸易总额的 10.63%，其基本食品进口贸易额在全球基本食品进口贸易总额中占比更是高达 11.05%。①

中东国家有很多都是粮食进口大国，2011 年，列全球前位的小麦进口国中，中东国家就有 6 个，其中埃及（980.00 万吨）和阿尔及利亚（745.54 万吨）是全球最大的两个小麦进口国，除上述两个国家外，中东地区的小麦进口大国还有：土耳其（第 7 位，475.47 万吨）、摩洛哥（第 14 位，366.19 万吨）、伊拉克（第 17 位，288.89 万吨）以及也门（第 19 位，268.69 万吨）。2011 年，列全球前 20 位的大麦进口国，中东国家也占有 7 席，其中，沙特阿拉伯（635.16 万吨）是全球最大的大麦进口国，除沙特外，中东重要的大麦进口国还有：伊朗（第 7 位，81.17 万吨）、阿尔及利亚（第 10 位，38.52 万吨）、叙利亚（第 12 位，37.88 万吨）、以色列（第 15 位，32.00 万吨）、摩洛哥（第 16 位，29.99 万吨）以及突尼斯（第 18 位，23.72 万吨）。②

除粮食外，中东国家消费的食糖、植物油等其他基本食品也需依赖进口。2011 年，全球前 20 位粗糖进口国中，中东国家占有 6 席，分别是阿尔及利亚（第 8 位，134.67 万吨）、埃及（第 10 位，114.43 万吨）、伊朗（第 11 位，104.51 万吨）、摩洛哥（第 15 位，85.18 万吨）、沙特（第 16 位，84.79 万吨）和阿联酋（第 18 位，71.40 万吨）。2011 年，列全球前 20 位的豆油进口

---

① 联合国贸易与发展会议 UNCTADSTAT 数据库，http：//unctad.org/en/Pages/Statistics.aspx，最后访问日期：2013 年 11 月 2 日。
② 按进口额排名，联合国粮农组织 FAOSTAT 数据库，http：//faostat3.fao.org/home/E，最后访问日期：2013 年 10 月 15 日。

国，中东国家也占有 5 席，分别是伊朗（第 3 位，63.28 万吨）、阿尔及利亚（第 4 位，48.44 万吨）、摩洛哥（第 7 位，35.07 万吨）、埃及（第 9 位，35.01 万吨）以及突尼斯（第 16 位，16.14 万吨）。[①]

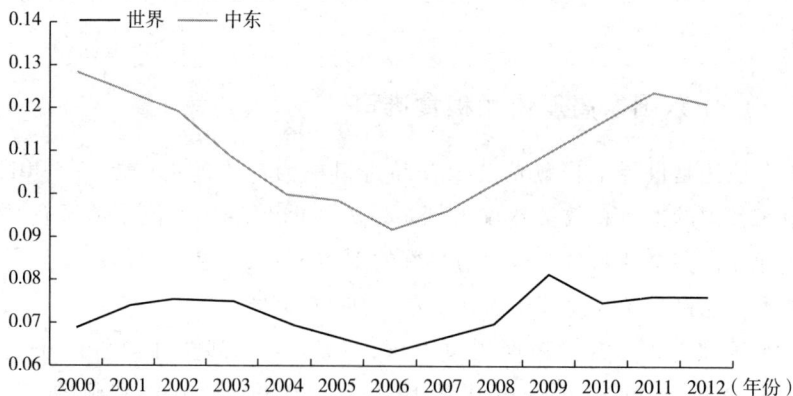

图 1　2000～2012 年中东、世界食品进口贸易额与货物进口贸易总额之比

资料来源：联合国贸易与发展会议 UNCTADSTAT 数据库，2013 年 11 月 2 日。

由于中东国家所需粮食和其他基本食品均依赖进口，因此食品在中东国家货物进口贸易中占有较高比重。2012 年，食品进口贸易额与进口贸易总额之比的世界平均水平为 7.62%，而中东国家的平均水平却高达12.13%，几乎是世界平均水平的 2 倍。2012 年，在中东国家中，只有土耳其（4.41%）、以色列（7.11%）、阿联酋（7.64%）和卡塔尔（7.80%）食品进口额与进口贸易总额之比低于或不远离世界平均水平，而当年食品进口贸易额在货物进口贸易总额中占比超过 15.00% 的国家和地区多达 11个，分别是埃及（21.90%）、巴勒斯坦（21.73%）、阿尔及利亚（19.85%）、叙利亚（19.42%）、苏丹（18.29%）、约旦（17.95%）、利比亚（17.22%）、科威特（17.18%）、沙特（15.99%）、巴林（15.50%）和伊朗（15.45%）。[②]

[①]　按进口额排名，联合国粮农组织 FAOSTAT 数据库，http：//faostat3. fao. org/home/E，最后访问日期：2013 年 10 月 15 日。

[②]　联合国粮农组织 FAOSTAT 数据库，http：//faostat3. fao. org/home/E，最后访问日期：2013 年 10 月 15 日。

（二）中东部分国家粮食进口支付能力极低

由于对外依赖程度高，粮食及其他基本食品的进口成为中东很多国家外汇支出的主要项目。在中东国家中，那些拥有较为发达工业基础的国家以及拥有丰富油气资源的石油出口国，可以凭借较强的货物出口能力满足国内粮食及基本食品的用汇需求，但对于那些工业基础薄弱且油气资源较为贫瘠的国家而言，粮食及其他基本食品进口用汇却给国民经济发展带来了沉重负担，并且成为威胁国家粮食安全的主要问题。

一国的粮食安全状况可用基本食品进口支付能力进行衡量，基本食品进口支付能力是货物及服务出口贸易总额与基本食品进口贸易额之比，该值越低，表明一国粮食进口的支付能力越低，该国存在的安全问题越严峻。图2是2012年中东各国基本食品进口支付能力。从图2中可以看到，2012年，世界基本食品进口偿付能力的均值为18.07，而在中东国家中，该指数高于或不远离与世界平均的中东国家主要是拥有较强工业基础的土耳其、以色列以及位于海湾地区的石油输出国。2012年，该值不足或接近世界平均水平一半的中东国家总共有10个，分别是突尼斯（9.19）、阿尔及利亚（7.93）、伊拉克

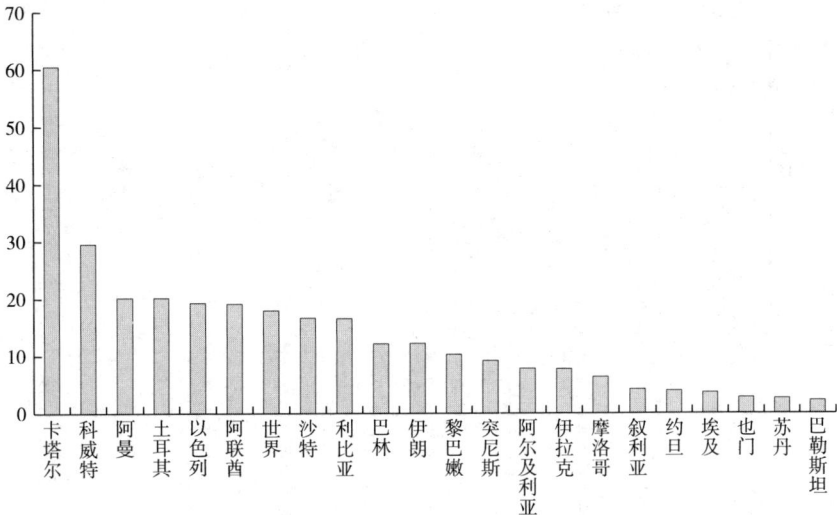

图2　2012年世界及中东国家食品进口支付能力

资料来源：联合国贸易与发展会议 UNCTADSTAT 数据库，2014年4月2日。

（7.63）、摩洛哥（6.42）、叙利亚（4.21）、约旦（3.96）、埃及（3.46）、也门（2.87）、苏丹（2.71）、巴勒斯坦（2.13）。从以上数据可以看到，如果是用基本食品进口偿付能力作为衡量标准，除以色列、土耳其以及海湾石油富国外，中东大多数国家都存在较为严重的粮食安全问题。比较而言，北非国家的粮食安全问题更为脆弱，在北非国家中，也仅有利比亚粮食进口支付能力高于世界平均水平，其他北非国家粮食进口支付能力甚至不足世界平均水平的一半。而在西亚地区中，叙利亚、约旦、也门、巴勒斯坦等缺少油气资源的国家以及伊拉克也存在较为严重的粮食进口安全问题。

由于货物及服务出口能力有限，而粮食及其他基本食品的进口需求又存在刚性，国际粮价的变动是影响中东粮食进口安全问题的一个重要因素。对于中东那些基本食品进口支付能力较低的国家，面对国际粮价的上涨，其粮食安全问题往往会变得更为脆弱。

图3是2005年、2012年中东部分国家粮食进口支付能力的对比图，该图能够很好地反映国际粮价上涨对中东地区粮食进口安全问题的影响。世界银行资料显示，国际粮价2005年还较为稳定，此后便进入快速上涨期，与2005年相比，2012年全球谷物价格上涨2.44倍，其他粮食价格则上涨1.57倍。

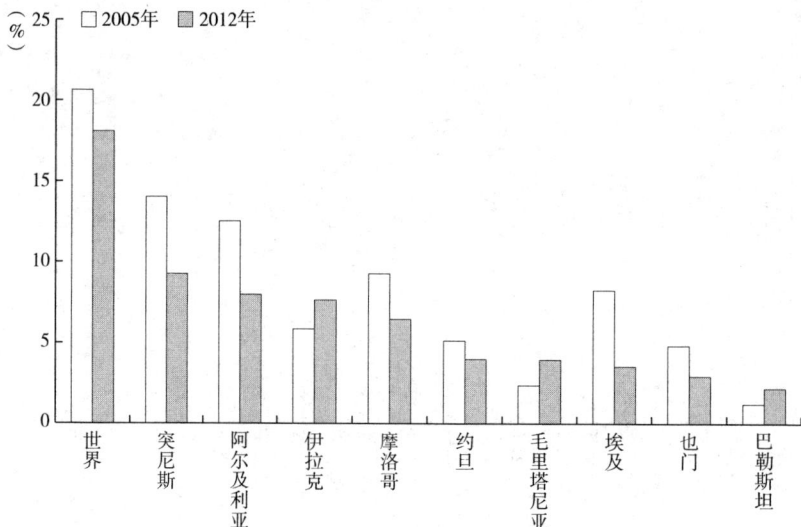

图3　2005年、2012年世界及主要阿拉伯非产油国粮食进口支付能力变化

资料来源：联合国贸易与发展会议 UNCTADSTAT 数据库，2013 年 11 月 2 日。

对比 2005 年的低粮价时期和 2012 年的高粮价时期，便可以发现，在高粮价时期，中东那些基本食品低支付能力的国家，其粮食进口安全问题变得更为突出。如图 3 所示，与 2005 年低粮价时期相比，2012 年中东粮食安全较为突出的国家，其基本食品进口支付能力都有大幅下降，其中，约旦降幅超过 20%，摩洛哥、突尼斯、阿尔及利亚、也门降幅超过 30%，而埃及的降幅甚至超过 50%。

二　中东粮食进口安全问题的表现

中东粮食进口安全问题表现在中东地区那些基本食品进口支付能力较低的国家难以抵御国际市场存在的高粮价，高粮价极易冲垮这些国家实施多年的食品价格补贴制度，带来国内粮食市场的价格上涨。而这些国家普通家庭对粮价又极为敏感，国内粮价的上涨往往会威胁到国家的政治稳定。

（一）高粮价极易冲垮低支付能力中东国家的食品价格补贴制度

实际上，中东很多基本食品进口支付能力较低的国家，如埃及、突尼斯、摩洛哥、阿尔及利亚等国一直以来都在实行食品价格补贴制度，这些国家实行的补贴制度对于平抑国际市场冲击，维持国内粮价稳定起到了重要作用，国际粮价的正常波动一般也都不会传递至上述国家的国内市场。但是，由于这些国家货物及服务出口能力较低，当国际粮价上涨超出一般波动范围时，这些国家便会因为粮食进口用汇不能得到满足而难以阻抑国际高粮价向本国市场的传递。因此，2005 年以后国际粮价的迅速上涨以及 2008 年之后形成的国际粮价高位均衡也就不可避免地冲垮了很多中东国家实行的粮食价格补贴制度。

在中东国家中，粮食进口支付能力较低的国家主要集中于北非地区。国际粮食市场与北非粮食市场价格变动的对比能够很好地反映出国际粮价变动对低支付能力国家食品价格补贴制度的影响。图 4 是 2000～2012 年代表国际粮价水平的美国小麦价格以及世界、北非、埃及国内粮价的变动情况。从图 4 中可以看到，2007 年以前，中东低支付能力国家所实行的粮食及基本食品价格补贴制度对于维护国内粮价稳定发挥了十分重要的作用，2000～2007 年，美国小麦生产者价格由 96 美元/吨升至 238 美元/吨，累计上涨 147.9%，而同期北非食品消费价格指数却仅上涨了 41.5%，埃及食品消费价格指数累计涨幅更是低至 30.6%。但是，2007 年以后，当国际粮价进入高位均衡状态，中东很多低支付能力国家实行的食品价格补贴制度遭受重创。2007～2011 年，美国小麦生产者价格由 238 美元/吨升至 266 美元/吨，涨幅仅为 11.8%，而同期北非的食品消费价格指数却上涨了 55.5%，之前食品价格极为稳定的埃及，其食品消费价格指数涨幅更是高达 99.2%。这也表明，国际粮价的持续走高最终击垮了中东部分国家实行的食品价格补贴制度，国际市场存在的高粮价均衡最终传递到这些国家的国内市场。

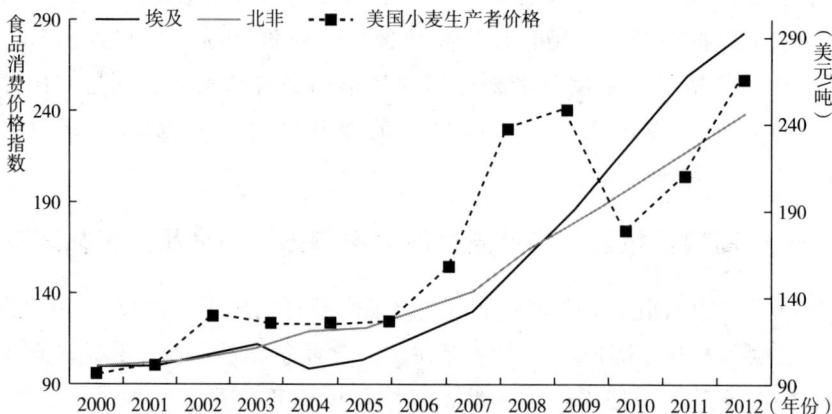

图 4　2000～2012 年美国、北非、埃及食品消费价格指数的变化（2000＝100）
资料来源：联合国粮农组织 FAOSTAT 数据库，2013 年 10 月 2 日。

（二）粮价上涨是威胁中东低支付能力国家政治稳定的重要因素

在很多中东国家，粮价上涨不单纯是一个经济问题，而是一个会动摇执政集团执政基础的政治问题。自取得独立以来，粮价上涨引发政治动荡是中东地区长期存在的一个问题。历史上，埃及（1977 年）、摩洛哥（1981 年）、突尼斯（1984 年）、约旦（1996 年）都曾因食品价格的暴涨或是食品价格补贴的削减引发过大规模游行示威运动。进入 21 世纪以后，粮价问题依然是影响中东地区政治稳定的重要因素。2008 年中东地区出现的粮价上涨带来的"粮食暴动"波及几乎所有中东低支付能力的国家。直到金融危机爆发，全球大宗商品价格回落后，这些国家的国内局势才逐渐稳定下来。[1] 而在2010年底，当国际粮价再次上涨时，突尼斯、埃及政府企图削减国内粮食价格补贴的行动最终引发席卷整个地区的动荡，在中东地区发生的这一波政治动荡中，受到冲击最大的主要是一些基本食品进口支付能力较低的国家。

在2008年"粮食暴动"和2010年底开始的中东地区局势动荡中，无论是从国别来看，还是从特定国家政治局势的发展来看，食品价格对中东低支付能力国家政治稳定都产生了重要影响。在2010年开始的中东地区局势动荡中，只有摩洛哥的局势始终保持稳定，该国也是在这轮政治动荡中所受冲击最小的非产油国，而在此前的2008年，由于没有控制住粮价上涨，摩洛哥国内也曾爆发过大规模群众游行示威活动，其规模和程度与其邻国并无太大差异（见表1）。

表1　2006～2012年中东低支付能力国家食品消费价格指数（2000＝100）

年份 国家	2006	2007	2008	2009	2010	2011	2012
阿尔及利亚	119.30	126.71	134.60	150.67	157.14	166.46	188.03
埃　　及	115.66	130.63	161.99	188.13	225.31	260.20	284.15
伊　拉　克	237.45	270.44	300.04	322.99	330.05	340.09	362.31
约　　旦	121.79	133.15	158.17	159.66	167.67	174.60	182.66
摩　洛　哥	163.06	168.34	179.84	—	114.69	116.32	119.09
叙　利　亚	138.04	150.53	181.69	182.16	190.69	205.92	283.89
突　尼　斯	121.43	124.84	132.60	138.27	147.22	152.64	164.11
也　　门	78.04	92.07	93.60	95.97	110.43	127.11	140.13

资料来源：联合国粮农组织FAOSTAT数据库，2014年4月2日。

从特定国家局势发展来看，粮价问题对中东低支付能力国家政治稳定的影响也有较为明显的表现。以埃及为例，近些年来，该国总共发生过4次较为严重的政治危机，分别是：2008年的"粮食暴动"，2010年底开始的以推

---

[1]　Mindi Schneider, "We are Hungry!" *A Summary Report of Food Riots, Government Responses, and States of Democracy in 2008* (Corpethics, December 2008), accessed May 1, 2009, http://www.corpethics.org/downloads/Hungry_ rpt2008.pdf; Ray Bush, "Food Riot: Poverty, Power and Protest," *Journal of Agrarian Change* 101 (2010): 119–129.

翻前总统穆巴拉克政权为目标的大规模游行示威运动，2011 年 6 月反对派和示威民众掀起的、直指军人过渡政府的"二次革命",[①] 以及 2013 年 7 月初爆发的"罢黜穆尔西"运动。正如图 5 所示，埃及前三次爆发政治危机之时，都曾出现过小麦零售价格的大幅上涨。根据联合国粮农组织的数据，2013 年 7 月初，"罢黜穆尔西"事件爆发前后，该国食品价格指数曾出现同比接近 15% 的涨幅,[②] 而根据近年来埃及小麦价格与食品价格的走势，埃及小麦价格的上涨幅度远高于同期食品价格的整体上涨幅度。

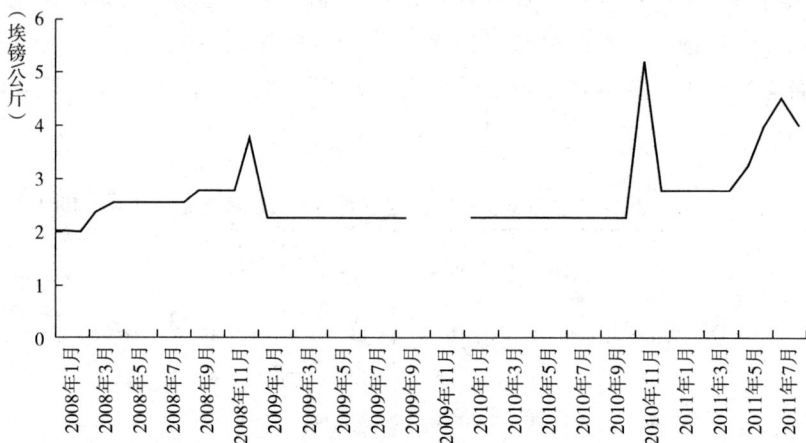

图 5　下埃及小麦零售价格的变动

注：下埃及（Lower Egypt）是埃及的政治、经济、文化中心区，习惯上指开罗以及其北的尼罗河三角洲地区。

资料来源：联合国粮农组织 Giews Food Price Data and Analysis Tool 数据库，2014 年 4 月 11 日。

中东地区低食品进口支付能力国家的国内政治环境之所以对粮价变动极为敏感，与这些国家国民普遍贫穷，普通家庭消费支付中用于食品的比例较高有关。一些研究表明，摩洛哥收入最低的 25% 的家庭将 60% 的收入用于购

---

① 2011 年 6 月 28 日夜至 29 日，埃及国内冲突再次升级，埃及首都开罗发生自穆巴拉克倒台以来最严重的流血冲突，数千示威民众与安全部队对峙，示威群众打出"打倒武装部队最高委员会"的标语，提出重新制定宪法，穆巴拉克执政时期的官员不得进入新政府等要求。"二次革命"的口号在埃及正式响起，埃及反对派和示威群众将推翻当前的军人过渡政府作为"二次革命"的斗争目标。

② 联合国粮农组织 FAOSTAT 数据库，http://faostat3.fao.org/home/E，最后访问日期：2013 年 10 月 15 日。

买食物；埃及家庭平均也要将 40% 左右的收入用于购买食物。① 而恰恰是因为用于购买食物的支出在居民消费总支出中占比较高，食品价格大幅上涨必然会导致这些国家居民生活水平的迅速下降，让居民生活变得更为困难。

三　中东粮食进口安全问题的根源

中东粮食安全问题产生的根源有两个：首先，中东大多数国家农业生产的自然条件极为恶劣，难以实现粮食自给；其次，则是因为相对较高的工资成本，造成中东一些非产油国制造业发展十分滞后，居民生活水平难有提高，因而对粮食价格的变动极为敏感。

（一）农业生产条件恶劣

中东地区较为严峻的粮食进口安全形势首先源自该地区较为恶劣的农业生产条件，耕地和水是农业生产不可缺少的自然资源。但是，在中东地区，没有一个国家的人均可耕地面积、人均水资源占有量同时超过世界平均水平。

如图 6 所示，2011 年，世界人均可耕地面积是 0.20 公顷，在中东国家中，只有苏丹（0.36 公顷）、利比亚（0.29 公顷）、土耳其（0.28 公顷）、突尼斯（0.27 公顷）、摩洛哥（0.24 公顷）、伊朗（0.23 公顷）、叙利亚（0.21 公顷）的人均可耕地面积超过世界平均水平，此外，阿尔及利亚（0.20 公顷）的人均可耕地面积与世界平均水平较为接近。除以上国家外，中东国家的人均可耕地面积要远远低于世界平均水平。

与耕地资源相比，中东国家的水资源更为贫瘠，如图 7 所示。根据世界银行公布的数据，2011 年，世界人均水资源占有量为 6122.12 立方米/年。而在中东国家中，只有土耳其（3107.09 立方米）的人均水资源占有量达到世界平均水平的一半。除土耳其外，2011 年，人均水资源占有量超过 500 立方米的中东国家仅有 6 个，分别是伊朗（1793.70 立方米）、伊拉克（1108.31 立方米）、黎巴嫩（1095.19 立方米）、摩洛哥（904.57 立方米）、苏丹（640.86

① Imed Drine, "The Food Crisis: Global Perspectives and Impact on MENA" (MPRA Paper, No. 22245, April 21, 2010), accessed May 1, 2012, http://mpra.ub.uni-muenchen.de/22245/1/MPRA_paper_22245.pdf; Sarah Johnstone and Jeffrey Mazo, "Global Warming and the Arab Spring," *Survival* 532 (2011): 14.

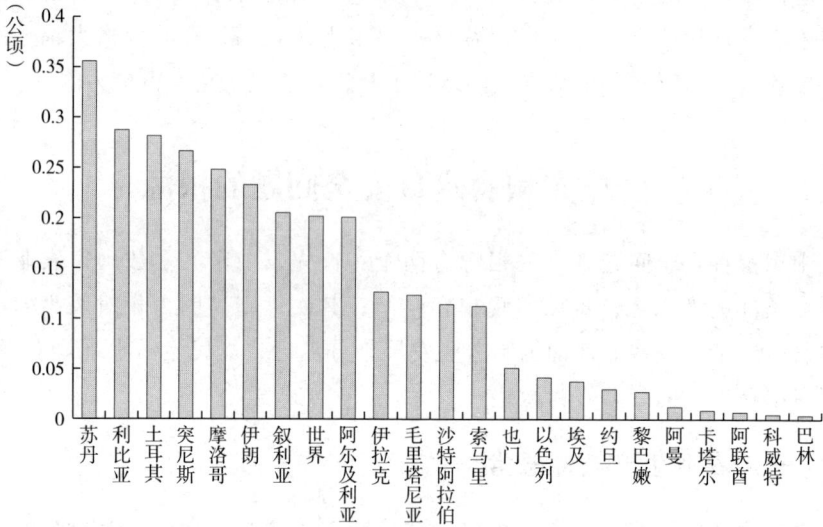

图 6　2011 年阿拉伯国家人均可耕地面积

资料来源：世界银行 WDI 数据库，2014 年 5 月 2 日。

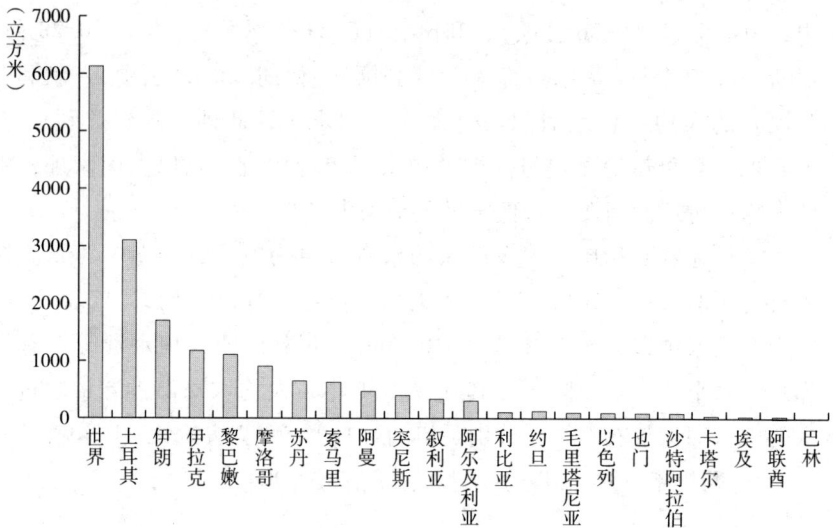

图 7　2011 年阿盟国家人均水资源占有量

数据说明：水资源占有量是指国内人均可再生淡水资源（Renewable internal freshwater resources per capita）。

资料来源：世界银行 WDI 数据库，2014 年 5 月 2 日。

立方米)、索马里 (605.58 立方米)。

因此，从农业生产的自然禀赋来看，中东国家农业生产的条件十分恶劣。恶劣的自然条件导致中东国家粮食及其他基本食品难以实现自给，只得依赖对外进口。历史上，包括沙特在内的海湾石油富国也曾试图借助资本和技术投入，提高本国农业生产力，实现粮食自给，但这一农业发展政策不但造成了巨大的资金浪费，也给本国脆弱的生态系统带来严重负面影响，经过多年尝试之后，沙特等国不得不放弃实现粮食自给的努力。总体来看，在中东国家中，除了农业生产条件明显优于其他国家的土耳其以及掌握先进农业技术的以色列，其他中东国家几乎不具备实现粮食自给的能力。[①]

(二) 部分国家制造业不发达，经常账户逆差严重

农业生产条件恶劣，粮食及其他基本食品需依赖进口虽然是威胁中东绝大多数国家粮食安全的一个重要问题，但是，中东地区并不是所有严重依赖粮食进口的国家都受到粮食安全问题的困扰，如用基本食品进口支付能力进行衡量，沙特等海湾石油富国的粮食进口安全状况还要远远高于世界平均水平。在中东地区，粮食进口安全状况最为脆弱的主要是那些基本食品进口支付能力较低的国家，而在低支付能力国家中，非产油国的粮食安全状况更为恶劣。中东非产油国之所以会存在较为严重的粮食进口安全问题，原因在于：这些国家经常账户逆差严重，外汇储备不足以满足维护粮价稳定之需求。而更深层的原因则在于中东非产油国相对较高的劳动力成本限制了这些国家工业制造业的发展，从而导致大量贫困人口的存在，居民用于食品的消费支出比例太高，对粮价变动极为敏感。

如图 8 所示，在中东食品进口支付能力较低的国家当中，阿尔及利亚、伊拉克等产油国凭借油气出口收入尚能保持贸易顺差，而那些油气资源较为匮乏的低支付能力国家，在总体贸易平衡方面，却存在严重的贸易逆差。2012 年，埃及、突尼斯、苏丹、摩洛哥、约旦贸易逆差与国内生产总值之比分别高达 8.42%、10.65%、11.58%、14.23% 和 30.39%。巨大的贸易逆差

---

① David Gibbon et al., *Farming System and Poverty*, Rome and Washington D. C.: FAO and World Bank, 2001, pp. 83 – 124.

也就意味着低基本食品进口支付能力的中东产油国在高涨的国际粮价面前，很难凭借自身能力维持国内粮价的稳定。

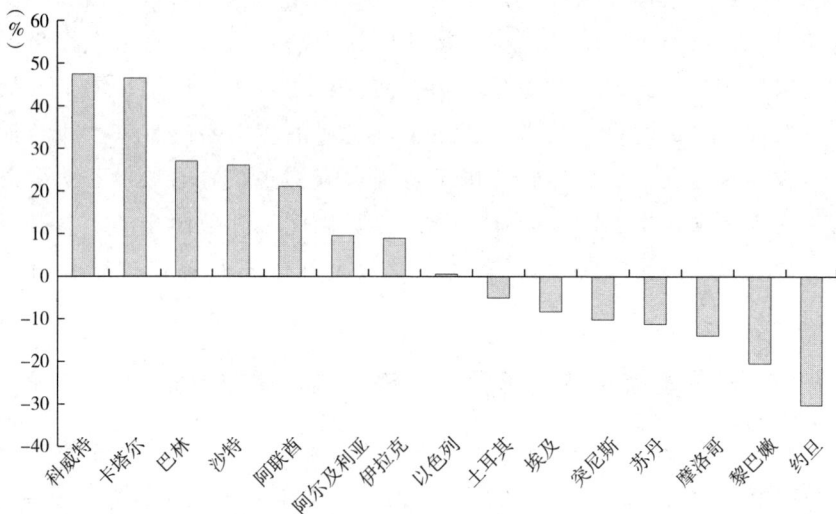

图 8　2012 年中东国家贸易顺差与国内生产总值之比

资料来源：世界银行 WDI 数据库，2014 年 5 月 2 日。

中东非产油国巨额贸易逆差的形成与普遍较高的劳动力成本限制其工业制造业发展有着密切关系。这里所说的劳动力成本较高，并不是指劳动力成本的绝对值高，而是指劳动力成本相对于单位劳动力创造的产值来说，劳动力成本过高。根据联合国工发组织提供的数据，在大多数基本食品进口支付能力较低的中东国家中，特别是那些油气资源较为贫瘠的国家中，纺织业是吸纳劳动力较多的部门，不过，即使在这个行业，中东国家劳动力相对成本也要远远高于其他发展中国家。在纺织品的纺纱、编织和精加工部门，中东非产油国工资回报率最高的是埃及和约旦，在这两个国家，单位美元的工资投入可以创造 2.1 美元的工业增加值。同样在纺织业部门，1 美元的工资投入在中国却可以创造 3.8 美元的工业增加值，投资效率较埃及、约旦高出 81.0%，在印度可以创造 3.2 美元的工业增加值，投资效率较上述两个国家高出 52.4%。而在食品加工部门，中东非产油国工资回报率较低的问题依然存在，以肉类、鱼类、水果、蔬菜及脂肪加工为例，中东非产油国工资回报率最高的是埃及，单位美元的工资投入可以创造 5.8 美元的工业增加值，而在同一个部门，单位美元的工资支出在中国的投资效率较埃及要高出 17.2%，在印度，其效率则要较埃及高出 20.7%（见表 2）。

表 2　阿拉伯部分非产油国及中国、印度主要制造业部门的工资回报率*

	纺织品的纺纱、编织和精加工			肉类、鱼类、水果、蔬菜、脂肪加工		
	人均增加值	人均工资	工资回报率	人均增加值	人均工资	工资回报率
埃　及	3649	1777	2.1	10560	1816	5.8
约　旦	20339	9607	2.1	29034	5498	5.3
摩洛哥	10901	6389	1.7	10633	4757	2.2
叙利亚	—	11695	—	—	9704	—
中　国	10799	2814	3.8	20702	3050	6.8
印　度	5169	1622	3.2	10103	1441	7.0

注：埃及为 2006 年数据；印度、中国人均增加值为 2007 年数据；约旦、摩洛哥、叙利亚、中国人均工资为 2008 年数据。

* 工资回报率是人均增加值与人均工资之比，也就是 1 美元的工资支出可以创造的增加值。联合国工业发展组织没有叙利亚制造业各部门的分类数据，不过就整个制造业来说，叙利亚的工资回报率非常低，1 美元的工资支出仅能创造 2.3 美元的财富，较埃及低 45.4%。

资料来源：整理自联合国工业发展组织 UNIDO 数据库，2012 年 3 月 12 日。

四　中东粮食进口安全的展望

中东粮食进口安全问题是外生性的，主要是由国际粮价导致，因此，未来中东粮食进口安全状况也将取决于未来国家粮价的走势。根据联合国粮农组织与经济合作与发展组织发布的预测报告，2013～2023 年，全球粮食价格以及全球基本食品价格将会总体保持稳定。受此影响，中东粮食进口安全状况将会有所改善，粮价问题在该地区引发政治动荡的可能性也会有所降低。

（一）国际粮价及基本食品价格将趋于平稳

经合组织与联合国粮农组织联合发布的资料显示，2012～2013 年度，世界主要粮食小麦、粗粮和大米的价格逐渐回落，价格回落将会持续到 2017 年前后，此后，将会进入缓慢上升阶段，但到 2022～2023 年度之前，小麦、粗粮、大米等主要粮食价格都不会高于 2012～2013 年度水平（见图 9）。

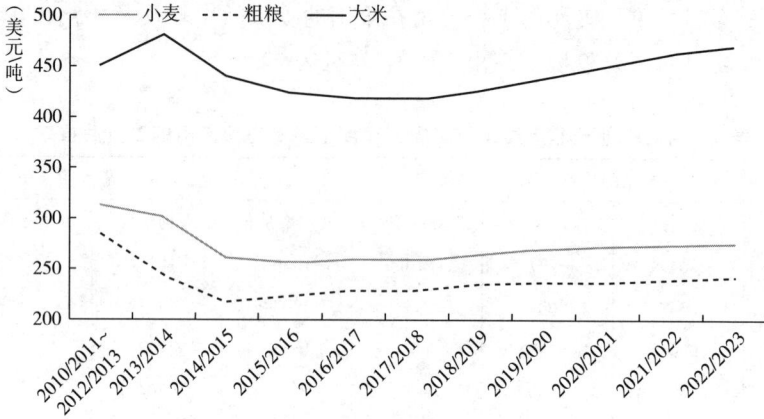

图 9　2010～2023 年世界粮食价格走势

资料来源：OECD - FAO, *OECD - FAO Agricultural Outlook*, *2013 - 2022*：*Highlights*, Rome：OECD - FAO, 2013, p. 98。

　　在其他基本食品方面，食用油、原糖等基本食品价格在较长一个时期内也处于波动状态。如图 10 所示，2013～2015 年，植物油价格持续快速回落，此后将会缓慢回升，但到 2023 年以前，食用油价格都会低于 2012～2013 年度水平。与食用油相比，原糖价格的快速回落在 2013～2014 年度结束，2014～2023 年，原糖价格将会在每吨 400～450 美元之间波动。

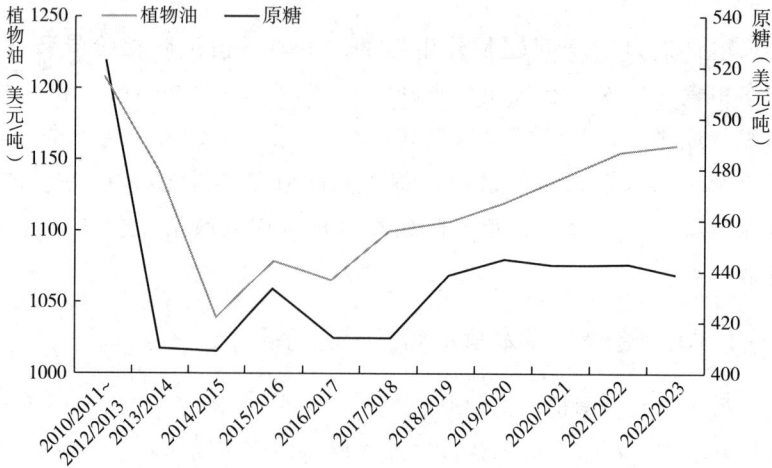

图 10　2010～2023 年世界植物油、原糖价格走势

资料来源：OECD - FAO, *OECD - FAO Agricultural Outlook*, *2013 - 2022*：*Highlights*, Rome：OECD - FAO, 2013, p. 98。

（二） 中东粮食进口安全问题有望缓解

中东粮食进口安全问题的产生虽然有着复杂的内部原因，但诱导因素却是国际粮价的异常上涨。由于中东部分国家基本食品偿付能力很低，国际粮价的快速上涨就不可避免地传递至国内市场。又由于这些国家普通家庭的生活并不富裕，食品在居民消费支出中占有较高比例，普通民众对于食品价格变动十分敏感，基本食品，特别是粮食价格的上涨也往往会激起民怨，引发大规模游行示威运动，进而威胁到国家的政治稳定。

2010 年底开始的，席卷整个西亚北非地区的"阿拉伯之春"政治运动与国际粮价暴涨也有着密切关系。不过，在这次政治动荡中，中东很多基本食品进口支付能力较低的国家并未推出激进的粮食补贴政策。尽管面对民众的抗议，2011 年 1 月到 2013 年 1 月，阿拉伯国家中的非产油国较为集中的北非地区，其食品价格指数还是从 209.87 上涨至 245.88，涨幅高达 17.2%，高于同期世界 11.4% 的增长幅度。而且从食品价格指数的绝对水平来看，北非地区食品价格的涨幅也要高于世界平均水平，截止到 2013 年 1 月，北非地区食品价格较 2005 年上涨了 2.46 倍，高于世界 2.21 倍的涨幅。[①] 这也表明，目前中东很多存在严重粮食进口安全隐患的国家，其国内粮食及其他基本食品的价格水平已与国际市场较为接近，并且经历过多年的政治动荡之后，这些国家的民众已经接受了高粮价的现实，除粮食价格未有明显上涨的摩洛哥外，很多低食品进口支付能力国家维持国内粮食以及其他基本食品价格稳定的压力已较之前大幅减轻。

由于高粮价目前已被中东大部分国家所消化，未来中东粮食进口安全状况将主要取决于国际粮价的走势。由于未来全球粮食以及原糖、食用油等基本食品的价格将会保持稳定，未来较长一个时期内，中东粮食进口安全状况很可能会得到一定改善。粮价问题在一些中东国家引发政治动荡的可能性也将大幅降低。

---

① 经合组织、联合国粮农组织 OECD – FAO Agricultural Outlook 数据库，http：//www.oecd.org/site/oecd – faoagriculturaloutlook/，最后访问日期：2013 年 11 月 1 日。

中东金融体系的伊斯兰特色

姜英梅[*]

1929 年在巴勒斯坦建立的阿拉伯银行（Arab Bank）标志着中东现代银行的兴起。历经石油美元繁荣和时代变迁，中东金融部门相对其他部门较为完善。中东大多数国家是伊斯兰国家，金融体系呈现明显的伊斯兰特色。伊斯兰金融的兴起和发展与伊斯兰复兴运动和石油美元息息相关。中东海湾国家已经成为伊斯兰世界并辐射欧洲、亚洲的伊斯兰金融中心。后危机时代，中东金融变迁应以政府引导为主，市场需求为辅；主动开放、适度自由，加强监管和保护；以地区整合应对金融全球化的挑战和冲击。

信用制度的建立是金融活动的前提。因此，金融是商品货币关系发展到一定阶段的必然产物，并随着商品货币关系和经济社会的发展而发展，金融活动也是在最初的信用活动中萌芽和发展的。马克思曾经谈道，"随着商品流通的扩展，货币——财富的随时可用的绝对社会形式——的权力也日益增大了"[①]。在以交换为基础经济的现代经济中，金融在国家的政治经济生活中的作用极为重要，由此从金融结构中产生出来的权力也日益增大。相比农业和工业部门，中东金融部门出现时间较短，却已经发展成经济体系中相对成熟的部门。当然，在全球金融体系中，中东金融体系仍处于边缘地带。伊斯兰教既是一门宗教，也是一套社会、经济和文化体系。它的伦理和道德体系反

---

* 姜英梅，法学博士，中国社会科学院西亚非洲研究所副研究员，主要研究中东经济发展问题。
① 《马克思恩格斯全集》第 23 卷，人民出版社，1972，第 151 页。

映了这门宗教及其所据以建立的社会经济基础。[①] 因此，伊斯兰国家无论是政治体制、经济结构，还是生活方式、风俗习惯，都受到伊斯兰教的直接影响。在动荡不安的中东地区，大多数国家信奉伊斯兰教，伊斯兰教在这些国家的政治生活中有着深远的影响，也成为这些国家经济发展的内在性因素。[②] 然而，伊斯兰教在促进经济发展的同时，也带来一些消极影响。为解决伊斯兰教的不利因素与经济发展之间的矛盾，19 世纪末到 20 世纪初，伊斯兰世界在寻求政治、经济、文化改革和现代化道路的同时，也出现了要求宗教适应时代潮流和民族复兴的宗教改革运动，被称为"伊斯兰现代主义"。"现代化既为时代的精神，势必成为宗教生存、发展的决定性条件，驱使宗教沿着社会自身的运行轨迹发展，引起趋同性、适应性为主的变化。"[③] 20 世纪初，伴随西方世界的殖民活动，商业银行操纵了伊斯兰世界的金融活动，自由收取利息，这与《古兰经》教义背道而驰。一些穆斯林商人虽然是被迫参与利息交易，但仍产生了道德罪恶感。为摆脱这种良心上的困境，特建立了遵循伊斯兰金融原则的伊斯兰银行，与传统商业银行竞争。伊斯兰金融体系的核心是禁止收取和支付利息，同时它也遵循伊斯兰教义所倡导的其他原则。与强调利润最大化原则的西方金融制度相比，伊斯兰金融制度更具社会公益色彩。

一　中东国家金融体系发展历程

从 1929 年阿拉伯银行建立以来，中东现代银行逐渐兴起。历经两次石油繁荣，中东金融部门发展迅速。然而，中东金融体系仍处于全球金融体系的外围。

（一）中东现代银行的兴起（19 世纪中后期至 1973 年）

1929 年在巴勒斯坦建立的阿拉伯银行标志着中东现代银行的兴起。然而，从殖民地时期到 20 世纪 70 年代早期，中东阿拉伯国家的金融活动几乎被限

---

① 〔美〕凯马尔·H.卡尔帕特编《当代中东的政治和社会思想》，陈和丰等译，中国社会科学出版社，1992，第 136 页。

② 冯璐璐：《中东经济现代化的现实与理论探讨——全球化的视角》，人民出版社，2009，第 86 页。

③ 吴云贵：《伊斯兰教与现代化》，《回族研究》1992 年第 3 期。

制在国内市场。独立以后,阿拉伯国家积极利用本国资源,发展国内经济,带动了银行业务的迅速发展,形成了贝鲁特、科威特、阿曼这些银行业务发展较快的金融中心。这一时期建立的国家银行,后来都发展成本国大银行。传统金融机构(货币兑换所)和现代商业银行并存,服务于不同的社会群体,这种二元金融结构,是当时中东地区金融机构的重要特点(直到现在仍是如此)。

(二) 中东金融体系雏形建立时期 (1973 年至 20 世纪 80 年代)

石油美元繁荣为中东传统金融和伊斯兰金融飞速发展插上了"翅膀"。20世纪 70 年代以后,为了获得对石油美元回流的参与权和决策权,阿拉伯国家加强了对金融体系的控制,有的阿拉伯国家实行银行业国有化政策,由私人家族所有的商业银行与政府银行合并或合作,以开展国际金融业务,新建的金融机构大多为国家所有或由政府财政部直接管辖。源源不断的石油美元、金融专业人才的培养,成为阿拉伯金融业务发展的有利资源。阿拉伯银行业迅速崛起,银行、投资公司等不断涌现,货币、资本市场纷纷建立。阿拉伯银行机构投资业务从单一化转向多元化,并逐步国际化。更为重要的是,1980~1984 年欧洲债券市场上,86% 的辛迪加贷款、70% 的欧洲债券、49%的直接投资,都有阿拉伯银行参与其中。[1] 1979~1983 年,由阿拉伯银行牵头的欧洲辛迪加贷款中,前 20 名大银行的贷款占所有贷款的 88%,剩下的12% 由 30 家规模较小的银行运作。[2] 这一时期,最令人瞩目的是伊斯兰银行的出现,金融体制伊斯兰化得到发展。与此同时,20 世纪 70 年代也是中东经济留下光辉记录的十年。

(三) 中东开启金融自由化进程 (20 世纪 90 年代)

20 世纪 90 年代席卷全球的经济自由化和金融深化理论和实践,对中东阿拉伯国家也产生了深刻影响。埃及、约旦、海湾各国以及主要马格里布国家(阿尔及利亚、摩洛哥、突尼斯)普遍经历了程度不同的金融改革,旨在实现

---

[1] Naiem A. Sherbiny, *Oil and the Internationalization of Arab Banks*, Oxford Institute for Energy Studies, 1985, p. 25.

[2] Naiem A. Sherbiny, *Oil and the Internationalization of Arab Banks*, Oxford Institute for Energy Studies, 1985, p. 25.

金融体系自由化，取消金融压制和过度监管，代之以更具竞争力的金融环境。这些改革措施包括，制定相关银行法律法规，取消利率和外汇管制，制定更加灵活的信贷措施，减少对货币兑换的限制，银行私有化并对外资银行开放，拓宽银行资金来源，提高资本充足率以符合巴塞尔资本协议国际标准，引进审慎监管。中东金融体系逐步朝着"体制私有化，经营规模化，服务网络化，业务全能化和区域一体化"① 的方向迈进，在资源优化配置方面的作用日益显现。但是，相对其他发展中国家，中东金融自由化进程比较缓慢，也不够彻底，银行体系仍在阿拉伯金融体系中占主导地位，资本市场刚刚起步。

（四）中东金融体系新一轮快速增长期（21 世纪初）

进入 21 世纪，新一轮石油美元膨胀和相对稳定的政治局面，致使中东金融进入第二轮快速生长周期。一些中东国家继续金融部门改革，包括金融机构私有化、允许设立私营金融机构和外资金融机构、提高银行监管水平等。据世界银行和国际金融公司统计，2000 ~ 2008 年，中东②地区金融部门累计私有化总额 56.82 亿美元，占该地区私有化总额的 18.94%，占发展中国家金融部门私有化总额的 3.8%。③ 就宏观经济指数而言，例如存贷款占 GDP 比例，M2/GDP 比例，中东国家的金融深化程度较高。然而，中东地区较高的金融深化指数并不意味着较高的金融竞争力。世界银行通过实证分析发现，中东地区金融部门竞争力低于大多数发展中地区，仅高于撒哈拉以南非洲和南亚④，金融部门对经济增长的作用仍很有限。金融部门竞争力弱主要表现在信贷信息环境恶化、私营部门信贷不足、管制过严、新银行进入市场门槛高、银行不良贷款率高，以及股票、债券等资本市场落后。总之，中东国家金融自由化进程缓慢且不彻底，与国际金融体系联系不深，这增强了中东金融抵御国际金融危机的能力。但是，在金融全球化的今天，国际金融体系不存在任何绝缘体。2008 年国际金融危机通过油价的传导机制对中东经济和金融体

---

① 钱学文：《海湾国家经济贸易发展研究》，上海外语教学出版社，2000，第79页。
② 包括阿尔及利亚、埃及、伊朗、伊拉克、约旦、黎巴嫩、利比亚、摩洛哥、阿曼、叙利亚、突尼斯、也门。
③ World Bank, International Financial Corporation.
④ Diego Anzoategui, "Bank Competition in the Middle East and Northern African Region," World Bank Financial Flagship, June 2010.

系造成严重冲击。然而，中东产油国和其他亚洲主权财富基金在国际金融危机期间扮演了"救世主"的角色，伊斯兰金融成为当今国际金融界的投资新宠，令世界瞩目。

二　中东金融体系的伊斯兰特色

（一）伊斯兰金融兴起和发展的原因

伊斯兰银行发展之初，政界和金融界均对其前景保持怀疑。曾于1975年协助建立迪拜伊斯兰银行的埃及伊斯兰教法学家谢赫·侯赛因·哈米德·哈桑（Sheik Hussein Hamid Hassan）回忆道："那个时候，没有人真的认为伊斯兰银行业务有朝一日会成长壮大，人们觉得这是个奇怪的想法——与谈论伊斯兰威士忌一样怪异！"[①] 30年之后，曾被视为金融界奇特领域的伊斯兰金融迅猛发展，激起国际银行家的极大兴趣，不仅宗教意识浓厚的伊斯兰国家，老牌国际金融中心的伦敦、纽约也是如此。2008年国际金融危机爆发，传统金融体系纷纷遭受重创，唯伊斯兰金融一枝独秀。根据《银行家》杂志2009年发布的《伊斯兰金融机构500强》，伊斯兰金融机构302家，分布在48个国家，另有191家设有"伊斯兰窗口"的传统银行。伊斯兰金融专家和教法学家认为，正是因为伊斯兰金融绝离了有毒资产，才能在危机面前巍然挺立。那么，伊斯兰金融是如何在怀疑中茁壮成长的，其兴起和发展的原因是什么？

1. 伊斯兰金融兴起和发展的宗教理论基础

20世纪70年代国际伊斯兰复兴运动高涨，"伊斯兰教法学家和经济学家从传统伊斯兰经济理论出发，结合当今世界的金融、贸易体系，针对伊斯兰现代主义对利息禁令所做的狭义解释提出了一整套系统的金融理论[②]，为伊斯兰国家建立伊斯兰金融体系提供了理论基础。伊斯兰金融的基本思想均发源于伊斯兰教义，时至今日，任何一种新的伊斯兰金融产品都必须经过伊斯兰教法学家的认可才能获准发行。然而，伊斯兰金融思想和体系并非墨守成规、

[①]　吉莲·邰蒂（Gillian Tett）：《伊斯兰金融在怀疑中成长》，《金融时报》2006年12月6日。

[②]　许利平等：《当代东南亚伊斯兰发展与挑战》，时事出版社，2008，第244～245页。

一成不变，而是在时代变迁中与传统金融逐渐调和相容，并成为传统金融管理不足之处的良好补充。伊斯兰金融，顾名思义，就是完全遵从伊斯兰教规（沙里亚 – Shariah）的金融交易活动，英文称作 Shariah – complaint Finance"，而我们所熟悉的金融活动则称为"传统金融"（Conventional Finance），也有学者将之译为"普通金融"。伊斯兰金融原则是伊斯兰教规的各项原则在金融领域的适用，是西方现代经济理论与伊斯兰经济思想相结合的产物，主要由伊斯兰教法学家做出的法理解释和判决构成，实际上就是现代金融体系在伊斯兰世界的本土化。伊斯兰金融活动必须遵循一些"天命"的原则，主要包括以下几条：①严禁利息；②风险共担、利润共享；③货币是"潜在的"资本；④禁止投机行为，对高风险投资也有一定限制；⑤合同的神圣性；⑥沙里亚法批准的活动；⑦资产的支持；⑧社会公正。总之，伊斯兰金融只从事符合伊斯兰教义的商务活动，禁止从事诸如酗酒、投机、武器、烟草、猪肉、赌博，涉及人类、动物基因工程的生物科技公司等活动。

2. 伊斯兰金融兴起和发展的政治和社会基础

伊斯兰国家的广大穆斯林，尤其是下层群众宗教意识形态根深蒂固，这正是伊斯兰金融存在的广泛社会基础。在伊斯兰世界中，政府对待伊斯兰金融的态度反差也很大：一方面，政府为保持政权合法性，通过建立伊斯兰银行来安抚伊斯兰组织；另一方面，伊斯兰金融也需要政府的资助与传统银行竞争。总之，伊斯兰教在国家政治生活中地位的上升，以及国家所给予的政权保证，在一定程度上促进了现代伊斯兰金融的产生和发展。[①] 伊斯兰复兴运动就其广度和深度来说是伊斯兰文明向西方做调整的最新阶段，它是在伊斯兰教而不是西方的意识形态中寻求"解决方法"的努力。20 世纪 60 年代，沙特亲王费萨尔竖起泛伊斯兰主义的大旗挑战埃及总统纳赛尔的泛阿拉伯主义，积极推动伊斯兰金融，在一些阿拉伯国家建立了以"费萨尔"亲王命名的伊斯兰银行。一些国家甚至宣布伊斯兰教为国教，以沙里亚法来规范国家政治、经济和社会生活，例如伊朗革命后实行的全面伊斯兰化，巴基斯坦对无息制度的立法保证。"政治伊斯兰主义者不断通过演讲、媒体报刊的报道，指出伊斯兰银行的成功表明伊斯兰不仅仅是局限在精神领域的一种生活方式，

---

① 巴曙松、刘先丰、崔峥：《伊斯兰金融体系形成的市场基础与金融特性研究》，《金融理论与实践》2009 年第 6 期。

而且能够为国家发展提供解决方案。"① 总之，伊斯兰复兴运动影响到了所有国家的穆斯林以及大多数伊斯兰国家的社会和政治的大多数方面。由于政府和伊斯兰反对派都利用伊斯兰银行的存在来取得政治优势②以及虔诚穆斯林群众的支持，伊斯兰银行发展得较为顺利。

3. 伊斯兰金融兴起和发展的经济基础

伊斯兰金融的兴起可以看作是中东等伊斯兰世界伴随政治独立后的经济独立。③ 20 世纪 70～80 年代，石油美元的迅速膨胀以及石油美元回流，大大便利了国际资本流动，为伊斯兰金融的发展提供了大量资金来源。伊斯兰国家独立之初，伊斯兰金融不仅能够满足一些虔诚穆斯林的金融需要，还是对传统银行配置资金的有力补充，促进了地区经济发展。伊斯兰金融还是石油美元和泛伊斯兰主义结合的产物，沙特费萨尔亲王通过将石油财富配置到伊斯兰银行，巩固了沙特在伊斯兰世界的领导地位。④ 费萨尔之子曾说过："伊斯兰银行的主要目标是为穆斯林提供社会经济利益，这和传统银行的利润最大化截然不同。"⑤ 建立公正平等的社会福利经济，是伊斯兰金融发展的内在驱动力。国际货币基金组织的报告指出，穆斯林人口比例、人均收入水平以及是否净石油出口国是伊斯兰金融发展的决定性变量，中东国家的贸易以及国内经济稳定对伊斯兰金融的扩展也起了重要作用，例如海湾国家和马来西亚。⑥ 20 世纪 70 年代的石油繁荣是伊斯兰金融兴起的助推器，而伊斯兰金融的全球发展则是整个伊斯兰世界经济持续稳步发展的结果。

4. 伊斯兰金融兴起和发展的国际背景

20 世纪 70～80 年代，西方金融主导国际金融体系激发了伊斯兰世界建立

---

① Clement M. Henry and Rodney Wilson, *The Politics of Islamic Finance*, Edinburgh University Press, 2004, p. 196.

② Ryan Castle, "The Rise of Modern Islamic Banking and Its Political Implicatiions in the Middle East and North Africa," *Khamasin Issue* 02, Fall 2008.

③ Mohja Kahf, "Islamic Banks: The Rise of a New Power Alliance of Wealth and Shari's Scholarship," Clement M. Henry and Rodney Wilson, *The Politics of Islamic Finance*, Edinburgh University Press, 2004, p. 32.

④ Ryan Castle, "The Rise of Modern Islamic Banking and Its Political Implicatiions in the Middle East and North Africa," *Khamasin Issue* 02, Fall 2008.

⑤ Elias Kazarian, *Finance and Eeonomic Development: Islamic Banking in Egypt*, Lund, Sweden, University of Lund, p. 63.

⑥ Patrick Iman and Kangni Kpodar, *Islamic Banking: How Has It Diffused?* IMF Working Paper WP10/195, August 2010.

自己的金融体系的愿望，从而出现了伊斯兰金融的第一波发展浪潮。伊斯兰金融的迅速发展不仅在于其独特的金融制度满足了穆斯林群体和其他顾客的需要，还在于它体现了金融全球化的发展趋势。20 世纪 90 年代，以金融自由化、去监管化为主要内容的金融全球化，为伊斯兰金融的海外扩张创造了良好的客观条件，从而出现了伊斯兰金融的第二波发展浪潮。21 世纪伊斯兰金融借石油美元和金融全球化之力蓬勃发展，年均增长率达到 20% 以上。伊斯兰金融机构超越国界和宗教界，走向全球化。为吸引伊斯兰资金，各地区争相建立伊斯兰金融中心，从而成就了伊斯兰金融的第三波发展浪潮。2008 年以来，伊斯兰金融经受住了国际金融危机的考验，显示出伊斯兰金融的独特优势：宗教信仰、源源不断的石油美元收入、供不应求的高质量伊斯兰资产。

因此，伊斯兰金融的兴起最初是与伊斯兰复兴运动以及伊斯兰国家石油美元膨胀相伴而生的。但随着对石油收入的侵蚀以及第三次石油危机，伊斯兰金融的持续增长则反映出其他因素，例如对建立在伊斯兰原则基础上的社会政治和经济制度的期望以及强烈的伊斯兰特色等的影响。此外，宏观经济改革以及在金融系统内资本流动的自由化、私有化和金融市场的全球一体化，也为伊斯兰金融的扩张铺平了道路。

（二）中东伊斯兰金融发展概况

自 20 世纪 70 年代以来，随着宗教激进主义的兴起和石油美元大增，伊斯兰金融理论的实践——伊斯兰银行才开始出现。值得注意的是，建立伊斯兰银行的呼声最早来自巴基斯坦。然而伊斯兰金融运动则是随着伊斯兰复兴运动的兴起以及石油收入的大幅增加而展开的，伊斯兰银行是伊斯兰金融活动最初也是最主要的形式。1972 年埃及纳赛尔社会银行在开罗成立，成为"战后第一家面向城市客户的伊斯兰银行"[①]。此后成立的阿联酋迪拜的伊斯兰银行是第一家私人的伊斯兰银行。1975 年成立的伊斯兰开发银行和 1977 年成立的国际伊斯兰银行业协会，进一步促进了伊斯兰金融业的发展，海湾地区乃至整个伊斯兰世界兴起了一股创建伊斯兰银行的热潮。随着伊斯兰世界经济交往的日益密切，伊斯兰银行出现了一定程度的联合发展，沙特发挥了

---

① 许利平等：《当代东南亚——伊斯兰发展与挑战》，时事出版社，2008，第 244 页。

主导作用。埃及费萨尔伊斯兰银行、苏丹费萨尔伊斯兰银行和沙特－菲律宾费萨尔银行等，都包含有 40% 以上的沙特官方和私人资本。1980 年沙特在日内瓦建立伊斯兰投资社，从而使伊斯兰银行打入西方金融市场。此后，沙特陆续在伦敦、伯明翰、土耳其、突尼斯、马来西亚等国家和地区开办分行，大大拓展了伊斯兰银行市场。20 世纪 70 年代末，巴林离岸金融中心出现后，一大批伊斯兰银行被吸引至巴林，从而成就了巴林的世界伊斯兰金融中心地位。与此同时，伊斯兰国家还建立了一批国际投资银行。从第一家伊斯兰银行建立到 20 世纪 80 年代末，伊斯兰金融机构发展到近 40 家，主要出现在中东地区，禁止涉猎一些金融衍生品，例如期权、期货、政府债券、固定收益债券以及股票等。这个时期被称为伊斯兰金融的"第一次现代化"（the first aggiornamento），主要围绕伊斯兰教法学家的解释、合法性等文字工作展开。[①]

　　1990 年是国际政治格局的重要分水岭，冷战结束、两极格局终结标志着一个新的国际秩序即将建立。以新自由为理论基础的金融自由化、去监管化、私有化对伊斯兰金融产生了重大影响。一些西方国家的金融自由化政策降低或取消了伊斯兰金融机构准入门槛，西方国家穆斯林人口日益增多，穆斯林中产阶级地位上升，中东地区伊斯兰复兴主义再次抬头，等等，都促进了伊斯兰金融的全球化发展。受金融全球化影响，伊斯兰金融机构自身也日益多元化，伊斯兰保险、投资基金和伊斯兰债券等非银行金融工具迅速兴起，伊斯兰银行发展速度相对放缓。除了中东地区，东南亚的伊斯兰金融活动也迅速展开，其中马来西亚在政府主导下，以其灵活务实的经营原则，成长为新的伊斯兰金融中心。马来西亚的无息债券促进了伊斯兰资本市场的发展，同时期保守的阿拉伯海湾地区还对此持怀疑和反对态度。值得注意的是，伊斯兰银行改变了对传统银行的敌视态度，开始进行合作。第一，表现在传统银行开设伊斯兰分支机构或伊斯兰窗口；第二，非伊斯兰国家的金融机构建立伊斯兰分支机构或提供伊斯兰产品；第三，一些伊斯兰金融机构开始对非穆斯林提供伊斯兰金融产品；第四，非伊斯兰国家的伊斯兰银行数量日益增多；第五，越来越多的伊智提哈德[②]（ijtihad）是传统金融机构和伊斯兰金融机构

---

① Clement M. Henry and Rodney Wilson, *The Politics of Islamic Finance*, Edinburgh University Press, 2004, p. 48.

② 伊智提哈德：阿拉伯语音译，原意为"努力""勤奋"；经堂语译为"上紧""剖取"，意译为"创制"。

合作的产物，且在非伊斯兰世界比较明显。[①] 截至 1997 年，全球已有 170 多家伊斯兰银行和金融机构，伊斯兰金融资产达到 1477 亿美元。[②] 20 世纪 90 年代是伊斯兰金融的第二次现代化，强调伊斯兰的"道德经济"或"精神原则"，以评估现代金融工具与伊斯兰教法的相容性。[③]

进入 21 世纪，随着石油价格飙升，伊斯兰国家的石油收入滚滚而来，尽管受到"9·11"事件的影响，国际金融市场对伊斯兰金融产品和石油美元的渴求并未就此打住，伊斯兰金融仍保持强劲发展势头，出现了第三次现代化，2006~2010 年伊斯兰金融年平均增长率高达 23.46%。[④] 传统银行不断开设伊斯兰窗口、推出伊斯兰金融产品，伊斯兰金融也逐渐从伊斯兰世界向非伊斯兰世界扩展，以中东和东南亚为中心，辐射至纽约、伦敦、东京、新加坡及中国香港等国际金融中心，全球近 50 个伊斯兰国家及非伊斯兰国家均设有伊斯兰金融机构，达到 302 家。这些金融机构包括商业银行、投资银行、保险公司、基金管理公司及其他金融服务公司，另外还有 191 家由传统银行设立的伊斯兰窗口。[⑤] 美欧大型传统银行为分割伊斯兰金融市场这块大蛋糕，吸引穆斯林客户，纷纷开设伊斯兰专柜、窗口和分支机构，或者设立投资基金。一些国际伊斯兰金融组织纷纷成立，以加强对全球伊斯兰金融行业的统一监管和协调，促进可持续发展。由于伊斯兰金融的蓬勃发展和金融潜力，各国争相成为伊斯兰金融中心。受益于政府对伊斯兰金融业的支持、有利的监管环境以及国内民众与伊斯兰教法的紧密联系，海湾国家成为中东地区的伊斯兰金融中心。马来西亚也以完整的金融体系、相对灵活的教法解释以及稳定的政治环境成为东南亚伊斯兰金融中心的不二选择。穆斯林以外的地区，英国伦敦是最强的伊斯兰金融中心，其他国家也不甘落后，美国、法国和德国也为吸引穆斯林资金，大力发展伊斯兰金

[①] Ibrahim Warde, *Islamic Finance in the Global Economy*, Edinburgh University Press, 2000, pp. 86 – 87.

[②] International Association of Islamic Banks (1997); Tarek S. Zaher and M. Kabir Hassan, "A Comparative Literature Survey of Islamic Finance and Banking," *Financial Markets, Institutions & Instruments*, Vol. 10, No. 4, November 2001, p. 174.

[③] Edited by Clement M. Henry and Rodney Wilson, *The Politics of Islamic Finance*, Edinburgh University Press, 2004, p. 48.

[④] The Banker, *Top 500 Islamic Financial Institutions*, 2010.

[⑤] The Banker, *Top 500 Islamic Financial Institutions Supplement*, Nov. 2009.

融业务。亚洲的新加坡、日本、中国香港均有意将本地建设成为国际伊斯兰金融中心。可以预见,未来伊斯兰金融中心争夺战将是十分激烈的。总之,伊斯兰金融机构从 20 世纪 60 年代仅仅服务于虔诚穆斯林的边缘产业,成长为涵盖各类金融活动的全球产业,成为国际金融体系不可分割的一个组成部分。伊斯兰金融参与者日益广泛,伊斯兰金融产品不断创新,涵盖了银行、保险、资本市场及基金管理产品。

值得注意的是,由于政治环境、经济状况以及对宗教的依赖程度不同,各国对伊斯兰金融机构的看法、允许经营的范围和参与的程度呈现差异化发展,伊斯兰金融体系在各国的作用也不尽相同。[1] 第一,有国家政权主导下的金融体系伊斯兰化,例如巴基斯坦、伊朗、苏丹等国。1979 年巴基斯坦成为第一个银行体制伊斯兰化的国家,随后,伊朗和苏丹也在 1983 年和 1991 年完成了银行部门的伊斯兰化。[2] 然而,伊朗国有银行更像是一个官僚机构,缺乏创新和活力。第二,是以沙特为代表的伊斯兰金融系统形式,沙特政府曾于 20 世纪 40 年代宣称其国内金融机构都是根据伊斯兰金融原则创立和发展的,因此没有必要冠以伊斯兰的名称。未来,沙特将取代伊朗成为伊斯兰金融资产最大的国家,这是因为海合会国家的伊斯兰金融活动更具创新性和吸引力。第三,是以巴林和马来西亚为代表的政府支持型,伊斯兰金融的发展程度与政府的态度正相关,政府越支持,发展越顺利。第四,在一些世俗国家,政府并不热心伊斯兰金融业的发展,但由于国内宗教反对派拥有较深厚的社会基础,有可能利用经济伊斯兰化来获得公众的支持,政府为保持政权合法性,也会在一定程度上允许建立伊斯兰银行来安抚伊斯兰组织和广大的穆斯林群众,以土耳其、也门、突尼斯、埃及等国为代表。第五,一些非伊斯兰国家,通过设立伊斯兰金融机构或传统银行伊斯兰窗口来开展伊斯兰金融,例如英国和法国。总体来说,伊斯兰金融不断扩展的事实表明,其所处的政治经济环境从一定程度上来讲是自由的。因为,一个备受质疑的金融体系如果能迅速成长,必须在政府严格控制之外给予试验和发展的空间。反过来,政府也会要求伊斯兰银行严把人员关,避免激进的伊斯兰主义者通过银

---

① 参见巴曙松、刘先丰、崔峥《伊斯兰金融体系形成的市场基础与金融特性研究》,《金融理论与实践》2009 年第 6 期。

② Ibrahim Warde, *Islamic Finance in the Global Economy*, Edinburgh University Press, 2000, pp. 112 – 117.

行的支持诉求政治权力。

时至今日，从全球范围来看，中东和东南亚地区是伊斯兰金融最活跃的两个区域，中东的海合会国家（GCC）和伊朗主导中东地区伊斯兰金融活动。2010年，中东地区伊斯兰金融资产达到7104亿美元，占全球伊斯兰金融资产的79.4%。其中，GCC国家和非GCC国家伊斯兰金融资产分别为3724.8亿美元和3379.5亿美元，增长率6.3%，相比于2008年和2009年43.9%和30.8%的增长率，说明国际金融危机对中东地区伊斯兰金融的后续影响还是很明显的。GCC国家伊斯兰金融发展也不均衡，沙特伊斯兰金融资产位居第一，约占36%。阿联酋、科威特、巴林和卡塔尔分别占24%、19%、13%和8%。非GCC国家伊斯兰金融资产93%集中在伊朗，其次是埃及和约旦，分别占2%和1.5%，其他国家的伊斯兰金融活动非常少。[1] 无论如何，海合会国家已经成为伊斯兰世界并辐射欧洲、亚洲的伊斯兰金融中心。随着国际经济复苏、石油和天然气价格反弹以及国内经济回暖，海湾国家金融部门能够获得足够的流动性，将继续大踏步前进。此外，年轻人消费贷款需求强劲、政府的支持、金融指标的良性发展，以及金融活动日益多元化，也将对伊斯兰金融发展产生积极影响。[2] 正如罗德尼·威尔逊所说，有些机会可能已经错过了，但未来可能会有更多的惊喜。[3]

三 后危机时代中东金融体系发展态势

中东金融体系的规模和特征，决定了中东金融体系在国际金融体系中的边缘化。然而，2008年国际金融危机期间，海合会主权财富基金的"国际救市"行为，引起世人瞩目。学界普遍认为，国际金融危机拉开了国际货币金融体系改革的序幕，世界经济权力逐渐向东转移，金融活动日益向东倾斜。那么，后危机时代，中东金融体系何去何从？

[1] The Banker, *Top 500 Islamic Financial Institutions*, 2010.

[2] Standard & Poor's, *Islamic Finance Research*, Kuwait Finance House, 20 January 2009.

[3] Rodney Wilson, *The Development of Islamic Finance in the GCC*, The Centre for The Study of Global Governance, May 2009. 罗德尼·威尔逊撰写了第一部有关现代金融方面的系统著作《中东阿拉伯国家的银行与金融》，Macmillan Publishers Ltd., 1983。

（一）政府引导为主，市场需要为辅

从某种意义上来说，金融改革就是金融制度设计和运行的过程，也就是金融制度的变迁过程。由于包括中东国家在内的发展中国家处于经济发展初级阶段，金融市场机制发育不健全，因此这些国家的金融改革在很大程度上是由政府或金融当局推进的，尽管许多制度创新的需求来自微观金融主体。刘易斯指出，"一个国家的金融制度越落后，一个开拓性政府的作用范围就越大"。然而，金融自由化形成了一种以市场为导向的金融思维，中东一些私营银行以及股票市场迅速发展，金融制度变迁在一定程度和特定范围内体现出市场需求的特点，这在海合会国家尤其突出。未来中东国家的金融改革还应该发挥政府的积极引导作用，不仅仅局限于制定金融政策，还表现在能否处理好政府间接调控的职能转换以及协调各种市场力量的能力，解决传统的市场失灵问题。国际金融危机表明西方新自由主义的失败，主权国家作为金融体系总监管人的角色还将发挥重要作用。

（二）开放自由与监管保护

在全球化迅猛发展的大环境下，改革开放是发展中国家经济发展的自发选择，如何降低金融脆弱性、维护金融安全与稳定？笔者认为，发展中国家由于金融保护措施脆弱，更应该借鉴发达国家的经验，主动开放、适度自由、加强监管和保护。

20 世纪 80 年代开启的渐进式金融改革提升了中东国家的金融绩效，对经济增长发挥了一定作用。由于与国际金融市场联系不紧密，2008 年金融危机期间，中东金融部门所受冲击相对较小。但是与 1997 年东南亚金融危机时期相比，则严重许多。股市暴跌、外资抽逃、流动性紧张、房地产下滑、迪拜债务危机，都说明中东金融体系抗风险能力减弱，暴露出较强的金融脆弱性。再加上该地区地缘政治风险大，国内冲突不断，经济发展和金融制度还很落后，更应该加强金融防火墙的建设，保护本国金融主权和利益，不能盲目自由化，不能随意扩大外资渗入的比例。与此同时，中东各国应借鉴发达国家的监管经验，以确保金融体系稳定安全；对国内金融机构则适当放松管制，以免破坏市场正常的竞争秩序；加强合并监管与国际合作，尤其是推动与发展中国家在全球资本监管方面的合作。

（三）地区主义与全球主义

国际金融危机为改革不合理的国际金融秩序提供了契机。全球治理的路径依赖使得霸权和跟随霸权的习惯依然根深蒂固，国际经济新秩序仍然摆脱不了布雷顿森林体系的桎梏，新参与者的权力诉求往往被忽视。金融自主是重新构架国际货币金融体系的先决条件。体现在区域形成、深化区域合作以及建立新的跨区域合作联系上。

中东国家具有相似的地理、文化和宗教特征，大部分是阿拉伯国家和伊斯兰国家，曾是阿拉伯帝国以及后来的奥斯曼帝国属地，经济发展政策比较相似。中东各国之间在经济和金融资源上的互补性为地区金融整合创造了良好的客观条件。一些国家出口资本，另一些国家则进口资本；一些国家（海合会）劳动力缺乏，另一些国家（石油进口国）劳动力富余，失业率高。2010年6月，世界银行和阿拉伯货币基金组织在阿布扎比召开会议，讨论如何便利阿拉伯国家之间的金融流动，确保经济可持续发展。与会者认为，在世界经济秩序多极化演变中，阿拉伯国家的金融整合议程包括三个方面：首先，促进阿拉伯经济体更好地利用丰富的金融资源。其次，提高追踪跨境金融交易的能力。最后，大力发展金融地区一体化，即金融地区主义。金融地区主义有利于促进地区贸易整合、促进金融机构和金融市场的发展，提高竞争和扩展融资渠道。中东各国势单力薄，金融地区主义是中东地区抗衡国际霸权、抵御金融危机，参与重塑国际金融新秩序的重要途径。

国际金融危机和当前世界经济一体化趋势给阿拉伯国家经济一体化带来机遇：①"9·11"事件和伊拉克战争后，海合会国家区域内投资比例增加。②2011年1月第二届阿拉伯经济峰会召开，与会阿拉伯领导人共同发表了《沙姆沙伊赫宣言》，强调将继续推动阿拉伯经济一体化，促进阿拉伯国家间的贸易和投资。③2010年3月马格里布投资外贸银行BMICE正式成立，此举将加快马格里布联盟金融一体化的步伐。

目前阿拉伯国家经济一体化仍面临诸多挑战，包括地区局势不稳定、经济发展不均衡和政府管理体制僵化等。阿拉伯国家虽然都是发展中国家，但贫富差距明显，石油进口国和落后国家，能否顺利融入地区经济一体化进程值得关注。在这方面可借鉴欧盟和东盟的经验教训。此外，中东金融地区主义还要充分考虑伊斯兰宗教文化的内生作用，传统金融和伊斯兰金融相互协调补充。中东最大经济体沙特，是适应 21 世纪需求的新多边体系成员国（G20）之一，应作为阿拉伯世界和伊斯兰世界的领头羊，积极参与到国际金融体系的改革议程中，在地区整合中发挥重要作用。

金融是经济的核心，伴随金融全球化的飞速发展，金融安全变得越来越重要。确保金融发展和金融安全是广大发展中国家实现经济可持续发展的关键一环。与此同时，世界经济金融权力出现东移，发展中国家的整体实力上升，如何在国际货币金融体系改革中获得更多的话语权，提升自身在国际经济新秩序中的地位，是发展中国家共同面临的大问题。后危机时代，包括中东各国在内的发展中国家的金融变迁应以政府引导为主，市场需求为辅；主动开放、适度自由，加强监管和保护；以地区整合应对金融全球化的挑战和冲击，逐渐从边缘向中心靠拢，力争在国际货币金融体系中获得一席之地。

（四）伊斯兰金融的二律背反决定了它只能成为传统金融的补充

伊斯兰金融是伊斯兰原则与世俗事物相结合的产物，随着国际金融日趋全球化，伊斯兰金融也开始走向世界，成为国际金融体系的一个组成部分，并显示出强大的生命力。然而，伊斯兰金融毕竟是伊斯兰宗教文化在金融领域的集中体现，其所倡导的禁息、公平正义、伦理、提倡福利的基本道德精神以及受伊斯兰各国自身客观条件等因素的制约，必然导致其不能完全融入金融全球化之中，在理论、文化和实践上有许多因素与全球化相悖，体现出金融全球化与伊斯兰金融发展的二律背反。[①]

首先，西方金融理论与伊斯兰金融原则的二律背反。西方现代银行和金融理论恰是以利息为根本出发点的，银行与客户之间的关系是借贷关系，现代伊斯兰银行和金融体系则以禁止利息为基础，双方之间的关系是合作伙伴关系，以"共享利润、共担风险"为原则，禁利规定在一定程度上阻碍了伊斯兰银行业的发展，以利润、租金或佣金来代替利息，只不过改变了一下形

---

① 二律背反是康德的哲学概念，意指对同一个对象或问题所形成的两种理论或学说虽然各自成立却相互矛盾的现象，又译作二律背驰、相互冲突或自相矛盾。二律背反是康德在其代表作《纯粹理性批判》中提出的。在书中，康德列出四种二律背反，均由正题和反题组成。例如，在道德领域里，康德认为道德的普遍法则不可避免地要进入感性经验，否则就没有客观有效性，于是在人的身上必然发生幸福和德行的二律背反，二者只有在"至善"中才能得到解决。

式，但其条款冗长而复杂，反而降低了工作效率。这会在业务上造成极大不便，从而影响与他人的合作，例如伊斯兰资本不能投资西方国家的政府债券以获得流动资产。从传统上说，伊斯兰银行在吸收穆斯林存款方面占有优势，但是这些机构缺乏进行有效投资的技术和经验。现在虽然在西方银行帮助下，已能涵盖90%的银行业务，但由于两层中介，往往降低穆斯林投资者的收益。此外，根据沙里亚法，长期投资账户只能用于投资，活期存款应该用于短期金融活动，这限制了资金的效用。而且，一些实践问题，例如利润分成制下如何正确计算运营资本和消费贷款的利润与亏损？如何界定与计算风险？现在伊斯兰国家的银行已经明确地向储户做出了最低正面回报的保证，这种做法是否符合沙里亚的立场还是有疑问的。[1] 伊斯兰金融的发展体现了两种文化的冲击与交融，以金融全球化为核心的全球化是西方文化价值观念和经营理念的集中反映，以利润最大化为终极目标，以自由竞争为市场机制，属于利益至上型文化。伊斯兰经济文化则属于伦理型文化，体现了义利并重、公正平等的道德福利精神，反对以利润最大化作为人类的最终目标，"伊斯兰急切地呼唤在实实在在的竞争和利他主义之间有一个完美的和谐"[2]。然而这种"和谐"在以西方价值观念为主导的全球化的强力攻击下却显得力不从心，其金融理念及文化体系不断遭受异质文明的冲击，出现了宗教与发展的二律背反。

其次，伊斯兰金融自身发展的二律背反。伊斯兰银行和传统银行一样，都是资金中介者，不过比传统银行更多地参与了资金的经营管理，但伊斯兰教本身寻求社会正义的伦理规范无形中约束了银行的这种职能，出现了自身发展的二律背反。[3] 伊斯兰教禁止投机、赌博和不确定性，因此诸如期货、股票、保险等交易是不被容许的。然而，几乎所有伊斯兰学者都允许股票市场的存在，也允许期货交易。问题在于，如何建立没有投机行为的股票市场，如何使股票价格只随经济形势和企业潜在的投资利润而波动。理想的伊斯兰股票市场中，股票能够在公众中进行交易，其价格应围绕最初的投资而波动。但是，现在还没有一个伊斯兰国家建立起真正的伊斯兰股票市场。全球已有

---

① 王正伟：《伊斯兰经济制度论纲》，民族出版社，2004，第231页。

② Aidit Ghazali & Syed Omar（ed.），*Reading in the Concept and Methodology of Islamic Economics*，Pelanduk：Pelanduk Publicaitons，1989.

③ 李艳枝：《浅析伊斯兰银行和金融机构》，《阿拉伯世界》2003年第4期。

40 多个伊斯兰股票指数，但仍处于初级阶段，对伊斯兰金融市场助益有限。伊斯兰国家的保险深度很低，不足1%，并非是由于支付能力不足，而是因为根据伊斯兰教法，传统保险是违法的。然而保险与索赔已经成为现代国际经济贸易中的一个重要组成部分。目前伊斯兰国家对保险既没有完全开绿灯，也没有完全禁止，而是实实在在地存在，只是没有西方国家发达，人寿保险业务受"天定论"的影响，发展水平很低。近年来，伊斯兰保险发展迅速，15 亿穆斯林是伊斯兰保险潜在的庞大客户群。然而，伊斯兰保险的进一步发展仍存在不少障碍，包括行业法律的欠缺、监管的滞后以及再保险市场的不足，等等。① 此外，伊斯兰机构和伊斯兰体系自身存在的问题也在很大程度上阻碍了伊斯兰金融的顺利发展。例如，未能形成类似《巴塞尔协议》的统一监管和法律框架，创新步伐较为缓慢，缺乏健全的会计方法和标准等，因此未来应在统一监管等方面加强伊斯兰金融基础设施建设。

---

① 瑞士再保险（Swiss Re）:《新兴市场的保险业：伊斯兰保险的概况和前景》，*Sigma* 2008 年第 5 期。

海湾国家石油美元投资模式

姜英梅[*]

石油美元是一种流动性的资金，其投资模式即是通常所说的石油美元回流途径。石油美元回流，指石油输出国的石油收入重新流回石油进口国的现象。石油美元的巨额增加始于1973年的第四次中东战争，20世纪70～80年代的石油美元回流，主要是流向国际收支赤字国家：一是通过投资或贷款实现石油美元从石油出口国到石油消费国的资金回流；二是通过金融市场（如欧洲货币市场）或国际金融机构（如国际货币基金组织）在各个逆差国家之间进行适当的再分配，使逆差国所获得的贷款与它们的国际收支赤字大体相等，也就是按各国的需要回流。石油美元大量投放在欧洲货币市场，成为欧洲美元的组成部分，在美国纽约市场上也十分活跃。经过20世纪90年代的油价低迷，1999年油价开始反弹，并随着世界经济飞速发展和石油需求大幅上升，石油美元迅速增加。20世纪90年代以来，除了投向美国和欧洲的货币市场和债券市场，石油美元还流入东京市场和新加坡亚洲美元市场进行各种存放和投资。目前石油美元是国际金融市场上一支举足轻重的力量，对当前国际经济、国际金融市场的影响不容小觑。投资的安全性、流动性、收益率和对资产的可控性，决定了石油美元的投资模式。

---

[*]　姜英梅，法学博士，中国社会科学院西亚非洲研究所副研究员，主要研究中东经济发展问题。

一 20 世纪 70 年代和 20 世纪 80 年代石油美元回流

20 世纪 70 年代，两次石油危机使石油价格翻了 10 倍还多。[1] 据统计，欧佩克国家（OPEC）1973～1981 年的石油收入总额为 12748.2 亿美元，其中石油美元占 36.76%，为 4686.4 亿美元，主要集中在沙特阿拉伯、科威特、伊拉克和阿联酋等少数海湾产油国。到 1980 年底，上述四国约拥有 OPEC 石油美元总额的 80%，其中沙特占 38.6%（1406.9 亿美元）、科威特占 18.9%（690 亿美元）、伊拉克占 11.3%（412.5 亿美元）、阿联酋占 10.7%（391.5 亿美元）。[2] 这 20 年里，OPEC 国家积累了巨额石油美元，尽管石油输出国实施了规模庞大的经济发展计划，大幅提高商品和劳务进口，但由于国内市场狭小，吸收资金有限，一些主要阿拉伯石油输出国石油出口收入的增加与国内资金吸收能力之间的矛盾开始出现，表现为国际收支经常项目盈余快速增长。这些石油美元在石油输出国内无法发挥效益，只能通过国际金融市场渠道寻找出路，生息获利，也就是回流到那些资金吸收能力较强、投资效益较高的市场上去。与此同时，由于进口石油支出大幅增加，石油进口国出现了巨额国际收支逆差，其中发展中国家需要借入大量资金以弥补逆差、发展经济；西方发达国家陷入严重经济危机，同样渴求石油输出国的石油美元能够回流到当地货币市场。这种张力和引力的相互作用，构成了石油美元回流机制，这个时期也是石油美元回流的高峰期。主要通过以下四个渠道：

（一）通过进口商品和劳务，回到石油消费国（主要是发达国家）

1982 年 OPEC 进口支出达到顶峰，为 1624.57 亿美元，是 1973 年的 8 倍。而石油出口收入同比增长仅为 5.56 倍。1973～1987 年 OPEC 进口支出占石油出口收入的比例为 68%，1986 年和 1987 年进口支出一度超过石油出口收入。[3]

---

[1] Venugopal K. Rajuk, *Petrodollar and Its Impact on the World Economy*, Indus Publishing Company, New Delhi, 1990, p. 303.

[2] 马秀卿：《石油·发展·挑战》，石油工业出版社，1995，第 102 页。

[3] Venugopal K. Rajuk, *Petrodollar and Its Impact on the World Economy*, Indus Publishing Company, New Delhi, 1990, pp. 395 – 398.

（二） 对非洲和亚洲发展中友好国家的援助

伴随石油收入滚滚而来，阿拉伯国家（主要是海合会国家）的对外援助也日益增多，并随着油价的波动而起伏。就援助方式来看，分为赠予和贷款两种方式。1970～1990 年是以赠予为主，占对外援助的 67%。2000～2008 年正好相反，贷款占对外援助的 64%。①

（三） 通过欧洲货币市场和美国货币市场在发达国家进行投资

1973～1987 年，OPEC 对外投资总额 4732 亿美元，主要流入发达国家的金融市场，达到 3601 亿美元，其中投入美国、英国的石油美元约为 651 亿美元和 677 亿美元，投入其他发达国家的约为 1804 亿美元。② 从投资组合来看，传统货币市场投资以银行存款和政府短期债券为主，产权投资则以世界证券市场、房地产市场和贵金属投资为主。美国和欧洲银行把石油美元借给第三世界国家或其他工业国家借款人，用于这些国家偿还债务本息和弥补经常项目逆差。这一时期，银行存款占 OPEC 对外投资的比重逐年下降，与此同时，OPEC 对英美两国的投资比例逐年下降，而对其他发达国家的投资则上升较快。这一方面反映了新兴发达国家对资金的强劲需求；另一方面也说明 20 世纪 70 年代后期，OPEC 国家尤其是阿拉伯国家银行迅速发展，已经有能力绕开欧美货币市场和资本市场对其他国家进行直接贷款。1974～1981 年间，在 2198 亿美元的欧洲长期信贷总额中有 15% 是阿拉伯银行牵头的国际辛迪加贷款。③

（四） 在国际货币和金融中心的存款，以规避汇率变动和通货膨胀损失

OPEC 对国际货币基金组织（IMF）和世界银行的存款（包括 IBRD 债券）从 1973 年的 22 亿美元，逐年上升到 1987 年的 409 亿美元，占 OPEC 对

---

① World Bank, *Arab Development Assistance*, Nov. 2010.
② Venugopal K. Rajuk, *Petrodollar and Its Impact on the World Economy*, Indus Publishing Company, New Delhi, 1990, pp. 318 – 319.
③ 黄银柱：《石油美元倒流是暂时的》，《世界经济》1983 年第 12 期。

外投资比例的 8.8%。[①]

从全球视野来看，20 世纪 70 年代，西方发达国家经济出现"滞胀"局面，以凯恩斯主义为主要内容的国家干预政策失灵，新保守主义取而代之，在经济上倡导新自由主义，主张资本国际化，并将其作为复苏经济的重要战略。因此，20 世纪 70 年代和 80 年代初的石油美元回流并不是一个单纯的经济现象，是与当时西方发达国家新自由主义的国际战略相吻合的。石油资金的绝大部分都通过各种渠道用于国外投资和贷款，这不仅使石油输出国避免了大量积压外汇资金，为本国带来利息和利润收入，而且对于稳定国际经济联系和国际金融秩序起着重要作用：国际金融市场可贷资金增加，国际资本流动也随之兴旺。可以说，国际资本大规模流向发展中国家就始于 20 世纪 70 年代石油危机之后，客观上解决了借款国的进口和偿债需求，并因此降低了石油价格上涨造成的全球紧缩性影响。然而，新自由主义资本国际化的一个重要后果就是全球债务的增加，加大了借款国的债务风险。而且，由于西方国家货币市场和金融中心的石油美元主要是银行存款和政府债券短期资金形式，金融资产多而生产资本少，在性质上大多是国际短期资金，借贷期限短而流动性大。这一方面导致了银团贷款的迅速发展；另一方面，在浮动汇率的条件下，石油美元在国际上的大量流动，又使外汇市场、信贷市场和黄金市场剧烈波动，加剧了国际金融市场的动荡。1986 年爆发第三次石油危机，油价暴跌到每桶 10 美元以下，此后油价一直徘徊在每桶十几美元的低水平，直到 1999 年油价再度上扬。随着石油产量和价格下跌，1982 年后，OPEC 成员国开始出现经常项目逆差，1986 年的第三次石油危机（反向石油危机）进一步恶化了国际收支状况。由于之前的进口支出和经济开发计划耗资庞大，加上两伊战争的影响，中东石油出口国积累了大量赤字，海湾国家变成资本净进口国，大部分的资本来自外国银行贷款和借债，由于债券市场不发达，尚没有发行国际债券。因此，石油输出国的石油美元累计过程被迫中断，石油美元回流的规模和速度也大打折扣。与此同时，国际石油市场形成供大于求的买方市场，石油输出国之间为获取市场份额展开了激烈竞争。OPEC 国家在 1982 年也出现了经常项目逆差，并在第三次石油危机、西方发达国家经济危机的冲击下，和拉美国家一样陷入严重的经济衰退——"失去的十年"。

[①] Venugopal K. Rajuk, *Petrodollar and Its Impact on the World Economy*, Indus Publishing Company, New Delhi, 1990, p. 320.

二 新石油美元回流渠道及投资结构

从 1999 年起，OPEC 国家的石油出口收入随着油价攀升再次呈现强烈的增势，2008 年，OPEC 国家的年石油收入高达 1 万亿美元，2009 年受国际金融危机和油价下跌的影响，缩减到 5753 亿美元。[①] 自 2003 年以来，拥有最大经常账目盈余的国家，已经不是亚洲，而是石油出口国（OPEC 加上俄罗斯、挪威等其他非 OPEC 石油出口国），高企的油价让它们大发横财。根据全球著名咨询公司麦肯锡研究院 2007 年的报告，全球资本市场正在发生深刻变化，一直集中在发达经济体的金融权力正在分散，石油美元、亚洲中央银行、对冲基金和私募股权基金发展迅速，成为新的世界金融权力经纪，石油美元位居榜首。2010 年海合会国家的海外资产在 2.0 万亿~2.4 万亿美元。其中政府拥有的石油美元资产（央行和主权财富基金）占 65%，其余石油美元资产由政府投资公司、高资产净值的个人、国有企业和私营企业拥有。[②]

2000 年以来的高油价给石油输出国带来巨额石油收入，其中的大部分又循环流入全球金融市场，使石油美元投资者成为越来越强大的参与者。然而，即使是 IMF 和国际清算银行（BIS）的专家也很难追踪中东资金的流向，因为大量盈余不是作为官方储备持有的，而表现为政府的石油稳定与投资基金和国家石油公司的对外投资。在油价达到顶峰的 2008 年，GCC 官方储备增加了大约 921 亿美元，仅仅是其经常账户盈余的 35.8%。[③] 据国际清算银行称，其无法掌握石油出口国自 1999 年以来积累起来的 70% 的石油美元的去向，1978~1982 年这一比例是 51%。[④] 那么这些"失踪"的石油美元躲在世界的哪个角落？产油国本身不希望被统计机构跟踪调查，而且产油国国内管理石油美元的机构发展壮大，海合会国家发达的银行体系和主权财富基金已经熟悉国际金融市场规则，有能力直接参与石油美元投资，从而绕过欧洲和美国货币市场和国际金融机构。这也说明银行存款在石油美元投资结构中的比重

---

① OPEC, *Annual Statistical Bulletin*, 2009.

② Kito de Boer, Diana Farrell, Susan Lund, "Investing the Gulf's Oil Profits Windfal," *The McKinsey Quarterly*, May 2008.

③ IMF, *Regional Economic Outlook – Middle East and Central Asia*, October 2010.

④ BIS, *Quarterly Review*, December 2005.

逐步下降，更多地流向了对冲基金、私募股权基金等离岸金融机构，或被用于偿还债务，以及投资房地产和对外投资。也有大量的石油美元变成了海外私人资产，世界主要石油出口国私人资本流出占 GDP 比例为 20%，其中沙特私人资本流出占 GDP 比例高达 36%，科威特为 30%，卡塔尔为 40%。[①] 对于产油国来说，尽管美元持续贬值，美元资产仍是石油美元的最佳选择，不仅是其收入获利途径，更有利于其在政治上密切与美国的联系，为此中东各国均持有 500 亿~800 亿美元的美国国债。

据国际金融研究所（Institute of International Finance – IIF）2007 年的数据，2002~2006 年 GCC 国家 55% 的资本流向美国，其次是欧洲。海湾石油美元在美国的投资多数以证券和私人投资的形式，在欧洲则主要以股票和房地产形式投资。值得注意的是，"9·11" 事件是石油资本流向的一个重要转折点，中东投资者意识到，需要将投资更加多元化。石油美元有东移的趋势，投往亚洲、非洲的比例逐步上升（见表 1）。GCC 地处中东北非地区，与其他国家有着宗教、民族等千丝万缕的联系。2001 年以来，GCC 区域内投资迅速上升，累计达到 41.8 亿美元，主要投向黎巴嫩、埃及和突尼斯，并集中在服务业（66%）和工业（32%）。沙特、阿联酋和科威特三国的投资占区域内投资总额的 69%。[②] 此外，亚洲经济增长迅速，地缘上与中东更为接近；新一代的基金经理对在新兴市场投资更有经验，他们善于在尚未充分发展的亚洲市场发现机会。因此，亚洲逐渐成为中东投资的选择之一。按地域来划分的话，海湾地区的公司及主权投资基金是中国股市中增长最快的一个投资者群体。

表 1　2006 年 GCC 国际资本流向（按地区分）

单位：10 亿美元

国家与地区	金　额	百分比
美　国	300	55.3
欧　洲	100	18.4

① Adam Hanieh, *Khaleeji Capital : Class Formation and the Gulf Cooperation Council*, Graduate Program in Political Science York University, Toronto, Ontario, Library and Archives Canada, Published Heritage Branch, p. 203.

② John Nugee and Paola Subacchi, *The Gulf Region – A New Hub of Global Financial Power*, Chatham House, Great Britain, 2008, p. 72.

续表

国家与地区	金　额	百分比
中东北非	60	11.1
亚　洲	60	11.1
其　他	22	4.1
总　计	542	100

资料来源：Institute of International Finance（2007）。

三　石油美元回流的实质

如此多的石油收入和因此带来的全球贸易不平衡问题不能不引起世界各国的关注。以美元为计价机制的石油美元加剧了全球经济失衡，而美元的未来走势、流动性过剩下的投机资本盛行又给石油市场的未来增加了不确定性。[①] 新石油美元出现之后，对世界经济和国际金融产生了巨大影响。[②] 第一，确立了对世界石油产业的综合支配力，为产油国提供了丰富的资金，改变了长期存在的单一经济结构，逐步建立起独立、自主的国民经济体系。第二，使不同类型国家的国际收支发生了新的不平衡，国际储备力量的对比发生了结构性变化。比如中东、俄罗斯由于油价上涨，赚到了更多的石油美元，中东欧、美国、欧盟等发达经济体的经常项目逆差进一步加大。第三，提高了金融市场的流动性，巨大的石油美元使利率保持低水平并支持了金融资产，新的流动性正在对资产价格产生通膨效应，助长泡沫的产生，例如在股票市场和房地产市场，从而加剧国际金融市场震荡。第四，石油美元和其他三大金融权力经济正重构全球资本市场格局，欧洲和美国以外的投资者越来越多地决定着金融市场的趋势，因此全球经济失衡不单单是贸易顺逆差关系，隐含其后的是现存的金融秩序和手段。第五，石油美元所带来的全球失衡问题深刻改变了国际货币体系，未来，欧元、美元和亚洲货币将共同构建世界货币体系的新格局。值得注意的是，这种新的全球不平衡并非源于石油出口国

[①] 管清友：《流动性过剩与石油市场风险》，《国际石油经济》2007 年第 10 期。

[②] 刘华、卢孔标：《石油美元对全球国际收支平衡的影响》，《银行家》2006 年第 6 期；覃东海：《新石油美元与全球收支失衡》，《中国外汇》2006 年第 9 期。

的巨额石油收入，而是石油美元计价机制所支撑的美元霸权，"石油美元体制为美国实现在中东乃至全球的利益提供了极为有效的金融支持"①。也有的学者指出，"美国经济是全球经济失衡的关键"②。石油美元定价机制以及石油美元回流从根本上来说是由美国主导，并为其国家利益服务的，美国开动印钞机就能生产出千万亿元美钞。20世纪70年代的石油美元极大地推动了欧洲美元市场的发展，美国还通过开放金融市场和扩大对中东的技术、军事贸易，吸纳美元最终回流至美国。对其他国家而言，石油美元回流使之陷入被动，不得不通过出口实实在在的商品和劳务，部分用来建立巨额美元外汇储备，部分又以回流方式变成美国的股票、国债等有价证券，繁荣了美国证券市场，填补了美国的贸易与财政双赤字，从而支撑了美国经济。美国还使用战争和金融手段加强对石油资源的控制，并调控油价，许多石油进口国大受其害。建立和维持牢不可破的石油美元联姻，确保石油美元体制带来的巨大政治经济利益，这是实现美国石油霸权和货币霸权，维护其国际领导地位的基础。进入21世纪以来，美元走弱伴随欧元走强，"石油美元机制"的根基有所动摇，但是，美国绝对不会轻易放弃支撑其经济霸权基础的石油美元计价机制。因此，有的中国学者指出，石油交易计价货币的选择从根本上而言是个政治问题，但又被国际投机集团利用来制造石油危机、美元危机和发展中国家货币危机，为改善全球治理机构，一个可行的做法是切断石油美元计价机制，这需要一次深重的美元危机来完成救赎。③

四　海湾国家主权财富基金的多元化投资策略

1953年，科威特在英国伦敦开设科威特投资局，就此揭开了主权财富基金序幕。此后几十年中，尤其是20世纪70年代的石油危机以后，石油美元源源不断地涌入中东国家，使这些国家的经济实力和政治影响力不断提高，也给它们的长期发展埋下了隐患。中东国家经济发展与石油价格相关性过高，

---

① 杨力：《试论"石油美元体制"对美国在中东利益中的作用》，《阿拉伯世界》2005年第4期。

② 钟伟、北京师范大学金融研究中心课题组：《解读石油美元：规模、流向及其趋势》，《国际经济评论》2007年第2期。

③ 管清友、张明：《国际石油交易的计价货币为什么是美元?》，《国际经济评论》2006年第4期。

而且除了石油工业之外没有建立起成套的工业体系，现代服务业也非常薄弱，是一种畸形的发展模式。1985 年的"反向石油危机"以及非 OPEC 产油国的迅速发展，使以中东产油国为主的 OPEC 遭到严重冲击。为了降低对石油资源的依赖程度，这些国家纷纷成立了主权财富基金，一方面大举收购海外资产；另一方面对本地的基础设施、工业及服务业进行投资，以加强经济体系的稳定性。过去几十年的时间，中东地区以石油美元作为资本，通过在欧美市场上购买股票和债券，已经积累出超出石油收入的财富。2000 年以来，石油价格飙升带来滚滚石油美元，再次令产油国"钱袋鼓了起来"，主权财富基金也随着石油收入增加而水涨船高。2007 年开始的美国次贷危机使它们在国际金融市场上崭露头角。一向低调的中东产油国主权财富基金也因"财大气粗"、纷纷向欧美金融机构出击而受世人瞩目。

根据美国主权财富基金研究所估计，2010 年底全球主权财富基金资产4.1 万亿美元，近一半在中东地区，其中 90% 来自阿联酋、沙特和科威特等海合会国家，其资产高达 1.4 万亿美元，占全球主权财富基金的 34.6%。[①] 海合会 6 个成员国均根据自身石油美元和经济发展程度设立了不同规模的主权财富基金，阿联酋、沙特、科威特主权财富基金在 6 个国家中排在前三名，这三国主权财富基金占全球主权财富基金总额的比例分别为 18%、11% 和5%，排名分别为第二、第四和第六。海合会国家主权财富基金在本质上也是专业化的商业机构，为实现良好投资回报率的核心使命，尽量避免行政机关的管理模式。中东国家主权财富基金都属于资源型（石油）。这些国家设置主权财富基金的目的是在非再生资源（石油）枯竭之前，为国家和民族可持续发展考虑，实现财富在代与代之间的转换。因此它们往往是资本市场上的长期投资者，投资于收益率较高的外国资产，为下一代的生存和发展积累财富。阿联酋是中东重要的港口国家和金融中心，主权财富基金为全球之首，通过投资国外战略行业如银行来实现其国家战略，因而具有新型"国家资本主义"的特征。[②] 除了海合会国家，中东地区其他产油国也建立了自己的主权财富基金。例如，1999 年伊朗建立石油稳定基金，资产 230 亿美元；2000 年阿尔及

---

① Stephen Jen, "How Big Cloud Sovereign Wealth Funds Be by 2015?" *Morgan Stanley Research Global*, 3 May 2007.

② 宋玉华、李锋：《主权财富基金的新型"国家资本主义"性质探析》，《世界经济研究》2009年第 4 期。

利亚建立财富管理基金，资产 567 亿美元；利比亚于 2006 年成立利比亚投资局，现有资产 700 亿美元（见表 2）。这些主权财富基金在促进国内经济建设、积累海外资产等方面发挥了应有的作用，尽管它们在国际金融市场上的"风头"远不如海合会国家。

表 2　中东产油国主权财富基金（2010 年 12 月 31 日）

单位：亿美元

国　　别	资　　产
阿联酋	6739
沙特	4444
科威特	2028
卡塔尔	850
巴林	91
阿曼	82
海合会总计	14234
其他中东国家	
利比亚	700
阿尔及利亚	567
伊朗	230

资料来源：USA, Sovereign Wealth Funds Institute, Dec. 2010.

一直以来，全球主权财富基金投资策略都比较保守，主要投向欧美地区的国债和指数基金（以美国为主）。近年来，随着美元贬值，欧元国家、日元国家以及其他新兴国家经济快速发展，主权财富基金投资日益多元化，欧美次贷危机和国际金融危机加速了这一进程。海合会国家主权财富基金也不例外，呈现多元化的投资策略。设立主权财富基金进行海外投资是海湾国家石油美元回流的一个重要途径。海合会国家 85% 的主权财富基金用于海外投资，每年约 2000 亿美元投资于股票、债券、生产或金融类企业、房地产等。据摩根士丹利首席经济学家任永力预测，到 2015 年海合会国家主权财富基金将增加到 5 万亿～6 万亿美元，接近全球主权财富基金的一半。[①] IFSL 报告也显示，未来

[①] Stephen Jen, "How Big Cloud Sovereign Wealth Funds Be by 2015?" *Morgan Stanley Research Global*, 3 May 2007.

海湾国家主权财富基金的全球份额将超过 40% 。① 除了欧美发达国家，以海合会为主的中东主权财富基金也在非洲、亚洲等地四处"开花"。埃及开罗大学经济系教授萨希尔对《环球时报》记者说，中东国家在改变全球投资格局，推动世界经济发展上发挥了重要作用，已成为世界资本市场的新生力量。②

第一，由被动型投资转向主动型投资。投资对象从低风险、低收益的资产（如债券和指数基金）转向兼顾营利性的目标，如通过提高股权资产的投资比例、外商直接投资、跨境购并、对冲基金、衍生产品、杠杆收购等方式成为主动积极型的投资者。阿布扎比投资局、科威特投资局和卡塔尔投资局变化最为明显，投资对象从低风险、低收益的资产转向高风险、高收益的资产，加大了股票、基础设施、私募股权、房地产、商品和对冲基金等领域的投资力度。例如，阿布扎比投资局 75 亿美元注资花旗银行，科威特投资局购买戴姆勒－奔驰公司的股份，卡塔尔投资局购得巴克莱银行 7% 的股份。海合会国家新设立的主权财富基金投资战略更为多样化，如迪拜国际资本购得汇丰控股 10 亿美元股份，迪拜投资（Istithmar）将其 60% 的资产投资于世界各主要城市的地产。而这也是迪拜债务危机爆发的诱因之一，这说明新的投资方式在带来高收益的同时，也带来高风险。

第二，海合会主权财富基金投资领域由金融和房地产转向高科技企业。例如，阿布扎比主权财富基金购买奥地利石油天然气公司（OMV AG Group），收购挪威的北欧化工（Borealis），以满足国内化工企业博禄公司（Borouge Co.）的技术需要；巴林主权财富基金收购英国迈坎伦集团（MClaren Group）30% 的股份来促进本国铝业发展，并借助该公司的专业技术发展本国汽车配件制造业。这进一步提高了海湾各国自身的生产和管理技术水平，有利于发展本国经济并改变本国单一、脆弱的资源经济。③

第三，货币构成多元化。为稳定收益，海合会国家中央银行储备资产仍将以美元为主，美元资产比例至少达到 70% ，阿联酋的比例最高，超过95% 。自从 2004 年以来，卡塔尔投资局和科威特投资局美元资产比例逐年下降，现在约为 40% 。2006 年以来，阿布扎比投资局也开始"向东看（主要是

① International Financial Services London（IFSL），*Sovereign Wealth Funds 2009*，March 2009.

② 《主权基金，全球经济新力量》，《环球时报》2008 年 2 月 5 日，http://news.zwsky.com/n/200802/04/203819.shtml。

③ 张瑾：《海合会国家主权财富基金的发展及其影响》，《阿拉伯世界研究》2010 年第 1 期。

亚洲新兴市场国家)"，但是，其管理的资产中仍有一半属于美元资产。沙特货币局持有的美元资产比例最高，约 70% ～80%，这和它一贯保守的管理方式以及其坚决维持盯住美元的汇率政策是分不开的。①

第四，投资区域多元化。海合会主权财富基金一直是投资亚洲股市大户，尤其是印度尼西亚、马来西亚和中国股市。此外还投资房地产、基础建设，尤其是石油和天然气领域。海合会国家纷纷将其原先集中于西方市场的投资向亚洲地区分流，一方面是因为亚洲地区经济依然保持强劲增长势头，另一方面是因为在亚洲会受到更加热烈的欢迎。与海合会国家有着宗教和政治联系的巴基斯坦、马来西亚和印度尼西亚等国经济深度和广度难以消化海合会国家们希望投出去的资金，这意味着主权财富基金将转向中国、印度和韩国等亚洲新兴市场国家。

为改变本国石油经济发展模式，海合会各国主权财富基金发挥了重要作用，实现了从石油资本到金融资本的"华丽转身"，海合会各国已经成为资本净输出国家。然而，与海合会 70 万亿美元的"地下"石油财富相比，1.5 万亿美元的主权财富基金仅仅是九牛一毛。因此，海合会国家从石油财富演变到金融财富还有很长的路要走。然而，主权财富基金的政府背景，以及其在信贷危机期间的频频出击令西方国家疑虑重重，认为其投资隐含政治目的，危害西方国家经济安全。许多国家修改了外资监管法律制度，对海合会国家主权财富基金的发展造成负面影响。为抑制西方国家的金融保护主义，海合会国家在对外投资方面更加低调谨慎，积极参与国际货币基金组织主权财富基金工作组有关主权财富基金指导原则的研究和制定。一些主权财富基金就投资事宜与资本接受国政府进行会谈以打消其疑虑，或者提升本国基金透明度。例如，阿联酋的穆巴达拉开发公司开始接受信用评级，阿布扎比投资局发布 30 多年以来首份年度报告，尽管该报告并没有公布外界最感兴趣的资产规模和具体的资产配置情况。因此，海合会国家主权财富基金在基金管理、信息披露和风险控制上还有待提高。然而，多年积累的专业化管理、投资途径、投资区域、投资战略的多元化方面的经验和教训使得这一地区的基金运作日益成熟。② 主权财富基金管理正逐渐从传统的以规避风险为目的的流动性管理

---

① Brad Setser, Rachel Ziemba , *Understanding the New Financial Superpower – The Management of GCC Official Foreign Assets*, Council on Foreign Relations, RGE Monitor, December 2007.

② 张瑾：《海合会国家主权财富基金的发展及其影响》，《阿拉伯世界研究》2010 年第 1 期。

模式向更加多元化和具有更强风险承受能力的资产管理模式转变。这种转变，使主权财富基金能够积极拓展储备资产的投资渠道，在有效风险控制的条件下构造更加有效的投资组合，进而获取更高的投资回报。而且这种管理模式的转变，也为经济和货币政策制定者们提供了一种全新的、更加有效的政策工具。

五　石油美元在中国的投资模式

目前，海湾石油美元对华投资，无论是与该地区国家实际对外投资能力还是与中国吸引外资的总量都不成比例，海湾资本进军中国市场才刚刚开始。2006 年是中海金融合作的一个里程碑，当年中国银行和中国工商银行首次公开募股，海湾资本高调竞购。这一年正值海湾股市大跳水。股市的不稳定性，使得海湾投资者意识到改变投资策略，分散投资的重要性。许多人将目光投向了中国和印度这样的国家。英国经济学家情报社报告称，从全球范围看，目前流向中国的资本在中东资本的全球投资组合中还比较小，但成长很快。近几年，海湾国家的对华投资规模在迅速上扬，投资领域也从原先的基础设施建设扩展到金融、地产、酒店等，能源领域的合作进一步加强。中国逐渐成为海湾国家在合适时机的合适市场。美国马萨诸塞州的咨询公司摩立特集团（RGE Monitor Group）估计海合会国家在亚洲（中国、日本、印度）的投资比例将由目前的 10% 增加到 15% ~ 30%，而在欧美地区的比例将由现在的75% 降到 50% 左右。[1] 中国已经成为海合会主权财富基金的重要投资区域，已经购得四川久大盐业、工商银行、农业银行等中国企业股份，迪拜投资（Istithmar）收购了汉思能源有限公司 9.91% 的股份，并在上海设立代表处，这是 Istithmar 首次在阿联酋以外的地区设立海外代表处，中国市场影响力可见一斑。

"9·11"事件之后，以沙特、埃及等国为主的中东国家开始实施"向东看"的政策。2010 年底中东动乱之后，伊斯兰势力抬头，美国在该地区的掌控能力下降。国际金融危机、欧债危机导致西方资金链收缩，海湾石油美元

---

① Brad Setser, Rachel Ziemba, *Understanding the New Financial Superpower – The Management of GCC Official Foreign Assets*, Council on Foreign Relations, RGE Monitor, December 2007.

投资西方受损，迫使各国重新思考其投资战略。受益于高油价、石油增产及相对稳定的政治局面，海合会国家流动性充足，正努力扩展新的增长渠道。因此，中东动乱并未改变中东国家"向东看"的趋势，也未影响中国企业投资中东的热情。华盛顿的国际金融所（IIF）报告指出，受益于高油价及石油增产，2012 年海合会境外资产总额达 1.9 万亿美元，相当于其 GDP 的 127%，至 2013 年底更是增至 2.1 万亿美元，其中，境外资产的 60% 由主权财富基金管理。[①] 从海合会对外投资的发展趋势看，2010～2015 年，海合会对外直接投资将继续增加。海合会关注的是其主权财富基金和石油美元的流向。从海合会对外直接投资的流向趋势看，中国是一个重要的流入地，中国对海合会的战略地位将日趋重要。

然而，中国吸引海湾石油美元仍存在以下问题：石油美元回流中国继续增长，但投资量依然有待大幅提升；石油美元在中国主要流向石油化工行业及服务业，如金融、房地产及基本建设等方面，几乎没有农业投资，投资结构有待优化。因此，未来中国应适度引进"石油美元"：在石油天然气工业下游领域吸引海合会直接投资，同时注意以三方合作模式弥补"石油美元"缺乏技术含量和市场效应的劣势；加强对伊斯兰融资方式的研究，探索利用伊斯兰融资的形式，以支持穆斯林聚居地区的发展，为西部大开发战略服务；考虑到海合会国家自然资源禀赋结构单一、市场比较狭小、不适合发展劳动密集型产业、石油美元偏好金融投资等问题，应注重把建筑工程承包与投资相结合，利用 BOT 等形式，扩大投资规模；利用石油美元，在我国建立面向海合会国家的出口农业基地，或与海合会国家合作，在第三方国家的农业等领域开展共同投资。

---

① 中国驻阿联酋大使馆经济商务参赞处：《IIF：2013 年海合会境外资产将达 2.1 万亿美元》，http://ae.mofcom.gov.cn/aarticle/jmxw/201204/20120408078613.html。

"地中海联盟"的由来与发展前景

陈　沫[*]

新近成立的"地中海联盟"是建立在"巴塞罗那进程"基础上的，力图倡导欧盟与地中海地区国家在经济社会发展问题、世界粮食安全危机、包括气候变化和沙漠化在内的环境退化问题等方面的合作，在推动可持续发展、加强能源领域的合作、更好地解决移民问题、防止恐怖主义和极端主义的蔓延以及推动不同文化之间的对话等方面发挥积极的推动作用。尽管建立地中海联盟的意愿良好，但是欧盟和地中海国家的实际情况差别较大，短期内要达成预定目标难度很大。

一　"地中海联盟"的成立

欧盟 27 个成员国和 16 个地中海南岸国家领导人于 2008 年 7 月 13 日在巴黎举行峰会，并发表声明指出，要把地中海变成一个和平、民主、合作和繁荣地区。会议决定正式启动"巴塞罗那进程：地中海联盟"（以下简称地中海联盟）计划，宣告"地中海联盟"正式成立。"地中海联盟"的设想是法国总统萨科齐于 2007 年初为竞选总统在阐述其未来外交政策时提出来的，旨在建立一个涵盖南欧、北非和部分中东国家的地中海地区合作组织。

"地中海联盟"倡议是建立在 1995 年欧盟和南地中海国家发表的《巴塞罗那宣言》及其实现和平、稳定和安全的目标基础之上的，也是"巴塞罗那

---

　　*　陈沫，中国社会科学院西亚非洲研究所副研究员，主要研究能源问题及中东经济发展问题。

进程"取得成果和进展的体现。它是一种多边伙伴关系，目的是发挥地区一体化的潜力，实现地中海地区的和平、稳定和繁荣。它强调，地中海在所有国家的政治议程上都具有"核心性的重要意义"；强调通过这一倡议，应对欧洲地中海地区的共同挑战，例如经济社会发展问题、世界粮食安全危机、气候变化和沙漠化等环境退化问题，最终达到推动可持续发展、能源安全、合法移民、反对恐怖主义和极端主义，以及推动不同文化之间对话的目的。①

巴黎峰会确定了"地中海联盟"计划第一阶段的 6 个重点合作领域。②

第一，消除地中海污染。会议认为，地中海文化历史悠久，它不仅是该地区的象征，而且为该地区的人民提供了就业和快乐。然而，其环境质量近来严重恶化。消除地中海污染计划是在"2020 年前景"规划③基础上制定的，覆盖沿海和海洋保护区，特别是水质和废物领域，旨在为该地区人民的生活和生活环境带来重大裨益。

第二，海上和陆地高速路。会议认为，地中海是一个连接而不是隔断各国人民的海洋，也是一条商业高速路。保障货物和人员在地面和海上流动的便捷和安全，对于维系各国的联系和促进地区贸易至关重要。发展海上高速路，包括连接地中海盆地的各个港口，以及建立沿海高速路和穿越马格里布火车的现代化，将提高人员和货物流动数量和自由度。从地中海地区对全球一体化的影响来看，特别应当注意致力于海上安全方面的合作。

第三，保护平民。会议认为，世界上不乏人为和自然造成的灾害，气候变化的影响就是证明。地中海地区是一个特别脆弱并且面临这类灾害的地区，因此，该地区的优先考虑之一，就是制订一项与"欧盟保护平民机制"紧密衔接的、有关预防灾害的"联合保护平民计划"。

第四，地中海太阳能计划。会议认为，最近能源市场的需求变化表明，必须重视替代能源。因此，各种替代能源的市场开发和研究开发应成为确保可持续发展的重大优先项目。会议认为，即将成立的秘书处的任务是，探讨地中海太阳能计划的可行性，并制订这样的计划。

第五，推行高等教育和研究合作。会议决定在斯洛文尼亚成立欧洲地中

---

① "Paris Summit Will Launch 'Barcelona Process: Union for the Mediterranean'," Brussels, 14 July 2008，http：//ec. europa. commit.

② http：//ec. europa. eu/external_ relations/euromed/index. htm.

③ 参见 COMMISSION OF THE EUROPEAN COMMUNITIES，Brussels, 30. 03. 2007。

海大学，并根据卡塔尼亚（Catania）进程①和 2007 年 6 月在开罗举行的第一届欧洲地中海高等教育和科学研究部长级会议确定的目标，鼓励高等教育合作。欧洲地中海大学将与伙伴机构和欧洲地中海地区现有各大学建立合作网络，研究生课程和研究计划，并以此作为建立"欧洲地中海高等教育科学研究区"的一个步骤。

第六，推行地中海商业发展战略。鼓励伙伴国充分利用现有高等教育合作计划所提供的可能性，例如"坦普斯（Tempus）计划"②和"伊拉斯默（Erasmus Mundus）计划"③等，也包括"对外合作窗口"。应当特别注意提高职业培训的质量，并确保职业培训适应劳动力市场的需要。支持微型、小型和中型企业，调查这些企业的需要，提出解决问题的对策，并以技术援助和资助的方式帮助这些企业发展。

二 欧盟地中海政策的沿革

地中海联盟是欧盟新地中海政策的新发展。冷战结束后，欧盟为了在新的形势下发展与南地中海国家的关系，开始推行新地中海政策。1995 年，欧盟和地中海沿岸国家召开首脑会议，启动了旨在加强双方全方位、多领域合作的"巴塞罗那进程"。会议通过的《巴塞罗那宣言》宣布，欧盟与地中海南岸国家之间建立"全面的伙伴关系"，以促进这一地区的稳定和经济发展，并开始签署《欧洲地中海联系协议》。当时的伙伴关系主要包括以下几个方面

---

① 参见 EUROPEAN COMMISSION Directorate – General for Education and Culture Education Development of Education Policies, Brussels, 30th March 2001。

② 即跨欧洲高等教育合作计划。该计划于 1990 年发起，主要面向经济体制和政治体制转型国家，旨在促进巴尔干地区国家以及东欧和中亚地区国家高等教育发展改革，以便使这些转型国家的教育能够适应市场经济需要。该计划的三个优先和工作重点是：教育计划的发展与调整；改革高等教育结构、机构和管理体制；开发转型国家能够跟上先进技术发展的培训项目。见 http：//ec. europa. eu/education/programmes/tempus。

③ 该计划是欧盟委员会于 2003 年提出来的高等教育交流项目计划，于 2004 ~ 2008 年执行。该计划定位在"硕士"层次的高等教育交流，通过建立 100 个跨大学的"欧洲硕士专业"点和提供上万个奖学金和访问学者名额的方法，吸引更多外国教师和学生在欧洲的大学学习，加强欧盟成员国大学之间的学术联系，提高欧洲高等教育的质量和竞争力，扩大欧洲高等教育在世界上的影响。该项目既面向欧洲学生，也面向欧盟成员国以外的留学生和访问学者。见 http：//ec. europa. eu/education/rss_ education_ en. xml。

内容：逐步建立自由贸易区；在所有共同领域及在尽可能广泛的基础上建立更加紧密的经济合作关系；在各机构间进行定期政治对话和协商；在资本流动、竞争、服务的自由化等方面采用欧盟的规则；建立社会、文化和财政事务方面的合作。所有条款都遵循民主原则和尊重人权。为了推动"欧盟新地中海政策"的实施，欧盟设置了"欧洲地中海发展援助"计划（MEDA），作为对这种伙伴关系的专门资助机构。该计划拨付的援助以及欧洲发展银行提供的贷款，成为欧盟推动"新地中海政策"的两个主要支柱。①

"巴塞罗那进程"是欧盟新地中海政策的一个重要组成部分，随着欧盟东扩和全球反恐斗争的展开，欧盟对新地中海政策的地位发生了新变化，被纳入欧盟在实行"东扩"以后提出的"欧洲邻国政策"的框架范围。"欧洲邻国政策"是在1995年欧盟《巴塞罗那宣言》的基础上发展而来的新合作框架，它旨在加强欧盟邻国的稳定、安全和繁荣。"欧洲邻国政策"重视与邻国的对话和合作，并以此作为欧盟共同边界及安全政策的基础。该政策规定要与邻国展开深入的政治、安全政策、经济及文化上的合作，并提供可能的财政资助，这种资助是与一定的条件挂钩的，受援国必须实行法制、尊重人权、尊重少数民族权利、发展市场经济、促进睦邻友好、反对恐怖主义及跨国犯罪等，同时也是与合作的进展挂钩的。根据"欧洲邻国政策"，将建立自由贸易区，实现区内国家商务、人员、服务、物资和资本的自由流通，统一区内各国的移民政策，强化区内安全防御与合作，扩大区内的危机处理能力，扩大区内人权对话、文化合作和相互理解，加强区内运输、能源、电信及科研合作和管理，加强区内投资合作，协助区内国家与世界贸易体制接轨。为此，欧盟为2004~2006年的"欧洲邻国政策"提供近10亿美元的经费，用于与邻国就安全问题如打击恐怖主义与犯罪及防止区域冲突、经济与社会发展、进一步开放市场及使邻国逐步采纳与欧美计划等方面的合作。② 2007年，欧盟执委会批准设立"欧洲邻国合作基金"（ENPI）。这是一项新的基金，欧盟主要将这笔基金和欧洲投资银行（EIB）的借贷这两项援助手段配合使用，推动"欧洲邻国政策"的实施。所有"欧洲邻国政策"内的伙伴国都将有资格利用"欧洲邻国合作工具"。

---

① http：//ec. europa. eu/world/enp/policy_ en. htm.

② COMMISSION OF THE EUROPEAN COMMUNTIES, Brussels, September 12, 2004, pp. 13 – 17.

欧盟推行邻国政策的一个原因，是显示其与入盟候选成员国政策的区别。"欧洲邻国政策"实际意味着，参与这项计划的南地中海国家并非欧盟的候选成员国，而是欧盟以援助为手段加以改造，并寻求加强双边关系和强化安全稳定的对象。对入盟候选成员国，欧盟的要求是不同的，特别是要求其全面接受欧盟国家的制度，以便最终将其变成欧盟的一个组成部分。目标的不同导致欧盟的重视程度以及援助力度的差异。因此，在2004年"欧洲邻国政策"文件正式发布后，作为非入盟候选国的南地中海国家对此不无担忧，担心在"欧洲邻国政策"这一新的合作框架中反而被边缘化，决心以更加主动的姿态，加强与欧盟的合作。2005年11月，欧盟与南地中海国家以"巴塞罗那进程"开启10周年为契机，再次聚首，以"重启巴塞罗那进程"为主题，召开欧盟地中海国家首脑峰会，决心加快《欧洲地中海联系协议》的实施，力争在2010年建成欧盟地中海自由贸易区，实现地区的和平、安全、稳定与繁荣。峰会讨论了政府治理和民主、经济改革、教育、地区安全、反恐和寻求治理非法移民的合作方式等议题，制订了《五年行动计划》。在政府治理方面，希望建立一种机制鼓励有关国家实行民主改革；在经济改革和贸易方面，希望各国能够承诺启动农业和服务业贸易谈判，争取在2010年建成"欧盟－地中海自由贸易区"；在教育领域，希望地中海南岸国家承诺在2010年前实现小学义务教育和将文盲率降低一半；在地区安全和反恐方面，会议最终就《反恐行为准则》达成了协议，重申反对一切形式的恐怖主义，执行联合国安理会的反恐决议，并尊重《联合国宪章》和国际法。正是在双方的积极推动下，地中海联盟终于脱颖而出。

三 "地中海联盟"的战略意义

从"巴塞罗那进程"、"欧盟新地中海政策"和"地中海联盟"到"欧洲邻国政策"，都是欧盟为了维护其冷战后的重大利益而设计的一脉相承但不断拓展和深化的战略。欧盟推行"地中海联盟"战略，与它在以下方面的重大利益有关。

（一）维护欧洲安全

进入21世纪以来，中东地区政治环境严重恶化，发源于该地区的激进组织的袭击事件频繁发生，使欧洲深深感到来自南翼的安全威胁。欧洲国家相信，在南地中海地区推行欧洲的价值观和政治经济制度，解决巴以冲突，实现经济上的繁荣，有助于消除恐怖主义滋生的土壤，并继续强调按照欧洲模式推行对南地中海地区的政治经济改造。会议宣言重申根据 2007 年 11 月里斯本欧洲地中海部长级会议的精神并根据安纳波利斯进程，支持以色列与巴勒斯坦和平进程。重申中东和平需要一种全面解决办法，欢迎叙利亚和以色列在土耳其调解下启动间接和平谈判。但是，地中海联盟宣言也突出强调，要消除恐怖主义威胁，需要在中东地区建立一些必要的机制。因此，和平解决地区冲突的同时，特别强调利用多边框架提供的机会实现和平和地区安全，特别是建立一整套国际性和地区性的防止大规模杀伤性武器扩散制度以及军备控制制度和裁军协议，防止核武器和生物化学武器在该地区的扩散，包括建立必要的核查制度，建立一个"可以有效核查的中东无大规模杀伤性武器、无核生化武器及其运载系统区"。地中海联盟宣言还表示，各方将考虑采取实际步骤，防止过多囤积常规武器，不发展超过合法防卫所需的军事能力，重申决心以尽可能低水平的部队和武器，实现同样程度的安全；支持那些以实现稳定、安全、繁荣的地区和次地区合作为目标的进程；对于有助于建立相互信任和安全的措施都给予积极考虑，并考虑在未来签署一项与地区安全有关的欧洲地中海条约。会议也接受了阿拉伯国家的要求，明确表示拒绝把任何宗教和文化与恐怖主义挂钩，呼吁增进不同文化之间的理解，以及确保对所有宗教和信仰的尊重。[①]

（二） 控制非法移民

维护欧洲安全的一个重要方面是控制南地中海国家对欧盟国家的非法移民。欧洲一直是南地中海国家移民的主要流向地，由于这些国家经济发展难以满足其就业的需要，各国失业率普遍较高，使得该地区对欧洲的移民及非法移民压力增大。2005 年欧盟成员国非欧盟裔移民中，德国有 675.6 万，英国有 584.2 万，法国有 492.6 万，意大利有 267.1 万，荷兰有 173.5 万，比利时有 126.9 万。这些非欧盟裔侨民大多来自地中海沿岸各国，特别是摩洛哥、阿尔及利亚、突尼斯、土耳其。德国移民中超过 200 万是突尼斯人。在法国

---

① "Joint Declaration of the Paris Summit for the Mediterranean," Paris, 13 July 2008.

的移民中，阿尔及利亚人有 67.7 万，摩洛哥人有 61.9 万，土耳其人有 22.5 万。在荷兰移民中，摩洛哥人有 69.1 万。① 除了合法移民外，非法移民为数众多。据国际移民局估计，在欧洲，1998 年非法移民达 300 万，而 1991 年是 200 万。此外，移民中还要加上申请避难者以及暂时受保护者，这类人的数目经常变化。例如，国际移民局统计 1992 年避难申请者达 67 万，1996 年是 22.6 万，1999 年为 43 万。② 移民对促进欧洲社会和经济进步做出了重要贡献，成为欧洲多元文化的组成部分，解决了劳动力严重短缺的问题，促进了欧洲经济社会的发展。然而，随着欧洲一体化的发展，移民问题已经成为欧洲面临的棘手问题。尽管一些欧洲国家采取了"融合"政策，但多数移民无法融入当地社会，仍保留着来源国的文化宗教传统，被"边缘化"或受到歧视。许多非法移民找不到工作，生活艰难，走上犯罪道路，给欧盟各国带来了社会治安问题。南地中海国家的穆斯林移民在欧洲形成一个特殊群体，他们不仅在欧洲未享有完全的公平待遇，而且由于一些激进组织打着宗教旗号从事恐怖活动，加重了欧洲民众对穆斯林移民的不满。欧洲极右党团为争取选民，则乘机煽动民族主义情绪，排斥、仇视、攻击移民的事件时有发生。正是在这样的背景下，近几年来欧盟开始收紧移民政策，试图阻止移民潮的蔓延。在 1999 年芬兰坦佩雷欧盟首脑会议上，欧盟国家领导人决定把避难政策与移民政策纳入未来欧盟"共同司法与安全空间"。在 2002 年西班牙塞维利亚峰会上，欧盟决定采取法律措施打击非法移民。此后，欧盟的内政、司法部长多次举行会议，制定包括建立联合警察部队守卫欧盟共同边界、围堵非法移民入境等具体措施。但是，所有这些办法都无法制止移民潮。欧盟开始认识到，对外来移民治理的根本措施是实行社会与文化整合，需要帮助移民来源国发展经济，增加就业机会，提高这些国家人民的生活水平，以及加强不同文化之间的对话和了解。因此，"地中海联盟"计划强调，要根据联合国"千年发展目标"，帮助南地中海国家进行人力资源开发和增加就业，减贫脱贫，扩大民众的政治参与，尊重所有人权和基本自由，强化妇女在社会中的作用，尊重少数民族，反对种族主义，以及推动不同文化间的对话和相互理解。"地中海联盟"宣言承诺为人员的合法流动提供便利，但强调对移民应

---

① OECD，"International Migration Data 2007."

② International Organization for Migration, *World Migration Report 2000*, p. 195.

当管理有序，打击非法移民，促进移民与发展之间的联系。

（三）保障能源供应

地中海南岸的北非和中东国家以及邻近这一地区的苏丹和几内亚湾地区都是世界石油天然气的主要产地，这对绝大部分能源依赖进口的欧盟成员国来说具有重要的安全意义。截止到 2007 年 12 月，中东石油储量为 1029 亿吨，占世界总储量的 61%。北非石油储量为 75 亿吨，[1] 占世界总储量的 4.4%。中东天然气储量为 73.2 万亿立方米，占世界总储量的 41.3%。北非天然气储量为 8.1 万亿立方米，[2] 占世界总储量的 4.6%。苏丹石油储量为 9 亿吨。2007 年，欧洲从北非进口石油 9520 万吨，从中东进口石油 1.5 亿吨。[3] 2007 年，欧洲从北非进口的液化天然气为 28.4 万亿立方米。[4] 2007 年，阿尔及利亚通过管道向欧洲国家意大利、葡萄牙、斯洛文尼亚和西班牙输送的天然气为 32.7 万亿立方米，利比亚向意大利输送的管道天然气为 9.2 万亿立方米。[5] 北非是欧洲天然气的一个主要供应来源。2005 年，阿尔及利亚出口天然气 645 亿立方米，其中 80% 销往欧洲国家，出口量占欧洲消费总量的 10%。意大利是阿尔及利亚天然气第一大进口国；在 2005 年出口的天然气中，液化天然气（GNL）约 250 亿立方米，阿尔及利亚液化天然气出口占世界的 17%，仅次于印度尼西亚，居世界第二。欧盟是阿尔及利亚液化天然气主要进口国。[6] 由于欧盟国家邻近盛产石油天然气的中东、中亚和北非，以管道作为运输手段，比海洋运输更加便利。近年来，为了保证能源供应安全，欧盟国家推动石油天然气管道建设和升级项目，成为引人注目的新动向。目前欧盟已决定实施或已完成策划的石油天然气管道项目包括：预计 2020 年完成的伊朗至奥地利天然气管道项目，阿尔及利亚至西班牙和阿尔及利亚至意大利（GALSI）的跨海天然气管道，埃及经土耳其至欧盟的天然气管道项目。此外，意大利、西班牙、英国等国都在修建液化天然气码头，以便从中东北非

---

① BP, *Statistical Review of World Energy 2008*, p. 6, http：//www.bp.com/productlanding.do? categoryId = 6929&contentId = 7044622.

② BP, *Statistical Review of World Energy 2008*, p. 22.

③ BP, *Statistical Review of World Energy 2008*, p. 20.

④ BP, *Statistical Review of World Energy 2008*, p. 30.

⑤ BP, *Statistical Review of World Energy 2008*, p. 30.

⑥ http：//www.ccn.mofcom.gov.cn/spbg/show.php.

地区进口液化天然气。到 2020 年前后，随着这些项目的完成，在中东、中亚和北非石油天然气资源国与欧盟市场之间将形成一个庞大的石油天然气供应网络。[①] 因此，地中海南岸的北非地区也是欧盟能源进口来源多样化的重点合作对象之一。1995 年欧盟与地中海南岸 12 个国家签署《欧洲地中海伙伴关系》协定，并建立了"欧洲地中海能源论坛"以及"1998～2002 年行动计划"等专门的能源对话和合作机制。在 2000 年召开的第三次论坛会议上，欧盟提出了多项优先合作领域，其中包括鼓励地中海南岸国家加入《能源宪章条约》，对能源工业实行私有化，建立与欧盟连接的能源基础设施等。随着国际石油价格的不断攀升和中东地区局势的变化，欧盟在寻求能源来源多样化的同时也研究发展可替代能源。在最近成立的"地中海联盟"宣言中，还提出了地中海太阳能计划，以确保可持续发展为优先。可见，地中海在欧盟能源战略中占据十分重要的地位。

（四）竞争势力范围

地中海南岸国家战略地位重要，也是各种原材料产地，且具有很大的产品、投资的市场潜力，由于历史的原因，也一直是欧洲国家传统势力范围。但是，进入 21 世纪以来，美国打着反恐的旗号，加快了进入这片欧洲"后花园"的步伐。美国以打击恐怖主义为名，加强了与北非国家和西亚地中海国家的反恐合作和军事合作关系。美国与突尼斯、阿尔及利亚和摩洛哥等北非三国建立了"建设性伙伴"关系，培训其反恐部队，扩大反恐演习，进一步加强反恐和安全方面的合作。而美国的真正目的是把该地区纳入它的军事和安全战略范围，作为美国加强在马格里布地区和非洲影响的一个组成部分。在中东地区，土耳其、埃及、约旦和沙特都是与美国建立反恐合作的国家。最近几年，科威特、阿联酋、卡塔尔和巴林等国与美国军事安全合作不断深入，成为美国在海湾地区的重要军事盟友。

与此同时，在该地区国家推行与美国建立自由贸易区的政策，摩洛哥、约旦等国已经于 2006 年 1 月与美国签署了建立自由贸易区的协议，埃及也正在与美国就建立自由贸易区进行谈判。经合组织统计数据显示，如今，欧盟在地中海地区的投资仅占其对外投资的 2%，而美国和日本的这一比例则分别

---

① 参见杨光《欧盟能源安全战略及其启示》，《欧洲研究》2007 年第 5 期。

达到了 20% 和 25%。① 美国加强在这一地区存在的咄咄逼人态势，引起欧盟国家的担忧，也成为它们加强和深化与地中海南岸国家政治经济全面合作的重要动力。"地中海联盟"的国家和政府首脑们在会议宣言中再次表明，要从 2010 年起在欧洲地中海地区建立自由贸易区，而且要加强在地区经济一体化所有领域的合作，要在欧洲"地中海联系协定"、"欧洲邻国政策"行动计划、"洛美协定"、"科托努协定"等原有双边合作机制以外，再动员额外资金，支持地中海联盟框架下的地区性和次地区性项目。在伊朗核问题引起许多中东国家发展核技术兴趣的背景下，在核技术方面颇具优势的法国对于开拓阿拉伯国家的核工业市场另有打算。法国总统萨科齐在 2008 年 1 月访问了中东海湾地区，13 日萨科齐与沙特国王阿卜杜拉签署了一系列石油和天然气合作协议，双方还就在沙特建设民用核能项目的可能性进行了讨论。② 15 日与阿联酋政府代表签署了和平利用核能和军事合作协定。阿联酋外长阿卜杜拉表示，阿联酋将确保这一计划符合核不扩散以及安全的最高标准。③

四　"地中海联盟"面临的挑战

在地中海峰会上，确定了"地中海联盟"计划第一阶段的 6 个重点合作倡议。分别涉及地中海污染治理、沿海和陆地公路建设、民事保护、地中海太阳能计划、欧盟－地中海大学计划以及地中海商业发展倡议。按此设想，"地中海联盟"是要通过所制订的共同开发一些区域性计划的实施来发展地中海两岸的关系，并且将为此增加对南地中海国家的援助。

对于地中海沿岸国家来讲，"地中海联盟"将使其与欧盟成员国的经济联系更为紧密，也更容易得到欧盟资金、技术、投资等方面的支持。在"地中海联盟"发展倡议所涉及的优先合作项目中，对成员国经济影响比较大的包括以下几个方面。第一，"海上高速路"。随着经济的发展，跨地中海客运和货运的需求迅速增加。为此，"地中海联盟"将建立包括公路、港口、海运、服务等在内的"海上高速路"，促进跨地中海运输的可持续发展。第二，"地

---

① http：//www. oecd. org/topicstatsportal.

② http：//vsearch. cctv. com/play＿ plgs. php？ ref＝CCTV4＿ 20080115＿ 2711393.

③ http：//vsearch. cctv. com/plgs＿ play－CCTVNEWS＿ 20080116＿ 2688637. html.

中海太阳能计划"。将在地中海周边国家提高太阳能发电的能力，通过私人投资和向欧盟国家出口太阳能电力以确保太阳能项目的盈利，促进能源生产的本地化和推动节能措施以满足地中海南岸家庭用电需求。第三，"中小企业扶持"。为促进地中海地区中小企业的发展，专门成立的"地中海企业开发机构"通过评估需求、确定需要采取的行动和适用的方法，向地中海联盟成员国相关机构提供技术及融资渠道方面的支持，此外还要帮助成员国开展高附加值产业等。这些合作项目有自己的融资渠道，还有欧洲投资银行、世界银行、非洲开发银行组建的各种开发机构的支持。因此，"地中海联盟"的项目有利于处于发展中国家地位的南地中海国家加快经济发展，增加收入和提高就业率。地中海联盟宣言表现出的解决阿以冲突和实现地区安全稳定的意愿，也反映出南地中海国家对和平的热切期盼。从这个意义上看，欧盟冷战后的地中海政策及代表其最新发展的"地中海联盟"，反映出欧盟与南地中海国家在战略利益方面的共同点，具有一定的可行性基础。

尽管建立"地中海联盟"具有一定可行性，但要收到预期效果难度仍然很大。就连积极推动"地中海联盟"的法国总统萨科齐都承认，"地中海联盟"难以在短期内实现地区的稳定与发展。

从欧盟内部来看，仍然存在反对的声音。其实，"地中海联盟"计划的推出和实施从一开始就遇到阻力。欧盟地中海峰会召开之前，欧盟内部就出现了反对"地中海联盟"的声音，认为这会给欧盟带来额外的财政负担，以及造成欧盟机构重叠臃肿，以及削弱欧盟对东欧国家的改造和援助。这种声音主要来自那些距地中海较远，因而在地缘政治上更关注欧盟东扩和稳定东欧新成员国的国家，德国是这种声音的代表。尽管经过艰难谈判，欧盟内部就建立"地中海联盟"的原则计划达成了妥协，但在今后的实践中难免重新发生分歧。

从地中海南岸国家来看，也并不是所有国家都愿意加入"地中海联盟"。利比亚领导人卡扎菲曾于2008年6月10日在的黎波里举行的阿拉伯六国首脑协商会议上宣布拒绝"地中海联盟"计划，指责该计划企图破坏阿拉伯国家和非洲国家的团结。利比亚反对属于非洲联盟的北非国家加入"地中海联盟"，① 呼吁加强欧洲、非洲和地中海地区之间的合作。他指出，如果欧洲希

① http：//news.xinhuanet.com/newscenter/2008-07/09/content_8519342.htm.

127

望合作，就应同阿拉伯国家联盟和非洲联盟进行合作，而不只是同其中一部分国家合作。在"地中海联盟"内部，叙利亚与以色列、巴勒斯坦与以色列之间积怨很深，再加上错综复杂的历史和宗教问题，它们之间的分歧绝非短期内能够解决，合作也不容易。

从欧盟与南地中海国家关系来看，欧盟从自身利益出发，其农业保护政策长期限制着与南地中海国家自由贸易的步伐，欧盟的农业补贴现已占到欧盟总预算的近一半。农业和渔业是南地中海国家对欧盟的重要出口部门，也是涉及该地区广大乡村地区和人口发展的重大问题。然而欧盟国家出于保护欧洲农场主的利益的需要，一直采取贸易保护主义措施。法国是欧盟共同农业政策的最大受益者。农业政策事关法国农民的既得利益，也关乎法国国内局势的稳定。法国要修改农业政策存在很大的阻力。

五　结语

"地中海联盟"是建立在《巴塞罗那宣言》及其实现和平、稳定和安全的目标基础之上的，也是"巴塞罗那进程"的成果和进展。它是一种多边伙伴关系，旨在发挥地区一体化和和谐的潜力。地中海对于所有国家的政治议程都具有核心性的重要意义。"地中海联盟"力图倡导欧盟与地中海地区国家在经济社会发展问题、世界粮食安全危机、包括气候变化和沙漠化在内的环境退化问题等方面的合作，在推动可持续发展、加强能源领域的合作、更好地解决移民问题、防止恐怖主义和极端主义的蔓延以及推动不同文化之间的对话等方面起到了积极的推动作用。但是，刚刚成立的"地中海联盟"能否真正推动地中海地区的和平与稳定、繁荣与发展，关键取决于有关国家的政治意愿与实际行动，特别是双方能否在内部进一步统一认识，并在克服利益分歧方面找到求同存异的途径。

海湾货币一体化经济基础分析

刘　冬[*]

　　由海湾阿拉伯国家合作委员会六个成员国（包括巴林、科威特、阿曼、卡塔尔、沙特阿拉伯和阿联酋）组成的海湾共同市场于 2008 年 1 月 1 日正式启动。自海合会创建以来，六国经济合作不断深化，共同市场的建立，区域内要素的自由流动，标志着海湾国家在区域经济一体化的道路上迈出了重要一步，在此基础上，海湾六国正在谋求货币方面更为紧密的合作，并计划于 2010 年统一六国货币。但海湾货币统一计划能否按时实现一直是学术界争论的焦点，因为按照最优货币区理论，货币一体化的实现需要严格的条件。本文则是利用最优货币区理论，通过对海湾六国的关键经济指标进行检验来评估海湾货币统一计划的可行性。

一　最优货币区理论概述

　　按照《牛津经济学词典》的定义，最优货币区（optimum currency area）是指使用单一货币的"最优"的地理区域。[①] 在区域内，由单一的共同货币充当一般支付手段（或者彼此汇率永久固定），并同区域外国家保持汇率的浮动，从而使"最优"区内的国家同时实现内部平衡和外部平衡。1961 年，蒙代尔一篇分析汇率稳定的论文为最优货币区理论奠定了基础。随后，麦金农、

---

　*　刘冬，中国社会科学院西亚非洲研究所助理研究员，主要研究领域为中东经济、能源经济。
　①　〔英〕布莱克编著《牛津经济学词典》，上海外语教育出版社，2000，第 333 页。

凯南等经济学家利用蒙代尔的分析框架进行研究，使得该理论不断地得到丰富和发展。

最优货币区理论的研究者认为，最优货币区可以为其成员国带来一系列经济利益。例如：通过降低区内的交易成本和汇率风险增加区内贸易和投资；促进共同市场的发育，实现规模经济和范围经济；增加货币的可信度，以增强政府控制通胀的能力；加快区域内要素配置效率；增进区内竞争，提高经济效率；形成区域性冲击的风险分摊机制，从而促进区域一体化的发展。

但是，最优货币区理论的研究者也指出，只有国家之间符合一定条件，如拥有相似的贸易结构，要素能够自由流动，经济高度开放，产业构成多样化，通胀率一致，使用单一货币才能优化其经济福利，因为当这些条件高度拟合时，成员国之间调整彼此汇率的需求将会很小。否则，放弃独立的货币和汇率政策，会使得本国极易受到区域内冲击的影响，如通货膨胀、贸易冲击等，从而使得本国承担较大的经济调整成本，并降低本国宏观经济的稳定性。[1]

二 海湾货币一体化的经济基础

虽然共同货币能够给海湾国家带来巨大利益，但它也意味着货币主权的放弃（自主的汇率政策和货币政策）。欧元区建立的经验告诉我们，在加入最优货币区这一问题上，国家往往表现出明显的风险厌恶性，即使收益再大，也力图将成本降至最低。因此，笔者认为，在分析海湾共同货币计划的可行性时，我们不应过多地强调共同货币给海湾国家带来的收益，而是应该强调海湾的现实条件能否支撑一个货币同盟，在此，我们将用前文所述最优货币区标准对海湾经济基础进行检验。

（一）生产要素的流动性

蒙代尔认为，当需求转移打破两国的供求平衡时，两个实行固定汇率制

---

[1] Sitikantha Pattanaik，"How Closely the GCC Approximates an Optimum Currency Area?" *Journal of Economic Integration*，Vol. 223，2007，p. 579.

的国家若想实现控制通胀和充分就业两个目标，必须通过生产要素（劳动力和资本）的高速流动来进行调节。例如：当需求由国家 A 转移到国家 B 时，因为实行的是固定汇率制，国家 A 失业率将上升，国家 B 将出现通胀，如果两国要素是高速流动的，那么要素将由国家 A 转移到国家 B，从而消除国家 A 的失业压力和国家 B 的通胀压力，两国将同时实现内部平衡和外部平衡。否则，两国只能放弃固定汇率制，转而借助于汇率浮动来实现内外平衡。[①] 英格拉姆肯定了蒙代尔的结论，除了进一步强调资本自由流动在应对需求转移、维持内外平衡的重要作用外，他还进一步指出，资本的高速流动可以降低经济结构调整的成本。[②] 因此，在最优货币区研究者看来，生产要素（劳动力和资本）的高速流动是建立最优货币区的重要条件。

目前来看，海湾六国因为大量外籍劳工的存在完全满足生产要素流动性标准，海湾国家无一例外地拥有大批外籍劳工，即使在外籍移民所占比例比较低的阿曼和沙特两国，移民占劳动力的比例也分别达到 64.3% 和 55.8%（见表1）。这些外籍劳工基本上垄断着六国的私人部门（非石油），外籍劳工在海湾国家私人经济部门中所占比例甚高，最低的沙特也达到近70%，而在巴林则接近100%。[③] 各国政府对外籍劳工的进入限制很少，大量外籍劳工的存在保证了海湾六国在私人部门劳动力市场的竞争性。[④] 在竞争性的劳动力市场中，工资价格高度灵活，从而能够保证海湾六国劳动力资源在区内的高度流动性。

表1　移民在海湾国家人口中所占比例

	总人口（万）*	移民（万）**	移民/总人口（%）**	移民/劳动力（%）***
巴 林	75.3	29.5	40.7	61.9
科威特	285.1	166.9	62.1	81.3

① Robert A. Mundell, "A theory of Optimum Currency Areas," *The American Economic Review* 514 (1961)：657 – 665.

② 万志宏：《东亚货币合作的经济基础研究——最优货币区理论视角》，博士学位论文，南开大学国际经济研究所，2003，第30页。

③ Ugo Fasano and Rishi Goyal, "Emerging Strains in GCC Labor Market," *International Monetary Fund/WP* (2004)：5 – 7.

④ Nasra M. Shah, "Restrictive Labour Immigration Policies in the Oil – Rich Gulf: Effectiveness and Implications for Sending Asian Countries," *UN/POP/EGM* (2006/3), pp. 15 – 16.

	总人口（万）*	移民（万）**	移民/总人口（%）**	移民/劳动力（%）***
阿 曼	259.5	62.8	24.1	64.3
卡塔尔	84.1	63.7	78.3	81.6
沙 特	2473.5	636.1	25.9	55.8
阿联酋	438.0	321.2	71.4	89.8

注：*2007 年数据，* *2005 年数据，* * *2000 年数据。

资料来源：United Nations Department of Economic and Social Affairs/Population Division, *World Population Policies 2007*, New York, 2008, pp. 117, 275, 353, 373, 395, 495; Nasra M. Shah, "Restrictive Labour Immigration Policies in the Oil – Rich Gulf: Effectiveness and Implications for Sending Asian Countries," *UN/POP/EGM/*, March 2006, p. 17。

但在长期，要素流动性标准可能会受到挑战。海湾国家的劳动力市场是高度分化的，虽然移民集中的私人部门工资具有高度的灵活性，但是在国民集中的公共部门劳动力价格却是缺乏弹性的。[1] 在海湾六国，私人部门和公共部门的收入和福利差距巨大，国民都不愿意去私人部门就业，因此，人口增长率较高的海湾国家都存在较为严重的失业问题。2006 年，"沙特的失业率达13%，巴林的失业率大约在 12% ~15%，阿曼的失业率则高达 15%，阿联酋实际失业人口也有 40000"[2]。在巨大的失业压力下，高失业率国家开始在私人部门中实行本土化战略，增加本国人在私人部门的比重。[3] 但是，本国劳动力价格却高出市场价格很多，这种强制做法无疑会增加实行本土化战略国家的国内投资成本，从而限制未来货币区内的劳动力和资本流动。如果一些海湾国家不能顶住人口增长的压力，继续实行劳动力本土化的话，长期来看，只能以海湾地区生产要素的流动性为代价，使海湾共同市场协议所规定的"海湾共同市场中任何一国就业、居住和投资时将享受与所在国居民同等待遇"这一条款形同虚设。

---

[1] Belkacem Laabas and Imed Limam, *Are GCC Countries Ready for Currency Union?* Kwuit: Arab Planning Institute, 2002, p. 11.

[2] Nasra M. Shah, "Restrictive Labour Immigration Policies in the Oil – Rich Gulf: Effectiveness and Implications for Sending Asian Countries," *UN/POP/EGM* (2006/3): 3; Sherine El Hag, " 'GCC Countries' Common Currency and Its Relationship to the Optimum Currency Area," *Europe Journal of Scientific Research* 173 (2007): 331.

[3] Nasra M. Shah, "Restrictive Labour Immigration Policies in the Oil – Rich Gulf: Effectiveness and Implications for Sending Asian Countries," *UN/POP/EGM* (2006/3): 9 – 11.

（二）外部冲击的对称性①

蒙代尔指出，如果两个国家的贸易结构相似，那么在相同的贸易冲击下，它们就能够采取共同的货币政策，而无须调整彼此汇率。② 比如说：国家 A 与国家 B 的主要出口品都是商品 C，当全球对商品 C 的需求猛增时，两国的最优决策都是真实升值，以实现内外平衡，而无须调整两国间的汇率；但如果国家 A 并不生产商品 C，两国若要保持汇率不变，则要么国家 A 忍受失业，要么国家 B 忍受通胀。因此，对称性的外部冲击是建立最优货币区的有利条件。

海湾国家都是石油出口国，石油是重要的贸易商品，在国民经济中占有重要的地位，石油出口国的性质决定了六国最重要的外部冲击是石油贸易冲击，而石油收入占财政收入的高比例也决定了六国在相同贸易冲击下政策选择的相似性（见表 2）。对石油产品的高度依赖意味着海湾六国完全符合最优货币区理论对冲击对称性的要求，并且，随着高油价时代的到来，六国将会更加符合这一标准。

表 2　石油在海湾国家经济中的地位

	巴林	科威特	阿曼	卡塔尔	沙特	阿联酋
石油出口/总出口（%）*	73.6	93.7	81.5	70.9	90.4	45.7
石油储量（10 亿桶）**	0.1	101.5	5.6	27.4	264.2	97.8
储采比（年）**	15 +	100 +	21.3	62.8	69.5	91.9

注：＊2004 年数据，＊＊2007 年数据，其中巴林的石油储量和储采比为 2003 年数据。

资料来源：Arab Monetary Fund，*Foreign Trade for Arab Countries*，Betheda，Md.：LexisNexis，2007，pp. 60 – 61，70 – 71，100 – 101，150 – 151，160 – 162，170 – 171；BP，*BP Statistical Review of World Energy*，London：BP，pp. l. c，6，http：//www. bp. com/productlanding. do？categoryId = 6929&contentId = 7044622，June 2008；EIU，*Country Profile 2006：Bahrain*，UK：Patersons Dartford，2006，p. 28。

但是，应该看到的是，外部冲击的对称性在长期会因为六国石油资源禀赋的差异而消失。海湾六国中，巴林和阿曼的石油储量较少，相对于海湾其

---

① 对称性（symmetry）：国家间在某些方面表现比较相同的特征。

② Robert A. Mundell，"A Theory of Optimum Currency Areas，" *The American Economic Review* 514 (1961)：657 – 665.

他国家将会较早出现石油枯竭（见表2）。当两国石油枯竭后，必须依靠非石油产业和天然气来支持其经济，而海湾其他经济体却依然依靠石油产业。这时，海湾产油国和非产油国之间贸易冲击的对称性必然会消失，在一定的贸易冲击下，产油国与非产油国将会采取不同的货币和财政政策，从而引发彼此汇率调整的需求。因此，从长期来看，海湾六国并不满足最优货币区对冲击对称性的要求。

（三）经济的开放性

麦金农指出，一国的开放程度（可贸易品与非贸易品的比例）对它的汇率选择有着重要影响。如果一国的开放程度很高，利用汇率调整来改善外部失衡的努力将不再有效，因为真实贬值将导致输入型的通货膨胀，全国物价水平的提高将会抵消贬值对提高国际竞争力的作用；反之，一国的开放程度很低的话，利用汇率调整来改善外部失衡是有效的，因为并不会导致国内物价的上涨，真实贬值将提高该国的国际竞争力。[①] 因此，经济高度开放的国家之间应该固定彼此汇率，建立最优货币区，从而平衡外部收支。

经济学界有很多度量经济开放性的方法，研究最优货币区的著名经济学家麦金农使用可贸易品与非贸易品的比例来衡量一国经济的开放性。[②] 但是，如何定义一国的可贸易品与非贸易品在实践中有很多困难。本文选择经济学界比较流行的方法，即用进出口总额与 GDP 的比例来计算海湾六国的经济开放性。经过计算，海湾六国的经济都是高度开放的，六国中，即使开放性比较低的沙特和科威特也分别达到了 68.2% 和 74%（见表3）。因此，海湾六国作为高度开放的经济体，选择固定汇率制更符合其国家利益。

按照开放性标准，海湾六国无疑应该实行固定汇率制，但是否应该固定彼此之间的汇率依然是一个问题，因为按照开放性标准，一国货币应盯住其主要贸易伙伴货币，而海湾六国的区内贸易量很低（见表3），正是基于此，

[①] Ronald I. Mckinnon, "Optimum Currency Areas," *The American Economic Review* 534 (1963): 717 – 725.

[②] Ronald I. Mckinnon, "Optimum Currency Areas," *The American Economic Review* 534 (1963): 717.

研究海湾货币一体化的经济学家如帕特奈克（Pattanaik）、拉巴斯（Laabas）等认为海湾六国较低的区内贸易量将会成为它们实行货币一体化的障碍。但是，笔者对此持不同看法。首先，从出口方面来看，海湾六国虽然主要出口国有所不同（见表3），但其最重要的出口商品是石油（见表2），而国际石油交易是以美元定价的，因此，我们可以认为海湾六国的最大出口对象是一个美元区经济体；其次，在进口方面，除了卡塔尔外，美元区经济体也是海湾六国重要的进口对象国，[①] 因此，将本国货币同美元固定能够最大化六国经济福利，这样，即使地区内贸易量低，六国却因为本国货币同美元固定而无须调整彼此汇率。由此，笔者认为，海湾六国完全符合最优货币区关于经济开放性的要求。只有在海湾某些国家石油资源枯竭时，经济开放性标准才会受到真正的挑战。

表3　海湾国家开放性及贸易（2004 年）

单位:%

	开放性	区内贸易占比	主要出口国	主要进口国
巴　林	129	6.6	沙特、美国、阿联酋	沙特、日本、德国
科威特	74	5.7	日本、韩国、美国	美国、日本、英国
阿　曼	88.5	7.6	中国、韩国、日本	阿联酋、日本、英国
卡塔尔	92.1	6.5	日本、韩国、新加坡	法国、英国、德国
沙　特	68.2	4.7	美国、日本、韩国	美国、德国、日本
阿联酋	119	5.5	日本、韩国、印度	中国、美国、法国

资料来源: Arab Monetary Fund, *Arab Countries Economic Indication 1994 – 2004*, Bethesda, MD : Lexis Nexis Academic & Library Solutions, 2007, p. 2; Arab Monetary Fund, *Foreign Trade for Arab Countries 1994 – 2004*, Betheda, Md. : Lexis Nexis, 2007, pp. 40, 54 – 59, 64 – 69, 94 – 99, 144 – 149, 154 – 159, 164 – 169。

（四）经济结构多样化

凯南指出，相对于经济结构比较单一的经济体来讲，如果一国拥有较为多样性的贸易和产出结构，特定贸易冲击对它的影响将不会那么严重，因为

---

① 沙特和阿联酋实际上同美元保持固定汇率。

多样化可以分散冲击，倘若冲击使得对某些部门的需求减少，资源可以转向其他部门，从而减弱冲击对整个经济均衡的影响，这样，即使不进行汇率调整，多样化的经济体也能够实现外部平衡的目标。[①] 基于此，凯南认为，经济结构多样性也应该是建立最优货币区的一个条件。

海湾六国虽然一直努力实现经济的多样化，但其单一的经济结构却没有得到改善。从表4中我们可以看到，海湾六国最重要的经济部门依然是采掘业；非石油部门中，比例较大的是同石油收入密切相关的政府服务、商业和房地产业；而制造业在六国经济中所占份额依然很小，只有10%左右。按照最优货币区结构多样性标准，像海湾国家这种结构单一的经济体，其经济难以分散特定外部冲击的影响，需借助汇率的浮动实现外部平衡，因此不适宜建立共同货币区。

表4　海湾国家经济构成（2004 年）

	巴林	科威特	阿曼	卡塔尔	沙特	阿联酋
采掘业[*]	28.2	47.7	42.4	62.2	42.2	32.8
制造业	10.2	10.0	8.1	6.3	10.1	12.6
建筑业	3.3	1.9	3.0	5.2	5.4	7.5
商业/餐饮/宾馆	8.2	7.0	13	5	6.2	12.6
住房	8.8	0	3.6	2.5	5.1	7.7
政府服务	15	0	9	9.6	15.4	8.4

注：＊包括石油和天然气。

资料来源：Arab Monetary Fund, *National Account of Arab Countries, 1994 - 2004*, Betheda, Md. : Lexis Nexis, 2007, pp. 28, 37, 61, 101, 109, 117。

（五）通胀一致性

弗莱明提出，通货膨胀率的相似性也是建立最优货币区的一个先决条件。

[①]　Peter B. Kennan, "A Theory of Optimum Currency Areas: An Eclectic View," in *International Economic Integration: Critical Perspectives on the World Economy, Volume II : Monetary, Fiscal and Factor Mobility Issues*, ed. by Miroslav N. Jovanovic (London: New York: Routledge, 1998), pp. 59 – 77.

他认为，如果各国面对的菲利普斯曲线的位置不同，就会选择不同的政策搭配，从而导致国际收支的失衡和汇率的波动。[①] 比如，国家 A 是高通胀国家，国家 B 是低通胀国家，在同样的外部冲击下，A 国将忍受更高的失业，B 国将忍受更高的通胀，从而导致 B 国货币贬值；但如果两国都是低通胀国家，则都会选择忍受通胀的政策，而无须调整彼此汇率。因此，通胀率比较接近的国家比较容易建立最优货币区。

在通胀一致性方面，海湾六国的表现是令人失望的。阿曼、巴林、科威特、沙特四国的通胀率较低，且比较接近，而阿联酋与卡塔尔的通胀率则非常高，并且两个集团的通胀率并没有表现出趋同的倾向，其通胀率的差异反而越来越大（见图 1）。2007 年，阿联酋和卡塔尔的通货膨胀率分别达到 11%和 14%，分别是区内 3 个最低通胀国家平均通胀率的 2.7 倍和 3.3 倍，如果同《马斯特里赫特条约》所规定的 1.5 个百分点的要求相比，这无疑是个天文数字。[②] 海湾国家通胀率不同，在相同的冲击下，必然会有不同的政策选择，从而导致彼此汇率的变动。通胀率上的巨大差异抬高了海湾国家放弃独立货币政策的成本。因此，从通胀一致性来看，海湾六国并不适合组建币联盟。

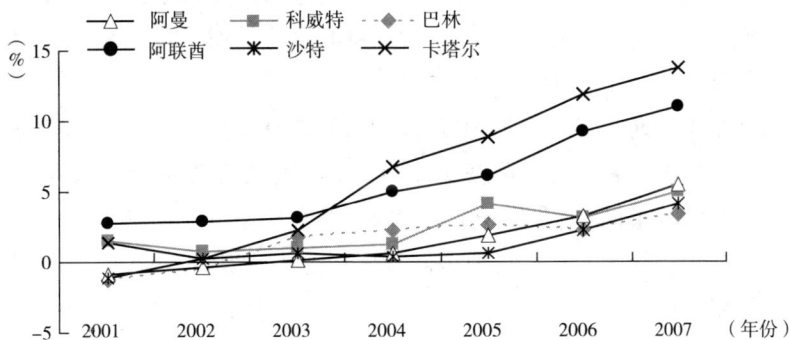

图 1　海湾国家通货膨胀率（2001～2007 年）

资料来源：International Monetary Fund，*World Economic Outlook Database*，http：//www. imf. org/external/pubs/ft/weo/2008/01/weodata/weorept. aspx，April 2008。

---

① J. Marcus Fleming，"On Exchange Rates Unification，" *The Economic Journal* 81322（1971）：467－488.

② Europa，*Introducing the Euro*：*Convergence Criteria*（Europa，2006），accessed December 12，2006，http：//europa. eu/scadplus/leg/en/lvb/l25014. htm.

三 结论和政策建议

是否加入最优货币区是一个艰难的利益权衡。在这个问题上，每个国家都表现出风险厌恶型的特质。货币统一计划在理论上为海湾六国带来的巨大收益并不能消除它们在放弃独立货币主权这一问题上的谨慎。

对石油资源的依赖和高度分化的公私经济部门让海湾石油输出国拥有相似的贸易结构、高度开放的经济和竞争性的劳动力市场。所有这些都降低了海湾六国调整彼此汇率的必要性，从而在理论上把海湾货币统一计划的成本降至最低。考虑到海湾六国在过去一段时间从来没有真正实行过独立的货币政策和汇率政策，[1] 我们可以认为海湾六国比世界上很多地区更符合最优货币区的标准。

不过，我们需要注意的是，海湾国家对最优货币区理论的拟合是建立在其丰富的石油资源基础之上的。但是，海湾六国的石油资源禀赋不同，随着一些国家石油资源的枯竭，贸易冲击的对称性将不复存在，经济的开放性也将受到巨大冲击；除此之外，一些国家较高的人口增长率也会对区内劳动力资源的自由流动形成挑战。在长期，除非海湾六国实现了经济的多样化和通胀的一致性，否则放弃独立的货币政策和汇率政策而采取一种货币将会面临高昂的代价。

正是基于长期考虑，海湾国家并不都对 2010 年启动的货币同盟抱有乐观态度。石油资源比较匮乏的阿曼于 2006 年 12 月决定将不会加入计划于 2010年启动的海湾货币同盟。[2] 科威特于 2007 年 5 月宣布取消其货币第纳尔与美元的单一挂钩转而与一揽子主要国际货币挂钩。[3] 两国的决定无疑是对海湾货币统一计划的巨大打击。

---

[1] 海湾六国（除阿曼）从 1995 年开始按照美联储的政策来制定本国利率，且海湾六国于 2003 年宣布将其官方汇率与美元固定。Secretariat of the United Nations Conference on Trade and Development, *Trade and Development Report*, New York；Geneva：United Nations，2007，p. 157.

[2] Reuters，"Chronology – Gulf Arabs Work toward Monetary Union"（Reuters India，2008），accessed June 15，2008，http：//in. reuters. com/article/asiaCompanyAndMarkets/idINL1549464820080615? pageNumber = 3&virtualBrandChannel = 0.

[3] 《科威特取消与美元单一挂钩 美元贬值影响产油国》，中证网，http：//news. sohu. com/ 20070524/n250203514. shtml，最后访问日期：2007 年 5 月 22 日。

　　海湾国家并没有为单一货币的推出做好经济基础和制度上的准备，因此，在 2010 年组建货币同盟在实践上有些仓促。笔者认为，海湾货币一体化应该采取一种渐进的方式。海湾国家首先应该稳定本国的通胀率，协调彼此行动，力图使各国通胀率趋于一致；其次，要对本国法规进行相应的修改，为共同货币的发行和流通提供法律上的支持；再次，在此基础上，海湾六国应该谋求建立一种汇率机制，固定彼此汇率，并建立海湾中央银行，统一彼此的货币政策和汇率政策；最后，当所有条件都成熟时，才能将加入最优货币区的成本降至允许共同货币启动的程度。海湾货币一体化的进程将在很大程度上取决于海湾六国在经济多样化和通胀一致性上的表现。虽然海湾共同货币计划存在很多不确定因素，但正像英格拉姆所说，在货币统一问题上，政府的努力比经济基础更为重要。[1] 海湾六国拥有相同的语言、文化以及相似的地缘政治环境，只要海湾六国齐心协力，海湾共同货币计划必将有光明的前景。

---

[1] Sitikantha Pattanaik, "How Closely the GCC Approximates an Optimum Currency Area?" *Journal of Economic Integration* 223 (2007)：578.

中东地区的贸易投资市场前景

杨 光[*]

本文所论及的中东是按照广义界定的中东地区，包含地理学概念中的西亚和北非两个地区，有时也被称作"中东北非"。这一地区共有 25 个国家（地区），尽管经济规模不大，2008 年 GDP 总量只有 10740 亿美元，与澳大利亚或墨西哥相仿，仅占世界各国 GDP 总量的 1.7%，[①] 但在国际经济中拥有不容小觑的重要地位。该地区是世界最大的国际建筑工程承包市场和军火市场之一，也是重要的粮食进口市场。中东国家正在进行的经济调整，使该地区市场的对外开放程度日益提高，开展对外经贸合作的条件不断改善，外国直接投资的数额大幅度上升。特别引人注目的是，来自该地区的石油天然气供应可以对国际能源供应安全产生至关重要的影响，而依靠石油收入积累起来的巨额石油美元，成为扰动国际金融市场的一支重要力量。21 世纪以来，中东国家与中国的经贸关系迅速发展，中东已经成为中国的主要石油进口来源地，以及最具增长潜力的国际建筑工程承包和机电产品出口市场。中国与中东一大批国家的关系已经提升到战略合作的水平。尽管中东国家的发展不断受到战争和冲突的干扰，贸易和投资环境还有诸多不尽如人意之处，但地区经济发展前景总体向好，经贸环境的改善是大势所趋，中国与中东国家经贸关系基础牢固。中东是一个值得中国高度关注、大力开拓并可以大有作为的重要市场。

---

[*] 杨光，中国社会科学院西亚非洲研究所所长、研究员。

[①] 世界银行：《2010 年世界发展指标》，中国财政经济出版社，2010，第 232 页。

一　中东经济发展趋势

中东经济发展走过了坎坷的历程。在 20 世纪 70 ~ 80 年代初，曾经一度辉煌，但从 20 世纪 80 年代中后期开始，总体上陷于发展困境。1980 ~ 1990 年，中东北非地区国内生产总值年均增长率仅为 0.4%，是世界上经济增长最慢的地区。[①] 同期人均国内生产总值平均每年下降 2%。[②] 20 世纪 90 年代，经济增长虽然有所恢复，但 1990 ~ 2000 年全地区国内生产总值年均增长率仅达到 3%，[③] 1990 ~ 2001 年人均国内生产总值每年平均增长速度只达到 0.7%。[④] 2001 年中东北非地区的石油输出国的人均国民收入水平达不到 1980 年的水平，非石油输出国的人均国民收入水平比 20 年前略有提高。从 20 世纪 90 年代中期开始，中东经济发生了明显的转折，尽管各个国家经济转折的情况并不平衡，但总体上进入经济增长较快的时期。2000 ~ 2008 年，中东国家的 GDP 年均增长率提升到 4.8%。[⑤] 2008 年发生的国际金融危机，对于中东国家的经济造成了明显的冲击，但并没有扭转中东国家经济发展向好的基本趋势。中东国家的经济增长在 2009 年陷入低谷，但此后呈恢复势头。中东经济的恢复，主要得益于三个因素的推动。

（一）油价升高使石油收入出现新高潮

石油出口收入对于中东国家的经济具有决定性影响。这不仅是因为石油收入在主要石油输出国的国内生产总值和出口额及政府财政收入中占有相当大的比重，而且是由于主要石油输出国的石油收入会通过一些转移机制，影响到该地区非石油输出国的经济。这些传导机制有多种形式：首先是主要石油输出国以及石油输出国组织对非石油输出国提供经济援助，接受这种援助的通常是中东地区没有石油出口的阿拉伯国家；其次是从主要石油输出国的劳务市场流向非石油输出国的侨汇资金，来自海湾地区的侨汇收入是埃及的

---

① 世界银行：《1998 ~ 1999 年世界发展报告》，中国财政经济出版社，1999，第 211 页。
② 世界银行：《开拓未来：选择中东北非的繁荣》，1995，第 15 页。
③ 世界银行：《2003 年世界发展报告》，中国财政经济出版社，2003，第 245 页。
④ 联合国开发计划署：《2003 年人类发展报告》，中国财政经济出版社，2003，第 285 页。
⑤ 世界银行：《2010 年世界发展指标》，中国财政经济出版社，2010，第 228 页。

四大外汇收入来源之一；再次是主要石油输出国出口石油所产生的过境运输费，土耳其对伊拉克收取的石油管道过境费就属于这种情况，而埃及收取的苏伊士运河使用费中也包括一部分油轮通航的费用。石油收入在全地区的这种转移分配，使主要石油输出国的石油收入变化成为影响全地区经济的重要因素。中东经济在 20 世纪 70～80 年代中期的发展，与这一时期的国际市场高油价有直接关系。而 20 世纪 80～90 年代的长期经济低迷，与这一时期的国际市场油价长期不振有直接关系。21 世纪以来，特别是 2003 年伊拉克战争以来，石油输出国再次迎来国际石油价格的上涨和石油收入的急剧增加。国际石油价格在波动中总体趋于升高。把 1990～2000 年与 2000～2010 年两个时期对比可以发现，中东地区仅沙特阿拉伯、阿联酋、科威特、伊拉克、卡塔尔和利比亚 6 个主要石油输出国的石油出口收入总额从 9713 亿美元猛增到 33897 亿美元，后一时期的石油收入相当于前一时期的 3.5 倍。[①] 正是在石油收入的又一次高峰推动下，中东国家的经济才实现了复苏和较快增长。

21 世纪的国际石油价格暴涨，并不是偶然现象，而是受到石油工业某些长期发展趋势推动的结果。其中最重要的原因是：首先，世界上新油田勘探开发成本的上升、新发现的大型油田减少、北海和北美地区油田老化、小型油田和深海油田在世界石油供应中的比重上升等因素，都在推动着世界石油生产边际成本上升。其次，随着世界经济的持续增长和石油需求的不断上升，以及石油工业的相对投资不足，在国际石油供应中可以发挥保障作用的世界石油剩余产能不断减少，在 2007～2008 年的时候已经下降到大约每日 200 万桶的危险水平，国际石油供应能力逐渐逼近绝对短缺的门槛。再次，21 世纪以来，世界主要产油区中东地区不断爆发局部战争，国际石油供应中断的风险比 20 世纪 90 年代明显提高，国际石油价格中的战争升水始终保持在较高的水平。除此之外，美元的贬值也在不断抬高国际石油市场的名义价格，国际期货市场的炒作也对油价的推高发挥了推波助澜的作用。在这些导致国际油价上升的因素中，至少边际成本上升和剩余产能下降都是具有长期性的趋势，而中东地区局势动荡也将使油价中的战争升水难以消除。因此，国际油价长期居高不下，成为石油输出国保持高额石油收入，加快经济增长的机遇期。

---

① 统计数据来自 OPEC，*OPEC Annual Statistical Bulletin*，Austria，2005，p. 15 & 2011，p. 17。

（二）经济调整为经济增长带来新活力

中东地区的许多国家在取得民族独立以后，在以经济独立巩固政治独立的政治理想指引下，在主张与国际市场"脱钩"的"依附论"发展理论指导下，选择了内向型的进口替代工业化发展战略。这种战略过分强调资源配置的计划化、经济主体的国有化和贸易制度的内向化，忽视了市场在资源配置中的积极作用，压制了私营经济和外国直接投资，对缺乏比较优势的产业进行过度保护。结果是好梦难圆，在20世纪70年代末到80年代纷纷陷入经济滞胀和债务危机之中。

从20世纪80年代初期开始，这类国家纷纷开始进行经济调整，彻底转变经济发展的战略和体制，重新为经济增长注入活力。经济调整的主要内容包括：第一，宏观经济稳定化。从20世纪80年代初开始，坚持实行从紧的财政和货币政策以遏制通货膨胀，通过货币贬值促进出口以改善国际收支状况，通过谈判重新安排对外债务，成为许多国家普遍采取的宏观经济政策。及至21世纪的头4年，该地区国家的宏观经济状况已经普遍好转，绝大多数国家的通货膨胀率保持在1位数，通货膨胀比较严重的土耳其的通货膨胀率也趋于下降。绝大多数国家的国际收支经常项目由逆差转为顺差，或逆差趋于较少。绝大多数国家的外债还本付息率都保持在安全水平，外债已经不再是制约这些国家经济发展的突出问题。第二，资源配置市场化。在绝大多数国家，政府放开了对多数商品价格的控制，逐步放开利率和汇率，以及对工资的控制，减少了财政补贴的种类和范围，多数国家都开办了证券交易市场，市场在配置资源方面的作用显著增强。第三，市场主体民营化。扩大国有企业的自主权、实行国有企业私有化、鼓励私营企业发展和吸引外国直接投资是经济调整的重要内容。为此，几乎所有国家都制定了具有鼓励性质的投资法规，不少国有企业被出售给外国投资者，允许私人和外国直接投资的领域从加工制造业逐步扩大到金融业和电力、电信和环保等基础设施领域。在突尼斯、摩洛哥、土耳其等国家，私人投资在投资总额中的比重或对国内生产总值的贡献已经超过国有部门，成为经济增长的主要动力。第四，贸易制度自由化。各国普遍降低了进口关税水平，缩小了许可证的使用范围和限制进口商品的范围，通过货币贬值纠正了货币定值过高的现象。越来越多的国家已经走上与欧盟和美国建立自由贸易区的进程。多数国家已经成为世界贸易组织的成员国。第五，政府干预合理化。在经济调整进展比较快的国家，政府在逐渐放弃对经济的过度直接干预的同时，把更多的精力转移到宏观经济调控、规划产业政策、完善市场制度、完善社会保障体系、保护资源环境等方面。在1992年世界环境首脑会议以后，一些国家的政府已经开始通过减少补贴和课征税收的手段，赋予空气、水等资源以价格，通过这种适度干预并利用市场推动可持续发展。

自20世纪90年代以来，在进行经济调整较早的国家，经济调整的效果开始显现出来。土耳其、突尼斯、埃及等国的年平均经济增长速度超过了全地区的平均水平。它们普遍通过实行审慎的财政和货币政策实现了宏观经济的稳定，在发挥市场对资源的合理配置作用、调动私营部门和外资的积极性、实行宽松的贸易制度基础上，促进纺织服装、钢铁、化工、旅游等具有比较优势的产业发展，比较明显地改变了以初级产品生产和出口为主的产业结构和出口结构，同时利用与发达国家的经济合作，增加了援助，扩大了市场，在更加广泛的基础上恢复了持续的经济增长。此外，在环境保护方面也取得了进展。阿尔及利亚、叙利亚等国家的经济调整虽然开始相对较晚，但在实现宏观经济稳定和恢复经济增长方面也已经显示出一定的效果。经济调整正在给中东国家带来经济发展的新动力。

（三）区域经济集团化呈现新局面

从20世纪80年代开始，中东国家的经济集团化开始全面起步，在20世纪90年代开始从地区内的经济集团化走向跨地区经济集团化。如今已呈现南南合作与南北合作并举的崭新局面。

阿拉伯国家自从阿拉伯国家联盟成立之时，就怀有实现阿拉伯经济统一的梦想。它们在阿拉伯国家联盟框架下，从20世纪80年代开始加快建设大阿拉伯自由贸易区步伐，迄今已有16个阿拉伯国家正式加入。海湾国家在1981年成立的海湾合作委员会，起初是以提高共同防御能力为目的，但建成后经济合作的内容逐步增加。伊朗、土耳其和巴基斯坦也在1985年成立了经济合作组织。马格里布地区国家在1989年成立了大阿拉伯马格里布联盟。尽管由于中东国家相互之间在经济上互补性较弱，在政治上矛盾错综复杂，影响到了集团内部投资贸易的发展，但一些经济集团的内部合作仍然取得了一定业绩。海湾合作委员会在2003年建立了关税同盟，对内实现了贸易自由化，对外实现了统一关税，并且提出了建立海湾合作委员会统一货币的设想。2000～2008 年，海湾合作委员会的内部贸易额从 80 亿美元增加到 327 亿美元，2008 年占集团出口总额的 4.7%；在同一时期，经济合作组织内部贸易额从 45 亿美元增加到 267 亿美元，占集团出口总额比例从 5.6% 提高到 6.8%；大阿拉伯自由贸易区内部贸易额从 162 亿美元增加到 835 亿美元，占集团出口总额比例从 7.2% 提高到 9%；阿拉伯马格里布联盟的内部贸易额也从 10 亿美元增加到 46 亿美元，但 2008 年占集团贸易总额比例仅为 2.5%。[1]

从 20 世纪 90 年代开始，随着冷战后世界格局的变化和经济全球化趋势的发展，中东国家的区域经济合作开始走出局限于本地区和本民族的狭窄领域，中东国家与欧盟和美国的跨地区经济集团化开始迅速发展，打开了经济集团化的新局面。1995 年欧盟与南地中海的中东国家在西班牙的巴塞罗那召开会议，决定欧盟与南地中海国家分别签署"新地中海联系协定"，根据新协定推动南地中海国家改革并最终与欧盟建成自由贸易区，欧盟增加对南地中海国家的援助。南地中海国家与欧盟的这一合作被称为"巴塞罗那进程"。迄今为止，除利比亚以外，南地中海绝大多数国家都已经与欧盟签署新协定。叙利亚与欧盟签署新协定的谈判也在进行之中。从 20 世纪 60 年代就提出加入欧共体的土耳其，经过长期不懈追求，在 1996 年与欧盟建立了关税同盟。美国在 20 世纪，仅仅在 80 年代与以色列建立了自由贸易区，而 2003 年伊拉克战争以后，出于对中东国家进行改造，以及与欧盟争夺中东国家市场的战略需要，也加紧了与中东国家开展自由贸易的步伐，并与约旦、巴林和摩洛哥先后签署了建立自由贸易区的协定。中东国家与欧盟和美国等世界主要经济集团的跨地区贸易自由化进程，具有更好的经济互补性基础，逐步减少了进入世界主要市场的障碍，对于扩大出口和吸引外国直接投资，效果逐渐显现出来，发展前景广阔。

中东国家当前经济发展面临的最大障碍，来自地区冲突对经济发展的影响。从 20 世纪 80 年代到 21 世纪的第二个十年，中东一直是世界上战争和冲突最频繁的地区，西撒哈拉冲突、黎巴嫩内战、阿富汗战争、两伊战争、黎巴嫩战争、海湾战争、巴以冲突、伊拉克战争、伊朗遭受国际制裁、中东地区局势动荡、苏丹分裂、利比亚战争等重大冲突和局部战争此伏彼起，对该

---

[1] 世界银行：《2010 年世界发展指标》，中国财政经济出版社，2010，第 374～375 页。

地区经济发展造成严重影响，许多国家的多年经济建设成就毁于冲突和战火之中。战争和冲突使中东国家本来可以用于经济发展的大量资金转而用于军费开支。2008年中东国家军费开支与国内生产总值的比例达到2.8%，与世界各地区相比居于首位。[①] 战争和冲突加上体制方面的制约，增大了外国投资的风险，不仅使外资对动乱国家望而却步，而且造成这些国家的资金外流。战争和冲突严重阻碍了区域经济合作。20世纪80年代成立的阿拉伯马格里布联盟多年毫无建树，阿拉伯合作委员会自生自灭，90年代启动的（阿拉伯和以色列）中东北非经济合作进程半途而废，都有地区冲突的背景。战争和冲突也加剧了资源、环境和人口问题，为可持续发展的实现制造了严重障碍。20世纪90年代初爆发的海湾危机和海湾战争，造成大量原油泄漏和空气、海水污染。海湾战争对中东地区的人口控制产生负面影响，战后许多中东国家都减少了对计划生育的支持。实现地区和平与稳定，仍然是中东经济发展面临的最大挑战。

二 贸易投资政策的变化

（一） 贸易投资市场的特点

中东经济的好转，带动了贸易和投资市场的繁荣兴旺。

中东地区是一个迅速扩大的货物和服务市场。1995～2008年，仅中东国家货物进口总额，就从772亿美元增加到3156亿美元，增加了3.1倍，与同期世界各国货物进口额平均增长2.1倍相比，其扩展速度远远超过了世界平均水平。同期服务业进口总额从196亿美元增加到660亿美元，增加了2.4倍，与同期世界各国服务业进口额平均增长1.8倍相比，也超过了世界平均增速。[②]

中东是粮食进口市场。中东国家总体上来说受自然条件限制，沙漠面积较大，耕地仅占全地区面积的6%，明显低于世界其他地区，人均耕地面积较小。除了土耳其和伊朗可以基本做到粮食自给以外，绝大多数国家的粮食供

---

①　世界银行：《2010年世界发展指标》，中国财政经济出版社，2010，第318页。
②　世界银行：《2010年世界发展指标》，中国财政经济出版社，2010，第244、252页。

应严重依赖进口。因此，中东是世界上粮食在进口中占比最高的地区，2008年粮食占进口总额的比重为12%，进口额为379亿美元，占世界粮食进口总额的3.3%。中东地区也是工业制成品的进口市场。中东国家的工业以采掘业为主，而制造业发展水平较低，2008年制造业占GDP比重仅有12%，在世界各地区中排名最低。在现有制造业中，除以色列拥有一定规模的高科技产业，以及土耳其、伊朗、沙特阿拉伯、摩洛哥等国拥有一定规模的机电、钢铁或化工产业以外，多数国家的制造业以食品加工和纺织服装为主。因此，中东国家无论是日用消费品还是资本货物，都难以自给自足，严重依赖进口供应。2008年工业制成品在中东国家的进口总额中占比高达50%，进口额为1578亿美元。中东地区是世界主要军火市场。由于地区局势长期动荡，战争冲突此起彼伏，中东国家武器进口额长期遥居世界各地区首位，2008年占世界各国武器进口总额的11.7%。①

中东地区也是一个重要的劳务进口市场。特别是海湾地区国家的石油收入数额大，经济社会发展速度快，但人力资源薄弱，需要大量依靠进口劳务，满足建筑工程和多种服务行业的发展需求，从而形成世界重要的劳务进口市场。20世纪90年代，由于国际石油价格低迷，西亚建筑工程承包市场一度萎缩，在世界各地区的排行下降到第5位，但21世纪以来乘国际油价高峰重新崛起，2008年已经恢复世界第二的排位，仅次于欧洲。2005年中东地区的国际移民存量达到1000万人，其中绝大多数是在海湾国家务工的人员。建筑工程承包是中东地区，特别是海湾国家服务贸易的主要项目。2008年全球225家最大的国际建筑工程承包公司中有155家在西亚地区开展业务，在该地区实现774.7亿美元营业额，占其全球营业额的20%。② 建筑工程承包的领域广泛，2010年海湾合作委员会在建和已经列入计划的项目总额为13684亿美元，其中房屋建设项目11509亿美元，基础设施建设项目1903亿美元，给排水和废物处理项目272亿美元。③

21世纪的第一个十年，是中东国家吸引外国直接投资取得显著成就的十年。随着经济全球化的加速发展，以及中东国家普遍进行经济结构调整，改

---

① 世界银行：《2010年世界发展指标》，中国财政经济出版社，2010，第244、318页。
② 美国《工程新闻纪录》2009年10月号。
③ 美国《中东经济文摘》副刊文章《2010年海湾建筑业：地区项目指南》，第7页。

善投资环境，中东国家的外国投资数量明显增加。外国直接投资的快速增长，成为 21 世纪以来中东各国的普遍现象。根据联合国贸易与发展会议统计，2000 年中东国家的外国直接投资流入量只有 46 亿美元，在当年世界外国直接投资流入总量中占比仅有 0.3%，[①] 而 2008 年中东地区外国直接投资流入量已达到 1156 亿美元，占世界外国直接投资流入总量的比重提高到 6.6%。此后，尽管由于国际金融危机和中东国家局势动荡影响，中东地区的外国直接投资流入量有所减少，2010 年下降到 751 亿美元，但其在世界外国直接投资流入量中的占比仍然保持在 6% 的水平。[②] 外国直接投资的领域相当广泛。石油天然气勘探开发是外国直接投资的主要领域，美国、欧洲和亚洲的资本在利比亚、伊朗、苏丹、埃及、阿尔及利亚、叙利亚、阿联酋、阿曼等国的石油工业中都相当活跃。在海湾主要石油输出国，许多炼油厂和石化企业都是与外国合资建立的。在旅游资源比较丰富的北非国家埃及、摩洛哥和突尼斯等国，旅游业也是吸引外国投资的重要行业。在高技术产业比较发达的以色列，外国投资的主要行业是电子商务软件开发、生物工程产业、高科技农业以及医疗设备、安全技术和通信设备等领域。除此之外，外国资本在中东地区还广泛地投入金融、电子、制药、纺织品、制鞋、家用电器和汽车组装等行业。中东地区的外国直接投资来源比较广泛，以欧洲、美国和日本的投资为主，阿拉伯国家、土耳其等亚洲发展中国家的投资也在逐渐增多。

（二）贸易投资政策的调整和问题

贸易和投资恢复发展的一个至关重要的深层原因是，中东国家自从 20 世纪 90 年代以来进行经济改革和相应的贸易和投资政策调整。

中东国家普遍开展的经济调整，是改善贸易和投资环境的重要动力。在经济调整的过程中，减少政府对贸易和投资的直接干预，是贸易和投资政策调整的基本方向。在经济调整过程中，以前采取进口替代工业化发展战略的国家，普遍采取了减少和取消贸易许可证制度、降低平均关税水平、设立保税区、改变本币定值过高和多重汇率等措施，放开国际收支经常项目，并采用 BOT 方式发包工程、减少外国建筑商的保人制度等多种方法，以减少货物

---

① UNCTAD，*World Investment Report 2003*，pp. 249 – 251.

② UNCTAD，*World Investment Report 2011*，pp. 187 – 189.

和服务进口的壁垒和障碍。为了吸引外国直接投资，中东各国政府普遍采取的措施包括：推动国有企业私有化进程，向外国投资者提供并购本国企业的机会；通过修订和完善相关的法律体系，为外国直接投资创造更加宽松和可靠的法律环境；设立专司外国直接投资的政府机构，简化外国投资的审批程序；逐渐放宽外资在投资项目中的持股比例，扩大允许外国直接投资的产业范围；降低企业需要缴纳的各种税赋，在税收方面对外国投资者给予国民待遇；建立形式多样的经济特区，向外国投资者提供特殊优惠待遇；适度放松对国际收支资本项目的控制，允许外国投资者汇出所得利润；加入世界贸易组织和其他有关公约，接受国际通行的投资和贸易争端解决机制；积极参与本地区和跨地区的经济集团化进程，由此扩大本国市场的辐射范围。这些贸易自由化和改善投资环境的举措，代表了中东国家贸易和投资政策调整的基本方向，对于开放中东国家市场，增加货物和服务进口及吸引外国直接投资，发挥了关键性的作用。

但是，中东国家的贸易投资政策调整，还有很大的潜力可挖。根据世界银行对近年来世界各国工商业环境进行的企业调查结果，中东国家的贸易投资环境还有许多明显的差距。外国直接投资的规模与世界其他地区相比，仍然排在各个地区的最后一位。中东地区各国之间的投资和贸易自由化进展差距较大，海湾国家和土耳其、摩洛哥、突尼斯、埃及、约旦、黎巴嫩、以色列等国已经取得显著进展，而伊朗、叙利亚、阿尔及利亚、苏丹等国则进展比较缓慢。地区局势长期动荡不安，是影响外国投资的重要因素。21世纪以来，阿富汗、伊拉克、伊朗、利比亚、叙利亚等地区大国，均曾受到战争影响或国际社会制裁，令外国投资者望而却步，其外国直接投资的数量与这些国家在中东地区的大国地位有很大差距。2010年底发生并席卷一大批阿拉伯国家的地区局势动荡说明，中东地区复杂的民族宗教矛盾、政治经济社会发展问题，以及地缘政治关系，容易引发始料不及的大规模局势动荡，地区局势的不确定性增加了外国投资者的担忧。中东国家一些最有吸引力的产业还没有对外国投资开放，一些国家对于外国投资的领域还有许多限制，例如沙特阿拉伯、科威特和伊拉克的石油工业上游部门，至今仍然拒绝接受外国直接投资，伊朗因受宪法限制，在石油天然气领域也只能采取"回购"方式，吸引外国资金和技术。中东国家的金融业普遍对外开放程度比较低。中东国家的企业经营环境也存在不利因素。尽管各国都制定了比较完善的法律体系，但在一些阿拉伯国家，执法随意性较强，有法不依、执法不严的情况司空见惯。从监管和税收方面来评价，由于程序仍然复杂以及办事效率较低，企业每年与官员打交道往往要占用大量管理时间。企业获得营业执照所需时间天数也很长，在埃及需要90.8天。从用工情况来看，中东国家普遍存在劳动力素质比较低的问题，而企业通常面临比较严格的雇用本地人条件。从腐败状况来看，世界银行公布的数据显示，在埃及几乎所有企业都向官员支付"非正常付款"，同样在阿尔及利亚也几乎有2/3的企业向官员支付"非正常付款"。由于金融市场不发达以及政策的缺陷，中小企业的发展在一些中东国家面临融资困难。2009年中东国家股票市场资本总额只有2097亿美元，上市公司数量只有717家，均远远落后于世界其他地区。[1] 据调查，利用银行投融资的企业占企业总数的比例，在阿尔及利亚为4%，在埃及为5.6%。就税收负担而言，尽管中东国家已经做出降低税收负担的明显的努力，但中东地区仍然是世界上企业税负较高的地区。从总税收占企业毛利润的比重来看，在海湾国家较低，以色列、埃及、伊朗、苏丹、伊拉克和土耳其等国达28%～44%，居世界平均水平以下，但在阿尔及利亚仍高达72%。从简单平均关税来看，中东国家的关税壁垒水平为12.8%，仍是世界上关税水平最高的地区之一，仅略低于南亚地区。突尼斯和阿尔及利亚的关税分别为18.3%和16.3%，而伊朗的平均关税高达24.8%。从信息化程度来看，中东国家总体上在数量和质量上还处在世界的中下游水平，2008年每百人移动电话用户为58户，每百人互联网用户为18.9人，而人均每秒国际互联网宽带只有0.84比特。这些指标虽然好于南亚和撒哈拉以南非洲地区，但与信息化程度较高的欧美、拉美和亚太地区相比还有很大差距。就基础设施条件而言，按照世界银行对港口设施质量的评价指标，把各国港口质量按最差到最好顺序分成7类，中东地区国家大多处于中游，只有海湾国家的港口可以达到5级以上标准，阿尔及利亚的港口设施质量只达到2.9级。[2] 如果这些问题能够得到中东国家的重视和解决，中东国家的贸易和投资政策环境将获得进一步的改善。

---

[1] 世界银行：《2010年世界发展指标》，中国财政经济出版社，2010，第306页。

[2] 这一部分引用的世界银行数据来自中国财政经济出版社2010年出版的世界银行《2010年世界发展指标》公布的相关列表。

三 中国的出口和投资前景

对于中国来说，中东地区是一个快速成长的货物和劳务出口市场，也是一个颇具潜力的投资市场。尽管迄今为止在中国的出口和对外投资中所占比重还不大，但是具有良好的发展前景。

根据世界银行公布的统计数据，中东国家从中国进口商品额的增加速度最快。1998~2008 年中东国家从中国进口商品额年均增长 30.1%，而同期从全世界进口额增长速度只有 15.8%，[①] 从中国进口增长速度遥居世界首位，远远超过了从世界其他各地区进口增长的速度。2009 年，中国对西亚国家的货物出口额达到 538 亿美元。中国对中东货物出口结构以机电产品为主。据统计，2010 年在中国对阿拉伯国家的出口总额中，机械设备和电器占 32%，是最大的出口类别，纺织服装占 16.1%，位居第二。[②] 此外，鞋类、箱包、轮胎、旅行用品等，也是中国向中东国家大量出口的货物。2008 年，中国企业在中东地区的建筑承包工程完成营业额 81 亿美元，占中国对外承包工程营业总额的 14.4%。建筑工程承包的主要市场集中在海湾地区的阿联酋、沙特阿拉伯和伊朗，承包的大型项目包括住房商厦、公路、铁路、桥梁、能源、电信和水坝等。中国对中东地区的直接投资数额较小，2009 年中国对西亚国家的投资仅占中国对外投资总额的 0.9%，[③] 但中国投资几乎遍及所有中东国家，大型投资项目集中在阿尔及利亚、苏丹、沙特阿拉伯、土耳其、埃及和阿联酋等国。

中国与中东国家的贸易和投资也面临一些挑战。由于双方基本上都是发展中国家，某些劳动密集型产业结构雷同，中国制造业的强大出口能力，在一定程度上冲击着比较优势较差的中东民族工业，导致中国与一些中东国家，特别是那些对工业制成品出口依赖较重并且与中国有贸易逆差的国家，不时发生贸易摩擦。随着中国石油进口的增加，中国对主要石油输出国的贸易逆差逐年递增。2009 年中国与沙特、伊朗、阿曼、科威特和伊拉克 5 国的逆差

---

① 世界银行：《2010 年世界发展指标》，中国财政经济出版社，2010，第 363 页。

② 中国 - 阿拉伯经贸论坛：《中阿经贸关系发展进程 2011 年度报告》，黄河出版传媒集团和宁夏人民出版社，2011，第 28 页。

③ 杨光主编《中东非洲发展报告（2010~2011）》，社会科学文献出版社，2011，第 246 页。

就达到 280 多亿美元。同年由于增加从约旦的钾肥进口，对约旦的贸易也从顺差转为逆差。① 在中国对外贸易顺差逐渐缩小的大趋势下，中国面临通过增加货物和服务贸易，加速回流石油美元，保持对外贸易平衡的潜在问题。中国对中东的投资，也面临本文上面所阐述的诸多投资环境问题。但是，这些问题并不能阻挡中国与中东国家贸易投资关系快速发展的步伐。

首先，中国和中东国家的政府普遍从战略高度重视和推动相互关系的发展。到 2010 年为止，中国与埃及、阿尔及利亚、沙特阿拉伯和土耳其等一批中东大国建立了战略伙伴关系。在 2010 年 5 月于中国天津举行的中阿合作论坛第四次部长级会议上，与会的中国和阿拉伯国家联盟 22 国的部长或代表一致同意在论坛框架下建立全面合作、共同发展的战略合作关系，并发表《关于中阿双方建立战略合作关系的宣言》。2004 年，中国与阿拉伯国家联盟共同创立了旨在加强对话与合作，促进和平与发展的中阿合作论坛。论坛先后设立了中阿企业家大会、中阿能源合作大会等机制，以推动双方经贸关系的发展。2011 年中国国务院又批准成立了中国阿拉伯经贸合作论坛。迄今为止，中国政府已经与几乎所有中东国家都签署了双边政府经济贸易和技术合作协定，与多数国家签署了投资保护协定和避免双重征税协定。

其次，中国对中东国家的出口具有进一步发展的良好条件。其一，中国的国际承包工程企业具有劳动力成本的比较优势、吃苦耐劳的光荣传统、守时保质的良好市场信誉、工程设计和设备供应的与日俱增的能力，承揽大型和特大型项目的能力正在不断提高，在中东建筑工程承包市场上的发展势头强劲，2001～2008 年中国企业在海湾国家完成的建筑工程承包营业额以平均每年 76% 的高速递增。建筑工程承包的发展不仅可以使中国企业通过承揽更多的大型项目扩大对中东国家的劳务出口规模，也可以为扩大成套机电设备出口，发挥强大的带动作用。其二，中国与海湾国家的自由贸易谈判正在进行之中。双方在 2004 年签署了《中国－海合会经济贸易投资和技术合作框架协议》，并共同宣布启动"中国－海合会自由贸易区"谈判。迄今为止，双方谈判已经取得进展，在货物贸易谈判的大多数领域达成共识，并且已经启动了服务贸易谈判。中国与海湾国家建立自由贸易区，总体上有利于双方实现互利双赢和共同发展，其最终实现将为中国的货物和劳务大规模进入海湾国

---

① 杨光主编《中东非洲发展报告（2010～2011）》，社会科学文献出版社，2011，第 237 页。

家市场创造更加有利的条件。海湾合作委员会目前正在与包括欧盟在内的多个经济集团进行自由贸易谈判。因此从长远来看，实现中国与海湾合作委员会的自由贸易，对于扩大中国对外贸易的空间，可能具有更加深远的意义。其三，随着中国国内劳动力成本提高，以及经济增长方式转变和产业转型升级，劳动密集型产品的成本将上升，高附加值的产品出口将增加，在中国出口额继续增长的同时，中东个别国家在劳动密集型产品层面与中国发生的贸易摩擦有望逐渐减少。

再次，中国对中东国家的投资也存在大规模发展的可能。在2006年召开的中非合作论坛北京峰会上，中国国家主席胡锦涛宣布，要在非洲国家建立境外经济贸易合作区。通过建立经济贸易合作区，为中国企业的进入创造有利的投资小环境。中国的这一战略决策的积极效果已经开始显现。中国企业在埃及承建的苏伊士经贸合作区已初具规模，并已带动一批中国的纺织服装、箱包、文具和塑料制品加工企业入驻，有的外国企业也闻风而至。到2010年6月为止，该经贸合作区已经聚集中外企业近30家。这一经贸合作区的成功实践，对于促进中国企业到埃及投资，发挥了明显的推动作用，不失为值得推广的投资促进模式。中东海湾国家具有丰富和廉价的石油天然气资源，发展炼油和石化工业的比较优势十分明显。中国作为油品和石化产品消费大国，在科学发展观指导下，完全可以利用中东国家的比较优势，借助双方可能达成的自由贸易协议，通过到当地投资炼化工业，满足当地和我国市场的需要。2012年1月中石化与沙特阿美石油公司签署在沙特延布合资建造炼油厂的协议，可能成为实践这种投资新思路的良好开端。

欧佩克石油政策的演变及其
对国际油价的影响

　　1973 年"石油危机"爆发后，欧佩克产油国获得了本国石油资源主权，该组织也开始执行独立的石油政策。维护产油国利益，确保产油国获得稳定的石油收入是欧佩克的根本目标。因此，欧佩克在制定石油政策时，一方面要避免过低的油价损害产油国的利益；另一方面又要避免油价过高刺激替代能源的发展，影响石油的长期需求。1973 年至今，欧佩克政策经历了 4 个发展阶段。但从欧佩克政策的实践来看，欧佩克产量调整虽然能对国际油价波动产生一定影响，但对国际油价的走势却无能为力。欧佩克的油价政策也经历了一个不断弱化的过程。但是，据此得出欧佩克不具备垄断能力的结论仍过于武断。"卡特尔"建立的初衷并非是左右价格走势，而是要获得垄断利润。因此，与关注油价波动和走势相比，关注欧佩克维持高油价均衡的能力对于判断欧佩克的市场属性更为重要。

　　1973 年"石油禁运"结束后，欧佩克开始执行独立的石油政策。迄今为止，国际石油市场已经历了从高油价均衡到低油价均衡，再到高油价均衡的周期性转变。但是，对于欧佩克影响油价的能力，学术界至今存在着广泛的争议。欧佩克研究也成为石油供给研究和国际油价研究的难点。翻看欧佩克研究的历史，我们就会发现理论研究往往是将某一理论应用于特定的历史时

*　刘冬，中国社会科学院西亚非洲研究所助理研究员，主要研究领域为中东经济、能源经济。

期，并取得理论存在的证据。因此，欧佩克研究的现状就是：每个理论都有其合理性，但分歧依然巨大。本文试图将欧佩克成立至今50余年的时间看作一个整体，从欧佩克的政策实践中探寻欧佩克与国际油价之间的关系。

一 欧佩克石油政策的形成

欧佩克石油政策是欧佩克实现自身目标的手段。从成立至今50余年的时间里，欧佩克虽然根据国际石油市场变化提出了很多具体目标，但该组织的根本目标却从未改变，那就是保护产油国利益，确保产油国获得稳定的石油收入。因此，欧佩克在制定石油政策时，特别关注两个问题：石油收入的真实购买力和石油的竞争力。不过，欧佩克成员国因为国情不同，在具体目标上存在差异，欧佩克的最终政策往往是欧佩克成员国相互斗争、相互妥协的结果。

（一）欧佩克的目标

欧佩克成立于1960年，迄今已有50多年的历史，在这50余年的历史长河中，欧佩克根据国际石油市场变化提出了许多为之奋斗的目标。但是，该组织的根本目标却是包含在1961年通过的《欧佩克条约》中，该《条约》以1960年决议为基础，将欧佩克目标概括化，《条约》规定欧佩克的主要目标有：[①] 第一，协调和统一成员国的政策，并确定以最有效的手段，以单独或集体的方式维护成员国利益。第二，通过各种手段和方法保持国际石油价格的稳定，消除有害的和不必要的油价波动。第三，确保产油国的利益应得到维护、产油国能获得稳定的石油收入；确保石油消费国能获得有效的、经济的、正常的石油供给；确保石油产业的投资能获得合理的回报。

从以上目标来看，欧佩克并不是一个进攻性组织，而是一个防御性组织。欧佩克的建立并不是要制造短缺，抬高油价，从石油消费国手中榨取尽可能多的财富，恰恰相反，欧佩克的建立是要维护产油国的利益。虽然欧佩克也提出了保障石油供应安全的目标，但该目标的提出是因为欧佩克认识到石油

---

① OPEC, *OPEC Statute* (Vienna: OPEC, 2008), accessed November 11, 2011, http://www.opec.org.

供应安全与石油需求安全息息相关，保障石油供应安全实际上也是在保障石油需求安全。因此，欧佩克目标虽然很多，但所有目标都是以保障产油国的利益为中心。这也是欧佩克所有政策和行为的起点。

（二） 欧佩克石油政策的考虑因素

欧佩克石油政策是欧佩克实现自身目标的手段。在官方文件中，欧佩克明确提出在制定石油政策时主要考虑到以下因素：石油收入的实际购买力、石油的竞争力、世界经济的稳定增长以及欧佩克市场份额。但是，欧佩克的根本目标却是维护产油国的利益，这样，与其他目标相比，与产油国利益直接相关的石油收入实际购买力和石油的竞争力也就成为欧佩克制定石油政策时最为重视的两个因素。

1. 石油收入的实际购买力

欧佩克绝大多数国家经济结构比较单一，国内经济发展所需的大多数工、农业产品需要依靠进口，而石油又是出口创汇的主要来源。因此，当西方国家发生通货膨胀导致进口商品价格升高或是美元贬值削弱石油出口收入的实际购买力时，对欧佩克国家只有提高石油的名义价格才能维持国际收支的平衡。

20 世纪 70 年代以后，美元的持续贬值引起欧佩克对美元币值和物价水平的关注。1970 年 12 月在加拉加斯举行的欧佩克 21 届大会通过决议，欧佩克表示"标记石油价格的调整应该反映主要工业化国家汇率的变化"。[1] 至此，欧佩克确立了根据工业品价格和美元汇率制定石油价格政策的原则。"1980年，以当时沙特石油矿业大臣亚马尼为首的欧佩克部长级长期战略委员会在其撰写的《石油长期战略问题报告书》中，再次明确了油价应'按物价调整'和'按外汇汇率变动调整'的原则。"[2]

欧佩克在制定石油政策时考虑石油收入实际购买力的目的就是要确保产油国的石油收入不会因为油价问题受到损失。从 1986 年之后欧佩克目标油价的调整来看，欧佩克实际上是在努力保住 1973 年"石油禁运"后取得的成

---

① Mana Saeed Al - Otaiba, *OPEC and the Petroleum Industry*, London：Groom Helm Ltd. ，1975，p. 155.

② 杨光、姜明新：《石油输出国组织》，中国大百科全书出版社，1995，第 53 页。

果。1986 年，在第 80 次会议上，欧佩克确定了 18 美元/桶的目标价格。[①] 如果以 1973 年的价格进行计算，这差不多相当于第一次石油危机爆发后 1974 年的价格。1990 年 7 月，欧佩克将目标价格上调至 21 美元/桶。[②] 如果以 1973 年的价格进行计算，这仅比 1974 年的价格低 1 美元。2000 年 3 月，欧佩克在第 111 次会议上正式通过了实施价格带的决议，并将价格带设定为 22 ~ 28 美元/桶。[③] 按照实际价格进行计算，亦与 1974 年的价格相差不多。[④] 从 1986 年欧佩克对目标价格的设定以及之后两次的调整可以看出，欧佩克一直都将石油收入的实际购买力作为欧佩克油价政策的基础。而按照物价和外汇汇率调整的 1974 年的石油价格也是欧佩克认为能够保障产油国利益的基本油价。

2. 石油的竞争力

石油只是众多能源中的一种，各种能源之间存在一定的竞争性。石油在 1965 年超越煤炭成为最重要的初级能源，正是凭借其低廉的价格。基于成本优势，至今还没有哪种能源可以取代石油的地位。因为设备的更新和能源的开发都需要时间，在短期内，不同能源很难相互替代，但从长期看，能源之间具有高度的替代性。能源之间的高度替代性决定了石油长期需求会受到价格交叉弹性的影响，低油价会抑制替代能源的发展，促进石油的长期需求；高油价则会刺激替代能源的发展，降低石油的长期需求。因此，保持石油的竞争力也就成为欧佩克制定石油政策的原则之一。

欧佩克成立之初，国际油价一直保持在较低水平，因为价格低廉，其地位并未受到其他能源品种的影响。不过，20 世纪 70 年代的石油危机和飞涨的油价刺激了西方国家发展替代能源的步伐，面对替代能源的快速发展，欧佩克国家也开始关注石油的竞争力问题。欧佩克在 1975 年通过的第一份《庄严

---

① Ministry of Foreign Affairs (Japan), "Diplomatic Bluebook 1987" (Tokyo: Ministry of Foreign Affairs, 1987), accessed October 15, 2010, http://www.mofa.go.jp/policy/other/bluebook/1987/1987 - contents.htm.

② Ramzi Salman, "The US Dollar and Oil Pricing Revisited, Middle East Economic Survey" (Cyprus: MEES, 5 January, 2004), accessed November 11, 2009, http://www.mees.com/postedarticles/oped/a47n01d02.htm.

③ Ken Koyama, "Special Quick Report: The 111th OPEC General Meeting and Crude Oil Price Prospects" (IEEJ, September 2000), accessed November 11, 2009, http://eneken.ieej.or.jp/data/en/data/old/pdf/opec0920.pdf.

④ OPEC, Annual Statistical Bulletin: 2008 (Vienna: OPEC, 2009), p. 117.

声明》中明确提出："石油价格必须考虑替代能源的可获得性、利用情况以及替代能源的成本。"① 此后，石油竞争力一直是欧佩克关心的重要问题。2007年，在欧佩克利雅得会议通过的第三份《庄严声明》中，欧佩克再次声明："石油价格政策的制定应该考虑到石油与其他能源的竞争性。"②

欧佩克制定石油政策时考虑石油竞争力的目的就是要避免石油丧失成本优势，替代能源的发展损害石油的长期需求。正是基于这一考虑，高油价时期欧佩克才总是会采取行动，抑制油价的快速上涨。不过，石油竞争力也并不是所有欧佩克成员国都会关注的问题，在欧佩克国家中，只有沙特等资源储量丰富、资金需求小的国家才会真正关注石油的长期需求。从这些国家的石油政策看，在1973~1981年的高油价时期，沙特和阿联酋一直反对欧佩克基准油价的大幅提升。而在21世纪之后出现的高油价时期，沙特等国则试图通过石油产量和产能方面的调整阻住油价的不断上涨。由此可见，为了确保石油的竞争力，欧佩克一直将抑制过高的油价作为其石油政策制定的重要基础。

（三）欧佩克内部"鹰派"与"鸽派"的斗争和妥协

在制定石油政策时，在抑制过高油价的问题上，欧佩克成员国却因国情不同存在很大争议。基于石油政策立场上的不同，人们一般将欧佩克成员国划分为以沙特等国为代表的"鸽派"和以伊朗等国为代表的"鹰派"。"鸽派"和"鹰派"的称呼源于油价政策上的差异，"鸽派"国家在目标油价的设定上态度较为温和，认为油价应该缓慢上涨，而"鹰派"国家则主张石油价格应该大幅提高。其实，价格主张上的差异只是一种表面现象。两类国家立场的不同实际是源于国家目标的差异。"鸽派"国家石油资源丰富，又不需要大笔资金支持国内建设，石油政策往往是基于长远考虑，将油价维持在合理区间。而"鹰派"国家需要大笔资金支持国内建设，其产量却难以提高，因此，在制定石油政策时，更希望维持高油价，获得更多石油收入。在产量方面，"鹰派"国家一般会选择开足马力进行生产，而"鸽派"国家则会通

---

① OPEC，"Solemn Declarations I"（Vienna：OPEC，2009），accessed November 11，2010，http：// www. opec. org.

② OPEC，"Solemn Declarations III"（Vienna：OPEC，2009），accessed November 11，2010，http：// www. opec. org.

过产量调整稳定油价。

其实，欧佩克1980年通过的《石油长期战略问题报告书》明确提出了以通胀率、汇率和经合组织成员国经济增长率调整油价的原则。但因为"鹰派"国家油价政策上的强硬立场，各项原则最终没有实现。实际上，从20世纪70年代中期到80年代中期，欧佩克很多政策的推出都是"鸽派"和"鹰派"之间相互交锋和妥协的结果。不过，作为"卡特尔"，欧佩克通过产量调整来影响油价，剩余产能的不同也就决定了欧佩克成员国之间实力上的差异。在欧佩克国家中，"鸽派"国家握有剩余产能，具备调节产量的能力，而"鹰派"国家产量调节能力有限。因此，"鸽派"国家在欧佩克石油政策的制定中占有主动。"鹰派"国家只能通过向"鸽派"国家，特别是沙特阿拉伯施加压力（也就是迫使沙特等国减产）来实现自己的高油价政策。[①] 在20世纪七八十年代，欧佩克"鹰派"国家，特别是伊朗、伊拉克还能凭借强大的政治、军事实力迫使沙特等国接受自己的主张。但1980年两伊战争和1991年海湾战争的接连爆发却导致欧佩克"鹰派"国家的地区影响力急剧下降。以沙特阿拉伯为代表的"鸽派"国家实际上成为20世纪80年代中期之后欧佩克石油政策的主导者。

二　欧佩克石油政策的演变

1960年，欧佩克的成立并没有改变产油国在国际石油市场上的从属地位，以"七姊妹"为首的国际石油公司依然控制着产油国的石油资源。直到20世纪70年代中期，欧佩克产油国收回本国石油资源主权后，该组织才开始实施独立的石油政策。第一次石油危机以来，欧佩克石油政策总共经历了以下4个发展阶段。

（一）提价保值战略（1973～1981年）

1974年3月，除利比亚以外的欧佩克成员国都结束了对美国的石油禁运。此后几年，国际石油市场一直保持平静。1974～1978年，名义油价虽然有小

---

① *Thodore Moran*, "Modelling OPEC Behavior: Ecomic and Political Alternatie," in *OPEC Behaviour and World Oil Prices*, ed. by James M. Griffin and David D. Teece（London: Allen & Unwin. Verleger, 1982）, pp. 122 - 123.

幅上涨，但受西方国家通胀率不断上升以及美元持续贬值影响，石油的真实价格不升反降。按照名义价格计算，1974～1978 年，国际油价虽然上涨了18%，实际价格却下跌了 21.8%。[①] 所以，这段时期，提高石油名义价格，避免产油国石油收入因美元贬值、西方国家通胀率上升受到损失成为欧佩克石油政策的出发点。

"提价保值"战略包括两个方面内容：

一是调整石油标价。在提价保值阶段，虽然欧佩克成员国一致认为应该上调基准油价，但对于油价上涨的幅度却有着很大的分歧。第一次石油危机结束之初，沙特采取与其他成员国不同的立场，坚持要冻结石油标价。在沙特的影响下，欧佩克在整个 1974 年都没有提高石油标价，并且在 1974 年底宣布将油价继续冻结到 1975 年 9 月。[②] 不过，1974～1975 年，西方国家出现的高通胀给石油出口国的石油收入带来了巨大损失。到 1975 年，油价冻结即将结束之时，提高石油的名义价格，保持石油收入实际购买力成为欧佩克急需解决的一个问题。因此，1975 年 9 月在维也纳举行的欧佩克第 45 次会议上，提高欧佩克油价成为会议的主题。不过，对于油价的提升幅度，以伊朗为代表的"鹰派"国家和以沙特为代表的"鸽派"国家发生了激烈的冲突（见表1），会议最终通过了一个折中的方案：从 10 月 1 日开始，油价上涨10%，然后冻结 9 个月。[③]

表1 1975～1977 年欧佩克成员国油价政策冲突

时　间	议　题	支持者	反对者
1975 年 6 月	油价提高 15%	伊朗	沙特
1975 年 11 月	削减油价	科威特	伊拉克
1976 年 5 月	冻结油价	沙特、尼日利亚	委内瑞拉、利比亚、伊拉克
1976 年 12 月	油价提高 10%	伊拉克、利比亚、伊朗、科威特	沙特、阿联酋（要求提高 5%）
1977 年 6 月	油价提高 5%	伊拉克、利比亚	除伊拉克和利比亚外的其他国家

① OPEC, *Annual Statistical Bulletin*：2008（Vienna：OPEC，2009），p. 117.

② OPEC, *OPEC Official Resolutions and Press Releases 1960 – 1980*（Oxford：Published on Behalf of the Organization of the Petroleum Exporting Countries by Pergamon Press，1980），p. 152.

③ OPEC, *OPEC Official Resolutions and Press Releases 1960 – 1980*（Oxford：Published on Behalf of the Organization of the Petroleum Exporting Countries by Pergamon Press，1980），p. 159.

续表

时　间	议　题	支持者	反对者
1977 年 9 月	要求限制油价	沙特、科威特、阿尔及利亚、阿联酋	伊拉克、利比亚
1977 年 12 月	冻结油价	沙特、伊朗、科威特、阿联酋	委内瑞拉、伊拉克、利比亚

资料来源：Tétreault Mary Ann，*The Organization of Arab Petroleum Exporting Countries：History，Policies and Prospects*，London：Greenwood Press，1981，pp. 146 – 147。

此后，欧佩克成员国之间因油价调整幅度展开了争执与斗争。例如，在 1976 年 12 月举行的第 48 次欧佩克会议上，欧佩克第一次达成了双重定价的协议，[①] 即沙特和阿联酋提价 5%，其他国家分两阶段提价 10%。1977 年 6 月，欧佩克国家经过反复磋商，达成除沙特阿拉伯和阿联酋（提价 5%）以外的其他国家放弃进一步涨价的妥协方案。此后，欧佩克"鹰派"和"鸽派"国家之间的关系有所缓和，欧佩克基准油价也未再调整。[②③]

第 48 次欧佩克会议结束后，尽管沙特按照最大产能开采石油，仍然不能抑制住油价的上涨，石油现货价格保持在欧佩克两派的官方标价之间，而其他欧佩克成员国，特别是海湾产油国却因为沙特增产失去了部分市场份额。不过，1978 年 10 月，伊朗石油工人罢工却打破了这种和谐，也宣告第二次石油危机的开始。1978~1981 年，石油供应短缺和持续不断的政治事件不断将石油价格推向高位。面对石油现货价格的飞涨，提价问题再次成为欧佩克矛盾的焦点。1979 年 6 月，除沙特、阿联酋以外的其他产油国均提高了石油标价，欧佩克再次出现了双重价格的局面。当然，在迅速上涨的油价面前，欧佩克油价政策几乎完全失去了影响力。

---

① OPEC，*OPEC Official Resolutions and Press Releases 1960 – 1980*（Oxford：Published on Behalf of the Organization of the Petroleum Exporting Countries by Pergamon Press，1980），pp. 166 – 167.

② 1977 年底在加拉加斯举行的欧佩克第 50 次会议的气氛要比之前会议缓和许多，这主要是因为"鹰派"中的伊朗在这次会议上站到了"鸽派"一边主张冻结油价。伊朗转变态度的原因有两条：一是伊朗内部各种问题不断增加，力求得到外界更多的支持；而且现实问题是石油收入没能改变伊朗的现实状况。二是伊朗国王 11 月对华盛顿进行了一次国事访问，卡特许诺美国和伊朗的武器贸易继续下去，并要求伊朗在欧佩克内部对温和派的油价主张给予道义上的支持。参见齐高岱、马运堂《中东局势与能源危机——欧佩克 30 年的发展和政策》，经济管理出版社，1991，第 155~156 页。

③ 其他国家的石油涨价分两阶段进行，第一阶段是 1977 年 1 月 1 日将油价由 11.51 美元/桶调整至 12.70 美元/桶。第二阶段是在 1977 年 7 月 1 日将油价上调至 13.30 美元/桶。

二是调整石油产量。欧佩克这一阶段的政策以油价为主，但是欧佩克基准油价的维持依然需要成员国在石油产量上做出配合。但是，从欧佩克各国的产量调整来看，除沙特和阿联酋（部分时期）外，其他国家的产量调整并非出于维护基准油价的需要，而是出于自身利益的考虑。

1975年，面对石油需求的下降，欧佩克绝大多数成员国都削减了石油产量，欧佩克成员国虽然在行为上取得了一致，但这主要是因为欧佩克产油国认为需求低迷会很快结束，不愿意贱卖国内石油资源。欧佩克成员国基于预期的产量调整在第二次石油危机期间表现得更为明显。第二次石油危机划分为两个阶段。在伊朗伊斯兰革命期间，几乎所有欧佩克成员国都上调了石油产量，在产量调整上再次取得了一致。但这次产量的上调主要是受到高油价的刺激，欧佩克成员国认为这次短缺只是暂时现象，所以均抓住机会，借高价抛售石油。其实，除沙特外，平抑油价并不是欧佩克成员国增产的根本原因。因此，在两伊战争爆发后，当欧佩克成员国意识到战争短期内难以结束，石油短缺将为长期现象后，除沙特外，所有欧佩克成员国都减少了石油产量。

（二）限产保价战略（1981～1985年）

第二次石油危机结束后不久，国际石油市场迅速从卖方市场转变成买方市场。1981年6月，石油价格开始回落，国际石油市场对欧佩克的"剩余需求"迅速减少。市场结构的变化主要由4个方面因素促成：经济合作与发展组织（OECD）国家的经济衰退导致石油需求减少；能源安全的忧虑刺激了石油进口国替代能源的发展；高油价带来非欧佩克产油国产能扩张；以及石油消费国和石油公司释放库存。为了阻止油价下滑，欧佩克开始通过削减产量来应对石油市场供过于求的局面，而这一政策一直坚持到1985年底。

"限产保价"战略包括以下三个方面主要内容：

一是结束双重价格。第二次石油危机结束后，欧佩克依然维系双重价格的局面。沙特采用的是32美元/桶的基准油价，而其他国家则是采用36美元/桶的基准油价。1981年6月，受现货市场价格回落影响，非欧佩克产油国纷纷削减石油的官方销售价格。但沙特为迫使其他成员国下调石油标价，使欧佩克油价重新回归统一，并没有立即减产，仍然维持较高的石油产量。在沙特和非欧佩克产油国的压力下，欧佩克最终在1981年10月召开的第61次会议上，将标准油价统一至 34 美元/桶，并正式确立了欧佩克各种原油之间的差价。

二是确立欧佩克配额制。欧佩克第 61 次会议结束后，石油市场供过于求的状况严重，石油现货价格低迷。在此背景下，欧佩克于 1982 年 3 月召开了第 63 次会议，并宣布该组织的产量限额是 1800 万桶/日，同时也公布了各成员国的产量配额。[①] 在欧佩克的配额分配中，欧佩克富国给予穷国很大的让步，如果将欧佩克成员国 1982 年 4 月的配额和 1977 年的产量进行对比，可以发现厄瓜多尔配额占到 1977 年产量的 90% 以上，尼日利亚是 69%，除去战争中的伊朗、伊拉克和产量日益萎缩的阿尔及利亚，欧佩克穷国的配额一般都占 1977 年产量的 70% 以上。而在这一比例上，欧佩克富国要低得多，一般是 50% 左右，科威特更是低至 40%。不过，在欧佩克配额制度中，沙特的地位比较特殊，沙特像往常一样，为保持政策的独立性，没有接受欧佩克为其分配的配额。此时，沙特已经准备好承担"机动产油国"的任务，通过产量调整应对石油市场对欧佩克"剩余需求"的变化。[②] 于是，欧佩克在成立 22 年之后，终于在这次会议上成为实行市场配额制的"卡特尔"组织。虽然建立了配额制度，但欧佩克的配额制从一开始就遇到了很多困难：配额没有规定伊拉克的产量、伊朗明确表示自己不会遵守配额、阿尔及利亚和委内瑞拉表达了对配额的不满。因此，配额在一开始并没有得到严格的遵守。1982 年，欧佩克产量达到 1899 万桶，大幅超出欧佩克设定的配额。[③]

三是调整欧佩克油价和配额。事实上，配额制的施行并没有改变国际石油市场供过于求的局面。1983 年 3 月，欧佩克第 67 次会议不得不进一步把基准油价下调至 29 美元/桶。虽然这次会议没有改变欧佩克的配额总量，但欧佩克成员国的配额构成却发生了一些变化。阿尔及利亚、伊朗等欧佩克穷国配额均有不同幅度的提高，而沙特的隐含配额却被缩减至 500 万桶/日。此外，会议还做出如下决定：如果其他国家按配额减产后仍无法保持基准油价，

① 齐高岱、马运堂：《中东局势与能源危机——欧佩克 30 年的发展和政策》，经济管理出版社，1991，第 205 页。

② 沙特仍然对石油需求回暖抱有乐观态度。沙特承担机动产油国的任务不单单是为了抑制油价的下跌，而是准备好抑制需求回暖后，国际油价的上涨。

③ OPEC, *Annual Statistical Bulletin*：*1993*（Vienna：OPEC, 1994）.

沙特阿拉伯应为保护基准油价承担任何幅度的减产任务。[1] 但事实上，欧佩克大多数成员国都存在非常严重的超产问题，大部分减产的任务落在沙特的身上。到 1984 年，沙特的产量仅为 400 多万桶/日，还不到 1981 年的一半。[2]

虽然在沙特的努力下，欧佩克的实际产量低于配额，但石油需求的低迷依然没有改善。1984 年 10 月中旬，挪威宣布将油价按照现货市场价格逐月调整。随后，英国也采取了同样的行动。面对石油市场的混乱，欧佩克在 1984 年 10 月的第 71 次会议上将配额总量调低至 1600 万桶/日（沙特的隐含配额被进一步压缩至 435 万桶/日）。[3] 但此举亦未阻止石油现货价格的下跌，1985 年 2 月，欧佩克被迫宣布将坚守近两年的基准油价下调至 28 美元/桶。[4] 此后不久，严峻的现实迫使沙特向欧佩克其他成员国发出了最后通牒，沙特宣称将会按照配额进行生产，如果其他成员国不减产，国际油价将会大幅下跌。9 月，沙特兑现了它的承诺，改用净回值方式与阿美石油公司签订了供油合同。这一行为意味着沙特放弃了基准油价，抛弃了限产保价的战略。

（三）低价保额战略 （1986 ~ 2004 年）

"限产保价"阶段，欧佩克虽然存在十分严重的超产问题，但到 1985 年，该组织的总产量已被缩减至 1490 万桶，仅是第二次石油危机爆发前的一半。除沙特以外，欧佩克富国为欧佩克的限产保价战略做出了巨大的贡献。[5] 其实，在整个"限产保价"阶段，沙特等国就一直为石油市场的回暖做着准备，但石油市场的低迷却远远超出了这些国家的预期，石油产量的持续减少给这些国家的经济带来了沉重压力。1981 ~ 1985 年，沙特、卡塔尔、科威特、利比亚、阿联酋国内生产总值分别下降了 37.2%、29.0%、26.7%、23.7% 和 11.0%。面对石油产量下降给经济发展带来的诸多困难，欧佩克中的富裕国家，特别是沙特阿拉伯再也承担不起支持"限产保价"战略的高额成本。正

---

[1] 杨光、姜明新：《石油输出国组织》，中国大百科全书出版社，1995，第 84 页。

[2] OPEC, *Annual Statistical Bulletin*：*1986*（Vienna：OPEC，1987）.

[3] Ian Skeet, *OPEC*：*Twenty – five Years of Prices and Politics*（Cambridge：New York：Cambridge University Press，1988），pp. 200 – 203.

[4] 杨光、姜明新：《石油输出国组织》，中国大百科全书出版社，1995，第 84 页。

[5] 伊朗、伊拉克、阿尔及利亚产量下降并非是这三国的主动减产，伊朗、伊拉克是因为两伊战争阻碍了两国石油工业的正常发展，阿尔及利亚是因为上游领域投资不足导致石油产量难以提高。

是在这一背景下，欧佩克于 1985 年 12 月的第 76 次会议上向外公布了新的市场战略，那就是要"维护欧佩克在国际石油市场上的合理份额，保证欧佩克产油国获得本国经济发展所需的必要收入"。[①] 这一决定也标志着欧佩克"低价保额"战略的正式开始。

"低价保额"战略的主要内容包括：

第一，实施 1986 年的"价格战"。1985 年 9 月，沙特改用净回值方式与阿美石油公司签订了供油合同。这一行动标志着沙特放弃了基准油价，转而按照现货市场价格销售石油，随后，欧佩克其他产油国也都采取了类似行动。欧佩克政策转变之初的确从非欧佩克产油国手中争取到一定市场份额。但是，1986 年初，非欧佩克产油国也开始通过降价销售来争取市场份额。[②] 此后，欧佩克产油国与非欧佩克产油国之间争夺市场份额的"价格战"全面爆发。石油市场供过于求的状况导致国际油价一路下滑。油价的下跌给产油国经济带来了沉重打击，但与其他产油国相比，海合会产油国因为石油产量的迅速上涨，受到的影响要小得多，到 1986 年中，沙特石油出口收入同比反而有所上升。[③] 财政方面的巨大压力迫使非欧佩克产油国以及欧佩克产油国中的强硬派妥协。1986 年底，在得到非欧佩克产油国的减产承诺后（英国并没有承诺减产），欧佩克在当年 12 月举办的第 80 次会议上重新实行配额制度，欧佩克新设定的配额是 1660 万桶/日，比欧佩克 1986 年的实际产量削减约 100 万桶/日。[④] 至此，持续一年的价格战才最终宣告结束。

第二，争夺欧佩克市场份额，重新确立欧佩克配额制。价格战虽然结束了，但产油国之间的斗争却依然继续，且演变成欧佩克内部的市场份额之争。1986 年 12 月，欧佩克第 80 次会议宣布重新实行配额制，其配额结构与"价格战"之前没有太大差异。不过，沙特、科威特、阿联酋三国并不满意这一照顾"欧佩克穷国"的配额安排。会议结束后，沙特等国不但没有按照配额

---

① 在会议期间，伊朗、阿尔及利亚等"欧佩克穷国"曾强烈反对欧佩克公布这一决定，参见 Bernard Taverne, *Petroleum, Industry and Governments: A Study of the Involvement of Industry and Governments in the Production and Use of Petroleum* (US: Kluwer Law International, 2008), p. 101。

② Gavin Brown, *OPEC and the World Energy Market: A comprehensive Reference Guide* (Second Edition) (London: Longman, 1991), p. 675.

③ Bernard Taverne, *Petroleum, Industry and Governments: A Study of the Involvement of Industry and Governments in the Production and Use of Petroleum* (US: Kluwer Law International, 2008), p. 101.

④ OPEC, *OPEC Bulletin* (Vienna: OPEC, January 1987), pp. 3 - 5.

削减产量，反而不断增加石油产出，争取更多的市场份额。从 1987 年到海湾战争前，三国成为欧佩克超产最严重的国家。以 1989 年为例，超产达到两位数的欧佩克国家总共有 5 个，除了厄瓜多尔和尼日利亚以外，均为海合会成员国，其中阿联酋超产达 61.2%，科威特超产达 23.2%，沙特超产也达到了 11.9%。

正当欧佩克市场份额之争愈演愈烈之时，海湾战争引发了"第三次石油危机"。不过，在这次危机期间，欧佩克迅速提高石油产量，经济合作与发展组织国家也采取了释放库存的配合行动。加上战事的迅速结束，1991 年国际石油市场很快恢复平静。欧佩克配额的分配再次成为欧佩克国家争论的焦点。不过，因为海合会国家的强硬立场，欧佩克在危机结束后未能马上建立一套得到成员国一致认可的产量分配协议。直到 1992 年 11 月第 92 次会议上，欧佩克才最终在产量分配上达成一致。① 不过，因为会议没有限制科威特的产量，直到 1993 年下半年，科威特石油生产恢复之后，欧佩克新的配额制度才得以最终确立。欧佩克新的配额制度实际上满足了富裕的海合会国家对石油产量的要求。与之前的配额相比，虽然几乎所有欧佩克国家的配额都有了大幅提高，但是沙特、科威特和阿联酋的配额都提高了 1 倍。

第三，确立欧佩克的产量政策。1993 年以后，欧佩克的配额结构基本稳定下来，在整个"低价保额"阶段均无大幅调整。这主要得益于 20 世纪 90 年代以后出现的一系列地缘政治变化。首先，因为洛克比空难和海湾战争，利比亚和伊拉克受到联合国经济制裁，其石油产量难以大幅提高。其次，更重要的是，苏东剧变带来了前苏联地区石油产量的大幅下降，国际石油市场对欧佩克石油的"剩余需求"迅速增加。沙特、科威特和阿联酋在 1993 年将石油产量提高到合意水平后，均停止了产量上的扩张。而 20 世纪 90 年代以后，伊朗、伊拉克和利比亚因为政治因素，石油生产能力也不能大幅提高。这样，欧佩克最重要的产油国要么不愿意提高产量（沙特阿拉伯、科威特、阿联酋），要么不能提高产量（伊朗、伊拉克、利比亚），欧佩克新的配额制度才得以最终确立。

① OPEC, *OPEC Bulletin*（Vienna：OPEC，November/December 1992），pp. 4 – 10. 这次配额安排并没有得到伊拉克的认可，但是因为受到制裁，伊拉克在欧佩克内部的影响力有限。这次会议也没有为科威特制定配额，科威特的石油生产不受配额的限制。

1993 年 10 月之后，欧佩克的产量政策实际上是根据石油市场的需要，在一定程度上通过配额调整来维护欧佩克的目标油价。在石油供应中断时，欧佩克释放剩余产能阻止油价的上涨。当经济危机带来石油需求减少时，欧佩克削减产量抑制油价的下跌。因此，在"低价保额"阶段，欧佩克产量政策与之前最大的不同是，沙特等欧佩克国家放弃了在油价下跌时期对欧佩克官方价格的绝对支持。在需求低迷时，沙特等国不再是无限制地削减产量，而是仅仅根据欧佩克的配额调整承担自己分内的减产任务。

第四，设立和调整欧佩克目标油价。"低价保额"阶段，欧佩克在价格政策方面最大的调整就是确立了目标油价体系。虽然从政策上来看，欧佩克似乎又回到了以前的固定价格制，但目标油价制与欧佩克之前实施的基准油价制度完全不同。之前的固定价格只是把沙特轻质油价格作为欧佩克的基准油价，规定其他石油价格与基准石油价格的差额。差价问题一直以来就是欧佩克成员国之间矛盾的源头，差价的合理性也成为欧佩克成员国的超产借口。而现在的目标油价是 7 种原油的综合价格（所以也被称作一揽子油价），各种石油之间的差价由市场决定。[①] 1986 年 12 月通过的新油价制度，实际上将沙特维持欧佩克油价稳定的责任转移到所有欧佩克成员身上。

从欧佩克目标油价的设定和调整来看，1986～2004 年，欧佩克一直坚持的是低油价政策。欧佩克在第 80 次会议上将 18 美元确立为欧佩克的目标价格。如果除去汇率和通胀因素，这一价格相当于 1974 年的价格，这也是第一次石油危机之后，沙特一直力图捍卫的它所认为的"合理油价"。此后，欧佩克对目标油价进行过两次调整，分别是 1990 年 21 美元和 2000 年 22～28 美元的价格带，但以真实价格计算，都未远离 1974 年的油价。

（四）"维持市场供给适度紧张"战略（2005 年至今）

进入 21 世纪之后，特别是从 2003 年开始，中国、印度等新兴国家经济的快速发展，带动了国际石油需求迅速增长，国际油价也开始快速攀升。

[①] 这一综合价格是 7 种原油价格的算术平均值，其中包括 7 种欧佩克主要原油，分别是阿尔及利亚 44.1°撒哈拉布兰德原油、印度尼西亚 33.9°米纳斯原油、尼日利亚 32.47°博尼轻原油、沙特阿拉伯 34.2°轻油、阿联酋 32.4°迪拜原油、委内瑞拉 32.47°提亚瓜纳原油，以及墨西哥 32.8°伊斯玛斯原油。参见杨光、姜明新《石油输出国组织》，中国大百科全书出版社，1995，第 63 页。

2004 年，欧佩克平均油价高达 36 美元，较欧佩克制定的 22～28 美元价格上限高出 8 美元。迫于市场压力，2005 年 1 月，欧佩克第 134 次特别会议决定放弃"不现实"的价格带政策。① 此次会议也标志着欧佩克控制价格政策的完全结束。此后，欧佩克再未提出过旨在影响国际石油市场的指导价格，欧佩克政策的关注点完全放在产量上。2005 年以后，国际石油供求持续紧张，产能调整成为欧佩克政策的重要内容，其目的是维持国际石油市场的适度紧张。

"维持市场供给适度紧张"战略的主要内容是：

第一，逐渐松动配额制。2005 年以后，国际石油供求总体较为紧张，在大多数年份，国际社会对欧佩克的"剩余需求"都在增加，欧佩克几乎不需要面对配额削减的压力。这样，欧佩克的配额制度也变得松散起来。从 1982 年配额制度建立到 2006 年 10 月，欧佩克都会公布每个成员国的具体配额数。但在 2006 年 11 月到 2007 年 10 月期间，欧佩克不再公布每个成员国具体配额数，仅在 2006 年 10 月的欧佩克协商会议和 2006 年 12 月的欧佩克第 143 次特别会议上公布了每个成员国的配额调整数。而在 2007 年 11 月到 2008 年 10 月期间，欧佩克仅公布总体的配额调整规模，甚至不再公布每个成员国的配额调整数。直到 2008 年金融危机爆发，石油需求迅速减少引发国际油价下跌之后，欧佩克才在 2008 年 10 月的欧佩克第 150 次特别会议上重新规定每个成员国的配额调整规模。但是，欧佩克的配额并未得到很好的遵守。2008 年 12 月的欧佩克第 151 次会议上，该组织宣布以 2008 年 9 月的实际产量（第 150 次会议召开之前的产量）为基础，削减 420 万桶的日产量，并以此作为欧佩克的新配额，而欧佩克的这一公告，依旧没有明确规定每个成员国的配额削减幅度。② 而且，在此之后，截至 2012 年 9 月底，即使是面对"阿拉伯之春"带来的利比亚石油供应中断，美欧对伊朗采取石油禁运，导致该国石油产量大幅减少等突发情况，欧佩克的配额始终没有做出改变。

第二，调整欧佩克的产量。2005 年以后，沙特在欧佩克中的作用更为突出。实际上，这一阶段，国际石油市场持续偏紧，从 2007 年开始，绝大多数

① OPEC, *OPEC Bulletin* (Vienna: OPEC, February 2005), pp. 4 – 14.

② OPEC, *OPEC Bulletin* (Vienna: OPEC, January 2009), pp. 3 – 16.

欧佩克产油国都已按照最大产能生产石油，欧佩克国家中，只有极少数国家，特别是沙特具备产量调节能力，2007 年以后，沙特实际上再度承担起国际石油市场"机动产油国"的角色。2007 年 6 月到 2008 年 6 月，面对国际石油市场对欧佩克"剩余需求"不断增加而其他成员国增产能力有限的局面，沙特将其石油产量上调了 100 万桶/日。而此后在 2008 年 12 月，欧佩克第 151 次会议宣布减产决议时，沙特一国的实际减产量就高达 298 万桶/日。2010 年，"阿拉伯之春"爆发后，面对利比亚战争带来 150 万桶/日的供应短缺，沙特一国增产幅度就高达 100 万桶/日。[①]

不过，2005 年以后，沙特等国的产量政策对国际石油市场的干预更为弱化。与"低价保额"时期相比，弱化主要体现在油价上涨时期。1986～2004 年，面对国际石油市场对欧佩克"剩余需求"的增加，欧佩克总是会迅速采取行动，通过增产来抑制油价上涨。但是，2005 年以后，面对国际市场对欧佩克"剩余需求"增加带来的油价上涨，沙特等国只会满足正常需求的增长，不会满足"超额需求"的增长，而"超额需求"一般反映在石油库存上，就是说，如果石油消费国的石油库存存在超出正常趋势的上涨，沙特就会认为正常需求已经得到满足，将不会为抑制油价上涨增加产量。

第三，调整欧佩克的产能。进入 21 世纪以后，得益于油价的不断上涨，包括欧佩克在内很多产油国的财政状况有所改善，随着资金需求的减少，石油国有化运动在产油国中再度蔓延开来。面对投资风险的加大，油价的上涨并没有带来国际石油公司上游投资的繁荣。尤其是在 2003 年伊拉克战争结束，该国陷入混乱，国际市场对其增产希望落空之后。国际石油市场可能出现的产能不足成为市场参与者开始担忧的一个问题。这样，相对于配额及产量调整来说，如何调整上游投资，使其既能满足国际市场未来新增需求，又能避免出现产能过剩的状况，成为欧佩克特别是沙特等欧佩克核心国家更为关注的一个问题。

从 2003 年之后欧佩克石油政策的实践来看，沙特、科威特、阿联酋等国实际上承担起了"产能机动国"的角色。伊拉克战争结束后，面对石油市场可能出现的产能不足，沙特等国均宣布要实施新的石油上游投资项目。2005 年 4 月，阿联酋阿布哈比国家石油公司（ADNOC）与埃克森美孚签署了合作

---

① OPEC, *Monthly Oil Market Report*, *2005 - 2012* (Vienna: OPEC, 2005 - 2012).

开发上扎库姆地块的战略合作协议，其中埃克森美孚公司占股 28%。[1] 科威特也于 2005 年开始通过"优惠回购合同"的方式吸引外资投入该国的上游业务。[2] 2005 年 4 月初沙特石油和矿业大臣阿里·纳伊米对外宣布，未来 15 年，沙特的石油可探明储量将会增加 2000 亿桶，达到 4610 亿桶。[3] 此后，随着伊拉克安全局势的恢复和石油产量的迅速提高，特别是 2008 年金融危机爆发后，全球经济陷入低迷，面对石油需求的不确定性，沙特等国又相继取消或延缓了计划实施的一些上游投资项目。

石油生产的特点是勘探、开发等前期投入需要耗费大量资金，而且，如果石油资源开发出来，又不进行生产，油田的维护费用也是一笔很大的开支。出于经济方面的考虑，沙特等国在产能调整上较为谨慎。在确定国际石油市场现有产能不能满足未来新增需求之前，这些国家不会在上游领域投入过多资金，而仅是向石油市场保证一定的产量调节能力。2005 年之后，欧佩克多次提出"合理"的剩余产能是欧佩克产量的 10% 或是 15%，这大概就是 300 万~600 万桶/日的石油产量。300 万~600 万桶/日的产量调节能力虽然能应对一般性的石油供应中断，但 300 万桶/日的剩余产能下限对于应对严重的供应中断却会捉襟见肘。因此，2005 年之后，欧佩克的石油政策就是要保持国际石油市场的适度紧张。

三 欧佩克石油政策对国际油价的影响

从 1973 年到 2004 年，欧佩克的石油政策中都包含有明确的油价政策。在 1986 年之前，欧佩克通过标价体系对油价进行直接干预。1986 年之后，欧佩克虽然放弃了对油价的直接控制，却仍然设定了目标油价。虽然欧佩克的产量调整在一定程度上能够影响国际油价的波动，但从石油现货价格与欧佩克目标价格之间的关系来看，无论是在哪个阶段，欧佩克都没有控制住国际价格的走势，欧佩克目标油价的调整仅是对现货市场做出的反应。而到 2005 年之后，欧佩克直接放弃了对油价的控制，转而将石油供求平衡作为其产量

---

[1] Oil & Gas Directory, *Reserch Profile: United Arab Emirates* (Abu Dhabi: Oil & Gas Directory, 2009), accessed September 22, 2011, http://oilandgasdirectory.com/2009/research/UAE.pdf.

[2] 王基铭：《国外大石油石化公司经济发展战略研究》，中国石化出版社，2007，第 87 页。

[3] 刘明：《新形势下的沙特阿拉伯石油战略》，《亚非纵横》2005 年第 4 期。

调整的主要考虑因素。

（一） 欧佩克影响油价的手段

从欧佩克政策的实践来看，欧佩克的油价政策经历了一个不断弱化的过程，由最初的直接固定价格，演变为通过产量调整间接影响油价，再到如今的以石油供求平衡为目标，放弃对油价的干预。

1. 直接固定价格（20世纪70年代中期到80年代中期）

欧佩克在提价保值阶段和限产保价阶段采用了直接固定价格的做法。欧佩克的固定价格制度是以沙特阿拉伯34°轻质油的价格作为欧佩克的基准油价，再以基准石油为基础，规定各种石油之间的差价。以标价为基础的差价体系实际上固定了欧佩克成员国的石油销售价格，差价体系稳定的基础是所有成员国放弃产量调节的自主权。每个成员国都要按照国际石油市场留给自己的"剩余需求"来生产石油。虽然不同种类的原油具有同质性，但因为石油冶炼方面的原因，不同原油承担的市场风险却有所不同。这就意味着差价体系造成了欧佩克成员国承担市场冲击的不公平性。特定的市场冲击只会影响某些国家的"剩余需求"，对其他国家"剩余需求"的影响却很有限。例如，英国布伦特原油是尼日利亚"博尼"原油的直接竞争者，布伦特原油降价对尼日利亚的冲击要比其他国家大很多。而欧佩克又不存在对受冲击国家的补偿机制，因此，欧佩克成员国也就很难为维持差价制度放弃产量调节的自主权，而产量上的调节又会带来差价体系的扭曲。

其实，作为垄断者，要想控制产品的价格，只需在产量和价格两者中固定其一即可。但在限产保价阶段，欧佩克采取了既固定价格又固定产量的做法。欧佩克之所以在固定价格的同时固定产量，主要是因为在石油市场持续低迷的环境中，欧佩克的差价体系已经变得十分扭曲，很多成员国都在以低于官价的价格销售石油。在这种背景下，欧佩克不得不实行固定产量的策略。1982年4月，欧佩克开始执行配额制。不过，从欧佩克的政策来看，固定价格依然是该阶段欧佩克影响油价的主要手段，为了维持欧佩克基准油价，沙特实际上从1982年就担负起"机动产油国"的责任。

在整个限产保价阶段，沙特等国为维护欧佩克基准油价在产量上做出了巨大牺牲。石油出口收入大幅减少给这些国家的财政带来了严重的困难。在国家财政的压力下，沙特等国最终放弃了对油价的直接控制并开始采取竞争性行为，通过提高石油产量来改善国家财政状况。至此，欧佩克结束了直接固定油价的石油政策。

2. 通过产量调整间接影响价格（1986～2004 年）

"限产保价战略"的失败，让欧佩克认识到自己不具备左右油价的能力。因此，在 1986 年之后的"低价保额"阶段，欧佩克虽然也设置了目标油价，实际上却放弃了直接固定油价的办法，转而开始采取固定产量的策略，通过产量和配额调整来间接影响油价。1986 年的价格战以及随后的欧佩克市场份额之争，让沙特、阿联酋、科威特 3 个海湾产油国获得了欧佩克政策的主导权，这些国家也成为欧佩克的核心国家。1986 年之后，欧佩克核心国家主要关心的是石油收入，而石油收入的影响因素无非是产量和价格。与控制价格相比，控制产量显然难度更小，因此，这些国家的石油政策都是围绕产量制定的：首先将产量稳定在保证石油收入的基础上，然后再根据市场的变化，通过调整产量来影响价格。上述政策也就构成"低价保额"期间欧佩克石油政策的主要内容。

3. 以石油供求平衡为目标，放弃对价格的干预（2005 年至今）

以石油收入为核心，通过产量适度调整间接影响油价的策略一直持续到 2004 年。在这之后，面对石油价格不断上涨的压力，欧佩克于 2005 年正式宣布放弃价格带政策。此后，欧佩克未再制定明确的油价政策，仅表示会对由基本面带来的油价波动进行适当的干预。这就是说，只有确定国际油价上涨源于供求失衡，而不是源于投机等其他因素，欧佩克才会为抑制油价的上涨增加石油产量。[①]

（二）欧佩克影响油价的效果

1. 欧佩克对油价波动的影响

石油是一种需求价格弹性很低的商品，因为在短期内难以被取代，石油价格的升降并不会带来石油需求的大幅变化。因此，石油供给稍许变化都会引起国际油价的大幅波动。而石油需求的这一特点，恰恰为欧佩克影响油价带来了极大的便利。

1973 年至今，从欧佩克的政策实践来看，在很多时候，欧佩克的产量调

---

① OPEC, *OPEC Annual Statistical Bulletin*: *1992 – 2008*（Vienna: OPEC, 1993 – 2009）.

整都会对油价波动产生直接影响。欧佩克阿拉伯产油国在 1973 年发动的石油禁运直接引发了第一次石油危机。1986 年沙特发动的"价格战"在极短的时间内将国际油价拉低到 10 美元以下。1999 年 3 月，欧佩克与非欧佩克国家签署 200.4 万桶/日减产协议引发该年油价持续上涨，并于 2000 年 1 月达到 30 美元的水平。2000 年 3 月，欧佩克确定 22~28 美元的"价格带"后通过连续 4 次增产将国际油价保持在"价格带"内。2001 年，欧佩克通过 3 次减产成功地抑制了油价的下滑，2002 年 1 月再次通过减产将价格拉回"9·11"事件之前的水平。2008 年，全球金融危机爆发后，欧佩克及时采取的减产行动，对于抑制油价的持续下跌起到了重要作用。2010~2011 年中东地区局势动荡中，沙特等国的及时增产成功抑制了利比亚石油供应中断带来的国际油价快速上涨。

由此可见，在很多时候，欧佩克都可以通过产量的调整对国际油价的波动施加影响。

2. 欧佩克对油价趋势的影响

欧佩克虽然能够对油价波动施加影响，但对油价的趋势性变化却无能为力。从欧佩克目标油价和石油现货价格的关系来看，欧佩克无论是采取控制价格的方法，还是采取控制产量的方法，都不能完全控制国际油价的走势。从图 1 我们可以看到，1974~1975 年，沙特 34°轻质油的价格与西德克萨斯中质油的价格相差不多，但 1976 年之后，国际石油市场开始回暖，西德克萨斯中质油的标价开始提高。欧佩克并没能控制住现货市场石油价格的上涨，反而是在石油需求的压力下，不断上调欧佩克基准油价。在第二次石油危机之后，欧佩克试图通过"减产保价"的策略保住欧佩克在 1981 年设定的 34 美元/桶的欧佩克标价，但是在需求下降的压力下，欧佩克不得不跟随现货价格下调标价，并以 1986 年的"价格战"结束了固定油价的策略。

从 1986 年开始，欧佩克对油价的控制完全转变到固定产量的道路上来。不过，与之前相比，欧佩克影响油价的能力进一步降低。1986 年欧佩克将目标油价设定为 18 美元/桶，1990 年将目标油价提高至 20 美元/桶，2000 年则设定了 22~28 美元/桶的价格带。但是，欧佩克一揽子油价在 20 世纪 80 年代中后期和 90 年代的大多数时间都低于欧佩克设定的目标油价。欧佩克几次对目标油价的调整也只是对石油现货市场油价变化做出的反应。2003 年之后，

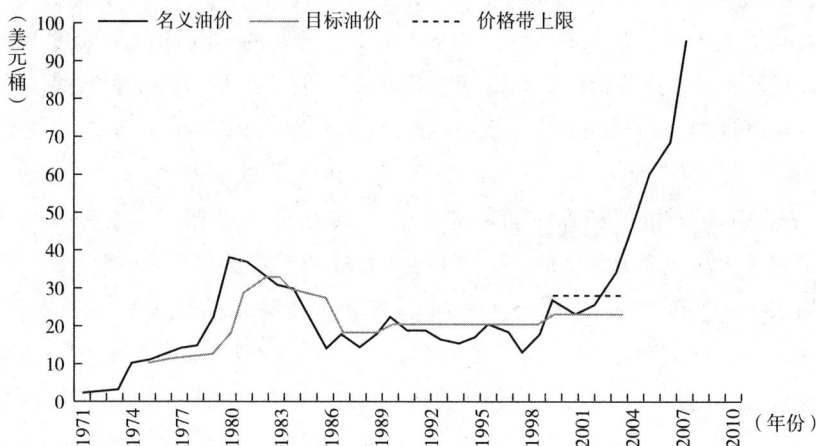

图 1　名义油价与欧佩克目标油价（1971～2011 年）*

注：* 1974～1985 年，欧佩克采取了固定价格的策略，所以，欧佩克油价并不能很好地代表该段时期国际石油的市场价格。为了研究的便利，1970～1981 年沙特 34°轻质油价格和 1982～1985 年欧佩克平均油价作为欧佩克的目标油价，而以西得克萨斯中质油的价格代替该 1974～1985 年的现货市场价格（其中，1974～1981 年为西得克萨斯中质油标价）。1986～2008 年名义价格为欧佩克一揽子油价。

资料来源：OPEC, *Annual Statistical Bulletin 2008*；Dow Jones & Company, "Wall Street Journal," http://research. stlouisfed. org/fred2/data/OILPRICE. txt, 2012 - 09 - 22。

欧佩克没能控制住国际油价不断上涨的局面，并于 2005 年初最终放弃了设定目标价格的策略。

从国际油价与欧佩克目标油价的关系来看，并不是欧佩克的目标油价主导国际油价的走势，而是国际油价的走势决定了欧佩克目标油价的设定。欧佩克之所以不能控制国际油价的走势，与其产量调整幅度有限存在十分重要的关系。市场参与者一般将欧佩克看作一个"卡特尔"组织，但"卡特尔"无论是选择固定价格还是固定产量的方法影响价格，最终都是通过产量的调节实现的。欧佩克也是一样，1973 年"石油禁运"之后，欧佩克一直利用剩余产能来影响油价。剩余产能的意义在于，当国际市场对欧佩克的"剩余需求"增加时，欧佩克可以马上释放剩余产能，避免油价上涨。当国际市场对欧佩克的"剩余需求"减少时，欧佩克则要将部分产能封存起来，从而避免油价下跌。不过，因为石油产业前期投资成本巨大（勘探成本和开发成本），剩余产能的保持也是耗资巨大的，欧佩克并不会无限制地保持剩余产能。固定数量的剩余产能决定了欧佩克增产的上限。假设欧佩克把 10% 或 15% 的产量作为剩余产能，当国际市场对欧佩克的"剩余需求"增加时，欧佩克最多只能提高 10% 或 15% 的产量。[①] 同时，产油国的财政状况决定了欧佩克减产的极限，当国际石油市场对欧佩克的"剩余需求"减少时，欧佩克成员国并不会根据欧佩克的配额调整进行同比例的减产，而是根据各自的财政状况独自做出减产决定，当国家财政承受不了减产带来的经济损失时，就会采取竞争性行为，放弃对价格的干预。正是因为相对于国际石油供求变化而言欧佩克的产量调整能力十分有限，欧佩克才很难达到控制油价走势的目的。

四 结论及尚待解决的问题

欧佩克虽然早在 20 世纪 60 年代就已成立，但在成立之后相当长一个时期内，该组织的行动主要是争取产油国的石油权益，而不是主动干预国际石油市场。直到 1973 年"石油危机"爆发，沙特等中东主要产油国获取资源主权之后，欧佩克才开始独立执行以影响国际石油市场为目的的石油政策。从 1973 年至今，欧佩克的石油政策经历了 4 个阶段：20 世纪 70 年代中期到 80 年代初期的"提价保值"战略、80 年代初期到 80 年代中期的"限产保价"战略、1986~2004 年的"低价保额"战略以及 2005 年以后"维持市场供给适度紧张"的战略。

国际石油市场的参与者往往把欧佩克看作是一个"卡特尔"组织，而欧佩克能否影响油价却又是一个备受争议的问题。从国际油价与欧佩克目标价格之间的关系来看，虽然欧佩克的产量调整在一些时候会对国际油价波动产生直接影响，但无论是采取固定价格的策略还是采取固定产量的策略，欧佩克都没有控制住国际价格的走势，欧佩克目标油价的调整仅仅是对现货市场做出的反应。因此，与其说欧佩克是国际油价的引领者，莫若说它是国际油价的跟随者。

欧佩克之所以不能左右国际油价的走势，主要是因为相对于国际石油供求变化，其产量调整能力十分有限。像其他"卡特尔"一样，剩余产能是欧

---

① 2005 年之后，欧佩克多次声明欧佩克产量的 10% 或 15% 是"剩余产能"的合理量，参见 OPEC, *OPEC Bulletin 2005 - 2011* (Vienna: OPEC, 2006~2012)。

佩克影响石油市场和国际油价的工具。但是，与其他行业不同的是，石油生产具有前期投入占比极高的特点，对于欧佩克来说，扩大剩余产能意味着巨大的资本耗费，而这种资本耗费又不能带来任何经济利益，因此，欧佩克在剩余产能扩大问题上持极为保守的态度，这样，当国际石油市场对欧佩克"剩余需求"（在很多情况下是投机因素带来的）超过欧佩克的剩余产能时，欧佩克也就失去了抑制油价上涨的能力。欧佩克的减产能力同样存在一个上限，这就是产油国的财政状况。时至今日，绝大多数欧佩克产油国都未摆脱严重依赖石油资源的单一经济结构。因为石油出口收入是欧佩克成员国的经济命脉，只有在减产行动不会威胁到本国经济安全的情况下，欧佩克成员国才会参与欧佩克的减产行动。反之，如果减产行动威胁到本国经济的正常发展，欧佩克成员国也就不会选择减产，而是采取竞争性策略，增加石油产出。

虽然产量调整能力相对于国际石油供求变动幅度十分有限，欧佩克的产量调整不能左右国际油价的走势，仅能在一定程度上降低国际油价的波动幅度。但是，据此得出欧佩克与其他产油国无异，不具备垄断势力的结论却为时尚早。"卡特尔"建立的初衷并非是左右价格走势，而是要获得垄断利润。因此，评判欧佩克的标准也不应是欧佩克能否控制油价走势，而应当是欧佩克能否获得垄断高价。1973～2003 年，时隔 30 年后，国际石油市场迎来了新一轮高油价周期，同样是高油价，同样在高油价之后出现了全球性的经济危机，但作为市场重要参与者的国际石油公司却表现出截然不同的行为模式。在 1973～1985 年的高油价周期，国际石油公司加大了上游投资的力度，这也就为 20 世纪 80 年代后半段和整个 90 年代的产能过剩和低油价周期埋下了伏笔。2003 年以后，国际油价屡创新高，但国际石油公司依然在上游投资上保持谨慎。而恰恰是因为国际石油公司的谨慎，2008 年金融危机全面爆发以后，石油市场并未出现产能过剩的局面，在短暂的降价风潮之后，市场参与者反而开始担心产能不足的问题。

石油公司的谨慎态度与欧佩克特别是沙特等欧佩克核心国家的行动有着一定的关系。2003 年以后，面对油价的不断上涨，石油投资变得有利可图，国际石油公司加大了上游投资的力度，但因为地质条件较好的资源要么被产油国垄断，要么需要缴纳高额的石油地租，国际石油公司只能在资源地质条件更为恶劣、投资风险更高的区域活动，这也就带来了石油生产成本的不断上涨。根据美国能源信息署对主要国际石油公司活动的统计，2001～2003 年、2002～2004 年世界石油生产成本最高的地区是加拿大，这 3 年滑动平均值分别约为 18 美元/桶油当量和 27 美元/桶油当量；2003～2005 年、2004～2006 年世界石油生产成本最高的地区是中南美洲，3 年滑动平均值分别约为 33 美元/桶油当量和 49 美元/桶油当量。到 2005 年欧佩克核心国家宣布石油投资计划时，国际石油公司对高成本油田的投资热情迅速消退。拉美地区的海上钻井数在 2003 年和 2004 年都达到了两位数的增长速度，但 2005～2006 年却出现了负增长。[①] 2005 年之后，国际石油公司的上游活动又重新回到了低成本的欧佩克国家，此后全球钻井数增长最快的国家变成了利比亚、阿尔及利亚、尼日利亚、安哥拉等位于非洲大陆的欧佩克产油国。

从欧佩克核心国家与国际石油公司的政策互动来看，2003 年以后的高油价周期之所以维持至今，与欧佩克的行动有着十分直接的关系。但这种高油价均衡是否是欧佩克维持的？如果是，欧佩克维持这种高油价均衡需要具备哪些条件？只有明确以上两个问题的答案，才能够对欧佩克的市场属性以及未来国际油价的走势做出清楚的界定，而这也是欧佩克研究需要进一步明确的问题。

---

① Baker Hughes, *International Rotary Rig Count* (Baker Hughes, December 23, 2009), accessed November 11, 2011, http://investor. shareholder. com/bhi/rig_ counts/rc_ index. cfm.

金融危机对中东经济形势的影响

陈　沫[*]

受益于石油价格的攀升，2008 年中东国家经济普遍获得了高速的增长。随着金融危机在世界范围内的扩大，各发达经济体经济衰退，导致对石油需求的降低。受金融危机通过石油价格变化的传导作用，2009 年中东经济发展较上一年明显下降。随着世界经济的复苏，石油价格的回升，2010 年中东经济有望逐步好转。金融危机对经济发展的各个方面都产生了重要的影响，本文仅分析金融危机对中东宏观经济方面的影响。

一　2008 年中东经济增长加速

2008 年中东地区稳定的局势使该地区宏观经济政策得到了改善，随着油价的上涨，2008 年中东经济普遍增长，国际货币基金组织于 2009 年 4 月发表的《2009 年世界经济展望》数据显示，2008 年中东地区经济增长率为 6.3%，超过世界平均增长率的 3.2%，超过半数的中东国家经济增长超过 2007 年。石油生产国除伊朗以外都获得了较高的经济增长，特别是卡塔尔，2008 年经济增长率达到 16.4%，此外，伊拉克达到 9.8%，阿联酋达到 7.4%，利比亚达到 6.7%，科威特达到 6.3%。这主要得益于石油价格的高涨。随着油价上升，非石油生产国经济也获得了可观的增长，如黎巴嫩为 8.5%，埃及为 7.2%，摩洛哥为 5.4%，叙利亚为 5.2%（见表 1）。

---

*　陈沫，中国社会科学院西亚非洲研究所副研究员，主要研究能源问题及中东经济发展问题。

受 2008 年中期以前高油价的推动，中东地区产油国的石油出口收入增加，支撑了其以石油收入为主的财政收入，使得这些国家扩大了公共支出，扩建了一些大型项目，相关产业得到了发展。石油收入的增加也促进了该地区国家间的贸易和投资，推动了整个地区经济的整体发展。2008 年中东国家经常项目占GDP 的比重为 18.8%，高于 2007 年的 18.2%。特别是产油国，其经常项目占GDP 的比重都在 15%以上，科威特更是达到 44.7%。同时，该地区许多国家实行了宏观经济改革和经济结构调整，促进了该地区经济普遍持续增长。

但是，2008 年由于粮食价格的上涨、中东国家本币币值盯住美元，以及其进口商品主要来自欧洲和亚洲国家，因此，随着美元对欧元及一些亚洲货币的贬值，中东国家进口成本增加，导致输入型通货膨胀出现。另外，2008 年以前，银行大量放贷增加了流动性，也拉动了物价的上涨。中东地区通货膨胀率普遍上涨，2008 年为 15.6%，高于 2007 年的 10.5%，多数国家通货膨胀率都在两位数以上，其中，伊朗为 26.0%、也门为 19.0%、卡塔尔为 15.0%。

表 1　中东经济发展数据

单位:%

年份 国家 （地区）	实际 GDP 增长率				通货膨胀率				经常项目占 GDP 比重			
	2007	2008	2009	2010	2007	2008	2009	2010	2007	2008	2009	2010
世　界	5.2	3.2	− 1.3	1.9								
中　东	6.3	5.9	2.5	3.5	10.5	15.6	11.0	8.5	18.2	18.8	− 0.6	3.2
巴　林	8.1	6.1	2.6	3.5	3.3	3.5	3.0	2.5	15.8	10.6	1.6	3.6
埃　及	7.1	7.2	3.6	3.0	11.0	11.7	16.5	8.6	1.4	0.5	− 3.0	− 4.1
伊　朗	7.8	4.5	3.2	3.0	18.4	26.0	18.0	15.0	11.9	5.2	− 5.2	− 3.6
伊拉克	1.5	9.8	6.9	6.7	30.8	3.5	13.8	8.0	15.5	19.1	− 6.1	3.2
约　旦	6.6	6.0	3.0	4.0	5.4	4.0	3.6	1.8	− 16.8	− 12.7	− 11.2	− 10.6
科威特	2.5	6.3	− 1.1	2.4	5.5	10.5	6.0	4.8	44.7	44.7	25.8	29.3
黎巴嫩	7.5	8.5	3.0	4.0	4.1	10.8	3.6	2.1	− 7.1	− 11.4	− 10.5	− 10.0
利比亚	6.8	6.7	1.1	2.8	6.2	10.4	6.5	4.5	33.8	39.2	8.3	11.7
阿　曼	6.4	6.2	3.0	3.8	5.9	12.6	6.2	6.0	5.9	6.1	− 0.2	2.1
卡塔尔	15.3	16.4	18.0	16.4	13.8	15.0	8.4	3.0	30.9	35.3	7.5	18.1
沙　特	3.5	4.6	− 0.9	2.9	4.1	9.9	5.5	4.5	25.1	28.9	− 1.8	4.5

续表

年份 国家 （地区）	实际 GDP 增长率				通货膨胀率				经常项目占 GDP 比重			
	2007	2008	2009	2010	2007	2008	2009	2010	2007	2008	2009	2010
叙利亚	4.2	5.2	3.0	2.8	4.7	14.5	7.5	6.0	-3.3	-4.0	-3.1	-4.4
阿联酋	6.3	7.4	-0.6	1.6	11.1	11.5	2.0	3.1	16.1	15.8	-5.6	-1.0
也 门	3.3	3.9	7.7	4.7	7.9	19.0	12.0	13.3	-7.0	-2.0	-2.3	-1.3
土耳其	4.7	1.1	-5.1	1.2	8.8	10.4	6.9	6.8	-5.8	-5.7	-1.2	-1.6
以色列	5.4	3.9	-1.7	0.3	0.5	4.7	1.4	0.8	2.8	1.2	1.1	0.3
突尼斯	6.3	4.5	3.3	3.8	3.1	5.0	3.2	3.4	-2.6	-4.5	-2.9	-4.3
摩洛哥	2.7	5.4	4.4	4.4	2.0	3.9	3.0	2.8	0.2	-5.6	-2.5	-3.0

资料来源：IMF，*World Economic Outlook*，April 2009。

二 2009 年中东经济增长减缓

国际货币基金组织（IMF）2009 年 4 月公布的《世界经济展望》显示，受金融危机的冲击，世界经济正进入"严重低迷"时期，经济增长为 -1.3%。一些发达经济体的经济"已经或接近衰退"。中东地区经济体虽然与发达国家经济体相比，受到的影响有限，但也面临严峻的挑战，经济增长率下降，从 2008 年的 6.3% 下降到 2009 年的 5.9%。中东地区绝大多数国家的经济增长都呈下降趋势。[1] 只有卡塔尔继续保持高速增长，甚至超过 2008 年，增速达 18%。2009 年中东经济发展减缓的主要原因就是金融危机的冲击。

（一）石油价格下跌，石油收入减少，经济增长受挫

金融危机对中东地区的影响主要是通过石油价格变化的传导作用表现的。油价下跌导致中东产油国石油收入减少，经济增长严重受创。

金融危机沉重打击了包括美国、欧盟、日本等发达经济体的实体经济，短期内国际金融市场的稳定和投资者的信心可能很难恢复。这使得其对石油

---

[1] IMF，*World Economic Outlook*，April 2009.

的需求进一步下降，进而将大大制约世界石油需求的增长，影响国际石油市场整体供求形势，使石油市场呈现供大于求的局面。从 2008 年 7 月 4 日欧佩克一揽子原油价格创下 140.14 美元/桶的历史纪录后，欧佩克油价一路下滑到 10 月 23 日的 60.27 美元/桶，下跌将近 80 美元。特别是在 10 月 8 日，欧佩克油价跌破了成员国的心理底线 80 美元/桶，此后一周出现加速下滑的态势，10 月 16 日已经跌到 63.34 美元/桶，回落到了 2007 年 5 月初的水平，一周内下跌超过 15 美元，[①] 跌速超过了欧佩克成员国能够承受的程度。为了维护其利益，欧佩克再次采取了减产的政策，试图以此阻止石油价格进一步下滑，但此举没能奏效，油价继续一路下滑。欧佩克再次决定从 2009 年 1 月 1 日起削减原油日产量 220 万桶，以稳定国际市场原油价格，这是欧佩克历史上最大规模的一次减产行动。但是，随着金融危机的深化，减产对油价的支撑作用甚微。

中东地区是世界重要石油产地，中东产油国的经济大多依赖石油收入，例如阿联酋，2008 年石油收入占进出口总额的 70% 以上。沙特 2008 年石油出口占 GDP 的 50%，石油出口收入占总出口收入的 90%。伊朗石油出口占 GDP 的 29%，石油出口收入约占总出口收入的 80%。科威特石油出口收入占总出口收入的 90%。阿尔及利亚油气出口占 GDP 的 30%，油气出口收入占总出口收入的 96%。[②]

油价下降严重制约中东国家经济的发展。整个中东地区，除了卡塔尔和也门，所有国家经济增长都出现下降。尤其是产油国，科威特经济增长率从 2008 年的 6.3% 下降到 2009 年的 -1.1%，沙特从 4.6% 下降到 -0.9%，阿联酋从 7.4% 下降到 -0.6%。伊拉克、伊朗和阿曼虽然也出现了下降，但还是保持了 3% 以上的增长。非石油生产国中，土耳其经济增长的下降幅度也较大，从 2008 年的 1.1% 下降到 2009 年的 -5.1%，以色列从 3.9% 下降到 -1.7%。[③]

石油生产国以阿联酋为例，受国际石油价格大幅度下跌，以及欧佩克实施减产的影响，阿联酋石油产量和出口量相应减少，石油出口收入大幅度下

---

① http://www.opec.org.

② EIU, *Country Profile 2008* 相关各期。

③ IMF, *World Economic Outlook*, April 2009.

降。国际市场需求减弱，导致非石油部门的出口收入受到影响，使得货物贸易顺差减少。而信贷资金紧张，外国投资减少，致使固定资产投资增长减弱。由于获得信贷困难，以及劳工市场需求减弱，国内消费开支也受到削弱。同时，国际收支状况也受到影响。2008 年，由于动用国际储备支持进口，国际储备下降到 348.3 亿美元，[①] 这种影响在 2009 年表现得更加明显。海外资产的缩水，也将导致海外投资收入减少。国内建设项目放缓，服务贸易赤字将因此而有所减少，对外援助数额也将有所下降，国际收支经常账户占 GDP 的比重从 2008 年的 15.8% 下降到 2009 年的 -5.6%[②]的最低点，国际储备可能进一步下降到 298.3 亿美元。

随着金融危机的发生，通货膨胀局面也发生了转变。由于全球性的商品价格下跌，以及本国经济增长放慢，进口原材料、资本货物和消费品价格迅速下降。国内需求下降导致存在多年的货物供应能力不足和供应短缺问题不复存在，特别是导致多年过热的房地产市场急剧降温，价格急剧下跌。居民消费也因获得信贷比以前困难而受到遏制。因此，通货膨胀局势明显缓解，世界银行预测其通货膨胀率在 2009 年只有 2.0%。

非石油生产国以以色列为例，受金融危机的影响，以色列经济出现了严重下滑，2009 年经济增长率为 -1.7%，低于 2008 年的 3.9%。[③] 据以色列央行日前发布的统计数字，截至 2009 年 5 月，以色列经济已连续 10 个月出现下降。

以色列制造商协会公布的有关报告显示，以色列制造业企业仍在裁员，失业工人人数继续增加，预计到 2009 年底，以色列失业人数将增加 4.8 万人，失业人口总数将达到 27.6 万人，失业率接近 9%。

金融危机和由此引发的油价暴跌，对中东一些经济上完全依赖石油出口收入的国家的财政收入和经济发展产生了重要影响，同时威胁着产油国石油及天然气下游项目的投资计划，使一些项目遇到融资问题。产油国在油价高企的时候建立的石油美元储备虽然会减轻信贷紧缩对国家造成的短期影响，但大型项目的开发仍可能放缓，因为金融危机会严重打击投资者的信心。如

---

① EIU, *Country Report: United Arab Emirates*, May 2009.

② IMF, *World Economic Outlook*, April 2009.

③ IMF, *World Economic Outlook*, April 2009.

科威特原计划通过实施五年发展规划，投资 1300 亿美元建成像迪拜一样的国际商业和金融中心，而油价下跌导致的石油收入锐减将直接影响这一计划的融资。

（二）对外贸易下降，财政状况恶化

金融危机使西方国家及亚洲新兴经济体需求锐减，石油及原材料价格的大幅度下挫，导致贸易条件的恶化，中东地区的对外贸易下降。中东地区 2009 年进出口额均减少，增幅也减少；出口量减少，进口量比上一年有所增加，但增幅降低；进出口货物单价下跌，贸易条件恶化。

石油生产国对外贸易下降情况最为明显。沙特对外贸易量从 2008 年的 2023 亿美元减少到 2009 年的 885.5 亿美元。[①] 出口货物和服务贸易出口占 GDP 的比重从 2008 年的 7.0% 下降到 2009 年的 0.9%。进口货物和服务贸易占 GDP 的比重从 2008 年的 10% 下降到 2009 年的 5%。阿联酋出口额从 2008 年的 2105.1 亿美元下降到 2009 年的 1375.8 亿美元。[②] 阿曼出口额从 2008 年的 377.1 亿美元下降到 2009 年的 217.6 亿美元。[③]

非石油生产国中，以色列主要经济指数下降受各行业经济不景气拖累所致，特别是受对外贸易低迷状况影响最大，其中 2009 年 5 月货物进口下降 5.2%，而 4 月仅下降 2.5%；服务业出口下降 3.6%，而 4 月则增长 4.2%。统计报告显示，2009 年以来以色列传统工业受金融危机影响远大于高新技术产业，2009 年 1~4 月高技术产业增长 1.3%，而同期传统制造业则下降了 10.3%。[④] 以色列在中东地区属于发达国家，是一个以出口为主的国家，其出口收益占 GDP 总量的 92%。据以色列央行 2 月 25 日公布的数据，2009 年以色列总出口预计下降 6.9%，其中制造业出口预计将下降 10%，这是以色列建国以来的最大出口降幅。土耳其 2009 年进出口贸易大幅缩减，明显低于 2008 年的实际水平。2009 年其出口额为 1407.4 亿美元，2008 年为 1048.7 亿美元。[⑤]

---

①　EIU，*Country Report*：*Saudi Arabia*，November 2008.

②　EIU，*Country Report*：*United Arab Emirates*，May 2009.

③　EIU，*Country Report*：*Oman*，May 2009.

④　http：//shangwutousu. mofcom. gov. cn/aarticle.

⑤　EIU，*Country Report*：*Turkey*，May 2009.

随着油价的下跌和石油产量的下降，中东大多数产油国财政收入减少。沙特财政收入占 GDP 的比重从 2008 年的 46% 下降到 2009 年的 45.8%。科威特从 72.6% 下降到 65.3%，阿联酋从 36.2% 下降到 28.1%。[①] 沙特 2009 年财政收入 1093 亿美元，支出 1267 亿美元，自 2004 年以来首次出现财政赤字，总额 −174 亿美元。[②]

阿联酋在石油收入支持下，财政收支长期以来都有盈余。2008 年，阿联酋联邦政府财政预算收入 2892.2 亿迪拉姆，财政预算支出 1774.2 亿迪拉姆，财政预算盈余 1118.0 亿迪拉姆。尽管 2008 年 10 月制定的 2009 年预算是一个基本收支平衡的预算，但由于国际金融危机爆发后石油收入大幅度减少，实际财政收支可能出现赤字。预计 2009 年财政赤字与 GDP 的比例为 −5.6%。财政赤字的出现，将导致政府举借公共债务增加，公共债务总额与 GDP 的比例将从 2008 年的 42.3% 升高到 2009 年的 54.9%。[③]

非石油生产国以色列财政部报告显示，因经济下滑、税收减少等原因，以色列财政预算过去 12 个月内赤字总额达 202 亿谢克尔（合 49.3 亿美元）。[④] 2009 年财政赤字占 GDP 的比例为 −1.7%，超过 2008 年度的 −0.8%。[⑤]

埃及 2009 年政府的税收收入将因经济增长下滑而减少 12%，非税收入则因石油出口、苏伊士运河收费和旅游收入下降而减少 35%；而政府开支则因需要继续提高工资和增加补贴，以便在国际金融危机环境下维护就业机会和社会稳定而增加。因此，预计预算赤字将重新趋于扩大，在 2009 年达到 GDP 的 7%。

（三）外国直接投资减少，外债增加

中东地区由于石油需求增长放慢，石油价格下跌导致出口收入下降，资金减少，成本上升等因素的影响，外国直接投资从 2007 年的 715 亿美元减少到 2008 年的 563 亿美元，减少了 20% 以上。[⑥] 预计 2009 年还将继续减少，主

---

① IMF, *World Economic Outlook*, Oct. 2008.

② EIU, *Country Report: Saudi Arabia*, May 2009.

③ EIU, *Country Report: United Arab Emirates*, May 2009.

④ http://il. mofcom. gov. cn/index. shtml.

⑤ EIU, *Country Report: Turkey*, January 2009.

⑥ Assessing the impact of the current financial and economic crisis on global FDI flows by UNCTAD, January 2009.

权基金投资将大幅缩减。

金融危机爆发以后，阿联酋的外国直接投资急剧减少。当年外国直接投资额下降到111.5亿美元，预计2009年将进一步下降到60亿美元。沙特外国直接投资2008年较上一年有所下降，为165.4亿美元。受金融危机的影响，世界投资市场萎缩，沙特阿拉伯2009年外国直接投资将下降为99.2亿美元。埃及的外国直接投资数量也急剧减少，2008年减少到99亿美元，2009年将下降到55亿美元，外国直接投资低迷的状况可能会持续若干年。

阿拉伯石油投资公司最近发布的一份报告指出，在2009~2013年这五年当中，海湾和其他阿拉伯国家在石油领域共需投资3810亿美元，比2008~2012年的2760亿美元增加了1050亿美元。受国际经济危机的影响，考虑到部分停建或缓建项目，投资总额有可能下调20%，低于国际上预期的30%，即10个百分点。

受金融危机的冲击，2009年中东国家的外债总额达到4355亿美元，超过2008年的4076亿美元。但是，总的来说，中东石油生产国由于长期以来石油收入丰厚，外汇储备充足，具有较强的偿债能力。阿联酋的外债总额从2008年的737亿美元上升到2009年的769亿美元。但总体而言，阿联酋外债水平不高，外债偿还有充足资金来源保障，发生债务危机的可能性很小。沙特的外债水平逐年增加，但由于沙特阿拉伯对外贸易保持较大的顺差，外汇储备充足，保障了沙特有较强的外债偿还能力。2008年沙特外债总额上升为745.0亿美元，占GDP的15.9%，2009年有所下降，为607亿美元，占GDP的17.5%。2009年，受金融危机影响，经常账户出现逆差，2009年已付偿债率上升到3.8%，仍远低于国际警戒线20%的水平，现有外债完全处于沙特政府控制范围之内。石油收入是沙特偿债的主要来源。

非石油生产国对外债偿还有一定负担。土耳其2008年外债总额高达2768亿美元，占GDP的37.9%，偿债压力巨大。近几年土耳其的偿债率一直为35%~40%，大大超出了20%的国际警戒水平。沉重的债务负担带来了巨额利息支出，加大了财政负担，也增加了土耳其对外资流入的需求。

2009年中东国家经济增长虽然远远高于世界经济增长的平均水平，相对于发达经济体，中东地区石油生产国受金融危机的影响相对较小，但绝大多数中东国家经济增长较2008年减缓，只有卡塔尔持续出现较高增长，2009年经济增长率预计仍将达到 18.6%，超过 2008 年的 16.4%。这主要是由于作为世界上最大的天然气出口国，受石油价格变化影响较小，其出口天然气都是签订长期价格合同。其液化天然气出口的强劲势头使财政收入迅速增加，促进了经济的高速增长。

三　中东国家积极采取措施应对金融危机

面对金融危机带来的巨大影响，中东地区国家分别采取了一系列措施减轻其影响。

（一）　实行积极财政政策

随着中东地区主要经济体的利率降至历史低点，货币政策的空间已经不大，各国纷纷出台积极的财政政策刺激内部需求。

埃及政府通过了总额为 150 亿埃镑（约合 27 亿美元）的财政刺激计划，用于基建、教育、医疗和水处理等领域，而且正在考虑再追加 150 亿埃镑。政府还决定增加政府公共开支，在 2009 年新财政年度将努力把赤字控制在上一财年的水平，即占国内生产总值的 6.9% 左右。埃及当前的中小企业数目占全部企业的 90%，吸收了国内 95% 的劳动力，政府针对这种情况建立了总额 1500 万埃镑的社会发展基金（SFD），为中小企业项目提供专项资金，确保就业。为了保证苏伊士运河过船数，现已对特定船只减免通行费。

阿联酋中央政府 2009 年 3 月初借给迪拜 100 亿美元，用于国有企业偿付 2009 年到期债务，政府还向开发商许诺了 22 亿美元的援助资金，用于保证现有建筑按期完工。目前，迪拜正在酝酿一项经济刺激计划，包括企业支持、税收优惠和建立中小企业发展基金等，对企业的援助将通过直接贷款等形式进行，政府将优先考虑那些有实际困难的企业。但是否接受政府援助的自主权在企业。

以色列政府出台了一系列刺激经济的措施，包括加大基础设施投资、增加研发预算、鼓励在欠发达地区资本投资、加大旅游业开发与推介力度、促进出口、促进经济回升、降低失业率、鼓励出口、缓解信贷紧缩等，还将削减军费开支，并禁止公共部门提薪。

（二）加强银行系统的作用

国家向银行系统注资，为银行提供担保。阿联酋政府和中央银行直接向阿联酋银行系统注资1200亿迪拉姆（约合327亿美元），并对所有阿联酋国有银行的信用进行担保，还重新允许外国银行注册，降低利率。这些措施对减缓金融危机冲击力，实现经济软着陆发挥了一定作用。多年来困扰阿联酋经济的高通货膨胀率也因金融危机而大幅下降。

建立外汇储备调节基金。如阿尔及利亚在国内建立了一个相当于阿国内生产总值40%的外汇储备调节基金，既对经济起到了保护作用，同时也保证了国内市场的中期融资。这种外汇储备调节机制对抵御此次国际金融危机发挥了重要作用。

增加国内投资，降低贷款利率，保护消费者并促进消费。如阿联酋中央银行将标准利率从5%降到2%，以加大对消费者的保护，促进消费。埃及政府为应对金融危机，出台了刺激经济发展的一揽子方案，该方案主要集中于增加国内建设投资、吸引外资和扩大出口等方面。

建立储蓄保证基金。如巴林中央银行为保证储户在银行发生倒闭后尽快得到现金存款赔偿，将建立储蓄保证基金，由经营储蓄业务的各银行预先筹资。按照巴林目前实行的储户保险制度，如一银行倒闭，其储户存款的赔偿由其他银行临时筹资支付，储户最多可得到1.5万巴第（约合4万美元）存款的75%。

（三）增强经济竞争力

加快实体经济特别是制造业的发展。为应对金融危机的冲击，阿联酋政府相关的政策核心是加强阿联酋经济的竞争力建设，继续保持在本地区乃至在国际上的经济地位。积极发展实体经济，特别是增加油气领域的投资，扩大油气及工业产品出口，大力发展非石油贸易，特别是服务贸易，稳定房地产市场。土耳其增强经济竞争力的重点是发展制造业，解决失业问题。

促进经济增长，包括改善信贷、鼓励出口、结构改革及加强基础设施建设。以色列大规模扩大对金融部门投资国家支持项目的信贷额度，支持扩大出口和高新技术产业发展，增加中小企业管理局（SMEA）的资金支持。实行结构性改革，重点是改革以色列土地管理局，降低土地价格；推进以色列电力公司和以色列港口管理局的改革，改善港口服务，缩短船舶中转时间，使以色列港口符合国际标准；增加对旅游、交通、水利和电力部门的基础设施投资。

（四） 扩大投资

进一步完善法律环境，争取扩大外国直接投资，推动与外国经贸合作，增加出口。抵制欺诈行为，稳定要素的价格。

沙特阿拉伯投资总署为吸引国际投资商的投资做出了积极努力，该机构不断设计和提供在沙特阿拉伯的投资项目，其中包括今后 3 年涉及沙特阿拉伯各经济领域的总价值为 2830 亿美元的基础设施开发项目，这些项目为国际投资商提供了在沙特阿拉伯投资的更多机会。沙特阿拉伯政府目前执行的新《投资管理法》为在该国的投资商创造了一个极宽松和优惠的投资大环境，引起了越来越多的投资商关注，使沙特阿拉伯的经济发展受益匪浅。

阿联酋采取优惠政策和鼓励措施，外国人在区内建厂可享受 100% 所有权、15 年内免征公司税、期满后可延期 15 年、资本和收入可自由汇出、免征个人所得税、进口产品免征关税、无货币汇入汇出限制、无注册资本限制等。

土耳其政府 2009 年推出一系列新投资鼓励政策：凡能提供大量就业的新投资企业和追加投资的企业，将享受 7 项政府鼓励政策，如降低社会保险金、企业税减免、培训补贴、利率补贴、关税减免、增值税减免、纺织企业如向东南部等较不发达地区搬迁还将得到搬迁补贴。这些鼓励政策将向劳动密集型行业和较不发达地区倾斜。

（五） 申请国际组织援助贷款

金融危机爆发以来，土耳其政府财政收入有限，希望得到 IMF 250 亿美元的援助贷款，但鉴于刺激经济的需要，政府开支要增加，以发挥宏观调控的作用，不能达到 IMF 对土耳其政府紧缩财政开支的要求，未能得到 IMF 的援助贷款。面临国际收支状况持续恶化，土耳其政府将继续与 IMF 谈判并寻求新的经济刺激计划。

四　2010 年中东经济有望回升

中东国家经济发展与发达经济体相比受金融危机的影响有限，经济发展的前景在很大程度上依然是依赖石油市场的走势。因为中东产油国主要财政收入来源于石油出口收入，非石油生产国经济的发展也受到产油国经济发展的推动。金融危机所引发的全球经济衰退，导致各主要经济体石油消费需求的下降，使得石油价格处于低迷状态，在世界经济走出谷底以前，油价下跌的因素还是存在的。所以中东国家石油收入的减少导致的贸易量减少等问题会在一定程度上影响其经济的发展。但是，从长远来看，高油价时代不会过去。虽然近年来各国都在积极发展替代能源和可再生能源，但是要真正告别化石能源还有很长的路要走。而且中东产油国有着丰富的石油资源，一些国家如阿联酋等，还有着多样化的产业结构和巨额海外资产作为后盾，其经济实力并不会因金融危机冲击而受到根本性影响。随着世界经济逐步复苏，石油需求的上升，长远来看，中东国家还是受益的。

随着发达经济体及新兴经济体采取各种措施，积极应对金融危机的冲击，2010 年中东地区经济有望回升。据世界银行预测，2010 年中东地区经济增长率为 3.5%，高于世界平均增长率的 1.9%，也高于本地区 2009 年 2.5% 的增长率。

189

非洲经济发展理论与战略述评

姚桂梅[*]

非洲国家独立以来，经济发展经历了一个曲折起伏的过程。从总体上看，非洲经济虽有所发展，却被当年处在同一起跑线上的许多亚洲国家远远地甩在后面，成为世界上最贫穷、落后的地区。其根本原因是非洲始终未找到一条适合自身实际情况的发展道路。尤其是外部势力强加的、长期在非洲实施的工业化发展战略、结构调整与改革方案、减贫战略的理论支撑几乎都来自非洲外部，它们脱离非洲实际的发展模式，最终导致非洲经济误入歧途。而非洲国家自行制订的《拉格斯行动计划》从一出台就受到西方世界的打压，因缺乏资金无法付诸实施。世纪之交，非洲国家领导人和学者对非洲在经济全球化趋势下的不利地位进行了历史和现实原因的全面反思，提出了自主发展与国际协调并重的《非洲发展新伙伴计划》（NE-PAD)，为 21 世纪非洲经济发展带来了希望。2008 年国际金融危机后，非洲领导人再次反思其发展战略，认为非洲的未来不能过于指望西方发达国家，而应面向东方，学习中国经验，从而开始了探索多样化发展道路的时代。

───────────

* 姚桂梅，中国社会科学院西亚非洲研究所研究员，主要研究非洲经济和中非经贸合作。

一 "听命于人"时代的经济发展战略及理论

（一）20世纪60~80年代非洲经济发展战略：从追求经济增长到重视社会经济综合发展

1. 20世纪60~70年代非洲工业化发展战略

非洲国家取得政治独立后，有着十分强烈的独立发展经济的愿望。但长期殖民统治遗留下来的畸形经济结构、资金不足等问题使它们无法摆脱对外部世界的严重依赖。特别是美苏两霸为扩大其各自阵营，千方百计向非洲国家推销其发展模式，根本没有给非洲国家留下选择发展道路的任何空间。非洲国家在美国等西方国家的诱导下，在前苏联工业化模式的示范下，大都采取了以高速经济增长、优先发展进口替代工业为主要内容的经济发展战略，逐渐形成了"发展＝现代化＝进口替代工业化＋增长"的模式。其理论支撑是西方现代化理论和"非资本主义道路"理论。虽然"非资本主义道路"理论激烈地批判以结构主义为核心的西方现代化理论，但是在加强国家干预、实现工业化模式等一系列问题上却异曲同工，有许多相似之处。① 于是，尽管非洲各国的情况有所不同，工业发展的重点、途径也有所差异，但经济实践中却有着共同的特征：以经济增长为首要目标，以进口替代为主要内容，以城市为中心，以物质资本的积累和投资为主要推动力，以国家干预为手段，等等。所不同的只是对经济活动控制方式、范围、程度有差异。实践表明，工业化发展战略在20世纪60年代曾取得不少成就，但过度的国家干预和盲目的工业化所带来的弊端却随着时间的推移越来越凸显：忽视农业和粮食生产，使非洲大陆饥民遍野，陷入"生存危机"；片面追求高投资，为非洲国家陷入"债务危机"埋下种子；过度地实施保护政策，使非洲企业丧失应变能力，产品没有竞争力；片面追求高增长，导致资源严重浪费，生态环境遭到破坏；过度的国家干预扭曲了市场运行机制；忽视收入的合理分配，加剧了贫富两极分化等。最终导致20世纪80年代爆发经济危机。

2. 20世纪70年代末80年代初集体自力更生的发展战略

非洲国家独立后，尽管受到西方国家和苏联发展战略束缚，一些非洲国

---

① 谈世中：《发展与反思：非洲经济调整与可持续性》，社会科学文献出版社，1998，第61页。

家领导人和学者并没有放弃发展道路的探索。当他们看到西方现代化理论在非洲国家实践中暴露出种种弊端和局限性时，开始进行反思。以埃及学者萨米尔·阿明为代表的学者提出了"依附论"的主张，即非洲国家要发展民族经济，摆脱落后，必须尽快破除帝国主义"中心"强加给非洲"外围"的不平等的国际分工；非洲必须独立自主、自力更生走社会主义道路。激进的"依附论"思想备受非洲国家领导人的欢迎。非洲统一组织在此思想指导下，为克服经济困难，推动经济社会的合理发展，提出了非洲国家第一个自己制定的全非经济发展战略——《拉各斯行动计划》。由于该战略的指导思想与进口替代工业化发展战略一脉相承，都倾向于内向发展，不同的只是把内向空间由一个国家扩大到整个非洲大陆，从单纯追求工业化变为社会经济的综合发展；由于对经济发展所处的国内外不利条件估计不足，对改变单一经济结构看得过于简单；由于预期目标过高，不切实际，《拉各斯行动计划》并未得到真正的贯彻，并被于1991年6月签署的《阿布贾条约》取而代之。

（二）20 世纪 80 年代中期至 90 年代中期，实施以经济结构调整和改革为主的经济发展战略

《拉各斯行动计划》出台以后，立即受到来自西方势力的威胁与打压。世界银行立即抛出一个"伯格报告"，干扰拉各斯计划的实施，诱迫非洲国家实施世界银行和国际货币基金组织制定的《结构调整方案》。该方案以西方新古典主义经济发展理论和货币学派的主张为依据，以私有化、自由化、市场化为取向，以追求经济增长为目的，以提供援助为手段，对脱离非洲实际的经济发展战略进行调整，对扭曲市场价格体系、阻碍市场机制发挥作用的经济体制进行改革。这种调改虽在一定程度上消除了经济发展过程中的障碍，促进了生产要素按照市场机制进行配置，有利于市场体系的建立健全，但终因超越非洲国家商品经济极不发达、市场发育极不完善的客观现实而收效甚微。短期性的调改措施不但使通胀严重、资金外流、外债加重、民族工业遭到冲击，而且因大幅削减教育、医疗保健等公共开支，加剧了业已严重的贫困状况。世界银行、非洲开发银行等机构联合发表的《非洲能拥有 21 世纪吗？》的报告认为，撒哈拉以南非洲许多国家今天（20 世纪 90 年代）的状况还不如 20 世纪 60 年代刚独立的时候。[①] 各种迹

---

① The World Bank, *Can Africa Claim the 21ˢᵗ Century?* Washington, D. C., April 2000, p. 8.

象表明，贫困问题已经成为非洲经济社会发展的一大障碍。

二　向"以我为主"时代转变：实施以减贫为核心的经济发展战略及理论

20 世纪 90 年代中后期，在非洲国家的强烈批评与呼吁下，世界银行不得不放弃《结构调整方案》，取而代之的是以单个国家为单位的、名目繁多的"减贫战略文件"。根据 IMF 网站的资料统计，从 2000 年至 2011 年 6 月，非洲共有 34 个国家先后出台和实施了各种"减贫战略文件"。这些减贫战略和政策主要以非洲重债穷国为实施对象，将外部援助与减贫实施的情况挂钩。这些减贫战略文件与政策粗看起来似乎是非洲国家自主决策、自我选择的全新发展战略与政策，但仔细分析就会发现它们与原先的经济结构调整方案同出一门，或者说当前的减贫战略不过是换上了新包装的经济结构调整的延续或翻版。① 虽然减贫战略的制定和实施因非洲国家的参加而呈现出国别多样性、时段差异性等积极迹象，但由于世界银行和国际货币基金组织仍然掌控着非洲国家经济决策的主导权，其政策主张的理论支撑体系依然是包含众多学派的新自由主义，终因脱离非洲市场经济不发达的国情，无法从根本上引导非洲国家彻底脱贫，实现社会经济全面振兴。20 世纪 90 年代中期以来，非洲经济持续多年的增长态势，只能说明新自由主义理论体系中或多或少含有一些解决非洲经济问题的合理成分。

与此同时，非洲国家继续探索适合非洲本土的发展战略。面对全球化的冲击，非洲国家领导人对非洲不断被边缘化的处境进行了历史和现实原因的全面反思。他们逐渐认识到，非洲国家不应盲目模仿西方的发展模式，非洲国家必须掌握自己的命运。同时，非洲国家领导人应承担起非洲发展的责任，制定符合非洲国家自身条件和利益的经济发展战略，而非洲的经济发展战略必须注重自身和国际环境两个方面的现实情况。一方面，必须首先合理利用和开发本国的自然资源，制订区域经济一体化的长远发展计划；另一方面，要看到非洲国家至今财力物力有限，光靠自身的力量难以实现非洲的可持续

---

① 李智彪：《对后结构调整时期非洲主流经济发展战略与政策的批判性思考》，《西亚非洲》2011 年第 8 期。

发展和有效克服贫困，必须寻求发达国家真诚的、实质性的、持续性的帮助。同时，非洲必须继续进行政治和经济体制改革，提高治理能力，为外商投资创造良好的环境。在此思想指导下，2001年10月非洲出台了《非洲发展新伙伴计划》（New Partnership for Africa's Development，NEPAD）。

NEPAD的前身是在2001年7月第37届非统首脑会议上通过的《新非洲倡议》（A New African Initiative）。《新非洲倡议》又是两个重要倡议的结合体。其一是以南非总统姆贝基为首提出的《新千年非洲复兴计划》（Millennium Partnership for the African Recovery Program）。姆贝基总统早在1999年上任不久就提出了"非洲复兴"的思想。其后，他多次在公共场合倡导这一思想。2001年初，在瑞士达沃斯举行的世界经济论坛大会上，南非总统姆贝基正式推出了受非统委托，由南非、尼日利亚和阿尔及利亚3国共同起草的非洲人自己勾画的发展蓝图——《新千年非洲复兴计划》。其后不久，经济学家出身的塞内加尔总统阿卜杜拉耶·瓦德也提出了通过实施一些重大的基础设施工程使非洲经济得到发展的《欧米茄计划》（Omega Plan）。由于这两项计划有许多共同之处，经卢萨卡非统首脑会议讨论，合并为《新非洲倡议》。该倡议由"21世纪可持续发展战略"和"行动纲领"两部分组成。强调非洲经济实现可持续发展的前提是实现和平与安全，促进民主与良政，加强经济管理与实现一体化。具体发展目标包括：在今后15年内，非洲国家国内生产总值增长每年平均达到7%以上；到2005年，所有非洲国家开始实施可持续发展战略，并争取到2015年扭转自然环境被破坏的状况；到2015年，非洲绝对贫困人口总数减半，同时婴儿死亡率和产妇死亡率分别下降2/3和3/4，并争取所有学龄儿童都能接受教育；遏制艾滋病和其他传染病的蔓延。主要内容包括：第一，为实现可持续发展，创造一个和平、安全、稳定的社会环境，改善政府的管理能力，推进地区合作和经济一体化；第二，优先发展和全面开发非洲的人力资源，加强桥梁、道路等基础设施建设，增加对信息和通信技术方面的投入，发展农业，保障粮食安全，努力实现生产和出口多样化，力争改善非洲产品进入欧美市场的条件，以增强产品的竞争力；第三，多方寻求资金来源，动员国内储蓄，增加税收来源，吸引外国资本，减免债务，争取外援。该倡议的特点是，非洲领导人打算通过合理利用非洲的自然资源和人力资源、依靠非洲的力量、改善投资环境以争取外资等新方式，实现发展经济和消除贫困的目标，而不是像过去那样单纯依赖西方国家提供援助和减免债务。根据这一计划，非洲将与发达国家建立一种"新伙伴关系"。该计划估计，为实现贫困人口减半和其他发展目标，非洲国家必须在未来15年内每年得到640亿美元的援助。《新非洲倡议》对非洲国家的发展战略和政策的协调一致将起到促进作用。但是，客观地讲，该倡议还仅是一个框架性政策文件，缺乏可操作性及相应的资金支持。因此，2001年8月20日，《新非洲倡议》指导委员会召开第一次会议，提出尽快制订一个"内容详尽明确、富有创意、可操作性强"的行动计划，指导非洲的一体化建设，以便于国际合作伙伴的支持。

NEPAD的实施以非洲现存的地区合作组织为重要依托力量，其目前关注的重点是调整与发达国家和国际组织间的关系。从《新非洲倡议》更名为《非洲发展新伙伴计划》可以看出，未来的非洲发展战略特别强调非洲的自主性和领导权，主要体现在NEPAD计划的主要目标、优先发展领域、融资渠道等方面，非洲国家已经从精神层面上开始摆脱"听命于人"的命运，但要真正实现"以我为主、自主发展"的全非战略尚缺乏物质层面的支撑，所以，该战略又不得不注重协调与国际合作伙伴的关系。尽管NEPAD计划存在自相矛盾的地方，而且事实上也并非得到所有非洲国家的认可，但毕竟它在影响非洲发展的内外因素方面有了更为客观的认识，具有鲜明的时代特征。该计划已经在动员非洲国家充分利用自然和人力资源，加快基础设施建设，改善非洲投资环境，促进经济一体化等方面起到协调一致的作用。

三 国际金融危机后非洲经济发展战略新趋向：加强南南合作，学习中国经验

2008年爆发的国际金融危机对非洲国家调整经济发展战略产生了重要影响。面对金融危机对非洲经济的冲击，非洲国家反思危机根源，将其经济发展战略的重要外部支撑力量逐渐从西方传统伙伴向中国等东方国家转移。非洲国家认为，金融危机无疑印证了世界银行等国际金融机构奉行的、完全依赖市场力量的新自由主义主张的失败；全球金融危机为非洲国家提供了摆脱新自由主义意识形态和国际金融机构控制的独特机会；非洲政府应该有勇气和政治意愿在发展进程中担当重要角色；非洲未来的发展不能再指望西方发达国家这些所谓的伙伴，为了今后的长远发展，非洲应在加强地区经济合作

的基础上，加强与南方国家的经济和金融联系，尤其应借鉴中国经验，探索自主的、以人为本、多样化的发展道路。①

世界银行和国际货币基金组织在非洲倡导的结构调整、减贫战略的理论支撑就是世界金融危机爆发前，在世界上广泛流行的新自由主义。所谓新自由主义，顾名思义是在古典自由主义思想基础上建立起来的一个新的理论体系，亚当·斯密被认为是其创始人。该理论体系也被称为"华盛顿共识"，包含了一些有关全球秩序的内容。② 按照英国费洛的《新自由主义批判读本》，"它混合了多种来源，包括亚当·斯密的'看不见的手'、新古典经济学、奥地利学派关于凯恩斯主义和苏联式的社会主义评论、货币主义及其新古典主义和'供给学派'的后续理论"③。何秉孟的《新自由主义评析》指出，新自由主义是在继承资产阶级古典自由主义经济理论的基础上，以反对和抵制凯恩斯主义为主要特征，适应国家垄断资本向国际垄断资本转变要求的理论思潮、思想体系和政策主张。因此，新自由主义的本质，是国际垄断资本的理论体系。④

新自由主义理论是以发达市场经济为前提的。然而，2008 年发端于市场经济最发达的美国的金融危机表明，完全抛弃政府对经济社会的干预，主张市场化、私有化、自由化的新自由主义政策主张遭遇到了前所未有的挑战，危机不断，麻烦重重。而非洲国家本身商品经济不发达、市场发育极不完善，根本不具备实施新自由主义理论政策主张的前提。这样的施政环境就决定了市场—价格机制不能充分发挥作用，也不可能像发达国家那样，使经济处在和谐、渐进、无冲突的发展过程中，更不可能实现在完全竞争条件下，灵活地调节生产要素和资源，使市场的供给和需求处在均衡的状态。因此，新自由主义主张通过自由竞争、调节市场和价格实现生产要素的合理流动的理论，在非洲无法发挥作用。非洲塞内加尔学者登巴·穆萨·登贝莱（Demba Moussa Dembele）认为，国际货币基金组织和世界银行所倡导的新自由主义政策从未建立在科学的基础上，仅仅是出于纯粹的意识形态理由，来保护和促进全

---

① 姚桂梅：《金融危机对非洲探索发展道路的启示》，《中东非洲发展报告（2009～2010）》，社会科学文献出版社，2010。

② 〔美〕诺姆·乔姆斯基：《新自由主义和全球秩序》，徐海铭译，江苏人民出版社，2000，第 3 页。

③ 〔英〕费洛等：《新自由主义批判读本》，陈刚等译，江苏人民出版社，2006，第 3 页。

④ 何秉孟主编《新自由主义评析》，社会科学文献出版社，2004。

球资本主义的利益。这些机构向非洲国家兜售的是摇摇欲坠的祝福。而非洲国家进行的结构调整和减贫战略只能站在本就缺失的基础上被迫执行。[①] 因此，新自由主义套用美国等发达国家的模式推动非洲国家经济发展的改革是注定要失败的。

事实上，以新自由主义理论为依托的结构调整在非洲的实践也是以失败告终的。埃及学者萨米尔·阿明一针见血地指出，世界银行和国际货币基金组织在非洲实施的所谓调整项目更多的是过渡性的而非结构性的，其唯一真正的目的是使非洲经济围绕着其高额外债转，而这些高额外债本身在很大程度上正是全球体系危机进一步深化所导致的不发达国家开始出现经济停滞的结果。非洲进行结构调整造成政局动荡，非洲社会的能力进一步衰退，人民日益贫穷以及教育卫生状况恶化。而传统的新自由主义经济学家则轻描淡写地将这些恶果称作通向一个美好未来过程中的"痛苦转型"。事实证明，以西方跨国公司为代表的国际资本战略不能帮助非洲摆脱过去形成的旧的国际分工模式。[②] 从非洲国家的立场看，全球金融危机使其认清了新自由主义政策主张的本质，为其提供了摆脱新自由主义意识形态和国际金融机构控制的独特机会。

其实，早在危机爆发多年前，非洲国家就已关注"中国模式"。它们探究中国改革开放 30 年来的经济发展道路，学习中国经验，借鉴中国经济发展的政策，提出要像中国那样，结合本国实际，制定长远的发展战略，主要依靠自身努力谋求发展。金融危机爆发后，资本主义世界麻烦缠身，西方发展模式广受质疑，而中国经验对非洲的吸引力进一步增强。有迹象表明，随着时间的推移，越来越多的非洲国家表示愿意分享中国的发展经验，期盼与中国深化合作。

四　探索多样化的发展道路

非洲国家独立以来，经济发展走出了一条曲折、起伏的轨迹。从总体上

---

① Demba Moussa Dembele (Senegal), "The Global Financial Crisis: Lessons and Responses from Africa," *PAMBAZUKA NEWS*, March 19, 2009, http://www.pambazuka.org/en/category/features/54982.

② 〔法〕萨米尔·阿明：《非洲沦为第四世界的根源》，载李其庆主编《全球化与新自由主义》，广西师范大学出版社，2003，第 272~280 页。

看，非洲经济虽有所发展，但被当年处在同一起跑线上的许多亚洲国家远远地甩在后面，成为世界上最贫穷、落后的地区。其根本原因是非洲国家长期实施的工业化发展战略、结构调整与改革方案大多是外部世界强加的、不适合非洲、不公正的发展模式。金融危机爆发后，非洲国家领导人和学者对造成世界金融危机的根源、非洲遭受冲击的原因进行了全面反思，并着眼长远改革，提出金融危机为非洲的经济转型提供了机遇。[①]

塞内加尔学者德姆巴·穆萨·德姆贝莱（Demba Moussa Dembele）是非洲改革论坛（Forum for African Alternatives）的理事长，他在《全球金融危机：非洲的经验和教训》一文中指出，金融危机印证了世界银行、国际货币基金组织奉行的、完全依赖市场力量的新自由主义教条的失败；全球金融危机为非洲国家提供了摆脱新自由主义意识形态和国际金融机构控制的独特机会；非洲国家应该有勇气和政治意愿，在发展进程中担当重要角色，去探索替代政策，探索一条内源式的、以人为本的发展道路。[②] 苏丹国会经济委员会成员巴德（Omer Alsheikh Abdelrahim Bader）提出，目前全世界许多地方在执行自由经济体系或社会主义经济体系。在过去的 10 年间东欧实施了资本主义经济体系，但这不适合第三世界的发展中国家。巴德先生认为，伊斯兰体系也许是一个更好的选择。伊斯兰体系能保证所有借款人和贷款人的权益得到保护，它从来没有受到任何经济危机的困扰。苏丹经济学者穆罕默德·易卜拉希·卡巴（Mohamed Ibrahim Kabaj）指出，为了避免危机对苏丹经济的负面影响，应更多地依靠非石油产品带动，更加重视传统的灌溉农业，以此达到消除贫困、维系和平的目的。[③] 南非标准银行集团首席经济学家古拉姆·巴利姆（Goolam Balliam）建议，非洲各国政府应集中投资基础设施建设以支持经济发展。通畅的道路、铁路网络和充足的能源供应对经济增长至关重要。南非总统祖马认为，"在金融危机席卷全球的大背景下，非洲拥有更多的机遇，而挑战主要来自各国政府的领导能力。而我相信，如果我们更多地把时间用在合

---

① 《第 19 届世界经济论坛非洲会议在南非开普敦举行》，新华网，2009 年 6 月 10 日。

② Demba Moussa Dembele（Senegal），"The Global Financial Crisis: Lessons and Responses from Africa," *PAMBAZUKA NEWS*, March 19, 2009, http://www.pambazuka.org/en/category/features/54982.

③ Khartoum－Neimat Alnaiem, "Effects of Global Financial Crisis on Sudan Economy," *Sudan Vision Daily*, November 12, 2008.

作，而不是仅仅停留在讨论这些挑战的层面，我们就可以找到解决问题的方法。让我们共同合作吧，这样我们可以解决许多问题"。非洲联盟委员会副主席姆温查在第四届非洲一体化部长级会议上表示，非洲应以国际金融危机带来的挑战为契机，更具创新精神地推进地区经济一体化进程。在同次会议上，一些非洲专家认为，非洲可以通过加快经济一体化开拓内部市场，减少国际商品需求下降的影响，并通过加强基础设施建设等，为下一轮经济增长打好基础。有的专家建议非洲国家领导人应制定特别地方投资政策，提供比商业银行更优惠的利率，推动制造业发展。

总之，关于未来非洲经济如何发展，走什么样的发展道路，非洲国家领导人和专家学者提出了许多建议，对策方案不尽相同。非洲大陆有 54 个国家，各国资源禀赋不同，政治经济发展不平衡，未来的发展模式必然有所差异。事实上，不少非洲国家已经从本国的实际国情出发，开始走上不同类型的发展道路，比如南非、博茨瓦纳等主要依靠投资贸易兴国，苏丹、安哥拉、尼日利亚等主要依靠石油开发致富，刚果（金）、赞比亚等主要借助矿业开发促进经济全面发展，曾经奉行比较激进社会经济政策的坦桑尼亚、几内亚等则致力于政策调整。综上，可以预见的是，非洲国家的发展道路，必将在不断探索中呈现多样化的格局。

对后结构调整时期非洲主流经济发展
战略与政策的批判性思考

李智彪[*]

20 世纪 80～90 年代非洲国家普遍实施的经济结构调整计划由于引发诸多
经济社会问题并受到多方批评而在 90 年代中后期逐渐销声匿迹，取而代之的
是各种以减贫、脱贫为名目的经济发展战略与政策，如非统制订的《非洲发
展新伙伴计划》以及众多非洲国家制定的各种版本的"减贫战略文件"。[①] 这
些新出台的经济发展战略与政策粗看起来似乎是非洲国家自主决策、自我选择
的全新发展战略与政策，但细加研究就会发现它们与原先的经济结构调整计划
无本质差异。换句话说，非洲国家近 10 多年来实施的经济发展战略与政策基本
上是经济结构调整计划的延续或翻版。对此，国外也有学者提出类似观点，[②] 但

---

[*] 李智彪，历史学博士，中国社会科学院西亚非洲研究所研究员、教授、博士生导师。

[①] 据国际货币基金组织官方网站统计，从 2000 年 3 月至 2011 年 6 月，非洲共有 34 个国家先后出台和
实施各种《减贫战略文件》。这 34 国分别是：贝宁、布基纳法索、布隆迪、喀麦隆、佛得角、中非
共和国、乍得、刚果（金）、刚果（布）、科特迪瓦、吉布提、埃塞俄比亚、冈比亚、加纳、几内
亚、几内亚比绍、肯尼亚、莱索托、利比里亚、马达加斯加、马拉维、马里、毛里塔尼亚、莫桑比
克、尼日尔、尼日利亚、卢旺达、圣多美和普林西比、塞内加尔、塞拉利昂、坦桑尼亚、多哥、乌
干达和赞比亚。See http：//www. imf. org/external/np/prsp/prsp. asp, 22 June, 2011.

[②] 例如，加拿大学者利德尔对塞拉利昂实施重债穷国减债计划进程进行研究后得出结论，重债
穷国减债计划实际上是结构调整计划的继续；瑞典学者赫尔梅利认为，"减贫战略文件"是
国际金融机构主观臆想的产物而未考虑不同国家的不同情况，文件所包含的政策实际上是过
时的结构调整政策的重现。Barry Riddell, "Sierra Leone: Urban - Elite Bias, Atrocity & Debt,"
Review of African Political Economy, Vol. 32, No. 103, March 2005, p. 124; Kenneth Hermele, *The
Poverty Reduction Strategies: A Survey of the Literature*, Stockholm: Forum Syd, 2005.

却鲜有专文系统论述。本文拟分两部分对这一问题加以论证，并在论证的基础上对非洲未来经济发展战略与政策的可选空间做初步分析。

一

之所以说非洲国家现行经济发展战略与政策基本上是经济结构调整计划的延续或翻版，主要源于以下几个方面的事实。

第一，各种减贫、脱贫战略是大多数非洲国家正在实施的经济发展战略与政策，这些战略与政策主要以国际货币基金组织和世界银行 20 世纪 90 年代中后期出台的"重债穷国减债计划"和"加强的重债穷国减债计划"为政策选择框架。这意味着当年非洲经济结构调整计划的主要倡导者和推行者现在继续充当非洲经济决策的主力。虽然各种版本的"减贫战略文件"名义上是非洲国家自主制定的，但文件的起草通常是在外部发展伙伴参与下完成的，且文件有固定要求与格式，主要描述参与国为实现经济增长与减贫在未来 3 年到 5 年在宏观经济、结构和社会方面的政策与计划，以及执行这些政策与计划所需资金来源情况和对外部资金的需求情况。可以说，所有的减贫战略文件基本上是标准化的，甚至文件的各级标题也基本相同或相似。[①] 尤为关键的是，这些文件在付诸实施前要经过上述国际金融机构的审查与批准，国际金融机构一再强调的非洲国家自主权实际上仅仅体现在它们参与了文件的起草工作，并且这些文件最后是由非洲国家政府自己公布的。中国学者安春英的研究还显示，由于国际金融机构掌握和操纵着减贫战略文件的审批权，非洲国家减贫所需的优惠性贷款和债务减免可能被驳回或撤回，这就使得非洲国家在制定减贫战略文件时难以坦率和完全真实地阐明自己的意见。[②] 此外，在每一个为期 3 年或 5 年的减贫战略计划实施过程中，相关国家每年均要向国际金融机构提交计划进展报告，以便国际金融机构进行检查与评估。对于大部分实施减贫战略计划的非洲国家来说，如何应对这种阶段性的检查与评估，如

---

① John F. E. Ohiorhenuan and Zoe Keeler, "International Political Economy and African Economic Development: A Survey of Issues and Research Agenda," *Journal of African Economies*, Vol. 17, Supplement 1, 2008, p. i159; http://www.imf.org/external/np/prsp/prsp.asp, accessed 11 June, 2010.

② 安春英：《非洲脱贫战略的演进——减贫战略报告》，《西亚非洲》2005 年第 1 期，第 28 页。

何妥善处理与外部发展伙伴的关系，常成为其经济乃至外交工作的重心。

第二，非洲国家积极参与国际金融机构倡导的减贫战略，主要是为了获得其债务减免和优惠贷款，也正是基于此，国际金融机构在推广减贫战略时得以附加一系列政治、经济条件。这种套路同当年它们在非洲推行结构调整计划的模式如出一辙。而且，各种附加条件大同小异，核心内容是执行该战略的国家必须保持宏观经济环境稳定，支持私营部门发展，致力于良治与法制，努力创造良好投资环境以吸引外资流入，等等。例如，尼日利亚政府2004年出台的减贫战略文件——《满足每个人的需求：国家经济振兴与发展战略》就明确提出：对国家主要经济部门实行私有化、自由化或彻底解除管制；降低政府在经济特别是生产部门中的作用，增强其监管职能；将要实施的所有减贫项目应有助于促进私营部门的增长与发展。① 这些被写入各国《减贫战略文件》的附加条件很显然出自"华盛顿共识"，也就是当年指导非洲结构调整计划的理论体系与政策工具。②

第三，作为非洲整体发展战略的《非洲发展新伙伴计划》基本上是非洲人自己制订的③，且该计划特别强调非洲的自主性和领导权。然而，对这一计划稍加系统研究就可发现，它强调的自主性和领导权实际上只停留在字面上，如何与外部世界特别是发达国家建立伙伴关系，如何从外部获取发展资金才是计划的重中之重。计划的字里行间充满对外债减免、外部发展援助和外国直接投资的渴望，并明确表示对国际金融机构提出的重债穷国计划和减贫战略予以支持。非洲领导人推出这一计划的某些细节也很能说明问题。众所周

---

① Nigerian National Planning Commission, *Meeting Everyone's Needs: National Economic Empowerment and Development Strategy*, Abuja: Nigerian National Planning Commission, 2004.

② "华盛顿共识"框架内的政策工具主要包括：加强财政纪律，压缩财政赤字，降低通货膨胀，稳定宏观经济环境；把政府开支的重点转向经济效益高的经济领域和有利于改善收入分配的领域；开展税制改革，降低边际税率、扩大税基；实施金融自由化改革；采取更具竞争力的汇率制度；实施贸易自由化；对外国直接投资实行开放政策；对国有企业实施私有化；放松政府管制；保护私人财产。See John Williamson, "The Washington Consensus as Policy Prescription for Development," *Lecture to the World Bank*, Washington, D. C. : Peterson Institute for International Economics, 2004.

③ 国外也有学者称，《非洲发展新伙伴计划》在制订过程中很可能有国际金融机构和八国集团的参与。John Loxley, "Imperialism & Economic Reform in Africa: What's New about the New Partnership for Africa's Development (NEPAD)?" *Review of African Political Economy*, Vol. 30, No. 95, March 2003, p. 122.

知，该计划正式公布的时间是 2001 年 10 月，但它首次面世的时间是 2001 年 1 月，面世的场合是达沃斯世界经济论坛，而此时非洲领导人还未就计划的最终案文达成共识。① 2002 年 6 月，八国集团会议在加拿大卡纳纳斯基斯举行，非洲领导人通过大力宣介、游说让八国集团接受了他们的计划，通过了所谓的《非洲行动计划》。这也许值得庆贺，但号称 50 多个国家自主制订的自我发展计划却要努力寻求外部世界的首肯，又显得可悲。也正因此，各种批评《非洲发展新伙伴计划》的声音自其出台伊始就未曾间断。南非学者马修斯的观点颇具代表性：《非洲发展新伙伴计划》存在很多自相矛盾处，它一方面强调非洲的自主发展；另一方面又提出建立与发达国家的伙伴关系，希望通过这种伙伴关系来实现非洲的发展。这样自相矛盾的计划显然充满了缺陷，不可能对非洲人民产生多大鼓舞作用。这样的计划更像是说服西方捐助者增加其在非洲的投资，而不是激励非洲人民为了美好的明天而奋斗。②

第四，非洲也有一些国家未实施国际金融机构倡导的减贫战略，主要是北部非洲国家以及撒哈拉以南非洲相对富裕或受战乱困扰的国家，但这些国家的经济发展战略与政策同样深受新自由主义影响，即重视私人部门的发展，重视吸引外国直接投资，重视国有企业的私有化。例如，埃及近 10 多年来一直进行以私有化为核心的经济改革，经济发展模式逐渐从以国有经济为主导的中央计划经济向以私营经济为主导的市场经济过渡，私人资本迅猛发展，私营部门已在国民经济中占据主导地位。③ 博茨瓦纳《第八个国家发展计划》（1997~2003 年）和《第九个国家发展计划》（2003~2009 年）均强调保持宏观经济稳定，进行国有部门的私有化。1998 年博政府公布有关国有企业私有化的白皮书，把私有化作为一项重大经济政策予以推广，并于 2001 年成立专门的国有企业评估和私有化署负责此项工作，2003 年还出台了一个私有化总方案。④ 安哥拉政府 1997 年出台《1998~2000 年三年经济稳定和恢复计划》，其中一个重要目标是实现国有企业的全面私有化。同时，为了争取外部

① John F. E. Ohiorhenuan and Zoe Keeler, "International Political Economy and African Economic Development: A Survey of Issues and Research Agenda," *Journal of African Economies*, Vol. 17, Supplement 1, 2008, p. i191.

② Sally Mathews, "Investigating NEPAD's Development Assumptions," *Review of African Political Economy*, Vol. 31, No. 101, September 2004, pp. 497-511.

③ 杨灏城、许林根编著《列国志·埃及》，社会科学文献出版社，2006，第 227 页。

④ 徐人龙编著《列国志·博茨瓦纳》，社会科学文献出版社，2007，第 138、140 页。

融资和债务减免，安政府还在国际货币基金组织的帮助和监督下实施了一系列稳定国民经济、增强宏观调控能力的改革措施，并大范围地出让国有资产，以加快私有化进程，为外国资本流入敞开大门。[①]《增长、就业与重新分配》是新南非成立后出台的首个经济发展战略计划，该计划的核心内容有三点，即对外开放市场、实施私有化、为私人投资创造良好投资环境。南非共产党总书记布拉德·恩齐曼德（Blade Nzimande）曾撰文称该计划是南非政府自我强加的结构调整计划。[②] 姆贝基执政期间，"黑人经济振兴计划"（BEE）是南非政府大力推行的一项新经济政策，但由于政府主要采用私有化的方式推行该计划，受益的只是少数黑人，因此这一计划同样受到多方批评。[③]

二

经济结构调整计划从问世伊始就广受争议，来自非洲方面的反对声、批评声尤其强烈，这也是该计划最终被弃之不用的主要原因。但经济结构调整计划的主导思想和主要政策框架在换上减债计划、减贫战略等新的外包装后，继续掌控非洲经济发展进程，原因又何在？

首先，非洲国家长期以来在物质层面严重依赖外部世界，它们在精神层面所追求的独立自主理想事实上缺少实现空间。其中，经济发展资金短缺、长期依赖外部融资几乎是大多数非洲国家的软肋。据统计，在 1981～2005 年的 25 年间，非洲国家年均储蓄率和投资率分别只有 18.5% 和 20.9%，而同期发展中国家的年均储蓄率和投资率分别为 24.8% 和 25.5%。[④] 外援自然而然成为众多非洲国家发展经济的主要资金来源之一。另据经合组织发展援助委员会统计，1985～2004 年的 20 年间，撒哈拉以南非洲年均所获官方发展援助约 200 亿美元（按 2003 年汇率计算），约占其年均国内生产总值的

---

① 刘海方编著《列国志·安哥拉》，社会科学文献出版社，2006，第 194～197 页。

② Martin Plaut，"Why Mbeki Had to Go，"http：//news. bbc. co. uk/go/pr/fr/-/2/hi/africa/7627882. stm，accessed 21 September，2008.

③ Roger Southall，"Black Empowerment and Present Limits to a More Democratic Capitalism in South Africa，"in Sakhela Buhlungu，John Daniel，Roger Southall and Jessica Lutchman（eds.），State of the Nation：South Africa 2005－2006，Cape Town：HSRC Press，2006，pp. 176－179，185－189.

④ IMF，World Economic Outlook Database，Washington D. C.：IMF，2006.

20%左右。① 一些国家的经济发展资金乃至政府预算主要依赖外援。例如，2003 年撒哈拉以南非洲国家共获官方发展援助 227 亿美元，约占其国内生产总值的 18.6%，居各洲之首，其中刚果（金）、圣多美和普林西比、几内亚比绍、厄立特里亚、布隆迪、塞拉利昂、马拉维、莫桑比克、埃塞俄比亚、毛里塔尼亚和卢旺达 11 国所获外援超过其国内生产总值的 20%，乌干达、加纳、埃塞俄比亚和刚果（金）4 国的政府开支有 50% 以上来自外援。②

对外部资金的依赖，尤其是财政上对外部资金的依赖，使非洲国家不得不屈从于外部强加或诱导的各种经济发展战略与政策，以及附加在这些战略与政策中的诸多条件。20 世纪 80 年代众多非洲国家为获得经济援助被动地实施国际金融机构的结构调整计划，如今它们又为了同样的原因"主动地"配合国际金融机构实施减债、减贫战略。一如埃塞俄比亚总理梅莱斯 2009 年初所发表的讲话所言，由于严重依赖发展援助，依赖初级产品出口，非洲国家已经丧失了政策自主权，只能被动接受外部指令。③ 例如，2002 年，国际货币基金组织提出在减贫战略计划下减免赞比亚所欠 34 亿美元外债，条件是赞政府必须对赞比亚国家商业银行和其他 2 家国有公司实行私有化。尽管私有化举措遭到国内工会组织和反对党的强烈反对，赞比亚政府最终还是向外部势力低头。2003 年 6 月，国际货币基金组织以赞比亚政府财政支出过度、财政赤字过大为由，取消了原定提供的 1 亿美元的减贫信贷，而当时赞比亚政府正面临国内公共部门不断要求增加工资的巨大压力。时任赞比亚财长马甘德（N'Gandu Magande）曾无可奈何地表示："我们管理着这个国家，但预算却控制在援助者手中。"④ 津巴布韦的例子可以说是个反证。众所周知，津巴布韦 1980 年独立后曾因经济发展成就显著而被誉为"非洲发展的样板"和"南部非洲的粮仓"，但 20 世纪 90 年代末期以来该国却是政治经济危机不断，原因何在？津巴布韦学者拉夫托普洛斯认为，津巴布韦政府实行的反新自由主义的干预政策，主要是大规模推行土地国有化政策，触动了西方垄断资本

① OECD DAC, *Development Cooperation Report 2004*, Paris：OECD DAC, 2005.

② UNDP, *Human Development Report Statistics 2004*, New York：UNDP, 2005.

③ Meles Zenawi, "African Governments Lost Policy Autonomy and Became Heavily Dependent on Development Aid," *The Ethiopian Herald*, 5 February 2009.

④ Miles Larmer, "Reaction & Resistance to Neo‐liberalism in Zambia," *Review of African Political Economy*, Vol. 32, No. 103, March 2005, pp. 30–103.

集团的利益，从而受到西方国家的制裁，导致该国在国际社会变得异常孤立。[①]

其次，经济结构调整计划在实施过程中引发了诸多问题是显而易见的事实，但非洲经济在 20 世纪 90 年代中期以来逐渐走上复苏、快速发展之路，尤其是大多数非洲国家的宏观经济环境日趋稳定，又不能不让人重新审视结构调整计划的实施效果。[②] 或许我们可以这样理解，非洲国家在实施结构调整计划进程中所出现的本币贬值、物价上涨、企业倒闭、失业增加、两极分化、贫困人口增加等问题，是它们不得不付出的惨痛代价，这些代价在当时看来难以承受，引发非洲国家的抗拒心理和抵制心理，但随着时间的推移，该计划所内含的某些积极成分逐渐显效，并最终转化为促使非洲经济良性发展的因子。中国学者谈世中和舒运国等曾对非洲实施经济结构调整计划的全过程进行系统研究，并对该计划实施效果得出比较一致的看法，也可印证这一点。他们认为，非洲经济的调整和改革具有历史必然性，结构调整方案抓住了调整和改革的主要矛盾，方向是正确的。通过实施结构调整计划，非洲经济发生了深刻的变化，引入了市场经济运行机制，优化了产业结构，培育和繁荣了市场，激发了增长活力。[③] 曾对结构调整计划持强烈批评态度的非洲国家近年来的态度也趋于温和。例如，2001 年公布的《非洲发展新伙伴计划》在对结构调整计划整体持批评语调的情况下，也承认有少数非洲国家的确通过实施该计划保持了持续高增长。[④]

还有一个事实应予关注，即 20 世纪 80 年代非洲实施结构调整计划所面临的外部环境非常不利，主要是国际初级产品价格低迷，且呈持续下跌态势；国际贸易保护主义有愈演愈烈态势；国际金融市场的利率偏高。这种不利的

---

① Brian Raftopoulos, "Zimbabwe's 2002 Presidential Election," *African Affairs*, Vol. 101, No. 404, July 2002, p. 413.

② 在 2005 年非洲史研究会举办的"非洲经济学术研讨会"上，笔者曾提出，20 世纪 90 年代中期以来非洲经济持续增长和各项宏观经济指标日趋改善是多方面因素共同作用的结果，而结构调整改革是最具作用力的因素。参见李智彪《非洲经济发展态势研究——从汇率、通胀率、利率和股市收益率的变化视角分析》，《西亚非洲》2005 年第 4 期。

③ 谈世中主编《反思与发展——非洲经济调整与可持续性》，社会科学文献出版社，1998，第 131~135 页；舒运国：《失败的改革——20 世纪末撒哈拉以南非洲国家结构调整评述》，吉林人民出版社，2004，第 166~173、215 页。

④ *The New Partnership for Africa's Development*, Abuja, Nigeria, 2001, p. 5, http://www.dfa.gov.za/au.nepad/nepad.pdf, accessed 11 June 2010.

外部环境对非洲国家实施结构调整计划产生巨大制约和阻碍作用，并导致结构调整进程步履维艰、困难重重。但在国际金融机构推广其减债、减贫战略的年代，非洲所面临的外部环境已有非常明显的改善。

再次，我们必须承认这样一个事实，即在当今世界特别是在发展中国家和转型国家，以新自由主义为核心的"华盛顿共识"事实上是主导这些国家经济发展战略与政策的主流理论体系与政策工具。这套主流理论体系与政策工具所倡导的私有化、自由化、放松政府管制、减少政府干预等原则，根本目的是为了弱化发展中国家的经济主权，方便国际垄断资本对发展中国家进行资源掠夺与经济盘剥，援助与贷款实际上只是西方国家实现其战略意图的工具，而不是为了真正促进受援国的发展。正如中国学者卫建林以拉美为案例所批判的那样，新自由主义是剥夺大多数劳动者起码权利的主义，也是剥夺第三世界最后一道防线即国家主权和民族独立的主义，更是"稳定"国际垄断资本全球统治地位的主义。[1] 长期研究非洲减贫问题的杨宝荣也认为，西方减贫战略在非洲的实施正以一种新的方式侵蚀着非洲国家的传统主权。[2]

同时也应看到，新自由主义包含众多学派的思想和理论体系，这些思想和理论体系中或多或少含有一些解决非洲经济问题的合理成分。如关于市场是有效配置资源的观点，关于提高政府效率的观点，关于通过宏观调控实现国民经济稳定增长的理论，以及加强财政纪律、压缩财政赤字、降低通货膨胀、稳定宏观经济形势等政策主张，在不同程度上适用于非洲，能够为非洲国家所接纳。而且，国际金融机构也越来越注重就其政策主张对非洲政府官员进行培训。据统计，在 20 世纪最后 20 年，国际货币基金组织相关培训机构通过举办各类培训班，共培训非洲政府官员 3000 多名，这些官员主要来自有关国家中央银行、财政部和经济计划部，培训内容以宏观经济管理和公共金融为主。[3] 由于各国接受培训的部门是经济决策的主要部门，受训人员通常是各部门起草、制定决策的主力，这就为国际金融机构推销乃至实施其相关战略与政策提供了便利。

最后，减债、减贫对大多数非洲国家来说很有吸引力，从经济结构调整

---

① 卫建林：《新自由主义给拉美人民带来的危害》，《中华魂》2005 年第 3 期。

② 杨宝荣：《西方减贫战略对非洲国家的政治影响》，《西亚非洲》2003 年第 5 期。

③ Saleh M. Nsouli, "Capacity Building in Africa: The Role of International Financial Institutions," *World Bank Findings*, No. 196, December 2001.

计划到减债计划、减贫战略虽然是换汤不换药，但名称以及形式上的变化多少也显示出了国际金融机构的进步，或者说是它们对非洲国家的让步，使非洲国家更易于接受它们开出的药方。结构调整计划把撒哈拉以南非洲40多个国情迥异的国家视为一个整体，用一个报告诊断其存在的各种经济问题，并开出统一的药方。减贫战略文件的主导思想、政策框架基本一致，但不同国家以及同一国家在不同年份出台的减贫战略文件不完全相同，并呈现越来越细致化的特点。例如，乌干达2000年3月出台的减贫战略文件名为《乌干达消除贫困行动计划》，篇幅在50页左右；2010年3月出台的最新减贫战略文件名为《国家发展战略（2010/2011财年~2014/2015财年）》，篇幅长达400多页。[①] 也正是基于此，不同国家的减贫战略文件对其贫困根源的分析、减贫目标的设定就不再单一化。此外，国际金融机构也在不断总结经验、完善减贫战略的实施。例如，世界银行近期开发了两个新的分析、评估工具——"贫困与社会影响评估体系"（PSIA）和"贫困分析模拟模型"（PAMS），用于评估相关经济政策对贫困的影响。国际货币基金组织则拟将"减贫与增长基金"（PRGF）转化为"扩展信贷基金"（Extended Credit Facility）。

三

从历史与现实角度分析，非洲很难在短期内摆脱对外部世界的依赖，非洲国家真正自主选择和决定其经济发展战略与政策的空间还不是很大。其根源仍需从非洲国家目前的经济结构和发展模式中寻找。非洲自然资源和人力资源丰富，具有比世界其他任何地区优越得多的发展环境与条件。但历史上形成的单一经济结构及基于这种畸形经济结构的发展模式，奠定了非洲严重依赖外部世界求生存求发展的基础。因为丰富的自然资源只是存在于非洲，却并不完全掌握在非洲国家和人民手中。环顾全球，资本的力量越来越显强大，它不仅支配国际市场，甚至支配国际政治经济的发展。非洲资源产品的定价权掌控在西方国家手中，甚至非洲资源产品的生产和出口在很大程度上也掌控在国际垄断资本集团手中。非洲国家自独立以来就提出实现经济多元化的口号和理想，并不断进行各种实践，但效果不彰，至今，在撒哈拉以南

---

① http：//www.imf.org/external/np/prsp/prsp.asp，accessed 11 June，2010.

非洲地区大约 2/3 的国家中，出口收入的 60% 仍来自一种或两种农矿初级产品，初级产品出口收入约占该地区出口总收入的 80%，与 20 世纪 60 年代相比基本上没有变化。① 原因在于，非洲国家实现经济多元化所需资金乃至政府财政支出主要靠出口单一产品筹集，这一策略本身就会加重对单一经济格局的依赖，使经济逐渐陷入恶性循环境地。当然，依赖单一农产品和依赖单一矿产品的非洲国家所面临的情况还不完全相同，因为可可、咖啡、烟草、棉花等众多农产品的国际市场价格整体上呈不断走低态势，而以石油为主的矿产品价格近年来则呈现攀升态势。初级产品价格走低使非洲国家经济多元化的努力步履维艰，而初级产品价格攀升往往又使相关国家失去经济多元化的动力。

这就是大多数非洲国家所面临的现实。问题是，依赖外部世界只能使一个国家在短期内解困，而无法助其实现长远发展或真正的增长。根据众多援助方统计或估算，过去 50 年流入非洲的各种发展援助应不低于 5000 亿美元，但这些援款似乎并没有发挥明显作用，非洲国家的贫困化状况依旧，不发达状况依旧。2007 年，撒哈拉以南非洲生活在贫困线（人均日消费额低于 1 美元）以下的人口仍高达 41%；2009 年联合国划定的 50 个最不发达国家中，有 34 国在撒哈拉以南非洲。② 也正因此，一些西方国家的学者近年来纷纷对国际社会的援非效果提出质疑。例如，美国学者伊斯特利 2006 年发表专著《白人的负担：为什么西方对世界其他地区的援助危害甚多而成效甚微》，加拿大学者卡尔德里希 2007 年发表专著《非洲的麻烦：外援为什么不起作用》，均认为西方国家向非洲国家提供的援助绝大部分是无效的。③ 赞比亚学者莫约 2009 年发表的专著《死亡的援助：对非援助为何无效及如何改进》（也有学者将此书译为《援助的死亡》）更是对援助持严厉批判态度，称国际社会对非援助不仅毫无效果，还产生诸多负面影响，主要是滋生了非洲人的对外依赖心理，助长了非洲国家的贪污腐败行为，扼杀了非洲企业阶层的创业精神，

---

① Donald L. Sparks, "Economic Trends in Africa South of the Sahara," in Iain Frame (ed.), *Africa South of the Sahara 2010*, London: Routledge, 2009, p. 5.

② Donald L. Sparks, "Economic Trends in Africa South of the Sahara," in Iain Frame (ed.), *Africa South of the Sahara 2010*, London: Routledge, 2009, pp. 3, 4.

③ Willianm Russsel Easterly, *The Whiteman's Burden: Why the West's Efforts to Aid the Rest Have Done So Much Ill and So Little Good*, New York: Penguin Press, 2006; Robert Calderisi, *The Trouble with Africa: Why Foreign Aid Isn't Working*, England: Palgrave Macmillan, 2007.

最终导致非洲贫困化长期延续。[1]

历史不能假设，我们今天也无法论证非洲如果没有外援是否会发展得更好更快，虽然非洲大陆确有这样的例子，像博茨瓦纳，但这样少有的例子实难对非洲更普遍的历史现象构成反证。不过，我们说非洲在短期内很难摆脱对外部世界的依赖，并不意味着提倡或鼓励非洲国家和人民可以心安理得地接受外援，把自身的发展希望寄托于外界。古今历史证明，没有哪个国家能够单纯依靠外援取得经济上的成功，"贫穷国家的未来掌握在它们自己手中，外部世界对贫穷国家的帮助，只有融入贫穷国家自己的愿望和行动之中，才能对其脱贫能力产生效果"[2]。非洲国家和人民短期内可以利用外部资源，但在利用外部资源的同时必须牢固树立自力更生、自主发展的观念，要力争使所获外援为内生发展创造条件，为摆脱外援创造条件。

令人欣喜的是，非洲国家在依赖外部世界求发展的进程中也越来越表现出某些积极动向：其一，在流入非洲的外部融资中，外国直接投资所占比例逐渐增大，官方发展援助所占比例逐渐减少。据统计，2000年以来流入非洲的外国直接投资连年大幅增长，2006年总额达到458亿美元，首次超过非洲所获官方发展援助额（435亿美元）；2007年非洲吸引外国直接投资近530亿美元，同年官方发展援助额降至387亿美元。[3] 其二，有越来越多的非洲国家领导人已强烈意识到过分依赖外援的危害性，开始逐步减少对外援的依赖。卢旺达总统卡加梅2009年曾宣称，卢政府过去10年已将外援占国内生产总值的比例削减了50%。[4] 大多数非洲国家主要通过发展本国资本市场来减少对外部融资的依赖，这也是非洲资本市场蓬勃发展的根源所在。其三，虽然有部分非洲国家的财政预算也严重依靠外援，但它们在与援助方打交道时表现出越来越强烈的国家尊严与自主意识。例如，乌干达近年来财政支出的一半来自国际援助，为此一些援助国和援助机构很想控制乌预算。2004～2005

[1] Dambisa Moyo, *Dead Aid: Why Aid Is Not Working And How There Is a Better Way For Africa*, New York: Farrar, Straus and Giroux, 2009.

[2] Raghuram Rajan, "Aid and Growth: the Policy Challenge," *Finance and Development*, December 2005, p. 55.

[3] OECD and African Development Bank, *African Economic Outlook 2009*, Paris: OECD, 2009, pp. 170 – 173.

[4] Paul Kagame, "Africa Has to Find Its Own Road to Prosperity," http://www.ft.com/cms/s/0/0d1218c8 – 3b35 – 11de – ba91 – 00144feabdc0.html, 2010 – 05 – 22.

财年乌政府预算案公布后，欧盟、国际货币基金组织、世界银行以及美国、日本和挪威等国政府曾发表联合声明，表示拒绝接受该预算案，理由是该预算案用于国防和公共行政的支出过高，用于减贫方面的支出不足。乌总统穆塞韦尼随即予以强硬回应，称乌预算不应由捐助者决定，如果它们不同意，它们所能做的事情只是撤走它们的援助，而乌预算将会继续执行。① 随着国际援助渠道的增加，特别是一些新兴国家乃至南非等非洲本土国家加入对非援助的行列，非洲国家将有更多外援选择空间，这也会促使国际社会更注重倾听非洲的声音，尊重非洲的自主权和参与权。

2008 年爆发的全球金融危机对新自由主义提出了挑战，也对国际金融机构倡导的经济发展战略与政策提出了挑战。因为危机表明，过分倚重市场，弱化国家在经济中的作用，不仅不能解决所有经济问题，甚至还会引发新的问题或危机。经过结构调整计划的冲击，非洲国家政府在经济发展中的作用已不同程度地弱化。新的减贫战略仍强调自由化、私有化，强调减少政府干预，很显然不利于非洲地区政治、经济基础比较脆弱的国家抵御或应对外部危机的冲击。而且贫困问题主要涉及公平问题，解决公平问题理当更多发挥政府作用。这意味着非洲国家现行的经济发展战略与政策有必要进行调整或修正，至于如何调整或修正，国际金融机构应多听取非洲国家的声音，多关注非洲不同国家的不同特性。对于大多数非洲国家来说，虽然它们眼下还无法自主其发展轨迹，但也需认真思考，究竟什么样的发展战略与政策才更贴合其国情，更能助其走上自主发展之路。

---

① *African Business*, July 2004, p. 8.

非洲经济增长动力探析

李智彪[*]

近年来，在发达经济体深陷主权债务危机泥潭、全球经济总体增长乏力的大背景下，非洲经济的良好增长表现越来越引人关注。21 世纪初，非洲还多被国际主流媒体和学术界视为"没有希望的大陆"、"日益边缘化的大陆"、"面临被信息化革命驱逐的危险境地"。[①] 10 年之后，悲观气氛被乐观情绪取代，赞美之声成为主旋律，非洲成了"充满希望的大陆"、"跃动的雄狮"、"世界经济增长中心"，一些乐观主义者甚至宣称 21 世纪将是"非洲世纪"，非洲有望成为"明天的中国"或"新的印度"。[②] 各种乐观论调的主要依据是，在过去 10 余年间，非洲的年均经济增长率仅次于亚洲，排名全球第二，且不少年份非洲的增长率高于亚洲，在全球经济增速最快的 10 国或 20 国榜单中也以非洲国家居多。[③] 正

* 李智彪，历史学博士，中国社会科学院西亚非洲研究所研究员、教授、博士生导师。

① "Hopeless Africa," *The Economist*, http：//www. economist. com/node/333429, 2000 – 05 – 11；The World Bank, *Can Africa Claim the 21ˢᵗ Century？* Washington, D. C.：The World Bank, 2000；Fantu Cheru, *African Renaissance：Roadmap to the Challenge of Globalization*, London：Zed Books Ltd. , 2002；Lucie Colvin Phillips & Diery Seck（eds. ）, *Fixing African Economies：Policy Research for Development*, Boulder：Lynne Rienner Publishers, Inc. , 2004.

② "The Hopeful Continent：Africa Rising," *The Economist*, http：//www. economist. com/node/21541015, 2011 – 12 – 03；McKinsey Global Institute, *Lions on the Move：The Progress and Potential of African Economies*, US：McKinsey & Company, 2010；"Africa Rising：A Hopeful Continent," *The Economist*, http：//www. economist. com/news/special – report/21572377 – african – lives – have – already – greatly – improved – over – past – decade – says – oliver – august, 2013 – 03 – 02.

③ "The Hopeful Continent：Africa Rising"；Ian Shapiro, "The Promise of Africa：Young, Vibrant African Leadership Rises Despite Many Challenges," *The Economist*, http：//yaleglobal. yale. edu/content/promise – africa, 2013 – 05 – 23.

是依据这些数据，人们似乎越来越相信非洲经济已经或正在步入高速增长或快速增长轨道。但非洲并非一个政治经济实体，而是由国情截然不同的 50 多个国家组成的大陆。在经济增长普遍加速的形势下，各国以及不同产业部门间的增长表现极不相同。本文力图在全景式扫描 21 世纪非洲经济增长加速态势的基础上，探析不同类型国家经济增长的动力，以及这种增长动力的可持续性。

一　21 世纪非洲经济增长特征

目前国内外学术界尚无对经济增长速度高与低的统一界定，考虑到世界各国国情差异巨大，经济增长禀赋、动力与方式千差万别，这样的标准恐怕也难以形成。本文为便于相对细致地分析、比较非洲国家经济增长水平的差异性，特依据非洲国家独立以来经济发展历史与现状，并参照非洲目前的人口增长率（2.3%）、实现联合国千年发展目标减贫指标所需的最低增长率（7%）等要素，以及其他发展中国家同期经济增长情况，提出如下有关非洲经济增长水平的粗线条划分标准：年均国内生产总值实际增长率小于 3% 的正增长值为低速增长区间，3%～7% 的增长值为中速增长区间，大于 7% 的增长值为高速增长区间。依照这一标准分析 2000 年以来非洲经济增长情况，可发现以下几个比较明显的特征。

（一）本轮增长周期持续时间长、覆盖面广

据非洲开发银行和联合国非洲经济委员会等机构联合编制的《非洲经济展望》所列统计数据，2000～2012 年间，非洲经济年均增长率高达 5.14%，[①]也就是说，非洲经济作为一个整体已经保持了连续 13 年的中速增长。就国别增长情况看，除缺乏统计信息的索马里和南苏丹之外，52 个非洲国家处于高速增长区间的有 8 个，约占总数的 15%，依次是赤道几内亚（16.47%）、安哥拉（9.89%）、塞拉利昂（9.55%）、乍得（9.03%）、埃塞俄比亚（8.41%）、尼日利亚（8.36%）、卢旺达（7.64%）和莫桑比克（7.40%）；

---

① 为便于更细致地观察各国间增长率的差异，此处增长率数据一律保留小数点后两位数，其他地方则按惯例保留小数点后一位数。

处于中速增长区间的有32个，约占总数的62%，依次是坦桑尼亚（6.71%）、乌干达（6.65%）、加纳（6.45%）、利比亚（6.22%）、布基纳法索（5.76%）、赞比亚（5.68%）、苏丹（5.59%）、利比里亚（5.22%）、圣多美和普林西比（5.21%）、博茨瓦纳（5.15%）、佛得角（5.07%）、尼日尔（5.05%）、刚果（布）（4.84%）、纳米比亚（4.64%）、摩洛哥（4.55%）、埃及（4.52%）、刚果（金）（4.38%）、马里（4.21%）、马拉维（4.08%）、毛里塔尼亚（3.99%）、莱索托（3.98%）、肯尼亚（3.95%）、贝宁（3.94%）、突尼斯（3.92%）、塞内加尔（3.87%）、毛里求斯（3.66%）、吉布提（3.59%）、喀麦隆（3.56%）、南非（3.53%）、阿尔及利亚（3.40%）、布隆迪（3.16%）和冈比亚（3.15%）；处于低速增长区间的有11个，约占总数的21%，依次是几内亚（2.83%）、马达加斯加（2.76%）、加蓬（2.69%）、塞舌尔（2.62%）、多哥（2.35%）、科摩罗（2.19%）、几内亚比绍（2.07%）、斯威士兰（2.06%）、中非共和国（1.94%）、厄立特里亚（0.90%）和科特迪瓦（0.88%）；属于负增长的国家只有津巴布韦（-2.15%），约占总数的2%。[①]

　　非洲经济连续13年年均增速超过5%，且不同年份之间增速相对平稳，这在非洲独立以来的经济发展史上是不多见的。[②] 尤其值得注意的是，中高速增长群体覆盖了非洲东、西、南、北、中各个地区各种类型的经济体，它们中既有国土面积较大、人口较多、自然资源丰富、经济规模较大、经济结构相对多元、收入水平较高的国家，也有国土面积较小、人口较少、自然资源短缺、经济规模较小、经济结构比较单一、收入水平较低的国家。不过，总

[①] African Development Bank，OECD Development Centre and UNECA，*African Economic Outlook 2009*，Paris：OECD Publishing，2009；African Development Bank，OECD Development Centre，UNDP and UNECA，*African Economic Outlook 2013*，Paris：OECD Publishing，2013.

[②] 根据世界银行相对完整的统计数据，1960~2011年50余年间非洲经济增长情况大致如下：1960~1969年年均增速4.6%，其中1963年和1969年增速最高，分别为8.6%和7.1%；1970~1979年年均增速4.8%，增速最高的1970年和1974年分别为7.4%和6.7%；1980~1989年年均增速2.9%，增速最高的年份为1980年（4.5%）；1990~1999年年均增速2.6%，增速最高的年份为1996年（5.4%）；2000~2011年年均增速4.5%，增速最高的年份为2007年（5.9%）。世界银行的统计值比非洲开发银行等机构的统计值略低。The World Bank，*World Databank：African Development Indicators 1960 - 2011*，http：//databank. world-bank. org/data/views/variableselection/selectvariables. aspx? source = africa - development - indica-tors，2013 - 06 - 27.

体而言，高速增长群体多为资源富庶国或低收入国，中速增长群体涉及国家类型众多，其中各次区域经济相对多元、相对发达的国家属于绝对中坚，这些国家的增长也相对平稳。低速和负增长国家大多是经济规模比较小的国家，且这些国家经济增长不景气多源于某些暂时性的政治危机，一旦危机化解就有可能走出困境。比如，连续多年负增长的津巴布韦，自 2009 年联合政府成立、国内局势基本稳定以来，通过发展采矿业经济迅速跃入中高速增长阶段，2010 年和 2011 年的增长率一度高达 9.6% 和 10.6%。马达加斯加在进入 21 世纪以来经济运行原本良好，只是由于 2009 年突发骚乱才导致经济一蹶不振。[①]

严格说来，非洲经济的这一轮快速增长周期从 20 世纪 90 年代中期即已启动。相关统计数据显示，1990~1993 年间，非洲经济增速基本徘徊在 1% 左右，1992 年甚至出现负增长（-0.1%）。1994 年新南非成立后，南非经济增长率旋即从上年的 1.2% 升至 3.2%，全非经济增长率也从上年的 0.6% 升至 2.7%，并从此稳步推进，1996 年一度达到 5.3%。经济增速最快的几个非洲国家在这一时期也多有出色表现，如安哥拉在 1995 年和 1996 年曾实现两位数增长，分别是 10.3% 和 10%，1997 年和 1998 年的增长率也超过 6%；埃塞俄比亚从 1993 年起进入中高速增长周期，1993~1999 年年均增长率达到 6.3%，其中 1993 年和 1996 年的增长率分别高达 13.4% 和 10.6%；莫桑比克 1993~1999 年年均增长率为 8.4%，其中 1997 年和 1998 年的增长率分别高达 11% 和 12.6%；卢旺达从 1995 年起进入中高速增长周期，1995~1999 年年均增长率接近 22%，但有从高往低降的趋势，到 1999 年已逐步降至 5.9%。[②] 如果这一立论成立，那么本轮非洲经济增长周期事实上已经持续了将近 20 年。

（二）长时段的增长周期虽未导致非洲经济社会出现结构转型，但确实产生了诸多积极变化

最明显的变化是非洲收入水平大幅增加。据统计，2000 年非洲国内生产

① African Development Bank, et al., *African Economic Outlook 2013*.

② The World Bank, *African Development Indicators 2002*, Washington, D. C.: The World Bank, 2002; African Development Bank, *African Development Report 2001*, New York: Oxford University Press, 2001.

总值只有 5532 亿美元，人均国民收入 671 美元；到 2010 年非洲国内生产总值增至 1.71 万亿美元，人均国民收入增至 1586 美元。[①] 2001 年非洲尚有 38 个国家被列为低收入国家，仅 15 个国家被列为中等收入国家，没有一个国家为高收入国家。到 2013 年非洲已有超过一半的国家进入中等收入和高收入国家行列。[②] 收入的大幅增加使非洲宏观经济环境不断改善。20 世纪末 21 世纪初，非洲年均通胀率一般为两位数，外债规模通常占国内生产总值的 50% 以上，各项税收年均收入不超过 1500 亿美元，年对外贸易总额 3000 多亿美元，且多数年份进大于出，外汇储备仅数百亿美元，各种外部资金年流入量不足 500 亿美元；近年来，非洲年均通胀率降至一位数，外债规模占国内生产总值的比重降至 20% 左右，各种税收年入达到 5000 亿美元左右，对外贸易超过万亿美元大关，且多数年份出大于进，外汇储备增至数千亿美元，各种外部资金年流入量超过 1500 亿美元。[③] 宏观经济环境的改善进一步扩展了非洲国家实施、调整经济发展战略和政策的空间，从而为非洲经济未来的持续增长与发展奠定了坚实基础。此外，中产阶层发展壮大，新兴经济部门破土而出，本土企业和企业家阶层茁壮成长，基础设施状况不断改善，都是非洲在进入 21 世纪以来伴随经济快速增长出现的新现象。

（三）这一轮增长周期显现出更强的不平衡性

由于非洲国家经济发展初始条件各不相同，不平衡性长期以来是非洲经

---

① The World Bank, *African Development Indicators 2002*; The World Bank, *African Development Indicators 2012/13*, Washington, D. C. : The World Bank, 2013.

② 依据 2010 年人均国民收入计算，被列入高收入（人均国民收入 ≥12276 美元）群体的唯一非洲国家是赤道几内亚；被列入中上收入（3976~12275 美元）群体的非洲国家包括阿尔及利亚、博茨瓦纳、加蓬、利比亚、毛里求斯、纳米比亚、塞舌尔、南非和突尼斯；被列入中下收入（1006~3975 美元）群体的非洲国家包括安哥拉、喀麦隆、佛得角、刚果（布）、科特迪瓦、吉布提、埃及、加纳、莱索托、毛里塔尼亚、摩洛哥、尼日利亚、圣多美和普林西比、塞内加尔、南苏丹、苏丹、斯威士兰和赞比亚；被列入低收入（≤1005 美元）群体的非洲国家包括贝宁、布基纳法索、布隆迪、中非共和国、乍得、科摩罗、刚果（金）、厄立特里亚、埃塞俄比亚、冈比亚、几内亚、几内亚比绍、肯尼亚、利比里亚、马达加斯加、马拉维、马里、莫桑比克、尼日尔、卢旺达、塞拉利昂、索马里、坦桑尼亚、多哥、乌干达和津巴布韦。The World Bank, *2001 World Development Indicators*, Washington, D. C. : The World Bank, 2001; The World Bank, *African Development Indicators 2012/13*.

③ The World Bank, *African Development Indicators 2002*; The World Bank, *African Development Indicators 2012/13*; African Development Bank, et al. , *African Economic Outlook 2013*.

济发展的一大特点，在增长提速阶段这一特点表现得更加明显。如前所述，在非洲经济整体呈较快增长的进程中，仍有 10 多个国家增长步伐缓慢，有的甚至在倒退。还有的国家至今仍在战火中煎熬，经济增长与发展尚提不上议事日程。虽然低增长、负增长以及战乱国家属少数，似乎无关非洲经济增长与发展全局，但这类国家往往最容易对非洲整体安全与稳定形势产生破坏性影响，因而可能是制约非洲经济实现更快增长的重要因素。经济增速的快慢还在不断拉大非洲国家间的收入差距。目前人均国民收入最高的赤道几内亚与人均国民收入最低的刚果（金）收入水平已相差 70 多倍，这非常不利于非洲一体化进程的推进。这些是经济增速在国与国之间不平衡的表现。

不平衡性更体现在一个国家不同产业部门或行业之间。比如农业部门中出口经济作物的生产增速较快，粮食作物的生产增速较慢；工业部门中石油、矿产资源采掘业、建筑业的增速较快，制造业的增速较慢；服务业部门中批发和零售业、信息与通信技术产业、银行业的增速较快，公用事业、仓储物流、文化娱乐、体育卫生的增速较慢。这种不平衡性不利于国民经济健康均衡发展。尤其值得关注的是，制造业在本轮增长周期中表现惨淡。据统计，2000 年制造业占非洲国内生产总值的比重尚达 13.5%，工业制成品出口占非洲商品出口总额的 21%；到 2011 年制造业占国内生产总值的比重降至 9.6%，工业制成品出口占非洲商品出口总额的比重降至 16%。2006～2011 年间，部分非洲国家制造业占国内生产总值的比重降幅更大，如南非从 17.5% 降至 13.4%，加纳从 10% 降至 7%，莱索托从 21% 降至 13%，马达加斯加从 14.6% 降至 8.7%，津巴布韦从 28% 降至 15%，只有少数国家如突尼斯、坦桑尼亚、乌干达、安哥拉等国的制造业有小幅增加。① 制造业水平是衡量一个国家或地区经济发达程度的重要指标，制造业增长缓慢不利于非洲工业化进程、现代化进程。

不平衡性还表现在经济增长成果分配不均上。非洲国家政府、少数政治经济精英、投资非洲的外国跨国公司攫取了增长成果的大部分，非洲国家普通民众获益较少。也因此，非洲至今仍是全球贫困人口最多的大陆，且贫富

---

① African Development Bank, African Union and UNECA, *African Statistical Yearbook 2009*, Tunis: African Development Bank Group, 2009; African Development Bank, African Union Commission and UNECA, *African Statistical Yearbook 2013*, Tunis: African Development Bank Group, 2013; African Development Bank, et al., *African Economic Outlook 2013*.

分化现象越来越严重。在联合国开发计划署发布的 2012 年人类发展指数榜中，非洲只有 1 个国家进入极高人类发展指数榜，4 个国家进入高人类发展指数榜，10 个国家进入中等人类发展指数榜，其余 37 个国家均在低人类发展指数榜中，占该榜 46 个国家的绝大多数。[①] 学者们常常用"有增长、无发展"或"有增长、少发展"来形容非洲的经济增长，而导致这一现象的直接原因是，在经济快速增长的过程中，大多数国家未能创造足够的就业岗位来吸纳劳动年龄人口。赤道几内亚是一个典型例子。依靠 20 世纪 90 年代中期以来如日中天的石油产业，这个中部非洲国家迅速致富，成为非洲人均国民收入最高的国家，首都马拉博等城市也旧貌换新颜，光鲜亮丽。然而，在高人均收入和漂亮市容的背后，是这个人口仅 74 万的产油国至今仍有 60% 的居民生活在赤贫状态。

（四）在总体平稳增长的局面下仍存在较大波动性

波动的诱因既有内部的，也有外部的，通常是外部因素影响面更广。例如，受 2008 年国际金融危机影响，2009 年非洲经济增长率一下子从上年的 5.4% 降至 3.1%，降幅高达 43%。2011 年北非多个国家政局剧烈动荡，对全非经济构成较大冲击，当年经济增长率也从上年的 5% 降至 3.5%，降幅为 30%。如果从国别层面观察，这种波动性就更加明显。例如，非洲第一大经济体南非 2005～2008 年年均经济增长率为 5%，2009～2012 年降至 1.9%，其中 2009 年出现 1.5% 的负增长。非洲第二大经济体埃及 2005～2008 年年均增长率为 6.4%，2009～2012 年降至 3.4%，其中 2011 年的增长率只有 1.8%。经济增速最快的赤道几内亚也由于石油产量先增后减等因素而呈现大幅度变化，2000～2008 年年均增长率高达 22%，2009～2012 年降至 4.3%，其中 2010 年为 - 0.5%。这颗闪耀全球的增长明星已经是阴云密布。2011 年利比亚内战爆发，当年它的国内生产总值缩水 60%，但 2012 年石油产量迅速恢复后又猛增 96%。2012 年非洲经济出现 6.6% 的较快增速，利比亚因素起了主要作用，如果不包括利比亚在内，则这一年的非洲经济增长率约为

---

① 塞舌尔是唯一进入极高人类发展指数榜的非洲国家。进入高人类发展指数榜的 4 个非洲国家依次为利比亚、毛里求斯、突尼斯和阿尔及利亚。进入中等人类发展指数榜的 10 个非洲国家依次为加蓬、埃及、博茨瓦纳、南非、纳米比亚、摩洛哥、佛得角、加纳、赤道几内亚和斯威士兰。UNDP, *Human Development Report 2013*, New York: UNDP, 2013.

4.2%。苏丹本属非洲高速增长国家,2000~2008 年年均增长率为 7.1%。2011 年石油主产区南苏丹独立后,苏丹 2012 年的增长率下降至 0.5%。[①] 其他波动较大的国家还有乍得、佛得角、厄立特里亚、马达加斯加、马里、毛里塔尼亚、纳米比亚、尼日尔、塞舌尔和津巴布韦等国。

二 非洲经济增长加速动力之源

非洲经济增长加速动力何在,眼下正引起国内外媒体和学界的广泛关注。不少文章称国际市场资源价格上涨是主要动力,有的文章认为非洲内部消费需求扩张是主要动力,还有文章指出外资是主要动力,也有文章提到非洲国家的改革是主要动力,与这些观点相伴随的是内生动力与外生动力之争。应该说,某种分析判断如果是指向某个或某些国家可能是正确的,但若用其概括全非情况则绝对是片面的。就 8 个高速增长国家和 32 个中速增长国家的综合情况看,经济增长加速的动力非常多元,基础非常广泛。从国别层面看,几乎每个国家都有各自的动力,甚至一个国家在不同年份的动力也不尽相同。限于篇幅,此处希望从相对宏观的层面解析最具共性的增长加速的动力源。

(一) 和平红利应当作为首先提及的动力源,或者说它是增长加速的一个前提条件

简单审视一下高速增长群体增长加速前的政治发展背景,除赤道几内亚之外,其他 7 国都是经历过大规模战乱或冲突的国家。安哥拉 1975 年独立后陷入长达 27 年的内战,2002 年方走上和平发展道路。塞拉利昂 1991 年爆发内战,持续 10 余年,也是 2002 年迎来和平曙光。乍得在 20 世纪 90 年代政局持续动荡,反政府武装活动异常猖獗,直到 2003 年局势才相对平稳。埃塞俄比亚在 1991 年埃革阵执政前也是战乱不断,1993 年又经历了厄立特里亚分离出去的痛苦,1998~2000 年间还因边界纠纷与厄立特里亚爆发边界战争。尼日利亚在 20 世纪 90 年代基本上是军人掌权,政治危机此起彼伏,直到 1999 年"还政于民"计划有效实施后才出现了稳定的发展环境。卢旺达在 1990~

---

① African Development Bank, et al., *African Economic Outlook 2009*; African Development Bank, et al., *African Economic Outlook 2013*.

1994 年间内战断断续续，还爆发了震惊世界的大屠杀惨案，爱阵掌权后才彻底扭转局势。莫桑比克与安哥拉类似，1975 年独立后旋即陷入内战，战火燃烧了 17 年，1992 年才扑灭，走向和平。需要特别提及的是，1994 年非洲最大经济体南非结束白人种族隔离统治，建立黑人掌权的民主政权，并快速融入非洲大陆的政治经济发展进程，更是大大增添了非洲和平与稳定的力量。

（二）资源要素是增长加速的一个重要动力源

虽然现有的各种经济增长理论大多忽略自然资源对经济增长的贡献，但对贫穷国家、落后国家而言，自然资源的有无、多寡及开发利用程度，无疑对经济增长起着至关重要的作用。非洲总体而言自然资源非常丰富，这也构成非洲在国际分工体系中的最大比较优势。在非洲现有的 54 个国家中，至少有 45 个国家有一种或多种矿产资源，资源产业在各自的国民经济体系特别是出口经济部门中占有重要地位。2010 年非洲矿产资源采掘业产值平均占全非国内生产总值的 47%，矿产资源富庶国家的矿业产值一般占其国内生产总值的 50% 以上，在经济相对发达、产业结构相对多元化的南非，矿业产值也占到国内生产总值的 23%。[1] 即使是矿产资源贫乏国家，如佛得角、科摩罗、吉布提、毛里求斯、卢旺达和塞舌尔等国，也通常拥有某些非自然资源，如农业资源、林业资源、渔业资源、旅游资源等，资源产业同样在其国民经济体系尤其是出口经济部门中占有重要地位。

资源要素之所以成为非洲经济增长加速的重要动力，主要是通过出口传导机制实现的，这也符合相关经济增长理论。众所周知，21 世纪以来，全球各种资源类初级产品价格大都出现持续上涨态势且涨幅惊人。以非洲最主要的几种出口产品为例：原油从 2000 年的每桶 28.2 美元涨至 2011 年的 104 美元；铜矿从每吨 1813 美元涨至 8828 美元；铁矿石从每干吨 29 美分涨至 168 美元；黄金从每盎司 279 美元涨至 1569 美元；可可豆从每公斤 91 美分涨至 2.98 美元；阿拉比卡咖啡从每公斤 1.92 美元涨至 5.98 美元，罗布斯塔咖啡从每公斤 91 美分涨至 2.41 美元。[2] 资源类初级产品价格上涨使非洲国家普遍

---

[1]　African Development Bank, et al., *African Economic Outlook 2013*, p. 145.

[2]　World Bank, "Global Commodity Price Forecast Update," http：//www. worldbank. org/prospects/commodities，2013 – 05 – 14.

受益，主要体现在出口收入增加，从资源产业中征收的税款增加。

在非洲生产和出口的所有资源类产品中，原油是最大宗的一项产品，原油出口收入约占非洲出口总收入的50%左右，因而非洲原油生产和出口国[①]在本轮经济增长周期中获益最丰。据统计，非洲三大产油国尼日利亚、阿尔及利亚和安哥拉在20世纪90年代的原油出口收入合计约3000亿美元，2000~2008年合计高达1万亿美元。[②] 这也是原油出口国经济增速普遍高于原油进口国的主要原因之一。当然，原油出口国之间在增长速度和增长质量方面也有差异。比如，赤道几内亚和安哥拉的增长主要靠石油产业拉动，尼日利亚的增长动力则更多元化一些，除了石油产业之外，以银行业和电信业为主的服务业以及农业也都是重要的增长动力源。

以农林牧渔资源产品出口为主的非洲国家也不同程度从国际资源类初级产品价格飙升中获益。比如，东非农业国家埃塞俄比亚2002年开始发展鲜花出口产业，2004年共建立10家花卉企业，出口创汇370万美元；2009年花卉企业发展到81家，出口创汇额增至1亿美元，并创造了大量就业岗位。[③] 经济结构相对多样化的肯尼亚近年来大力支持国内小农户种植水果、蔬菜和鲜花，年出口创汇达到10亿美元，超过其传统出口产品咖啡和茶叶。[④]

鉴于资源产业在非洲经济体系中举足轻重的作用，国外一些机构和学者还对资源要素对经济增长的贡献率进行了量化分析，并得出大致相同的结论。非洲开发银行等机构的研究团队认为，自然资源对2000年以来非洲经济增长的贡献率约为35%。[⑤] 美国麦肯锡全球研究所的研究团队认为，资源产业对2000~2008年间非洲经济增长的贡献率约为32%，其中资源产业的直接贡献

[①] 非洲现约有20个原油生产国，它们大多也是原油出口国，包括阿尔及利亚、安哥拉、贝宁、刚果（布）、刚果（金）、科特迪瓦、埃及、加蓬、加纳、赤道几内亚、喀麦隆、利比亚、毛里塔尼亚、尼日尔、尼日利亚、南非、苏丹、南苏丹、突尼斯和乍得，其中尼日利亚、阿尔及利亚、安哥拉、利比亚和埃及5国原油产量最大，约占非洲总产量的85%。非洲潜在石油生产国还有塞拉利昂、圣多美和普林西比、索马里、埃塞俄比亚、乌干达、肯尼亚、坦桑尼亚和莫桑比克等。

[②] Mckinsey Global Institute, *Lions on the Move: The Progress and Potential of African Economies*, p. 29.

[③] African Development Bank, et al., *African Economic Outlook 2013*, p. 168.

[④] Pascal Zachary, "Africa's Amazing Rise and What It Can Teach the World," http: //www. theatlantic. com/ international/archive/2012/02/africas – amazing – rise – and – what – it – can – teach – the – world/253587/, February 25, 2012.

[⑤] African Development Bank, et al., *African Economic Outlook 2013*, p. 139.

率为 24% , 间接贡献率 (以资源收入为基础的政府支出) 为 8% ; 但这种贡献率在各国间具有很大差异性, 安哥拉为 86% , 利比亚为 63% , 阿尔及利亚为 41% , 尼日利亚为 35% , 南非、埃及、摩洛哥和突尼斯等国为 2% 以下。[1]

一些国际国内媒体过分强调国际大宗商品价格上涨对非洲经济增长的影响, 并简单地宣称非洲这一轮增长周期是外需推动型或外生型增长, 这是不切实际的。因为资源本身是非洲内生的, 只是借助外力收到了更好效果, 而且, 正如笔者在前文提到的, 不少高速增长国家早在 20 世纪 90 年代中期国际大宗商品价格呈疲软状态期就已经踏上了高速增长之路。

(三) 旺盛的消费需求是增长加速的核心动力源

消费需求对经济增长的巨大拉动作用几乎得到所有经济学家的认同, 这一点在非洲本轮经济增长周期中也得到充分体现。如前所述, 在各增长群体中, 中速增长群体占了非洲国家总数的一多半, 非洲国内生产总值规模较大且经济结构相对多元的国家、人均收入水平相对高的国家、城市人口占比大的国家, 基本上都集中在这一群体中。尽管这一群体的经济增速低于高速增长群体, 且不少国家面临 "中等收入陷阱" 困扰, 但该群体国家中产消费阶层及城市劳动人口的扩张, 消费需求的攀升, 成为这些国家经济增长加速的核心动力。截至 2010 年, 非洲城市人口已占总人口的 40% , 人口超过 100 万的城市共有 52 个, 城市已成为非洲消费群体和消费需求增长的主要源泉。据统计, 全非年收入达到或超过 5000 美元 (按购买力平价计算) 的家庭 2000 年为 5900 万户, 2008 年增至 8500 万户, 全非居民年消费支出为 8600 亿美元。在经济最发达的南非、埃及、摩洛哥和突尼斯, 2000 ~ 2010 年 10 年间城市人口增加 1000 万以上, 年均消费支出增长 3% ~ 5% , 也因此, 与消费者密切相关的零售业、银行业、电信业等经济部门增长更快。[2]

还有一个值得注意的现象是, 在中高速增长群体中, 有不少是人口大国或人口增长率比较高的国家。例如, 在增速最快的八国中, 尼日利亚和埃塞俄比亚属非洲人口大国, 莫桑比克、安哥拉、乍得和卢旺达的人口也均超过

---

[1] Mckinsey Global Institute, *Lions on the Move: The Progress and Potential of African Economies*, pp. 10, 53.

[2] Mckinsey Global Institute, *Lions on the Move: The Progress and Potential of African Economies*, pp. 22, 26 – 27.

1000 万，只有赤道几内亚和塞拉利昂人口不足 1000 万。高速增长国家近 10 年来的人口年均增长率也普遍高于非洲平均水平（2.3%），如卢旺达为 3%，赤道几内亚和安哥拉均为 2.8%，乍得为 2.6%，尼日利亚为 2.5%。非洲人口增长率最高的几个国家如利比里亚（4%）、尼日尔（3.5%）、乌干达（3.2%）和马拉维（3.1%）近年来的增长率也多呈现中速偏高的态势。这可以视为人口红利在这些国家的表现，也与消费需求的增长密切相关。由于服务业比单纯的资源产业能创造更多就业岗位，中速增长群体国家民众所能享受到的增长成果也就更多一些，这些国家的增长质量应该说更高一些。

（四）市场化经济改革释放了大量增长动力

这可以视为经济增长理论中的制度因素，这种类型的增长动力在非洲贫穷国家、矿产资源短缺国家、后战乱国家表现得尤其明显，如埃塞俄比亚、卢旺达、塞拉利昂、莫桑比克、乌干达、坦桑尼亚、赞比亚、肯尼亚等国，有的国家如卢旺达则是集贫穷、资源短缺和后战乱于一身。这些国家或为稳固现政权的统治地位，或为医治战争创伤，或为吸引外资流入，或为脱贫致富，往往非常注重推行市场化经济改革，以营造良好的商业和投资环境。相关政策举措主要包括：降低公司税率，实行对外开放，消除贸易壁垒，推进国企私有化，发展多元化经济，加强法制建设等。

通过经济改革释放的增长动力通常更加持久，尤其是那些能结合本国国情实施改革并依据形势变化适时调整政策的国家，经济增长动力显得更为强劲。比如，埃革阵执政后的埃塞俄比亚在 20 世纪 90 年代初期重点推行以农业和基础设施建设为先导的发展战略，旨在促进经济恢复。2002 年埃厄战争结束以后，埃革阵的政策转向可持续发展和减贫战略，尤其注重与国际金融机构合作，争取其资金支持。2005 年起埃革阵开始实施"以农业为先导的工业化发展战略"，加大了对农业、新兴产业、出口创汇产业、旅游业和航空业等行业的投入，注重招商引资工作。2010 年埃革阵又出台《经济增长与转型计划（2010～2014）》政策文件，提出经济发展的长期目标是建设一个现代高效的农业和工业起主导作用的经济，提高人均收入以达到中等收入国家水平。[1] 对于

---

[1] The Federal Democratic Republic of Ethiopia, *Growth and Transformation Plan*: 2010/11 - 2014/15, Addis Ababa: Ministry of Finance and Economic Development, September 2010.

埃塞俄比亚来说，制度因素或可视为增长加速的主动力。

部分国家实施经济多元化政策所产生的实际成效也特别值得关注。例如，在 2000~2008 年间，肯尼亚制成品出口占总出口的比重从 21% 增至 37%，乌干达从 6% 增至 30%，塞内加尔从 27% 增至 39%。① 虽然这类出口目前还限于非洲本土市场，但对非洲国家改造畸形单一经济结构、发展区内贸易具有重大意义。

（五） 通信领域的跨越式发展对增长加速有明显拉动作用，也表明非洲充分利用了后发优势

当今时代科技创新可谓日新月异，科技创新对经济增长的贡献也越来越受到相关经济增长理论的重视。非洲是一个很好的例证。长期以来，基础设施落后是制约非洲经济发展的一大瓶颈，通信基础设施落后状况就更为明显。直到 20 世纪 90 年代初，当固定电话在全球基本普及的情况下，它对绝大多数非洲人来说仍是一种可望而不可即的奢侈品。即使在城市甚至首都，人们沟通的主要方式也是相互见面，有时为了一些琐碎小事也要长途跋涉，相互等待几乎成为一种生活方式。然而，伴随 20 世纪 90 年代中后期大批廉价手机的涌现及手机通信费用的大幅下调，非洲迎来了一场通信领域的革命，各国跨越固定电话这种成本相对较高的通信方式，直接进入低成本的手机通信时代。据统计，2000 年非洲移动电话使用情况尚为每百人中有 2.56 个手机用户，互联网使用情况为每百人中有 0.55 个用户；到 2011 年手机普及率已达到每百人中有 61.4 个用户，互联网普及率为每百人中有 16.01 个用户。②

手机的基本普及使这种高端科技产品成为非洲普通百姓的沟通工具，这种变化确实是革命性的。它彻底改变了非洲人的日常生活，不论城乡、贫富，不分时间、地点，今天的非洲人拥有了一种与世界各地即时联络的便捷通信手段。这种革命性变化的深远经济影响还有待继续观察，但其经济影响已在非洲大地涌现。首先是出现了一个蓬勃发展的新服务行业。几乎在所有非洲国家，最大的移动电话公司通常是当地的纳税大户，也是当地各种公益事业

① Mckinsey Global Institute, *Lions on the Move: The Progress and Potential of African Economies*, p. 32.

② International Telecommunication Union, ICT Indicators Online Database, cited from African Development Bank, et al., *African Economic Outlook 2009*; African Development Bank, et al., *African Economic Outlook 2013*.

的主要捐助者，还是创造就业岗位较多的企业。其次是这个新服务行业已使不少非洲人致富。南苏丹亿万富翁穆·易卜拉欣就是靠经营手机业务致富的，现已成为非洲知名慈善家。最后也是最重要的，这一新科技已开始向传统生产和服务行业渗透，引发这些行业出现前所未有的变化。手机银行业是一个例证。肯尼亚是这一业务的先行者，尼日利亚、博茨瓦纳、纳米比亚、南非、莫桑比克、赞比亚等国也在积极跟进，传统的以固定场所提供存取款、转账和汇款业务的金融服务模式正在向手机服务模式转化。这种新的银行业服务模式有助于金融机构吸纳更多闲置资金，为等待融资的企业或项目提供更多金融资源。发展资金短缺是非洲国家普遍面临的问题，这与金融基础设施缺乏有很大关系。手机与银行业的有机嫁接有可能避开这一短板，改变银行业经营模式，为非洲带来融资领域的革命。

（六）外部资金支持也是增长加速不可或缺的动力

现有的经济增长理论均高度认可投资对经济增长的推动作用，不少学者更是强调，在一个国家经济发展初期或工业化早期，投资是经济增长的第一动力或原动力。这些学说对非洲而言也是适用的。投资资金一般可分为内部资金和外部资金两类。由于非洲国家内部资金投资数据缺乏或不完整，非洲不少贫穷国家尤其是部分高增长贫穷国家更多地依赖外部资金，此处将主要分析外部资金流入对非洲经济增长加速所起的作用。外部资金包括外国直接投资、外国间接投资、国际官方发展援助和海外侨汇4部分，不包括外国贷款等项。

首先应看到的是，过去10多年间，流入非洲的外部资金总体呈逐年增加态势。2001年流入量为456亿美元，2012年增至1863亿美元，12年间增加了4倍。在所统计的四项外部资金中，国际官方发展援助和海外侨汇是最重要的两项，且呈逐年递增态势；外国直接投资和外国间接投资大体上也呈不断增长态势，重要性也在逐步增加，但流入量不很稳定，尤其是间接投资流入量波动较大。例如，2010~2012年3年间，流入非洲的海外侨汇分别为523亿、569亿和604亿美元，为非洲外部资金第一大来源；流入非洲的国际官方发展援助分别为480亿、513亿和561亿美元，为非洲外部资金第二大来源；流入非洲的外国直接投资分别为431亿、427亿和497亿美元，为非洲外部资金第三大来源；流入非洲的外国间接投资分别为210亿、75亿和201亿美元，为非洲外部资金第四大来源。一些机构或媒体过分渲染外国直接投资的数量及影响，一些学者武断地推测国际金融危机导致流入非洲的国际官方发展援助和海外侨汇下降，是与事实不符的。[①]

当然，外部资金尤其是不同项目的外部资金流入非洲的情况，在不同收入水平的国家有不同的分布，所产生的影响也不尽相同。一般来说，低收入国家、后战乱国家、内陆小国的发展资金更依赖外部资金尤其是国际官方发展援助；中等收入水平国家的发展资金对外部资金的依赖度较低，且流入的外部资金以海外侨汇和外国直接投资为主；像南非这样经济相对发达的国家，流入的外部资金则以外国间接投资为主。就 2012 年流入非洲的外部资金看，国际官方发展援助占低收入国家外部资金流入量的 64%，占中下收入国家外部资金流入量的 55%；中上收入国家主要依靠外国间接投资和外国直接投资，分别占当年这些国家外部资金流入量的 47% 和 29%。[②]

外部资金对非洲经济增长加速所起的作用是显而易见的。例如，近年来西部非洲地区是非洲东、西、南、北、中五大次区域中经济增速最快的，它同时也是外部资金流入量最多的地区，2010~2012 年流入量分别为 510 亿、569 亿和 594 亿美元，分别占历年非洲外部资金流入总量的 31%、36% 和 32%。[③] 当然，不同项目的外部资金所发挥的作用不尽相同。近年来的第一大外部资金来源海外侨汇应该说主要是进入了消费环节，以居民消费的方式刺激了经济增长。前文提到的非洲消费需求扩大可以说与此关系密切，但海外侨汇的私密性使研究人员很难获得相关数据对其进行量化研究。国际官方发展援助对非洲经济增长发挥了怎样的作用一直是一个有争议的话题，但非洲至今仍有一半的国家严重依赖外援却是客观事实，且这种状况短期内不会改变。外国直接投资主要流入石油、天然气、矿产资源开采等行业，它对提高资金接收国的经济增速有直接推动作用，但这些行业的投资通常对创造就业岗位的贡献不是很大。也有部分外国直接投资流入银行业、旅游业、纺织业、

---

① 事实上，流入非洲的外国直接投资仅在少数年份为非洲外部资金第一大来源。如 2001 年流入量 200 亿美元，占外部资金流入总量的 44%；2007~2009 年流入量分别为 515 亿、578 亿和 526 亿美元，各占当年外部资金流入总量的 34%、45% 和 36%。African Development Bank, et al., *African Economic Outlook 2013*, p. 46.

② African Development Bank, et al., *African Economic Outlook 2013*, p. 10.

③ African Development Bank, et al., *African Economic Outlook 2013*, p. 46.

建筑业、电信业等行业，这类投资对当地经济发展乃至人民生活水平的改善影响更大。外国间接投资目前还不是外部资金流入的主要形式，但随着非洲国家收入水平提升，以及证券市场发展壮大，它的重要性将日益显现。

综上所述，非洲经济过去10余年增长加速是多种动力相互作用的结果，其中旺盛的消费需求是核心动力，这一动力主要作用于服务业，加上通信领域革命以及外部资金中的海外侨汇也主要作用于服务业，导致服务业成为对经济增长贡献最大的产业部门。资源要素涉及大多数非洲国家的产业发展尤其是采矿业的发展，外部资金特别是外国直接投资也多流入采矿业，采矿业发展的同时带动了建筑业的发展，因而以采矿业和建筑业为主的工业部门成为对经济增长贡献第二大的产业部门，建筑业对创造就业岗位所发挥的作用尤其大。制造业的增长虽然相对缓慢，且在非洲整体国内生产总值中的比重呈下降趋势，但它仍是非洲工业的重要组成部分，且在莫桑比克、坦桑尼亚、苏丹等少数国家，制造业是增长加速的主要动力之一。相比较而言，各种增长动力作用于农业的部分相对较小，因此非洲农业增速相对缓慢，农业对经济增长的贡献相对较小。

麦肯锡全球研究所的量化研究或许能更细致地反映各种动力源对经济增长的影响。根据其研究，2002～2007年非洲15个主要经济体[1]增长较快的行业从高到低依次是：酒店和餐馆业（8.7%）、金融业（8%）、交通和通信业（7.8%）、建筑业（7.5%）、公用事业（7.3%）、资源产业（7.1%）、其他服务业（6.9%）[2]、批发和零售业（6.8%）、房地产和商业服务业（5.9%）、农业（5.5%）、制造业（4.6%）、公共行政事业（3.9%）；各行业对经济增长的贡献率从大到小依次是：资源产业（24%）、批发和零售业（13%）、农业（12%）、交通和通信业（10%）、制造业（9%）、金融业（6%）、其他服务业（6%）、公共行政事业（6%）、建筑业（5%）、房地产和商业服务业（5%）、酒店和餐馆业（2%）、公用事业（2%）。[3] 按照联合国产业划分标准加以整合，则非洲三大产业对经济增长的贡献率依次为第一产业12%、第二

[1] 包括南非、埃及、尼日利亚、阿尔及利亚、摩洛哥、突尼斯、安哥拉、利比亚、苏丹、埃塞俄比亚、肯尼亚、坦桑尼亚、津巴布韦、喀麦隆和塞内加尔，15国国内生产总值占全非的80%。
[2] 包括教育、医疗、社会服务和家庭服务。
[3] Mckinsey Global Institute, *Lions on the Move: The Progress and Potential of African Economies*, p. 11.

产业 38% 、第三产业 50% 。

三 南南合作对非洲经济增长加速的特殊意义

在上文分析的一系列增长动力源中，资源要素、通信领域革命、外部资金等动力源之所以能发挥作用，或者说这些变量之所以能成为动力源，是与另外一个现象密切相关的，即非洲外部经贸伙伴关系在过去 10 余年间发生了巨大变化。

（一）一大批新兴市场国家、发展中国家成为非洲的新兴经贸合作伙伴

非洲国家独立以后，以欧美为主的发达国家长期以来一直是其最主要的贸易伙伴和外部资金来源地，在某种程度上可以说，绝大多数非洲国家的生存和发展离不开发达国家。世纪之交这种形势发生了巨变，来自亚洲和拉美等地区的一大批新兴市场国家、发展中国家越来越多地加入到与非洲开展经贸合作的队伍中来，成为非洲的新兴经贸合作伙伴，并逐渐与非洲的传统经贸合作伙伴形成竞争态势。据非洲开发银行等机构统计，2009 年与非洲保持频繁商贸往来的新兴伙伴共有 72 个，其中贸易额最大的 5 个依次是中国、印度、韩国、巴西和土耳其，其他比较重要的新兴伙伴还有泰国、俄罗斯、中国台湾、阿联酋、新加坡、马来西亚、印度尼西亚、阿根廷和沙特阿拉伯。这 72 个新兴伙伴当年与非洲的商品贸易总额为 6734 亿美元，占非洲外贸总额的 36.5% ；而 2000 年双方的贸易额仅为 2464 亿美元，占非洲商品贸易总额的 23% 。同期欧美传统伙伴在非洲商品贸易总额中的比重从 77% 降至 63.5% 。[①]

在非洲所有新兴伙伴中，以中国为首的金砖国家是主力军，非洲与金砖国家的经贸合作也最引人注目。2000 年非洲商品出口总额 1167 亿美元，其中向金砖国家出口 114 亿美元；2011 年非洲商品出口总额增至 4889 亿美元，其中向金砖国家出口增至 1167 亿美元。10 多年间非洲商品出口增加了 3 倍多，

---

① African Development Bank，OECD Development Centre，UNDP and UNECA，*African Economic Out-look 2011*，Paris：OECD Publishing，2011，p. 97.

而对金砖国家的出口却增加了9倍多。在金砖五国中，中国既是非洲最大的出口对象国，也是非洲最大的进口来源国。2011年非洲对中国出口占其对金砖国家出口总额的50%，印度占25%，巴西占13%，南非占11%，俄罗斯占1%，原油是非洲向金砖国家出口的最大宗商品，占出口总额的74.4%；同年中国对非洲出口占金砖国家对非洲出口总额的54%，印度占17%，南非占13%，巴西占9%，俄罗斯占7%，工业制成品是金砖国家向非洲出口的最大宗商品，占出口总额的73.8%。[1]

（二） 与新兴伙伴蓬勃发展的经贸合作关系从多方面助推非洲经济增长

第一，新兴伙伴对资源类初级产品的旺盛需求，是全球大宗商品价格不断走高的重要推手，以资源为核心比较优势的非洲自然从中获益。更重要的是，贸易伙伴的多元化，使非洲获得越来越多的掌控自身资源的筹码，从而得以大大改善长期受制于人的不利贸易条件。第二，非洲从新兴伙伴进口的种类繁多、价格低廉的生活消费用品、生产资料用品，极大地丰富了非洲的商品市场种类，从整体上降低了各类商品的销售价格，刺激了各阶层的消费需求，改善了普通民众的生活状况，提高了当地企业的生产能力和竞争能力。非洲之所以能迎来通信领域革命，很大程度上得益于新兴伙伴大量廉价手机品牌的涌入。第三，新兴伙伴不仅开展与非洲的商品贸易往来，还借助各自丰厚的外汇储备和资本积累进入非洲的投资市场，并向非洲提供多种形式的援助和贷款，使非洲的外部资金来源日趋多元化，发展资金短缺状况得到缓解。尤其是新兴伙伴积极参加非洲的基础设施建设，使非洲的基础设施面貌和投资环境得到改善，为经济更快更好增长奠定了基础。世界银行2008年曾发布专题报告《搭建桥梁：中国在非洲基础设施建设融资中不断增长的作用》，对中国在非洲基础设施建设中的贡献给予充分肯定。[2] 第四，由于新兴伙伴具有与非洲相似的发展经历、相近的发展水平，它们的发展经验对非洲更具启发意义，它们的产业技术、管理方法更适合非洲。

---

[1]　UNECA, *Africa – BRICS Cooperation: Implications for Growth, Employment and Structural Transformation in Africa*, Addis Ababa: UNECA, 2013, p. 10.

[2]　Vivien Foster, William Butterfield, Chuan Chen and Nataliya Pushak, *Building Bridges: China's Growing Role as Infrastructure Financier for Africa*, Washington, D. C.: The World Bank, 2008.

（三） 与新兴伙伴的密切合作有可能使非洲彻底摆脱新殖民主义的压榨与剥削，成为世界政治经济舞台上的一支重要力量

历史原因导致非洲国家独立以后过度依赖西方，尤其是在经济上，其结果是非洲不得不被动接受不合理的国际经济秩序，继续遭受西方新殖民主义的压榨与剥削。新殖民主义最突出的表现是：非洲向西方出口的各种初级产品价格被压得很低且越来越低，从西方进口的各种制成品价格被抬得很高且越来越高。非洲与新兴伙伴的贸易结构虽然也是以出口初级产品、进口制成品为主，但进出口产品价格却呈反向运行，即非洲出口的初级产品价格不断走高，进口的制成品价格不断走低。这种贸易格局的变化不仅有助于非洲经济增长，更有助于非洲国家掌控自己的发展命运，真正走上独立自主、自力更生的发展道路，最终成为世界政治经济舞台上的一支重要力量，进而使全球政治经济更加均衡地发展。

事实上，已经有越来越多的迹象显示贫穷落后的非洲正在快速赶超，正在发展壮大。非洲内部投资增多就是一个例证，尽管这类投资目前还限于少数国家，如南非、埃及、尼日利亚等。据统计，2003～2012 年间，南非向其他非洲国家输出直接投资 273 亿美元，占非洲内部直接投资总额的 45%，其他重要的非洲内部直接投资输出国还有毛里求斯（78 亿美元）、埃及（78 亿美元）、肯尼亚（60 亿美元）和尼日利亚（54 亿美元）等。[1] 内部投资正逐渐成为流入非洲的外国直接投资的重要组成部分，且内部投资的增长速度快于外部投资。此外，前文提到，海外侨汇近年来已成为非洲第一大外部资金来源，这其中有一部分也来自非洲本土，如 2012 年流入非洲的海外侨汇中就有 13% 出自非洲。[2]

非洲有越来越多的企业走出国门、走向世界是非洲发展壮大的更好例证。南非是这方面的先行者和领军者。有 150 多年历史的南非标准银行（Standard Bank）早在 20 世纪 90 年代初期就开始在非洲大陆扩张，近年来扩张步伐越来越大，到 2011 年底该行已在非洲 18 个国家开设 500 多家分行，安装自动存取款机近 8000 台，雇用员工约 52000 人，年营业收入 19 亿美元，资产总额 1850 亿

---

[1]　African Development Bank，et al. ，*African Economic Outlook 2013*，p. 50.

[2]　African Development Bank，et al. ，*African Economic Outlook 2013*，p. 55.

美元。有 100 多年历史的南非酿酒公司 2002 年出资 56 亿美元收购了美国的米勒酿酒公司，并组建成全球第二大酿酒公司南非 – 米勒酿酒公司（SAB Miller），目前在全球五大洲包括中国在内的 40 多个国家拥有 100 多个啤酒厂、150 多个啤酒品牌，年销售收入数十亿美元。成立于 1994 年的南非移动电话网公司（MTN）现已发展成非洲最大的电信运营商之一，在非洲和中东 20 多个国家拥有业务，用户总量达到约 1.3 亿户。拥有世界先进煤变油技术的南非能源化工企业萨索尔公司（Sasol）现已在全球 38 个国家拥有业务，雇员总数达 30 多万人。南非商普莱特集团公司（Shoprite）是非洲最大的食品零售商，已在非洲和印度洋沿岸的 16 个国家设立 1200 多家分公司、270 多家特许专营店。南非跨国传媒公司纳斯波公司（Naspers）2001 年收购了中国腾讯公司 46.5% 的股份，2004 年又收购了北京传媒公司 9.9% 的股份，近年来还先后收购了巴西、俄罗斯、波兰、英国、罗马尼亚等国不少电子传媒或电子商务公司的股份。[①]

　　非洲其他一些有一定经济实力的国家也开始走上企业国际化征途。阿尔及利亚国营碳氢公司（Sonatrach）是非洲最大的石油和天然气企业，近年来启动了业务多元化与国际化相结合的战略，已进入非洲（马里、尼日尔、利比亚和埃及）、欧洲（西班牙、意大利、葡萄牙、英国）、美洲（秘鲁和美国）的油气勘探和开采领域，2010 年营业额接近 561 亿美元。埃及移动电话公司欧拉斯科姆电信公司（Orascom Telecom）1998 年仅有 20 万用户，2012 年用户扩展至 1.86 亿户，业务分布在中东、非洲和亚洲的 21 个国家，并且是不少国家如阿尔及利亚、巴基斯坦、孟加拉等移动电话主运营商。非洲首富、尼日利亚商人阿利科·丹格特（Alike Dangote）创建的丹格特集团（Dangote Group）以水泥起步，现已发展成非洲最大的工业企业集团之一，业务涉及水泥、食品、饮料、房地产、石油、天然气、电信、化肥、钢铁等多个行业，在非洲多个国家拥有分公司，雇员超过 11000 人，年营业收入超过 12.5 亿美元。[②]

① Ventures Africa, "The 5 Best Companies in Africa 2012," http：//www. ventures – africa. com/2012/12/top – 5 – best – companies – in – africa – 2012/, 2012 – 12 – 26；Ventures Africa, "10 African Companies Going Global," http：//www. ventures – africa. com/2013/01/10 – african – companies – going – global – in – 2013/, 2013 – 01 – 09.

② Ventures Africa, "The 5 Best Companies in Africa 2012," http：//www. ventures – africa. com/2012/12/top – 5 – best – companies – in – africa – 2012/, 2012 – 12 – 26；Ventures Africa, "10 African Companies Going Global," http：//www. ventures – africa. com/2013/01/10 – african – companies – going – global – in – 2013/, 2013 – 01 – 09.

还有一个值得关注的现象,即饱受债务危机困扰的葡萄牙曾接受其前殖民地安哥拉的贷款,以缓解紧迫的财政危机,不少处境艰难的葡萄牙失业者更是争先恐后前往安哥拉,期望在经济高速增长的安哥拉找到谋生手段。这是很具象征意义的变化。

四 余论

本文虽以"非洲经济"为主题进行论证,但笔者想强调的是,目前,非洲尚不存在整齐划一的经济,所谓的非洲经济指的是 54 个独立主权国家各自经济的简单归纳与综合。尽管非洲的一体化之路已经走了 50 余年,也取得了某些成就与辉煌,然而残酷的现实是,非洲至今仍是各自为政,离一体化设定的目标尚远。历史与现状表明,没有一体化,没有联合自强,非洲就没有出路。非洲的工业化也好,现代化也好,只有超越国家层面,在大陆层面进行筹划,才有可能真正实现,否则只能沦为空谈。为了非洲的发展,为了非洲的未来,殷切期望非洲领导人能真心实意、脚踏实地推进非洲的一体化,让繁荣昌盛的非洲合众国早日现身 21 世纪的世界政治经济舞台。

非洲经济增长范式：从贫困式
增长到益贫式增长

安春英[*]

从非洲经济近些年的发展情况看，从 1996 年开始，非洲经济走出低谷，复苏趋势明显，至 2008 年一直保持中速增长的良好态势。据国际货币基金组织统计，1997~2008 年，撒哈拉以南非洲国内生产总值增长率平均值为 5.8%，年人均国内生产总值增长率为 3.7%。[①] 但在此期间，非洲的贫困发生率一直居高不下（约 50%），贫困群体有增无减。按照人均日收入低于 1.25 美元的新国际贫困线标准衡量，撒哈拉以南非洲贫困人口数量反而由 1996 年的 3.5 亿增至 2005 年的 3.8 亿。[②] 可以说，非洲这种增长并非是对穷人友善的经济增长，而是贫困式经济增长。那么，在认同非洲经济增长与减贫发展的悖论背后，我们需要反思与追问：非洲经济增长是何种模式？它缘何未成为国家减贫的"推手"？非洲经济增长的未来之路何在？本文尝试回答上述问题，以期与同行探讨。

一　非洲经济增长的模式

发展中国家减贫的成功经验表明，经济增长是减贫的必要条件之一，它可

---

[*] 安春英，中国社会科学院西亚非洲研究所编审，研究方向为非洲经济、非洲减贫与可持续发展问题。

[①] IMF, *Regional Economic Outlook*: *Sub - Saharan Africa*, April 2009, pp. 66 - 68.

[②] Shaohua Chen and Martin Ravallion, *The Developing World Is Poor than We Thought*, *but No Less Successful in the Fight against Poverty*, Development Research Group, World Bank, August 2008, p. 34.

以构筑国家减贫的经济基础。但对于大多数非洲国家来说，经济增长的成果并没有得到广泛分享。这与非洲经济增长的质量或模式有较强的相关性。

（一）资源开发和出口需求驱动的经济增长方式

资源型单一经济结构筑就了非洲国家的外向型经济，并使之严重依赖外部市场，对外贸易已成为多数非洲国家经济增长的重要引擎之一。根据国际货币基金组织公布的数字，2008 年撒哈拉以南非洲商品和服务贸易出口总值占当年国内生产总值的比例为 40.8%，其中约有 1/3 的非洲国家超过 50%。[①]显然，当前非洲国家仍处于以自然资源开发为核心、为基础的外向型经济增长模式。这样的经济增长模式，在短缺经济时期和资源型产品国际交易价格处于高位的历史条件下，会带来经济数量的扩张及经济规模的扩大，也就是经济的快速发展，但同时也会掩盖国家经济结构不合理、整体素质不高的事实。非洲国家发展经济对自然资源过多依赖的局限还在于，业已形成的资源开发型产业结构在事实上造成一种产业框架。基于产业发展惯性，若要另行构建国家新的产业结构，则会遇到既成产业结构的障碍。而在这种资源型经济增长模式下，资源开发优势无法完全转化为经济优势，自然资源开发不当还会造成生态环境恶化，这就使非洲国家处于两难的境地：不开发自然资源至少在目前难以找到新的经济增长点，经济得不到增长，环境也得不到有效治理；而如果一味地大规模开发自然资源，虽然短时间内会得到所需要的经济收入，却又会加剧生态环境的进一步恶化，造成更大的恶果，当然经济增长也会难以为继。对于广大非洲贫困人口来说，他们的生计严重依赖于环境和对自然资源的直接利用，同时他们也是环境和自然资源退化首当其冲的受害者，会陷入"环境－贫困"恶性循环[②]的陷阱。

（二）投资拉动型经济增长方式

投资规模的适度扩大对国内生产总值的增长具有一定的拉动和推动作用，这种作用是通过扩大生产能力和投资所引起的需求增加来实现的。对于有着

[①] IMF, *Regional Economic Outlook: Sub - Saharan Africa*, April 2009, p. 80.

[②] 即环境资源被过度开采，用来满足贫困人口生存或经济发展的需要，而这种生存的抗争却因为对环境的过度开采而变得更加严峻。

丰富自然资源的非洲国家来说，作为新增资本存量的投资是决定经济增长的最重要因素。而且，这种投资主要来自于外部，即国际跨国公司对非洲矿产资源的开发。外资流入的刺激已成为大多数非洲国家经济增长的主要动力。一个明显的例证是，2005 年乍得经济增长率由上年的 30.4% 骤降至 5.5%，[①]其主要原因在于乍得 - 喀麦隆石油管道的建设工作接近尾声，外资流入萎缩。可以说，投资既可能是导致非洲国家经济大起的"热源"，也可能是导致其大落的"冷源"。这种投资型经济增长，并未给非洲国家带来与此相应的巨大发展。一方面，伴随着投资增长，技术进步和全要素生产率未实现同步增长，这意味着经济增长效率未获显著提高。因为石油开发产值仅限于石油开采和运输，非洲国家石油提炼能力较弱，产业链条短，未得到资源加工增值的收益。另一方面，当前非洲的石油控制权大多掌握在法国、英国、意大利和美国等国的跨国公司手中，非洲国家只得到一部分石油开采的收益。此外，矿产资源开发领域属资本密集型行业，而非劳动密集型，这对劳动就业的吸纳量有限。

（三）农业增长低质量

农业在非洲国民经济中占有重要地位[②]，而且非洲贫困人口主要分布在农村，因此非洲国家只有实现农村地区经济发展，才能最终实现大规模减贫。事实上，在非洲经济呈现持续增长的良好态势下，农业却增长有限，且波动性较大。非洲农业增长的源泉在于耕作面积的扩大，而很少源于农业效率的提高。[③] 这导致农业亩产量和总产量低而不稳，农业能够形成的用于扩大再生产的积累很少；低积累导致低投入，农业现代化水平很低；农业现代化水平低限制了集约化经营，从而增加土地投入和劳动投入成为非洲农民增加农业产出的主要手段。而频繁、剧烈的农业波动将维持简单再生产的农户推入绝对贫困状态，扩大了贫困人口数量。同时，农业生产的低水平决定了农业生产对劳动力素质的低要求，这种低要求决定了农村社会和农村家庭对教育的

---

① IMF, *Regional Economic Outlook*: *Sub - Saharan Africa*, April 2009, p. 68.

② 在撒哈拉以南非洲，农业产值约占国内生产总值的 20% ~ 30%，农产品出口约占出口总值的 55%，农业劳动力约占总就业人口的 60% ~ 90%。Oli Brown and Alec Crawford, *Climate Change and Security in Africa*, International Institute for Sustainable Development, March 2009, p. 12.

③ Jorge Arbache, Delfin S. Go, and John Page, "Is Africa's Economy at a Turning Point?" in Delfin S. Go, and John Page edited, *Africa at a Turning Point*? The World Bank, Washington, D. C., 2008, p. 73.

需求也低，不利于农村人口教育水平的提升。粗放农业经营模式还导致农业经济效益差，尤其非洲粮食供需矛盾日益突出，越来越多的非洲人受到营养不良和饥馑的威胁。[①] 此外，农业积累低，农业剩余对工业资本形成的贡献很小，使农业工业化发展迟缓，阻碍了农村工业的发展，农民也无法拓展非农经营和就业的空间。总之，农业发展经济不发达提高了政府用于农村减贫的边际成本，从而大大延缓减贫的步伐。

（四） 不适于穷人分享增长的低度经济结构

现代经济发展的过程就是经济结构变动的过程。尽管非洲国家多年来努力调整产业结构，实行经济多样化，但三次产业在国内生产总值中所占的比重没有发生质的变化，尤其工业化水平低。从第二产业发展来看，资源禀赋促进了非洲国家第二产业发展具有明显的采掘工业为主导的特征。但是从整个工业产业结构看，以资本密集型为主的油气能源矿产及固体矿产开采业所占的比重较大。而以劳动密集型为主和主要提供生活消费品的制造业仅占国内生产总值的10.9%，且长期发展缓慢。非洲国家的制造业结构不完善，当然也大量耗费政府财政支出。从就业情况看，大多数非洲国家在第一产业中就业的农业劳动者占社会劳动者总量的比例偏高，他们的绝大部分收入来自农业生产活动，农业的低产出必然导致他们的低收入。这是他们人均收入低、投资能力不足的重要原因，也制约了他们的自我积累、自我发展能力。

综上，非洲最大的问题就是经济的增长不是由正规经济的扩张驱动的。目前经济情况的好转，在某种程度上是大宗商品价格坚挺、加上外资流入刺激所激发的。其经济活力是存在的，但对减贫（尤其相对于国内生产总值的增长，居民收入、就业、劳动力素质等方面的提高）释放的效应却有限。这就在一定程度上解释了自20世纪90年代中期以来，非洲国家经济实现较快增长，为什么减贫成就却十分有限的问题。

二　贫困式增长背后的多元因素

非洲国家长期处于贫困化状况，不仅与上文论及的经济增长类型与模式

---

① Michael Fleshman, "Africa Struggles with Soaring Food Prices," *Africa Renewal*, July 2008, p. 16.

息息相关，还应将贫困现象的持续存在置于国家经济、政治、社会、文化的多维视野来分析。

（一）经济因素

1. 资本形成能力不足

对于广大发展中的非洲国家来说，资本形成来源主要包括内部与外部两部分。从内部因素看，国内储蓄常常被视为资金形成的稳定渠道，可以分为政府储蓄、企业储蓄和居民储蓄。政府储蓄只有在财政收支获得顺差时，才能获得。一般说来，出口产品赚取的外汇是许多非洲国家政府收入的重要来源，但由于国际初级产品交易价格受控于西方发达国家，出口产品收益波动性较大。况且，由于非洲国家每年都需偿还到期债务，加上用于雇员薪金、日常固定支出等，财政收支常处于紧张性平衡或赤字状态。对于企业储蓄来说，当前，非洲国家企业普遍存在资金渴求，中小企业融资相当困难。企业借贷不足导致低投入，低投入导致低产出，这又使低储蓄成为必然。居民储蓄方面，非洲国家普遍人均收入低，人们绝大部分的收入用于生活消费支出，而很少用于储蓄，加之非洲大多数家庭通常没有形成常规的储蓄习惯，导致非洲普通居民储蓄水平较低，从而影响了非洲国内投资的比例。平均而言，2007 年非洲国家总投资额占国内生产总值的比重为22.1%。[①] 偏低的投资额影响了资本形成的速度与强度。目前，外资与外援是外部资金流入非洲的主要形式。但多年来外部资金呈现不稳定、不平衡、具有约束性等特点，使非洲国家无论是内部资金动员，还是寻求外部资金流入，都无法满足其经济发展和减贫的现实需要，资金不足问题将长期困扰非洲的发展。正如美国经济学家纳克斯所言，贫穷的原因和结果都是贫穷，其核心问题是资本的形成。

2. 劳动力素质整体低下

人力资源是由人的体能和智能构成的一种资源，具有生产性的作用，也是决定贫困人口减贫能力的关键所在。从劳动力身体素质看，非洲是世界传染病高发区，尤其艾滋病和疟疾，是造成非洲人口身体素质低下的罪魁祸首。世界上每年约有 300 万人死于疟疾，其中绝大多数是在非洲；[②]

---

① UNECA, *Economic Report on Africa 2008*, Addis Ababa, p. 122.
② 〔美〕杰弗里·萨克斯：《贫穷的终结：我们时代的经济可能》，邹光译，世纪出版集团、上海人民出版社，2007，第 171 页。

截至 2007 年底，非洲艾滋病感染者达 2200 万人，占全球艾滋病感染者总数的 67%。① 美国哥伦比亚大学经济学教授杰弗里·萨克斯（Jeffrey Sachs）认为，疟疾与贫困二者之间存在双向因果关系。由于贫困的家庭和政府没有资金对付疟疾，贫困当然恶化了疟疾问题。疟疾也能引起贫困，因为疾病造成旷课和旷工。② 从劳动力知识水平看，2007 年非洲成人（15 岁以上）文盲率高达 33%，③ 这意味着劳动力素质低，这些低素质的文盲劳动力只能选择就业条件差的工作单位，因而工资低、待遇差，而且不稳定，时常失业。非洲国家的劳动力在上述两个方面均存在弱点，成为他们在摆脱贫困路上面临的长期挑战。

（二）政治因素

1. 政局与社会动荡

当前，非洲大陆政治局势发展趋向稳定，但部分国家在执政期间、政权更迭时仍会发生局部动荡现象，甚至出现骚乱。非洲国家政治发展的不稳定加剧了国家的贫困化状况。首先，政权内部的权力斗争会削弱政府的执政能力。因为，政权内部的派系斗争，会耗费政府大量的精力打造权力基础，由此会降低执政者的管理效率。其次，政权的更迭会影响到国家发展取向和发展重点的可持续性。不同的执政党身后有不同的利益集团，各党派之间的施政纲领、改革目标及关注重点有所不同。例如，基于不同的判断，对于减贫应实施的优先领域会产生差别，而减贫需要付出长期持续的努力，执政党的变化有可能使原本的发展失去连续性。再次，部分非洲国家发生的战乱和冲突打乱了人民的正常生活，土地荒芜，生产难以为继。当前，发展与减贫虽已日益成为非洲国家政府或执政党的政治诉求，但从实施力来看，各种社会不稳定状况影响了政府的执政效率，有碍于非洲国家实现经济增长与人民福祉发展。

2. 腐败现象高发

根据"透明国际"（Transparency International）发表的《2008 年透明国际

---

① *African Research Bulletin Political Social and Cultural Series*, January 1st – 31st 2009, p. 17845.

② 〔美〕杰弗里·萨克斯：《贫穷的终结：我们时代的经济可能》，邹光译，世纪出版集团、上海人民出版社，2007，第 172 页。

③ African Development Bank, *Gender*, *Poverty and Countries 2008*, Tunis, 2008, p. 36.

年度报告》，非洲仅有 3 个国家[1]被视为轻微腐败状况，其余均被列入存在严重腐败或极端腐败国家的名单。腐败已经成为非洲国家实现经济快速发展、摆脱贫困的羁绊。第一，腐败在一定程度上削弱了执政党在民众中的威信，直接危及政治稳定，这当然不利于国家经济与社会的平稳发展。第二，腐败会增加经济活动成本，降低经济效益，还会加大商人进行商务活动的成本，由此打击了一些投资者的投资信心，造成大量国内资本外逃。第三，腐败非正常性地扩大了政府财政支出规模，减少了政府的收入，损害了贫困人口的脱贫能力。腐败分子利用手中的权力，轻而易举地获取巨大财富，并在无形中剥夺了其他人获取财富的平等机会，拉大了贫富的差距。第四，腐败还导致政府管理能力和行政效率低下。第五，腐败现象在一定程度上削弱了国家的凝聚力，阻碍了公众参与发展与改革的热情和积极性，使人才内心遭受挫折感的打击，而到国外寻求个人发展之路，造成知识阶层人才外流。他们的流失不利于国内人力资源的积累，从长远看，不利于推动国民经济可持续发展及社会进步。

（三）社会与文化因素

1. 社会服务网络不完善

社会服务网包括基础设施（交通运输、电信、电力、饮用水、卫生等）、医疗卫生、教育和社会保障等几部分。在生活基础设施方面，非洲贫困群体的生活条件非常困难。从交通基础设施看，非洲是世界交通运输业发展最为落后的地区，时至今日，非洲尚未形成覆盖整个大陆、分布均衡、完整的交通运输体系，由此造成高昂的运输成本，拉大了通往国际市场的经济距离，降低了农村生产要素的流动；从电信基础设施看，非洲固定和移动电话网、互联网及个人电脑普及率远低于其他地区及世界平均水平。2007 年底，非洲电信市场渗透率为 28%，为全球最低。非洲人口约占全球的 12%，但是其宽带、互联网、移动和固定用户远远低于这个比例。[2] 从日常生活基础设施条件看，目前撒哈拉以南非洲居民使用各类能源均显严重不足，电网覆盖率仅为

---

[1] 这 3 个国家分别是博茨瓦纳、毛里求斯和佛得角，http://www.transparency.org/news_room/in_focus/2008/cpi2008/cpi_2008_table。

[2] 中国进出口银行非洲电信课题组：《非洲电信市场发展现状与发展趋势》，《西亚非洲》2009年第 6 期。

16%，获得改善水源和卫生设施的居民占总人口的比重分别为 60% 和 34%。[①] 上述基础设施的薄弱状况，不仅难以满足经济发展的需要，而且制约了贫困人口提升经济活动能力和收入创造能力。

在医疗卫生和教育服务方面，大多数非洲国家医院、诊所的数量不能满足医治病患的需求。学校教育亦与社会需求存在较大缺口。在埃塞俄比亚小学校，教师缺少教具、教辅材料，学校的课桌椅、饮水设施、卫生间、体育设施等教学设备严重供应不足现象并不鲜见，而且师资的培训和补充速度滞后于新生入学的增长速度。[②] 这不利于国内人力资源素质的提升。

在社会保障服务方面，从总的情况看，非洲国家普遍存在社会保障项目不全、全面化程度低的问题。多数国家社会保障福利待遇都与正式职业挂钩，能够享受社会保障的人局限于那些在正规经济部门就业的工薪人员，社会保障覆盖面缺损。[③] 这些不享受社会保障的劳动者在遇到生老病死伤残等特殊情况时，便会陷入困境，因此而致贫或返贫，生活处于脆弱状况。

2. 传统文化的羁绊

在非洲，传统文化的主要思想观念[④]包括：集体主义的家庭价值观，财富共享的财产观，随性而动的时间观，崇尚消费的生活方式与文化价值观，多育多子的生育观。其中的不合理之处构成了非洲国家贫困文化的根基，形成现代经济发展的障碍与减贫的桎梏。第一，大家庭文化一方面使现代国家威权受到挑战，人们对村社、部落首领的效忠甚至高于对国家的认同，不利于统一民族国家的构建与社会的稳定；另一方面也促成了非洲社会关系的固化。在非洲人看来，"无论你现在的社会地位有多高，但从本源上你永远是本族族群的子孙，因此在面临利益冲突时，你必须首先致力于为本

---

① "Africa's Infrastructure：A Time for Transformation，" http：//www. ppiaf. org/documents/FINAL_ AICD_ Brochure_ English. pdf，2009 年 4 月 27 日。

② Fravon Massow, *Access to Health and Education Services in Ethiopia*：*Supply*，*Demand*，*and Government Policy*，Oxfam，2001，p. 35.

③ 参见杨光《西亚非洲国家社会保障制度总论》，载杨光、温伯友主编《当代西亚非洲国家社会保障制度》，法律出版社，2001，第 14～25 页。

④ 关于非洲传统文化的内容国内外有诸多学者论及，参见李智彪《反思与发展——非洲经济调整与可持续性》第五章第六节，社会科学文献出版社，1998；张宏明：《非洲传统时间观念的基本特征和理论依托》，《西亚非洲》2004 年第 6 期；〔美〕耶鲁·瑞奇蒙德、菲莉斯·耶斯特林：《解读非洲人》，桑蕾译，中国水利水电出版社，2004。

地人服务"①。这种习俗易于滋生腐败现象。第二，在财富共享观影响下，分享和慷慨成为非洲人内在的本质，但一些人却易于产生惰性依赖思想。这种依赖思想会消磨一部分人与贫困抗争的意志，安于现有的生活状况。同时，个人奋斗和利己主义的地位次于忠于、参与和归属集体需要的事实，也在一定程度上抑制了人们的致富动力。第三，传统的"非洲时间"意识与当今快节奏的现代社会生活发生了错位。非洲国家在推动社会可持续发展方面，需要频繁地与外部世界进行合作，势必会与注重守时、笃信"时间就是金钱"、"时间就是效率"的外国人在商务活动等其他交往时出现不和谐情况，客观上降低了实际工作效率。第四，偏爱消费的生活方式与其国家经济发展水平不合拍，且不利于培养居民的储蓄习惯，不利于国家资本积累。第五，传统的生育观导致了非洲的高人口增长率。2000~2007 年非洲人口增长率为 2.32%，大大超过 1.2% 的世界人口年均增长率。② 非洲人口的迅速增长，对自然生态环境的维系造成压力，粮食危机问题愈加突出，无助于人口素质的提高，加剧了非洲国家的贫困化。

值得注意的是，自然和环境因素与穷人的社会生活有密切相关性，非洲国家大多属外向型经济类型，与外部国际政治经济环境息息相关，但基于许多非洲国家属"富饶的贫困"基本判断，以上论述主要着眼于减贫的内部结构性因素。

三　非洲减贫的出路：践行益贫式增长范式

（一）益贫式增长的内涵

20 世纪末 21 世纪初，发展经济学出现益贫式增长③这一新概念。尽管益

---

① 〔加蓬〕辛巴、佐斌、魏谨：《加蓬各族群对行政晋升的社会表征》，《西亚非洲》2009 年第 3 期，第 59 页。

② African Development Bank, *Gender, Poverty and Countries 2008*, Tunis, 2008, p. 28.

③ 益贫式增长理论的思想源于对 20 世纪 70 年代以来一些经济学家提出的经济增长扩散效应或涓滴效应（trickle - down effect）的反思与研判，相继出现"普遍增长"（broad - based growth）和共享式增长（inclusive growth）发展概念。后者一般指社会各个收入人群均能从国家经济增长中受益，当然也涵盖贫困人群。一般说来，富裕人群凭借其拥有的资本或资产往往能在经济增长中积累更多的财富；与之相比，穷人获取收入的手段主要凭借其自身劳动力，因此穷人收入的增长速度远远低于富人。从某种意义上说，占国家总人口相当比例的贫困人群是国家实现共享式增长的关键所在，所以一些学者也把益贫式增长视为共享式增长。

贫式增长理念在国际上受到高度关注①，一些国家政府也提出实现有利于穷人的经济增长目标，但关于益贫式增长的准确定义及其评估方法，国际学界尚未达成共识。目前，学界关于如何界定益贫式增长大致有两种基本解释：一是指相对意义的益贫式增长。有学者认为，只有当经济增长过程中穷人和富人收入差距缩小，穷人受益才会成立，因此，他们把益贫式增长定义为贫困人群的收入增长高于社会平均收入增长。它可以通过增长的贫困弹性（Poverty Bias of Growth，PBG）、利贫增长指数（Pro - Poor Growth Index，PPG）、贫困效果的增长率（Poverty Equivalent Growth Rate，PEGR）和贫困指示增长曲线（Poverty Growth Curve，PGC）来衡量；二是指绝对意义的益贫式增长，支持这种提法的学者更关注经济增长中贫困人口本身数量的减少，强调穷人受益的绝对意义，因此他们把益贫式增长理解为经济增长过程中贫困的绝对减少。② 它可以采用利贫增长率（Rate of Pro - Poor Growth）等指标来测度。

无论是益贫式增长的相对标准，还是绝对标准，均关注穷人在经济增长中的受益性。前者强调穷人在多大程度上分享了经济增长的好处，充分考虑穷人和非穷人收入水平的差距，即经济增长不仅要减少贫困，还要改善收入不平等状况。后者则强调穷人是否分享了经济增长的好处，这种宽泛性标准在具体测度经济增长范式时较为简单明了，即贫困的缓解根本上取决于穷人的收入增长，而与非穷人的收入变化无关，只要穷人的收入增长率大于零，这种增长就是有利于穷人的经济增长。例如，按照益贫式增长的绝对定义，当社会总体经济增长为6%时，即使贫困人口收入增长仅为1%，也应称作益贫式增长。事实上，穷人在经济增长中的受益程度较小，显然有失公平。

---

① 世界银行在21世纪初曾把14个国家作为实施益贫式增长的研究案例，其中包括布基纳法索、加纳、塞内加尔、赞比亚、突尼斯和乌干达6个非洲国家，在2004～2005年发表了国别研究报告，Michel Grimm and Isabel Gunther，"Operationalising Pro - Poor Growth：Burkina Faso"。

② http：//web. worldbank. org/WBSITE/EXTERNAL/TOPICS/EXTPOVERTY/EXTPGI/0；Hyun H. Son，"Pro - Poor Growth：Concepts and Measures，" http：//www. adb. org/Documents/ERD/Technical_Notes/TN022. pdf；Martin Ravallion，"Pro - Poor Growth：A Primer，" http：//siteresources. worldbank. org/INTPGI/Resources/15174_ Ravallion_ PPG_ Primer. pdf；John Page，"Strategies for Pro - Poor Growth，" *Journal of African Economies*，Vol. 15，No. 4，pp. 510 - 513.

总而言之，如果总体经济增长有利于减少社会贫困，且能够在一定程度上缩小贫困差距，就是理想的减贫效果。这种经济与社会发展模式有利于国家实现可持续发展。

（二）非洲国家实现向益贫式增长范式的转变需采取的措施

1. 加强对自然资源开发收益的管理与转移支付

对于非洲国家来说，若要实现资源开发与益贫式增长的同步发展，需要建立资源开发收入的管理机制，如加入"采掘业透明度动议"（EITI），规范资源收入管理，加强中央和地方政府对资源收入的监管；建立资源开发补偿基金，用国际市场初级产品价格较高时的销售收入结余补偿这些商品处于低价位时产生的价格震荡，使企业生产运营得以维系，以确保资源收益的稳定性；促进自然资源开发收益与减贫计划或项目（如以工代赈）的有机结合，将资源开发获得的财富优先用于利贫支出。

2. 关注农业增长与农村发展

在推动农业增长方面，非洲国家应调整种植业生产结构，大力发展粮食作物生产，减少对国际农产品市场的进口依赖度，以满足国内居民的基本消费需要；生产有更佳出口创汇能力的出口作物；调整土地使用配置不合理的状况，农民一旦获得土地使用的操控力、拥有减贫资产，将会释放其生产潜力①；改变当前以扩大耕作面积提高农作物产量的路径②，通过提高劳动力生产水平、农业技术的研发与推广、完善水利灌溉设施等，提高农业生产率，达到农业经济增效、农民增收的良性循环。在农村发展方面，政府需加大财政支持力度，使非洲国家摆脱农村发展总体落后的局面，从而降低政府用于农村减贫的边际成本，加快国家减贫步伐。

3. 加快工业化进程，为穷人提供更多的就业机会

经济增长方式的选择应该更加有利于就业增加。具有劳动密集型特征的制造业是吸纳劳动力就业的重要部门，而且对初级生产资料的加工可以提高

① Philip Woodhouse, "Natural Resource Management and Poverty in Sub – Saharan Africa," in Marcel Rutten, André Leliveld, Dick Foeden edited, *Inside Poverty and Development in Africa: Critical Reflections on Pro – poor Policies*, Leiden: Koninklijke Brill NV, 2008, pp. 25 – 56.

② Henry Gordon, "Agricultural Productivity and Shared Growth," in Robert J. Utz edited, *Sustaining and Sharing Economic Growth in Tanzaniz*, The World Bank, Washington, D. C., p. 101.

产品的附加值，制造业从业人员工资收入增速也比初级产业生产部门人员要高（一般情况下）。从传统农业经济向工业经济的转换过程中，以制造业为主的第二产业就业人数迅速增加，无疑会对缩小收入差距起到重要作用。这是因为，益贫式增长与就业具有较强相关性，只有使穷人充分就业，才有可能使他们真正享受经济增长的红利。

4. 提高贫困人口的人力资本，拓展其获取经济机会的能力

益贫式增长强调通过经济增长创造就业机会与其他发展机会，以及发展机会的平等。一般说来，穷人与非穷人参与经济机会程度的差异与贫困群体自身的人力资本低下有关。因此，增加对穷人在受教育机会、接受基本医疗服务及其他社会服务的投入，提高他们的基本素质与能力，增强其就业与创收能力，有利于摆脱贫困化生活状态。

5. 为贫困人口构筑社会安全网

经济增长是否有利于穷人实质上是一个增长的成果如何让更多人受益的问题。在市场经济条件下，自我保障能力较差的往往是一些低收入阶层及弱势群体，因此社会保障及相关的制度是否有利于穷人是至关重要的。在非洲，为确保消除绝对贫困，政府在制定社会公共政策选择时，必须建立社会风险保障机制，其中最重要的是构建有效率的社会保障体系。因为不健全的社会风险保障机制会固化穷人的贫困状况，使其形成长期持续性的贫困。

四　结论

本文通过对近年来非洲经济增长表面繁荣背后的透视，探查出其增长的内涵与质量。透过这一非洲经济增长多棱镜，折射出当前非洲国家实现减贫与可持续发展面临的诸多困境。非洲等发展中国家经济与社会发展实践证实：单纯的经济增长并不能完全减少贫困；国家欲实现可持续发展，不但要追求增长的速度，更要追求增长的质量，避免贫困性增长。当下，非洲国家需重塑国家发展战略，向益贫式增长模式转变。在新的历史起点上，非洲国家可以进一步积聚内力，政府通过宏观和微观政策调整，增强增长的益贫性，实现更高水平、更好质量的经济与社会和谐发展，使经济增长真正成为一种共享型增长。

非洲农业发展战略：基于对《非洲农业综合发展计划》的评析

安春英*

全面规划非洲政治、经济和社会发展目标的蓝图——《非洲发展新伙伴计划》，将农业视为优先发展领域之一，强调农业发展是非洲经济增长的发动机、减贫的关键因素之一。而《非洲农业综合发展计划》（Comprehensive Africa Agriculture Development Programme，CAADP）就是该计划的子计划，集中反映了当前全非层面农业发展的方针。本文拟以此为切入点，探寻非洲农业发展的现状与未来潜力。

一 农业发展对国家减贫的作用

首先，从非洲国家贫困人口地理分布来看，基于历史联系，以及经济机会和住房、医疗卫生、基础设施、社会保障网覆盖面等方面存在的城乡差距，绝大多数生活困顿的穷人生活在农村地区。据世界银行统计，2011 年撒哈拉以南非洲地区农村人口在总人口结构中所占比例为 64%，农村贫困发生率约为 70%。① 因此，非洲国家欲实现大规模减贫，需要瞄准重点区域，即要将农业贫困人口减贫问题置于核心地位。

---

* 安春英，中国社会科学院西亚非洲研究所编审，研究方向为非洲经济、非洲减贫与可持续发展问题。

① http：//data. worldbank. org/topic/agriculture – and – rural – development，2013 – 03 – 18.

其次，农业快速增长是国家实现可持续发展和减贫的基本途径。由于撒哈拉以南非洲国家大多是农业国，直到当前，农业在国民经济中仍然占据着主导地位。这一地区，2011 年农业产值约占国内生产总值的 24%，[①]农产品出口约占出口总值的 40%，66% 的就业及农村人口的主要收入来自农业领域。[②] 具体来说，由于大部分非洲国家农村地区非农产业不发达，农民收入主要源于农业收获物，这就意味着农业的增长与发展会加大粮食产品的产出与增加农民收入，从而使农业贫困人口在农业增长中受益。

再次，非洲大陆持续存在的粮食危机情势与农业低增长（农业增速低于经济增长率）有关。截至 2012 年底，全球有 62 个低收入国家存在不同程度的缺粮问题，其中有 39 个国家位于非洲大陆。[③] 目前，非洲国家每年用于进口粮食的费用为 400 亿美元。[④] 由此，缓解饥饿成为非洲大陆首要的减贫目标。

值得注意的是，研究人员已发现，一般说来，1 个百分点的农业增长率，将导致极端贫困人口贫困发生率下降 2.9 个百分点、贫困家庭消费支出能力增加 3 倍。[⑤] 当然，不同国家贫富差距不同，农民的受益程度亦会有所差别。从总体看，在传统农业国，农业增速对减贫的贡献率远远大于其他产业贡献率。在撒哈拉以南非洲地区，农业增长带来的国内生产总值增长与由非农业增长带来的同等幅度的国内生产总值增长相比，在减轻贫困方面的作用要高 11 倍。[⑥] 例如，在埃塞俄比亚，2003～2015 年间，农业产业的发展对减贫的直接拉动效应大致是非农产业的 2 倍，1 个百分点的农业增长率会使贫困发生率下降约 1.6%（见图 1）。

综上，对于非洲国家而言，农业及其相关产业对于经济增长、减贫以及保障食品安全，均发挥着关键性作用。

---

① UNDP, *Africa Human Development 2012：Towards a Food Secure Future*, New York，2012，p. 66.
② Iain Frame edited, *Africa South of the Sahara 2012*, London and New York：Routledge，2011，p. 12.
③ http：//www. fao. org/countryprofiles/lifdc/en/，2013－03－17.
④ Iain Frame edited, *Africa South of the Sahara 2012*, p. 13.
⑤ UNDP, *Africa Human Development 2012：Towards a Food Secure Future*, p. 67.
⑥ 联合国粮农组织：《2012 年世界粮食不安全状况》（中文版），2012，罗马，第 28 页。

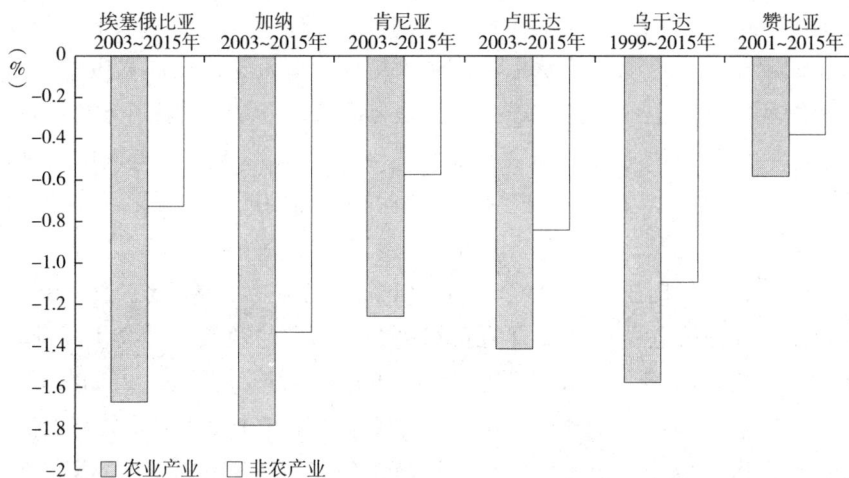

图1 非洲部分国家农业增长对减贫的效应（贫困的增长弹性）

资料来源：UNDP, *Africa Human Development 2012*: *Towards a Food Secure Future*, New York, 2012, p. 67。

二 《非洲农业综合发展计划》的内容特点

CAADP是由非洲国家自主制定的农业发展规划，其根本目标是通过发展农业消除饥饿与贫困。除此之外，该计划的制订者还希望通过一系列的制度和机制安排，使国家规划所涉及的各个利益相关方都能够参与到规划制定过程当中，从而使规划更切合本国实际情况，吸引更多资金发展农业生产，并将经验传播到非洲大陆其他国家。为实现上述目标，该计划还提出了国家层面实施过程的具体目标，即所有参与国家承诺将至少10%的政府预算用于农业部门，并努力实现农业国内生产总值6%的增速。同时，该计划明确了四大核心原则：非洲国家自我主导；构建政府、私营部门、外部发展伙伴、农户之间的协调与合作；促进各利益攸关方的监控、评估与对话；利用各国的比较优势，挖掘农业发展的互补性与互动合作。

CAADP主要涵盖以下三个方面内容。

第一，确定了实施CAADP行动计划的核心内容。该计划指出：非洲农业发展可依托以下四大支柱：

第一支柱是改善土地和水资源管理，促进其可持续利用（Sustainable

Land and Water Management，SLWM）。它重点关注：土壤肥力的变化，以及如何转化或避免土地退化、荒漠化，并建立相应制度框架；提高水资源生产率和可持续利用；对土地、自然资源、管理与政策信息的共享和利用。第一支柱还会围绕农村各种产业（畜牧业、林业和水产业）等问题提供解决办法，主要关注这些产业中与自然资源利用有关的、自然的或社会文化方面的问题，包括气候变化、能源、艾滋病患者和其他潜在或现实的边缘群体等。第一支柱的牵头机构是赞比亚大学和萨赫勒地区国家间抗旱常设委员会（CILSS）。

第二支柱是改进农村基础设施及相关农产品贸易政策，提高市场准入和外贸能力（Framework for Improving Rural Infrastructure and Trade Related Capacities For Market Access，FIMA）。第二支柱关注以下 5 个重点战略领域的活动，并提供了具体的最佳案例：领域一是提高竞争能力，抓住国内、区域和国际市场的商业机会。其中包括保持并增进传统出口市场的发展，促进国内和区域贸易，提升伙伴关系，促进价值增值，整合小农户与中等规模农业企业以及改进行业管理和相关政策。最佳案例包括区域农业贸易促进支持、东南非共同市场（COMESA）玉米无国界计划、东非牛奶行业。领域二是投资于商业和贸易基础设施，降低国内、区域和国际市场交易成本。其中包括与贸易相关的基础设施建设、公私投资建设基础设施伙伴关系、区域基础设施建设协调以及行业管理和政策措施。最佳案例包括肯尼亚小型灌溉系统、公路维护资金、尼日利亚港口系统管理、电力信息通信（ICT）和基础设施公私投资。领域三是发展价值链和金融服务。包括促进农业企业增长和价值增值、相关金融服务业务的提供以及行业管理和政策措施。最佳案例包括小农户出口促进和通过建设基础设施整合小农户。领域四是加强农民组织和贸易协会的商业和技术能力。包括促进农户整合以提高农民组织能力、整合路径的设定以及行业管理和政策措施。最佳案例包括马拉维国家小农户协会、番茄行业协会（CNCFTI）。领域五是基准设定、监督实施和评估。第二支柱的实施需要制度创新安排，这需要一定的时间，为此，就需要设定基准点，对制度创新进行监督和评估。CAADP 的区域战略分析和知识支持系统（Re-SAKSS）为此提供了良好的操作平台。所有的信息都输入到该系统中，并根据收集到的资料信息，设定基准点，创建各国的社会统计矩阵，并连接各国的战略分析和知识支持系统（SAKSS）成为区域战略分析和知识支持系统。最后，通过政策设定的制度创新，可以通过一般均衡模型来模拟可能出现的监控指标的变化，评估政策效果。第二支柱的牵头机构是中西非国家农业部长大会（CMAWCA）。

第三支柱是加强食品安全，提高灾难风险管理（Framework for African Food Security，FAFS）。也就是，通过优先指导性政策、战略和行动的制定与分析，增进小农户生产力，提高对食品危机的反应速度，增进区域内部食物供应并减少饥饿。实际上，支柱三的焦点汇集了 CAADP 的愿景的核心要素，即确保不断增长的农业生产力与整合市场、扩大弱势群体的购买力相结合，以消除饥饿、营养不良和贫困。并且，第三支柱还提出关注一系列非洲联盟或 NEPAD 项目，包泛非洲营养倡议（PANI）、非洲区域营养战略（ARNS）、非洲十年战略（ATYS）、阿布贾食品峰会决议等。第三支柱的牵头机构是南非夸祖鲁-纳塔尔大学和萨赫勒地区国家间抗旱常设委员会。

第四支柱是推动农业研究，促进农业技术推广（Framework For African Agricultural Productivity，FAAP）。也就是，对农业机构及服务的革命，具体包括农民赋权、催生规划农业研究、创立推广服务机构；提高农业生产投资规模；促进相互学习、培育协同和反馈机制；提倡资源利用和伙伴关系构建，确认和协调规划进程，促进规模经济和非洲大陆内部国家间的相互学习，确保平等获取和分享信息。在此过程中，各利益方或参与者均要发挥各自独特的作用。该支柱的牵头机构是非洲农业研究论坛（FARA）。

第二，该计划还规定了各行为体在落实过程中的角色与职能。非盟是总的统领者，其主要职责包括：倡导国际伙伴为该计划提供援助，引导非洲国家发展战略向农业领域倾斜，协调该计划与非盟其他农业项目，为非盟和 NEPAD 提供技术合作便利，等等。在非盟框架之下，可通过 3 种路径来具体实施：路径一是非洲地区经济共同体层面，主要职责是：为国家间信息传播提供服务，协调和参与监管计划项目的实施，推动地区经济共同体与 CAADP 间的议程，在地区层面动员外部资金流入，等等；路径二是各国政府层面，主要职能包括：推动本国制定与执行农业优先发展战略，协调该计划与《国家减贫战略》（PRSP）等其他项目的关系，确保公共与私营部门的参与，分享与提供计划实施经验或教训，排除项目实施过程中的制约因素，等等；路径三是非政府组织层面，主要职责是：为地区层面和国家层面计划项目的实施提供技术支撑与服务，参与项目相互审查进程与评估，协调与国家层面的制度进行合作，等等。当然，为确保该计划顺利实施，专门设立了 NEPAD -

CAADP 秘书长，其主要职能是：为次地区经济共同体提供技术支持，评估地区层面的相互审查，在地区层面提供信息，在地区层面协调伙伴关系并调动资源，为相互学习提供便利，等等。

此外，CAADP 四大支柱之下设立的牵头机构，在非洲国家 CAADP 框架文件、政策和投资规划制定及实施过程中起着重要的技术支持作用，并通过对关键问题、实施方法和联盟模式的分析，促进 CAADP 的顺利进行。

第三，明晰了 CAADP 的资金来源。CAADP 实施国的资金总体上分为国内、国家间与国外援助 3 个渠道。其中，国内负责农业项目的资金机构包括：政府及其附属的研究机构；民间团体与非政府组织，例如，西非国家农民组织（ROPPA）、西非农产食品交流组织（ROESAO）等；技术与协调组织；私人部门或者私人资本。

国家间的援助则主要指的是区域研究机构：一是国际热带农业研究所（IITA）、国际半干旱地区热带作物研究所（ICRISAT）、非洲稻米所（ADRAO）、国家间金融协调组织；二是政府之间的综合合作机构，如非洲联盟、西非经济与货币联盟（WAEMU）、萨赫勒地区国家间抗旱常设委员会（CILSS）、尼日尔河流域组织（ABN）、塞内加尔河流域开发组织（OMVS）等。

国外（主要指发达国家）援助则相对复杂，有以下三大类：一是国际金融发展机构，包括世界银行、亚洲开发银行、非洲开发银行；二是联合国下属各机构，如联合国开发计划署、联合国粮农组织、联合国环境规划署、世界卫生组织、世界粮食计划署、国际农业发展基金、联合国教科文组织；三是双边发展机构，如德国技术合作公司、英国国际发展部、丹麦国际开发署、美国国际开发总署、日本国际协力机构、奥地利开发公司、加拿大国际开发署。

在上述三个方面资金来源中，国外援助被视为落实 CAADP 最重要的资金来源。

从以上 CAADP 战略提出的过程、内容和实施机制看，非洲国家大致通过 4 个阶段完成 CAADP 路线图的实施，先是由政府主导，吸收主要利益攸关方参与"全面评估"（Stocktaking）当前和未来的农业状况，特别是针对四大支柱相关的议题进行前期分析，再进行深入细致的"圆桌会议"（Roundtable Discussions）审定促进农业发展的具体日程，然后签署 CAADP"国家协定"（CAADP Compact），最终落实在"国家投资计划"（Country Investment Plan）之中。事实上，由于各国具体国情不同，制订的 CAADP 内容和项目也不尽相同。

三 《非洲农业综合发展计划》的实施进展及其效果

从该计划出台至今已有十余年时间，各国囿于资源动员和政治意愿认同的差异，从该计划诞生到拥有第一个签约国，已过去 6 年时间。从 2007 年 3 月卢旺达成为首个签约国伊始，至 2013 年 2 月，非洲共有 30 个国家（见表 1）成为誓约签字国，12 个国家①正处于协商签署过程中，6 个国家②已着手准备签署。目前，已有西非国家经济共同体（2009 年 11 月 11～12 日，在西非召开的国际农业政策筹资大会上，西非国家经济共同体这一区域性组织正式签署了 CAADP 协议，并且是第一个签署此协议的区域经济体）、东南非共同市场和南部非洲发展共同体加入了 CAADP 框架。相比之下，缘于农业产业对国民经济的重要性，西非国家对 CAADP 参与度最高，东非国家次之，南部非洲地区大部分国家目前仅仅开始计划相关进程。一部分国家因为已经属于中等收入国家而并不急于开始加入 CAADP 的进程，例如阿尔及利亚、安哥拉、突尼斯、赤道几内亚、摩洛哥、圣多美和普林西等，因为其农业不是经济发展的支柱。还有一些国家内部政局不稳，无法开始加入 CAADP 的进程，例如索马里。

表 1 非洲"国家协议"和"投资计划"签约情况（截至 2013 年 2 月）

RECs	国 家	"国家协议"签订日期	投资计划	"投资计划"技术审查日期
东南非共同市场	布 隆 迪	2009 年 8 月 24～25 日	已制订	2011 年 8 月 22～31 日
	刚果（金）	2011 年 3 月 18 日	进行中	未定
	埃塞俄比亚	2009 年 9 月 27～28 日	已制订	2010 年 9 月
	马 拉 维	2010 年 4 月 19 日	已制订	2010 年 9 月 10～16 日
	肯 尼 亚	2010 年 7 月 23～24 日	已制订	2010 年 9 月 6～14 日
	卢 旺 达	2007 年 3 月 30～31 日	已制订	2009 年 12 月 4～8 日
	塞 舌 尔	2011 年 9 月 16 日	进行中	未定

① 分别是科摩罗、莱索托、苏丹、圣多美和普林西比、加蓬、乍得、刚果（布）、南非、津巴布韦、安哥拉、喀麦隆和南苏丹。

② 分别是阿尔及利亚、毛里求斯、纳米比亚、马达加斯加、博茨瓦纳和埃及。

续表

RECs	国　家	"国家协议"签订日期	投资计划	"投资计划"技术审查日期
东南非共同市场	斯威士兰	2010 年 3 月 3 ~ 4 日	进行中	未定
	乌干达	2010 年 3 月 30 ~ 31 日	已制订	2010 年 9 月 2 ~ 10 日
	赞比亚	2011 年 1 月 18 日	已制订	2013 年 3 月
	吉布提	2012 年 4 月 19 日	已制订	2012 年 11 月 12 ~ 22 日
西非国家经济共同体	贝宁	2009 年 10 月 15 ~ 16 日	已制订	2010 年 9 月 19 ~ 25 日
	布基纳法索	2010 年 7 月 22 日	已制订	2012 年 1 月 11 ~ 17 日
	佛得角	2009 年 12 月 10 ~ 11 日	已制订	2010 年 9 月 19 ~ 25 日
	冈比亚	2009 年 10 月 27 ~ 28 日	已制订	2010 年 9 月 19 ~ 25 日
	加纳	2009 年 10 月 27 ~ 28 日	已制订	2010 年 6 月 4 ~ 9 日
	几内亚	2010 年 4 月 6 ~ 7 日	已制订	2010 年 9 月 19 ~ 25 日
	几内亚比绍	2011 年 1 月 17 ~ 18 日	已制订	2011 年 5 月 26 日至 6 月 3 日
	科特迪瓦	2010 年 7 月 26 ~ 27 日	已制订	2012 年 6 月
	利比里亚	2009 年 10 月 5 ~ 6 日	已制订	2010 年 6 月 4 ~ 9 日
	马里	2009 年 10 月 12 ~ 13 日	已制订	2010 年 9 月 19 ~ 25 日
	尼日尔	2009 年 9 月 29 ~ 30 日	已制订	2010 年 9 月 19 ~ 25 日
	尼日利亚	2009 年 10 月 12 ~ 13 日	已制订	2010 年 6 月 4 ~ 9 日
	多哥	2009 年 7 月 29 ~ 30 日	已制订	2010 年 6 月 4 ~ 9 日
	塞拉利昂	2009 年 9 月 17 ~ 18 日	已制订	2010 年 6 月 4 ~ 9 日
	塞内加尔	2010 年 2 月 9 ~ 10 日	已制订	2010 年 6 月 4 ~ 9 日
SADC	莫桑比克	2011 年 12 月 8 ~ 9 日	已制订	2012 年 12 月 3 ~ 13 日
	坦桑尼亚	2010 年 7 月 6 ~ 8 日	已制订	2011 年 5 月 20 ~ 31 日
ECCAS	中非共和国	2011 年 4 月 15 日	已制订	2012 年 5 月 14 ~ 21 日
UMA	毛里塔尼亚	2011 年 7 月 27 ~ 28 日	已制订	2012 年 3 月 20 ~ 21 日

说明："RECs"是非洲次区域经济共同体；"SADC"是南部非洲发展共同体；"ECCAS"是中部非洲国家经济共同体；"UMA"是阿拉伯马格里布联盟。

资料来源：http：//www.caadp.net/pdf/Table% 201% 20Countries% 20with% 20Investment% 20Plans% 20ver19.pdf，2014 - 09 - 12。

由表 1 可以看出，除卢旺达等少数国家以外，大多数非洲国家都是在 2009 年以后正式签署 CAADP 国家协议的。因此，该计划真正履行仅有约 6 年时间，其成效也是初步的。

第一，进一步推进非洲国家制定激励性农业发展政策，提升了制定国家农业发展规划的能力。截至 2013 年底，非洲有 28 个国家制订了"国家农业投资计划"，为国家农业支出提供了框架和依据。其中，卢旺达和塞拉利昂等少数国家已经执行了第一阶段投资计划，并在制订第二阶段投资计划。在CAADP 框架的激励之下，众多非洲国家提高了农业发展在经济发展中的位置。据统计，目前马拉维、布基纳法索、埃塞俄比亚、加纳、几内亚、马里、尼日尔和塞内加尔 8 个非洲国家实现了年均 10% 以上的农业投入。其他非洲国家的农业投入虽不及国家预算的 10%，但达到了 7%，高于此前的农业公共支出。在莫桑比克，政府在 2008～2009 年度对农业投入占财政总预算的5%，超过了用于教育和医疗的支出。在坦桑尼亚，2010 年起实施农业灌溉计划，引进良种，采用机械化耕作方式，增加粮食产能。在安哥拉，政府加大了对农业领域的投资，着手实施减少粮食进口的计划，力图尽快实现粮食自给自足。在南非，政府将农业和农村地区发展视为五项优先任务之一，增加农业投资，加强基础设施建设，加快土地改革进程，以期增加农业产出和农民收入。

第二，围绕 CAADP 四大支柱内容，推动农业发展水平的渐变。在农业经济资源管理方面，设置了雨水收集、农民异地安置、小规模灌溉、可持续土壤保持、湿地开发灌溉系统、农业投入（种子和肥料）供给和利用、畜牧生产专业化、贫困和脆弱家庭食物保证、土地政策改革和产能建设、加强土地的合理利用等分支项目，便于落实。加纳设立的灌溉和水管理项目，在 2015年的目标是完成 150 个微型水利设施和 25 个小型水利设施，使 5 万农户受益。而一些国家则是将这些项目交给了相关的援助部门，例如塞拉利昂将本国的电力和水项目交给世界银行来运营，以期改善国家电力、水和卫生条件的供应状况。在加强食品安全方面，非洲国家相继推出了多个项目，如"改善牧区民生资助计划"（RELPA）、"改进区域主食贸易计划"（RTFS）、"加强粮食安全和生产率增长计划"（MMWP）、"南部非洲木薯转化计划"（CATISA）等。NEPAD、世界粮食计划署和千年计划减少饥饿专责小组（MHTF）共同推出了自制的学校供餐试点和健康计划，旨在将学校供餐和当地农业发展联系起来，通过购买和使用本地食品促进当地农业发展。在提高农业技术研发与推广方面，卢旺达、乌干达和马拉维三国把科研与技术的重点放在支持生产者职业化当中。加纳则关注并侧重研发食物和农业发展的应用型科学技术，对应 CAADP 中"农业技术推广以及增加农民技术采用"的相关内容。这些循序渐进的变化，会为非洲国家的农业发展注入活力。

第三，促进了非洲生产力的提高。CAADP 在一些国家实施了作物集约化项目（Crop Intensification Program）和土地整理项目（Land Consolidation Program），这是对农业变革的巨大推进，通过实施项目国家的统计数据可以看出，这两个项目的效果非常明显，水稻、小麦等粮食作物产量有了很大提高。现以最早参与 CAADP 进程的非洲十国为例，若以 21 世纪头十年与 20 世纪后十年相比，十国中有七国粮食作物产量有不同程度的提高。例如卢旺达水稻产量增长率由 1990～2000 年间的 2.3% 增加到 2000～2011 年间的 19.2%，同期小麦产量增速则由 -5.2% 增加到 27.2%（见表 2）。

表 2　部分粮食作物产量增长率对比

单位:%

国　家	谷物		水稻		小麦	
	1990～2000 年	2000～2011 年	1990～2000 年	2000～2011 年	1990～2000 年	2000～2011 年
埃塞俄比亚	—	7.5	—	17.7	—	7.9
布　隆　迪	-1.8	2.7	2.6	5.3	-3.4	4.4
卢　旺　达	-1.0	12.3	2.3	19.2	-5.2	27.2
贝　　宁	6.2	4.1	16.2	14.6	—	—
利 比 里 亚	0.2	4.6	0.2	4.6	—	—
马　　里	2.7	8.7	10.2	8.1	11.6	16.7
尼　日　尔	0	5.4	-1.8	-6.0	-1.7	-4.9
尼 日 利 亚	1.9	0.3	2.8	3.0	3.9	7.7
多　　哥	4.3	3.3	9.5	5.5	—	—
塞 拉 利 昂	-8.9	16.6	-8.9	16.6	—	—

资料来源：笔者根据《2014 年非洲统计年鉴》（英文版）数据制作。

第四，CAADP 具有开放性，提升了非洲国家和国际社会对非洲农业的关注度，也在一定程度上整合了政府以外的其他各类援助资金和项目，以弥补国家预算的不足。例如，联合国发展计划署多方援助信托基金（MDTF）于 2010 年向埃塞俄比亚、尼日尔、卢旺达、塞拉利昂、多哥五国总计提供了 223 亿美元用于此计划的援助资金。全球农业和粮食安全计划

（GAFSP）也向一些签约国提供了 9 亿美元的援款。此外，CAADP 还创立了发展伙伴任务联盟（Development Partners Task Team），该机构对协调整个非洲范围内援助一致性和协调性非常有帮助，这个联盟包括英国国际发展署、联合国粮农组织、德国国际合作机构、国际粮食政策研究所（IFPRI）、美国国际开发署等机构。上述组织或机构也在此计划框架下，提供了资金或技术支持。例如，"改善牧区民生（RELPA）资助计划"就是由美国国际开发署提供资金支持的。

CAADP 在非洲各国开展的时间和具体情况存在差异，但对很多国家来说，开展 CAADP 的时间并不长，各国仍需要时间来做出相应的调整。随着时间的不断推移和项目实施过程的日趋完善，CAADP 的效果将会更为明显。

尽管如此，《非洲农业综合发展计划》的最大弱点——农业资金投入倚重外部资金流入，使非洲国家在实施该计划过程中尝到这种倚重导致的苦果。这是因为，在国际金融危机阴霾未消、欧债危机持续加深、美国遭遇财政悬崖的国际环境下，流入非洲的援款额因情势而变化，具有脆弱性。正是基于此，曾被广为看好的马拉维农业领域经历了过山车式的剧烈波动，[①] 到 2012 年底该国仍有 11% 的人口面临饥饿的威胁。[②]

四　以农业增长促减贫的路径

近期，国际社会越来越重视借力农业实现国家减贫的问题。世界银行主管非洲地区的副行长马克塔·迪奥普呼吁"让非洲农业和涉农产业成为终结贫困的催化剂"，那么究竟如何实现这一动议呢？

第一，依托政府拥有的执政资源和行政职能，将农业发展置于国家减贫政策的核心，并以政策工具构建制度基础。由于农业是高风险的弱质产业，面临各种自然风险、市场风险、社会风险和技术风险，在同各行业的竞争中，

---

① 马拉维 2006~2010 年农业增长率分别为 -0.4%、11.2%、4.2%、13.1%、2.0%。见 African Development Bank Group, African Union Commission, Economic Commission for Africa, *African Statistical Yearbook 2012*, Denmark, 2012, p. 228。

② Masimba Tafirenyika, "What Went Wrong? Lessons from Malawi's Food Crisis," *Africa Renewal*, January 2013, p. 9.

处于极其不利的地位。这就要求非洲国家政府在经济发展中通过强制性制度供给，对农业给予保护和必要的支持。事实上，近年来大多数非洲国家发展农业的政治意愿强烈，积极呼应非盟的《非洲农业综合发展计划》，出台了诸多惠农政策。如埃塞俄比亚政府在 2010 年制订了"五年经济发展计划"，其中提到决定增加农业投资，争取在未来 5 年实现粮食自给自足。利比里亚中央银行于 2012 年底决定提供 750 万美元的信贷资金用于支持本国的农业激励计划。

其一，政府在政策导向、财政资金投入等方面均应采取向农业倾斜的政策措施。无法获得持续的高强度的资金投入一直是困扰非洲国家农业发展的难题。国家内部资金动员是解决该问题的根本之道。政府除了加大财政拨款作为主渠道之外，还要重视私人资本和银行信贷的独特作用。在很多非洲国家，农民从银行获得农业发展所缺资金的总量仍然有限。2006 年，赞比亚、博茨瓦纳、纳比米亚和南非的农户获得来自银行的金融服务的比例分别为 14.6%、43.2%、51.1% 和 47.0%。[①] 因此，加大对农村与农业发展财政资金供给力度、以给农户提供小额贷款等方式支持农业发展，可为国家农业发展提供重要的内驱力。

其二，深化土地制度改革，保障土地使用者的权益。鉴于农业发展与减贫成效的正关联性，政府应切实关切农民的利益，通过立法或政策进行土地改革化解土地供给不足与持续高人口增长的矛盾。目前，非洲国家在土地分配中存在多重冲突：规模化土地拥有者与无地或少地农民对土地资源的争夺；同一地域空间内不同用地的纷争，如农用地与牧用地、农用地与林地、农用地与城市工业化用地等；传统土地使用类型与现代农业发展需求的错位，如部落土地、小农家庭用地、现代大种植园各自对土地的控制和觊觎与他者土地扩张的角力，等等。可以说，非洲国家的农村土地类型既有历史发展惯性的传承，又有现代因素的渗入，处于"不完全市场化"状态。鉴于此，非洲国家在土地改革中宜采用渐进改革方式，尊重历史，因地制宜实现农村土地所有方式的多样化，规范土地开发行为，保障农民在土地开发与投资中充分受益。

其三，充分利用国际多边和双边援助渠道，发挥其对国内农业发展与减

---

① Jean – Claude Deveza edited, *Challenges for African Agriculture*, The World Bank, 2011, p. 183.

贫的催化作用。在利用外援方面，呼吁外援资金更多地流向非洲农业领域。同时，在与国际组织或外国合作过程中，当地农户宜注重学习域外先进的农村与农业减贫的新理念、新方法，分享农业发展经验，引进农业生产技术，结合本土知识，用好外部资金与技术，贡献于非洲国家的农业发展与减贫事业。[①]

唯其如此，非洲国家才能真正获得跨越式发展，从传统农业向现代农业过渡。在此过程中，若能实现农业增长率高于或接近经济增长率，则这种增长模式是一种惠农式增长模式，亦是亲贫式增长模式。

第二，通过提高农业生产率，增加农民收入。

其一，相对于其地域，非洲大陆幅员辽阔，自然条件优越，发展农业潜力巨大。据世界银行于2013年1月发表的《成长中的非洲：释放涉农产业的潜力》（Growing Africa：Unlocking the Potential of Agribusiness）称，目前非洲有一半以上（约为4.5亿公顷）的肥沃土地尚未被开发，在苏丹、南苏丹、刚果（金）、莫桑比克、马达加斯加、赞比亚、安哥拉和坦桑尼亚8国未开发耕地更是占到国家可耕地面积的2/3。[②] 若有效利用这些土地资源，完全可以满足居民粮食供给和农业发展的需要。

其二，由"靠天吃饭"向灌溉农业方向发展。当下，非洲大陆水资源利用率很低，仅使用了不到2%的可再生水资源，而世界平均比例为5%。在已开发的可耕地中，灌溉农业面积不及总耕地面积的5%，且2/3灌溉耕地又高度集中在苏丹、南非、马达加斯加三国。实际上，非洲大陆适于灌溉的耕地至少有3.9亿公顷。[③] 由此，当水利基础设施日渐广泛之后，可在很大程度上提高应对旱涝等自然灾害的能力，从而提高农作物产量。

其三，借助推广现代化农业技术，非洲国家可提高自主农业发展能力。农业技术是使非洲从传统农业向现代农业转变的核心要素。"绿色革命"开启了世界农业注重推广农业技术之门，非洲大陆也于2006年成立了"非洲绿色

---

① *Africa Research Bulletin：Economic、Financial and Technical Series*，Vol. 49，No. 11，November 16th – December 15th 2012.

② The World Bank，*Growing Africa：Unlocking the Potential of Agribusiness*，AFTFP/AFTA，1 January 2013，pp. 16 – 17.

③ The World Bank，*Growing Africa：Unlocking the Potential of Agribusiness*，AFTFP/AFTA，1 January 2013，p. 17.

革命联盟"，加之《非洲农业综合发展计划》强调农业技术的使用，借此动力，在选用良种、采用农机设备（农业机械化水平低限制了集约化经营）、施用有机化肥、合理使用农药的同时，加强科学化田间管理以及农产品储存（在非洲大陆，谷物的收获后损失达 15%~20%），大幅增加农业产出，恐怕并非遥不可及。

在此情境下，非洲国家完全可以挖掘农作物的生产潜力，改变当前非洲玉米产能仅及 20%、经济作物产能差距 30%~50% 的状况，[1] 释放其旺盛的内在潜力。由此，农业增长的源泉不仅在于耕作面积的扩大，更源于农业生产率的提高，农村贫困人口的营养供给会获得明显改善，贫困人口收入增加，农村贫困发生率亦会随之降低。

第三，延长农业产业链，增加农产品附加值，或建立非农产业，拓宽农村贫困人口就业渠道。现代农业的内涵不再局限于传统的种植业、养殖业等农业部门，而是包括了生产资料工业、食品加工业等第二产业的内容。农业乃至农村经济的发展当然要把目光聚集于农业生产本身，但增值潜力更在于对农业原料的加工，建立农产品加工业，这是农民增加就业、增加收入、脱贫致富的关键，也是非洲国家摆脱在国际初级农产品价格体系中受制于人的有效举措。

为此，非洲国家宜倡导企业家精神，培育越来越多的非洲本土企业家在农村创立与发展涉农或非农产业。在经过 10 多年经济高速增长后，非洲地区近一半国家进入人均收入超过 1000 美元的中等收入国家之列，国内中产阶级队伍迅速扩大。由此，政府相关部门可以通过各类优惠政策，引导一些土生土长的具有一定资金实力、知识技能、经营与管理才能的非洲人创立种植业以外的产业，发挥其旺盛的投资活力、冒险与创业精神，挖掘正在成长中的私营伙伴潜力，涉猎农产品深加工领域，在农村或城镇发展非农产业。这不仅可以有效吸纳更多的农村劳动力，同时也有助于优化国内产业结构，改变农村地区的就业结构。

第四，加快地区一体化进程，改善农产品市场环境，推动农产品贸易便利化。

其一，非洲大陆依据自然条件，可划分为不同农业区域，因地制宜出产

---

[1] The World Bank, *Growing Africa: Unlocking the Potential of Agribusiness*, AFTFP/AFTA, 1 January 2013, p. 17.

粮食作物或经济作物，农产品市场大致可分为三种类型：一是供应热带经济作物，如咖啡、可可、橡胶等；二是供应粮食作物，如稻谷、玉米、小麦等；三是供应瓜果蔬菜高附加值农产品，如蔬菜、水果、鲜花等。[1] 出于满足国内市场消费需要，非洲国家需要丰富而多元化的农产品供应，小而全农产品或许忽视了非洲各国农业资源的优势。这是因为，非洲有 54 个国家，国内市场狭小，农业生产力的提高必然带来部分优势农产品剩余，而部分农产品却面临短缺。若非洲大陆能超越国界，以区域为单位进行专业化生产分工，互通有无，取长补短，或许会为未来的非洲农产品销售市场提供更广阔的空间。

其二，加快非洲国家内部及国家间交通设施建设，为商品贸易流通提供便利条件。由于非洲有 30% 以上的人口生活在内陆地区，远远高于世界 2% 的平均水平。许多农产品生产地与国际出口市场相距较远，这就意味着非洲的出口商品从原料产地到沿海装船运输有一个漫长的路程。目前，非洲国家公路建设发展滞后，具备通行条件的公路仅占总长的 18%，远远低于同为发展中地区的南美（33%）和南亚（59%）。[2] 公路密度网的低度化使非洲 3/4 的农户与国际农产品出口市场分隔开来，加之非洲邻国之间公路网不能完全对接，以及出口产品过境费支出不菲，使非洲初级产品在出口世界市场过程中的运输成本较高，约占商品最终出口交易价格的 50%。[3] 上述情况影响了非洲出口商品的国际竞争力，也相对减少了出口产品生产者的收益。因此，构建非洲内陆分布均匀，涵盖公路、铁路、港口、机场等完整的交通运输走廊成为迫切需要。

其三，减少贸易壁垒，激活非洲区域内贸易潜力。非洲大陆从人口年龄结构看，15 岁以下人口占总人口比例的 40%，可谓是年轻而富有活力的大陆，市场消费能力较强。而从非洲大陆区内贸易情况看，尽管近年来非洲经济一体化进程加快，但非洲大陆内部贸易量仍很有限，农产品地区贸易仅占 10%。[4] 值得欣喜的是，非盟作为非洲一体化进程的引领者，在 2012

① Jean – Claude Deveza edited, *Challenges for African Agriculture*, The World Bank, 2011, p. 49.

② UNDP, *Africa Human Development 2012: Towards a Food Secure Future*, New York, 2012, p. 35.

③ John Page, "Strategies for Pro – poor Growth," *Journal of African Economies*, Vol. 15, No. 4, 2006, pp. 528, 535.

④ The World Bank, *Growing Africa: Unlocking the Potential of Agribusiness*, AFTFP/AFTA, 1 January 2013, p. 18.

年 1 月于亚迪斯亚贝巴举行的第 18 届非盟峰会上，非洲领导人做出决定，拟在 2017 年建成本大陆的自由贸易区。这样，非洲国家间通过简化农产品过境手续，取消农产品过境费，协调海关和商检程序，可创造更广阔的地区市场。此举不仅可以抵御区域外贸易形势变化和金融危机带来的冲击，而且会使非洲区内贸易的发展成为推动整体农业快速发展的重要内生动力，改变农业发展整体面貌，以贸易促增长。

非洲自主发展能力变化的矿业视角分析

杨宝荣*

　　自主发展能力是一国可持续发展能力的重要体现，多数非洲国家之所以发展动力不足，很大程度上同其自主发展能力不够有关。矿业是较能体现一国自主发展能力的领域。一些坐拥大量矿产资源，发展潜力较好的非洲国家，在长期的发展中不仅没有获得相应的发展成就，相反却陷入"资源诅咒"、"矿业飞地"①，以及有增长无发展和资源开发恶性循环等陷阱中。

　　非洲国家一贯重视矿业领域的自主发展能力提高，希望将矿产资源潜力变为现实的发展能力，促进社会经济的综合发展。近年来国际经济形势的变化给非洲的矿业发展带来了新的发展机遇。为此，通过矿业政策调整增强自主发展能力重新成为许多非洲国家的关注点。从历史角度比较分析非洲矿产开发的自主性变化，不仅有助于正确认识非洲当前的矿业政策调整，也有助于推动包括中国在内的外部世界与非洲矿业合作的健康深化。

一　从殖民开发到矿业权的逐步控制

　　长期的殖民统治是造成非洲国家矿业发展自主能力严重不足的主要原因。殖民统治一方面造成非洲矿业开发政策的制定受制于外部，且由于国

---

　　*　杨宝荣，中国社会科学院西亚非洲研究所非洲研究室副研究员。

　　①　本文所指矿业概念为包括金属矿业和非金属矿业在内的大矿业。"矿业飞地"指的是矿业开发并没有为矿产所在地带来社会经济的综合发展和进步的国家和地区，它是西方学者描述畸形矿业经济的专业术语。

内矿产品需求严重不足，资源开发以满足宗主国及西方工业国家发展需要为主，政策缺乏弹性；另一方面，也导致矿业开发对当地的社会经济综合发展贡献较小。

（一）殖民时期的非洲矿业开发及影响

殖民统治不仅打断了非洲社会自主发展进程，也使非洲地区长期背负殖民经济特征，是造成非洲矿业畸形发展及现今矿业版图的重要根源。殖民者对非洲的矿业开发是同其社会经济发展相适应的。整体上，在第一次世界大战前数百年的被殖民过程中，非洲的矿业开发规模较小且处于随意状态。这同欧洲资本主义国家的工业化进程密切相关。由于非洲国家没有取得政治上的独立，其矿业政策主要由殖民政府制定，矿业开发取决于殖民公司的发展需要，立足于满足本国需求或国际市场竞争，矿产品以出口为特征，公司股权完全被外国公司控制，矿业生产利润除用于殖民公司扩大再生产及必要的基础设施建设外，都转移到生产国外。这造成非洲的矿产资源开发同当地的社会经济发展严重脱节，"矿业飞地"特征显著，不仅直接影响了非洲的发展，也对其长期发展造成了制约。

"矿业飞地"的形成还对非洲社会经济自主发展能力造成了重大的影响。第一，殖民政府对欧洲移民的矿业经营支持政策直接导致原住民的社会地位严重下降，社会发展进程依从于殖民宗主国需要。矿业开发吸引了大量的欧洲移民进入非洲殖民地。其中部分移民成为当地的矿业开发者。为了保证新移民矿业开发者的顺利经营，包括获得矿权、拥有土地、对当地人的雇用和管理，殖民政府通过各类政策，如其时殖民政府制定的相关劳动政策、基础设施投资政策、涉及矿区所有的土地政策等，扶植白人矿业公司，以满足其矿业开发的需要。正是在此政策影响下，最大的矿业国南非形成了种族隔离统治。第二，造成了殖民地经济的畸形发展。一些严重依赖矿产出口的国家为此贴上了诸如"钻石国""黄金国""铜矿国"等标签。第三，有限的基础设施建设主要服务于矿产开发需要，并强化了"矿业飞地"的存在。有研究指出，非洲殖民统治时期所建设的铁路中有 2/3 是和港口连接的。第二次世界大战前的几十年间，在撒哈拉以南非洲的公共基础设施投资超过一半流入交通领域，特别是与矿业开发相关的铁路行业。铁路投资的主要影响是强化了"矿业飞地"的地位。矿业资源的深加工并没有留在当地，这制约了该地区的一体化市场发展。① 此外，为便于对非洲的控制，殖民当局通过这些基础设施人为地对非洲各地区进行了割裂，② 有限的道路建设只是出于连接必要的殖民地市场和满足殖民者集中居住地区的生活需要。广大非洲大陆非矿区的道路交通建设则没有受到关注。

（二）独立后非洲矿权的逐步回收

国家主权的独立是一国经济自主能力提高的必要基础。政治上的独立与制度选择自主性的增强为非洲国家争取矿业开发自主权创造了条件。在第二次世界大战结束后的民族运动浪潮中，非洲国家纷纷获得了政治上的独立。独立后如何通过制度选择来实现对资源开发的主导权并最大限度地促进社会经济的综合发展和进步，是摆在非洲国家面前的重要任务。而人类近代以来的国际发展经验表明，苏联的社会主义模式是农业国转向工业国最成功的案例。由此，除象牙海岸（今科特迪瓦）和利比里亚等少数公开宣称走资本主义发展道路的国家外，多数非洲国家在独立后宣称走社会主义发展道路。这些社会主义国家在经济发展战略上都不同程度地采取了国有化和工业化运动，实施了对殖民经济的大规模改革，其中一个重要领域就是将矿业企业收归国有或通过加大政府对矿业的投入增加股权参与矿业开发与经营。③

矿业权的逐步回收对非洲国家的自主发展能力产生了积极的影响。首先，国家的独立至少在形式上确立了矿业资源的国家所有属性，这与被殖民时期的矿业资源完全被殖民开发者主宰相比有了实质性改变。其次，非洲国家独立后，矿业成为新独立国家发展经济、促进本国工业化发展的重要领域。一定意义上讲，现代工业化的发展就是建立在资源开发基础上的。因此，在殖民矿业基础上发展本国工业，成为很多非洲国家独立后增强经济独立自主能力的重要手段。仅以多哥为例，作为西非最大的磷酸盐生产国，独立后多哥致力于发展本国工业，一方面不断购买外国企业或增加在合营企业中的投资

---

① Economic Commission for Africa, African Union, "Minerals and Africa's Development," The International Study Group Report on Africa's Mineral Regimes, http：//www. africaminingvision. org/, 2014 - 04 - 14.

② Ambe J. Njoh, Ph. D. , "Implications of Africa's Transportation Systems for Development in the Era of Globalization," http：//www. trforum. org/forum/downloads/2007_5A_AfricaTrans_paper. pdf, 2013 - 06 - 14.

③ 唐大盾、徐济明、陈公元主编《非洲社会主义评论》，教育科学出版社，1994，第 324 页。

股份；另一方面积极鼓励发展本国的中小企业，建立了多哥中小企业促进中心和国家投资公司，在资金、物资和技术方面给民族工业以指导和帮助。到1980 年，多哥已拥有 40 个重要工矿企业，奠定了国家工业发展的基础。[①] 再次，非洲国家有可能有效利用国际矿产品需求上涨机会促进矿业对经济发展的带动作用。从第二次世界大战结束到 20 世纪 70 年代中期，受战后欧洲和日本的重建以及苏联继续推进工业化的影响，全球矿业产出和金属价格出现了史无前例的增长。这为非洲国家利用本国矿产资源开发促进经济增长奠定了基础。也正是在此条件下，非洲经济在 20 世纪 60 ~ 70 年代保持了整体上的增长和繁荣。

二　自主调整的尝试与被动的 "自由化" 改革

20 世纪 80 年代开始的非洲国家矿业政策自主调整和 90 年代接受国际多边金融机构的改革，二者在时间上有较大的交叉。从自主调整到接受外来改革方案，表明了非洲国家矿业自主发展的主观努力和局限性。一方面，非洲国家能从矿业发展的现实角度认识发展面临的问题并就矿业长远发展做出规划，表明非洲国家在经济发展能力方面有了进一步的提高。另一方面，接受外部提供的矿业发展方案，表明非洲经济脆弱性特点突出，国民经济发展及矿产行业的对外依赖性仍很强。并且，相比于独立初期的发展，矿业面临的外部经济环境日益恶化。

（一）矿业政策的自主调整及其影响

1. 20 世纪 80 年代的矿业政策自主调整

随着西方工业国家战后重建的完成，20 世纪 70 年代中期之后，国际矿业需求和价格基本呈下降趋势，加上非洲国家在发展中自身存在的问题，导致20 世纪 80 年代非洲多数国家陷入经济困境，政府债台高筑，企业经营困难重重。为应对国际经济形势变化给自主发展带来的冲击，非洲国家从 70 年代末开始制定并实施了一系列强调自主发展的发展规划。1979 年 3 月，联合国非洲经济委员会在摩洛哥召开的发展和计划部长会议上拟定了《联合国第三个

[①]　中国社会科学院西亚非洲研究所编《非洲经济》，人民出版社，1987，第 9 页。

十年发展的非洲发展战略》和《非洲统一组织国家和政府首脑会议关于为建立国际经济新秩序而在社会和经济发展中实现国家和集体自力更生的方针和措施的宣言》。同年 7 月，在非洲统一组织首脑会议上集体通过了以上"宣言"，即《蒙罗维亚宣言》（《蒙罗维亚战略》）。为进一步落实《蒙罗维亚宣言》，各国领导人在 1980 年 4 月"非统"经济特别首脑会议上制订了《拉各斯行动计划（1980～2000 年）》。此外，1985 年 7 月，"非统"第 21 届首脑会议通过了《1986～1990 年非洲经济复兴优先计划》。

2. 自主调整矿业政策的积极意义和局限性

一方面，非洲国家集体制定的应对发展挑战的涉及矿业政策调整的系列文件表明其自主发展能力意识的增强。如备受关注的《拉各斯行动计划》就非洲矿业强调利用矿产资源来保证非洲的社会经济发展；明确指出非洲国家20 世纪 80 年代发展矿业的当务之急是提高对矿业资源的认识并通过摸清资源储量确定开发模式；提出应该对战略性矿产资源给予充分的关注，并建立相关基础工业；重视在国家和地区层面的矿业科技研发和合作，提高国家地理统计数据的获取能力等。《拉各斯行动计划》将非洲国家提高矿业自主发展能力集中在三个方面：扎实基础、推动相关工业发展和提高矿业发展技术水平。[1] 正如有学者指出，它是非洲在新时期自主发展的积极探索，是非洲国家在殖民遗产基础上试图依靠集体力量自力更生，通过发展来解除困境的政策尝试。[2] 另一方面，非洲国家并没有提出具体的行之有效的矿业政策调整。这在很大程度上同矿业产业发展特点的外向型有关。正如《拉各斯行动计划》所指出的，处于工业化前时代的多数非洲国家对矿业及其带动下的工业发展有着较大的局限性。这包括作为国民经济主力的矿业发展对外依赖性高，很难对冲国际大宗商品价格波动带来的风险；国家政策调整空间较小、手段单一等。该计划认为矿业的发展应该同农业及相关的加工制造业等发展相结合。通过对非洲自主发展战略和世界银行"药方"的比较可以发现，非洲国家和世界银行对于非洲矿业发展面临的客观问题的认识是一致的，如缺少资源数据、矿业对其上下游产业的带动不够等。只是世界银行对此的描述更多强调

---

[1] OAU, *Lagos Plan of Action for the Economic Development of Africa 1980 – 2000*, Nigeria, April 1980.

[2] 舒运国：《非洲经济改革的走向——〈拉各斯行动计划〉与〈非洲发展新伙伴计划〉的比较》，《西亚非洲》2005 年第 4 期。

市场不开放及对外资的吸引力不够等。从时间来看，非洲国家在《拉各斯行动计划》出台 12 年后接受世界银行的"非洲矿业战略"①，也表明了非洲国家在矿业自主发展上面临的局限和无奈。

（二）"自由化"改革

1. "自由化"原则指导下的非洲矿业改革

国际多边金融机构对非洲的"结构调整计划"从 20 世纪 80 年代初就开始实施。但直到非洲国家经历 80 年代中期的国际基础金属价格大幅调整后，世界银行才于 1992 年提出了专门针对非洲矿业领域的"非洲矿业战略"（Strategy for African Mining），认为必须解决非洲矿业的问题，而这是使非洲经济摆脱停滞获得增长动力的首要突破口。"结构调整计划"被普遍认为是强加给非洲的改革方案。世界银行为非洲矿业改革开出的"药方"与"结构调整计划"同出一辙。主导思想是通过自由化和私有化改革，吸引外国私营资本进入矿业领域，并要求非洲政府提供税收优惠等政策扶植。具体政策调整集中体现在以下几个方面：降低非洲政府在矿业公司中的股权和参与力度；为矿业领域的外国直接投资提供更多的税收优惠，使其比拉美公司具有更强的竞争力；放开外汇管制，允许矿业企业利润汇出无限制；引入投资保护保险，包括对一定时期内的外来投资实施财政保障等。此外，还要求非洲矿业国家加大政治民主化进程，以确保稳定的政治环境。尽管矿产品收入锐减让非洲国家的自主发展受到沉重打击，但为取得国际多边金融机构的资金支持，非洲国家不得不接受以国际货币基金组织和世界银行为代表的国际金融机构主导下的矿业领域改革。

2. "自由化"改革对非洲矿业自主发展能力的影响

一方面，国际多边金融机构的改革方案中断了非洲矿业自主发展的努力和规划；另一方面，国际多边金融机构罔顾非洲经济脆弱性特点，基于市场短期效应的考虑，以所谓市场为导向的自由化改革直接造成了矿业资源的廉价销售，将非洲国家独立后在矿业领域所做的自主发展努力成果消耗殆尽。

---

① 1981 年、1983 年、1984 年、1989 年，国际多边金融机构分别出台了对非洲改革指导的"结构调整计划"文件：《撒哈拉以南非洲的加速发展：行动议程》（又称《伯格报告》）、《撒哈拉以南非洲：关于发展前景和计划进展报告》、《为撒哈拉以南非洲的持续发展而努力》、《80 年代非洲的调整和增长》和《撒哈拉以南非洲：从危机到持续增长》等。

非洲国家政府经 20 世纪 60~70 年代的改革收归或增加的矿业股权再次被私有化，具有投资潜力的矿业资产再次成为西方公司的关注点。正如非经委在非洲矿业发展回顾报告中所指出的：20 世纪 80~90 年代在世界银行和国际货币基金组织支持下的矿业领域改革，由于其关注目标是吸引外国直接投资，因此并没有对非洲矿业开发及当地的发展有所改变。改革因矿业公司所获得的特殊利益而招致广泛批评。改革直接降低了依赖矿业的非洲国家政府的收入及其对社会经济发展的支持能力。矿业政策并不是以可持续发展为导向的，也没有使矿业同本地、地区和国家经济的联系加强。[①]

三　21 世纪以来的非洲矿业政策调整

随着 21 世纪初新兴市场国家对矿产资源需求的增加及对非洲资源开发关注的提升，很多非洲国家开始反思其矿业政策。调整矿业政策，增强矿业发展自主能力，改变"矿业飞地"处境，成为非洲矿业国的关注点。与此同时，国际机构也积极规划和参与非洲的矿业政策改革。

（一）非洲矿业政策的自主调整与国际关注

1. 非洲国家的自主矿业政策改革

近年来很多非洲矿产国开始了新的自主矿业政策调整，以期通过矿业发展带动社会经济的综合进步。一些主要矿产国，包括刚果（金）、马里、坦桑尼亚、几内亚、加纳、赞比亚、莫桑比克、埃塞俄比亚和莱索托等国纷纷启动了对旧有矿产法的修改，其中坦桑尼亚、刚果（金）、赞比亚、加纳等国则启动了同矿业开发商大量旧有合同的重新谈判。从形式上来看，目前非洲国家对矿业政策的调整已经多元化，利用综合手段提高矿业发展自主权成为主要特点，体现为既强调资源潜力转变为现实经济能力，又注重资源开发与社会经济发展的可持续性。

其一，重新重视国家在矿业开发中的直接收益。具体手段包括：（1）对矿业开发增加特许费、增加税收等。包括赞比亚、利比亚、刚果（金）、几内

---

① UNECA, *Africa Review Report on Mining* (Executive Summary), p. 3, http://www.uneca.org/sites/.../aficanreviewreport-on-miningsummary.pdf, 最后访问日期：2014 年 3 月 14 日。

亚、博茨瓦纳、布基纳法索、南非、坦桑尼亚和纳米比亚等国在内的非洲国家采取了上述措施。如南非在 2012 年由政府专家团队提出了对探矿权销售增加 50% 的超级利润税，50% 的资本所得税的建议；执政的非国大还在研究更大程度地干涉矿业的可能性。在重要黄金生产国加纳，为确保矿业收入最大化，政府计划将矿业公司税率从 25% 提高到 35%，利润税从现有的产出特许权税率 5% 增加到 10%。最大铜矿生产国赞比亚，对金属开发特许权税率提高到 6%。[①]（2）扩大政府在矿业开发中的权益，表现为增加参股、占股，谋求股权介入和红利收益等。南非、津巴布韦、肯尼亚、厄立特里亚和几内亚等国进行了该项政策调整。世界最大的铝矾土储量国和最大的铁矿石蕴藏国之一的几内亚，要求在所有矿产项目中持 15% 的股份的基础上再购买 20% 的股份。纳米比亚已经决定转让所有新的矿产和勘探权给国有公司。在安哥拉，从 2011 年 9 月 23 日开始实施新的非石油矿产法。按照新法，政府将不再像以前一样对矿业企业要求占有较高股权，而是在所有矿业项目中保留最少 10% 的无偿附带权益。新法也对矿产的战略性和非战略性做了区分，钻石、黄金及放射性矿物属于战略性矿产，部长委员会有权界定战略性矿产的划分。此外，该法还对通过个人或商品限制准入来建立矿带进行了规定。安哥拉还积极推动实施新的私人投资法，根据该法，安哥拉将同外国公司就所有税收利益进行谈判。此外，纳米比亚也在考虑对矿产品征收超级税，而坦桑尼亚计划委员会已建议政府向矿产企业加征高额利润税。其二，提升政府矿业开发许可授权及监管水平。这主要表现在收回矿权、重新评估矿权及吊销业务许可证，强化对矿业开发的直接行政介入等。政策调整国家包括南非、纳米比亚、利比里亚、几内亚和津巴布韦等国。尼日利亚政府也可能就离岸油田合同和外国石油公司再次谈判，相关主管部门称目前的"不平等财政条件"使得政府在该方面的税收损失达到 50 亿美元。[②] 2012 年 7 月，利比里亚政府以不遵守矿业规则（主要是开发延缓）为由吊销了 25 家矿业公司

---

① "Resource Nationalism in Africa," "Wish you were mine, African governments are seeking higher rents and bigger ownership stakes from foreign miners," Feb. 11th 2012, Johannesburg, http://www. economist. com/node/21547285, 2013 – 6 – 15, 最后访问日期：2014 年 3 月 12 日。

② "Resource Nationalism in Africa," "Wish you were mine, African governments are seeking higher rents and bigger ownership stakes from foreign miners," Feb. 11th 2012, Johannesburg, http://www. economist. com/node/21547285, 2013 – 6 – 15, 最后访问日期：2014 年 3 月 12 日。

的许可证。① 其三，重视弥补过去殖民开发所造成的发展不平衡问题，强调矿业开发对当地可持续发展的意义。如限定本地雇用比例，提升黑人技术水平和经济地位。政策调整国家包括南非、津巴布韦等国。此外，南非、几内亚、刚果（金）、利比里亚等国还非常重视矿业上下游产业的发展，以延长国内矿业产业链，同时要求投资者承担更多社会发展责任。

2. 国际议程与非洲矿业政策调整

随着 21 世纪初联合国千年发展目标的提出，非洲矿业发展问题就成为国际重点关注对象。2000 年开始，非洲有关国家的矿业部长同经合组织（OECD）的矿业合作伙伴就在联合国非经委的组织下以"圆桌会议"的方式开展建设性对话。这种对话在新兴市场国家对非矿业合作升温的情况下取得实质性进展。2007 年 2 月，联合国非经委牵头并由非经委、非盟和非洲开发银行组织的非洲矿业发展第五次"圆桌会议"召开。会议的主题是"为增长和减贫管理非洲的自然资源"（Managing Africa's natural resources for growth and poverty reduction），来自 11 个富矿资源国的部长和高官，以及非盟委员会代表参加了会议。为落实会议精神，非经委组织相关方于 2007 年 9 月成立了国际研究集团（International Study Group，ISG），专门就非洲矿业机制进行研究，并就未来国际合作进行规划。该组织声称将通过研究非洲矿业体制以寻求促进非洲矿业发展的新机制，进而实现《拉各斯行动计划》所提出的目标。国际研究集团由此提出了《非洲矿业愿景》（The Africa Mining Vision），以及长期利用矿业发展实现千年发展目标。具体措施包括：改善投资环境，加大矿业开发监管，促进矿业在国民经济转型和产业结构完善方面的带动作用，提高矿业收入对国家实现千年发展目标的贡献等方面。② 随后，该机构形成的系列报告成为非洲矿业部长会议、首脑会议矿业发展研讨的主题。2008 年 8 月 20～22 日，非经委为即将召开的非盟第一届矿业部长论坛组织了包括国际研究集团在内的专门技术工作组，就《非洲矿业愿景》草案进行了讨论。工作组由非盟和非经委共同建立，成员包括非洲的矿业合作伙伴代表（之前参加非洲矿业部长论坛的国际代表）、

① 苑基荣：《非洲多国拟增加矿业税　从吸引投资逐渐转向求效益》，http：//finance. people. com. cn/money/n/2012/0712/c42877 - 18498858. html，最后访问日期：2013 年 4 月 23 日。

② UNECA & AU, *Minerals and Africa's Development*, Addis Ababa, Ethiopia, December 2011, p. 5.

非洲开发银行代表、联合国贸发组织（UNCTAD）代表和联合国工业发展组织（UNIDO）代表。2008 年 10 月非盟第一次矿业部长研讨会召开，《非洲矿业愿景》被采纳，在 2009 年 2 月的非盟首脑会议上非洲国家签署《非洲矿业愿景》。2011 年 12 月非盟第二届矿业部长会议上通过了《非洲矿业愿景》具体执行方案。

（二）近年来非洲矿业政策调整的新特点

第一，矿业开发国际合作的重要性凸显。非洲矿业国家及有关国际多边机构，将非洲矿业可能带动的经济持续、综合发展期望寄托在中国等新兴市场国家对资源的开发需要基础上，希望能抓住该次国际矿业发展繁荣的机会。正是在此背景下，经过国际多边金融机构协调，召开了系列国际组织参与的关注非洲矿业发展的会议，并就非洲当前和未来矿业发展做出了规划。第二，进一步明确了矿业在经济社会发展中的地位。非洲国家政府对非洲矿业在非洲实现千年发展目标及可持续发展方面所能发挥的作用进行重新认识，认为矿业有助于促进非洲资源不同层面的开发，包括高价值金属和低价值工业矿石以及商业开发和小规模利用开发；矿业有助于促进不同社会经济群体的发展，包括手工业工人、企业家等，并带动社会经济的发展；矿业是影响一国经济发展和提升经济竞争力的重要因素，也是影响国际资本流动和大宗商品价格波动的重要因素。联合国工业发展组织也指出，工业化的发展是同经济增长相统一的。世界很少有国家是在经济缺乏有效增长的情况下实现工业化的。非洲要实现工业化发展，必须通过矿业开发来带动经济高速增长，进而逐步实现工业化。第三，明确了具体的矿业发展方向。《非洲矿业愿景》提出非洲矿业应注重以下几个方面的发展和规划：（1）促进非洲矿业带动的广义的增长，包括促进矿业下游产业的发展，增加矿业收入和带动制造业发展；矿业上游产业应同矿业资本商品、消费业、服务业发展相结合；矿业相关行业，包括基础设施如电力、物流、通信、水等行业及技术领域的发展；通过矿业合作建立政府间、私营企业、市民社会、当地社区及其他股权方的互利伙伴关系。（2）矿业领域的可持续并且良好的发展，包括对矿区资源的有效储存和设置资源税收，创建安全、平等、种族包容、环境友好的矿区开发环境。（3）矿业已经成为经济多元化但具有波动性和全球竞争的经济领域。（4）矿业有助于有关非洲国家建立具有竞争力的基础设施平台，有利于推动非洲地区经济一体化。

（三） 非洲矿业自主发展能力的变化

21 世纪以来的非洲政策调整所带来的矿业自主发展能力的变化集中体现在以下方面。

1. 政策制定空间有大幅提高

其一，矿业自主发展能力关注层面上升。本次的调整涉及多方国际机构，包括联合国、世界银行等国际多边金融机构、非盟等。各方希望非洲矿业成为未来促进增长与减贫、实现千年发展目标、推动社会经济发展的突破口。多方机构的参与有利于非洲矿业发展处于更加有利的地位。矿业愿景的出台也将唤起更多非洲国家对资源政策调整的关注。其二，体现在吸引国际关注，平衡对非矿业合作伙伴的关系上，让其在主导矿业发展中享有更大的自主权。长期以来，非洲矿业合作伙伴主要是发达国家。近年来中国、印度等国的矿业需求以及 2003 年以来的国际矿产品价格上涨，使非洲矿业国由四处寻求援助转向坐享评估权，国际社会对非洲资源的开发热度直接提升了非洲的经济地位，为其调整矿业政策实现资源开发利益最大化提供了必要的条件。正如《非洲发展新伙伴计划》中所指出的，"世界需要非洲"使非洲终于赢得了世界的关注，外国公司日益增加对非投入，一定程度上是由于非洲丰富的自然资源。非洲的能源和矿业工业正在焕发新的生命。非洲基础设施匮乏，但国际投资能够解决这个问题。跨国公司在非洲展开的资源争夺使非洲拥有了得天独厚的战略优势。[1] 其三，加强非洲大陆内部政策的协调性，强调集中力量用一个声音说话。如在《非洲矿业愿景》的行动计划中，非洲国家就行动的关键动力强调指出："在如何使用矿产资源促进增长和发展方面，需要有非洲共同的声音。"[2] 相关国家对矿业政策的集体协调，增加了矿业对外合作的话

---

[1] Stanley Subramoney, "Africa Has the Advantage – It Now Needs to Win the Game," http：//www. nepad. org/nepad/news/1502/africa – has – advantage – % E2% 80% 93 – it – now – needs – win – game，最后访问日期：2014 年 3 月 18 日。

[2] "Action Plan for the Implementation of the Africa Mining Vision," Intergovernmental Forum on Mining, Minerals, Metals and Sustainable Development, Annual General Meeting, 16 – 18 October, 2012, Palais des Nations, Geneva, http：//www. globaldialogue. info/Action% 20Plan% 20for% 20the% 20，最后访问日期：2014 年 4 月 15 日。

语权和执行力。

2. 相关文件及行动内容反映出非洲矿业自主能力的提高

这主要集中体现在三个方面：对矿业关注的一致性、矿业发展政策内容的综合性、矿业发展战略的可操作性。

在对矿业关注的一致性方面，上文介绍表明，诸多文件反映了非洲利用矿业发展促进社会经济综合进步的共同需求，未来可能出台一致的矿业合作规范。有消息披露，非洲国家正在研究建立矿业联盟，制定统一的矿业政策，以确保外资在资源富集的非洲国家进行矿业领域投资时，能使当地人民从中受益。2014 年 1 月，非洲重要矿产国赞比亚的矿业、能源和水利发展部长亚卢马表示，包括赞比亚在内的许多非洲国家从其拥有的资源中获得的利益仍未最大化。非洲国家正研究制定通行的矿业政策，确保在各国都可实行。一旦该政策得以通过，如赞比亚认为某矿业投资者不合格，则其不但无法在赞比亚进行矿业投资，亦难以进入津巴布韦或安哥拉等其他国家。[①]

在矿业发展政策内容的综合性方面，《非洲矿业愿景》结合了国际矿业发展经验及非洲近年来的改革实践，其中包括北欧国家矿业发展和工业化的经验及拉美经验。在非洲地区实践领域，非洲曾多次出台以资源为基础的发展战略。其中涉及全非和地区层面矿业发展的主要战略包括《拉各斯行动计划》、南部非洲共同体（SADC）相关矿业法案（包括《南部非洲共同体矿业投资促进计划》、《南部非洲矿业政策协调、标准、立法及监管组织》等）、《非洲矿业伙伴计划》（The Africa Mining Partnership，AMP）[②]、《西非经货联盟矿业法》（UEMOA Code Minier Communautaire）等。

在矿业发展战略的可操作性方面，不仅有发展矿业的纲领性文件《非洲矿业愿景》，还制定了用于落实该计划的"矿业愿景行动计划"时间表。非洲国家矿业部长会议为执行发展规划，成立了相关的推动机构，如联合国非经委下的非洲矿业开发中心（AMDC）。"行动计划"就落实《非洲矿业愿景》

---

① 《非洲正研究制定统一的矿业政策》，http://www.mofcom.gov.cn/article/i/jyjl/k/201401/20140100458865.shtml，最后访问日期：2014 年 3 月 18 日。

② 2004 年 2 月 9 日在开普敦召开的第九届非洲矿业投资大会上，包括刚果（金）、马里、尼日利亚、纳米比亚等国的 21 位非洲矿业部长发起了《非洲矿业伙伴计划》，关注问题包括选矿、矿业作坊、小企业、人力资源开发、环境保护、外国投资及地方参与等。2004 年 6 月加纳、马里、南非、埃及、尼日利亚、刚果（金）、纳米比亚、埃塞俄比亚 8 个执委会成员国代表在开罗召开第一次会议。之后相关方多次召开矿业发展会议。

提出了阶段性任务。2008～2009 年任务包括：制定发展规划的《非洲矿业愿景》（AMV），各国矿业部长就《非洲矿业愿景》的"执行方案"（Action Plan）提交意见，非盟大会通过《非洲矿业愿景》；2011～2012 年任务：制定"执行方案"，部长会议通过"执行方案"，非盟大会通过"执行方案"；2011～2012 年任务：推动各国矿业部长采纳亚的斯亚贝巴决议，非盟委员会与各合作方就非洲矿业发展战略开展合作；部长会议授权在联合国建立"非洲矿业开发中心"（AMDC），寻求发展伙伴的支持。[①] 2011 年 12 月第二次非盟部长例会上提出的"执行方案"已于 2012 年 7 月的非盟首脑会议签署生效。2013 年 12 月在莫桑比克马普托召开的第三届矿业部长会议宣布非洲矿业开发中心启动。

四　非洲提升矿业自主能力的制约因素

非洲矿业自主发展能力的提高受到多种因素的制约，这些因素不仅贯穿矿业开发政策的制定过程，也对政策的具体执行和现实操作产生影响，自主能力的提高还同具体国家的综合发展水平息息相关。从当前来看，开发政策制定的独立性、合理性以及政策执行的国内外政治、经济环境等都将是影响非洲矿业自主发展能力的重要因素。

（一）非洲国家经济发展道路的选择

《非洲矿业愿景》所追求的目标已不仅是矿业领域的改革，而是关乎一国经济发展道路的选择及转型的问题。《非洲矿业愿景》的核心是利用非洲自然资源促进社会经济的综合发展，以期实现长期以来资源开发困境的转型，包括促进工业化和可持续发展。正如《非洲矿业愿景》所指出的，非洲矿业的发展不仅应该学习北欧等国家的经验，有效抵御矿产品价格波动等因素对经济发展带来的影响，还应该学习其他地区和国家的发展经验，特别是中国、印度、巴西等国家在该领域的经验非常重要。国际研究集团的报告也指出，

---

① "Action Plan for the Implementation of the Africa Mining Vision," Intergovernmental Forum on Mining, Minerals, Metals and Sustainable Development, Annual General Meeting, 16 – 18 October, 2012, Palais des Nations, Geneva, http：//www. globaldialogue. info/Action％ 20Plan％ 20for％ 20the％ 20，最后访问日期：2014 年 5 月 20 日。

非洲要实现矿业投资环境的改善并从中受益，拉美经验非常重要。众所周知，非洲矿业自主发展不仅同北欧国家有着迥然不同的外部、内部环境，与拉美在社会发展阶段及经济环境等众多方面也差距较大。不同经济发展道路的选择将不可避免地考验非洲国家的矿业政策的发展和实施成效。

（二）非洲国家统一改革的政治意愿

从整体上看，当前非洲国家矿业政策的调整同国际组织和西方国家关注并推动非洲矿业改革的行动在时间和内容上都有着很大的相似性。但实际上，二者又有着较大的差异：前者是自主调整，后者是相互协商甚至某种妥协后共同制定的改革方案。有评论指出，《非洲矿业愿景》改革议程面临的不断增加的一个威胁就是部分非洲政治领导人缺乏采纳和一致应用该政策的政治意愿。[①]"缺乏意愿"的原因是多方面的。笔者认为以下两个方面较为突出。第一，一些资源国对《非洲矿业愿景》的外来推动力不信任，这主要源于多年合作带来的深刻教训。但也有一些非洲国家和区域组织，如非盟，更希望并积极寻求欧盟、澳大利亚、加拿大等在非矿业方面投资较多国家对《非洲矿业愿景》的支持。[②]《非洲矿业愿景》始于传统矿业合作国，即发达国家的推动，其内容广泛涵盖推动矿业国的民主良治、公开透明等。之后相关议程的实施、机构的建立都得到这些国家的大力支持，特别是澳大利亚和加拿大政府。如2013年12月第三届矿业部长会议上启动的非洲矿业开发中心，其资金支持主要来自加拿大政府一个500万美元的对当地矿业发展的捐助项目。[③]第二，如同上文所述，一些资源国现实的利益考虑优先于长远的发展规划。因此，能否利用有利于非洲矿业发展的国际经济环境，提高非洲的矿业自主发展能力及促进经济转型，是非洲矿业国政府面临的新的挑战。

（三）"资源民族主义"评论的消极影响

客观而言，非洲国家通过矿业政策调整，实施新的矿业发展战略，使

---

① Kwesi W. Obeng, "Chinks in Africa Mining Vision's Armour," *African Agenda*, Issue Vol. 17, No. 1, 2014, p. 7.

② "African Governments must Let the African Mining Vision Work," *African Agenda*, Issue Vol. 16, No. 3, 2013, p. 4.

③ Kwesi W. Obeng, "Chinks in Africa Mining Vision's Armour," *African Agenda*, Issue Vol. 17, No. 1, 2014, p. 7.

得矿业领域的开发能够为非洲经济的可持续发展提供更多的动力，摆脱陷入"资源诅咒"的怪圈，使资源和矿产优势转化为现实的竞争优势，无可厚非。但近年来随着非洲矿业政策的调整，西方一些国际观察组织认为这是非洲"资源民族主义"的体现，这将使外国投资方被逐步挤出非洲的资源开发市场。事实上，资源开发规模是和资源市场需求密切相关的。近年来对非洲资源开发的关注不仅是因为非洲资源丰富，更重要的是非洲资源开发本身成本较低。正如非洲开发银行在 2012 年 6 月专门发布的《非洲矿业修正特许权使用费率：来自黄金矿业的经验》报告所指：近年来国际矿产品价格的增长，使非洲矿业行业成为高利润行业，特别是在一些贵重金属领域，相关矿业公司获得了大量的利润。而调整之前的特许权使用费率并不能真实反映国际市场价格的变化。近年来国际矿产品价格的增加为非洲矿业国家提高特许权使用费率留下了较大的提升空间。[①] 因此，所谓"资源民族主义"论调的背后体现了跨国公司要求非洲进一步开放市场的利益需求。但是由于西方类似评论的影响，给非洲国家矿业政策的调整带来了新的压力。

（四）非洲矿业发展对外依赖程度深

1. 国际矿业巨头的掣肘

矿业产值在很多非洲国家的国民经济中占有较高的比重，也是国内吸纳劳动力就业较多的部门。因此，政府对矿业政策的调整不得不考虑跨国公司投资方的要求。非洲矿业国政府矿业政策调整面临的最大的直接压力来自跨国公司。以近年来非洲矿业国家在实施《非洲矿业愿景》进行矿业政策调整中被认为是走回头路的两个典型国家加纳和赞比亚为例：作为非洲第二大黄金生产国的加纳，为提高政府收益，于 2012 年政府预算和经济政策咨文中提出了增加矿业领域意外收入所得税方案，但没有得到议会的批准。2013 年再次在政府预算中加以讨论。但在投资方撤资、减员的威胁下，当地政府不得不做出改变。2014 年加纳总统马哈马在参加达沃斯经济论坛时公开表示，加

---

① Afdb, "Royalty Rates in African Mining Revisited: Evidence from Gold Mining," http://www. afdb. org/fileadmin/uploads/afdb/Documents/Publications/AEB% 20VOL% 203% 20Issue% 206% 20avril% 202012% 20Bis_ AEB% 20VOL% 203% 20Issue% 206% 20avril% 202012% 20bis_ 01. pdf.

纳政府将不再征收矿产资源的意外收入所得税，而这主要是受到跨国公司的减员威胁。[①] 在赞比亚，2011 年 3 月，澳大利亚珀斯赞比西资源公司（Zambezi Resources Ltd.）获得赞比亚政府某铜矿项目的开采许可证。2012 年 9 月，赞比西资源公司提交的《环境评估报告》没有获得赞比亚环境管理署通过。环境管理署认为，矿业开发会给该地区环境带来严重破坏。随后赞比西资源公司提起上诉，并最终在 2014 年 1 月获得开发批准。这被外界认为是项目公司向赞比亚政府施加了压力。[②] 此外，西方矿企针对非洲国家矿业政策调整，也采取相关措施应对，如加强一线主业资源开发、通过精细化税收策略和利润转移等规避税费支出的增加等。

2. 国际矿业投资和需求的不确定性

非洲矿业国要实现自主能力的持续提高，首先要确保矿业开发能成为非洲经济增长的动力。从市场需求来看，国际需求仍是当前及今后相当长时间内拉动非洲矿业投资的主要动力。2003～2008 年国际矿产品价格的持续上升是直接催生非洲国家矿业政策调整以及《非洲矿业愿景》规划出台的重要因素。但经历金融危机后，包括中国在内的很多矿业投资大国纷纷进入了结构调整期，这在一定程度上降低了国际矿业投资热度。在非洲，尽管近年来矿产品自身需求有了大幅提升，但要实现工业化和城市化还有着较长的路程要走。此外，作为资金和技术密集型产业，很多非洲国家自身开发能力严重不足，而不得不依赖跨国公司。因此，国际矿业的投资和矿产品的需求将直接影响非洲矿业发展。

3. 矿业规范的国际化与政策实施的差异性之间的矛盾

尽管近年来西方工业国，如美国、欧盟、日本等加大了对非洲资源的关注，但西方传统的矿业合作伙伴在非洲矿业领域的影响力没有实质性的下降。所以，目前主导非洲矿业改革进程及出台的集体矿业改革政策的背后主要推动力仍是西方大国掌控的国际多边金融机构和发达国家集团。由于非洲国家众多，矿业开发条件及不同国家传统的矿业政策及合作伙伴差异较大，非洲的矿业自主能力提高仍存在较大的局限性：统一的矿业发展战略同具体国家

[①] Kwesi W. Obeng, "Chinks in Africa Mining Vision's Armour," *African Agenda*, Issue Vol. 17, No. 1, 2014, p. 6.

[②] Kabanda Chulu, "Mining in National Parks Comes under Opposition," *African Agenda*, Issue Vol. 17, No. 1, 2014, p. 10.

的国情脱节。有文章指出，对于目前的矿业发展战略，不同国家在对外矿业合作中存在分歧。① 但矿业领域的相关评估、审核体系却已经高度国际化。所以，非洲国家要实现这些国际化的规划，并且在发展过程中充分体现自主性，需要在国内的相关矿业立法及机构建设和执行方面提高能力。正如有评论指出，非洲国家必须要做的是根据国内矿业发展条件将《非洲矿业愿景》的相关内容统一到国内的立法中，以确保其得到合理有效的实施。②

综上，非洲自主发展能力是一个渐进的过程。它不仅体现为非洲自主发展认识能力的提高，也体现为自主发展行为能力的提高。非洲国家对利用矿业推动经济发展的认识以及相应的矿业政策的调整反映了非洲自主发展能力的逐步提高。对于工业化程度较低的多数非洲国家，在自身有效需求不足基础上，矿业经济本身具有较强的对外依赖性。这也是导致非洲国家多次矿业政策调整失败的重要原因。近年来新兴市场国家对矿产需求的增加，是非洲国家利用矿业促进社会经济综合发展新的发展机遇期。国际对非矿业关注不仅是市场需求，也是战略关注。非洲国家通过政策调整，制定有利于本国社会经济发展的资源开发政策，对于提升综合自主发展能力有着积极的作用。但要实现资源开发政策的有效调整，并得到国际投资方的认同，不仅需要广大非洲矿业国共同努力，也需要国际社会给予更多的理解和支持。

---

① Stanley Subramoney, "Africa Has the Advantage – It Now Needs to Win the Game," http：//www. nepad. org/nepad/news/1502/africa – has – advantage – % E2% 80% 93 – it – now – needs – win – game, 最后访问日期：2014 年 3 月 18 日。

② "African Governments must Let the African Mining Vision Work," *African Agenda*, Issue Vol. 16, No. 3, 2013, p. 4.

非洲能否取代中国成为新的世界工厂？

李智彪*

　　何为世界工厂，国内外学术界还没有确切、统一的定义。目前国内学术界比较认可的是工业经济问题专家吕政对这一专有名词的界定：一个国家的制造业已成为世界市场重要的工业品生产供应基地。具体地说，这个国家在制造业领域有一批企业和一系列产品在世界市场占有重要地位，这些企业和产业的生产能力、新产品开发能力、技术创新能力、经营管理水平、市场份额已成为世界同类企业和同类产业的排头兵，并在世界市场结构中处于相对垄断的地位，直接影响甚至决定着世界市场的供求关系、价格走向以及未来的发展趋势。①从世界工业发展史看，英国、美国、日本曾以其强大的创新与制造能力先后扮演世界工厂角色。改革开放以来，中国经济增长迅速，特别是 20 世纪 90 年代以来工业增加值快速提升，到 2010 年中国制造业产值首次超过美国成为全球制造业第一大国，标有"中国制造"的商品行销世界各地。正是基于此，越来越多的国外学者和媒体将中国称为"世界工厂"。②然而，国内各界对这一称谓的反应似乎喜忧参半，甚至忧大于喜。原因可能在于，与先前的世界工厂相比，中国的世界工厂头衔多少有些名不副实，起码中国还称不上是"新产品开发能力"和"技术创新能力"方面的"排头兵"，也

---

　　* 李智彪，历史学博士，中国社会科学院西亚非洲研究所研究员、教授、博士生导师。

① 吕政：《中国能成为世界的工厂吗?》，《中国工业经济》2001 年第 11 期。

② 联合国工业发展组织最新出版的《2011 年工业发展报告》也认为中国已成为世界工厂。United Nations Industrial Development Organization, *Industrial Development Report 2011*, Vienna: UNIDO, 2011, p. 143.

许将中国称为"世界加工厂"更贴切些。而且，随着国内外经济形势的发展变化，中国作为世界工厂暴露出的问题和矛盾越来越多、越来越严重，开始对现有的经济发展方式构成挑战。中国要实现经济发展方式的转变，必须将所谓的世界工厂外移；资源丰富的非洲大陆是中国外移世界工厂的最佳目的地，成为新的世界工厂也是非洲真正摆脱贫穷落后状况的最有效途径；整体规划是非洲世界工厂战略成功的关键。

一 非洲：成为世界工厂的优势与劣势

从已有的世界工厂发展轨迹看，一国要成为世界工厂，必须在生产要素某一两个方面具有比较优势乃至绝对优势，比如资源优势、劳动力优势、资本优势、技术或信息优势。如果把非洲视为一个整体，那么这个由50多个国家组成的大陆在自然资源和劳动力资源方面拥有绝对优势。

首先，素有"世界原料仓库"之称的非洲几乎拥有工业化所需的各种原材料。非洲已探明石油储量约为1200亿桶，占世界总储量的近10%和总产量的12%，属世界六大产油区之一，也是近年来全球石油储量和产量增长最快的地区，被誉为"第二个海湾地区"。非洲已探明天然气储量约15万亿立方米，占世界总储量的近8%，是世界重要的天然气储产区。非洲的黄金、钻石、钴、铬、铂、银、锰、锗、钯、磷酸盐、铀和铜等十几种珍稀矿物的储量居世界第一位。更有地质学家提出，非洲的矿藏可能有3/4尚未发现。非洲约22%的土地面积被森林覆盖，盛产红木、黑檀木、花梨木、乌木、胡桃木等多种名贵木材。非洲还是世界上可可、咖啡、天然橡胶、油棕、剑麻、丁香、花生、棉花、烟叶等经济作物的重要产地。非洲的渔业、畜牧业资源也相当丰富。[1] 英国之所以最早成为世界工厂，处于其殖民统治之下的非洲国家作为工业原料供应地发挥了不可或缺的作用。日本和中国在走向世界工厂的进程中同样大量借助了非洲的工业原料，只是它们获取原料的手段不再是英国式的武力和强权，而是国际贸易。宽泛地讲，当今世界所有发达国家的

---

[1] 英国泰勒弗朗西斯出版集团每年更新出版的《撒哈拉以南非洲年鉴》（*Africa South of the Sahara*）自2002年起增补了"非洲主要产品介绍"一节内容，对非洲主要农矿产品的储藏、生产、出口、价格走势等情况有比较系统、详尽的介绍和分析。该书最新版本为2011年出版的第41版，相关数据截止年份从2008年到2010年不等。

发展，全球工业化与现代化进程的演进与提升，世界经济的发展与繁荣，都离不开非洲丰富原料所做出的贡献。在全球已探明资源储量不断减少、资源价格日趋攀升的今天，非洲的资源优势在生产要素中的重要性更显突出。所以，就资源条件而言，非洲成为世界工厂的条件要优于中国。

其次，非洲的劳动力资源非常丰富。据非洲开发银行和联合国非洲经济委员会等机构联合统计，2010 年非洲人口已达 10.32 亿，是全球人口数量仅次于亚洲的第二人口大洲。而且非洲的人口构成特点使其具有转化为丰富劳动力资源的条件及潜力，突出表现在两个方面：一是非洲人口具有明显的年轻化特点。在全非总人口中，0 ~ 14 岁人口占 40.3%，15 ~ 64 岁人口占56.3%，65 岁以上人口仅占 3.8%。二是非洲人口自然增长率高，属世界之最。2000 ~ 2005 年非洲人口年均增长率为 2.5%，2005 ~ 2010 年为 2.4%。人口增长率高主要源于妇女生育率高。2010 年数据显示，每个非洲妇女一生平均生育子女数为 4.4 个。① 按照这样的增长速度，到 2050 年非洲人口将再翻一番，增至 20 亿人。此外，随着非洲经济形势日趋好转，非洲国家教育投入不断增加，小学、中学、大学的入学率也呈同步增长态势。1998 ~ 2008 年间，非洲年均教育支出占国内生产总值的比例为 4.6%，2006 ~ 2010 年间非洲年均小学毛入学率为 100.9%，净入学率为 75.1%，中学毛入学率为 40.7%。许多国家还创建了形式多样的职业技术培训项目，如 2006 ~ 2008 年间埃塞俄比亚的中高级职业技术培训项目年均毛入学率高达 54.2%，卢旺达为44.8%，马里为 39.6%。② 教育水平的提升非常有助于劳动力素质的提高，而非洲国家城市化的快速扩张以及各国普遍偏高的失业率，又为低成本劳动力市场奠定了基础。非洲国家也不乏具有高端技术和各种深厚专业知识的高技术人才和专家，只是由于种种原因这些宝贵的人才资源大多外流到了西方国家，如果母国环境改善，这些外流人才完全有可能回流。

就资本和技术两项生产要素而言，非洲国家基本上不具有比较优势，甚至可以说处于劣势。不过，在全球产业结构调整与转移日趋频繁、国际分工日趋细化的格局下，后发国家在资本和技术方面的劣势通常可以借助其在资

---

① AfDB, OECD, UNDP and UNECA, *African Economic Outlook 2011*, Paris：OECD Publishing, 2011, pp. 253，279.

② AfDB, OECD, UNDP and UNECA, *African Economic Outlook 2011*, Paris：OECD Publishing, 2011, pp. 290 – 291.

源或劳动力方面的优势，通过吸引外资的方式加以弥补。中国获得"世界工厂"称号正是走过了这样的路径。但中国在改革开放初期之所以能受到外资青睐，固然与中国在自然资源和劳动力资源方面具有的比较优势有关，更离不开中国当时稳定的政治和社会环境，这一点却是当下的非洲所无法比拟的。非洲国家独立数十年来一直是全球政局最动荡的地区。20 世纪 90 年代末以来，经过多党民主浪潮洗礼的非洲曾迎来一段政治经济平稳发展时期，但 2008 年国际金融危机爆发后，这种平稳发展势头被阻滞，非洲重新进入局部动荡多发期。动荡形势使非洲投资风险增大，对外资的流入乃至正常的经济发展形成巨大制约。

美国学者杰弗里·赫布斯特（Jeffrey Herbst）前几年完成的一项有关非洲国家间经济差异的研究很能说明政局动荡对经济发展的影响。他以 2000 年美元的不变价格为基数，分析了 2003 年非洲人均国民收入最高的 7 个国家和人均国民收入最低的 7 个国家在 1970～2003 年间的收入变化情况。研究结果表明，2003 年塞舌尔、毛里求斯、加蓬、赤道几内亚、博茨瓦纳、南非和纳米比亚 7 个人均国民收入最高的国家基本上属于政局相对稳定、未经历大的战乱的国家，而刚果（金）、布隆迪、埃塞俄比亚、利比里亚、几内亚比绍、马拉维和厄立特里亚人均收入最低的 7 个国家则多为经历过战乱或仍在战乱中煎熬的国家。其中利比里亚和科特迪瓦 1970 年的人均国民收入分别为 844 美元和 840 美元，曾属非洲人均国民收入最高的 7 个国家行列；刚果（金）在 1990 年以前也属于中等收入国家。战乱最终把这 3 个国家拖入低收入国家行列。[①] 如果把非洲置于较长历史时段考察，应该说非洲的战乱总体上呈不断减少的态势，但也应看到，信息化时代消息传播的快捷性，会使非洲局部动荡多发的态势具有较强扩散性。

非洲基础设施落后也是一大劣势，比较突出的问题有两个。一是陆上交通网络极度短缺。非洲国家现有的公路、铁路布局基本上是独立以前形成的，当时主要是为了适应和满足前殖民宗主国输出原料、输入制成品的需要，未考虑殖民地国家本国经济发展的需要，更未顾及殖民地国家之间的经贸往来。

---

① Jeffrey Herbst, "Economic Differentiation in Africa," in Terence McNamee（ed.）, *Differentiating Africa: Report of the 2006 Tswalu Dialogue*, London: The Royal United Services Institute, 2006, pp. 35 – 37.

这种状况在非洲国家独立几十年后无明显变化，导致国与国之间的陆上交通极不畅通，一国沿海与内地之间、城市与乡村之间的陆上交通极不畅通。二是电力供应普遍不足。非洲 2/3 的国家长期缺电，近 10 多年来伴随各国经济快速增长，供电紧张问题更趋严峻，就连原本电力供应充足的南非也开始受电力短缺问题的困扰。世界银行曾对投资非洲的外国公司进行过一项调查，大多数公司认为，电力供应不足是在非洲从事商业活动的最大障碍之一。

非洲面临的不利因素还包括劳动力人口文盲率较高，制造业基础薄弱，工业配套能力差，经营管理人才缺乏等。不过，总的来看，非洲在自然资源和劳动力资源方面的明显优势可以大大弥补其在资本、技术等方面存在的劣势，而且随着时间的推移，非洲的劣势在不断弱化，尤其是各国轰轰烈烈的道路基础设施项目建设和突飞猛进的电信基础设施投入，正在使非洲的投资环境不断改善，流入非洲的外资也在不断增加。

二 世界工厂：非洲改变单一经济结构的
最佳选择及现实机遇

如果说非洲在自然资源和劳动力资源方面的优势为其成为世界工厂创造了非常有利的条件，那么，非洲长期贫困落后的状况，非洲在世界经济体系中所处的边缘化位置，则对非洲成为世界工厂提出了更迫切的要求。

导致非洲贫穷落后及边缘化的原因很多。从经济层面看，非洲国家普遍存在的单一经济结构是最致命的因素。它使非洲经济畸形发展——生产自己不消费的东西，消费自己不生产的东西，因而各国经济发展长期受制于人，被迫遭受不合理的国际经济秩序的盘剥。也正因为此，非洲的资源优势非但未能转化为促进生产发展的要素，反而变成制约其发展的顽疾，或者说非洲陷入了"比较优势陷阱"。① 环顾非洲大陆，除南非、埃及、突尼斯、摩洛

---

① 国内外有关非洲单一经济结构问题的论著很多，笔者以前在参与谈世中研究员主持的国家社科基金项目"非洲经济调整与可持续发展"时也曾对这一问题进行过系统分析。参见谈世中主编《反思与发展：非洲经济调整与可持续性》（第五章"制约非洲社会经济可持续发展的基本问题"），社会科学文献出版社，1998，第159~165页。关于非洲经济边缘化和受制于人的情况，参见钟伟云《非洲在国际体系中的地位》，《西亚非洲》2002年第3期；李智彪：《对后结构调整时期非洲主流经济发展战略与政策的批判性思考》，《西亚非洲》2011年第8期。

哥、肯尼亚等少数国家的工业水平相对较高外,大多数非洲国家缺乏基本工业制成品制造能力,不少国家甚至缺乏加工初级产品的能力。正如《非洲发展新伙伴计划》所称,非洲在融入世界经济的进程中贡献了大量廉价原材料和人力资源,但非洲未从中获益,资源禀赋最富有的非洲至今仍是世界最贫穷的地区,并在全球化进程中处于进一步边缘化的状态。[1] 似乎非洲融入全球经济的程度越深,它在全球经济中的重要性就越小,它在国际分工中的地位就越无足轻重,它对外界的依附或依赖程度就越深。

对于单一经济结构的危害,非洲国家也有非常清醒的认识,并在过去数十年间进行过各种各样的经济多元化探索与实践,其中大多数国家视工业化为实现多元化的主要路径。国际社会也曾推出不计其数的方案和措施,力图帮助非洲解决这一问题。联合国甚至在 20 多年前设立专门的"非洲工业化日",来动员国际社会致力于非洲的工业化。但所有的努力大多没有取得明显效果,非洲国家的产业结构至今没有质的变化,制造业产值占各国国内生产总值的比例普遍较低,全非制造业产值占全球比例更是微乎其微,大多数国家的外贸结构几乎与独立初期一样,仍主要依靠一两种或少数几种农矿初级产品,制成品出口的比重极低。[2] 经济多元化实践最终没有成功的原因在于,单一经济结构虽不合理,但这种经济结构已成为众多非洲国家赖以为生的支柱,一旦对其进行大的变革,必然会对国民经济产生重大影响,甚至破坏现有生产力。[3]

非洲国家改造单一经济结构的努力流产的更深层原因在于:前文提到的非洲在自然资源以及劳动力资源方面的优势很大程度上是立足全洲而言的。但目前的非洲无论是政治上还是经济上并未成为一个实体,尽管一体化、合

---

[1] *The New Partnership for Africa's Development*, Abuja, Nigeria, 2001, http://www.dfa.gov.za/au.nepad.pdf, 2010 – 06 – 11.

[2] 根据非盟统计数据,非洲只有少数几国的制造业增加值占国内生产总值的比例超过 20% ,大多数国家的占比小于 15% ,部分国家低于 5% 。African Union, *Action Plan for the Accelerated Industrial Development of Africa*, AU Conference of Ministers of Industry, 1st Extraordinary Session, 24 – 27 September 2007, Midrand, Republic of South Africa. 另据联合国工业发展组织统计数据,2010 年撒哈拉以南非洲地区的制造业增加值为 540 亿美元,仅占全球总额的 0.7% ;如果将南非排除在外,则以上两项数值分别为 260 亿美元和 0.3% 。United Nations Industrial Development Organization, op. cit., p. 142.

[3] 刘金源:《单一经济及其依附型后果》,《西亚非洲》2002 年第 4 期;李继东:《现代化的延误:对独立后"非洲病"的初步分析》,中国经济出版社,1997,第 156 页。

众国等口号和倡议已经喊了几十年。各国在民族、宗教、语言、文化、政策等方面的分歧，以及因这些分歧引发的各种冲突，使非洲作为一个整体的优势未能充分显现，更何况非洲有不少国家或者自然资源贫乏，或者人口规模过小，本身并不具备自然资源或劳动力资源方面的优势。

面对全球化时代日趋激烈的国际竞争，非洲国家越来越认识到工业化的重要性。2007 年非盟工业部长会议通过的《加快非洲工业发展的行动计划》强调指出，工业化是非洲经济增长和发展的关键引擎。[1] 2008 年非盟第十届首脑会议的主题就是"非洲工业发展"，会后发表《非洲工业发展宣言》，宣称非洲国家将向新兴工业化国家和新兴经济体学习，加快工业发展步伐，使非洲早日从初级产品生产型经济向工业增值型经济转变。[2] 但对于非洲该采取什么样的工业化战略，或者说非洲该走什么样的工业化道路，非洲国家似乎并未达成共识。本文的核心思路是：非洲单个国家难以实现真正的工业化，非洲的工业化之路必须立足全洲思考。因为单一经济结构就某个国家而言是不利因素，但如果将众多各具特色的单一经济进行综合规划，那么不利因素完全有可能演化成明显的区位优势，非洲国家可以不用再为经济多元化绞尽脑汁，反而可依据各自的区位特点和优势，把单一经济向更加专业化、精深化的方向推进。

当今，国际产业结构持续调整和国际分工日益深化的趋势也为非洲成为新的世界工厂提供了机遇。目前，不仅发达国家的跨国公司出于效率和成本考虑，把一些劳动密集和低附加值的生产环节转移到拥有丰富资源和廉价劳动力的国家，而且不少新兴工业化国家也开始了类似的产业转移。世界银行最近发布的一项研究报告显示，随着全球化的推进，包括中国在内的一些亚洲国家正在逐步丧失在劳动密集型制造业方面的比较优势，向劳动力成本更低的一些国家转移某些轻工制造业，这种趋势在未来几年将进一步加剧，这就为自然资源丰富、劳动力成本更低的非洲国家带来了机会，非洲国家可利用这一机会发展各种轻工制造业，吸引私人投资，创造大量就业岗位，从而实现经济增长与转型，摆脱长期以来过度依赖农业的

---

① African Union, *Action Plan for the Accelerated Industrial Development of Africa*.

② African Union, "Assembly/AU/Decl. 1 (X): AU Summit Declaration on Africa's Industrial Development – Doc. EX. CL/379 (XII)," *Decisions and Declarations*, Assembly of the African Union, Tenth Ordinary Session, 31 January – 2 February 2008, Addis Ababa, Ethiopia.

经济格局。[①]

经济全球化还导致国与国之间一荣俱荣、一损俱损的关联度空前增强。"9·11"事件的爆发更使国际社会普遍感觉到，如果不帮助非洲摆脱贫困落后状态，非洲有可能成为恐怖主义滋生的温床。因此，非洲建设世界工厂的设想有可能得到国际社会的广泛支持。

三　整体规划：非洲世界工厂战略成功的关键

一边是得天独厚的自然资源优势，一边是分散割据的单一经济现状，这种情况决定了非洲要成为世界工厂必须进行整体规划，即有一个全非性的组织来整合全非的资源，规划全非的产业布局。那么，非洲具不具备进行整体规划的条件呢？客观地说，非洲目前的一体化水平还没有成熟到就某一发展战略采取步调一致的行动的程度，非洲合众国还处于筹划阶段，经济融合程度也远低于欧盟已经达到的水平。同时也应看到，经过数十年一体化的努力，非洲已成为一个具有较强政治凝聚力的大陆，非盟成员国在许多重大问题上大体能达成共识。在某些领域，如 15 个非洲法郎区国家在货币领域的合作，更是开创了不同国家使用统一货币的先河。[②] 目前，除了非盟这一全洲性的政治、经济、军事一体化组织外，非洲各次区域均已成立相应的地区一体化组织，如阿拉伯马格里布联盟、西非国家经济共同体、东非共同体、南部非洲发展共同体、中部非洲国家经济共同体等。所有这些一体化组织的政治权威得到非洲国家和国际社会的普遍认可，为非洲国家整体规划世界工厂战略奠定了组织基础，而且非洲国家也有过依托一体化组织制定全洲战略规划的经历，如《拉各斯行动计划》、《非洲经济共同体条约》和《非洲发展新伙伴计划》等。

鉴于非洲农、林、牧、渔、矿各种资源应有尽有，具有发展多元化制造

---

① Hinh T. Dinh, Vincent Palmade, Vandana Chandra and Frances Cossar, *Light Manufacturing in Africa：Targeted Policies to Enhance Private Investment and Create Jobs*, Washington D. C.：The World Bank, 2012, pp. 3 - 4.

② 参见李智彪《非洲区域合作的特点与问题》，载张蕴岭主编《世界区域化的发展与模式》，世界知识出版社，2004，第 261～274 页；李智彪：《非盟影响力与中国 - 非盟关系分析》，《西亚非洲》2010 年第 3 期。

业的优越资源条件，非洲的世界工厂目标定位可以是多元综合型的制造业。比如，可可和花生资源丰富的国家可以建立巧克力和食用油生产基地，棉花和烟草资源丰富的国家可以建立纺织品、卷烟生产基地，森林资源丰富的国家可以建立木材和家具生产基地，畜牧业资源丰富的国家可以建立肉制品和皮革生产基地，渔业资源丰富的国家可以建立水产品生产基地，油气资源丰富的国家可以建立石化生产基地，黄金和钻石资源丰富的国家可以建立珠宝首饰生产基地，等等。

　　非洲的资源分布还具有地域集中化特点，即某种资源相对密集地分布在同一区域或某些相邻国家，不同的地区有不同的资源优势。如可可豆主要产于科特迪瓦、加纳、尼日利亚、多哥、喀麦隆等中西非国家；生咖啡豆主要产于埃塞俄比亚、乌干达、坦桑尼亚、肯尼亚等东非国家和科特迪瓦、喀麦隆等中西非国家；棕榈仁和棕榈油主要产于尼日利亚、科特迪瓦、几内亚、加纳、喀麦隆、刚果（金）等中西非国家；石油集中分布在阿尔及利亚、利比亚、埃及等北非地中海沿岸国家和尼日利亚、赤道几内亚、加蓬、乍得、刚果（布）、安哥拉等几内亚湾沿岸国家以及南苏丹、苏丹等东非大裂谷一带；钻石矿集中分布在博茨瓦纳、刚果（金）、南非、纳米比亚和安哥拉等中南部非洲国家；金矿集中分布在南非，加纳、马里、几内亚等西非国家的储量也较丰富；铜矿和钴矿集中分布在刚果（金）、赞比亚、南非等中南部非洲国家；铝土矿集中分布在几内亚、塞拉利昂、加纳等西非国家；铁矿集中分布在南非、津巴布韦等南部非洲国家和毛里塔尼亚、尼日利亚等西非国家；铀矿集中分布在南部非洲的纳米比亚、南非和马拉维及西非的尼日尔。[①] 这样的资源分布特点一方面有利于具有相同资源禀赋的地区或国家充分发挥自身优势，将某一产业做大、做强、做精；另一方面也要求涉足同一产业的相关国家必须统筹规划、精细分工、密切合作，避免对资源的争夺和浪费。同时更要求全洲性的一体化组织做好不同区域之间、不同产业群之间的沟通、协调与配合，促进各区域之间市场的开发和技术交流，最终实现不同产业群之间的互补与合作。

　　考虑到非洲大多数国家工业基础薄弱、工业发展水平低，建设世界工厂应特别重视发挥不同区域工业发展水平相对较高的国家的作用，如南部非洲

---

① Iain Frame（ed.），*Africa South of the Sahara 2012*，London：Routledge，2011，pp. 1525 – 1571.

地区的南非和津巴布韦，北非地区的埃及、摩洛哥和突尼斯，东非地区的肯尼亚，西非地区的尼日利亚。这些国家在独立以后的经济发展进程中已积累了一定的工业发展经验，有能力在建设世界工厂进程中担当领袖。尤其是非洲经济大国南非，不仅矿产资源丰富，还拥有门类较多的制造业部门，如采矿工业、冶金工业、化学工业、食品工业、纺织服装工业、汽车工业等。某些产业还处于国际先进水平，如中国目前的矿业勘探与开采深度仅 500 米，南非的矿业勘探与开采深度已达到 2000 米。此外，南非还拥有先进的煤炭提炼石油技术。

根据比较优势理论和非洲国家工业发展水平现状，世界工厂启动初期，可重点发展低附加值和劳动密集型加工制造业。因为大多数非洲国家具有这方面的优势，一些国家已在此类产业链中具备一定的生产经验。这类产业所需资本投入少、技术水平低，又能提供大量就业岗位，很适合非洲国家国情，尤其有助于非洲国家解决高失业率问题，也与目前大多数国家实施的减贫战略目标相吻合。这样的工业化路径还是实现资本积累的最有效途径。

非洲的世界工厂战略还应重视工业与农业的同步发展。因为农业是大多数非洲国家的支柱产业，农业部门是吸纳劳动力人口的主要部门，农业部门还是众多工业原材料的源头。非洲国家独立以后曾纷纷实施工业优先发展战略，忽视农业和服务业的配套发展，其结果是农业部门长期停滞，工业也起不到反哺农业的作用。中国在 20 世纪 80 年代以前，相对于农业和第三产业，更为重视工业，结果造成粮食不足和短缺经济。改革开放政策始于农村和农业，最终促使农业和农村发生翻天覆地的变化，并有力支撑了中国工业的发展。生产技术落后是非洲农业生产落后的关键因素之一，作为世界工厂战略的重要组成部分，可把农业机械化产业作为一个重要的制造业环节加以发展，用工业技术装备农业，使工业化成为农业现代化的基础和动力。农业发展了，必将为工业发展提供更充足的原料、更多的劳动力资源、更大的工业产品市场。还应注意到，随着科技的进步，工业与农业的界限正变得越来越模糊，食品加工工业是典型的工农结合型产业，生物燃料产业的发展则是新型的工农业融合的范例。

非洲国家还可借助信息产业飞速发展、信息技术成本不断降低的后发优势，以更快的速度、更短的时间、更高的质量完成工业化使命，缩短世界工厂建设进程。从国际上看，英国实现工业化用了近 200 年，日本用了 100 多年，韩国只用了30多年，就是因为韩国充分利用了世界产业结构调整机遇和新技术革命的成果。中国的工业化发展速度明显快于英、日等国，很大程度上也是得益于信息技术革命的推动。过去十几年间，非洲迎来了规模空前的通信革命。20世纪末，即使在非洲的重要商业中心，拨打和接听电话都还相当困难，如今手机已成为千千万万非洲民众不可或缺的生活工具。一些非洲国家如肯尼亚甚至借助于手机的普及，开发出领先世界的手机银行业，它不仅弥补了非洲银行网点少的缺陷，而且比传统银行更方便快捷。这说明信息技术的恰当使用，可以成为产业跨越式发展的巨大推力。

由于非洲矿产资源丰富，采掘业是不少非洲国家的支柱产业，但非洲的采掘业多掌控在西方跨国公司手中，产品以满足西方国家的资源需求为主，属典型的外需型产业，在非洲本土实现的附加值较低，与其他产业部门的联系不密切，对非洲经济的整体拉动作用不高。此外，采掘业是吸纳外国资本和技术最多的部门，短期内非洲的发展也离不开外资。所以，如何对这一产业进行改造，使它由外需型向内需型转变，在非洲世界工厂建设进程中发挥积极作用，并继续扮演吸引外国资本和技术的排头兵角色，也是世界工厂整体规划必须加以考虑的。

最后，就非洲现有技术和资金条件而言，建设世界工厂必将加剧环境污染，因而可能遭遇强大的环保压力和国际气候谈判压力。对此非洲国家更需团结应对，并坚持两个原则。一是经济发展优先原则。非洲不能屈从于环保压力而放弃发展、牺牲发展。正如英国著名社会学家和政治学家安东尼·吉登斯所言，对于发展中国家和贫穷国家而言，发展是第一要务，它们拥有发展的权利，拥有变得富裕的权利，必须获得发展的机会，哪怕这一发展过程在短时间内造成了温室气体排放的增加；这些国家的经济发展是解决其气候变暖问题的基础，没有经济发展，也就不可能使其气候问题最终得到解决。①二是通过经济发展来提高环保能力原则。今日非洲同样面临多种多样的环境问题，如森林减少、草原退化、荒漠化扩大、水资源短缺、水土流失等。这些问题很大程度上是经济发展落后、民众生计艰难导致的。工业化是加速经济发展、提高环保能力的重要手段，特别是世界工厂可吸纳大量农村劳动人

① 〔英〕安东尼·吉登斯：《气候变化的政治》，曹荣湘译，社会科学文献出版社，2009，第10、73、312页。

口，缓解农村环境破坏问题。当然，非洲也应尽可能选择资源消耗低、环境污染少、人力资源优势能得到充分发挥的工业化项目。

四　结语

建设世界工厂对非洲来说是一个伟大的目标、一项艰巨的任务，绝非一朝一夕能够成功。但只要非洲国家有强烈的政治意愿，能够齐心协力为实现这一目标和任务而努力，世界工厂并非遥不可及，完全有可能在不远的将来变成现实。国际社会有责任也有条件帮助非洲，但非洲国家和人民绝不能有坐等外来援助的想法，只有真正秉持自力更生、自主发展原则，才能赢得更多外援。正如一位非洲银行家曾经说过的那样，"只有非洲人自己能够在非洲创造某些成就，世界其他地区才会关注非洲"[1]。

世界工厂战略是最能包容非洲共性与差异性的一种发展战略选项，它将彻底改变非洲的依附状态，使非洲实现真正的经济独立；它将大大加深非洲国与国之间在经济上的相互依赖，而这种依赖反过来又将大大降低它们之间发生冲突和战争的概率。[2] 因此，世界工厂对非洲而言不仅具有经济意义，更具有政治意义，国际社会应鼎力支持。

---

[1] L. Cockroft and R. Riddell, "Foreign Direct Investment," in I. Husain and J. Underwood (eds.), *African External Finance in the 1990s*, Washington, DC: World Bank, 1991, p. 142.

[2] K. Barbieri, "Economic Interdependence: A Path to Peace or Source of Interstate Conflicts?" *Journal of Peace Research*, Vol. 33, No. 1, 1996, pp. 29 – 49.

对非洲跨国跨区域基础设施建设的
关注及建设能力分析

杨宝荣[*]

跨国跨区域基础设施建设是近年来非洲国内基础设施建设的扩展方向，也是促进非洲发展的重要措施。二者在促进非洲发展方面有着较多的相似性，也有不同之处。一方面，近年来非洲国内基础设施建设在促进经济增长和社会发展方面取得了积极的成就，也得到了国际社会的认同。2009 年世界银行发布的《转型之际的非洲基础设施》的报告在肯定近年来非洲基础设施行业（包括水利用、信息通信建设、道路/铁路建设、能源开发和使用等方面）发展成绩的同时指出非洲的基础设施建设对非洲社会、经济发展的积极意义，包括"满足非洲的基础设施需要"、"缩小非洲的资金缺口"、"有助于减贫和消除发展不平等"、"建设良好的制度"、"促进城市化发展"、"深化了区域一体化发展"等方面。而提升非洲社会基础设施、改善民众生活条件、促进经济发展，有利于实现千年发展目标。[①] 另一方面，要实现非洲的可持续发展，解决各国间资源配置和市场局限等问题，需要推动跨国跨区域基础设施的建设。2000 ~ 2007 年间，非洲区内贸易（intra - REC trade）出口平均增速 15%，进口平均增速 18%；非洲内部贸易（intra -

---

[*] 杨宝荣，中国社会科学院西亚非洲研究所非洲研究室副研究员。

[①] The World Bank，"Africa's Infrastructure a Time for Transformation,"Nov. 2009，http：//siteresources. worldbank. org/INTAFRICA/Resources/aicd_ overview_ english_ no - embargo. pdf，最后访问日期：2012 年 4 月 16 日。

African trade）出口平均增速 25% ，而进口平均增速 19% ；非洲与外部世界贸易出口增速 15% ，进口增速 16% 。① 但与世界其他地区相比，非洲内部贸易仅占非洲对外贸易总额的 10% ~12% ，远远落后于欧洲的 60% 、北美的 40% 和亚太地区的 30% 。② 由于跨国跨区域基础设施短缺，各国市场多处于分割状态，运输成本极高，不利于市场的有效配置。跨境基础设施建设是深化非洲单一国家内基础设施建设、促进区域市场发展的重要举措。国际社会对此有着充分的认识。在 2008 年 6 月复兴集团（Renaissance Group）召开的主题为 "支持非洲跨境基础设施——全球金融和基础设施趋势：非洲的新机会" 研讨会上，就提出跨境基础设施建设有助于减贫、扩大贸易、传播知识和技术、促进劳动力流动及降低商业成本。③

一 当前对非洲跨国跨区域开发的关注

近年来跨国跨区域基础设施建设已经成为世界关注非洲发展的热点。首先，这一现象是 20 世纪以来发达国家主导的对非基础设施合作内容的延续。2000 年 9 月联合国首脑会议上签署的《联合国千年宣言》将非洲发展重新拉回世界舞台中心。为实现千年发展目标，在 2005 年英国格伦伊格尔斯召开的八国集团峰会上，发达国家就向非洲增加官方开发援助做出重要承诺，通过设立 "非洲基础设施国别诊断"（AICD），专门提供有关非洲国家 9 类主要基础设施的数据和分析，包括机场、信息与通信技术、灌溉、港口、电力、铁路、公路、供水与卫生。作为后续行动，为配合相关项目的开展，非洲开发银行成立了 "非洲基础设施知识计划"（AIKP）。其次，在此背景下，非洲国家和相关区域组织充分利用国际社会关注，并积极推动非洲跨国跨区域基础设施建设。2001 年非统首脑会议通过了《非洲发展新伙伴计划》，确定了以消除贫困和实现可持续发展为目标，以基础设施建设、人力资源开发、农业

---

① ECA, *Assessing Regional Integration in Africa IV： Enhancing Intra – Africa Trade*, available at ht-tp：//www. uneca. org/aria4/index. htm，最后访问日期：2012 年 3 月 18 日。

② Trudi Hartzenber, "Regional Integration in Africa," WTO Staff Working Paper ERSD – 2011 – 14, a-vailable at http：//www. wto. org/english/res _ e/reser _ e/ersd201114 _ e. pdf，最后访问日期：2012 年 4 月 10 日。

③ http：//businessinafricaevents. com/docs/pdf/Renaissance% 20Group% 20on% 20Africa% 20Infra-structure% 20at% 20BIAE% 202008. PPT#604，3，Africa infrastructure gap（2012 – 6 – 16）。

生产、环境保护和科技发展为重点发展领域的长期战略。之后，围绕该目标，非盟及相关区域组织提出了多个项目规划。2012 年 1 月，非盟第十八届首脑会议通过《非洲基础设施发展计划》，确定了多个跨国跨地区基础设施重点建设项目及项目推动国，其中包括：阿尔及尔－拉各斯跨撒哈拉高速公路及沿线光纤项目（由阿尔及利亚推动），区域内信息和通信技术的光纤宽带网络项目（由卢旺达推动），金沙萨－利伯维尔公路铁路大桥项目［由刚果（布）推动］，东西非铁路公路项目（达喀尔－恩贾梅纳－吉布提）（由塞内加尔推动），尼日利亚－阿尔及利亚天然气管道项目（由尼日利亚推动），南北走廊交通项目（由南非推动），水治理、航运和铁路运输基础设施项目（由埃及推动）。第三，新兴市场国家出于深化同非洲合作关系的目的，高度重视并参与非洲的跨国跨区域基础设施建设。

（一）对跨国跨区域能源开发的关注

1. 能源开发以各区域电力联合体为主要依托机构

近年来，非洲跨国跨区域能源基础设施建设上升到区域组织层面。2008 年 2 月，非盟在阿尔及利亚召开的非盟能源部长会议上成立了"非洲能源委员会"。非盟能源委员会总部设在阿尔及利亚，主要职责是协调非盟各国的能源政策，提高成员间政策信息的共享能力。目前，对跨国跨区域能源基础设施建设推动的合作机制主要是各区域电力联营体，其中包括马格里布电力委员会（Maghreb Electricity Committee）、南部非洲电力联营体（SAPP, Southern African Power Pool）、西非电力联营体（WAPP, West Africa Power Pool）、中部非洲电力联营体（CAPP, Central Africa Power Pool）和东部非洲电力联营体（EAPP, East Africa Power Pool）等。2011 年 9 月在南非召开的非洲能源部长会议上，与会的非洲能源部长们认为，目前中部非洲、东部非洲、南部非洲、西部非洲四个区域性电力联营组织（Power Pool）在实现区域内电力互补和供应多元化方面开始发挥作用。

2. 能源开发强调获得稳定而经济实惠的电力供应，服务对象首先是居民用电

这是各区域电力联营体对能源开发的首要考虑，也是各国对能源开发和利用关注的重点。非洲各国共同认识到，当前能源短缺是严重制约非洲社会经济发展的重要因素，解决能源不足对非洲的发展至关重要。目前非

洲只有 42% 的人口能够用上现代化的电力，在撒哈拉以南非洲这一比例仅为 31%，如果不包括南非，这一比例更降至 28%。这是全世界最低的电力普及率，意味着在撒哈拉以南非洲有 5.85 亿人至今不能获得基本的电力服务。即使在有电力供应的地区，拉闸限电的情况也时有发生。全非洲目前的发电能力在 124 吉瓦（1 吉瓦等于 100 万千瓦）左右，其中撒哈拉以南非洲（不包括南非）的总发电能力仅为 30 吉瓦，仅相当于挪威一国的发电能力。而随着非洲经济发展、人口增长和城镇化加快，对电力的需求必然要大幅增长。

3. 能源开发对清洁能源较为关注

非洲大陆是最易受气候变化冲击的地区之一，非洲国家普遍缺乏应对气候变化的能力。重视气候问题，强调减少温室气体排放是各国都必须要承担的责任，能源部门责无旁贷。非洲国家要实现千年发展目标，不仅要建立可持续的、多元化的能源供应体系，还要能够应对气候变化的冲击，为全球温室气体减排做出贡献。2011 年 9 月在南非召开的非洲能源部长会议上，就未来解决非洲电力问题进一步达成的共识中，强调未来发展水电的重要性。指出建设大型发电项目是有效降低发电成本、增加发电能力的最好途径之一，并列出了近期重点推进的地区项目，分别是：①中非地区：刚果（金）的因伽水电项目三期（INGA3）及向西、向南的输电线建设。②西非地区：几内亚索阿佩提（Souapiti）水电站及连接科特迪瓦、利比里亚、塞拉利昂的输电线路；塞拉利昂叶本（Yeben）水电站；利比里亚芒特咖啡（Mount Coffee）水电站。③南部非洲：莫桑比克姆潘达 - 恩库瓦（Mpanda Nkuwa）水电站和跨国输电线路、莱索托高地水电站、赞比亚卡夫（Kafue）峡谷水电站、纳米比亚库都（Kudu）天然气项目。④东部非洲：肯尼亚东非大裂谷地热开发、乌干达卡鲁马（Karuma）水电站、坦桑尼亚拉胡迪（Ruhudji）水电站、埃塞俄比亚 - 肯尼亚输电线路、肯尼亚 - 坦桑尼亚 - 赞比亚输电网。[①] 在北非，2010 年 6 月在阿尔及尔举行的首届阿拉伯马格里布联盟 - 欧盟能源部长级会议上，就达成了一项关于共同开发阿尔及

---

① 《潜力 + 财力 + 合力 = 电力　非洲能源部长会议描绘非洲能源发展前景》，科技网，2011 年 9 月 23 日，http://www.stdaily.com/kjrb/content/2011 - 09/23/content_ 351043. htm，最后访问日期：2012 年 5 月 23 日。

利亚、突尼斯和摩洛哥三国电能和可再生能源的 2010~2015 年计划，决定逐步推进北非三国电力行业与欧洲市场的融合，并呼吁利比亚和毛里塔尼亚加入这一计划。

4. 主要跨国跨区域电网规划项目

非洲能源跨国跨区域基础设施建设包括两部分：一部分为原有电源、电网的改造；另一部分为适应发展需要，正在筹备建设的跨国跨区域电力基础设施建设。整体上，近年来非洲各国间电力开发和电网规划项目众多。举例如下。

开发项目主要包括：南部非洲电网联网工程和西部非洲电网计划。

南部非洲电网联网工程：南部非洲电力联盟（SAPP）12 个成员国〔博茨瓦纳、莫桑比克、马拉维、安哥拉、南非、莱索托、纳米比亚、刚果（金）、斯威士兰、坦桑尼亚、赞比亚、津巴布韦〕，除马拉维、安哥拉和坦桑尼亚外，其余 9 个国家实现了电网互联。优先发展的输电工程是实现与安哥拉、马拉维和坦桑尼亚电网的互联，消除现有电网的阻塞，实现电力从发电厂到负荷中心的顺利输送。规划中的工程有西部走廊工程，参与国包括安哥拉、博茨瓦纳、刚果（金）、纳米比亚和南非。工程的目的是利用刚果（金）印加河和安哥拉盆地丰富的水电资源，建设 350 万千瓦的印加第三水电站和 2 条 400 千伏高压直流外送输电线路。其中一条线路向刚果（金）首都金沙萨输送 400 兆瓦的水电；另一条线路分别经过安哥拉、纳米比亚、博茨瓦纳送往南非，在沿途各国分别建设 1 座换流站，在南非建设 2 座换流站。

西部非洲电网计划（见图 1）：这是一项由西非电力联合体（WAPP）于 1999 年 12 月提出的区域内电力发展规划。该计划分 4 个阶段进行，预计到 2020 年建成 5600 公里长的电缆，将所有西非国家连接起来，实现年输送电力 10000 兆瓦的目标。该规划电网包括 2 个地理区，分别是 A 区和 B 区。每个区有自己互联的电力系统，便于进行地区级的电力贸易。A 区成员国包括科特迪瓦、加纳、多哥、尼日利亚、尼日尔、布基纳法索和贝宁。这些国家的电力系统目前已与跨边界的高压互联网相连。B 区成员国有马里、塞内加尔、几内亚、几内亚比绍、冈比亚、利比里亚、塞拉利昂。现在唯一跨界互联输电线路架设于塞内加尔、马里和毛里塔尼亚之间。由装机容量为 200 兆瓦的马南塔利（Manantali）电站供电，该电站在塞内加尔河开发组织（OMVS）的管辖范围内，由马南塔利管理公司（SOGEM）管理运营。

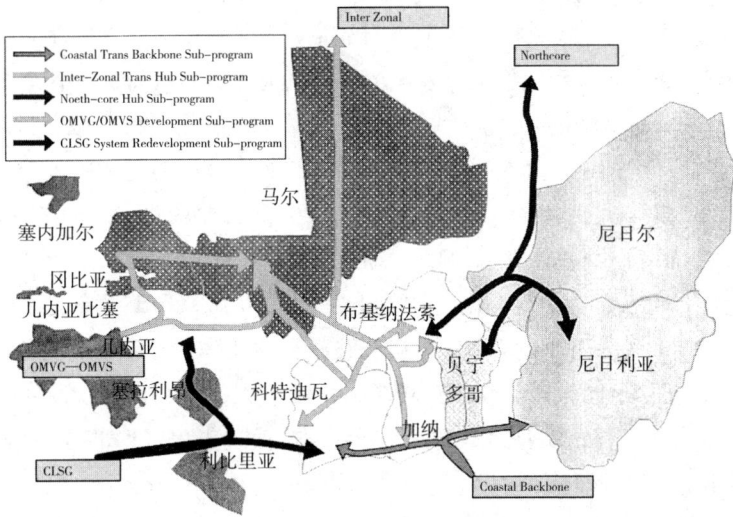

图 1　西非电网优先发展项目

资料来源：http：//www.ecowapp.org/？page_id=168（2012－05－27）。

A 区优先项目为二期工程"海岸传输骨干网"（Coastal Transmission Back-bone Project，CTB），涉及加纳、科特迪瓦、多哥、贝宁和尼日利亚 5 国，目标是到 2020 年显著提高从加纳西部的普雷斯特阿变电站到尼日利亚拉各斯的伊凯贾西变电站的跨境电力传输能力。该项目由以下传输线路和电力工程组成：连接贝宁萨凯泰变电站到尼日利亚伊凯贾西变电站的 330 千伏高压传输线路；加纳境内从阿博阿德泽变电站到沃尔特变电站的 330 千伏高压传输线路；加纳境内连接库马西、普雷斯特阿和阿博阿德泽的 330 千伏高压输电线路；连接加纳沃尔特和多哥莫莫－哈古、贝宁萨凯泰的 330 千伏高压输电线路；多哥洛美的贝宁电力共同体（CEB）系统控制中心等传输设备升级，贝宁电力共同体燃气涡轮发电机搬迁至玛丽亚－格莱塔，即西非天然气管道项目的终端；加纳沃尔特系统控制中心、阿科松博和庞发电站和变电站等相关设施的升级更新。各项计划完成后，A、B 两个区域都有相互联网的电力系统，易于区内电力交易。

北非的电力组织马格里布电力委员会成员国中，埃及通过利比亚、突尼斯连接。埃及也同中东国家约旦连接有电网。此外，埃及、利比亚、突尼斯、阿尔及利亚、摩洛哥电网（ELTAM）还通过摩洛哥—西班牙电网相连。目前该地区还在构造同欧洲相连的南部地中海电力环网。[①]

西北非天然气项目。2009 年 7 月 3 日，尼日利亚、尼日尔和阿尔及利亚三国签署了修建一条从尼日利亚经尼日尔至阿尔及利亚的天然气管道，管道全长 4400 公里，预计总投资 200 亿美元，计划于 2015 年建成。管道建成后尼日利亚丰富的天然气资源将借助阿尔及利亚通往欧洲的天然气管道方便地进入欧洲市场，同时也可为加纳、多哥、贝宁等国供气。[②] 2012 年 1 月，非盟第十八届首脑会议通过《非洲基础设施发展计划》，确定了尼日利亚作为该项目的主要推动国。

改造项目包括：地中海东南电网改造工程：2010~2015 年将利比亚—埃及的双回路 220 千伏线路改造为 400 千伏线路；将埃及—约旦 400 千伏海底电缆增容为 1100 兆瓦；黎巴嫩和叙利亚互联线路扩容工程；叙利亚—埃及 400 千伏线路输送容量增加工程；埃及到摩洛哥互联线路的改造工程（ELTAM）等。

撒哈拉以南非洲电网改造工程：①刚果（金）—赞比亚互联线路改造工程，将强化现有的联络线，对科卢韦齐的换流站和通往卡拉委的交流线路进行改造；②马拉维—莫桑比克互联线路工程，将建设 400 千伏输电线路，建设和改造两国相关的变电站；③赞比亚—坦桑尼亚—肯尼亚互联线路工程，目的是从赞比亚向坦桑尼亚出口 100~200 兆瓦的电力，并与肯尼亚互联，工程有助于强化赞比亚 66 千伏线路及坦桑尼亚与南部非洲电网的连接；④建设津巴布韦—博茨瓦纳—南非的第二条 400 千伏线路，输送容量增加到 650 兆瓦；⑤建设莫桑比克—津巴布韦的第二条 400 千伏线路；⑥建设赞比亚—纳米比亚 220 千伏互联线路，由赞比亚向纳米比亚北部地区供电。[③]

（二）跨国跨区域交通建设的关注

1. 泛非公路网规划（Trans Africa Highway，TAH）

见图 2，2010 年 10 月，在南非召开的第二届 NEPAD 基础设施峰会上，

[①]　P. Niyimbona , *The Challenge of Operationalizing Power Pools in Africa* , UNDESA Seminar on Electricity Interconnection, 19 – 21 June 2005 , http：//www. un. org/esa/sustdev/sdissues/energy/op/interconnection_ powerpools. pdf，最后访问日期：2012 年 5 月 26 日。

[②]　《非洲三国签跨撒哈拉天然气管道项目协议》，《中国能源报》2009 年 7 月 13 日第 13 版，转引自人民网，http：//paper. people. com. cn/zgnyb/html/2009 – 07/13/content_ 295653. htm，最后访问日期：2012 年 5 月 25 日。

[③]　中国出口信用保险公司：《世界跨国互联电网现状及发展趋势》，2009 年 11 月 24 日，http：//www. sinosure. com. cn/sinosure/xwzx/rdzt/ckyj/hqcy/113204. html，最后访问日期：2012 年 5 月 25 日。

南非总统祖马详细介绍了泛非公路网规划。该规划设计公路里程 56683 公里，拟由非盟、非经委、非洲开发银行和各地区协会组织共同开发。

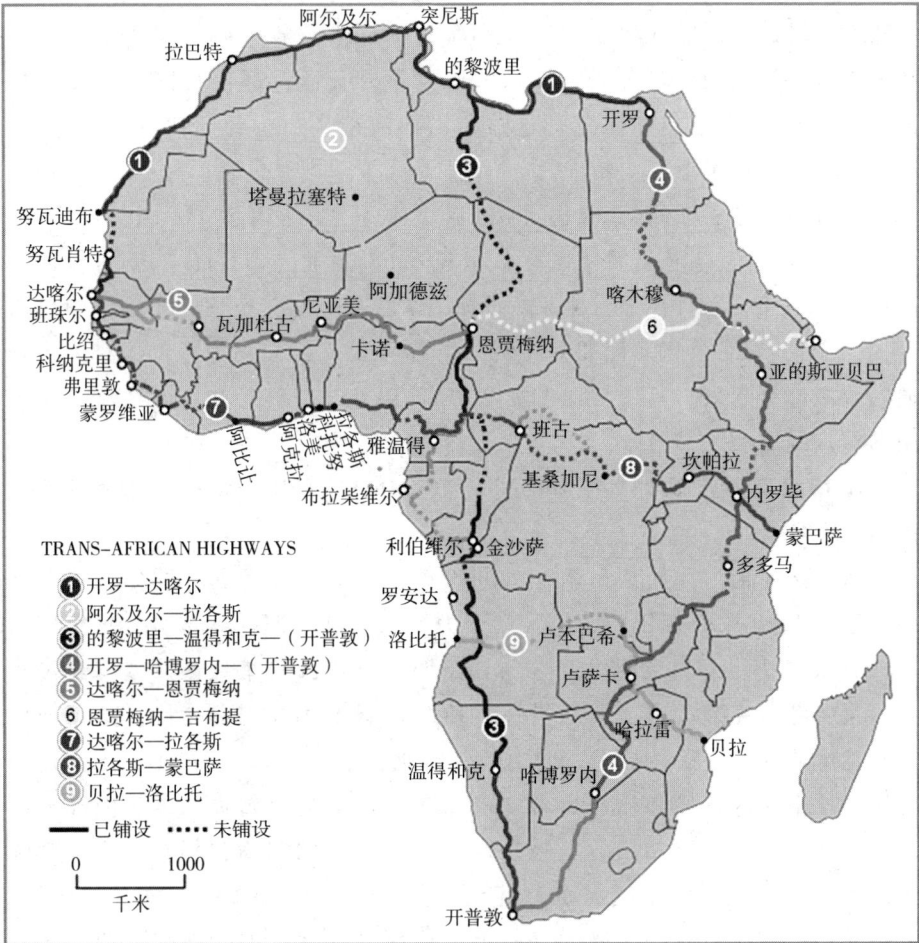

图 2 泛非公路网

该公路网包括三纵六横共 9 条跨国公路。三纵分别是：TAH2，从阿尔及利亚首都阿尔及尔经尼日尔至尼日利亚的拉各斯，全长 4504 公里；TAH3，从利比亚首都的黎波里经乍得、中非、刚果（布）、刚果（金）、安哥拉、纳米比亚至南非的开普敦，全长 10808 公里；TAH4，从埃及首都开罗经苏丹、埃塞俄比亚、肯尼亚、坦桑尼亚、赞比亚、津巴布韦、博茨瓦纳至南非的开

297

普敦，全长 10228 公里。六横指：TAH1，从塞内加尔首都达喀尔沿西海岸北上，经毛里塔尼亚、西撒哈拉、摩洛哥、阿尔及利亚、突尼斯、利比亚至埃及首都开罗，全长 8636 公里；TAH5，从塞内加尔首都达喀尔经马里、布基纳法索、尼日尔、尼日利亚至乍得首都恩贾梅纳，全长 4496 公里；TAH6，从乍得首都恩贾梅纳经苏丹、埃塞俄比亚至吉布提首都吉布提，全长 4219 公里；TAH7，从塞内加尔首都达喀尔沿西海岸南下，经冈比亚、几内亚、塞拉利昂、利比里亚、科特迪瓦、加纳、多哥、贝宁至尼日利亚的拉各斯，全长 4010 公里；TAH8，从尼日利亚的拉各斯经喀麦隆、中非、刚果（金）、乌干达至肯尼亚的蒙巴萨，全长 6258 公里；TAH9，从安哥拉西部港口城市洛比托经赞比亚、刚果（金）、津巴布韦至莫桑比克东部港口城市贝拉，全长 3523 公里。泛非公路网拟以各国现有的公路为基础，将尚未连通的区域连接起来，其中三纵和六横中的 TAH5、TAH6 共 5 条线路是计划中的重点线路。①

2. 南北交通走廊计划（the North South Corridor Rail and Road Projects，NSC）

南北交通走廊计划是东南非共同市场、南部非洲发展共同体和东非共同体于 2011 年联合提出的，该计划分为铁路网和公路网两部分。铁路网将在现有铁路基础上形成两纵四横的铁路网，将资源富集地区、主要经济中心、重要港口连接起来。两纵指达累斯萨拉姆走廊和南北走廊。达累斯萨拉姆走廊北起达累斯萨拉姆，向南经赞比亚、刚果（金）、津巴布韦、博茨瓦纳，至南非港口城市德班。南北走廊北起坦桑尼亚姆贝亚，向南经马拉维、莫桑比克、津巴布韦，至德班。与两纵相交的四横包括卢萨卡—利隆圭线、卢萨卡—哈拉雷线、布拉瓦约—奎鲁线、马哈拉佩—彼得斯堡线。公路网则计划在现有公路网的基础上形成两纵三横的网状布局。两纵包括达累斯萨拉姆—卢萨卡—布拉瓦约—哈博罗内—比勒陀利亚—约翰内斯堡—德班，以及姆贝亚—姆祖祖—姆万扎—利隆圭—哈拉雷—马斯温戈—比勒陀利亚—约翰内斯堡—德班。三横为卢萨卡—利隆圭、卢萨卡—哈拉雷、弗朗西斯敦—马斯温戈。

---

① 驻南非经商处：《泛非公路网规划》，2010 年 10 月 20 日，http：//www.mofcom.gov.cn/aarticle/i/jyjl/k/201010/20101007197657.html，最后访问日期：2012 年 5 月 25 日。

3. 达喀尔—吉布提铁路公路项目（Dakar – Ndjamena – Djibouti Road/Rail）

该项目脱胎于非洲殖民地时期的"2S计划"。该计划指19世纪法国殖民主义者企图将塞内加尔（Senegal）到索马里（Somalia）连成一片，成为统一的非洲法语区殖民地的计划。"2S计划"的核心是纵贯非洲法语区的铁路网，又叫"2S铁路计划"，该计划同英国殖民冒险家塞西尔·罗得斯提出的"2C铁路计划"，即打通南非开普敦到埃及开罗的计划相竞争。由于列强相争，法国人的"2S计划"未能实现，特别是英国人取得苏丹控制权后，苏丹南部（南苏丹国）隔断了与2S的联系，法国人只能放弃"2S计划"。近十年来，法语非洲经济有了较大发展，非盟组织鼓励相关国家复活"2S铁路计划"，提出了达喀尔—恩贾梅纳—吉布提铁路和公路项目的战略构想。达喀尔—吉布提铁路公路项目涉及塞内加尔、马里、布基纳法索、尼日尔、尼日利亚、喀麦隆、乍得、苏丹、埃塞俄比亚、吉布提10个国家，涉及的区域性组织包括西非国家经济共同体（ECOWAS）、中部非洲国家经济共同体（ECCAS）、东部和南部非洲共同市场（COMESA）以及东非政府间发展组织（IGAD）。

达喀尔—恩贾梅纳—吉布提铁路项目是横跨大陆铁路网规划（The Trans-continental Railway Project）中的一条里程最长、造价最高的跨国铁路，并计划向南延伸到加蓬首都利伯维尔，而达喀尔—巴马科铁路干线改造工程则是达喀尔—恩贾梅纳—吉布提铁路项目中的一段。横跨大陆铁路网规划是《非洲发展新伙伴计划》框架中众多待实施的项目之一，旨在改善人员与货物的陆路运输。

达喀尔—恩贾梅纳—吉布提公路项目是泛非公路网规划（Trans Africa Highway，TAH）中的两条跨国公路，即TAH5（从塞内加尔首都达喀尔经马里、布基纳法索、尼日尔、尼日利亚至乍得首都恩贾梅纳，全长4496公里）、TAH6（从乍得首都恩贾梅纳经苏丹、埃塞俄比亚至吉布提首都吉布提港，全长4219公里）。泛非公路网规划由联合国非洲经济委员会（UNECA）、非洲开发银行（ADB）、非盟（AU）和各个区域性组织共同开发，该规划共计56683公里，包括"三纵六横"共9条跨国公路。泛非公路网将以各国现有的公路为基础，重点是现在尚未连通的区域。

4. 东非铁路网计划（East African Railway Master Plan）

现有的东非铁路始建于1891年，由英国人修建，主要连接肯尼亚海滨城市蒙巴萨和乌干达首都坎帕拉。由于运营多年，设备严重老化，且该铁路铁轨采用窄轨标准，这条铁路的运营状况一直欠佳，经海路运抵蒙巴萨港的大量集装箱不得不通过公路运往乌干达、卢旺达、布隆迪和南苏丹等国，不仅给肯尼亚公路系统带来很大压力，也增加了货物运输成本，影响该地区贸易发展。为改善东非地区各国间交通运输窘况，推动地区贸易发展，东非共同体5国以及埃塞俄比亚、苏丹于2010年出台一项计划，拟用12年时间在该地区新建10余条铁路，以形成覆盖东非大部分国家的现代铁路网。按照规划，坦桑尼亚将承担最多的建设项目，新建8条线路，建成之后将坦桑尼亚与肯尼亚、乌干达和卢旺达连接起来。乌干达将新建4条线路，建成之后把国内主要经济区连接起来。肯尼亚将新建2条线路，一条通往埃塞俄比亚首都亚的斯亚贝巴和南苏丹首都朱巴，另一条与现有的蒙巴萨至坎帕拉铁路平行。

（三）跨国跨区域信息通信建设的关注

2003年3月，《非洲发展新伙伴计划》批准了信息和通信技术基础设施计划，旨在通过光缆，在所有非洲国家之间建立网络连接，并使非洲各国通过海底光缆与世界其他地方相连，从而最终帮助非洲跨越"数字鸿沟"。2010年1月在非盟总部埃塞俄比亚首都亚的斯亚贝巴举行的第十四届非盟首脑会议上，以"非洲信息和通信技术：挑战和发展前景"为会议主题就进一步发展非洲通信进行了讨论。

近年来非洲建成或在建的主要电信光缆项目包括东非海底光缆系统（TEAMS）、东南非洲海底光缆系统（SEACOM）、GLO－1海底通信光缆系统、东部非洲海底通信系统（EASSy）、MainOne海底光缆系统、西非海岸至欧洲光缆系统（ACE）、西部非洲海底光缆系统（WACS）。

东非海底光缆系统（TEAMS）：连接阿联酋的富查伊拉和肯尼亚的蒙巴萨。项目由阿尔卡特朗讯企业网络集团（Alcatel－Lucent）、泰科国际（通信）公司（Tyco Telecommunication）、日本富士通（Fujitsu Corporation）、NEC公司（NEC Corporation）、华为（Huawei Technologies）共同建设。2007年8月，世界银行下属的国际金融公司批准3250万美元，启动东非海底光缆系统建设项目。[①]后经多方融资和招投标，于2008年1月开始施工建设，2009年6月铺设至肯尼亚蒙巴萨，海底光缆长4500公里。该项目

---

① 《东非海底光缆建设将开工　惠及2.5亿非洲人》，新华网，2007年8月11日，http：//tech. sina. com. cn/t/2007－08－11/09291670338. shtml，最后访问日期：2012年5月25日。

阿联酋的 Etisalat 公司占股 15%，其他 85% 的股权由多家肯尼亚公司组成的肯尼亚东非海底光缆有限公司［TEAMs（Kenya）Ltd.］占有。[①] 项目耗资 1.3 亿美元。[②] 初始带宽为 120Gb/秒，最终带宽可增加至 1.2Tb/秒。

东南非洲海底光缆系统（SEACOM）：南起南非，依次连接莫桑比克、马达加斯加、坦桑尼亚、肯尼亚、埃塞俄比亚等 6 个东南非洲国家，并通过印度的孟买和亚洲连通，通过法国的马赛和欧洲相连，全长达 1.5 万公里，带宽为 1.28Tb/秒，2009 年 7 月建成。[③] 该项目由美国 Herakles 电信公司和一些非洲投资者共同出资建设，总价高达 6.5 亿美元。[④]

GLO－1 海底通信光缆系统：从尼日利亚的拉各斯开始，沿非洲西海岸铺设，依次连接加纳、塞内加尔、毛里塔尼亚、摩洛哥、葡萄牙、西班牙和英国。全长 9500 公里，带宽为 640Gb/秒，由 36 个国家的企业联合投资修建。2009 年 9 月 5 日光缆在尼日利亚拉各斯阿尔法海滩登陆。

东部非洲海底通信系统（EASSy）：南起南非，沿非洲东海岸北上，北至苏丹，连接 20 多个非洲国家，总长度 9900 公里，带宽达 1.4Tb/秒，在 2010 年 7 月建成。

MainOne 海底光缆系统：南起南非，沿非洲西海岸北上，连接沿岸非洲国家，通过葡萄牙与欧洲和其他地区相连，全长 1.4 万公里，带宽 1.92Tb/秒，一期工程在 2010 年底完成。

西非海岸至欧洲光缆系统（ACE）：与 MainOne 类似，从南非起，连接非洲西海岸国家，一直延伸至法国，全长 1.4 万公里，带宽 1.92Tb/秒，于 2011 年底完成。

西部非洲海底光缆系统（WACS）：南起南非，预计连接 12 个沿岸非洲国

---

① 维基百科：http://en.wikipedia.org/wiki/TEAMS_（cable_ system），最后访问日期：2012 年 5 月 25 日。

② 商务部驻南非经商处：《东南部非洲首条海底光缆在肯尼亚登陆》，2009 年 6 月 15 日，http://za.mofcom.gov.cn/aarticle/ztdy/200906/20090606330640.html，最后访问日期：2012 年 5 月 25 日。据经商处资料，该线路海底铺设长度为 5000 公里。

③ 《"宽带革命"席卷非洲 非洲迎来信息高速路建设高潮》，科技网，2009 年 7 月 23 日，http://www.stdaily.com/kjrb/content/2009－07/23/content_ 86148.htm，最后访问日期：2012 年 5 月 25 日。

④ 《东南非－欧亚海底光缆将推迟登陆肯尼亚》，新华网，2009 年 6 月 26 日，http://news.xinhuanet.com/fortune/2009－06/26/content_ 11604032.htm，最后访问日期：2012 年 5 月 25 日。

家，经葡萄牙与英国相连，全长 1.4 万公里，设计带宽为 3.84Tb/秒，一期工程在 2011 年中完成。

在以上主干线带动下，区域内部网络也日益完善。2009 年 1 月，南非两大电信公司 Neotel 和 MTN 宣布，它们将合作投资 20 亿兰特（约合 2.5 亿美元），铺设连接南非国内主要城市的长达 5000 公里的光纤骨干网络。其中，连接德班和约翰内斯堡的一期工程在 2009 年底完成，连接约翰内斯堡和开普敦的光缆于 2010 年 6 月铺设完毕。

2012 年 5 月，非洲海岸唯一没有连接海缆系统的国家塞舌尔也宣布开始建设连接东南非洲海底光缆系统（SEACOM）和东非海底光缆系统（EASSy）的塞舌尔东非系统（SEAS）。该项目将由政府与当地有关企业共同出资，项目由塞舌尔电缆系统公司负责建设。该条海缆起点是坦桑尼亚首都达累斯萨拉姆，终点是一艘阿尔卡特布缆船。①

每条海底光缆系统都是一个耗资巨大的建设项目。如：TEAMS 耗资 1.3 亿美元，MainOne 计划投资为 2.4 亿美元，EASSy 预计耗费 2.65 亿美元，WACS 投资为 6 亿美元，而 SEACOM 耗资超过了 6 亿美元。②

（四）对跨国跨区域水资源开发的关注

1. 非洲国家对水资源开发的关注

近年来非洲国家和区域组织以及国际社会对非洲的跨国跨区域水基础设施的关注，主要涉及以下几个方面。

一是非洲国家的居民可饮用水及相关的健康卫生问题。正如非洲水资源部长理事会主席、南非水利和环境事务部部长 Edna Molewa 所指出的，非洲仍有 3 亿多人口得不到卫生饮用水，约 14 个国家仍面临严重的水短缺问题。55 个国家中的 35 个国家人均用水低于 50 公升，非洲大陆约 50% 的人口中，1/6 患有与水相关的疾病，约 5.84 亿人没有条件得到合适的卫生措施。③

---

① 《塞舌尔拟建首条海缆》，电缆网，2012 年 5 月 6 日，http：//www.cableabc.com/news/201205051000209.html，最后访问日期：2012 年 5 月 25 日。

② 《"宽带革命"席卷非洲 非洲迎来信息高速路建设高潮》，科技网，2009 年 7 月 23 日，http：//www.stdaily.com/kjrb/content/2009 - 07/23/content_ 86148.htm，最后访问日期：2012 年 5 月 25 日。

③ AMCOW，"President's Message，" http：//www.amcow - online.org/index.php? option = com_content&view = article&id = 49&Itemid = 54&lang = en，最后访问日期：2012 年 5 月 16 日。

二是非洲水资源开发可以解决能源严重短缺的问题。电力短缺长期困扰 30 多个非洲国家。有将近 5 亿非洲人至今没有用上电，如果不采取有效措施，20 年后无电可用的人口还可能增加 1 亿。非洲农村地区缺电较为严重，相当部分农村居民还在使用木柴做饭和取暖。即使在部分城市地区，由于电力设施陈旧，经常发生各种故障，电力供应紧张的局面也在恶化。在非洲发电量最多的南非，截至 2010 年 3 月底仍有约 300 万家庭没有通电。而水资源的开发将有助于非洲国家解决电力短缺的问题。据联合国估计，整个非洲大陆水力资源目前仅有 8% 得到了利用，非洲的发电量仅占全球发电总量的 4%。

2. 非洲政府层面应对水资源的举措

2002 年，非洲国家在尼日利亚阿布贾成立了非洲水资源部长理事会（AMCOW），成员由全非洲主管水资源的部长组成。其目标是促进成员间的合作、安全、社会和经济发展以及减贫，有效管理非洲大陆的水资源以及提供水资源供应服务。现任非洲水资源部长理事会主席为南非水和环境事务部部长。2002 年，第一届研讨会在南非约翰内斯堡由南非水资源部组织举行，南非水资源部部长和 12 个非洲国家部长参加。形成了关于非洲卫生发展的千年目标，即到 2015 年将无法获取卫生用水的人口数量削减一半。

2008 年在德班召开第二次会议，会议组织方包括其合作伙伴非洲开发银行（AfDB）、联合国儿童基金会（UNICEF）、联合国秘书长水与卫生顾问委员会（UNSGAB）、世界卫生组织（WHO）、水供应和卫生合作委员会（WSS-CC）、世界银行的非洲水和卫生设施计划（WSP–Africa）以及南非水和森林部（DWAF）。与会方通过了《德班宣言和行动计划》（The eThekwini Declaration，eThekwini 为德班的祖鲁语），重申了发展议程，授权非洲水资源部长理事会对各国的执行方案制定和执行情况进行监管，并在 2010 年汇报进展。本次会议被非洲称为正式启动了非洲卫生国际年（International Year of Sanitation in Africa）。根据会议签署的德班宣言，会议部长承诺为卫生和医疗设立独立预算，预算额不低于 GDP 的 0.5%。[①] 2008 年 7 月举行的非盟第 11 届沙

---

① African Ministers' Council on Water, "The eThekwini Declaration and Africa San Action Plan," February, 2008，http://www.unwater.org/downloads/eThekwiniAfricaSan.pdf，最后访问日期：2012 年 5 月 14 日。

姆沙伊赫会上，与会首脑就加速建设非洲水和卫生项目授权非洲部长级水利会议采取相关措施，为此，非洲部长级水利会议在非盟内设立了专家委员会。① 2008 年 7 月举行的非盟 Sharmel Shaik 峰会上，非洲国家元首就非洲水资源开发利用面临的问题宣布："非洲的水资源存在着利用不充分和各方分配不平均的问题，这在粮食和能源安全方面仍是日趋严峻的挑战。" 2010 年 1 月，第七届非洲水资源部长理事会（AMCOW）上就开发利用水资源的议题分为四个：第一，为水利及卫生基础设施筹措资金。第二，讨论跨国水事的管理问题。共享非洲的河流，共享水资源。第三，应对气候变化。第四，应对目前存在的卫生设施水平参差不齐的问题。②

3. 非洲水资源部长理事会对非洲水资源开发的关注内容

从非洲水资源部长理事会的宗旨来看，非洲国家间就水资源开发的三个核心问题分别是"合作"、"安全"和"减贫"、"可持续发展"。但从该理事会对非洲水资源开发的关注情况看，却集中在居民安全和卫生用水方面。而关于跨国跨区域水资源基础设施开发的关注则体现在非盟关于能源开发的范围上。水资源部长理事会成立以来所关注的项目主要包括《非洲水设施计划》（African Water Facility）、《桑行动计划》（Africa San）、《水、气候和发展计划》（WACDEP, Water, Climate and Development）。2006 年理事会提出了《非洲水设施计划》（African Water Facility），该项目由非洲开发银行负责实施和监管。目标是促进非洲国家利用水改善目前用水和卫生条件，实现千年发展目标。《桑行动计划》是一个关于"水和卫生"的项目。《非洲部长水计划》（AMIWASH, The African Ministers' Initiative for WASH）形成于 2004 年，目标是：实现非洲用水和卫生的进步，实现千年发展目标；加强非洲水资源部长理事会的供水能力，及医疗卫生水平；加强在水资源开发方面的南南合作。此外，水资源部长理事会还设立了"非洲水周"。2008 年 3 月非洲部长级水利会议和非洲发展银行在突尼斯召开了第一届非洲水周（AWW - 1），主题是"为了非洲社会经济发展，加速保障水安全"。该会议确定要把水安全作为值

---

① "About AMCOW – African Ministers' Council on Water," http：//www. amcow – online. org/index. php？ view = article&catid = 34% 3Aabout – amcow&id = 69% 3Aabout – amcow&format = pdf&option = com_ content&Itemid = 27&lang = en，最后访问日期：2012 年 5 月 14 日。

② 《非洲率先进行水利建设》，中国环保设备展览网，2010 年 1 月 28 日，http：//www. hbzhan. com/news/Detail/12963. html，最后访问日期：2012 年 5 月 14 日。

得优先考虑的重要投资项目，例如水库、水生作物、灌溉和水电站。2009 年 11 月 9 ~ 13 日在南非约翰内斯堡举行了第二届非洲水周（AWW - 2），主题是"贯彻沙姆沙伊赫非盟峰会关于水和卫生的精神：奔向终点"。联合国环境规划署（UNEP）在会上发布了《淡水面临威胁——非洲淡水资源面对环境变化的脆弱性评估》。报告指出，非洲的淡水资源正在受到气候变化的严重威胁，非洲国家需要采取紧急的应对措施，以应对科技不足、管理不善、水资源污染、工业化和城市化等挑战。2010 年 11 月，非洲国家在埃塞俄比亚首都亚的斯亚贝巴召开了第三次非洲水周大会。寻求在水问题方面的融资和合作，一直是会议的关注点。2012 年 5 月 14 ~ 18 日，第四届非洲水周在埃及开罗举行，主题为"水对非洲的经济增长"，会议论题为"水和卫生对非洲的发展"、"私营业在水和卫生领域的投资"、"为增长和气候恢复发展的基础设施"、"水治理和融资"。

二 非洲跨国跨区域基础设施建设能力分析

（一）非洲跨国跨区域基础设施建设的动力

不同于 20 世纪六七十年代非洲国家兴建基础设施主要动力来自东道国国家层面，当前，非洲跨国跨区域基础设施建设动力既有内生性需求，也有外部拉动和推动，主要包括以下几个方面。

1. 来自国际社会对非洲发展的关注

可以说，由于发展的需要，非洲的发展问题从进入 20 世纪以来，已经成为一个国际政治议题。随着千年发展目标的提出，关注非洲发展及利用跨国跨区域基础设施建设解决非洲的发展瓶颈成为国际组织的关注点。改善基础设施，提高水、电、通信、道路等基础服务是实现联合国千年发展目标的重要内容。包括联合国在内的国际机构对于非洲独立承担跨境跨区域基础设施建设能力严重不足有着清醒的认识，呼吁发达国家给予非洲在该领域的援助以促进发展，呼吁新兴市场国家通过市场手段增加在该领域的投资，以缩小非洲同其他地区发展的差距已经成为众多国际组织的常规议题。这种不遗余力地在国际上各相关场合进行的呼吁增加了国际社会对非洲跨国跨区域基础设施建设的关注，甚至很多发达国家的非政府组织也积极参与其中。而国家层面关注非洲跨国跨区域基础设施建设具有道义外交的一面。

2. 新兴市场国家的资本国际转移和市场需求

当前,新兴市场国家出于开发资源和市场的需要,不得不考虑改善非洲的跨境跨区域基础设施建设。一方面,基础设施落后直接影响了投资条件。在很多非洲国家,矿产资源所在地交通条件落后,电力短缺,供水缺乏,直接影响了项目的开展。另一方面,受基础设施落后影响,商业成本增加,市场狭小,制约性较强。为此,外部经济体关注非洲跨国跨区域基础设施建设有谋求现实经济利益的一面。而中国"走出去"战略和利用两个市场的发展定位为非洲基础设施建设提供了空前机遇。南非标准银行的统计报告称,非洲基础设施建设 2/3 的资金来自中国。多年来中国向非洲国家提供无息贷款、优惠贷款、优惠出口买方信贷、商业贷款等各类资金,用于支持非洲国家的基础设施建设。中国企业在电力、通信、交通、能源等各领域建设了大批有影响的项目。[①]

3. 非洲区域一体化组织和行业组织的推动力

基于对一体化促进经济社会发展的重要认识。20 世纪后期以来,非洲各区域组织发展迅速,推动基础设施的建设至为关键。为促进其发展,2010 年 10 月在南非召开的第二届《非洲发展新伙伴计划》基础设施峰会上,确立的四个议题分别是交通网络,市场经济运行必不可少的基础;能源,非洲的巨大产业;水利,经济发展的先决条件;信息技术,经济增长的动力。其中交通基础设施的讨论重点是公路、铁路、海洋和航空运输等方面。2012 年非盟第十八届首脑会议通过《非洲基础设施发展计划》,确定了多个跨国跨地区基础设施重点建设项目,重点是加快铁路连通和港口运力建设,以突破制约内部贸易发展的交通瓶颈。

行业组织也积极促进相关行业的发展。以西共体内的电力联营组织 WAPP 为例,1999 年 12 月,西共体各国声明,准备将其电力并网,组成松散的电力联营系统,不设中央调度或控制中心。2000 年 9 月,在多哥首都洛美西共体各国的能源部长签署了谅解备忘录,确定了在开发 WAPP 中各国应承担的相互债务责任。具体的责任包括支持实施优先的互联工程(包括最终连接整个

---

① 《商务部:非洲基础设施建设 2/3 的资金来自中国》,财经网,2011 年 10 月 21 日,http://economy.caijing.com.cn/2011－10－21/110905717.html,最后访问日期:2012 年 5 月 23 日。

西非地区输电网的线路权和担保权），并允许输电系统操作人员为便于地区内电力贸易而制定和实施各种策略和方案。2003 年初，西非各国能源部长会议正式签署了西共体能源协议，同意建立一个一旦缺电时能通知各成员国采取预防措施的信息和通信系统。签署该协议的目的是为能源部门的长期合作建立一个法律框架，以增进西非地区的投资和贸易。各成员国与西共体秘书处共同工作，就机构设置、规章制度和其他有关电力联营系统的结构性问题做出重大决策。非洲开发银行提供了 1568.8 万美元信贷，用于尼日利亚和贝宁之间长 70 公里的 330 千伏输电网络的建设。尼日利亚至贝宁输电线是 NEPAD 短期行动计划的重点工程之一，是扩建尼日利亚—贝宁—多哥—加纳互联工程的一期工程。

4. 来自主权国家的共识和推动力

尽管在具体项目上存在各自的利益考虑，导致相关项目可执行度较差，但从形式上来看，各主权国家对于促进跨国跨区域基础设施的建设是基本认同的。这主要基于以下几个方面。①改善投资环境的需要。良好的基础设施是企业投资和经营的基础和保障。要吸引外资进入，非洲国家必须通过基础设施建设改善投资环境。②增加就业的需要。受经济特征影响，多数非洲国家存在严重就业不足的问题。即使是南非这样的非洲工业化程度最高的国家，其国内失业率也长期保持在 20% 以上。而基础设施的建设会增加大量的就业。因此，备受非洲国家政府重视。③民众基本生活需要。有关水、电、道路、通信等方面的基础设施是改善民众生活条件的基础，而由于开发这些项目的资源存在地区差异，如水资源分布、电源开发地点等存在网线接入、道路连接等多存在跨境问题，要实现基础设施的改善，必须实现跨国跨区域的合作。④非洲各国近年来的发展规划都非常强调重视基础设施建设，积极寻求外部的资金支持并开展区域内国家的协调工作。如喀麦隆 2004～2011 年的 7 年发展规划中经济方面的主要内容有：继续推进私有化进程；制订并实施可以满足实际需要的能源发展计划，提高对水资源和天然气资源的利用程度，该计划还包括短期内采取有效措施解决停电问题和制定中长期电力基础设施发展规划。2000～2010 年间，塞内加尔政府在电力方面的投入总共达到 7200 亿西非法郎（约合 16 亿美元），新建了几座发电站，更新了其他电站的设备，发电量从 300 兆瓦提高到 700 兆瓦。农村电力化已经从 6% 提高到 23%。国家计划目标是到 2012 年，850 个村庄通电，农村电力普及率达到 50%，使 600 万塞内加尔人受益。政府还计划建设两座燃煤发电站,进一步提高发电量。

5. 当地企业发展需要

长期以来,受多种因素制约,非洲多数国家存在基础设施建设滞后与基础设施使用不足的矛盾。对于政府负责运营的基础设施行业,由于用户不足,企业经营难以为继。以电力为例,由于多数非洲国家大能耗单位缺乏,而不得不将电力出口作为创汇的重要来源。如莫桑比克本身在生活用电不足的情况下长期向南非出口输送电力。为促进本国相关行业的发展,近年来非洲国家相关基础设施行业的私有化改革提上日程。在尼日利亚,由于技术、商业和电力输配等综合因素而造成的损失,使得政府不得不将电力企业私有化。2011 年 9 月 20 日,尼日利亚公共企业管理局表示,尼日利亚联邦政府决定把尼日利亚电力股份公司下属 70% 的电力配送公司转让给具备投资实力的购买者。尼日利亚准备与德国和欧洲合作来发展本国的电力基础设施,而电力基础设施是尼日利亚经济改革的出发点。此外,一些非洲国家看到基础设施建设将带来的商机,将行业发展作为国家产业战略来抓,积极促进跨境基础设施的开发。如在通信行业,一些非洲的电信集团,像肯尼亚数据网络(KDN)以及肯尼亚电信也都在资助光纤电缆的建设项目,如东非海事系统(TEAMS)、SEACOM 海底光缆以及东非海底光缆系统(EASSy)。肯尼亚的信息产业战略不仅是为了本行业的发展,政府更关注的是通过信息产业带动其他相关领域共同成长,并以此解决本国的就业问题,促进减贫计划的推行,为整体经济的发展奠定坚实的基础。因此,促进跨国跨区域基础设施建设,将是相关国家基础设施行业发展的出路,也是推动非洲跨国跨区域基础设施建设的动力之一。

(二) 非洲跨国跨区域基础设施建设的能力

1. 坐拥资源,缺少开发能力

以迫切需要解决居民用电,而资源丰富,特别是跨境河流众多的西部非洲为例:西部非洲多数国家水力、能源资源丰富,也是非盟确立的未来重点发展水利电力的地区。但丰富的水资源转化为电力能源能力仍严重不足。

尼日利亚石油、天然气、水、煤炭资源丰富,电力短缺严重。迄今已探明石油储量 362 亿桶,居世界第十、非洲第二位。2009 年石油产量 9910 万吨,居非洲第一。已探明天然气储量达 5.3 万亿立方米。煤储量约 27.5 亿吨，为西非唯一产煤国。境内地势北高南低，地形复杂多变。尼日尔河从西北流向东南，入几内亚海湾，境内全长 1400 公里，沿途纳索科托河、卡杜纳河、古拉拉河、贝努埃河等支流组成稠密的河网，水量大，利于灌溉、通航和发电。尼日利亚大多数电力供应基础设施建于 20 世纪七八十年代，由于缺乏后续投入和必要的维护，其发电和输电能力已严重滞后于经济发展。尼日利亚现有 12 个发电厂，其中 9 个为天然气火力发电厂，3 个为水力发电厂。殖民统治期间，尼日利亚还曾建设过两个煤炭热力电厂，但自从发现石油天然气资源后，煤炭热力电厂便被闲置，电力设施严重老化和失修，直至停产。由于新建电厂的配套输变电网线和天然气供应管道尚未全部建成，目前尼日利亚全国电力供应仍主要依靠旧有的 9 家发电厂维持。尼日利亚现有装机容量 6000 兆瓦，但可以利用的电力输出尚不到 3000 兆瓦，整个国家的电力需求在 10000 兆瓦左右，缺口巨大。由于供电紧缺，尼日利亚大部分政府机关、事业单位以及 97% 以上的制造商不得不自备发电机发电，电力供需矛盾突出成为阻碍经济发展的主要问题之一。

加纳水资源、油气资源丰富，但电力短缺严重。沃尔特河在加纳境内长约 1100 公里，有巨大的沃尔特水库。2007 年 6 月，加政府宣布在西部省西海角三点地带发现丰富的轻质原油资源，初步探明储量为 12 亿桶，于 2010 年底实现商业产油。加纳国内发电严重依赖水力，水力发电占发电总量的 90%以上。沃尔特湖发电功率达 91 万千瓦的水电站是最主要的水电站。由于以水电为主，严重依赖气候，每年均需大量进口电力。为解决电力短缺问题，加纳政府制定了发展电力的长远战略和短期应对措施。长远战略是通过西非天然气管道工程和西非电力联营项目，将加纳输电网与西非地区电网相连接，成为地区电网的重要一部分。短期电力发展规划主要解决发电量不足的问题，政府将不遗余力地投资建设热电厂，实行发电量控制。同时，提高内部管理水平、增加电力税收等。

塞拉利昂水资源丰富，国内电力主要依靠热电，电力短缺严重。塞拉利昂境内河流众多，水量丰富。全国有 9 条常年流水的河流，长度为 800 公里，有 1200 兆瓦的水电潜力；其中罗克尔河是塞拉利昂主要河流。罗克尔河发源于东北几内亚高地，流经北部地区，在弗里敦注入塞拉利昂河，全长 440 公里，流域面积约 1 万平方公里，中游流量约 100 米/秒。前首都弗里敦的电力供应主要依靠一个燃油发电站，但经常出现断电现象。许多商户和居民只能依靠小型柴油发电机来满足用电需要。除博城和科内马以外绝大部分的内陆地区根本就无电力供应。2007 年发电量仅为 31.93 兆瓦，为近 10 年来最低。

利比里亚水资源丰富，但受多年战乱影响，境内电力供应奇缺，开发重点为水电站。利比里亚境内河流众多，主要有曼萨河、罗法河、圣保罗河、圣约翰河和卡瓦拉河等。其中，曼萨河是利比里亚和塞拉利昂的界河，卡瓦拉河是利比里亚和科特迪瓦的界河。国内较小的河流还有莫罗河、都克维河、强克河、法明敦河、三昆河和新奥河等。利比里亚境内河流滩多石多，并受季节降水影响大。主要河流除卡瓦拉河中游及其最大支流杜奥贝河（Duobe River）外，总体流向都同山脉走向一致，呈东北－西南走向，并向右弯曲入海。在内陆，河道的倾斜度非常大且不规则。在丘陵地带、较低的山脉和高原之中则充满瀑布或急流。所有主要河流水量丰沛且全年如此，但降雨导致各河流的流量变化也很大。在雨季倾盆大雨之后，大多数河流都会泛滥。利比里亚河流的另一个特点是岩石、急流、弯弯曲曲的河道和小岛使得绝大多数河段不适合航行，只是在靠近海岸地区，才能进行一些河流运输。上述特点使得利比里亚河流的水电潜力巨大，在一些河流上已经修建了水力发电站。由于多年战乱，全国没有市政供电。目前，利比里亚用电仍主要靠用户自行解决。

瑟利夫总统执政后，重视经济恢复和重建，加强对资源开发的管理，制订了近中期经济发展计划，努力改善投资环境，重点加强道路、水电等基础设施建设。2007 年 2 月时任中国国家主席胡锦涛访问利比里亚期间，两国签署了一系列协议，其中包括建设水电站，为首都蒙罗维亚供电。据外电 2008 年 12 月报道，利比里亚政府表示，一家中国公司已经保证将在该国投资 250 亿美元。这将是中国最近几年在非洲最大的投资之一。2008 年，利比里亚电力公司（LEC）和美国 STANLEY CONSULTANTS INCORPORATED 公司签署了利咖啡山水电站恢复项目可行性研究协议，协议总金额为 531500 美元。作为战后重建目标，力求在尽快恢复原有电力设施的基础上，寻求开发新的电力建设。

科特迪瓦的水、石油、天然气丰富，电力供应不足，发电以天然气为主。境内有邦达马河（950 公里）、科莫埃河（900 公里）、萨桑德拉河（650 公里）和卡瓦拉河（600 公里），河流总流长 3100 多公里，总流域面积 232700 平方公里。石油已探明储量约 250 亿桶，天然气储量 230 亿立方米。石油、天然气主要分布在科特迪瓦沿海的几内亚湾，整个油气田面积 5.3 万平方公里，80% 的油气井深度为 2000～3000 米。

科特迪瓦是净电力输出国。国内发电主要通过天然气，约占电力产量的一半以上。阿比让有 60 万千瓦的火力发电厂。科特迪瓦第一个天然气发电站在 1995 年建立，第二个在 1999 年开始供电。2004 年生产电力 5370 吉瓦时，其中国内用电 3160 吉瓦时。据政府统计，农村居民少于 15% 的人可以用电，郊区用电居民约为居住人口的 77%，阿比让为 88%。科特迪瓦电力公司（CIE）垄断国内电力供应，法国公司拥有其股份的 51%。

喀麦隆的水力资源比较丰富，开发严重滞后，电力供应不足；可利用的水力资源达 2080 亿立方米，占世界水力资源的 3%；理论上蕴藏的发电潜能为 29.4 亿兆瓦时/年，其中技术上可行的发电潜能为 11.5 亿兆瓦时/年，[①] 在非洲仅次于刚果（金）。目前，实际利用的只有约 800 兆瓦。水力资源主要集中在萨纳加河干流。该河上游流经高原山区，多急滩和瀑布，有巨大的水力发电潜力，已经在埃代阿、松卢卢建有两座大坝用于发电，另一座位于萨纳加河纳赫蒂加尔的大坝正在建设中。喀麦隆已经建成的第三座大坝是位于贝努埃河的拉格都大坝。此外，洛姆河的洛姆潘噶（Pangar）、韦纳河的 Bini a Warak、恩顿河的 Memve'Ele 以及卡代河都有进行水力发电的潜能。此外，喀麦隆石油储量估计为 1 亿多吨，天然气储藏量 5000 多亿立方米。

喀麦隆的电力生产包括水电和热电，现有总装机 933 兆瓦，其中水电装机 721 兆瓦，热电装机 212 兆瓦，年实际电力生产能力 665 兆瓦，难以满足工农业生产对电力的需求，缺口约为 30 兆瓦。

由于水电资源开发严重滞后，喀麦隆全国 1.3 万个村庄中仅有 2300 个有电力供应。为扭转这一局面，喀麦隆制订了雄心勃勃的发展计划，希望至 2020 年为中非地区电力市场输送电力 5000 兆瓦，一跃成为非洲地区最大的电力出口国之一。喀麦隆能源水资源部与多个机构自 2009 年开始在喀西南大区合作实施的总投资达 90 亿中非法郎的"农村边远地区发展电力供应计划"，将帮助当地 14.3 万居民获得电力供应。在水电生产方面，喀麦隆目前在萨纳加河上拥有 3 座水坝和两个水电厂（Edéa 和 Songloulou），喀麦隆政府计划通

---

① "International Small – Hydro Atlas," Cameroon，http：//www. small – hydro. com/index. cfm? Fuseaction = countries. country&Country_ ID = 122，August 23，2005.

过与喀麦隆铝业公司（ALUCAM）和喀麦隆电力公司（AES‑SONEL）进行合作修建第4座Lom Pangar水坝和Nachtigal水电厂，新建水电项目将主要用于保证喀麦隆铝业公司提高生产能力的电力需求，项目预计总投资达6500亿中非法郎。除此之外，其他水电项目还包括Song Mbengue、Memve'lle和Song Dong水电站，Mokin、Malale、Ebie和Yoke小型水电站项目等。2001年，美国爱依斯电力公司（AES Corporation）收购喀麦隆电力运营与配送公司（AES‑SONEL），并由其掌管喀麦隆的电力生产及分配。截至2007年底，公司拥有11座电力发电厂，总装机容量为927兆瓦。[①] 2007年全国生产电力40.9亿千瓦时，消费电力34.35亿千瓦时。

贝宁国内水资源、油气资源丰富，现有供电不足，电力长期依靠进口。贝宁可开采石油约9.2亿桶，天然气储量910亿立方米。贝宁是一个多河、湖国家，但分布不平衡。沿海地区的主要河流有阿加拉河、韦梅河、库福河和莫诺河。向尼日尔盆地供应水源的几条大河依次是：梅克鲁河、阿利博里河、索塔河。贝宁有几十个湖泊，多为潟湖，比较大的潟湖有诺奎湖（138平方公里）、阿埃梅（78平方公里）、波多诺伏（35平方公里）等，此外还有大波波、维达、阿波美‑卡拉维、戈多美、科托努等潟湖。贝宁的热电厂靠进口燃料发电，随着本国石油产量的下降，石油进口激增，导致生产成本提高。国内生产的电力只能满足需求的不到20%，余者全部靠进口补足，供需矛盾日趋突出。贝宁水电供应紧张。电力缺口达50%，国家电力公司SBEE下属的4个小型水力发电厂和6个火力发电厂仅能满足国内需求的1/3，不足部分从加纳和多哥进口。为摆脱用电严重依赖国外进口的局面，贝宁政府正分别与尼日尔和多哥合作，在尼日尔河建一发电能力为26兆瓦的水电站；在贝宁、多哥边境建阿贾哈拉（ADJARALLA）水电站。

2. 资金严重不足，基础设施建设主要通过政府对外借贷和市场化手段解决

非洲国家普遍经济规模较小，其中33国属于最不发达国家，财政收支能力弱，国内迫切需要的基础设施建设都难以通过财政解决，而主要依靠对外借贷或市场化手段解决。《非洲发展新伙伴计划》促进非洲国家能源开发的主要举措仍是希望非洲国家加大改革力度，通过私有化来吸引外资或吸收私营资本来促进能源投资进而解决能源问题。但很显然，非洲国家在能源领域的

---

① 美国爱依斯电力公司（AES）官方网站。

私有化进展并不顺利。对于很多非洲国家而言，在能源领域的改革是很谨慎的。在市场手段不足的情况下，政府对基础设施建设的投入主要依靠主权负债推动。如 2008 年，加纳通过发行 4.6 亿美元主权债券用于增加发电能力，改善电力传输，实施项目包括 OSAGYEFO 电力项目、布维水电站、位于 PRO 河上的 HEMANG 和 AWISAM 水电站。拟投产的水电站有 TANO 河上的 TANO-SO 水电站、OTI 河上的 JUALE 水电站。在塞拉利昂，本布纳水电站项目于 20 世纪 80 年代初期实施，在国际社会的资助下投入 1.5 亿美元，后因塞拉利昂内战中止，未完成部分需用资 3000 万美元。2003 年世界银行和国际货币基金组织决定提供 3000 万~4000 万美元贷款，计划首先用 8 个月帮助塞拉利昂完成本布纳水电站项目剩余 5 万千瓦发电量工程，以满足北方省和西区用电需求；然后完成 11 万千瓦发电量，以满足全国大部分地区用电需求；最后完成 30 万千瓦发电量，除塞拉利昂本国自给外，还可将剩余电力出口到几内亚、利比里亚等马诺河联盟国家，促进西非地区经济共同发展。但该项目近年来进展缓慢。2008 年初塞拉利昂电力局总经理透露，政府已与尼日利亚 Dangote 集团签订协议，该集团将在塞拉利昂投资 3 亿美元建立 100 兆瓦电站，为西区供电，并逐步改善输配电网络。同时，塞电力局还首次公开了总体发展计划，具体内容如下：当前目标——尽快改善配电网络；短期目标——加强收费管理，增加收入；中期目标——增建电站，完善输配电网络，实现向全国 12 个区供电；长期目标——在主要城市建设水电站，同时实现全国联网。2009~2011 年经济发展目标：配合与国际货币基金组织共同制订的《减贫与增长计划》，塞拉利昂政府将增加政府和私人投资，保证稳定的电力供应。喀麦隆 2004~2011 年 7 年发展规划中经济方面的主要内容有：继续推进私有化进程；制订并实施可以满足实际需要的能源发展计划，提高对水资源和天然气资源的利用程度，该计划还包括短期内采取有效措施解决停电问题和制定中长期电力基础设施发展规划。尼日利亚作为该地区主要的电力供应方，在行业私有化方面进度较快。2011 年 3 月，尼日利亚电力部国务部长 Nuhu Wya 表示，为推进电力业私有化改革，联邦政府已经成立了一个委员会来管理国家电力公司（PHCN）的运营。据悉，PHCN 多数高管已被调往电力部或公司之外的其他地方任职。此举标志着尼电力行业私有化改革已迈出关键性一步。2011 年 9 月 20 日，尼日利亚公共企业管理局表示，尼日利亚联邦政府决定把尼日利亚电力股份公司下属 70% 的电力配送公司转让给具备投资实力的购买者。转让公司产生的净收入将被归入联邦账户，由各级政府分配使用。该局电力处负责人易卜拉欣·巴巴夏纳说，这是尼日利亚联邦政府进行电力改革的一项重要战略步骤，目的是减少因技术、商业和电力输配等综合因素而造成的损失，而服务质量和工作效率是决定电力配送公司是否被转让的标准。该战略步骤的优点是强调运营商的技术、财务及管理能力，并且能在相对短的时间内减少公司对政府补贴的依赖，保障企业付款能够及时到位。尼日利亚准备与德国和欧洲合作来发展本国的电力基础设施，而电力基础设施是尼日利亚经济改革的出发点。

3. 技术水平很低，项目执行能力主要依靠外国公司

主要包括以下几个方面：①工程项目设计能力不足。②项目施工技术能力不足。③项目后期运营及管理能力不足。以通信业为例，目前非洲在信息和通信技术方面几乎是一个完全依赖进口和消费的市场，计算机科学与技术方面的学科分散，研发能力薄弱。

（三）非洲跨国跨区域基础设施建设的协调性

开展跨国跨区域基础设施建设必须考虑相关国家在项目上的协调性问题。这是推动项目进行的基础，也是重要保障。跨国跨区域基础设施建设不仅需要相关各国就项目有充分的政治合作意愿，还需要有一系列机制保障，同时还要有项目运行及相关经济利益的合理分配机制。整体上，非洲跨国跨区域基础设施建设的协调性有待提高。

第一，推动跨国跨区域基础设施建设的非洲区域组织发展落后。目前非洲区域组织或区域行业组织形式大于内容，机制合作缺乏制度保障和能力支撑。区域一体化不仅需要制度的完善，更重要的是内部经济联系及合作机制发展程度较高，同时还需要经济能力的充分保障。全球一体化进程发展最完善的欧盟给非洲各地区国家的一体化机制发展创立了模式。但显著不同的是，欧盟的一体化发展是以经济或经济中的部门行业发展为推动力的，如最初的欧洲煤钢联营。而在非洲，尽管 2002 年非盟成立以来在机制上不断完善，但很显然其发展缺少强有力的推动力和保障力。连区域组织内的活动都需要援助来支持的情况下，在跨国跨区域基础设施建设领域特别是水、路、电领域，其协调能力可见一斑。以西部非洲水资源及能源开发和管理为例，西共体成立以来，一直积极推动区域内国家的水力资源开发和电力建设。早在 20 世纪

80 年代初，共同体就实施了"农村和牧区水利计划"。第一期从 1982 年开始到 1986 年止，筹集 273 亿西非法郎，兴建了 2830 项水利工程，并兴建了非洲高级管理研究中心、地区太阳能中心、鱼类高级科技研究所、矿业和地质学校、高级纺织工业学校、共同体火车车厢制造厂等。1999 年 12 月，西共体各国声明，准备将其电力并网，组成松散的电力联营系统，不设中央调度或控制中心。2000 年 9 月，在多哥首都洛美西共体各国的能源部长签署了谅解备忘录，确定了在开发 WAPP 中各国应承担的相互债务责任。2003 年初，西非各国能源部长会议正式签署了西共体能源协议，同意建立一个一旦缺电时能通知各成员国采取预防措施的信息和通信系统。2004 年，非洲开发银行承诺将提供 1568.8 万美元信贷，用于尼日利亚和贝宁之间长 70 公里的 330 千伏输电网络的建设。经过近 30 年的协调，该地区已建立西非电力的协调机构（WAPP），但仅从水资源利用来看，本地区存在着诸如尼日尔河流域组织（ABN）、塞内加尔河开发组织（OMVS）、冈比亚河流域发展组织（OMVG）、沃尔特河及其流域组织等机构，且不同机构成员国在资源开发与分享方面利益存在差异。如在衔接尼日利亚东南部产油区与贝宁、加纳和多哥三国的西非天然气管道项目（WAGP，West African Gas Pipeline）中，2008 年投产后，就因利益分配及尼日利亚境内非政府武装的多次破坏而中断。

第二，跨境基础设施涉及相关主权国家利益广泛，权利和责任分配问题复杂。一方面，涉及项目融资分配问题复杂。这直接牵扯到债务分配问题。由于发展的不平衡以及资源的分配不均衡，在负债建设跨国跨区域基础设施建设问题上，必然面临融资结构问题，以及由此带来的利益分配问题。如东非海底光缆系统项目讨论多年，但由于肯尼亚和南非之间在建设资金、所有权和管理等问题上存在分歧而被一再推迟实施。另一方面，涉及资源分配问题复杂。资源的分布存在不均衡，一些国家有着较多可利用的资源和可开发条件，但一些国家的条件则较差。因此，尽管当前发展跨国基础设施是各国的迫切共识，但是，在经济基础条件较差，增长潜力存在不确定性的情况下，项目建设在给资源条件较差国家带来机遇的同时，也会因其经济脆弱而难以承受长期的负债，最终导致区域内国家的矛盾上升。目前来看，共同需求大于政治分歧。分歧还没有出现或没有公开化，不等于没有分歧。即使在一体化程度最高的欧盟区，类似的问题都很难获得解决。连接冈比亚与塞内加尔的冈比亚大桥项目和连接赞比亚与博茨瓦纳的卡桑古拉大桥项目，均因政治原因而被拖延数年。在主要河流区域，不同国家对资源的分配并没有形成有关法律协议。非洲开发银行主席卡贝鲁卡曾在非盟第 18 届首脑会议上表示，非洲国家间缺乏开展合作的政治意愿，是启动和实施跨境基础设施建设项目的主要障碍。① 此外，项目牵扯社会问题较多，如土地使用、资源开发等。跨境基础设施建设必然涉及土地的使用权及所有权变更等问题。而在私有权得不到法律充分保障的情况下，这些问题的解决，特别是快速解决，几乎不可能。

第三，牵扯边界及跨界民族问题。如肯尼亚建设的光缆，因肯尼亚邻国海盗猖獗，海上光缆铺设中的安全问题曾是工程进展的一大障碍。SEACOM 的光缆项目连接东南部非洲与印度、法国两国的大型海底光缆原定于 2009 年 6 月登陆肯尼亚海岸，但由于海盗活动频繁迫使光缆铺设计划发生变化，该光缆将推迟到 7 月底才登陆肯尼亚。在东非海底光缆系统（TEAMS）的项目施工中，据报道，一些在亚丁湾附近海域护航的外国军舰为光缆铺设船提供了保护。非洲开发银行资助的"两刚大桥"的可行性研究项目虽然已于 2011 年 10 月启动，但迄今刚果（金）、刚果（布）对该项目利弊的评估仍存在较大分歧。② 刚果（金）担心两国港口间的商业竞争，刚果（布）则担心大桥建成后刚果（金）人口大量涌入刚果（布）。可见，非洲国家在事关本国切身利益的问题上很难求同存异、互谅互让。

第四，区域组织利益体合作盘根错节，较为复杂。以西非为例，区域组织数量多且成员重叠的现象很严重。据共同体前秘书长阿巴斯·邦杜（Abuss Bundu）统计，至 1997 年，西非区域的政府间组织多达 40 个。仅水流域机构就存在尼日尔河及流域组织、塞内加尔河及流域开发组织、冈比亚河及流域组织、沃尔特河及流域组织等。两个最大的组织——西非国家经济共同体与西非经济货币联盟各有一套一体化发展方案和实施办法，推行过程中矛盾冲突不断。例如，两个组织实行不同的原产地规则，造成区域内产品关税削减

---

① 中国驻肯尼亚使馆经商参处：《政治意愿缺乏将影响非跨境项目实施》，2012 年 2 月 14 日，商务部网站，http：/www. mofcom. gov. cn/aarticle/i/jyjl/k/20120，最后访问日期：2012 年 4 月 20 日。

② 《"两刚大桥"项目各方意见仍存分歧》，2011 年 11 月 24 日，商务部网站，http：//www. mofcom. gov. cn/aarticle/i/jyjl/k/201110/20111007795745. html，最后访问日期：2012 年 5 月 20 日。

政策难以实施。西非国家经济共同体自1990年开始正式采取一系列削减关税和其他促进区域内部贸易自由化的措施，但各成员国的执行情况并不理想。从开发水、电资源情况来看，区域内部贸易水平仍非常之低，1996～2005年的共同体内部贸易额仅占共同体对外贸易总额的9%～17%。落后的区内贸易只是制约地区经济关系深化的一个缩影。但这种情况表明，地区电力合作也会遇到类似的问题。而东非共同体、东南非共同市场与南部非洲发展共同体一体化进程仍较为缓慢，目前仅处于达成政治共识和贸易谈判阶段。在基础设施发展上，自贸区内正在进行或已经完成的基础设施项目包括：南北经济发展走廊，联合信息和通信项目，能源和电力连接项目等。由于成员国众多及参与机制重叠和发展不平衡、内部贸易结构单一等问题，要实现融资、资源权力、市场等要素合理分配和共享还有很长的路要走。

第五，跨国水资源利用和管理受制约因素较多。水资源一体化管理（IWRM）本身属于目前国际社会相关国家、部门或专家研究的前沿问题。从研究情况来看，水资源一体化管理是否值得推广或具有可操作性仍存在较大争议。水资源一体化管理问题始于20世纪初，但其实践主要在欧美发达国家，如美国的田纳西河流域管理以及英国、法国和新西兰等国对境内水资源的管理。20世纪90年代以来，发达国家早期水资源一体化管理的经验多次被联合国水会议及世界水论坛等国际机构或会议提及，并希望可以作为发展中国家解决能源问题的方法。对此，也有较多的反对声音。反对者认为，在不同国家之间，管理系统、法律框架、决策过程以及制度类型和有效性常常千差万别。在此不同条件下，早期的来自一国的水资源一体化管理经验并不能简单适用于跨国合作。而在非洲地区，由于各国发展水平差距较大，区域间政治、民族、跨界问题等较多。这使得电源开发和电网建设方面有潜在的较大的政治不协调性因素。

第六，大国利益争夺。除中国因素外，当前大国对非关系存在着新的竞争，这将集中体现在非洲跨国跨区域基础设施建设方面。第二次世界大战后，美国在非战略利益的扩大，一直有排挤前欧洲宗主国的一面，为此也遭到了相关国家的不满。特别是伊拉克战争后，随着中东能源供应地区安全形势的恶化及近年来很多非洲国家相继实现商业开采油气，美国对非洲的战略重视度进一步提高，如美国已经取代法国成为新兴产油国乍得的第一援助国。因此，针对非洲跨境基础设施建设所引发的大国博弈将进一步升温。如2009年

4月，世界银行、世界贸易组织、欧盟在卢萨卡会议上承诺将向南北交通走廊提供12亿美元的援助，其中，世界银行将提供5亿美元，非洲开发银行提供6亿美元，欧盟提供1.15亿美元，英国国际开发部（DFID）提供1亿英镑。此外，日本、韩国、美国及OECD、欧洲投资银行等也积极参与了NSC项目。2012年6月14日在美国召开的AGOA论坛上，将主题定为"改善非洲贸易基础设施"，下设四个议题：一是发展非洲交通、能源和电信领域等基础设施，以提高非洲的竞争力，促进非洲区内贸易和美非贸易；二是改善非洲经营环境，提高非洲基础设施的管理水平，以促进投资，降低贸易成本，提高生产力；三是改善贸易促进政策，提高贸易便利化程度，发展交通、电力和电信等区域性基础设施项目，以推动非洲经济一体化进程；四是向美国企业推介对非贸易商机，支持美国企业投资非洲交通、能源和电信等关键基础设施。可见美国对非洲基础设施的关注已经上升到对非战略高度。可以预见，在未来几年，增加对非基础设施的投入将是美国实施对非战略的重点。

后卡扎菲时代的非洲一体化发展态势

李智彪*

2011 年 10 月 20 日，统治利比亚 42 年的前政权领导人卡扎菲在北约飞机的狂轰滥炸和反政府武装的围追堵截下悲惨遇难。这个曾经叱咤非洲政治舞台的风云人物的辞世不仅使利比亚陷入前景不明的混乱状态，也使非洲大陆的一体化进程进入前景不明的转折阶段。卡扎菲生前就是一位毁誉参半的人物，在一些人眼里，他是民族英雄、革命领袖、反美斗士；在另一些人眼里，他是野心家、独裁者、恐怖主义支持者。现在似乎可以盖棺论定了，但论定的难度却更大了，因为卡扎菲的政治生涯和生命以如此方式终结，无论是在利比亚当下的政治氛围中，还是在国际社会当下的舆论氛围中，都很难对他在利比亚历史发展进程中的功过给予客观公正的评价，当然这也不是本文关注的问题。① 本文聚焦的核心问题是，卡扎菲为非洲统一大业倾注了大量热情和心血，在某种程度上，人们在谈论非洲一体化特别是谈论非盟的发展时，不能不想到和提到卡扎菲，那么这样一位非洲一

---

* 李智彪，历史学博士，中国社会科学院西亚非洲研究所研究员、教授、博士生导师。

① 卡扎菲统治利比亚 40 多年，其间固然有许多弊政，但利比亚从一个落后的农牧业国家发展成为非洲少有的富庶国家，是谁也无法抹杀的事实。2011 年联合国出台禁飞区决议，北约出动数万架次飞机对利比亚实施长达 6 个月之久的轰炸，冠冕堂皇的理由是阻止卡扎菲政权使用坦克飞机屠杀国内游行民众，这也有可能是卡扎菲政治生涯的最大污点。问题是，卡扎菲究竟有没有动用坦克飞机屠杀游行民众？如果有，死伤的民众究竟是多少？这些看似很容易获取的信息，迄今仍迷雾重重、真相难现。还有一个值得思考的问题是：一个主权国家面对叛乱武装的颠覆图谋时，究竟有无权力动用国家机器来保护自身？这些问题理清了，对卡扎菲在利比亚历史上功过的评价也就容易了。

体化事业核心人物的离世，究竟会对非盟的后续发展、非洲一体化的未来走向产生怎样的影响？

一　后卡扎菲时代的非洲一体化面临新挑战

（一）　非洲政治一体化进程显现放缓甚至退步迹象

研究非洲一体化的学者大多有这样的共识，即非洲一体化兴起的动因主要是政治诉求，非洲一体化最值得称道的成就也集中在政治领域。正是借助非洲一代又一代泛非主义思想家和实践家强烈的政治诉求，非洲的一体化进程才得以一步步向前推进。1963 年"非统"的成立是非洲一体化进程的里程碑事件，正是在非统领导下，非洲国家在团结、统一、合作和共同发展的道路上迈出了坚实步伐。2002 年非盟取代非统运作以来，内部机构和机制建设日趋完善，国际影响力不断上升，非洲国家和国际社会无不把非盟视为非洲大陆最具政治权威的国际组织。① 非洲一体化进程在非统/非盟领导下取得的成就，是非洲国家联合自强、共谋发展的结果，在这一过程中一些对非洲统一大业充满热情与奉献精神的非洲领导人所发挥的作用功不可没。卡扎菲就是其中的关键人物之一，特别是他对非洲大陆政治一体化的执着追求，更是成为推动非洲一体化进程的强劲动力。

卡扎菲是纳赛尔主义和泛非主义的忠实信徒，在执掌利比亚最高权力之前就对阿拉伯世界的统一、非洲大陆的统一乃至阿拉伯与非洲的统一充满向往。1969 年卡扎菲通过军事政变执掌利比亚最高权力后，便开始以利比亚为平台，雄心勃勃地探索将统一理想变为现实的征程。最初卡扎菲主要致力于实现阿拉伯世界的统一，曾与埃及、苏丹等国商讨合并事宜。但在埃及和以色列于 20 世纪 70 年代末达成和解协议后，卡扎菲对阿拉伯世界的内部分裂越来越失望，便逐渐将探索统一的热情投入到非洲大陆。非洲也为卡扎菲施展抱负提供了宽广平台。

众所周知，非洲的一体化起步早，而且众多泛非主义先辈很早就不约而同地提出建立"非洲合众国"的宏大理想，并将其视为非洲实现统一的

---

① 参见李智彪《非盟影响力与中国－非盟关系分析》，《西亚非洲》2010 年第 3 期。

终极目标。一如已故坦桑尼亚总统尼雷尔在 20 世纪 60 年代所言,"我们的目标必须是建立非洲合众国。只有达到这个目标,才能真正使非洲人民在经受几个世纪的经济动荡和社会压迫后有其应得的未来","只有达到这个目的,我们才能够为非洲人民而利用非洲资源,我们才不会害怕世界其他国家"。① 遗憾的是,在非盟取代非统之前的近 40 年间,建立非洲合众国的理想一直停留在口号阶段而没有多少实质性进展。卡扎菲倡导的非盟运作后,非洲合众国计划才真正被提上议事日程,尤其是自 2005 年以来,卡扎菲积极推动非洲联盟政府的成立,并为此投入了大量时间、精力与资金。卡扎菲非常慷慨地拿出本国的石油美元资助非盟的日常开支,还不时帮助一些资金匮乏的成员国交纳会费。正是在卡扎菲的努力下,非盟第十三届首脑会议正式通过有关将非盟委员会转变为非盟权力机构的决议,作为向非洲联盟政府迈进的过渡方案。② 非盟第十四届和第十五届首脑会议又先后两次通过决议,提出相关指导意见,推动非盟权力机构尽早成立,并强调通过新机构的成立来加速非洲政治经济一体化进程。③

卡扎菲之所以特别注重非洲的政治一体化,积极推进非洲合众国计划,是因为一方面他认为非洲国家普遍弱小,无法独立生存,各国只有联合起来,成立统一的政府,建立统一的军队,发行统一的货币,并且在重大国际政治、经济、外交问题谈判中用一个声音说话,才能应对全球化挑战,提高各国在世界舞台上的发言权。另一方面,经济发展水平落后、经济结构同质且单一、国与国之间的基础设施建设落后,使非洲在经济领域的融合进程步履维艰,政治领域相对超前的一体化或可推动非洲一体化以更快的步伐向前迈进。不可否认,卡扎菲实现其政治诉求的愿望过于迫切,步

① 尼雷尔:《非洲合众国》和《非洲统一的性质与必要条件》,载唐大盾选编《泛非主义与非洲统一组织文选(1900～1990)》,华东师范大学出版社,1995,第 302、318 页。

② African Union, "Assembly/AU/DEC. 263 (XIII): Decision on the Transformation of the African Union Commission into the African Union Authority," *Decisions and Declarations*, Assembly of the African Union, Thirteenth Ordinary Session, 1 – 3 July 2009, Sirte, Libya.

③ African Union, "Assembly/AU/DEC. 298 (XV): Decision on the Transformation of the African Union Commission into the African Union Authority," *Decisions, Declarations and Resolution*, Assembly of the African Union, Fifteenth Ordinary Session, 25 – 27 July 2010, Kampala, Uganda; and "Assembly/AU/DEC. 341 (XVI): Decision on the Transformation of the African Union Commission into the African Union Authority," *Decisions, Declarations and Resolution*, Assembly of the Union, Sixteenth Ordinary Session, 30 – 31 January 2011, Addis Ababa, Ethiopia.

子迈得过大，加上他本人在实施计划的过程中所展露出来的领袖欲，导致他的一些举措遭到部分非洲国家的冷遇或抵制。但必须看到，即使是卡扎菲激进计划的抵制者，事实上也认同合众国、联盟政府之类的理想，因为在全球化日益深化的今天，加快非洲一体化进程是大势所趋，符合非洲各国人民谋求稳定与发展的愿望。卡扎菲遇难使非盟和非洲失去了一位热心推动非洲政治一体化的重量级人物，非洲政治一体化进程已显现放缓甚至退步迹象。利比亚危机爆发后，卡扎菲大力推动的非盟权力机构计划被束之高阁，有关非洲合众国的话题也渐渐淡出人们的视野。① 加上南苏丹独立的负面示范效应，更使政治融合的悲观气氛弥漫非洲②，而政治一体化进程放缓或退步不能不影响非洲一体化整体推进速度。

（二）外部势力对非洲内部事务的军事干预呈现越来越明目张胆的势头

在致力于阿拉伯世界和非洲大陆统一的进程中，卡扎菲有充当阿拉伯世界和非洲大陆领袖的野心。但数十年的从政生涯似乎也让卡扎菲积累了担当领袖的雄厚资本。身为人口仅数百万小国的领导人，卡扎菲敢于面对实力超其数百倍的欧美强权国家，反对这些国家操纵国际事务、干涉非洲内政，主

---

① 非盟迄今未明确表态放弃将非盟委员会转变为非盟权力机构的计划。利比亚危机爆发后召开的非盟第十七届、十八届首脑会议均通过相关决议，决定将该事项延期至下届首脑会议审议，但事实上这一议题从此未被纳入议事日程，非盟第十九届首脑会议及会后公布的相关文件更是只字未提及此事。African Union，"Assembly/AU/Dec. 372（XVII）：Decision on the Transformation of the African Union Commission into the African Union Authority，" *Decisions*，*Declarations and Resolution*，Assembly of the Union，Seventeenth Ordinary Session，30 June – 1 July 2011，Malabo Equatorial Guinea；and "Assembly/AU/Dec. 415（XVIII）：Decision on the Transformation of the African Union Commission into the African Union Authority，" *Decisions*，*Resolution and Declarations*，Assembly of the Union，Eighteenth Ordinary Session，29 – 30 January 2012，Addis Ababa，Ethiopia.

② 2013 年 5 月 22 日，笔者应邀参加由中国社会科学院研究生院承办的"非洲国家经济社会发展总统顾问研讨班"学术交流，学员主要来自南非、马拉维、埃塞俄比亚、坦桑尼亚、乌干达、卢旺达、尼日利亚、利比亚等国，多为相关国家政府首脑在经济社会发展方面的高级顾问和政策咨询专家。在交流中笔者明显感觉到不少官员对非洲一体化充满失望情绪或质疑态度。Honourable Saka，"Africa Unity Still a Mirage After 50 Years？" http：//www. ghanaweb. com/GhanaHomePage/NewsArchive/artikel. php？ID = 273530，11 May 2013.

张非洲的问题由非洲人自己解决，这样的政治勇气是非常难得的，也是弱小政权在强权政治和霸权主义当道的国际秩序中生存下去所需要的，仅就此而言，把卡扎菲称为非洲大陆乃至第三世界反帝、反殖、反霸的旗帜或偶像也是不为过的。非盟成立以来，尽力依靠自身力量应对非洲各种危机，先后对布隆迪内战、苏丹达尔富尔冲突、索马里内战等多起冲突和战争进行了积极干预，为这些国家走向和平与稳定发挥了积极作用。这些成就也可视为卡扎菲政治诉求的产物。

伴随卡扎菲的死亡，飘扬在非洲上空的反帝、反殖、反霸旗帜轰然倒下，西方国家似乎清除了一个绊脚石，对非洲内部事务的军事干预呈现越来越明目张胆、无所顾忌的势头。法国曾是不少法语中西部非洲国家的宗主国，在这一地区拥有重要经济利益，历史上就有军事干涉这些国家内部事务的传统。希拉克、萨科齐执政期间，法国政府一度调整对非政策，减少或放弃军事干预行动，重视开展与非洲国家的经济合作。但萨科齐执政后期，法国对非政策再次转向，明显加大了军事干预非洲事务的力度。奥朗德上台后也秉承了这一政策取向，几乎是法语非洲国家每有危机出现，就可以看到法国军人的身影，法国政府俨然将非洲事务当作其内政一般处置。美国自 2007 年设立美军非洲司令部起就不断加强其在非洲的军事存在，虽然因非洲国家普遍抵制，该司令部总部落户非洲的图谋未能得逞，但美国还是千方百计在吉布提、塞舌尔、埃塞俄比亚、肯尼亚、乌干达等多个非洲国家建立起了军事基地或无人机监视侦察基地。卡扎菲政权垮台后，美国政府更是高调宣布将在非洲 35 个国家派驻军队，首批驻军国包括利比亚、苏丹、阿尔及利亚和尼日尔。更令人忧虑的是，一些军事力量弱小的非洲国家越来越表现出配合姿态，甚至把维稳希望寄托在西方军队身上。马里和中非遭遇反政府武装威胁后，其领导人首先向法国求援。近期利比亚局势再度剧烈动荡，新任过渡政府总理阿里·扎伊丹在一次记者招待会上公开表示，为了维护治安，过渡政府有权采取非常措施，甚至必要时"会借助能维护国家治安者的力量"，即依靠外国部队维护国家的稳定。①

问题是，西方国家的军事干预行为，尤其是以军事手段随意颠覆非洲合法

---

① 《利比亚政府称必要时将借助外国部队维护国家稳定》2013 年 3 月 20 日，人民网，http://world. people. com. cn/n/2013/0320/c1002 – 20849318. html。

政权的行为，已严重威胁到非洲的和平与安全，也打乱了非盟自主解决非洲危机的进程，削弱了非盟自主解决非洲危机的能力。更有甚者，西方的军事干预名义上是保护平民、打击恐怖主义，可实际结果往往是：平民不但得不到保护，还可能成为西方军事干预的牺牲品；恐怖主义也没有因反恐行动而弱化，反倒随反恐行动的不断升级而蔓延。马里是一个典型例子。这个西非内陆国家很长一段时间曾被视为民主典范，但近期接连发生的军事政变和反政府武装叛乱却使该国很快陷入乱局，而所有这一切恰恰是因北约军事干预利比亚内战所引发。北约对利比亚的军事打击不仅摧毁了卡扎菲政权，也让利比亚周边地区局势陷入动荡。

二 南非等地区大国渐成主导非盟事务的核心力量

卡扎菲罹难的确是非盟及非洲一体化大业的一大损失。但摆脱卡扎菲控制和影响的非盟也开始显露出某些积极变化。众所周知，围绕成立非洲合众国及联盟政府等关键问题，非盟成员国内部意见很不统一，大体上可分为三派：一派是以利比亚、塞内加尔等国为首的激进派，包括加蓬、马里、多哥、乍得、中非、利比里亚、赤道几内亚、几内亚比绍、几内亚等中西部非洲小国；另一派是以南非、尼日利亚等国为首的渐进派，包括埃塞俄比亚、肯尼亚、乌干达、安哥拉、莫桑比克、赞比亚、津巴布韦等有一定地区影响的东南部非洲国家；还有一派是以埃及、阿尔及利亚为代表的中间派。近年来，非盟的发展基调基本上是由以卡扎菲为首的非洲激进派领导人确定的，南非、尼日利亚等渐进派大国虽然是非洲一体化发展的重要力量，也多有主导非洲发展进程和一体化进程的抱负，但受种种因素制约，它们在非洲大陆层面的一体化进程中并未发挥出地区大国应有的引导和推动作用。南非的精力主要投放到了南共体，尼日利亚的精力主要投放到了西共体，非盟舞台的主角是卡扎菲。卡扎菲退出非盟舞台，为其他成员国登台献艺提供了机会。

南非的动向最引人注目，突出表现在三个方面：一是高调推举本国高官竞选非盟委员会主席职务；二是加大对非洲热点问题的参与、调停力度；三是充分利用金砖国家机制推进非洲一体化进程。非统秘书处/非盟委员会是非统/非盟常设行政机构，数十年来成员国间似乎已达成默契，即这一机构的首席长官主要由来自中小成员国的人士担任①，南非、埃及、阿尔及利亚、尼日利亚等地区大国一般都主动回避对这一职位的角逐。然而，在卡扎菲去世不久召开的非盟第十八届首脑会议上，南非政府却大张旗鼓推举其内政部长德拉米尼－祖马竞选非盟委员会主席一职，打破了过去不成文的惯例。内政部长是南非政府的核心成员之一，且担任这一职位的德拉米尼－祖马既是现任总统祖马的前妻，也是前总统姆贝基的亲信，之前还曾担任南非卫生部长、外交部长等职，从政经验丰富。南非政府打破惯例的做法一度引发不少成员国质疑，最后还是借助南非政府的公关活动以及南共体成员国的支持，德拉米尼－祖马才得以顺利走上竞选舞台，与谋求连任的加蓬人让·平展开角逐。由于两名竞选对手背后的支持者旗鼓相当，在 4 轮投票后两人谁也没有获得 2/3 以上的多数票，会议未选出新任主席，这在非统/非盟历史上尚属首次。首脑会议不得不决定将非盟委员会主席的选举延至下届首脑会议进行。② 第二次选举同样激烈，也是经过 4 轮投票，德拉米尼－祖马才战胜让·平，获得当选所必需的 2/3 多数票。在德拉米尼－祖马离开南非赴非盟总部上任前，南非政府专门为她举行盛大欢送国宴，祖马总统和主要政府官员、南共体多个成员国的外长出席了宴会，祖马总统还发表了热情洋溢的讲话，这也显示出南非政府对非盟事务的高度重视。

北非局势动荡后，非洲大陆热点问题呈升温迹象，先是马里发生军事

---

① 非统存在的近 40 年间共产生过 9 位秘书长，其中 7 位来自中小成员国，依次是几内亚人迪亚洛·泰里（第二任，1964 年 7 月~1972 年 6 月在任），喀麦隆人恩佐·埃肯加基（第三任，1972 年 6 月~1974 年 6 月在任）和威廉·埃特基（第四任，1974 年 6 月~1978 年 7 月在任），多哥人埃德姆·科乔（第五任，1978 年 7 月~1983 年 6 月在任），尼日尔人艾德·乌马鲁（第七任，1985 年 7 月~1989 年 9 月在任），坦桑尼亚人艾哈迈德·萨利姆（第八任，1989 年 9 月~2001 年 9 月在任），科特迪瓦人阿马拉·埃西（第九任，2001 年 9 月~2002 年 7 月在任）；只有 2 位来自地区大国，分别是埃塞俄比亚人基夫勒·沃达约（第一任，1963 年 5 月~1964 年 7 月在任），尼日利亚人彼得·奥努（第六任，1983 年 6 月~1985 年 7 月在任），且这两人均为代秘书长，任职时间都比较短。2002 年非盟取代非统至今共产生 4 位非盟委员会主席，其中第一任由非统最后一任秘书长续任，第二、三任分别是马里前总统阿尔法·奥马尔·科纳雷（2003 年 9 月~2008 年 2 月在任）和加蓬前副总理兼外长让·平（2008 年 2 月~2012 年 7 月在任）。

② 为确保后续选举顺利进行，第十八届首脑会议同时商定，会后组建一个特别委员会，研究并制定新的换届选举规则，委员会成员由非洲东西南北中五大次区域代表国、非盟轮值主席国、现有 2 名候选人所属国的国家元首组成。该委员会组建后曾于 2012 年 3 月和 5 月先后两次开会，商讨非盟委员会主席和成员换届选举规则问题，但两次会议均无果而终。

政变和反政府武装叛乱活动，紧接着苏丹和南苏丹爆发边界军事冲突，随后刚果（金）东部地区局势再次动荡。南非政府对解决这些热点问题表现出前所未有的热情与参与力度。在所有热点问题中，南北苏丹问题被非盟和联合国视为非洲大陆和平与安全的最大威胁，也成为南非政府最为关注的热点问题。前总统姆贝基和现任总统祖马在两国间进行了艰苦斡旋与调停，并最终在没有借助外力的情况下，暂时化解了两国间的危机。2013 年 1 月中非局势发生动荡后，南非政府不仅多次发表声明表示对该国局势的关注，还派遣数百名士兵前往中非，协助中非政府军抵抗叛军。虽然南非援军最终未能拯救博齐泽政权，并且还在与中非叛军作战过程中发生重大伤亡，迫使南非政府撤军，但这次出兵还是显示了祖马总统维护非洲大陆和平与稳定的迫切心情。

2013 年 3 月，新加入金砖俱乐部的南非以东道国身份主办了第五届金砖国家峰会，会议确定的主题是"金砖国家与非洲：致力于发展、融合与工业化的伙伴关系"，同时南非特意设计了金砖国家同非洲领导人对话会，邀请埃及总统穆尔西、埃塞俄比亚总理海尔马里亚姆、安哥拉总统多斯桑托斯等十几位非洲国家领导人与会。从这次会议可以看出，南非渴望非洲一体化进程提速，更渴望通过非洲一体化进程的提速来提升南非的国际影响力。

除南非之外，尼日利亚、埃塞俄比亚等地区大国也表现出对非盟事务的高度关注。尼日利亚是非洲第一人口大国和石油生产大国，也是西共体总部所在国，长期以来是西部非洲和平与稳定的主导力量。2012 年 7 月非盟举行非盟委员会主席、副主席和 8 名委员选举期间，尼日利亚政府选派具有丰富内政外交经验的高官艾莎·阿卜杜拉希（Aisha L. Abdullahi）竞选政治事务委员一职，并最终战胜另外 6 名候选人顺利当选。2013 年 1 月非盟第二十届首脑会议在非盟总部召开期间，乔纳森总统曾策划召开有关南北苏丹危机的对话会议，苏丹、南苏丹、埃塞俄比亚、南非、科特迪瓦等国领导人应邀出席。乔纳森总统还特别期望与南非实现强强联手。2013 年 5 月他对南非进行了国事访问，在一系列外事活动中，他着重强调尼日利亚和南非是非洲最具活力的经济体、最大的市场，两国在非洲过去的发展进程中曾发挥了各自的领导作用，期望两国在非洲新一轮复兴进程中携手合作，继续发挥领导作用，共同应对各种挑战，以带领非洲早日走上繁荣昌盛之路。[①] 埃塞俄比亚首都亚的斯亚贝巴是非盟总部所在地，埃塞俄比亚历届政府一贯对非盟各项事业给予大力支持。2012 年 8 月梅莱斯总理因病去世后，接替其出任政府总理的海尔马里亚姆对非盟事务表现出更热心的姿态。非盟第二十届首脑会议举行轮值主席换届选举时，海尔马里亚姆积极竞选并最终获胜。[②] 非盟第二十一届首脑会议原定 2013 年 7 月在利比亚举行，海尔马里亚姆政府以庆祝非统成立 50 周年为由，将会议地点争取到亚的斯亚贝巴，会议召开时间也提前至 5 月。

除了卡扎菲退出留下的空间，还有一个因素可能也有助于南非等地区大国发挥作用，即遭受"阿拉伯之春"冲击的北非国家目前普遍处于危机后调整阶段，无暇顾及非盟事务。本来北非国家的经济发展水平普遍高于撒哈拉以南非洲，按理说应在非洲一体化进程中充当排头兵，但实际情况是：除卡扎菲特别注重与撒哈拉以南非洲地区的关系外，其他北非国家大多在阿盟与非盟之间脚踩两只船，一些国家尤其是埃及在许多场合更注重其阿盟身份，对非洲大陆的一体化进程并不是特别上心。也因此，尽管埃及、阿尔及利亚同利比亚一样是非盟预算的主要支付国，但它们同样没有在非洲一体化进程中起到地区大国应有的作用，有时还起反作用。[③] 在经历"阿拉伯之春"风暴后，利比亚和埃及一直没有迎来明媚的春光，而是继续在动荡中跋涉。阿

---

① "President of the Federal Republic of Nigeria, Goodluck Jonathan's Address to the South African Parliament," http：//www. pmg. org. za/president – federal – republic – nigeria – goodluck – jonathan-address – south – african – parliament，7 May 2013.

② 非统/非盟轮值主席由首脑会议选举产生，任期一年，实际上是一种礼仪性职务。非统时期担任轮值主席者多是有一定政治影响的非洲领导人，且以地区大国领导人居多，如埃塞俄比亚和赞比亚各出过 4 位轮值主席，埃及和塞内加尔各出过 3 位，阿尔及利亚、尼日利亚和乌干达各出过 2 位。还有同一人先后两次出任轮值主席的情况，如埃塞俄比亚领导人海尔·塞拉西（1963～1964 年和 1966～1967 年），赞比亚领导人卡翁达（1970～1971 年和 1987～1988 年），埃及领导人穆巴拉克（1989～1990 年和 1993～1994 年），塞内加尔领导人迪乌夫（1985～1986 年和 1992～1993 年）。非盟取代非统以来，受卡扎菲影响，轮值主席逐渐出现由小国领导人担任的倾向，如海尔马里亚姆之前的三位轮值主席分别是马拉维领导人穆塔里卡、赤道几内亚领导人奥比昂和贝宁领导人亚伊。

③ 比如，在 2011 年利比亚危机演变过程中，非盟一直反对外部军事势力介入，反对有关在利比亚上空设立禁飞区的动议。就连欧盟和八国集团也一直未就设立禁飞区达成一致。但 2011 年 3 月阿盟就利比亚局势召开紧急外长会议时，包括埃及在内的绝大多数与会代表却均表示支持设立禁飞区，只有叙利亚和阿尔及利亚外长表示不支持，所以会议最后还是做出了决定，促请安理会采取行动设立禁飞区，这就为安理会随后出台 1973 号决议做好了铺垫。

尔及利亚虽未发生类似埃及或利比亚式的政权更迭，但国内政治、安全环境明显处于不断恶化态势，2013 年 1 月发生的特大恐怖分子劫持人质事件就是明证。在这种形势下，北非国家自然会更加关注国内事务，对非盟事务及非洲一体化进程的关注肯定会有所下降，这就为南非等撒哈拉以南非洲地区大国主导非盟事务提供了绝好机会。但南非等国主导非盟事务是否会导致非洲大陆的一体化向撒哈拉以南非洲地区的一体化演变，从而使非洲大陆彻底割裂为两个不同的地区，也是值得关注的问题。

总体而言，南非等地区大国主导非盟事务对非盟未来的发展以及非洲一体化进程应该是一种利好因素。因为现有的区域一体化发展理论与实践表明，在任何一体化组织中，地区大国的核心作用都是一体化健康发展的重要因素。欧盟是当今世界范围内成就最大的一体化榜样，欧盟的发展史显示了大国主导作用的重要性。欧盟之所以能够一步步走到今天，离不开德国、法国、英国这些欧洲大国所发挥的引领作用。非盟如能有南非、尼日利亚、埃及等地区大国发挥引领作用，相信也会取得更大成就。当然也应看到，联盟中某个成员国过于强势也可能对一体化进程形成掣肘，因此一体化组织中大国间的平衡至关重要。欧洲一体化进程就一贯注重德国、法国、英国三个大国间的平衡。当民主德国和联邦德国统一，大国间的平衡多少有些被打破之后，不少欧洲人便开始担心欧洲是否会变成德国的欧洲。这恐怕是欧洲小国恐德症、反德情绪的根源所在。南非在非洲的经济实力强过德国在欧洲的经济实力，尼日利亚和埃及的实力又远远不及法国和英国在欧洲的实力，起码目前还形不成制衡南非的力量，因此，南非在主导非盟事务进程中必须注意避免一家独霸格局，应善于同其他地区大国携手，共同推进非洲一体化进程。

三　非盟工作重心向经济一体化倾斜

随着以南非为首的渐进派地区大国登上非盟中心舞台，非盟的工作重心开始出现明显变化。从卡扎菲离世后非盟召开的几次首脑会议看，非盟越来越注重经济领域的一体化，尤其注重通过实施跨国跨地区基础设施建设项目，促进非洲区内贸易发展，以区内贸易发展应对发达经济体外需萎缩对非洲的冲击，延续非洲经济近年来的良好增长态势。

2012 年 1 月非盟第十八届首脑会议是卡扎菲去世后的首次峰会，会议的主题是"促进非洲区内贸易",会议通过了《促进区内贸易、建立非洲自由贸易区宣言》和《非洲基础设施发展计划宣言》以及《促进区内贸易、密切跟踪非洲自由贸易区决议》等文件。2012 年 7 月非盟第十九届首脑会议仍以"促进非洲区内贸易"为主题,并再次发表内容更为充实的《促进区内贸易、密切跟踪非洲自由贸易区决议》。2013 年 1 月和 5 月召开的非盟第二十届、二十一届首脑会议也是围绕同一主题(泛非主义与非洲复兴)连续讨论。两届首脑会议连续探讨同一主题,这在非盟历届首脑会议史册上尚属首次,而且四次首脑会议选择的两个主题前后呼应、密切关联,显示出非盟事务新主导者执着于解决某一问题的意愿。

非洲基础设施落后尤其是跨国跨地区交通基础设施建设滞后是制约非洲经济发展的老大难问题,这一问题对非洲区内贸易的负面影响最大,致使非洲成为世界各大洲中区内贸易最落后的大陆,区内贸易比重仅占全非外贸总额的 12% 左右,远低于一体化程度较高的欧洲(区内贸易比重约占 70%),也落后于一体化程度较低的拉丁美洲(区内贸易比重约占 20%)。为了解决这一问题,卡扎菲主导下的非盟也曾与有关次区域合作组织或国家规划了不少规模宏大的基础设施建设蓝图,诸如贯通非洲公路网总体规划、东非铁路网总体规划、南北走廊铁路公路网规划、尼日利亚 – 阿尔及利亚天然气管道计划等。[①] 不过,卡扎菲时代的规划大多显得务虚,当下的非盟则显示出务实姿态,提出了一系列更有针对性、更贴近现状的发展思路和对策。

首先,非盟提出了发展区内贸易的总目标,即用 5 年时间完成非洲大陆自由贸易区建设任务,并确定了如下分阶段路线图:2014 年前完成东共体 – 东南非共同市场 – 南共体三方自由贸易区的建设;2012~2014 年间,上述三方自由贸易区以外的次区域经济共同体基于类似协议或各自偏好,完成各自自由贸易区的建设;2015~2016 年间,将上述三方自由贸易区与其他区域性自由贸易区逐步整合成全洲性自由贸易区;2017 年正式建立非洲自由贸易区。[②] 在国际贸易越来越趋于通过自由贸易协定完成的情况下,非盟加速非洲

---

① 参见姚桂梅《非洲跨境基础设施建设及中国参与策略》,载张宏明主编《非洲发展报告(2011~2012)》,社会科学文献出版社,2012,第 159~163 页。

② African Union, "Assembly/AU/Decl. 1 (XVIII): Declaration on Boosting Intra – African Trade and the Establishment of A Continental Free Trade Area," and "Assembly/AU/Dec. 394 (XVIII): Decision on Boosting Intra – African Trade and Fast Tracking The Continental Free Trade Area," *Decisions, Resolution and Declarations*, Assembly of the Union, Eighteenth Ordinary Session, 29 – 30 January 2012, Addis Ababa, Ethiopia.

自贸区建设进程意义重大，这将有助于释放非洲内部受高关税压制的生产力，扩大各国间的贸易往来。扩大非洲区内贸易，也可以打破由发达经济体主导国际贸易规则的不利局面。其次，非盟把促进区内贸易发展的着力点放在了以能源和陆上交通为主的跨国跨地区基础设施建设领域，承诺将建立适宜的制度框架，加速实施此前出台的《非洲基础设施发展计划》，并尽快落实一批大型一体化基础设施建设项目，包括水力发电项目、油气管道和石油冶炼项目、铁路连通项目、港口扩建项目、宽带网络和海底电缆项目等；增加基础设施项目的公共融资，鼓励基础设施领域的公私合作和融资机制的创新；要求成员国和次区域经济共同体加强在相关项目实施进程中的合作，并呼吁国际机构及发展伙伴支持非洲的基础设施建设。①

在非盟推动下，非洲各次区域合作组织及其他一体化机构也纷纷行动起来，就促进区内贸易和加快跨境基础设施建设出台各种规划，实施有关项目。2012 年 8 月，南共体在莫桑比克首都马普托召开第三十二届首脑会议，会议通过经成员国酝酿多年的《地区基础设施发展总体规划》。该规划是一个为期15 年（2013 ~ 2027 年）的宏伟蓝图，内容涵盖能源、交通、旅游、信息技术、气象和水资源 6 个领域，旨在彻底改善成员国基础设施落后状况，降低区域内基础设施使用成本，提高成员国经济竞争力。② 为了解决基础设施建设融资难题，南共体还计划于 2013 年 6 月在马普托召开南共体基础设施投资大会。在东部非洲，肯尼亚拉穆港—南苏丹—埃塞俄比亚交通走廊项目已于2012 年 3 月正式开工。工程主要包括建设拉穆深水港，从港口铺设直通南苏丹首都朱巴和埃塞俄比亚首都亚的斯亚贝巴的输油管道、铁路和高速公路。工程预计耗资 230 亿美元，4 年内完工。工程启动阶段的投资主要由三国政府分担，后期投资寄希望于国际融资。③ 西部非洲和中部非洲近期也分别出台多项跨国铁路计划。非洲发展银行则在筹划发行私募债券，为一些大型基础设

---

① African Union, "Assembly/AU/Decl. 2 (XVIII): Declaration on the Programme for Infrastructure Development in Africa," *Decisions*, *Resolution and Declarations*, Assembly of the Union, Eighteenth Ordinary Session, 29 – 30 January 2012, Addis Ababa, Ethiopia.

② Southern African Development Community, *Regional Infrastructure Development Master Plan: Executive Summery*, SADC, 2012; Southern African Development Community, *Final Communique of the 32nd Summit of SADC Heads of State and Government*, Maputo, Mozambique, August 18, 2012.

③ "Lamu Port Project Launched for South Sudan and Ethiopia," BBC News, http://www.bbc.co.uk/news/world – africa – 17231889, March 2, 2012.

施建设项目融资。

在整个非洲大陆，南非的经济发展水平最高，经济实力最强，南非企业向整个非洲大陆扩张的意愿也最为强烈，因而南非政府和企业对改善非洲大陆跨境基础设施状况最为积极，在规划、实施跨境基础设施建设项目方面起到了领头羊作用。2012年3月非洲战略发展论坛会议在开普敦召开期间，南非曾推出一项跨国铁路建设计划，拟新建一条连接南非、斯威士兰和莫桑比克的铁路，翻修早已停止使用的南非至刚果（金）的铁路。提出该计划的南非运输公司还透露，项目所需的总计约3000亿兰特（约合400亿美元）的资金已基本到位，其中的2000亿兰特（约合266亿美元）由该公司提供，另外1000亿兰特（约合133亿美元）将通过筹借获取。[①] 此外，南非铁路局正在与有关国家磋商，计划修建"非洲南北经济走廊"铁路，将南非、博茨瓦纳、刚果（金）、赞比亚、津巴布韦等国通过交通干线连接起来，再由德班港从海上与世界沟通。

---

① 《南非推出非洲跨国铁路建设计划》，2012年3月13日，新华网，http：//news. xinhuanet. com/ world/2012 –03/13/c_ 122825643. htm。

非洲负债发展与国际融资环境

——兼论金融危机对非洲负债发展的影响

杨宝荣*

经过 10 多年的国际债务调整，当前非洲债务负担仍很沉重。长期以来，国际开发援助对非洲的经济增长起到了积极作用。近年来国际私营资本成为推动非洲经济增长的重要动力。受金融危机影响，国际资本流动性减弱，私营资本活力下降，非洲融资形势严峻，负债发展形势将进一步恶化。

一 非洲债务形势

从 1999 年主要针对非洲重债低收入国家债务减免的"重债穷国减债方案"的实施，到 2009 年世界经济危机对非洲产生全面影响，国际社会对非洲国家大规模的债务减免经历了整整 10 年。① 经过 10 年的努力，在金融危机爆发前，非洲的债务形势相比于 20 世纪末期，整体上有了很大的变化。这主要体现在以下几个方面。

从债务指标数据来看，整体上有了较大的改善。首先，非洲国家近年来负债规模整体大幅下降，但针对不同国家，又差别较大。2000 年，整个非洲

---

* 杨宝荣，中国社会科学院西亚非洲研究所非洲研究室副研究员。

① 1996 年秋季世界银行和国际货币基金组织提出"重债穷国减债倡议"（HIPC，Heavily Indebted Poor Countries Initiative），1999 年该倡议在得到世界各国政府响应后开始全面实施。为进一步减轻重债低收入国家的债务负担，2005 年 7 月八国集团首脑会议正式通过"多边债务减免计划"（MDRI，The Multilateral Debt Relief Initiative）。

大陆 53 个国家的平均负债率为 54.5%，到 2004 年下降到 43.1%，之后保持平稳下降趋势，2005～2008 年分别为 33.7%、25.2%、23.6%、19.7%。[1] 对于对经济发展影响较大的长期债务而言，从 20 世纪 70 年代到 2004 年，非洲总长期外债的规模呈稳步上升趋势（见图 1）。在 2004 年达到 2818.6 亿美元的历史新高之后，外债额开始大幅下降，达到 1917.3 亿美元，仅略低于 1987 年 2130.1 亿美元的总长期外债水平。到 2007 年，非洲长期外债总额为 2136.2 亿美元，比 2004 年的峰值下降了 24.2%。[2] 按照负债率风险的国际管理来看，除索马里以外的 52 个国家中仍有 27 个国家的负债率超出警戒线〔布隆迪、佛得角、中非、科摩罗、刚果（布）、刚果（金）、科特迪瓦、吉布提、厄立特里亚、冈比亚、加纳、几内亚、几内亚比绍、莱索托、利比里亚、毛里塔尼亚、莫桑比克、纳米比亚、圣多美和普林西比、塞内加尔、塞舌尔、南非、苏丹、坦桑尼亚、多哥、突尼斯、津巴布韦〕，占非洲国家总数的一半以上，其中 16 个国家〔布隆迪、佛得角、刚果（金）、吉布提、厄立特里亚、几内亚、几内亚比绍、利比里亚、毛里塔尼亚、莫桑比克、圣多美和普林西比、塞舌尔、苏丹、多哥、突尼斯、津巴布韦〕仍处于高风险范围内，负债率高于 50%。[3]

其次，偿债率基本保持下降趋势，由 2000 年的 15.4% 下降到 2008 年的 4.7%。一方面，这一指标反映出债务国偿债能力的增强，这主要从国家财政状况和外汇储备来看；另一方面，也和当前国际社会特别是国际金融机构要求非洲债务国实施债务监管，稳定宏观经济的政策有关，即在国际多边金融机构实施对非债务减免（主要是通过"重债穷国减债计划"和"多边减债计划"）的同时，要求债务国政府将政府开支用于国内基础设施等方面的投资和生活条件的改善，以实现联合国千年发展目标。这在一定程度上缓解了债务国的偿债压力，为债务国降低偿还率奠定了必要的基础。

从财政收支来看，全球金融危机爆发前，包括赠款在内，整体上非洲国

---

[1] AFDB, AU and ECA, *African Statistical Yearbook 2009*, p. 54, http：//www. afdb. org/fileadmin/ uploads/afdb/Documents/Publications/African% 20Statistical% 20Yearbook% 202009% 20 - % 2000. % 20Full% 20Volume. pdf，最后访问日期：2010 年 4 月 10 日。

[2] *The UNCTAD Handbook of Statistics 2009*，http：//stats. unctad. org/Handbook/ReportFolders/re- portFolders. aspx？sRF_ ActivePath = P, 1288&sRF_ Expanded = , P, 1 288，最后访问日期： 2010 年 4 月 20 日。

[3] AfDB，AU and ECA，*African Statistical Yearbook 2009*.

家财政收支改善较大。石油出口国 2004～2008 年财政余额占国内生产总值的比重均为正值，2006 年达到 11.3%，之后虽有所降低，仍达到 7.8%。如果不包括尼日利亚，则该比重由 2005 年的 8.1% 上升到 2008 年的 11.6%。尽管非洲的中等收入国家、低收入国家以及脆弱型国家的财政收支存在缺口，但中等收入国家的财政赤字趋于缩小。财政收支差额占国内生产总值的比重由 2004 年的 –1.8% 变为 2007 年的 1.0%。而债务沉重的低收入国家，其财政状况并没有明显好转，财政赤字占国内生产总值的比重几乎没有大的变化，2003～2008 年一直维持在 –7.9% 左右。[①]

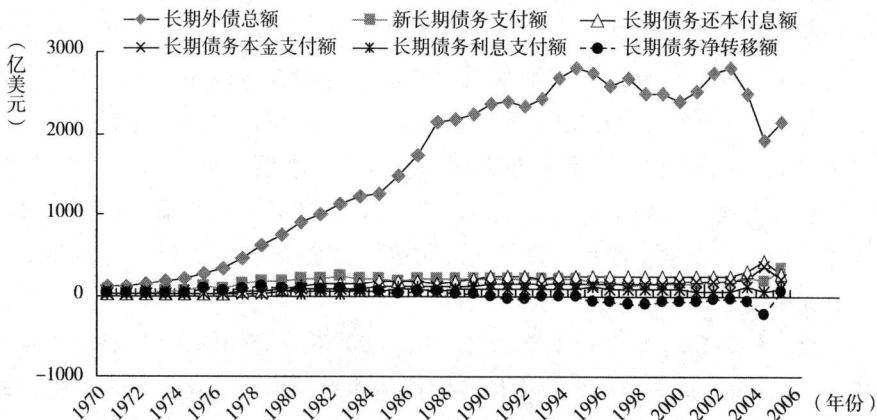

图 1　非洲长期外债变化情况

资料来源：*The UNCTAD Handbook of Statistics 2009*。

尽管非洲各国负债水平有所降低，但偿债能力仍明显不足。在前几年国际石油价格上涨的情况下，石油出口国抵抗风险能力提高较大。1997～2002 年间，非洲石油出口国的外汇储备进口支付能力仅为 3.9 个月，但到 2006 年增加到 9.4 个月，之后虽有下降趋势，但在 2008 年仍达到 8.1 个月。[②] 对于多数非洲国家，财政收支形势不容乐观。2004～2008 年间，除了阿尔及利亚、安哥拉、博茨瓦纳、乍得、刚果（金）、刚果（布）、科特迪瓦、赤道几内

---

① IMF, *Regional Economic Outlook Sub – Saharan Africa*, April 2009, p. 187, http：//www. imf. org/external/pubs/ft/reo/2009/AFR/eng/sreo0409. pdf, 最后访问日期：2009 年 7 月 20 日。

② IMF, *Regional Economic Outlook Sub – Saharan Africa*, April 2009, p. 204.

亚、加蓬、利比亚、尼日利亚、苏丹、赞比亚等约占非洲 1/4 的国家，贸易收支为顺差，其他非洲国家贸易账户均为赤字。[①] 上述情况一方面表明，多数非洲国家国内产能不足，国内需求大于国内供给，严重依赖进口。在出口商品有限的情况下，赤字难以消除。另一方面，在经常项目赤字而资本项目和金融项目仍没有盈余的情况下，非洲国家将不得不通过外汇和举债来平衡财政收支。撒哈拉以南非洲国家的国内储蓄占国内生产总值的比重 2005～2008 年间维持在 20%～25%，投资占国内生产总值的比重由 2005 年的 19.9% 上升到 2008 年的 22.4%。预计 2009～2010 年，国内储蓄占国内生产总值的比重将有较大下降，分别为 17.6% 和 18.7%，同时，国内投资占国内生产总值的比重仍将保持增长趋势，分别为 23.7% 和 23.3%。在国内储蓄下降、国家财政收入减少、投资额仍保持增长的情况下，政府财政来源将主要寄希望于外部融资。[②] 受金融危机影响，预计 2009 年，包括石油出口国在内的非洲国家的财政缺口均有不同程度的扩大，其中石油出口国财政赤字占国内生产总值的比重将由 2008 年的 7.7% 下降到 2009 年的 -7.6%；在中等收入国家，该比重将由 2008 年的 -0.9% 下降到 2009 年的 -3.7%；低收入国家由 -7.9% 下降到 -8.6%；脆弱型国家将由 -4.0% 下降到 -6.4%。[③]

综上，在对非洲国家实施大规模减债的 10 多年后，非洲国家债务形势仍不容乐观。尽管整体上负债水平较前几年大幅下降，但是，整体上多数非洲国家仍背负着沉重的债务。除资源出口型国家，特别是油气资源出口国外，多数非洲国家的偿债能力也没有得到显著改善。

二　非洲负债发展和融资环境变化

作为外生增长型的多数非洲国家，长期以来经济发展对外部力量的依靠性较强。因此，国际融资环境的变化对于非洲经济的发展有显著影响。

受投资环境影响，长期以来非洲经济增长对官方开发援助依赖性较强，其突出表现是非洲独立以来经济增长的阶段性特征和官方开发援助流动特征

①　AFDB, AU and ECA, *African Statistical Yearbook 2009*, p. 55.
②　IMF, *Regional Economic Outlook Sub - Saharan Africa*, p. 120.
③　IMF, *Regional Economic Outlook Sub - Saharan Africa*, p. 120.

相吻合。

非洲经济增长的阶段性特征表明,自 20 世纪 70 年代以来,非洲的经济增长呈现出高－低－高的阶段性增长特点,即 20 世纪 70 年代非洲经济维持较高增速,这一期间非洲年均增长率为 4.5%。之后,在整个 80 年代,非洲经济处于低增长状态,1980～1989 年年均增长率为 2.1%。如果考虑通货膨胀因素,这一时期的非洲经济增长几至停滞或倒退。相比于非洲国家独立以来的各时期发展,这一时期也被称为"失去的十年"。90 年代之后,非洲经济又恢复了增长态势,1992～2000 年年均增长率为 3.3%。进入 21 世纪的前几年,非洲经济增长情况要好于 20 世纪 70 年代,2000～2008 年年均增长率为 5.1%。[①]

相应的,自 20 世纪 60 年代以来,国际社会对非洲援助在数额上呈增长－降低－增长的特点。非洲获得的官方发展援助额从 1960 年的 14.4 亿美元增加到 1990 年的 280.3 亿美元后,便一直呈下降趋势,到 2000 年降到 143 亿美元,接近 1984 年的水平。2000 年以来,非洲接受的官方发展援助额保持上升势头,2007 年达到 381 亿美元,年均增幅 16.7%。从不同历史阶段官方发展援助流入非洲的增长幅度来看,体现出下列特点:其一,20 世纪 70 年代是国际援助流入非洲增长规模最大的时期。其间,非洲获得的官方发展援助额较 60 年代增长了 275%,达到年均 60 亿美元;而 80 年代,非洲收到的国际援助平均水平比 70 年代增长 162.5%,达到年均 157.5 亿美元;90 年代比 80 年代增长 47.7%,达到年均 232.6 亿美元;2000～2008 年年均水平为 237.5 亿美元。其二,进入 20 世纪以来的几年中,流入非洲的国际援助额增长幅度居历史最低水平,2000～2007 年平均水平仅比 20 世纪 90 年代增长 2.1%[②](见图 2)。

由此可见,虽然流入非洲的开发援助规模仍然有限,但在 21 世纪之前的几十年中,基本上保持了稳定增长,占国内生产总值的比重由 70 年代的 3.2% 上升到了 90 年代的 4.5%。官方发展援助是非洲负债发展的重要融资渠道,对非洲的经济增长起到了积极作用。对于严重受"双缺口"影响的

---

① *The UNCTAD Handbook of Statistics 2009*,http://stats.unctad.org/Handbook/ReportFolders/reportFolders.aspx?sRF_ActivePath=P,1288&sRF_Expanded=,P,1288,最后访问日期:2010 年 4 月 20 日。

② *The UNCTAD Handbook of Statistics 2009*.

非洲国家而言，可以确定的是，官方发展援助对非洲经济增长的影响是明显的。

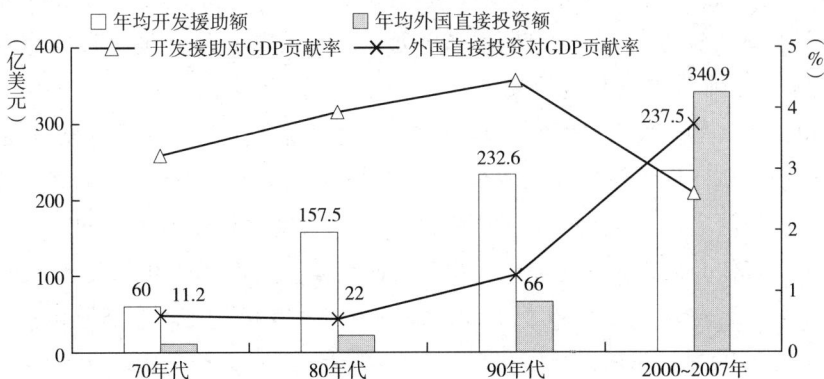

图2　开发援助和外国直接投资对非洲经济增长比较

资料来源：*The UNCTAD Handbook of Statistics 2009*。

我们从官方发展援助对非洲的流动趋势和非洲经济增长趋势可以发现两个突出的特点。其一，在非洲20世纪80年代经济增长乏力的情况下，国际社会对非洲发展援助却在90年代出现持续的萎缩态势。对此，比较合理的解释是，随着冷战的结束，非洲在国际政治经济基本格局中的地位下降。[①] 其二，在进入21世纪的几年中，国际援助的增长幅度远低于非洲经济增长速度。这并非表明非洲经济对外资需求的降低。这种经济增长一方面受益于非洲国家良好的经济政策；另一方面则是有益的外部环境以及诸如债务减免和较高的外部资金流入等因素，特别是国际私营资本的充裕，不断增加的寻求高回报的投资，以及出口和私人消费的增加的带动，促进了非洲经济的较快增长。[②]

21世纪以来私营资本流入非洲不断增加，已成为非洲重要的融资途径。相比于官方发展援助，长期以来，流入非洲的外国直接投资规模低而平稳，但这种情况在近年来正发生着显著的变化。这一时期，撒哈拉以南非洲国家

---

① 谈世中主编《反思与发展——非洲经济调整与可持续性》，社会科学文献出版社，1998，第39页。

② IMF African Department, *Impact of the Global Financial Crisis on Sub‐Saharan Africa*, p. 2, http://www.imf.org/external/pubs/ft/books/2009/afrglobfin/ssaglobalfin.pdf, 最后访问日期：2010年4月10日。

吸引的私营资本一直较为显著，特别是外国直接投资。2001 年，流入非洲的外国直接投资额（199.8 亿美元）首次超过同年流入的官方发展援助额（160.2 亿美元），之后虽略有波动，但 2005 ~ 2007 年外国直接投资流入额规模远大于同期流入的国际援助额。2007 年，流入非洲的外国直接投资额为 691 亿美元，而同期国际援助额仅为 381 亿美元。[①]

相比于其他新兴市场国家，非洲的外部融资能力较低，即通过发行债券、股票市场和私营贷款等融资额较少。2007 年，非洲通过以上方式的融资额仅占新兴市场国家融资额的 4%。该年度，非洲国家发行债券约为 60 亿美元，而亚洲发行债券额为 330 亿美元，拉丁美洲国家发行量为 190 亿美元。同年，流入非洲的私营贷款仅为 30 亿美元，而亚洲为 420 亿美元。非洲股市仅占世界股本的 2.09%，非洲银行资产仅占全球银行资产的 0.87%，而欧元区 15 国所占比重为 58.15%，美国占 15.09%。[②]

私营资本的进入给非洲的发展提供了重要的机遇，资金不仅进入传统的资源业，也包括基础设施建设、一些中小企业甚至农业领域，是对非洲国内投资严重不足的重要补充，对于非洲国家提高经济建设能力起到了积极作用。

三 金融危机对非洲负债发展的影响

西方国家的信贷紧缩减弱了国际资本的流动性。由于金融危机，到 2008 年下半年，美国、欧洲、日本等国家或地区出现了不同程度的经济衰退，发达国家金融市场出现流动性短缺和信贷紧缩，导致其金融机构和企业不得不从海外抽回资金。[③] 研究表明，资本市场从 1980 年开始，经历了近 30 年的扩

---

① *The UNCTAD Handbook of Statistics 2009*，http：//stats. unctad. org/Handbook/ReportFolders/reportFolders. aspx? sRF_ ActivePath = P，1288&sRF_ Expanded = ，P，1288，最后访问日期：2010 年 4 月 20 日。

② African Development Bank Group，"Impact of the Global Financial and Economic Crisis on Africa，" Working Paper，No. 96，March 2009，pp. 1 - 2，http：//www. afdb. org/fileadmin/uploads/afdb/Documents/Publications/BAD% 2096% 20Anglais% 20% 20INTERNET% 20PDF. pdf. ，最后访问日期：2010 年 2 月 10 日。

③ IMF，"World Economic Outlook Update，Rapidly Weakening Prospects Call for New Policy Stimulus，" November 6，2008，http：//www. imf. org/external/pubs/ft/weo/2008/update/03/pdf/1108. pdf，最后访问日期：2009 年 11 月 5 日。

张，国际资本规模增长了4倍。这主要受益于监管的放松、技术的影响和证券化的创新，它们推动了私人债务和股本领域的增长。2007年以来金融市场的剧变，标志着由股本和私人债务驱动的资本市场增长趋势的中断。全球资产总值在2007年触及194万亿美元的峰值水平，是全球国内生产总值的3.43倍。但是，受这次金融危机影响，全球资本市场将迎来一个缓慢的增长期。2008年，全球金融资产——包括股票、私人与公共债务以及银行存款——价值下降了16万亿~178万亿美元，是有史以来规模最大的一次缩水。根据麦肯锡全球研究所（MGI）预测，资本市场将回归1980年之前的态势，当时金融资产的增长速度与国内生产总值大致相仿。在1980年之后，金融资产的增长才开始超越国内生产总值。国际流动性紧缺将严重影响非洲的国际融资环境。[1]

　　同发达国家联系密切的银行业将直接传导紧缩。尽管非洲国家被认为由于金融体系尚不发达，市场相对独立，与国际市场的一体化程度并不高，国际金融危机对非洲金融体系难以造成直接冲击。[2] 但金融市场的不发达不等于金融市场的国际化程度低。衡量非洲金融市场的国际化程度，并不能从简单的金融工具、资金流量来判断。事实上，恰恰相反，笔者认为，非洲国家的国际化程度较高。尽管非洲资本市场欠发达，在撒哈拉以南非洲仅有22个国家建立了股票市场，其中9个国家（博茨瓦纳、科特迪瓦、加纳、肯尼亚、毛里求斯、纳米比亚、尼日利亚、南非和津巴布韦）的股票市场有20多家上市公司。[3] 但是，从银行业发展来看，非洲国家的国际化程度并不低。国际货币基金组织统计数据表明，非洲本国银行业外国股权所占比重很高。作为主

① David Oakley, "McKinsey Signals Slower Growth Era," *Financial Times*, UK, 2009 – 09 – 25, http：//www. ftchinese. com/story. php？lang = en&storyid = 001028948，最后访问日期：2010年2月10日。

② African Development Bank Group, "Impact of the Global Financial and Economic Crisis on Africa," Working Paper, No. 96, March 2009, http：//www. afdb. org/fileadmin/uploads/afdb/Documents/Publications/BAD% 2096% 20 Anglais% 20% 20INTERNET% 20PDF. pdf，最后访问日期：2010年2月10日。

③ José Brambila Macias and Isabella Massa, "The Global Financial Crisis and Sub – Saharan Africa the Effects of Slowing Private Capital Inflows on Growth," Working Paper 304, results of ODI research presentedin preliminary form for discussion and critical comment, June 2009, Overseas Development Institute, 111 Westminster Bridge Road London SE1 7JD, p. 18, http：//www. odi. org. uk/resources/download/3367. pdf，最后访问日期：2010年4月10日。

要的金融机构，银行业并没有足够的自主能力。2008 年，在国际货币基金组织所统计的 20 个非洲国家的最大银行中，外资股权占了绝对高比重。具体占比情况为：莫桑比克 100%、圣多美和普林西比 100%、博茨瓦纳 99%、莱索托 97%、科摩罗 92%、刚果（金）90%、乍得 75%、佛得角 74%、纳米比亚 73%、毛里求斯 72%、马达加斯加 71%、喀麦隆 70%、斯威士兰 70%、安哥拉 68%、塞内加尔 65%、刚果（布）57%、塞舌尔 56%、科特迪瓦 56%、加纳 55%、坦桑尼亚 52%。在这 20 个国家的 56 家外资占有绝对高比重的银行中，尽管也有非洲国家之间的银行投资，如南非在南非 7 家银行控股，但是，西方国家控股率达 60.71%，其中英国控股 12 家、法国控股 10 家、葡萄牙控股 9 家、比利时控股 2 家、美国和卢森堡各控股 1 家。[①] 非洲开发银行公布的数据表明，非洲金融全球化率达 176.4%，和拉美水平相似（181.3%）。[②] 由此可知，受金融机制影响，金融危机对非洲融资能力的打击将是长期和深远的。

私营业的投资活力下降进一步恶化了非洲的融资环境。随着危机的扩散，发达国家为促进经济增长，尽管纷纷实施了较为宽松的货币政策，但对私营企业而言，由于对市场信心不足，企业的投资活力严重下降。经济合作与发展组织（OECD）2009 年 11 月底《经济展望》报告数据表明，主要发达国家私营部门的支出远低于它的总收入。经济合作与发展组织 6 个成员国（荷兰、瑞士、瑞典、日本、英国和爱尔兰）中，私人部门 2010 年的收支盈余将超过国内生产总值（GDP）的 10%；另外 13 个成员国私人部门的收支盈余则将占到国内生产总值的 5% ~ 10%。后者包括美国，该比例为 7.3%。欧元区私人部门收支盈余将占国内生产总值的 6.7%，整个经合组织则占 7.4%。另外，经合组织至少有 8 个成员国 2007 ~ 2010 年间的私人部门收支平衡转移将超过国内生产总值的 10%；还将有 8 个成员国的转移将超过国内生产总值的 5%；美国的转移将达到国内生产总值的 9.6%；欧元区将达到 5.5%；整个经合

---

① IMF, "World Economic and Financial Surveys: Regional Economic Outlook Sub - Saharan Africa," April 2009, p. 42, http://www.imf.org/external/pubs/ft/reo/2009/afr/eng/sreo0409.pdf, 最后访问日期：2009 年 7 月 20 日。

② African Development Bank Group, "Impact of the Global Financial and Economic Crisis on Africa," Working Paper, No. 96, March 2009, pp. 1 - 2, http://www.afdb.org/fileadmin/uploads/afdb/Documents/Publications/BAD% 2096% 20Anglais% 20% 20INTERNET% 20PDF.pdf, 最后访问日期：2010 年 2 月 10 日。

组织将达到 7.3%。[1]

在金融危机影响下，由于私营投资方撤资或资金紧缺，大批投资项目延期或搁置。据不完全统计，到 2009 年初，非洲国家仅阿尔及利亚、博茨瓦纳、埃塞俄比亚、布基纳法索、加纳、几内亚、肯尼亚、塞内加尔、塞拉利昂、苏丹、坦桑尼亚、突尼斯、乌干达等国就有上百亿美元的项目不得不延期或搁置，其中包括肯尼亚一个 300 兆瓦再生能源项目、一个 8 亿美元公路建设项目，博茨瓦纳一个 60 亿美元的火电厂，以及许多非洲国家的多个在建水、电、通信、路桥、矿业项目。[2]

与此同时，受金融危机影响，国际债务证券市场国际债券及票据净发行量大幅下降。2008 年，国际债券及票据净发行量为 2.4 万亿美元，较上年下降 18.5%。[3] 根据国际货币基金组织 2008 年公布的数据[4]，2008 年没有一个撒哈拉以南非洲国家在欧洲市场上发行债券融资成功。而在 2007 年，该地区融资额高达 65 亿美元。为此，许多非洲国家的公债发行计划不得不重新调整。如有消息表明，危机后由于国际融资条件的变化，加纳已经取消了一项 3 亿美元的公债发行计划，肯尼亚推迟了一项在欧洲发行约 5 亿美元的债券计划，坦桑尼亚延迟了一项约 5 亿美元的在欧洲发行债券计划，乌干达也放弃了一项欧洲融资计划。

综上，负债发展是发展中国家实现增长必不可少的重要条件，非洲所面临的国际融资环境的变化对非洲的增长起着决定性作用。它将直接影响非洲的融资进程，进而影响非洲国家的企业、矿业、工作、税收等。有研究者从债务流动对经济增长的影响角度对撒哈拉以南非洲当前的债务形势进行研究后认为，1980~2007 年间，外国银行的贷款和外国直接投资对于非洲国家的

---

① Martin Wolf, "The World Economy Has No Easy Way out of the Mire," 英国《金融时报》
2010 年 3 月 3 日, http://www.ftchinese.com/story/001031527? page = 2, OECD 数据参见 OECD Economic Outlook No. 86, http://www.oecd.org/document/18/0, 3343, en_264
9_34109_20347538_1_1_1_37443, 00. html, November 2009, summary of projections by country, 最后访问日期: 2014 年 5 月 6 日。

② A Report from the Committee of African Finance Ministers and Central Bank Governors established to monitor the crisis, *Impact of the Crisis on African Economies – Sustaining Growth and Poverty Reduction*, *African Perspectives and Recommendations to the G20*, March 21, 2009. pp. 3, 20.

③ BIS Quarterly Review, "International Banking and Financial Market Developments," March 2009, http://www.bis.org/publ/qtrpdf/r_qt0903.pdf, 最后访问日期: 2010 年 2 月 10 日。

④ IMF, *Regional Economic Outlook Sub – Saharan Africa* (October), Washington, D. C.: IMF.

经济增长发挥了重要的作用。外国直接投资流入每下降10%，可能导致撒哈拉以南非洲国家的人均收入下降0.5%；而外国银行贷款每下降10%，则可能导致撒哈拉以南非洲国家的增长率最多仅能达到0.7%。基于此，全球金融危机可能对撒哈拉以南非洲国家产生严重的影响。由于危机对商业资本流出的消极影响预计，非洲将因此降低50亿美元的产出。①

---

① José Brambila Macias and Isabella Massa, "The Global Financial Crisis and Sub – Saharan Africa the Effects of Slowing Private Capital Inflows on Growth," Working Paper 304, results of ODI research presentedin preliminary form for discussion and critical comment, June 2009, Overseas Development Institute, 111 Westminster Bridge Road London SE1 7JD, p. 15, http：//www. odi. org. uk/resources/download/3367. pdf, 最后访问日期：2010 年 4 月 10 日。

外国直接投资对非洲国家经济发展的影响

朴英姬[*]

2000 年以来，基于科学技术的突飞猛进和国际产业分工格局的深刻变化，经济全球化趋势加速深化。外国直接投资（Foreign Direct Investment，简称 FDI）作为国际资本流动的主要方式，是以跨国公司为主体来实现的。跨国公司通过技术、资金和管理经验向东道国的转移和扩散，影响着东道国经济发展的各个方面。

近年来，外国直接投资（以下简称外资）已经成为带动新兴发展中国家经济体快速增长的重要手段之一。尽管非洲外国直接投资流入额仍远低于亚洲和美洲的发展中国家，但随着政治局势、宏观经济和制度商业环境的逐步改善，非洲大陆对于外资的吸引力正在显著增强。非洲外资流入规模呈现显著增长的态势，外资在非洲经济发展中的重要性日益增加。当前外资对于非洲的资本形成、制度变迁、对外贸易、技术进步、可持续发展等方面的作用都存在正负效应，在未来应该权衡利弊，提高非洲东道国对外资的吸收能力，更好地在全球化背景下通过利用外资实现经济发展。本文首先论述近年来非洲外资流入的新特征，然后分析非洲外资流入对东道国经济发展的影响，最后评估非洲能否在全球化下通过吸引外资实现经济发展。

一 非洲外资流入的新特征

进入 21 世纪以来，随着全球化浪潮的日趋深入，发展中国家在世界经济

---

* 朴英姬，中国社会科学院西亚非洲研究所助理研究员，主要研究领域为非洲经济和外国投资。

中的融合度逐步加深，资本全球化的迅速蔓延使得发展中经济体的外资流入急剧增加。受益于21世纪初全球经济的普遍繁荣，非洲大陆改变了20世纪80年代到90年代中期经济增长低迷的状况，宏观经济形势整体趋好，许多非洲国家采取鼓励外资流入的政策，吸引了全球投资者的关注，非洲大陆的外资流入状况也出现一些新变化。

（一）外资流入规模大幅度提高，但在全球格局中仍处于边缘地位

与20世纪七八十年代相比较，21世纪前10年非洲外资流入规模呈大幅攀升态势。从绝对数额来说，20世纪70年代，非洲外资流入额年均为10.7亿美元，80年代以后，外资流入额呈现出较强的增势，到2000年达到87.3亿美元，2008年又进一步上升到876.5亿美元，达到了历史最高值，比2000年的数额增长了9倍多。2008年底爆发的国际金融危机给世界经济造成了重大的冲击，受此影响，国际直接投资的流入量呈现出大幅度减少。2009年和2010年非洲外资流入量分别比上年降低了33.2%和14.4%。尽管如此，非洲2010年外资流入额仍然超过了500亿美元。①

非洲外资流入数额的绝对增加主要有两个方面原因：一方面，随着发展中经济体的繁荣，石油、矿产品等初级产品在国际市场上的需求量日益增加，导致非洲资源驱动型的外资流入日趋增多；另一方面，一些非洲国家的私有化进展较快，商业环境逐步改善，市场驱动型的外资流入也不断增加。

应该看到，尽管非洲外资流入的绝对数额呈现较大幅度的提升，但是非洲在世界外资流入格局中的地位却没有明显改观。1978～1980年非洲外资流入额占世界外资流入总额的比重为2.0%，到2010年仍不足5%。而同期，亚洲和大洋洲的发展中国家这一比例从5.3%一跃上升到29.7%，东南欧和独联体从0.02%上升到6.3%（见表1）。20世纪80年代以来，非洲外资流入量在发展中国家中的比重出现了下滑，从20世纪70年代的17.4%下降到2010年的9.5%（见图1）。可见，尽管自20世纪80年代以来，在世界外资流入格局中发展中经济体的外资流入量在急剧增加，并且成为带动未来全球直

---

① UNCTAD, *Economic Development in Africa—Rethinking the Role of Foreign Direct Investment*, 2005, p. 5; UNCTAD, *World Investment Report 2007*, p. 302; *World Investment Report 2009*, p. 247; *World Investment Report 2010*, p. 167; UNCTAD, *Global Investment Trends Monitor*, *Global and Regional FDI Trends in 2010*, 17 January 2011.

接投资增长的重要力量,但是非洲作为发展中国家最为集中的大陆,其外资流入额的增幅却远低于亚洲等新兴发展中国家,由此引致其在世界和发展中国家外资流入格局中处于较边缘化的地位。

表1 1978～2010年非洲在世界外资流入格局中的地位

单位:%

年　份	1978～1980	1998～2000	2003～2005	2006	2007	2008	2009	2010
发达经济体	79.7	77.3	59.4	66.7	68.8	57.5	50.8	46.9
发展中经济体	20.3	21.7	35.9	29.3	26.9	35.6	42.9	46.7
非洲	2.0	1.0	3.0	3.2	3.0	4.1	5.3	4.5
拉美和加勒比	13.0	9.7	11.5	6.6	6.4	10.3	10.5	12.6
亚洲和大洋洲	5.3	11.0	21.4	19.4	16.0	21.0	27.0	29.7
转轨经济体（东南欧、独联体）	0.02	0.9	4.7	4.1	4.3	6.9	6.3	6.3
世界	100	100	100	100	100	100	100	100

资料来源:UNCTAD, *World Investment Report 2006*, p.7; UNCTAD, *World Investment Report 2008*, p.37; UNCTAD, *World Investment Report 2010*, p.31; UNCTAD, *Global Investment Trends Monitor*, *Global and Regional FDI Trends in 2010*, 17 January 2011。

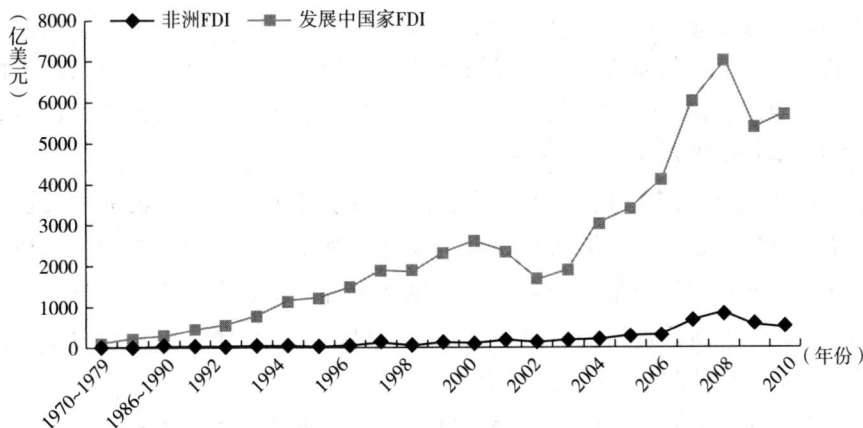

图1 非洲在发展中国家外资流入中的地位

资料来源:UNCTAD, *Economic Development in Africa—Rethinking the Role of Foreign Direct Investment*, 2005, p.5; UNCTAD, *World Investment Report 2007*, p.302; *World Investment Report 2009*, p.247; *World Investment Report 2010*, p.167; UNCTAD, *Global Investment Trends Monitor*, *Global and Regional FDI Trends in 2010*, 17 January 2011。

（二）外资来源地更加多样化，发展中经济体日益成为外资增长的重要推动力

进入 21 世纪以来，非洲外资流入的来源地趋于多样化，主要表现在：

第一，发达经济体对非洲投资群体在扩大。1980～1995 年流入非洲的外国直接投资主要来自法国和英国，这两个国家占非洲外资流入总额的 50% 以上。[①] 1996～2000 年，流入非洲的外国直接投资主要来自 5 个国家：美国、法国、英国、德国和葡萄牙。其中美国对非洲的直接投资占发达国家对非直接投资的 37%，法国占 18%，英国占 13%。[②] 2000 年以后，非洲的外资流入格局发生了渐变。除了非洲传统外资来源国以外，加拿大、意大利、荷兰、挪威、葡萄牙和西班牙等国也加大了对非洲投资的力度，成为发达经济体中对非洲投资的新劲旅。这些国家对非洲投资的动力有二：一是 20 世纪末，非洲几内亚湾地区油气勘探取得突破性进展，其在世界资源开发经济格局中的地位上升，油气资源开发潜力剧增；二是非洲国家纷纷调整投资法，对外资采取更加开放的积极政策，非洲国家的商机增多。

第二，新兴发展中经济体成为对非洲投资的新势力。尽管发达经济体仍然在非洲外国直接投资的流量和存量中占有相当大的份额，但是来自发展中经济体，尤其是亚洲国家的外国直接投资增长显著（见表 2），主要原因包括：初级产品价格的高昂、新兴经济体跨国公司的加速国际化、新兴经济体对自然资源需求量的快速增长。中国、印度和马来西亚都成为撒哈拉以南非洲国家外国直接投资的重要来源国。

值得注意的是，在过去的 5 年中，西亚国家对非洲的直接投资增长也很快，主要目的地是埃及。海湾国家合作委员会对撒哈拉以南非洲国家，如埃塞俄比亚、苏丹和坦桑尼亚的直接投资也在上升，特别是在农业领域。在转轨国家中，俄罗斯的跨国公司对非洲的投资也出现了扩张，主要是为了增强其原材料的供应链和掌握战略性资源。

第三，非洲大陆内部的跨国投资也在增长。随着非洲经济一体化的逐步

---

① UNCTAD, *Economic Development in Africa—Rethinking the Role of Foreign Direct Investment 2005*, Geneva, 2005, p. 9.

② "Financing Investment in Africa at the Corporate Council on Africa Summit," accessed September 18, 2010, http://www.botswanembassy.org.

深入和一些地区性大国经济的持续增长，非洲大陆内部的跨国投资也在增长。南非是非洲最重要的外国投资来源国，北非国家也是重要的投资来源地。非洲内部的投资主要发生在邻近国家。在南部非洲最为显著，博茨瓦纳、马达加斯加、马拉维和莫桑比克都受益于与其投资国南非地域上的接近。南非对外直接投资存量中非洲国家所占有的份额从 2000 年以前的不足 5%，上升到 2008 年的 22%。摩洛哥和突尼斯对外直接投资存量的 55% 和 84% 进入了北部非洲国家。毛里求斯有超过 1/3 的对外直接投资进入了非洲国家，主要是马达加斯加。许多非洲国家外国直接投资流入的存量中，来自其他非洲国家的比重很高，如博茨瓦纳 2007 年占 32%，马达加斯加 2005 年占 21%，马拉维 2004 年占 27%，坦桑尼亚 2005 年占 43%，乌干达 2003 年占 18%。在坦桑尼亚，最重要的外国投资者来自南非、毛里求斯和肯尼亚。[1]

总之，除了发达国家以外，来自发展中经济体的外国直接投资也为非洲发展提供了新机遇。这些新增加的投资和更广阔的金融资源帮助非洲国家降低了来自全球金融危机的负面影响。全球金融危机也使得发展中经济体比起发达经济体更具经济增长的潜力和活力，对未来非洲外资增长的带动作用也将更加突出。

表 2　非洲外资流入存量和流量格局

单位：%

来源地	外资流入量占比		外资流入存量占比	
	1995 ~ 1999 年	2000 ~ 2008 年	1999 年	2008 年
世界	100	100	100	100
发达经济体	79.0	72.1	89.0	91.6
发展中经济体	17.7	20.8	6.9	7.4
非洲	5.1	4.9	2.3	2.9
拉美和加勒比	5.5	0.7	1.3	1.3
亚洲	6.7	15.2	3.1	3.2
东南欧和独联体	0.3	0.0	0.0	0.0

资料来源：UNCTAD, *World Investment Report 2010*, New York and Geneva, 2010, p. 34。

---

[1]　UNCTAD, *World Investment Report 2010*, p. 37.

（三）外资流入的产业结构趋于多元化，过度集中于资源领域的投资格局逐步被打破

从 20 世纪后 20 年至 21 世纪初非洲吸收外资的主要领域看，外资高度集中于自然资源开发领域的特征表现突出。1980～1995 年，流入非洲的外资主要投向了第一产业（主要是采掘业），占 54.6%，20.6% 的外资投向了第二产业，24.8% 的外资投入了第三产业（主要是银行、金融、运输和贸易部门）。[1] 1996～2000 年，55% 的外资投入了第一产业。[2] 2004 年流入赤道几内亚、安哥拉、尼日利亚的外资中均有 90% 以上投入了石油部门。2005 年，大多数的外资仍投向了自然资源的开发，尤其是石油和天然气的开发。[3] 许多发展中国家对非洲的直接投资按数额来说，绝大多数也都流入了资源开发产业，其中国有企业参与的比例很高，如中国海洋石油总公司（CNOOC）、马来西亚石油公司（Petronas）和印度石油天然气公司（ONGC）。

尽管资源类产业一直是非洲外国直接投资进入的重点产业，但近年来有逐步向其他产业加速扩展的态势。如中国（见图 2）、印度等一些亚洲投资者利用欧美国家对非洲国家的免税和免配额的优惠政策，投资于非洲国家的制造业，尤其是纺织和服装领域。在非洲大陆内部的跨国投资中，有很大比例都进入了服务业和制造业部门。从绝对数量来讲，中国和印度的大多数投资项目主要集中在制造业和基础设施领域。近几年西部非洲国家的银行部门在全非洲迅速扩张。大规模的泛非金融机构利用了地区金融市场的快速开放，扩大了跨国间资本和投资的流动。总部设在多哥的非洲经济银行（Ecobank）是在西非经济共同体管理下的商业银行，已经在 33 个国家设立了分支机构，是非洲本土最具影响力和竞争力的商业银行之一。尼日利亚银行部门扩张的速度也特别快，已经成为在非洲金融市场融资的主要力量，并为非洲企业的跨国并购提供资金支持。[4]

---

[1] "Financing Investment in Africa at the Corporate Council on Africa Summit," accessed September 18, 2010, http://www.botswanembassy.org.

[2] UNCTAD, *Economic Development in Africa—Rethinking the Role of Foreign Direct Investment 2005*, Geneva, 2005, p. 9.

[3] UNCTAD, *World Investment Report 2005*, New York and Geneva, 2005, pp. 40 - 42; UNCTAD, *World Investment Report 2006*, New York and Geneva, 2006, p. 40.

[4] http://www.africaneconomicoutlook.org/en/outlook/external - financial - flows - to - africa/, accessed September 18, 2010.

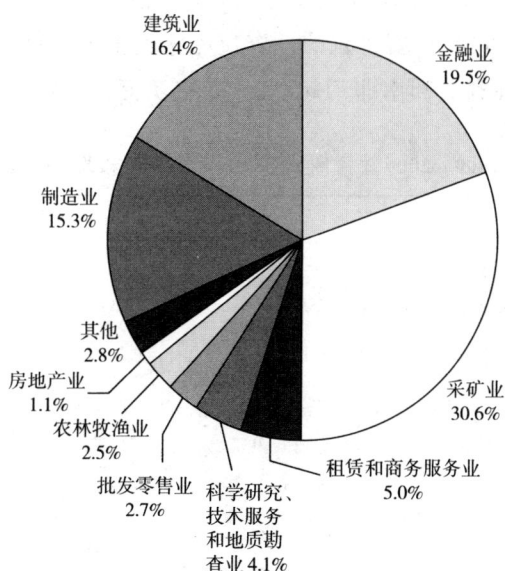

图 2　截至 2011 年底中国对非洲直接投资存量的产业分布

资料来源：中国国务院新闻办公室：《中国与非洲的经贸合作 2013》，2013 年 8 月。

当然，受国际金融危机的影响，国际初级产品价格下跌和国际信贷紧缩导致外资进入非洲初级部门的数量减少，制造业外资也面临较大的缩减。但是服务业成为非洲外资流入的主导产业，吸引了最大份额的非洲跨国并购，并且极有可能在全球经济危机的负面影响退去后仍旧保持活力。

（四）外资流入的国别分布仍然比较集中，但流入额超过 10 亿美元的国家趋于增加

一直以来，外国直接投资在非洲国家的分布都比较集中，一些能源、矿产资源比较丰富的国家以及工业化水平比较高的国家吸引了大量的外国资本（见表 3）。其中 2005 年，流入量在非洲排前 10 位的外国直接投资占非洲外国直接投资流入总额的 90.1%，流入南非、埃及、尼日利亚、苏丹和赤道几内亚 5 国的外资占非洲外资流入总额的 71.8%。

随着非洲外资流入规模的日益增加，外资流入额超过 10 亿美元的国家增加也很快。2000 年只有埃及 1 个国家超过了 10 亿美元，到了 2001 年增加到 5 个（南非、摩洛哥、尼日利亚、阿尔及利亚和安哥拉），2005 年又增

加到 8 个，2009 年进一步增加到 12 个（除了前 10 个国家外，还有赤道几内亚和摩洛哥）。2009 年安哥拉的外资流入达到了 131 亿美元，为非洲国家之首，埃及、尼日利亚和南非均超过了 55 亿美元。[①]

表3　2000～2009 年非洲外资流入额前 5 位和前 10 位的国家

2000 年	2003 年	2005 年	2007 年	2009 年
埃及	摩洛哥	南非	埃及	安哥拉
尼日利亚	赤道几内亚	埃及	安哥拉	埃及
南非	安哥拉	尼日利亚	尼日利亚	尼日利亚
安哥拉	苏丹	苏丹	南非	南非
突尼斯	尼日利亚	赤道几内亚	利比亚	苏丹
阿尔及利亚	乍得	摩洛哥	摩洛哥	阿尔及利亚
苏丹	南非	阿尔及利亚	苏丹	利比亚
坦桑尼亚	利比亚	利比亚	刚果（布）	刚果（布）
毛里求斯	阿尔及利亚	毛里塔尼亚	刚果（金）	突尼斯
乌干达	突尼斯	突尼斯	阿尔及利亚	加纳
前 5 位在非洲的占比（%）54.0	前 5 位在非洲的占比（%）51.0	前 5 位在非洲的占比（%）71.8	前 5 位在非洲的占比（%）60.0	前 5 位在非洲的占比（%）58.7
前 10 位在非洲的占比（%）73.0	前 10 位在非洲的占比（%）74.4	前 10 位在非洲的占比（%）90.1	前 10 位在非洲的占比（%）77.4	前 10 位在非洲的占比（%）77.5

资料来源：UNCTAD，*Economic Development in Africa—Rethinking the Role of Foreign Direct Investment 2005*，p. 8；*World Investment Report 2008*，pp. 253 – 254；*World Investment Report 2010*，pp. 167 – 169。

从上述分析可以看出，进入 21 世纪以来，非洲大陆在外资流入方面，既秉承了以往时期的一些特征，例如非洲在全球外资流入中的地位和国别分布格局等方面；又在吸收外资规模、流量、来源地等方面呈现出一些新变化，这些新变化对于非洲东道国的经济发展产生了一定影响。

---

① UNCTAD，*World Investment Report 2010*，p. 32.

二 外资流入对非洲国家经济发展的影响

关于评价一国经济发展的指标体系，可以从经济增长方式、结构、驱动力等不同视角作为切入点。本文拟引入经济发展的驱动因素[①]，分析外资流入对非洲东道国在经济层面的影响。

（一）外资流入对非洲国家资本形成的影响

从资本的定义来说，狭义的资本包括机器、工厂以及相关实物资产等物质资本，广义的资本还包括人力资本。对于非洲国家来说，经济发展中面临的首要难题就是资本不足，既包括物质资本，也包括人力资本。因此，加速资本形成就成为其实现经济起飞的一个重要前提条件。

1. 对物质资本的影响

从理论上来说，外资对东道国物质资本形成有所贡献，不仅是因为它提供了外国资本，还因为它附加了国内投资，通过加强与投资相关产业的前向和后向联系，促进了经济活动的深入。而且，来自发展中国家的跨国公司还会改善非洲国家基础设施状况。以中国为代表的亚洲投资者参与建设非洲国家的经济特区或经贸合作区，增加基础设施建设，还配套建设新的学校和医院。近二十几年，外国直接投资流入额占非洲固定资本形成的比重不断上升，从 1981～1985 年的年均 2.5%，提高到 1986～1990 年的年均 3.7%，1991～1996 年的年均 5.3%，2000 年的年均 8.8%，到 2005 年增至 16.3%，到 2008 年达到 29%。[②] 与此同时，非洲外资流入存量占国内生产总值的比重也呈现出增长态势，从 1980 年的 8.2%，提高到 1990 年的 10.8%，1995 年的

[①] 需要明确的是，经济发展与经济增长在概念上有区分，经济增长注重的是量的提高，而经济发展则既注重量的提高，还强调质的提升，也即"经济发展 = 经济增长 + ……"。经济增长如果只受益于少数人，造成了严重的贫富分化，就不是经济发展；如果经济增长是以环境破坏、污染加剧、人民生活质量和健康状况下降为代价，就不是经济发展，这些都属于"有增长、无发展"的状况。参见高波、张志鹏《发展经济学——要素、路径与战略》，南京大学出版社，2008，第 16 页；张培刚、张建华主编《发展经济学》，北京大学出版社，2009。

[②] UNCTAD，*World Investment Report 1994*，p. 422；UNCTAD，*World Investment Report 2003*，p. 268；UNCTAD，*World Investment Report 2008*，pp. 263，268；UNCTAD，*World Investment Report 2009*，pp. 257，262.

15.6%，又进一步提高到 2000 年的 25.1%，2005 年的 28.2%，2008 年为 24.8%。[1] 可见，外资流入对非洲物质资本形成的重要性在不断上升。

尽管如此，非洲外资流入对物质资本形成仍然存在局限性和负面效应。一方面，由于很大比例的非洲外资是资源寻求型的，即进入资本密集型的采矿业，对于东道国的国内投资的促进作用还有很大局限性。因此如何吸引外资进入更多的领域和更高附加值的部门仍然是非洲国家政府面临的挑战之一。另一方面，尽管从理论上来说外资的进入能够有效地促进竞争，使效率低的公司提高效率，保证稀缺资源的最有效分配。但是仍然存在一种外国公司的垄断倾向可能将国内投资挤出的观点。在非洲国家更容易出现这种情况：由于外国公司具有更强的市场营销和广告手段，还可以制定较低的价格，限制新的竞争者进入市场，非洲国内公司很难在与外国公司的竞争中胜出。因此，外资还可能使非洲国内公司退出市场，导致整个国内工业规模的缩减以及就业的减少。

2. 对人力资本的影响

目前的研究表明，对于摆脱贫困来说最重要的途径就是增加就业，特别是正规部门的就业。而外资对于东道国社会发展的一项重要贡献就是创造就业，尤其是妇女就业增加对减贫的贡献更大，因为妇女和儿童是贫困的主要人群。

在非洲自然资源开发领域的外国直接投资，因为外国公司多采用资本密集型的生产方式，对增加就业的贡献不大。例如，在纳米比亚，由于大多数外资投资于资本密集型的采矿业，导致采矿业的就业人数大幅减少。[2] 在非洲制造业和服务业的外国直接投资创造的就业较多。由于来自发展中国家的跨国公司倾向于投资于劳动密集型的制造业，因此其创造就业的潜力很大。例如，巴西跨国公司奥迪布里切特（Odebrecht）集团就是安哥拉雇用劳动力数量最多的公司之一。在莱索托服装业的外国直接投资也创造了急需的就业机会。在 2003～2005 年间，发展中国家的投资者在非洲的投资创造的就业机会

---

[1] UNCTAD, *World Investment Report 2003*, p. 279; UNCTAD, *World Investment Report 2006*, p. 308; UNCTAD, *World Investment Report 2009*, p. 257.

[2] Labour Resource and Research Institute, *Characteristics extent and Impact of Foreign Direct Investment on African Local Economic Development*, December 2003, p. 5.

提高了 1 倍。①

尽管很多非洲国家的外国直接投资创造了就业机会，但有一些新创造的就业机会工资水平低、工作环境恶劣。许多雇员都没有工作安全保障，也只有极小的可能在未来会提高生活水平。即便是在一些非洲国家外资能够创造新的就业机会，同时也会导致国内收入不平等的状况更加严重。因为就业和培训是给那些受过较多教育的人，本已是富裕阶层，或主要是对城市居民的，这就使得工资水平在不同收入群体间的差距加大，收入不平等状况更加恶化。这种情况在安哥拉的石油工业领域的外国投资中就出现过。

（二）外资流入对非洲国家技术进步的影响

一般来说，除了生产要素投入量的增加推动经济发展之外，技术进步是经济发展的另一个关键性因素。技术进步分为广义和狭义两个方面，狭义的技术进步主要指硬技术应用的直接目的方面所取得的进步，包括技术进化和技术革命。广义的技术进步指产出增长中扣除劳动力和资金投入数量增长的因素后，所有其他产生作用的因素之和，又称为"全要素生产率"（Total Factor Productivity，TFP）。广义技术进步的内涵有：资源配置的改善、生产要素的提高、知识进步、规模经济、政策的影响、管理水平的提高。技术进步的具体表现形式为：①给定同样的投入可以生产更多的产品，即生产率的提高；②现有产品质量的改进；③生产出全新的产品。②

许多研究表明，外资可以通过技术溢出效应，实现对发展中东道国的技术转让。东道国劳动生产率也会通过跨国公司对工人的培训、管理技能的提高和应用更复杂有效的技术而得到提高。除此之外，外资还可以提供与新的海外市场的联系，通过促进竞争还会增加现有市场的效率，提高劳动生产率。

但是有研究表明，在 20 世纪 80 年代，多数非洲国家并没有在外资中获得生产率提高的贡献。这一时期，发达国家对非洲的直接投资占绝大多数份额。即便来自发达国家的直接投资确实给非洲东道国带来了先进的技能和革新，也很难促进当地的技术进步。这是因为非洲国家的技术、企业家和管理

① UNCTAD, *World Investment Report 2010*, p. 36.
② 〔美〕斯图亚特·R. 林恩：《发展经济学》，王乃辉等译，格致出版社、上海三联书店、上海人民出版社，2009，第 75 页；张培刚、张建华主编《发展经济学》，北京大学出版社，2009，第 235～236 页。

技能都与发达国家差距太大，发达国家跨国公司对非洲东道国的技术转移效应也就必然很弱。

由于发展中国家跨国公司利用的技术更适合其他发展中国家应用，对于非洲东道国技术升级的贡献就比较大。世界银行的调查表明，中国和印度的投资者都给非洲东道国带来了数量可观的新机器，促进了当地生产效率的提高。发展中国家在非洲的直接投资采用与当地企业合资经营的比例，从 2000 年的 24% 提高到 2009 年的 45%。这也表明发展中国家对非洲的直接投资更有可能带来对当地企业的技术转移，对非洲当地企业的结构升级更有帮助。[1]

有研究表明，南部非洲共同体国家的外资所有权和收入水平对于全要素生产率有显著的正相关性。外资所有权增加 10 个百分点，将增加全要素生产率 1.8 个百分点。东道国的收入水平越高，外国企业带来的全要素生产率越高。此外还有一些东道国因素会导致外资对当地生产率提高的作用不大。例如，受当地法规的限制，东道国劳动力的解雇成本高、企业的退出障碍大，就会降低生产率。此外，如果银行的利率水平高，会导致资本－劳动比例的扭曲，也会导致生产效率的低水平。[2]

可见，跨国公司对于东道国技术进步的影响效应比较复杂，受到多方面条件的制约，只有在法律制度、宏观形势、东道国企业和人员的技术和管理水平等各方面条件都比较适宜的情况下，外资对当地技术转移的正面效应才会比较大。

（三）外资流入对非洲国家制度变迁的影响

发展经济学的研究表明，制度是影响经济发展的关键变量。制度是人们在现实中所形成的各种经济、社会、政策、组织或体制的集合体，是一切经济活动和经济关系产生和发展的框架。

近年来，外国直接投资已经成为非洲大陆的主要外部资金来源，这离不开非洲政府的巨大努力。由于良好的制度环境是吸引外国直接投资的先决条件之一，尽管许多非洲国家的投资环境仍然充满了复杂性和变动性，但为了持

---

[1]　UNCTAD, *World Investment Report 2010*, p. 37.

[2]　Daniel Lederman, Taye Mengistae, and Lixin Colin Xu, *Microeconomic Consequences and Macroeconomic Causes of Foreign Direct Investment in Southern African Economies*, September 2010, p. 7.

续而稳定地吸引外国直接投资的流入，许多国家政府纷纷致力于改善制度和政策环境，制定并完善对外资的鼓励政策，并且制定政策来改善商业环境。在世界银行 2010 年的营商报告中，46 个非洲国家中有 29 个国家实行了 67 项政策改革，其中有接近一半集中在使开办企业更加便利或者跨境贸易更加容易。

埃及、阿尔及利亚、毛里求斯、加纳、坦桑尼亚、乌干达、马达加斯加等国纷纷简化了外资法规，建立更加透明的立法程序。莫桑比克、加纳、乌干达等国比较重视推动国内经济私有化和自由化的进程，以吸引外国直接投资的流入。毛里求斯颁布执行了《竞争法》，对垄断行为进行限制。冈比亚和摩洛哥降低了公司税率。卢旺达和利比亚改善了宏观政策环境。当然，为了保护本国产业的发展，也有一些国家出台了对外资的某些限制性政策，如 2009 年尼日利亚对外资加强了限制，增加了本地化程度的要求；阿尔及利亚对特定行业的外资所有权做出了限定。但是这种政策限制不能简单地理解为是对外资的排斥，而是政府更加理性地对待外资流入，让其更好地适应当地经济发展的一种政策引导。

2009 年以来，受全球经济危机的影响，非洲国家的外资流入额出现了大幅下降，为了增加经济发展的自主性，很多国家政府在制定发展战略时，越来越注重实行经济多样化战略以及将发展重点转向较高附加值的经济活动，同时也更加关注于加强外国直接投资与国内经济发展的联系，并在政策上做出相应的调整。

（四）外资流入对非洲国家对外贸易的影响

国际贸易的一般理论都支持对外贸易能够促进一国经济增长的观点，无论是从短期还是长期来说都有积极的贡献，主要通过增加需求和供给，提高全要素生产率等来实现。在理论层面上，外国公司有能力提高东道国与国际市场的联系，因为许多公司在与金融市场、消费者认可和交通网络方面都有全球的联系。研究表明，外国公司可以作为"催化剂"实现国内出口企业扩大出口。外国公司是国内公司了解外国市场、外国消费者和外国技术的天然渠道，通过这些国内公司可以出口更多的商品。增加出口是提高东道国外汇收入的潜在渠道，以弥补进口和偿还外债的支出。[①] 世界银行的研究表明，在

---

① Carolyn Jenkins and Lynne Thomas, *Foreign Direct Investment in Southern Africa: Determinants, Characteristics and Implications for Economic Growth and Poverty Alleviation*, Oct. 2002, p. 16.

南部非洲共同体的许多国家中，外国投资企业的规模比东道国企业的规模要大，出口数量也远多于当地企业。相对于当地企业，外国公司出口的可能性几乎要高6%，这种对出口增加的效应非常大，因为当地企业的平均出口可能性只有6.3%。外国公司规模大，更会倾向于出口。[1]

当前许多非洲本土以外的投资者大多是非市场寻求型的，也就是投资者在东道国生产的产品不在当地销售，而是直接销往海外市场，因此对于促进非洲出口贸易的增加有益处。但是这种投资模式容易与当地经济发展相脱节，对东道国经济发展的直接带动作用有限。

（五）外资流入对非洲国家资源与环境的影响

毋庸置疑，自然资源和环境是经济发展的重要因素和基本条件。一般来说，当东道国的环境法规比较健全且具有可执行力时，跨国公司能够通过技术转移效应实现对环境保护的正面作用。这是因为跨国公司一般都会采用比东道国更加先进和节能的技术，通过当地企业的技术模仿、劳动力的流动和供应链条的传递能够提升东道国的环保技术，进而对当地的环境保护起到积极作用。[2]

由于非洲大陆的资源丰富，跨国公司对非洲直接投资以石油、矿产等资源类产业部门为主，非洲绝大部分大型矿山都为跨国公司所有。但是，由于非洲国家的环境法规的不健全及缺乏有效的执行力，外国直接投资在带来非洲采矿业发展的同时，也使非洲付出了资源过度开采和环境恶化的代价，包括植被的破坏及并发的水土流失、生物多样性的损失、河道的改变以及沉积物的增加、酸性废水以及地面下陷等。由于废水、固体废弃物以及浮尘等环境污染都可能会对附近居民的健康构成威胁，本地居民被迫远距离迁徙。这类负面社会影响将给非洲东道国带来长期的伤害。[3] 因此，非洲国家在制定外资政策时，必然面临更多的挑战，即如何在争取外资最大效益的同时降低资

---

[1] Daniel Lederman, Taye Mengistae, and Lixin Colin Xu, *Microeconomic Consequences and Macroeconomic Causes of Foreign Direct Investment in Southern African Economies*, September 2010, p. 9.

[2] Moses M. Ikiara, *Foreign Direct Investment, Technology Transfer, and Poverty Alleviation: Africa's Hopes and Dilemma*, 2003, p. 7.

[3] UNCTAD, *Economic Development in Africa—Rethinking the Role of Foreign Direct Investment 2005*, Geneva, 2005, pp. 51 – 53.

源和环境成本，以及随之带来的社会成本。

综上所述，外资流入对非洲国家在经济发展的制度层面、生产要素、技术进步、环境质量、对外贸易等方面所起的作用既有正面推动作用，也有负面效应。在未来利用外资过程中，如何趋利避害是非洲国家政府面临的重要课题。

三　结论

综合来说，外国直接投资对非洲国家经济发展的影响取决于东道国对外资的吸收能力（absorptive capacity）的大小。外资的吸收能力是指一个国家或地区所具备的使外资发挥正效应的能力，也就是东道国从外国直接投资流入中获取的资本、技术、管理和市场手段等收益的能力，这种能力的大小是东道国利用外资以及跨国公司在东道国经济参与程度大小的决定性因素，同时也是东道国在外资流入中获得长期经济发展效应的基础。具体来说，外资的吸收能力包括三种渐次推进的能力，即吸引能力、利用能力、开发能力。外资的吸引能力主要指宏观因素，如区位因素、市场规模、发展水平、资源禀赋等；利用能力主要指中观因素，即产业因素，如东道国产业技术、产业配套、产业出口等对外资技术的利用能力，主要是从外资产业转移角度衡量的东道国产业技术的吸收能力；开发能力主要是微观因素，即企业和个人因素，如东道国企业关联、信息交流、知识学习等对外资中知识技术的改进发展，并应用到当地相关行业的能力，主要是突出外资的知识转移与技术溢出效应。总之，外资的吸收能力与东道国所处经济发展阶段密切相关，与国内的制度体系、人力资本素质、贸易的开放程度、东道国企业的能力、基础设施状况等均有关联。① 不同的经济发展阶段及国内经济环境决定了非洲国家在外国直接投资的吸收能力必然存在差异。若要使非洲外资流入对经济发展的促进作用最大化，就要统筹考虑利用外资与东道国经济发展战略，同时兼顾全球化带来的机遇和挑战，实现外资流入与经济发展协调并进。

在经济全球化的背景下，国际经济的融合度日趋紧密，非洲国家在全球

---

① 参见赵果庆《中国西部国际直接投资吸收能力研究》，中国社会科学出版社，2004，第31～32页；刘正良：《中国 FDI 吸收能力研究》，江苏人民出版社，2008，第43～44页。

经济中的边缘地位必将被打破。在未来，作为全球发展水平较低的非洲国家，完全有希望通过合理有效地利用外资，发挥"后发优势"，实现经济的快速发展。具体来说，非洲国家可以顺应全球化时代的要求和挑战，勾画出适合自身发展的政策体系。可以着重从以下几个方面入手：①承接跨国公司全球产业链条的低端生产，带动非洲制造业的发展；②顺应时代潮流，吸引外资发展绿色经济，实现经济结构的升级；③加快地区经济一体化进程，引导外资与地区经济协调发展；④应对全球粮食危机，鼓励外资进入农业生产领域；⑤合理管理资源型外国直接投资的收益，避免陷入"资源诅咒"；⑥国内政策与国际协调并重，努力改善投资环境；⑦加强政府对外资流入的政策引导，使其与宏观发展战略相一致。

下　篇
中国与西亚非洲国家的经济合作

中东国家"向东看"的经济原因

杨 光[*]

21 世纪以来，长期偏重对美国和欧洲关系的中东国家出现比较明显的"向东看"现象。在这种现象中，中东国家与中国关系的发展显得尤为突出。从经济视角来看，中东国家对中国的重视不仅表现在中东国家领导人发表重视中国市场和重视中国发展经验的言论，而且表现为中东国家在对华贸易、投资，甚至货币合作方面取得的实实在在的进展。中国对于中东国家的重要性，一方面反映出中国发展的影响力和市场吸引力，另一方面也是中东国家遭受到西方国家的疏远和压力的结果。中东国家重视与中国发展经济关系，既是其务实合作的需要，也有其维护经济安全的考虑。具体而言，中东国家之所以重视中国，主要是由于中国已经成为中东的主要贸易伙伴，中东的石油天然气出口需要可靠的新市场，中东石油美元需要安全的投资场所，人民币的作用开始受到中东国家关注，以及中国的发展经验引起中东国家的兴趣。

一 亚洲成为中东国家的主要贸易伙伴

由于历史和地理原因，中东国家在世界贸易格局中，长期以欧美为主要贸易伙伴。中东国家出口的石油、天然气、磷酸盐等主要货物，以及出口的侨工、旅游等主要服务，主要面向欧美国家；而其进口的资本货物和日用消费品，以及建筑工程承包工程劳务，也以欧美国家为主要来源，20 世纪 70 年

---

* 杨光，中国社会科学院西亚非洲研究所所长、研究员。

代以后也包括了日本、韩国等亚洲国家。只有进口的劳动力多来自印度、巴基斯坦、埃及等亚非国家。自从 20 世纪 90 年代以来，随着中国和印度等亚洲国家经济的快速发展，特别是中国和印度的能源进口需求快速上升，以及工业制造业和建筑工程承包能力的迅速提升，中国和印度与中东国家的贸易联系加速发展，中东国家的货物贸易格局在短短的两个十年之中发生了巨大的变化。如今，中国和印度已成为中东国家，特别是海合会国家和伊朗的主要出口市场和重要货物贸易伙伴。亚洲国家在中东劳务市场的地位也呈现相对上升的趋势。

中东国家的能源出口市场实现了从欧美转向亚洲的根本性变化。20 世纪70 年代到 80 年代，全世界的国际石油出口大约 70% 都来自中东地区，几乎全部流向欧洲、美国和日本市场，无论对于美国、欧洲，还是日本，中东都是排位第一的石油进口来源。然而，及至 2009 年，这种情况已发生根本性的转变。这一年，中东国家共出口原油 9.31 亿吨，其中只有 8690 万吨流向美国，占 9.3%；有 1.059 亿吨流向欧洲，占 11.4%，欧美市场总共仅吸收了中东石油出口的 21.1%。而同年流向日本、印度和中国 3 个亚洲国家的原油则多达 3.927 亿吨，占中东石油出口总量的 42%，相当于流向欧美国家的中东原油的 2 倍。其中，日本进口 1.794 亿吨，印度进口 1.101 亿吨，中国进口1.032 亿吨。[①] 从中东国家出口天然气的情况来看，尽管北非地区的天然气出口国因地理原因，仍以欧洲为主要市场，但就海湾地区天然气出口国而言，亚洲也成为主要市场，特别是液化天然气的主要市场。2009 年海湾地区共有卡塔尔、阿曼、阿联酋和也门 4 国出口液化天然气，出口总量为 684.1 亿立方米，其中 472 亿立方米，即 69% 出口到亚洲的日本、韩国、印度和中国 4个国家。[②] 中东国家的货物进口格局也发生了转向亚洲的变化。随着中国和印度等国家机电成套设备以及家用电器的制造和出口能力的提高，亚洲国家在中东国家进口市场的份额显著扩大。2009 年海合会国家的前 5 位进口货物来源国中，中国已跃居首位，占 10.8%。其他主要进口来源是：美国占10.1%，印度占 9.4%，德国占 6.5%，日本占 6.1%。[③] 亚洲国家在中东国家

[①] 数据来源：*BP Statistical Review of World Energy June 2010*，*Oil：Inter - area movements 2009*。

[②] 数据来源：*BP Statistical Review of World Energy June 2010*，*Natural Gas：Trade movements 2009 - liquefied natural gas*。

[③] IMF，*Direction of Trade Database*，July 17，2010.

进出口中的份额迅速提升，是中东国家"向东看"的重要原因。

中东国家的服务贸易格局也出现了亚洲国家市场份额上升的趋势，特别是中国正在成为中东服务贸易的重要伙伴。21世纪以来，随着国际石油价格的上涨和产油国收入的增加，中东建筑工程承包市场迎来了20世纪70~80年代初以来的第二个繁荣时期，建筑工程承包服务的提供者也呈现多样化趋势，欧美建筑工程承包公司的市场份额趋于缩小，发展中国家建筑工程承包公司的市场份额逐渐扩大。例如，在西亚地区，欧美建筑工程承包公司的营业额在该地区市场营业总额中的占比从2001年的65.9%下降到2008年的59%，而亚洲的中国、日本和韩国公司的营业额占比同期从24.5%略增到25.5%。① 在2009年进入世界225家最大工程承包公司名单的企业中，中国、日本、韩国、土耳其等亚洲国家的建筑工程承包公司总数已达123家，占55%，其中中国企业数量达52家。② 中国建筑工程承包公司不仅以守时、保质享誉中东建筑工程承包市场，而且承担总承包项目、大型项目、多种项目方面的能力明显提高。中国游客近年来也成为中东旅游市场上的一道亮点。每年仅赴埃及的中国游客就达到约10万人。赴迪拜旅游的中国游客数量在2008年就已经达到10万人，③ 而2009年迪拜被确定为中国游客的旅游目的地国以后，前往旅游的中国游客数量出现了成倍增长。在2008年以来国际金融危机冲击下，随着欧洲游客的数量减少，中国游客在中东旅游市场上的地位愈显重要。中国游客对于推动中东国家旅馆、餐饮、商业、运输等服务行业，产生了积极的影响。服务贸易的迅速发展正在成为亚洲与中东国家经贸关系发展的一个富有潜力的新领域，吸引着中东国家"向东看"的目光。

中国与中东贸易的快速发展对于中东国家的发展具有特殊意义。中国对初级产品，特别是中东出口的石油天然气需求的上升是导致国际市场能源价格上升的重要因素之一。与此同时，中国大量出口价格较低的工业制成品，对于中东国家增加出口收入和降低进口成本，从而改善贸易条件和加快经济增长，发挥了重要的积极作用，中国由此成为值得中东国家高度重视的贸易和发展伙伴。

---

① 美国《工程新闻记录》2009年8月号，转引自《国际经济合作》2009年10月号。

② 金锐：《金融危机影响下的国际建筑市场》，《国际经济合作》2009年第10期，第9页。

③ 新华网，2009年9月16日。

二 中东的石油天然气出口需要东方新市场

中东国家，特别是海湾国家的单一经济结构远未彻底改变，经济严重依赖石油出口收入，确保长期稳定的石油出口市场，是一个关系到国家发展的重大经济安全问题。西方国家在实行进口来源多样化战略中疏远中东，使亚洲，特别是中国对于中东石油出口安全的意义明显上升。西方国家从 20 世纪 70 年代第四次中东战争爆发、阿拉伯石油输出国组织对支持以色列的西方国家动用石油武器开始关注对中东石油过度依赖的问题，20 世纪 70 年代末到 80 年代末伊朗伊斯兰革命和两伊战争造成的国际石油供应中断，特别是 1990 年海湾危机和海湾战争的爆发，科威特油田被伊拉克军队付之一炬，以及由此造成的重大石油供应中断，使美国和欧洲国家下决心加快石油供应来源多样化进程，减少对中东的石油依赖。因此，20 世纪 90 年代以来，国际石油供应格局逐渐出现"板块化"趋势，美国和欧洲国家逐渐把石油供应的主要来源从中东转移到自身周边地区，形成美洲石油供应板块、欧洲与俄罗斯中亚供应板块，亚洲则保持着东亚和东南亚依靠西亚石油供应的石油供应板块。这三大板块都以非洲作为第一大补充供应来源，而美洲板块和欧洲中亚板块的形成都是一个疏远中东的过程。在美国的石油供应来源中，拉美跃升到第一位，非洲攀升到第二位，中东的位置从第一位降落到第三位；在欧洲的石油供应来源中，俄罗斯、中亚占据首位，非洲上升到第二位，中东同样从第一位下降到第三位。西方国家在石油供应中有意疏远中东国家，使拥有丰富石油储量和大量剩余石油生产能力，重视建立长期石油出口安全的中东主要石油输出国深感忧虑，迫切需要寻找到能够确保长期安全的新的石油出口市场。在这种情况下，亚洲市场的意义日益明显。亚洲国家由于地理因素和运输便利，从中东进口石油是最为经济便捷的选择，对于中东石油的供应具有长期的刚性依赖。日本长期以来依靠中东石油供应的状况没有明显变化，尽管其石油进口数量已趋于稳定，但仍然是中东石油的最大买主。中国从 20 世纪 90 年代中期开始成为石油净进口国，进口数量迅速上升。21 世纪以来，随着印度尼西亚的石油出口能力下降，中国的石油进口主要来源从亚洲转移到中东，进口数量增长迅速，很快成为中东石油出口主要市场，对中东石油进口的依赖程度不断加深。中国已经与沙特阿拉伯签署长期石油供应协议。印度则后来居上,其从中东进口的石油量已经超过中国。除了石油进口以外,亚洲国家也是海湾国家液化天然气的主要出口市场,伊朗和卡塔尔都是排位世界前列的天然气资源国,中国和其他亚洲国家从中东地区进口液化天然气具有良好前景。中国和印度等新兴石油进口市场的迅速崛起,为遭受西方国家疏远的中东石油输出国带来了维护长期经济安全的新希望,吸引了中东主要石油输出国"向东看"的目光。

三 中东石油美元需要更安全的投资场所

石油美元投资对于中东国家的经济发展和安全具有特殊的重要意义。在20世纪70年代到80年代初和21世纪以来两个时期,中东石油输出国在两次国际石油价格暴涨期间积聚了大量石油出口收入。由于这些国家资金吸收能力有限,大量剩余石油美元需要投资于海外市场,以实现保值升值。把石油美元投资于海外,也是主要石油输出国实现经济发展多样化、在石油收入波动期间保持宏观经济调控能力,以及为后代人发展提供保障的重大国家战略。也有些国家把海外投资与石油出口结合起来,通过在主要石油出口对象国进行石油下游领域,特别是炼油厂和石油储运和销售设施投资,确保本国原油的长期出口市场,也就是推行所谓的石油工业国际一体化战略。到2008年为止,中东沙特阿拉伯、科威特、阿拉伯联合酋长国和卡塔尔4个国家的主权财富基金总额已高达12000亿美元。[1] 这些资金以多种形式投资于国外,形成海湾国家政府拥有的海外资产,也被称为主权财富基金。然而,主权财富基金还只是海湾国家全部海外资产的一部分,如果加上海湾国家国民在海外拥有的私人资产,海湾国家的海外资产总额会比主权财富基金数额大得多。例如,世界银行的研究报告认为,2005年沙特阿拉伯政府拥有的海外资产数额约为1000亿美元,[2] 而2004年沙特经济计划大臣穆罕默德称,沙特阿拉伯的公司和个人在海外拥有的资产总额为6500亿美元。[3]

确保海外资产的安全,关系到中东海湾石油输出国的切身利益。20世纪

---

[1]　UNCTAD, *World Investment Report 2009*, July 2009.

[2]　世界银行:《中东北非地区2005年经济发展与前景》,2005,第31页。

[3]　英国经济学家情报社:《沙特阿拉伯国家概览》,2005。

后期，中东石油输出国的海外资产绝大多数都以银行存款、政府债券、直接投资、金融投资等多种形式存放在西方国家。然而，2001 年 9 月 11 日发生美国世界贸易中心遭受恐怖袭击事件以后，美国发动全球反恐战争，与中东伊斯兰国家关系恶化，对存放在美国的中东国家资产加以严格控制。2008 年国际金融危机爆发以来，美国和欧洲经济遭受沉重打击，西方国家已经不再是石油美元投资的天堂。于是，中东国家的石油美元投资出现了向包括中国在内的东方国家转移的趋向。尽管中国出于经济安全考虑，股市、楼市和房地产市场，以及国际收支本项目尚未对外开放，中东石油美元投资的主要偏好还不能得到满足，但中国的快速经济发展和经济体制改革的不断深化仍然给中东石油美元投资者带来巨大希望。巴林经济发展局首席执行官穆罕默德·本·艾沙·阿勒·哈利法 2007 年表示，"过去我们对中国有些害怕，现在我们改变过来了。以前我们向西看，现在我们向东看"①。2008 年 7 月中旬，科威特财政大臣谢马利表示，科威特政府正在转向新的投资市场，增加对亚洲，特别是对中国和印度的投资。② 科威特、阿拉伯联合酋长国和卡塔尔的主权财富基金投资负责人均表示愿意到中国投资，有的已把亚洲总部迁来中国，有的频繁来中国考察。

在石油工业下游领域，由于中国与石油输出国在战略上可以互利双赢，既满足中国发展石油工业下游领域的需要，也满足石油输出国的石油工业国际一体化战略，中东主要石油输出国在中国的投资近年来发展相当迅速。2007 年中国石化与埃克森美孚和沙特阿美签署合资兴建福建炼化项目，以生产油品、乙烯和聚乙烯的合同。2008 年中国石化与沙特基础工业公司签署合资兴建天津石化项目的战略合作协议，以生产乙烯、聚乙烯和乙二醇。这两个项目都已经建成投产。此外，2008 年中国石油与卡塔尔石油国际签署合作意向书，拟在浙江台州合资兴建炼化一体化项目，生产油品和乙烯。2009 年中国石化与科威特国家石油公司决定在湛江共同投资兴建石化项目，生产油品和乙烯。这两个项目都计划在 2013 年投产。③

近年来，究竟有多少石油美元投资到中国市场，或者从西方市场转移到

---

① 新浪网，2007 年 11 月 8 日。
② 人民网，2008 年 7 月 29 日。
③ 中国石油集团经济技术研究院：《2009 年国内外油气行业发展报告》，2010 年 1 月版，第 313 页。

中国市场,由于统计的困难还不得其详。许多投资系经过香港等渠道进入中国市场,更加大了统计的难度。然而,即便仅根据不同来源的数据做粗略比较,对于中东石油美元的对华投资规模,仍可能得出一个大致的印象。据统计,海湾合作委员会国家在 2005 ~ 2008 年 5 年期间,其石油收入总额为14520 亿美元;[①] 其对外投资总额为 1170 亿美元,占其石油收入总额的8.1%。[②] 由此看来,中国确已成为海湾合作委员会国家的一个重要的海外投资新市场。与 20 世纪 70 ~ 80 年代第一次石油美元海外投资基本没有眷顾中国市场的情形相比,应当说这标志着石油美元海外投资方向的一个重要变化,是石油美元投资"向东看"的写照。

四 人民币的作用开始受到中东国家关注

近年来,随着中国人民币的坚挺和美元疲软,中国货币在中东地区的影响也开始出现。长期以来,美元在中东国家,特别是主要石油输出国占据支配地位,不仅国际石油贸易采用美元作为结算货币,而且中东地区的主要石油输出国均采取长期盯住美元的汇率政策。然而,随着美元出现的贬值趋势,过度依赖美元正在成为主要石油输出国的经济不安全因素。由于这些国家的石油收入都是美元,而其进口的大部分资本货物和日用消费品均来自美国以外国家,特别是欧洲和亚洲国家,在美元对欧元和亚洲货币不断贬值的长期趋势下,中东主要石油输出国的石油收入实际购买力实际上不断受到侵蚀,其控制通货膨胀的努力和宏观经济稳定也受到过度依赖美元的不利影响。随着美元的疲软,不管中东的主要石油输出国是否曾经公开表达,它们减少对美元过度依赖的需要正在增长,有些国家已经采取了一些值得注意的举措。主要石油输出国科威特的中央银行在 2007 年 5 月进行了汇率形成机制调整,在海湾主要石油输出国中第一个宣布放弃盯住美元的汇率机制,而改为按照一个世界主要货币篮子确定本国货币的汇率。科威特央行总裁谢赫·萨利姆·阿卜杜拉齐兹指出,在过去两年里,美元对全球主要货币汇率大幅下跌

---

① 中国驻阿联酋使馆经济商务参赞处网站,2009 年 2 月 17 日。
② UNCTAD,*World Investment Report 2009*,July 2009.

对该国经济产生了消极影响，放弃盯住美元有助于增加本币汇率的弹性。① 伊朗长期遭受美国的单方面制裁，21 世纪以来，伊朗核问题爆发危机，美国加紧对伊朗实施单方面制裁，美元加快贬值，伊朗终于对使用美元失去耐心，从 2006 年开始加快摆脱美元的进程。到 2007 年底为止，伊朗已完全停止用美元进行石油交易，石油交易的结算主要使用欧元和日元。② 2010 年 7 月欧洲决定配合美国对伊朗的单方面制裁后，伊朗进一步宣布把欧元从伊朗的外汇交易中剔除。在中东国家对美元信心下降的同时，它们开始关注人民币的作用。人民币在中国经济强劲发展支持下，币值稳定，影响力扩大。2009 年 7 月，中国人民银行推出人民币跨境结算试点管理办法，允许中国大陆指定公司与港澳及东盟成员国使用人民币进行跨境贸易结算。随后，中国人民银行于 2010 年 6 月下发通知，跨境贸易人民币结算的境外地域由港澳、东盟地区扩展到所有国家和地区，试点业务范围也扩展至服务贸易和其他经常性项目。2010 年 12 月，沙特阿拉伯的沙特英国银行（SABB）受沙特当地客户委托以人民币为结算单位向该客户的中国供应商支付了货款，成功完成了沙特首笔跨境贸易人民币结算交易。③ 伊朗也已提出用人民币与中国进行石油贸易结算的建议。中东国家开始重视人民币的作用，成为其"向东看"趋势中一个值得关注的新现象。

五　中国的发展经验受到中东国家重视

中东国家自从独立以来，特别是 20 世纪 70 年代以来，经济发展走过了曲折坎坷的道路。特别是摩洛哥、阿尔及利亚、突尼斯、埃及、叙利亚、土耳其等国家，都不同程度地经历着从中央计划经济向市场经济的转变。一般而言，这些国家在取得民族独立以后，都首先选择了走内向型的进口替代工业化道路。然而，由于发展战略的局限和国际经济环境的变化，它们在 20 世纪 70 年代到 80 年代纷纷陷入债务危机，并被迫接受债权方提出的"结构调整"方案，开展以国有企业私有化、对外贸易自由化和资源配置市场化为特

---

① 外汇网，2007 年 5 月 21 日。
② 兴业证券网，2006 年 12 月 22 日。
③ 阿联酋迪拜华人网，2010 年 12 月 10 日。

征的经济改革。这种经济改革缓解了债务危机，稳定了宏观经济，发挥了私人投资潜力，扩大了出口，对于恢复经济增长起到了推动作用，但是也面临大量难以解决的问题，特别是经济增长目标往往难以实现、工业化进程比较缓慢、失业问题长期得不到缓解、粮食供给严重依赖进口、外资流入数量不稳定、脱贫进展缓慢和社会收入差距悬殊等问题相当突出。2008年以来，中东国家经济普遍受到国际金融危机的冲击，经济增长放慢，民生问题加剧。2011年伊始爆发的中东国家局势动荡，就其经济方面的原因而言，可以说是粮食过度对外依赖、失业率长期居高不下，以及社会收入差距悬殊等方面问题的集中爆发。

中国从20世纪70年代末开始改革开放，与中东国家开始经济调整的时间差不多，但中国改革开放以来，长期保持快速的经济增长，顺利实现宏观经济调控，成功吸引大量外国投资，迅速晋升为制造业大国，始终坚持粮食自给自足，实现了大规模的劳动力转移，显著减少了贫困人口，并且成功抵御了20世纪末的亚洲金融危机和2008年的国际金融危机的冲击，保持了经济的持续发展。中国的这些发展成就给中东国家留下深刻的印象，引起它们对中国发展经验的兴趣。例如，2006年埃及前总统穆巴拉克在接受新华社记者采访时表示，过去的几十年中国取得了巨大成就，发生了巨大的变化，他建议埃及高级官员去中国看看，学习中国经验。根据穆巴拉克的指示，埃及当时的贸易和工业部长拉希德、石油部长法赫米、运输部长曼苏尔等高级官员自2006年2月到11月相继访华，引发了埃及官员前所未有的"访华热"。[①] 在2006年中非合作论坛峰会举办之前，穆巴拉克表示，他期待北京峰会能够对非中未来发展发挥指导性的作用，帮助非洲各国借鉴和学习中国在改革开放和发展中获得的宝贵经验。[②] 值得注意的是，埃及对中国发展经验的兴趣并没有因2011年初埃及发生局势动荡，以及穆巴拉克总统放弃权力而发生改变。在2011年3月中国外交部翟隽副部长访问埃及期间，埃及政府副总理贾马尔和外交部长均表示，发展对华关系是埃方既定政策，不会因形势的变化而改变，并重申希望借鉴中国成功的发展经验。[③]

---

① 新华网，2006年11月1日。
② 《人民日报》，2006年11月1日。
③ 新华网，2011年3月11日。

诚然，中国与中东国家的国情千差万别，中国的发展模式不可能被中东国家照抄照搬。但中东国家在探索符合自身国情的发展道路的同时也同中国一样，需要借鉴和吸收世界其他国家的经验教训，并以"向东看"的目光，期待从中国的发展经验中获取有用的信息。

21世纪的第一个十年是中国与中东国家经贸关系迅速发展的时期，中国迎来了中东国家"向东看"的目光。展望21世纪的第二个十年，中国将基本实现工业化，实现全面建设小康社会的目标。在这个发展的关键时期，中国无论对中东能源的进口需求，还是对中东国家出口工业制成品和劳务的能力，都将显著提高，为双方贸易的增长创造更加有利的条件。中国经济的持续快速发展将为中东石油美元投资创造更多的机会，企业"走出去"战略则会导致更多的中国企业到中东投资创业，从而推动双方相互投资的不断发展。贸易和投资的发展也必将使双方走向更加密切的金融货币合作。中国与海湾合作委员会国家正在进行之中的自由贸易区谈判一旦完成，可能为双方的经贸合作开辟更加广阔的前景。2011年爆发的中东国家局势动荡，在一定程度上反映出中东国家的发展问题，不仅不会削弱中国与中东国家在发展经济方面的交流，反而使这种交流显得更加必要。因此，我们完全有理由相信，在21世纪的第二个十年，中国与中东国家的经济联系将更加紧密，中东国家"向东看"的趋势将继续向广度和深度发展。

中国与海湾合作委员会国家经济关系探析

陈　沫[*]

与海合会国家的经济关系在中国与中东国家经济关系中占有重要地位。中国经济的快速发展增加了对能源的需求，而海合会国家经济以能源为支柱产业的特点决定了其经济发展需要稳定的能源市场。能源合作成为双方经济合作的核心，并通过双边贸易、投资和工程承包得以体现。能源关系的发展推动了贸易、投资和工程承包合作的发展，使双方经济合作规模不断扩大。保持和发展中国与海合会国家的双边经济关系，促进石油美元的顺利回流，在增加从海合会进口石油的同时保持国际收支的基本平衡以及保持稳定的石油进口，有利于促进中国经济的良性运行。中国与海合会国家经济关系发展前景广阔。

一　中国与海合会国家经济关系快速发展

随着中国与海湾合作委员会（以下简称"海合会"）签订《经济、贸易、投资和技术合作框架协定》及启动中国－海合会自由贸易区谈判，双方经济关系在贸易、投资、工程承包等方面发展迅速。海合会已经成为中国第八大贸易伙伴，是中国着力开拓的新兴市场。

（一）双边贸易增速

1. 贸易额快速持续增加

随着中国对外贸易的不断发展，尤其是石油进口的增加，中国与海合会

---

*　陈沫，中国社会科学院西亚非洲研究所副研究员，主要研究能源及中东经济发展问题。

国家的双边贸易也迅速发展，海合会国家已成为中国"充分利用国内国外两个市场、两种资源"和实施"市场多元化"战略的重点地区。中国与海合会国家贸易机制不断完善，推动了双边贸易的发展，双边贸易额呈快速增长趋势。

据中国国家统计局统计资料，2000～2009 年，中国与海合会国家双边贸易额从 100.9 亿美元上升到 679.2 亿美元，年均增长 57.8%。中国对海合会国家的商品出口额从 36.8 亿美元上升到 312.5 亿美元，进口额从 64.5 亿美元上升到 294.5 亿美元。其中，与中国贸易额较大的海合会国家有沙特、阿联酋和阿曼，2009 年贸易额分别达到 325.5 亿美元、212.3 亿美元和 61.6 亿美元。[①]

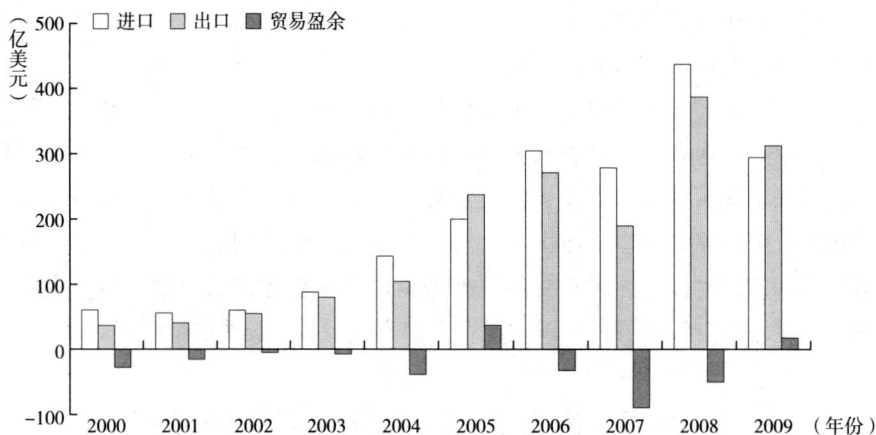

图 1　中国与海合会国家贸易变化

资料来源：《中国统计年鉴》（2002～2010 年）。

随着中国与海合会国家贸易额的增加，双方贸易结构不断升级，特别是 20 世纪 90 年代以后，以石油换工业制成品的贸易结构逐渐形成。中国与海合会国家的贸易结构是以中国进口海合会国家的石油为核心，出口到海合会国家的产品多为工业制成品和传统加工制成品，如机电类产品及服装鞋帽、箱包等，以制成品换取石油。在双边贸易中，中国持续保持逆差地位。

---

① 根据《中国统计年鉴》（2002～2010 年）数据整理。

2. 自贸区谈判逐步推进

由于中国加入世贸组织，进口关税逐步降低，海合会国家产品进入中国市场的门槛也进一步降低，促进了中国与海合会国家商品进出口的发展。

为促进双边经济关系的发展，中国已开始与海合会国家商讨建立自由贸易区，并于 2004 年 7 月启动中国 – 海合会自贸区谈判，2005 年 4 月 23～24 日在沙特阿拉伯首都利雅得举行了首轮谈判。2005 年 6 月 20～21 日，中国 – 海合会自由贸易区第二轮谈判在北京举行。双方就自贸区市场准入和原产地规则等问题进行了具体磋商，并就货物贸易关税减让模式达成了一致意见。2006 年 1 月 17 日，双方在北京举行第三轮谈判，在前两轮谈判的基础上进行了深入磋商，并在海关核查程序、技术性贸易壁垒、卫生和植物卫生措施、贸易救济、与货物贸易有关的法律、自由贸易协定文本等问题上取得了积极的进展。2006 年 4 月 3 日，第四轮谈判在阿曼首都马斯喀特举行，具体的谈判基本是围绕一般货物贸易的进口市场准入进行，包括进口关税的减让、非关税措施的规范化等。2009 年 6 月 22～24 日，中国与海合会在沙特首都利雅得重启自由贸易区谈判。谈判期间，双方就货物贸易主要关切和服务贸易初步出价进行了深入磋商，并取得了积极进展。双方已在货物贸易谈判大多数领域达成了共识，并启动了服务贸易谈判。2010 年，中国与海合会就启动中 – 海经贸联委会进行了磋商，中 – 海经贸联委会系根据中国与海合会 2004 年经济合作框架协议规定成立的工作机制，主要就涉及中、海整体经贸合作的战略性议题深入交换意见并制定和实施相应的工作规划。2011 年 7 月 31 日，中国与海合会就落实中 – 海经贸联委会机制及第一届经贸联委会安排进行了深入讨论，并一致认为，中 – 海经贸联委会机制的建立和运行必将对快速发展的双方贸易、投资和技术合作进一步起到积极的推动作用。

（二）双边投资数额增加，领域扩大

随着石油价格的提高，大量的石油美元推动了海合会国家经济的高速发展，在此基础上，海合会国家不断完善基础设施，制定更加宽松的政策，外国直接投资（FDI）的流入和流出都保持快速的增长。2004～2008 年，海合会国家外国直接投资的流入和流出连续 5 年持续增长，这为中国与海合会的相互投资增加了机会。中国对海合会国家投资逐年增加。

21 世纪之前，中国对海合会国家的投资起步较晚，规模较小，投资的区域比较集中，主要设立了一些加工厂，如塑料厂、编织厂、皮革厂等，多数设在阿联酋。2001 年以后，随着中国"走出去"战略的贯彻和实施，中国企业在海合会国家的投资规模逐渐扩大，投资的区域也逐渐拓展，涉及的行业布局也趋向合理。尽管项目的规模和布局有所不同，但从经营情况来看，这些项目普遍取得了较好的经济效益。独资、合资企业逐渐增多，规模也有所扩大。特别是在石油领域的投资合作走向深层次，进一步扩大了中国与海合会产油国之间的油气合作规模。在寻求优势互补互利共赢的互利合作上取得了较大的突破。

虽然自 21 世纪初以来，中国对海合会国家的直接投资逐年增加，但总的来看，海合会国家在中国对外直接投资中所占比重较小，约在 1% 以下。[①]中国企业对海合会国家的投资流量虽然保持增长，但存量增长缓慢。2003 年中国对海合会国家投资总流量为 1066 万美元，2008 年为 2.05 亿美元。2003 年中国对海合会国家投资存量为 3363 万美元，2008 年为 10.6 亿美元。总的来说，海合会国家在中国对外直接投资中所占的比重较小。在海合会国家中，沙特是吸引中国投资最多的国家，2008 年，中国对沙特直接投资存量为 6.2 亿美元，占中国对海合会投资总存量的 58.3%。其次是阿联酋，2008 年中国对阿联酋投资存量为 3.8 亿美元，占中国对海合会投资总存量的 35.3%。此外，中国对科威特、卡塔尔和巴林等国的投资存量也在增长。[②]

海合会国家对中国的投资额从 2003 年以来呈上升趋势，从 2003 年的 7.9 亿美元上升到 2008 年的 77.6 亿美元。其中，沙特和阿联酋对中国的投资居第一和第二位。[③]

海合会国家对中国的投资通过主权财富基金和合资的方式进行。如海合会国家的主权财富基金目前已入股四川久大盐业、工商银行等中国企业，并在上海等地设立了代表处。其中，沙特王国控股公司（The Kingdom Holding Company）、沙特阿齐齐亚商业投资集团（Al Azizia Commercial Investment Co）

---

① 国家统计局贸易外经统计司编《中国贸易外经统计年鉴（2008）》，中国统计出版社，2008。
② 参见商务部、国家统计局、外汇管理局《2009 年度中国直接对外投资统计公报》，2009。
③ 国家统计局贸易外经统计司编《中国贸易外经统计年鉴（2009）》，中国统计出版社，2009。

联合其他数家投资公司共同购买中国银行 20 亿美元的股份。

（三） 工程承包额增加

海合会国家是中国对外承包工程的重要市场。由于石油价格高涨，海合会地区经济繁荣，当地建筑市场需求强劲，中国对海合会国家的工程承包业务稳步发展，工程承包额不断增加。2004 年前，中国在海合会国家承包工程量较小，近年来迅速增加。2001 年中国与海合会国家工程承包完成营业额 3.4 亿美元，到 2009 年，承包工程完成营业额达 92.5 亿美元[①]，年平均增长率为 76%（见图 2）。两项数据均远远超过同期中国海外工程承包合同总额年平均增长 37% 和营业总额年平均增长 31% 的增长速度，比同期世界 225 强建筑工程企业在中东承包工程营业额的年平均增长速度快 1 倍以上。[②]

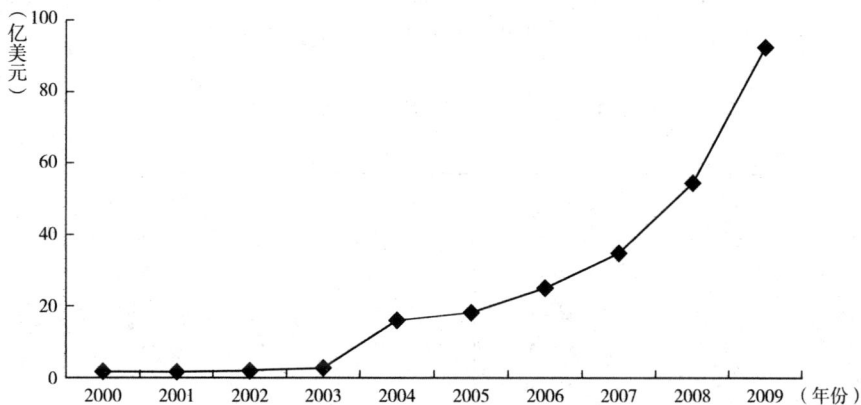

图 2 2000～2009 年中国在海合会国家承包工程完成营业额情况
资料来源：根据《中国统计年鉴》（2002～2010 年）数据整理。

随着石油进口的增加，中国与海合会国家双边贸易额迅速上升，与石油相关行业的投资也迅速增加，而石油价格的上升带动了海合会国家工程承包市场的繁荣，同时使得中国企业获得了更多的工程承包机会。

---

① 根据《中国对外承包工程、劳务合作和设计咨询业务统计年报》2004 年、2008 年数据整理。
② 转引自金锐《金融危机影响下的国际建筑市场》，《国际经济合作》2009 年 10 月号，第 15 页。

二 能源是中国与海合会经济关系发展的主要驱动力

中国与海合会国家经济关系通过双边贸易、投资和工程承包体现，而在这些领域中，大都以能源为核心。能源关系的发展推动贸易、投资和工程承包合作的发展，使得双方经济合作规模不断扩大。中国经济的快速发展增加了对能源的需求，而海合会国家经济以能源为支柱产业的特点决定了其经济发展需要稳定的能源市场。因此，能源合作成为双方经济合作的核心。中国与海合会国家建立战略合作伙伴关系，有利于双方的经济安全和互利合作实现共赢。

（一）石油是双方贸易的主要商品

中国与海合会国家的贸易结构以中国进口海合会国家的石油为核心，除巴林外，中国对海合会国家的贸易中，石油及相关产品的进口额占总进口额的50%以上（见表1），进出口产品结构是以制成品换取资源。

表1　2008年中国与海合会国家的贸易

单位：亿美元

	出口额	进口额	石油进口额	石油进口额占总进口额的百分比
阿 曼	7.94	116.3	112.5	96.7
沙 特	108.2	310.2	258.2	83.2
阿联酋	236.4	46.1	33.6	72.9
科威特	17.5	50.4	42.8	84.9
卡塔尔	10.7	13.1	6.6	50.4
巴 林	6.6	1.3		

资料来源：《中国海关统计年鉴（2009）》。

中国与阿曼的双边贸易结构极不平衡，中国自阿曼的进口占双边贸易的绝大部分，进口的商品主要为原油，中国出口到阿曼的商品主要为机电产品、钢铁及其制品、高新技术产品和纺织品等。2010年中国对阿曼出口额仅为9.4亿美元，而进口额为97.7亿美元。[①] 两国贸易逆差的状况在短期内难以改变。中

---

① 参见中国商务部网站，http://www.fmprc.gov.cn/chn/pds/gjhdq/gj/yz/1206_1/sbgx/t6217.htm，2011年8月9日。

国已连续多年稳居阿原油第一大进口国地位。2010 年，阿曼对中国出口原油
1.113 亿桶，同比大幅增长 43.4%；占阿曼原油出口总量的 41.4%。[①]

沙特是中国第一大原油进口来源地。2008 年，中国从沙特的进口总额为
310.2 亿美元，其中石油进口额为 258.2 亿美元，占总进口额的 83.2%。2010
年中国从沙特进口原油 4464.3 万吨，同比增长 7%，占中国全年原油进口总
量的 18.7%[②]。此外，中国还从沙特进口天然气、塑料和钢材等资源和原料
性产品。中国对沙特出口的主要商品有服装、纺织和机电产品。

2008 年 4 月，中石油与卡塔尔天然气公司和壳牌石油公司签署巨额天然
气协议，决定每年从卡塔尔购买 300 万吨液化天然气；同月，中国海洋石油
总公司也宣布与卡塔尔社会天然气公司签署液化天然气购买框架协议，决定
每年从该公司购买 200 万吨液化天然气。随着中国对卡塔尔的能源进口依赖
加深，中国对卡塔尔的以石油为核心的贸易结构短期内难以改变。

（二）双边投资增长与石油密切相关

比较而言，中国与海合会国家的双向投资落后于双边贸易。但是，近年
来，双方投资也不断增长，中国对海合会国家的投资主要集中在与石油相关
的领域，并与海合会国家开展互利合作，寻求优势互补和共赢。

2003 年，中国化工进出口总公司收购了挪威的阿特兰蒂斯公司，从而获
得了在阿联酋、阿曼等国的 12 个石油天然气勘探开发区块的权益，净权益内
探明资源约 1000 万吨油气当量，并有较好的资源潜力，这是该公司首次成功
迈入海合会地区石油上游领域的重要项目，进一步扩大了中国与海合会产油
国之间的油气合作规模。

2007 年中国铝业股份有限公司与马来西亚和沙特的公司达成协议，采用
中国的技术和设备，在沙特的吉赞经济城建设年产 100 万吨的电解铝厂。沙
特基础工业公司和中国石化按 50∶50 的股份比例，于 2009 年 11 月合资组建了
中沙（天津）石化有限公司，该项目主体建设投资 268 亿元人民币，加上配
套工程，投资总额达到 340 亿元人民币。中国石油化工股份有限公司与沙特

---

① 参见中国商务部网站，http://om.mofcom.gov.cn/aarticle/jmxw/201102/20110207389952.html，2011
  年 8 月 9 日。
② 参见中国海关总署统计数据，转引自《中国石油经济》2011 年第 3 期，第 19 页。

基础工业公司（SABIC）总投资约为 183 亿元人民币建设天津百万吨乙烯项目，双方各持股 50%。由沙特阿美公司、福建石化有限公司与埃克森美孚公司在中国福建合资建设的福建炼油一体化项目，以及由中国石化集团和沙特基础工业公司合资兴建的天津炼油化工一体化项目，已于 2009 年建成投产。2011 年 3 月 16 日，中国石油化工集团公司与沙特石油巨头阿美石油公司签署了建立伙伴关系合作备忘录，商定共同开发日产量达 40 万桶的延布红海炼油项目。2011 年 6 月，中石化集团所属沥青公司与沙特沥青集团（Saudi Bitucorp）在上海签署合作协议，为沙特沥青集团的聚合物改性沥青（PMB）及其他沥青产品生产提供最新技术和支持。

2010 年，作为持有中国燃气 7.66% 股权的中国燃气股东之一，阿曼国家石油公司（Omanoil）投资 1.315 亿美元，购买了上海中油能源 45% 的股权。①

（三）建筑工程承包与石油收入密切相关

国际石油价格的变化影响着海合会国家的石油收入，与海合会国家建筑工程承包市场规模的变化有着正相关的关系：当油价上升时，海合会建筑工程承包市场的营业额随之上升；当石油价格下跌时，市场营业额随之下降。

中国与海合会双边工程承包的合作项目以石化、水利电力等基础设施为主。

沙特阿拉伯是中国重要的工程承包市场之一。自 2006 年中国与沙特签署《基础设施建设合作协议》起，工程承包合作就在两国政府的规范下有序进行。中资企业在沙特建设的项目涵盖铁路、码头、通信、路桥、房屋建设、水泥及石化生产线建设、石油勘探和钻井服务等多个领域。2009 年沙特阿拉伯的中资企业达 88 家，工程承包完成营业额 36.1 亿美元。② 近年来，随着石油价格的上升，海合会国家工程承包市场活跃，中国公司获得不少大型项目。如 2008 年中石油在阿布扎比获得原油管线设计采购施工总承包合同，价值高达 32.9 亿美元。阿联酋成为中国在海湾地区建筑工程承包的主要市场。2001～2009 年，中国公司在阿联酋的工程承包完成营业额从 5516 万美元猛增

---

① 参见商务部网站，http://om.mofcom.gov.cn/aarticle/jmxw/201011/20101107274231.html，2011 年 8 月 9 日。
② 《中国统计年鉴（2010）》，中国统计出版社，2010，第 6～22 页。

到 36.2 亿美元。[①]

三　中国与海合会国家经济合作的前景展望

随着能源联系的加强和双方共同市场的推动，中国与海合会国家经济合作具有良好的前景。

（一）能源联系继续加强

长期以来，中东地区一直是中国国际石油供应的主要来源，而且这一地位在可预见的时期内将难以改变，这主要是由以下两个因素决定的。一是由于中东地区石油储量、产量及产能都优于世界其他地区，而且未来仍将是世界石油供应的中心，对中国来说当然也是主要的供应来源。2010 年中国从中东进口的原油为 1.3 亿吨，占中国进口总量的 47.1%。[②] 其中主要是来自海合会国家。二是中国进口海合会国家石油的条件有利。中国与海合会国家大都保持着良好的政治关系，并有着良好发展前景的经济贸易基础。

中国的经济发展需要稳定的石油供应来源，海合会国家经济以能源为支柱产业的特点决定了其经济发展需要稳定的能源市场。中国与海合会国家经济合作随着能源贸易的增加迅速发展，能源促进了双边战略合作伙伴关系的发展。

1. 中国经济增长导致对能源进口依赖加强且国际能源进口国地位上升

随着中国经济的快速增长，从 20 世纪 90 年代初以来，中国石油消费需求猛增，国内供求缺口不断扩大。陆上石油是中国石油工业的主体，占全国原油总产量的 90%。东部地区原油产量占全国的 75%，[③] 但是东部地区的油田相继进入开发后期，产量增长处于停滞状态。西部是中国石油工业的战略接替地区。20 世纪 90 年代以来陆上原油产量的增加主要来自西部地区。但是

---

① 《中国统计年鉴（2010）》，中国统计出版社，2010，第 6～22 页；《中国统计年鉴（2002）》，中国统计出版社，2002，第 17～22 页。

② 参见国家海关总署统计数据，转引自《中国石油经济》2011 年第 3 期，第 19 页。

③ http://www.cnpc.com.cn/CNPC/ywycp/yqsyyw/yqsyall/6bca68c9 - 763d - 4c5c - b7fb - 8e6ddd40f4b5.htm；http://www.jdzj.com/tech/200905/20090529231058 _ 41801.html，2011 年 8 月 9 日。

该地区地质条件复杂，自然环境恶劣，生产成本不仅高于国内水平，而且高于国际水平，开发条件不利，要形成一定规模的生产能力，尚需时日和巨额投资。而海洋石油开发是高科技、高投入、高风险的特殊产业。中国东海和南海部分海域的油气资源前景可观，但与相邻国家间的领土争议有待解决，在短期内尚难以实现从这些海域大量获取石油天然气资源。

中国1996年成为原油净进口国。原油净进口量总体呈上升趋势，2010年已达2.39亿吨。2011年1～5月，中国国内原油表观消费量为1.91亿吨，增长8.5%，对外依存度达55.2%，已超越美国（53.5%）。[①] 由于中国国内石油生产能力的相对有限，增产的幅度远低于需求增加的幅度，由此带来的巨大石油缺口导致中国的石油进口量逐年增大，对石油进口的依赖加强，国际能源进口国的地位上升。

2. 海合会国家在国际石油天然气供应格局中的地位上升

海湾地区海合会国家除巴林外，都蕴藏丰富的石油，是世界最大石油产地和供应地。世界上储量50亿桶级的超大型油田中，60%位于海湾地区。海合会国家不仅石油储量丰富、产量高、油质好，而且易于开采，开采成本较低。另外，海合会各国的大部分油田都分布在海湾沿岸的海边或陆地，原油运输方便。截至2010年，全世界消费的石油50%以上来自中东，其中绝大部分来自海湾地区，且主要是海合会国家。

海湾地区是全球石油市场的重心，且这种重要性日益明显。2010年，在世界石油产量排前十名的国家中，海合会国家占3个，即沙特、阿联酋和科威特，分别居世界第二、第七和第九位，占世界总产量的12%、3.3%和3.1%。[②]

海合会国家拥有世界前五大天然气资源国家中的3个：卡塔尔、沙特和阿联酋。其中，卡塔尔是世界最大的液化天然气出口国，而且这一地位短期内不会改变。

美国于2001年发布的"新能源计划"曾指出，全球经济仍将继续依赖于海湾国家，沙特仍将是世界石油市场稳定供应的关键。美国、西欧和日本对海外石油的依存度分别为50%、60%和99%。其中，美国25%、西欧60%、日本80%以上的石油进口都来自海湾，[③] 且主要来自海合会国家。亚太地区

---

① http://news.cntv.cn/china/20110802/111232.shtml，2011年8月8日。

② *BP Statistical Review of World Energy*, June 2011, p. 8.

③ US Energy Information Administration（EIA），*Persian Gulf Fact Sheet*, 2001.

对石油的依存度也达到94%以上。随着全球经济的复苏，全球对石油供应的需求将继续增加，海湾地区产油国尤其是海合会国家在国际石油和天然气供应格局中的能源出口国地位将继续上升。

3. 中国与海合会国家双方均需强化能源进口和出口安全

对中国来说，国民经济的发展要求安全的石油供应保证。首先是要保证容易获得石油，其次是提高获取石油的可能性，而最为方便快捷的是依靠国内供应。但随着经济的增长和能源结构优化，中国对石油的需求将不断扩大。而中国是一个发展中国家，也是一个人口大国，人均石油资源占有量偏少。到2010年底，全球探明石油储量为1888亿吨，中国为20亿吨，仅占世界的1.1%；世界石油储采比为46.2年，而中国仅为9.9年。[①] 在经济发展的进程中，高能耗产业在产业结构中占据重要地位。同时，随着城市化进程的发展和人民生活水平的提高，更多的居民将成为现代能源的消费者。这些都将对石油能源的需求产生强大的动力。另外，传统能源结构已经构成中国环境污染的重要因素，特别是煤炭的使用已经成为中国空气污染的主要原因。因此，优化能源结构也促进了对石油天然气能源的需求。稳定的能源进口来源是经济安全的重要保证之一。

对海合会国家来说，由于国家财政收入主要来自石油出口收入，海合会国家经济的稳定和发展需要保证稳定的石油出口市场。而且，近年来"低碳经济"概念流行，西方国家纷纷加大力度开发太阳能、风能和核能等清洁能源，减少对石油等不可再生能源的消耗和依赖，这使高度依赖出口石油的海合会国家的石油出口市场面临危机。在此背景下，海合会产油国迫切寻求稳定的能源合作伙伴，与中国发展长期石油天然气贸易，可以确保未来能源出口市场的稳定，也是海合会石油输出国保证经济安全的一个重要途径。在这一互利共赢的前提下，双方能源联系趋于加强。

（二） 市场发展前景广阔

1. 双边政治关系良好，助推互利合作

随着中国政治经济的发展，在国际舞台上需要更多的朋友。发展与海合会国家的关系，是增强中国国际影响力的重要组成部分。而对海合会国家来

---

① *BP Statistical Review of World Energy*，June 2011，p. 6.

说，与中国加强合作也是对抗来自美国的压力的一种战略。在当今世界体系中，中东地区始终受到大国的干预。第二次世界大战之前的欧洲列强，以及冷战时期的美国和苏联，都使中东政局难以摆脱动荡局面。而"9·11"事件后，美国在中东推行反恐和民主改造战略，加大了对阿拉伯国家的施压力度。为对抗美国的强势，阿拉伯国家纷纷调整外交政策，推行"东向看"政策，普遍希望借中国来平衡美国。而中国奉行"和平共处五项原则"，在制度和文化上主张求同存异，反对对抗与冲突等种种主张和政策，成为促进中东稳定的建设性力量。正是基于此，中国与海合会国家是战略性合作关系，双方有共同的战略利益，在重大国际问题上相互支持。中国从海合会成立之日起就与之建立了联系。自1990年起，中国外长在出席联大期间均集体会见海合会六国外交大臣（或其代表）及海合会秘书长。总体看，中国与海合会成员国政治关系良好。

中国与海合会国家政治经济上的互信互利，促进了双方友好交往持续发展。但是双方在经济关系发展中也存在一些问题，如双方的相互投资流量及存量在对外直接投资中所占比重较小，中国与海合会国家签署的一系列经贸投资协议尚未真正得到落实，中国与海合会自由贸易区协议还没有最终签订等，但都属于发展中出现的问题，随着双边经济的进一步发展，这些问题将有望得到更好的解决。

2. 经济合作潜力有待进一步挖掘

当前，世界经济缓慢复苏，石油消费国对石油需求的增长将加快海合会国家石油贸易的扩张。相关领域如石油石化行业的投资将进一步增加，与此配套的工程承包的需求也将不断扩大。就中国而言，中国工业化仍保持较高增速，经济整体实力日趋提升，已有170多种商品生产量居全球第一，全球40%的手机、40%的电脑、45%的彩电在中国生产，中国已经成为一个工业制成品出口大国，工业制成品的质量和价格竞争力逐渐提高，因而能更好地满足海合会国家对机电产品等以及大型成套设备的需求。中国对外承包工程企业的能力不断增强，尤其是在工程施工能力和配套能力上，加上在某些领域的设计能力较为突出，有能力承揽大型及特大型项目。

海合会国家由于自身条件限制，主要工业品消费大多依赖进口。金融危机后，海合会国家的主权财富基金在欧美投资大幅缩水，开始将目光转向中国，沙特、阿联酋、科威特等国富豪纷纷进入中国市场寻找投资机会。同时，海合会国家财富缩水也使其对廉价商品需求预计增长 30% 以上，为中国产品出口海合会市场提供了机会。

值得注意的是，中国与海合会国家政府间经贸交流和高层互访增加，推动了双方经济合作继续快速、全面、深入地发展。尤其是 2009 年中阿经贸合作论坛和中国与海合会自贸协定谈判平台的建立，从政府层面和制度层面推动了双边经济合作不断深入发展。企业间的频繁交流也为加强双边贸易提供了保证。此外，中国与海合会国家经济结构的互补是推动双边经济合作的巨大动力，中国的日用消费品、机电产品，以及大型成套设备在海合会国家市场都受到欢迎。

总之，随着经济增长和能源需求的增加，中国将继续依赖海合会国家的石油供应。因此，中国与海合会国家的经济合作中，以工业制成品换取能源的格局将继续存在。除石油外，中国对天然气进口的需求将成为新的能源合作的特点，如中国将从卡塔尔进口天然气。中国与海合会双方的投资及经济合作也将进一步加强，双边市场具有良好的发展前景。

四　结语

中国的石油供应是一个复杂的系统，这个系统包括国内对策和国际对策。从国内对策看，是开展节能、提高能效、开发替代能源、建立战略石油储备等。从国际对策看，是实行"走出去"战略，实现石油来源多样化，发展与石油生产国的良好关系。中国是后起的石油进口国，所以，中国有很多经验来自过去的石油进口国。同时，中国是发展中国家，也吸取了过去石油进口国的教训，这就使得中国石油进口安全政策一开始就具有中国特色，主要表现在中国与石油输出国的关系上。这种关系体现了互利双赢和共同发展的理念，不仅有利于石油进口国的利益，也有利于石油输出国的利益，展现了一种新的能源安全观。

发展与海合会国家的经济关系就是这种新的能源观的一种实践，中国经济发展需要保证石油供应的稳定与安全，发展与包括海合会国家在内的石油生产国的经济关系，实现优势互补，互利共赢，符合双方利益的需要。中国与海合会国家在双边贸易、投资和建筑工程承包等经济领域加强合作，不仅有利于各自石油进出口市场的稳定，也有利于双方经济的健康、快速增长。

中东对外贸易及中国与中东国家贸易关系的发展

刘　冬[*]

国际油价的变化是影响中东进出口贸易发展的重要因素。进入 2000 年以后，受益于国际油价不断攀升带来的石油繁荣，中东国家的进出口贸易进入快速增长期。在货物贸易方面，中东国家与世界其他国家的贸易往来长期呈现以石油换取工业制成品和食品的贸易模式。在服务贸易方面，运输是中东国家对外出口的主要服务商品，旅游是中东国家对外进口的主要服务商品。2000 年以后，随着中国与中东国家经济互补性的提升，中国与中东国家货物及服务贸易也进入快速发展期。从双边贸易的商品结构来看，中国与中东国家货物贸易往来总体呈现以工业制成品换取石油的贸易模式，服务贸易往来则以中国在中东国家承接工程承包项目为主。在双边贸易合作机制建设方面，中国 - 海合会自贸区谈判虽然于 2004 年启动，但进展却明显落后于双边贸易的发展速度。由于油气等海合会最具优势的货物商品难以实现自由流动，在当前的谈判框架下，中海自贸区建立只能成为单方面有利于海合会的贸易合作机制。

一　中东国家货物贸易发展

由于经济结构单一，严重依赖油气资源，中东国家至今仍未摆脱以石油、天然气换取食品和工业制成品的贸易模式。石油出口收入是影响中东国家货

---

* 刘冬，中国社会科学院西亚非洲研究所助理研究员，主要研究领域为中东经济、能源经济。

物贸易发展的最为关键的因素，除土耳其和以色列外，中东地区的贸易大国几乎都是重要的产油国，而且，中东国家货物贸易的发展也极易受到国际波动的影响。近些年，随着工业品制造和出口能力的提高以及能源需求的迅速增加，中、印两国逐渐成为中东国家主要货物贸易伙伴，欧美等西方国家在中东国家货物贸易中的重要性有了大幅下降。

（一） 中东国家货物贸易的增长

第二次世界大战后，中东国家货物贸易的发展速度要快于世界和发展中国家的总体水平。1948～2011 年，世界货物贸易的年均增长速度是 9.3%，发展中国家货物贸易的年均增长速度是 9.8%。而同期中东国家货物进出口贸易总额由 56.6 亿美元增长至 26812.0 亿美元，年均增长速度为 10.1%。与其他地区的发展中国家相比，中东国家货物进出口贸易的年均增长速度仅弱于亚洲地区（年均增长 11.1%），高于非洲地区（年均增长 7.8%）、拉美地区（年均增长 8.2%）和大洋洲地区（年均增长 8.4%）。

在货物出口方面，1948～2011 年，中东国家货物出口贸易额由 25.7 亿美元增长至 15595.6 亿美元，年均增长速度为 10.5%。在货物进口方面，1948～2011 年，中东国家货物进口贸易额由 30.9 亿美元增长至 11216.4 亿美元，年均增长速度为 10.5%。从货物贸易的平衡来看，1948～1962 年，中东国家货物贸易常年都有逆差，1963 年以后，中东国家的贸易状况大为改善，除少

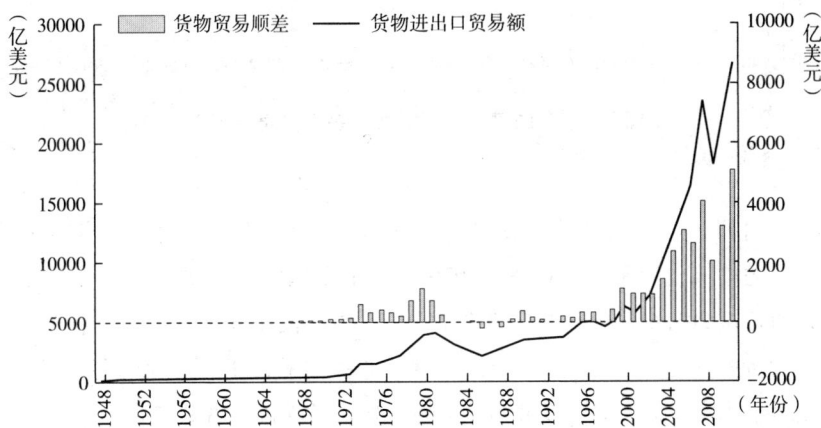

图 1　中东国家货物贸易发展（1948～2011 年）

资料来源：联合国贸易与发展会议。

数几个年份外，绝大多数年份货物贸易都有盈余，特别是从 2000 年开始，中东国家货物贸易盈余持续扩大，由 1107.1 亿美元增加到 2011 年的 5050.8 亿美元，实现年均 13.5% 的增长速度（见图 1）。

由于石油出口收入是中东国家最为重要的外汇来源，石油价格的变化不仅会直接影响中东国家货物出口贸易的规模，也是影响中东国家货物进口能力的重要因素。由于国际油价频繁波动，中东国家货物贸易的发展也具有不稳定的特点。一般来说，国际油价快速上涨时期，中东国家货物贸易就会呈现快速增长的态势；国际油价波动较为稳定的时期，中东国家货物贸易就会呈现缓慢增长的态势；而国际油价大幅下跌的时期，中东国家货物贸易也会相应出现收缩。根据中东国家货物贸易额的增长幅度大小，可以大致将第二次世界大战结束后中东国家货物贸易的发展划分为 6 个阶段。

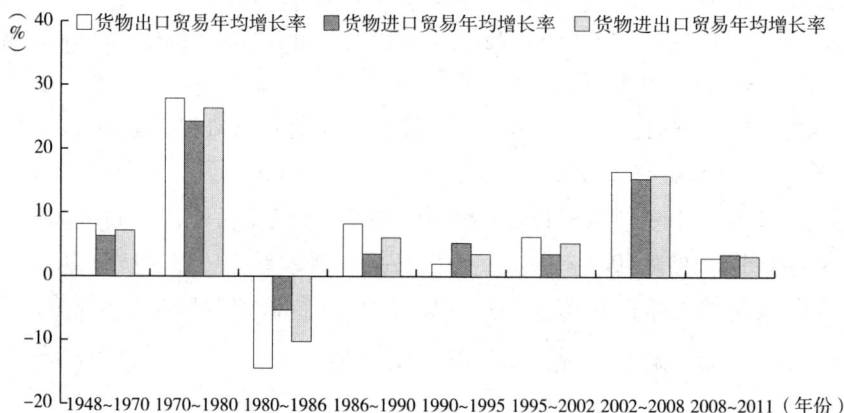

图 2　中东国家各时期货物贸易年均增长速度
资料来源：联合国贸易与发展会议。

第一阶段，第二次世界大战结束至 20 世纪 60 年代末。这一时期中东国家货物贸易的增长较为平稳。1948 ~ 1970 年，中东国家货物进出口贸易额由 56.6 亿美元增长至 281.6 亿美元，实现 7.2% 的年均增长速度。其中，货物出口额由 25.7 亿美元增至 156.8 亿美元，实现 8.2% 的年均增长速度；货物进口额由 30.9 亿美元增至 124.8 亿美元，实现 6.3% 的年均增长速度（见图 2）。

第二阶段，20 世纪 70 年代初至 80 年代初。这段时间是第二次世界大战后中东国家货物贸易发展最为迅速的时期。1970 ~ 1980 年，中东国家货物进出口贸易额由 281.6 亿美元迅速增长至 3729.9 亿美元，实现 26.5% 的年均增长速度。其中，货物出口实现 28.0% 的年均增长速度，货物出口额由 156.8 亿美元增长至 2368.7 亿美元；货物进口实现 24.3% 的年均增长速度，货物进口额由 124.8 亿美元增长至 1361.1 亿美元。

第三阶段，20 世纪 80 年代初到 80 年代中期。这段时间是中东国家货物贸易大幅收缩的时期。1981 ～ 1986 年，中东国家货物进出口贸易额由 3942.7 亿美元迅速下降为 2122.0 亿美元，年均收缩 9.8%。其中，货物出口额由 2262.4 亿美元降至 902.1 亿美元，年均收缩 14.2%；货物进口额由 1680.3 亿美元降至 1220.0 亿美元，年均收缩 5.2%。

第四阶段，从 1986 年到 21 世纪初。这段时间，虽然受 1991 年海湾战争、1997 年东南亚金融危机以及 2001 年网络泡沫危机影响，中东国家货物贸易也曾出现过短暂收缩，但总体仍呈缓慢增长的态势。1986 ～ 2002 年，中东国家货物贸易额由 2122.0 亿美元增长至 6298.4 亿美元，实现 6.6% 的年均增长速度。其中，货物出口额由 902.1 亿美元增至 3390.6 亿美元，实现 8.1% 的年均增长速度；货物进口额由 1220.0 亿美元增至 2904.8 亿美元，实现 5.2% 的年均增长速度。

第五阶段，2002 ～ 2008 年。这段时间，中东国家货物贸易再次进入快速增长的轨道。在这期间，中东国家货物贸易额由 6298.4 亿美元增长至 23620.6 亿美元，实现 20.8% 的年均增长速度。其中，货物出口额由 3390.6 亿美元增至 13874.7 亿美元，实现 22.3% 的年均增长速度；货物进口额由 2907.8 亿美元增至 9754.9 亿美元，实现 18.9% 的年均增长速度。

第六阶段，2008 ～ 2011 年。这段时间，中东国家货物贸易总体呈现缓慢增长的态势。2008 年爆发的全球金融危机对中东国家的货物进出口贸易带来非常大的冲击，2009 年，中东货物进出口贸易额由上一年度的 23620.6 亿美元锐减至 17783.1 亿美元，同比出现 24.7% 的降幅，这也是自 1948 年以来出现的最大单年降幅。其中，中东国家货物出口额由 13874.7 亿美元降至 9611.9 亿美元，同比下降 30.7%；货物进口额由 9745.9 亿美元降至 8171.2 亿美元，同比下降 16.2%。不过，金融危机对中东国家货物进出口贸易的影响很快散去，2010 ～ 2011 年，中东国家货物进出口贸易额同比均出现 20% 的高速增长，但是，即使是到 2011 年，中东国家货物进出口贸易额也仅比 2008 年高出 13.5%。因此，总体来看，2008 ～ 2011 年，中东国家货物进出口贸易再次进入缓慢增长阶段，在此期间，中东国家货物进出口贸易额由 23620.6 亿美元迅速增长至 26812.0 亿美元，实现 3.2% 的年均增长速度。其中，货物出口实现 3.0% 的年均增长速度，货物出口额由 13874.7 亿美元增长至 15595.6 亿美元；货物进口实现 3.6% 的年均增长速度，货物进口额由 9745.9 亿美元增长至 11216.4 亿美元。

（二）中东国家货物贸易的地理分布

在货物出口方面，石油是中东国家最为重要的出口商品。除了土耳其、以色列两个具有较为完善的工业基础的国家，中东国家中的货物出口大国几乎都是欧佩克产油国。作为最大的中东产油国，沙特阿拉伯一直是中东地区最大的货物出口贸易国。不过，近些年，得益于转口贸易的发展，阿联酋货物出口贸易的规模不断扩大，联合国贸发会的资料显示，2000~2011 年，阿联酋货物出口贸易额在中东国家货物出口贸易总额中的占比由 14.3% 迅速上涨至 18.3%。2011 年，中东地区货物出口额超过 1000 亿美元的国家总共有 6 个，它们分别是沙特（3647.4 亿美元）、阿联酋（2850.0 亿美元）、土耳其（1349.1 亿美元）、伊朗（1305.0 亿美元）、卡塔尔（1143.0 亿美元）和科威特（1132.0 亿美元）。2011 年，以上 6 国的货物出口额占到当年中东国家货物出口总额的 72.6%。

在货物进口方面，由于中东各国的人口数量以及货物进口的支付能力差别很大，商品进口的地区分布极不平衡。在中东地区，货物进口贸易大国有两类，一类是土耳其、伊朗、埃及等人口大国，另一类则是沙特等具有较高支付能力的石油资源富国。除以上两类国家外，以色列一直以来都是中东地区较为重要的货物进口贸易大国。联合国贸发会的资料显示，2011 年，中东地区货物进口贸易额超过 500 亿美元的国家总共有 7 个，它们分别是土耳其（2408.4 亿美元）、阿联酋（2050.0 亿美元）、沙特（1316.6 亿美元）、科威特（1132.0 亿美元）、以色列（758.3 亿美元）、伊朗（617.6 亿美元）和埃及（589.0 亿美元）。2011 年，以上 7 国的货物进口额占到中东货物进口额的 64.3%。

（三）中东国家主要贸易伙伴

中东国家最为重要的出口商品是石油，主要进口商品是工业制成品。因

388

此，中东国家的主要贸易伙伴是具有较大能源需求的工业品制造大国。1970年，中东绝大部分国家总出口的 80% 以上销往美、欧、日等发达国家，在中东国家总进口中，发达国家的商品也占到 80% 左右。但是，20 世纪 90 年代中后期，特别是从 21 世纪开始，随着发展中国家工业制造业的崛起以及能源需求量的不断增大，中东国家与中、印等发展中国家的贸易往来不断增大。如图 3 所示，2011 年，中、印两国已经分别位列中东第二大和第三大货物贸易伙伴，中东国家对中、印两国货物贸易额分别占到中东国家货物贸易总额的 14.6% 和 11.5%。而欧盟、日本、美国在中东货物进出口贸易中的比重已由 1970 年的 82.1% 下降至 42.0%。

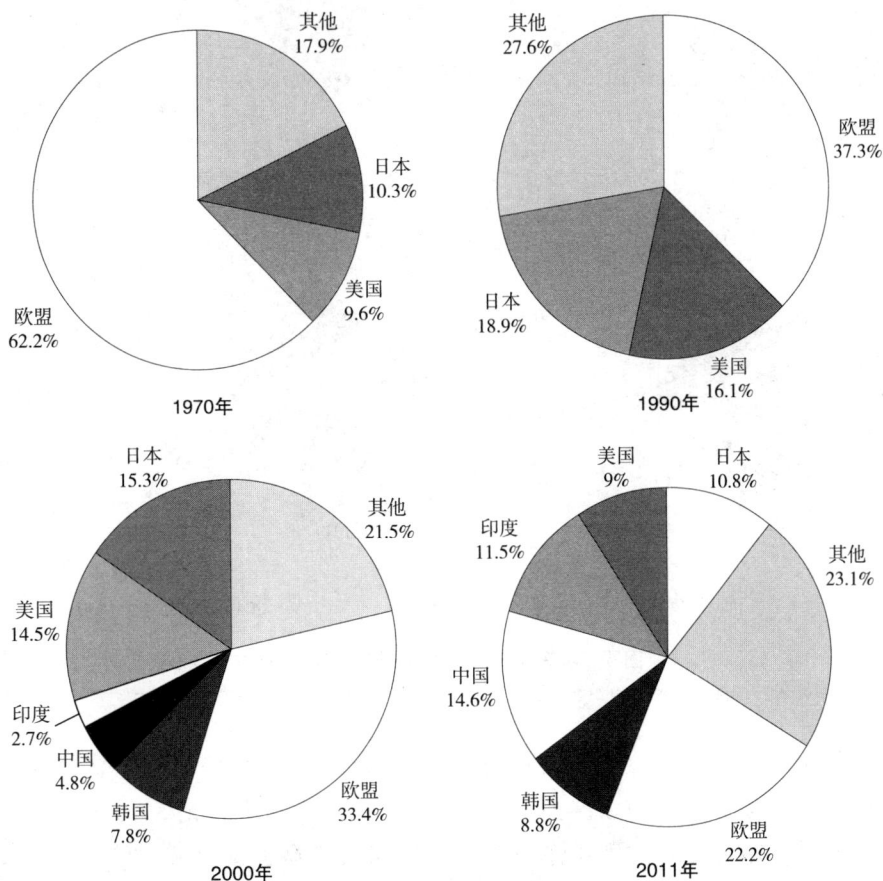

图 3　中东国家主要货物进出口贸易伙伴

资料来源：国际货币基金组织。

在货物出口方面，1970年，中东国家71.5%的货物流入欧洲、美国和日本等发达国家。而到2011年，这一比例下降至36.9%。2011年，中国、印度分别位列中东第三大和第四大货物出口贸易伙伴，中东国家对中、印两国货物出口额分别占到中东国家货物出口总额的9.0%和8.6%（见图4）。

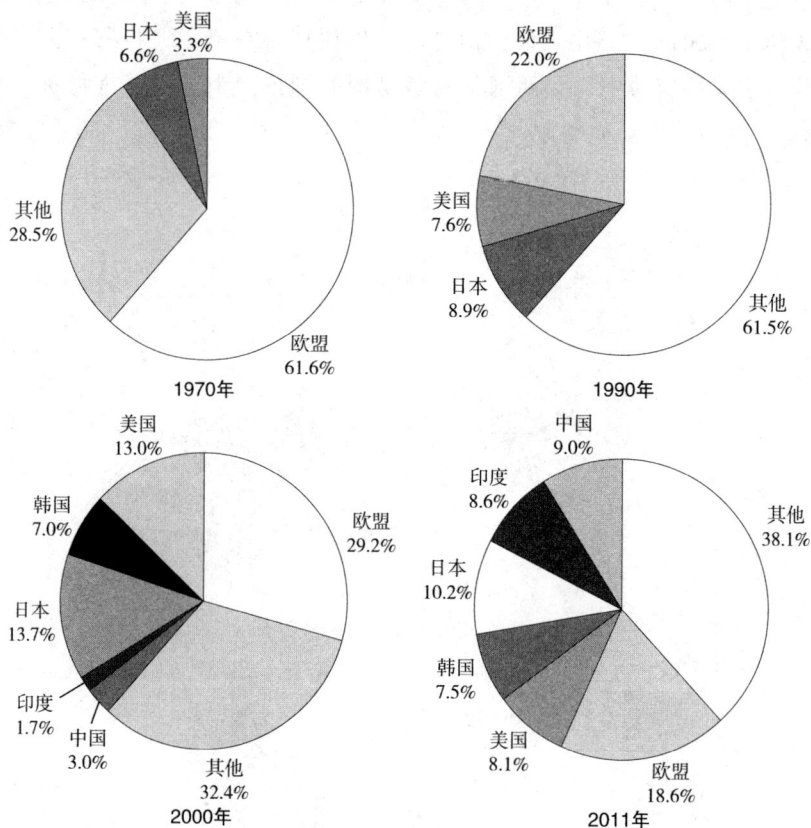

图4　中东国家主要货物出口贸易伙伴

资料来源：国际货币基金组织。

在货物进口方面，1970年，中东国家65.2%的货物来自欧洲、美国和日本等发达地区和国家。而到2011年，这一比例下降至39.7%。2011年，中国、印度分别位列中东第二大和第四大货物进口贸易伙伴，中东国家对中、印两国货物进口分别占到中东国家货物进口额的10.6%和6.3%。

390

美国
11.8%

日本
4.6%

其他
34.8%

欧盟
48.8%

1970年

美国
10.0%

日本
7.6%

其他
36.2%

欧盟
46.3%

1990年

韩国
2.8%

美国
10.6%

日本
5.1%

印度
2.0%

中国
3.5%

其他
32.5%

欧盟
43.4%

2000年

中国
10.6%

印度
6.3%

日本
3.0%

韩国
3.6%

美国
7.5%

欧盟
29.2%

其他
39.7%

2011年

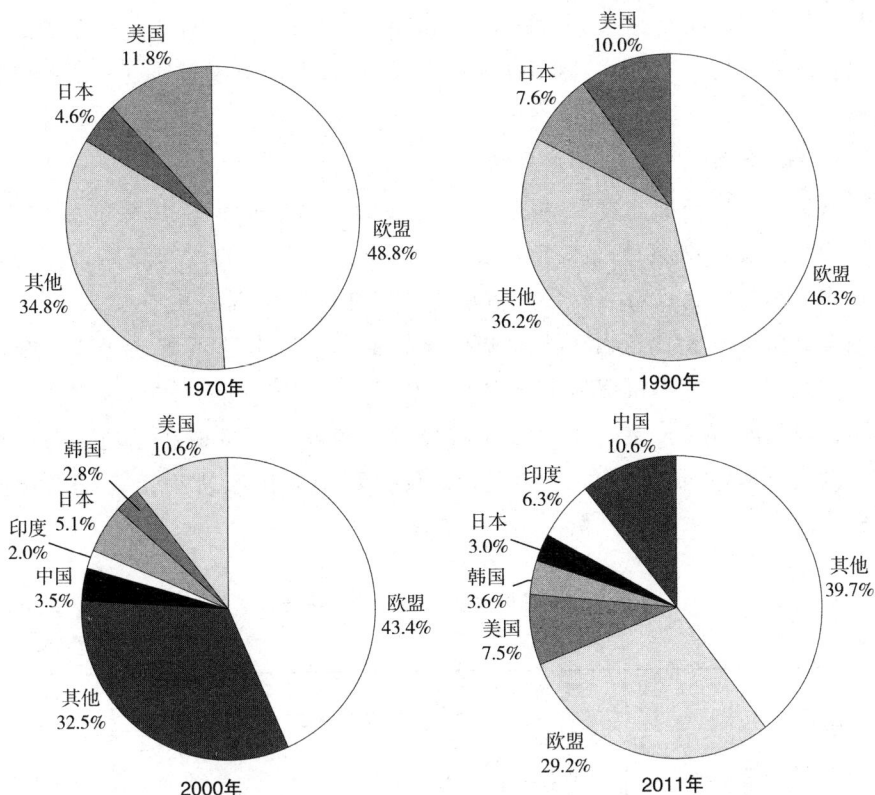

图5   中东国家主要货物进口贸易伙伴

资料来源：国际货币基金组织。

总体来看，1970年至今，在中东国家主要贸易伙伴中，美、欧等发达国家和地区的重要性有了大幅度下降，这与中东国家对美、欧货物进出口贸易重要性的降低及发达国家在石油进口方面实现多元化，逐渐摆脱对中东原油的依赖有关。由于发达国家货物商品在中东国家市场依然保持着较强的竞争力，发达国家在中东国家货物进口贸易中重要性的下降幅度相对于货物出口贸易要小很多。

（四）中东国家货物贸易的商品结构

中东地区很多贸易大国都是石油输出国，这些国家经济至今仍然高度依赖油气资源，经济结构单一，制造业和农业均不发达。因此，中东国家货物贸易总体呈现以能源换取工业制成品和食品的贸易模式。石油是中东国家对外出口的主要货物商品,工业制成品和食品则是中东国家对外进口的主要货物商品。

1. 中东国家货物出口的商品结构

从货物出口的商品结构来看,中东国家货物出口仍以初级原料为主,以原油为主的矿物燃料是中东国家对外出口最为重要的货物商品,该类货物在中东国家货物出口贸易中所占比重常年维持在60%左右(见表1)。与其他发展中国家相比,由于工业基础比较薄弱,制造业不发达,工业制成品在中东国家货物出口贸易中所占比重较低。以2011年为例,该年中东国家化学成品及有关产品、主要按原料分类的制成品、机械和运输设备、杂项制品出口额总计为4004.6亿美元,仅占到中东国家货物出口贸易额的1/4左右。

表1 中东国家货物出口的商品结构

单位:%

	1995 年	2000 年	2005 年	2008 年	2011 年
食品及活畜	5.0	2.9	2.7	2.3	2.9
饮料和烟草	0.5	0.4	0.3	0.3	0.2
非食用原料(除燃料)	2.6	1.5	1.3	1.7	1.8
燃料、润滑油及相关产品	58.3	67.1	66.3	68.5	65.1
原油	46.7	52.3	51.8	55.2	50.8
天然气	1.7	3.4	3.5	4.1	5.1
动物和植物油、油脂和蜡	0.5	0.2	0.2	0.2	0.3
化学成品及有关产品	6.6	4.7	5.5	5.8	7.5
主要按原料分类的制成品	11.3	9.0	9.2	8.8	8.8
机械和运输设备	6.2	6.3	7.4	6.8	6.4
杂项制品	8.2	6.0	4.8	3.6	3.5
未分类商品	0.6	1.9	2.2	2.3	3.4
总　计	100.0	100.0	100.0	100.0	100.0

资料来源:联合国贸易与发展会议。

但是,从国别来看,由于中东国家经济结构存在巨大差异,各国货物出口的商品结构也有很大区别。按照矿物燃料在出口贸易中所占比重，中东国家大致可以分为以下三类：

第一类国家，也就是1995~2011年，矿物燃料出口额在货物出口总额中占比超过70%的国家，包括阿尔及利亚、伊朗、伊拉克、科威特、利比亚、阿曼、卡塔尔、沙特、苏丹、也门等国。以上国家的货物出口以能源类货物商品为主，其他商品的出口规模十分有限。

第二类国家，也就是1995~2011年，矿物燃料出口额在货物出口总额中占比介于30%~50%的国家，包括巴林、埃及、叙利亚、阿联酋等国。在以上国家的货物出口中，石油天然气虽然占有十分重要的地位，但其他货物商品的出口规模也比较大。其中，巴林由于油气资源贫瘠，其对外出口的矿物燃料以汽柴油等石油产品为主，该国对外出口的非石油产品以有色金属、化工产品为主。埃及非石油出口以食品、化工产品、纺织品为主。叙利亚非能源商品出口以蔬菜、水果、饮料、塑料制品、珠宝首饰等为主。阿联酋非油气出口的商品种类比较多，该国非油气产品出口与其转口贸易的快速发展有关，目前，迪拜已经成为全球第三大转口贸易中心。

第三类国家，也就是1995~2011年，矿物燃料出口额在货物出口总额中占比在30%以下的国家，包括以色列、土耳其、约旦、黎巴嫩、摩洛哥。这些国家由于油气资源比较贫瘠，货物出口以非油气产品为主。在这些国家中，以色列和土耳其的工业基础好，经济发展水平高，货物出口以工业制成品为主。其中，以色列对外出口的主要货物商品有珠宝、医药等化学成品及有关产品以及机电产品等。土耳其对外出口的主要货物商品有陆用车辆、服装、钢铁等工业制成品。

2. 中东国家货物进口的商品结构

从中东国家货物进口的商品结构来看，1995~2011年，中东国家货物进口的商品结构比较稳定。机械和运输设备、主要按原料分类的制成品是中东国家进口的主要货物商品，这两类商品总和常年占到中东国家货物进口总额的一半以上。除机械和运输设备及其他工业制成品外，食品、化学成品及有关产品也是中东国家进口的主要货物品种。1995~2011年，食品在中东国家货物进口贸易中的比重常年维持在10%左右，化学成品及有关产品在中东国家货物进口贸易中的比重常年也都维持在10%左右（见表2）。

表 2　中东国家货物进口的商品结构

单位：%

	1995 年	2000 年	2005 年	2008 年	2011 年
食品及活畜	11.7	10.4	7.7	8.0	9.8
饮料和烟草	0.9	1.1	1.0	0.9	0.8
非食用原料（除燃料）	4.4	3.4	3.4	3.8	4.1
燃料、润滑油及相关产品	5.6	7.0	9.7	10.2	8.5
动物和植物油、油脂和蜡	1.9	1.0	0.8	1.0	1.2
化学成品及有关产品	10.4	9.8	9.9	8.4	9.8
主要按原料分类的制成品	21.5	19.2	19.4	19.7	19.9
机械和运输设备	32.0	34.9	35.4	31.3	31.2
杂项制品	8.6	8.7	8.0	6.9	8.6
未分类商品	2.2	4.6	4.7	9.8	6.2
总　计	100.0	100.0	100.0	100.0	100.0

资料来源：联合国贸易与发展会议。

工业制成品进口。工业制成品是中东最为重要的进口商品，该类商品的进口贸易额在中东国家货物进口贸易总额中占比高达65%左右。如果从资本货物与耐用消费品、中间产品、一般消费品这三个方面对工业制成品加以分类比较，就整个中东国家而言，资本货物与耐用消费品的进口额所占比重较大，其中仅机械和运输设备一项就占制成品进口总额的30%以上。不过，因为经济实力的差异，中东国家进口的各类工业制成品构成也有很大差异，一些国家进口的工业制成品中，中间产品所占比例最大，如埃及、突尼斯等国；而科威特、沙特阿拉伯、阿联酋等产油国的消费品进口额则要远远高于资本货物及中间产品的进口。

食品进口。中东地区是世界上依赖进口食品最为严重的地区之一，大多数中东国家都不具备粮食自给的能力，因此，中东地区也是世界上最大的粮食市场之一。2011年，中东国家的人口虽然仅占到世界人口的7.3%，但其食品进口贸易额却占到世界粮食进口贸易总额的10.2%，基本食品进口贸易额则要占到世界基本食品进口贸易总额的10.6%。中东地区食品进口在进口贸易中所占比重高得惊人。2011年，食品进口贸易额与进口贸易总额之比的世界平均水平为6.3%，而中东国家的平均水平却高达12.4%，几乎是世界平均水平的 2 倍。在中东国家中，只有以色列（7.2%）、卡塔尔（9.5%）、土耳其（4.4%）、阿联酋（7.7%）食品进口额与进口贸易总额之比低于或不远离世界平均水平。在中东国家中，2011 年，食品进口贸易额在货物进口贸易总额中占比超过 20% 的国家多达 7 个，分别是阿尔及利亚（22.8%）、埃及（23.0%）、伊拉克（28.8%）、利比亚（24.7%）、毛里塔尼亚（24.2%）、巴勒斯坦（22.8%）和也门（32.3%）。

二 中东国家服务贸易的发展

服务贸易在中东国家经济中占有重要地位。联合国贸发会的资料显示，1980～2011 年，中东国家服务贸易依存度，也就是服务贸易进出口总额与国内生产总值之比常年维持在 20% 以上。实际上，有很多中东国家都已将增加服务贸易收入作为改善本国国际收支经常项目状况的重要途径。在服务出口方面，中东服务出口大国几乎都是非产油国，运输是中东国家对外出口的主要服务商品。在服务进口方面，除土耳其和以色列外，中东服务进口大国主要是产油国，旅游是中东国家对外进口的主要服务商品。

（一）中东国家服务贸易的增长

虽然中东国家服务贸易依存度很高，但该地区服务贸易的发展速度却要慢于其他发展中国家和世界服务贸易发展的总体水平。联合国统计局的资料显示，1980～2011 年，世界服务进出口贸易的年均增长速度是 7.5%，发展中国家服务进出口贸易的年均增长速度是 8.3%，而同期中东国家服务进出口贸易总额由 744.6 亿美元增长至 5036.1 亿美元，年均增长速度仅为 6.1%。1980～2011 年，中东国家服务出口贸易额由 183.1 亿美元增长至 1942.9 亿美元，实现了 7.7% 的年均增长速度，同期，中东国家服务进口贸易额由 561.5 亿美元增长至 3093.2 亿美元，实现了 5.5% 的年均增长速度（见图 6）。

与货物贸易相似，国际油价波动对中东国家服务贸易特别是服务进口贸易发展有着很大影响。在国际油价上涨期间，中东国家服务贸易特别是服务进口贸易也会进入快速增长期。根据中东国家服务贸易额增长幅度的大小，可以把 1980 年以来中东国家服务贸易的发展大致划分为以下四个阶段（见图 7）。

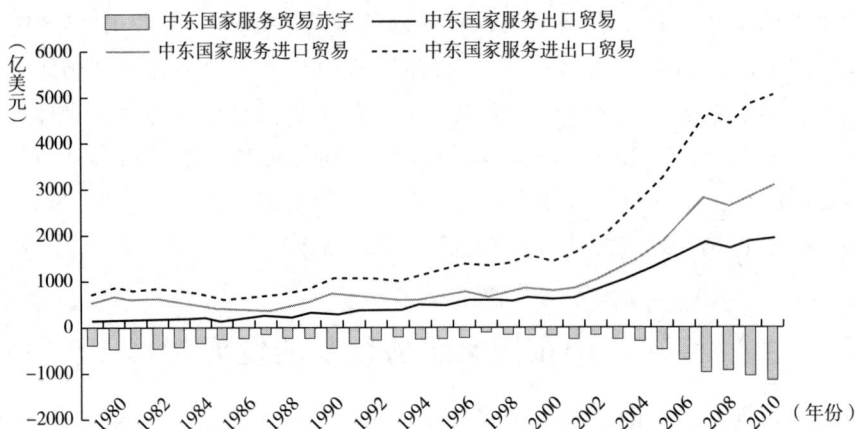

图6 中东国家服务贸易发展

注：1980～2004年缺失伊拉克数据；1980～2001年缺失黎巴嫩数据；1980～1998年缺失卡塔尔数据；1980～1994年缺失巴勒斯坦数据；1980～1988年缺失也门数据。

资料来源：联合国贸易与发展会议。

第一阶段，1980～1986年。这段时间是中东国家服务进出口贸易小幅收缩的阶段，中东国家服务贸易额由744.6亿美元降至628.1亿美元，年均降幅为2.4%。其中，服务出口贸易勉强保持年均0.6%的增幅，贸易额由183.2亿美元增至191.0亿美元，而服务进口贸易却出现年均3.5%的降幅，贸易额由561.5亿美元下降至437.1亿美元。

第二阶段，1986～2002年。这段时间，中东国家服务贸易经历了缓慢增长的过程，服务贸易额由628.1亿美元增长至1576.7亿美元，实现了5.6%的年均增长速度。其中，服务出口额由191.0亿美元增至682.7亿美元，实现了7.8%的年均增长速度；服务进口额由437.1亿美元增至894.1亿美元，实现了4.3%的年均增长速度。

第三阶段，2002～2008年。在此期间，中东国家服务贸易进入快速增长期，服务贸易额由1576.7亿美元增长至4694.4亿美元，实现了16.9%的年均增长速度。其中，服务出口额由682.7亿美元增至1858.9亿美元，实现了15.4%的年均增长速度；服务进口额由894.1亿美元增至2835.5亿美元，实现了17.9%的年均增长速度。

第四阶段，2008～2011年。在此期间，中东国家服务贸易再次陷入缓慢增长，服务进出口贸易额由4694.4亿美元增长至5036.1亿美元，实现了

1.8%的年均增长速度。其中，服务出口额由1858.9亿美元增至1942.9亿美元，实现了1.1%的年均增长速度；服务进口额由2835.5亿美元增至3093.2亿美元，实现了2.2%的年均增长速度。

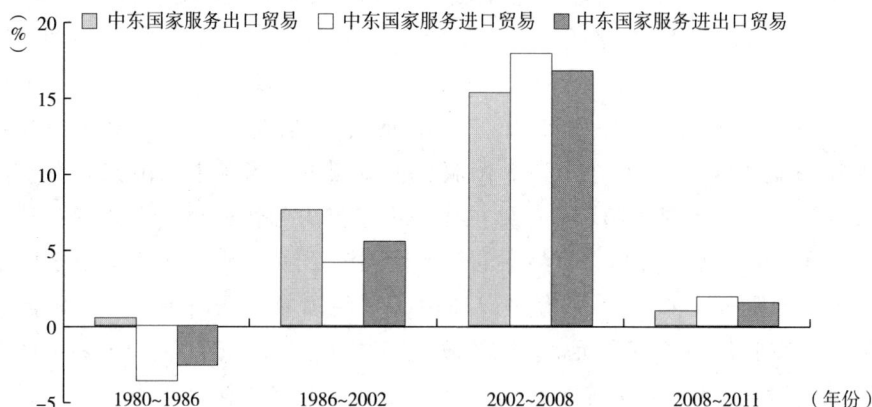

图7 中东国家各时期服务贸易年均增长速度

注：1980~2004年缺失伊拉克数据；1980~2001年缺失黎巴嫩数据；1980~1998年缺失卡塔尔数据；1980~1994年缺失巴勒斯坦数据；1980~1988年缺失也门数据。

资料来源：联合国贸易与发展会议。

在贸易平衡方面，1980~2011年，中东国家服务贸易始终有赤字，赤字规模由378.6亿美元增长至1150.3亿美元。而且，一般来说，在高油价时期，因为中东国家服务进口需求的增长速度要快于服务出口，中东国家服务贸易赤字也会增大。2003~2008年，随着国际油价的不断攀升，中东国家服务贸易赤字迅速由158.6亿美元增至976.5亿美元，赤字规模的年均增幅高达35.4%。不过，从国别来看，中东国家服务贸易赤字主要存在于产油国，2011年，中东国家服务贸易赤字规模列前五位的国家是沙特（665.3亿美元）、阿联酋（368.0亿美元）、伊朗（106.9亿美元）、卡塔尔（94.7亿美元）和阿尔及利亚（87.9亿美元）。与产油国不同的是，大多数中东非产油国在服务进出口贸易上都有盈余，2011年，中东国家服务贸易盈余列前五位的国家分别是土耳其（180.0亿美元）、黎巴嫩（67.8亿美元）、以色列（66.4亿美元）、摩洛哥（53.9亿美元）和埃及（50.7亿美元）。

（二）中东国家服务贸易的地域分布和商品结构

1. 中东国家服务出口贸易的地域分布和商品结构

在服务出口方面，沙特阿拉伯曾是中东地区最大的服务出口国，1980 年，沙特服务出口额为 51.9 亿美元，占到中东国家服务出口总额的 28.4%，当年，中东地区服务出口贸易额超过 10 亿美元的还有以色列（27.2 亿美元）、埃及（23.9 亿美元）、科威特（12.2 亿美元）、突尼斯（10.7 亿美元）和约旦（10.0 亿美元），沙特及上述 5 国服务出口额占到当年中东国家服务出口总额的 74.3%。不过，随着非产油国服务出口能力的快速提高，沙特及其他产油国在中东国家服务出口贸易中的重要性逐渐下降。到 2011 年，中东国家列前五位的服务出口国全部为非产油国，这些国家是土耳其（389.9 亿美元）、以色列（268.2 亿美元）、黎巴嫩（197.4 亿美元）、埃及（191.4 亿美元）和摩洛哥（139.6 亿美元），以上 5 国服务出口额占到当年中东国家服务出口贸易总额的 61.6%。除上述国家外，2011 年，中东地区服务出口贸易额超过 100 亿美元的国家还有阿联酋（128.0 亿美元）、沙特（114.9 亿美元）和科威特（101.9 亿美元）。

表 3　中东国家服务贸易出口的商品结构

单位：%

	1980 年	1990 年	2000 年	2005 年	2008 年	2011 年
旅游	28.5	23.4	19.1	22.8	24.1	24.3
运输	31.4	29.6	35.5	44.7	42.2	41.3
电信服务	—	—	1.0	3.3	6.1	4.2
建筑服务	—	—	2.0	2.9	3.0	2.0
保险服务	—	—	0.3	1.6	1.5	1.3
金融服务	—	—	0.7	0.6	1.4	1.3
计算机、信息服务	—	—	6.2	3.8	4.0	5.4
专利费、特许费	—	—	0.9	0.6	1.2	0.6
其他商务服务	—	—	11.5	5.4	2.3	7.1
个人文娱服务	—	—	3.8	1.1	0.8	0.8
政府服务	—	—	2.9	3.0	2.8	3.5

注：1980～2004 年缺失伊拉克数据；1980～2001 年缺失黎巴嫩数据；1980～1998 年缺失卡塔尔数据；1980～1994 年缺失巴勒斯坦数据；1980～1988 年缺失也门数据。

资料来源：联合国贸易与发展会议。

如表 3 所示，在中东国家服务出口贸易的商品结构方面，运输服务是中东国家最为重要的贸易商品，1980～2011 年，运输在中东国家服务出口贸易中所占比重由 30% 左右上升至 40% 左右。2011 年，列前 5 位的中东运输服务出口国是土耳其（106.9 亿美元）、埃及（82.0 亿美元）、科威特（55.0 亿美元）、以色列（44.1 亿美元）和卡塔尔（39.3 亿美元）。2011 年，上述 5 国运输出口贸易额占到中东国家运输出口贸易总额的 69.4%。

除运输服务外，旅游服务也是中东国家对外出口的主要服务商品。不过，与 20 世纪 80 年代相比，旅游出口贸易在中东国家服务出口贸易中所占比重略有下降。2011 年，列前 5 位的中东旅游出口国是土耳其（230.2 亿美元）、阿联酋（92.0 亿美元）、埃及（87.1 亿美元）、沙特（84.6 亿美元）和摩洛哥（73.2 亿美元）。2011 年，上述 5 国旅游服务出口贸易额占到中东国家旅游服务出口贸易总额的 70.7%。

2. 中东国家服务进口贸易的地域分布和商品结构

在服务进口方面，沙特、伊朗、阿联酋等产油国是中东地区传统服务进口贸易大国，不过，20 世纪 90 年代以后，随着国民经济的快速发展和服务进口需求的逐步扩大，土耳其、以色列两国在中东服务进口贸易中的重要性开始逐年提高。1980～2011 年，沙特始终是中东地区最为重要的服务进口国，不过，其在中东国家服务进口贸易中的重要性却呈逐年下降的趋势，在此期间，沙特服务进口贸易额在中东国家服务进口贸易总额中所占比重由 1980 年的 53.8% 下降至 2011 年的 25.2%。2011 年，列前 5 位的中东服务贸易进口国是沙特（780.2 亿美元）、阿联酋（495.9 亿美元）、土耳其（209.9 亿美元）、以色列（201.8 亿美元）和伊朗（195.0 亿美元），以上 5 国服务进口额占到当年中东国家服务进口贸易总额的 60.8%。

表 4　中东国家服务贸易进口的商品结构

单位：%

	1980 年	1990 年	2000 年	2005 年	2008 年	2011 年
旅游	26.9	24.1	27.3	33.8	35.7	35.2
运输	14.9	11.2	17.7	27.1	23.9	21.6
电信服务	—	—	0.6	1.7	1.5	1.6
建筑服务	—	—	0.4	4.0	4.7	2.4

续表

	1980 年	1990 年	2000 年	2005 年	2008 年	2011 年
保险服务	—	—	2.1	3.6	3.5	3.6
金融服务	—	—	0.8	2.9	1.4	1.5
计算机、信息服务	—	—	0.0	0.4	0.3	0.1
专利费、特许费	—	—	1.1	0.9	1.0	0.7
其他商务服务	—	—	1.9	3.4	3.7	5.2
个人文娱服务	—	—	1.8	0.3	0.3	0.7
政府服务	—	—	21.5	13.4	12.1	10.8

注：1980～2004 年缺失伊拉克数据；1980～2001 年缺失黎巴嫩数据；1980～1998 年缺失卡塔尔数据；1980～1994 年缺失巴勒斯坦数据；1980～1988 年缺失也门数据。

资料来源：联合国贸易与发展会议。

如表 4 所示，在中东国家服务进口贸易的商品结构方面，旅游是中东国家最为重要的服务进口商品。1980～2011 年，旅游在中东国家服务进口贸易中所占比重由 26.9% 上升至 35.2%。2011 年，列前 5 位的中东旅游进口国是沙特（172.7 亿美元）、阿联酋（132.1 亿美元）、科威特（81.3 亿美元）、土耳其（49.8 亿美元）和黎巴嫩（42.2 亿美元）。2011 年，上述 5 国旅游进口贸易额占到中东国家旅游进口贸易总额的 71.7%。

除旅游外，运输也是中东国家对外进口的主要服务商品。1980～2011 年，该类服务在中东国家服务进口贸易中所占比重由 15% 左右上升至 25% 左右。2011 年，列前 5 位的中东运输进口国是阿联酋（309.8 亿美元）、沙特（153.5 亿美元）、卡塔尔（98.5 亿美元）、土耳其（84.6 亿美元）和以色列（65.2 亿美元）。2011 年，上述 5 国运输服务进口贸易额占到中东国家运输服务进口贸易总额的 65.3%。

与很多国家不同的是，由于中东国家缺少政府管理人才，政府部门雇用了大量外籍劳工，政府服务在中东国家服务进口贸易中占有较大比重。2002 年，中东国家政府服务进口贸易额曾占到当年中东国家服务进口贸易总额的 21.5%，是当年仅次于旅游，贸易额列第二位的服务进口商品。2002 年，政府服务进口贸易额在服务总进口贸易额中占比超过 10% 的中东国家和地区共有 9 个，分别是沙特（62.4%）、伊朗（27.7%）、摩洛哥（21.4%）、巴勒斯坦（16.5%）、科威特（16.4%）、以色列

（13.6%）、利比亚（13.0%）、叙利亚（11.0%）和土耳其（10.3%）。不过，2000 年以后，受其他服务进口贸易快速发展影响，中东国家政府服务进口贸易在服务进口贸易中的重要性开始快速下降，到 2011 年，中东国家政府服务进口贸易额在服务进口贸易额中的占比下降至 10.8%，政府服务在服务总进口贸易额中占比超过 10% 的国家仅剩下 3 个，分别是沙特（29.6%）、摩洛哥（21.7%）和利比亚（18.8%）。从贸易额来看，沙特是中东最大的政府服务进口国，2011 年，该国政府服务进口贸易额高达 230.6 亿美元，占到中东国家政府服务进口贸易总额的 69.1%。2011 年，政府服务进口贸易额超过 10 亿美元的中东国家还有摩洛哥（18.6 亿美元）、土耳其（15.7 亿美元）、卡塔尔（13.2 亿美元）和科威特（12.1 亿美元）。

三　中国与中东国家的贸易往来

中国与中东国家货物贸易往来总体呈现以工业制成品换取石油的贸易模式，服务贸易往来则以中国在中东国家承接工程承包项目为主。中国与中东国家的贸易往来始于改革开放初期，但直到 21 世纪以后，受益于中国工业品制造及出口能力的不断发展，工程承包企业实力的不断壮大以及中国石油进口需求的快速增长，中国与中东国家的货物及服务贸易往来才开始进入快速发展期。

（一）货物贸易往来

改革开放以来，中国与中东国家货物进出口贸易的发展速度要快于中国与世界以及与其他发展中国家货物贸易发展总体水平。国际货物基金的资料显示，1978～2011 年，中国对世界货物进出口贸易额的年均增长速度是 16.5%，与新兴国家及发展中国家货物进出口贸易的年均增长速度是 18.3%，而同期中国与中东国家货物进出口贸易额由 6.0 亿美元增长至 2742.2 亿美元，年均增长速度为 19.7%（见图 8）。与其他地区的发展中国家相比，中国与中东国家货物进出口贸易的年均增长速度仅弱于中国与亚洲国家货物贸易的增长速度（年均增长 19.8%）。

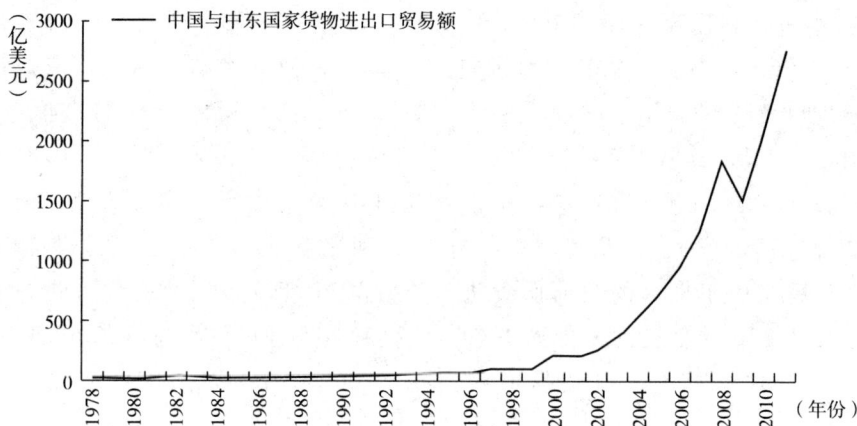

图 8　中国与中东国家货物贸易的发展

资料来源：国际货币基金组织。

在货物出口方面，1978～2011 年，中国对中东国家货物出口贸易额由 3.6 亿美元增长至 1204.6 亿美元，年均增长速度为 17.8%。在货物进口方面，1978～2011 年，中国对中东国家货物进口贸易额由 2.4 亿美元增长至 1537.5 亿美元，年均增长速度为 20.9%。从货物贸易平衡来看，1978～1999 年，中国对中东国家货物贸易常年都有顺差，但从 2000 年开始，中国对中东国家货物贸易开始时有逆差出现。2011 年，中国对中东国家货物贸易逆差高达 332.9 亿美元，为历史最高水平。

1. 货物贸易的增长

总体来看，改革开放以后，中国与中东国家货物进出口贸易的发展经历了四个阶段，除第一个阶段外，中国对中东国家货物进口贸易的年均增长速度都要高于货物出口贸易的年均增长速度（见图 9）。

第一阶段，1978～1982 年。这一时期，中国对中东国家货物贸易的发展十分迅速。1978～1982 年，中国对中东国家货物贸易额由 6.0 亿美元增长至 34.3 亿美元，实现 41.6% 的年均增长速度。其中，中国对中东国家货物出口额由 3.6 亿美元增至 30.4 亿美元，实现了 52.9% 的年均增长速度；中国对中东国家货物进口额由 2.4 亿美元增至 3.9 亿美元，实现了 10.2% 的年均增长速度。该时期，中国依然是石油净出口国，中国对中东国家货物贸易的发展主要受益于国际油价迅速攀升带来的中国对中东国家石油及石油产品出口贸易额的扩大。

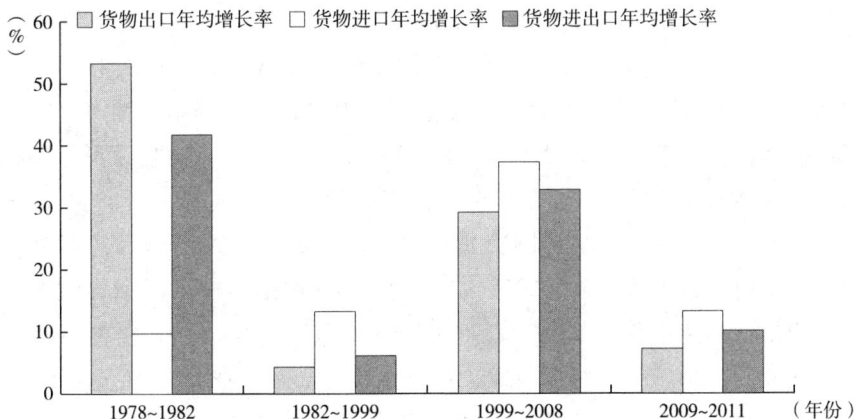

图 9　中国对中东国家各时期货物贸易年均增长速度
资料来源：国际货物基金组织。

　　第二阶段，1982～1999 年。这段时间是中国对中东国家货物贸易缓慢发展的时期，中国对中东国家货物进出口贸易额由 34.3 亿美元迅速增长至 108.5 亿美元，年均增长速度仅为 6.6%。在对中东国家货物出口方面，这一时期，国际油价持续低迷，中东国家货物进口需求增长缓慢，而我国石油和石油制品的出口规模也在不断下降，因此，1982～1999 年，中国对中东国家货物出口额由 30.4 亿美元增长至 69.8 亿美元，年均增长速度仅为 4.7%。在对中东国家货物进口方面，中国自 20 世纪 90 年代中后期开始从中东国家进口原油，从而带来中国对中东国家货物进口贸易的较快发展，1982～1999 年，中国对中东国家货物进口贸易额由 30.4 亿美元增长至 69.8 亿美元，实现了年均 13.6% 的增长速度。

　　第三阶段，1999～2008 年。这段时间，中国对中东国家货物贸易再次进入快速增长期。中国与中东国家货物进出口贸易额由 108.5 亿美元迅速增至 1833.4 亿美元，年均增长率高达 32.7%。在货物出口方面，受益于中东国家货物进口需求的快速发展以及中国工业品制造和出口能力的迅速提高，中东对中东国家货物出口额由 69.8 亿美元增至 902.1 亿美元，实现了年均 29.2% 的高速增长。在货物进口方面，受益于中国对中东国家石油需求的快速增长以及国际油价的不断攀升，1999～2008 年，中国对中东国家货物进口额由 38.7 亿美元增至 931.3 亿美元，年均增幅高达 37.5%。

　　第四阶段，2008～2011 年。中国对中东国家货物进出口贸易总体趋向缓慢增长。2008 年爆发的全球金融危机给中国对中东国家的货物进出口贸易带来非常大的冲击。2009 年，中国对中东国家货物进出口贸易额由上一年度的 1833.4 亿美元锐减至 1482.7 亿美元，同比出现 19.1% 的降幅。其中，中国对中东国家货物出口额由 902.1 亿美元降至 798.6 亿美元，同比下降 11.4%。中国对中东国家货物进口额由 931.3 亿美元降至 684.2 亿美元，同比下降 26.5%；不过，金融危机的影响很快散去，伴随国际油价快速回升，中东国家货物进口能力也很快恢复，2010 年、2011 年，中国对中东国家货物进、出口贸易均出现高速增长。但是，如果将 2008～2011 年作为一个完整周期来看待，在此期间，中国对中东国家货物进出口贸易额由 1833.4 亿美元增长至 2742.2 亿美元，年均增幅仅为 10.6%，其发展速度较前一时期要慢很多。

2. 中国在中东地区的主要货物贸易伙伴

在改革开放之初，中国与中东国家的货物贸易往来还比较少。1978 年，与中国货物进出口贸易额超过 1 亿美元的中东国家仅有 4 个，即科威特 (1.261 亿美元)、伊拉克 (1.259 亿美元)、伊朗 (1.185 亿美元) 和埃及 (1.166 亿美元)。当年，中国对以上国家货物贸易额占到中国对中东国家货物贸易总额的 87.7%。1990 年，与中国货物进出口贸易额超过 1 亿美元的中东国家扩大到 10 个，其中，列前五位的是土耳其 (5.85 亿美元)、沙特 (4.17 亿美元)、伊朗 (3.35 亿美元)、阿联酋 (2.88 亿美元) 和叙利亚 (1.38 亿美元)，当年，中国对以上国家货物贸易额占到中国对中东国家货物贸易总额的 61.6%。

20 世纪 90 年代中后期开始，由于我国开始从中东国家进口原油，中国与中东国家货物贸易的发展开始加快。2000 年，在中东国家中，与我国货物贸易列前五位的贸易伙伴分别是阿曼 (33.1 亿美元)、沙特 (31.0 亿美元)、阿联酋 (24.9 亿美元)、伊朗 (24.9 亿美元) 和土耳其 (14.4 亿美元)，中国对以上 5 国货物贸易额占到中国对中东国家货物贸易总额的 63.8%；在以上 5 个国家中，列前四位的国家均是中东地区主要的石油出口国。

进入 21 世纪以后，受益于我国能源需求的迅速增加，工业制成品加工和出口能力的提高以及中东产油国进口需求的迅速扩大，产油国在中国对中东国家货物进出口贸易中始终占据着重要地位。2011 年，在中东国家中，列我国前 5 位的货物贸易伙伴分别是沙特 (644.0 亿美元)、伊朗 (450.6 亿美元)、阿联酋 (350.8 亿美元)、土耳其 (241.6 亿美元) 和阿曼 (158.7 亿美元），中国对以上 5 国货物贸易额占到中国对中东国家货物贸易总额的 67.3%。

2011 年，中东国家中，中国对其货物出口额列前五位的国家是阿联酋（268.2 亿美元）、土耳其（216.9 亿美元）、沙特（148.5 亿美元）、伊朗（148.0 亿美元）和埃及（72.8 亿美元），中国对以上国家货物出口额占到中国对中东国家货物出口总额的 70.9%。同年，中东国家中，中国对其货物进口额列前五位的国家是沙特（495.4 亿美元）、伊朗（302.6 亿美元）、阿曼（148.7 亿美元）、伊拉克（104.1 亿美元）和苏丹（95.0 亿美元），中国对以上国家货物进口额占到中国对中东国家货物进口总额的 74.5%。

3. 中国与中东国家货物贸易的商品结构

在货物进出口贸易的商品结构方面，中国与中东国家货物进出口贸易的模式是以工业制成品换取原油。联合国贸发会的资料显示（见表5），1995～2011 年，我国对中东国家货物出口90%以上都是工业制成品。而中国对中东国家货物进口则以原油为主，除石油外，其他货物商品的进口额都不大。

从我国对中东国家的货物出口来看，工业制成品是我国出口的主要货物，而且，在 1995～2011 年间，随着我国工业制造业的快速发展，中国对中东国家出口工业制成品的技术含量和附加值都在不断增加。联合国贸发会的资料显示，1995～2011 年，在中国对中东国家出口的各类工业制成品中，劳动和资源密集型工业制成品占比由 42.8% 下降至 31.4%，低技术含量、中等技术含量和高技术含量工业制成品占比则分别由 12.4%、17.2% 和 15.0% 上升至 14.5%、27.2% 和 20.0%。

表 5　中国对中东国家货物出口的商品结构

单位：%

	1995 年	2000 年	2005 年	2008 年	2011 年
食品及活畜	6.5	4.5	2.5	1.7	1.8
饮料和烟草	0.2	0.2	0.2	**	**
非食用原料（除燃料）	1.2	0.8	0.7	0.6	0.9
燃料、润滑油及相关产品	0.9	1.1	1.3	0.9	0.5
动物和植物油、油脂和蜡	**	**	0.1	0.1	**
化学成品及有关产品	7.1	5.8	5.9	5.5	6.4

续表

	1995 年	2000 年	2005 年	2008 年	2011 年
主要按原料分类的制成品	32.7	26.8	29.4	33.1	29.4
机械和运输设备	21.4	28.2	35.9	38.7	38.5
杂项制品	29.6	30.0	22.9	19.3	22.3
未分类商品	0.4	2.6	1.1	**	**
总　计	100.0	100.0	100.0	100.0	100.0

注：**不足 0.1%。

资料来源：联合国贸易与发展会议。

在中国对中东国家货物进口方面（见表6），1995～2011 年，原油长期都是中国从中东国家进口的最为重要的货物商品。进入 21 世纪以后，随着中国对中东国家原油进口需求的迅速增加，原油在中国对中东国家货物进口贸易中的重要性有了大幅提高。2000～2011 年，原油在中国对中东国家货物进口贸易中所占比重维持在 70% 以上。

表6　中国对中东国家货物进口的商品结构

单位：%

	1995 年	2000 年	2005 年	2008 年	2011 年
食品及活畜	0.3	0.3	0.2	0.1	**
饮料和烟草	**	**	**	**	**
非食用原料（除燃料）	9.9	2.0	3.2	6.2	5.6
燃料、润滑油及相关产品	54.4	85.6	80.6	84.1	79.4
原油	43.6	77.6	72.6	80.7	74.8
动物和植物油、油脂和腊	**	**	**	**	**
化学成品及有关产品	25.2	7.5	11.6	6.9	12.4
主要按原料分类的制成品	5.4	1.9	2.0	0.9	1.2
机械和运输设备	3.0	2.2	1.8	1.3	0.9
杂项制品	1.1	0.4	0.6	0.4	0.4
未分类商品	**	**	**	**	**
总　计	100.0	100.0	100.0	100.0	100.0

注：**不足 0.1%。

资料来源：联合国贸易与发展会议。

（二）服务贸易往来

中国与中东国家的服务贸易往来以中国在中东国家开展工程承包业务为主。中国对中东国家的工程承包业务始于改革开放初期。当时，国际工程市场的良好环境为我国建筑企业走进中东市场提供了机遇。1973～1974年和1979～1980年，接连两次石油危机导致国际油价大幅上涨。中东很多产油国的财政状况大为改善，随即投入巨额资金，在国内掀起空前的大规模的经济开发和建设高潮。中国建筑工程总公司等企业抓住国际市场有利时机，率先进入中东地区市场。中东地区随即成为我国对外工程承包的主要市场。相关资料显示，1976～1981年，中国在中东地区承包工程的营业额为7696万美元，占到中国对外工程承包营业总额的62.4%。1982～1989年，中国在中东地区承包工程营业额上升至25.7亿美元，占到中国对外工程承包营业额的40.5%。[①] 20世纪90年代以前，由于我国对外工程承包仍处于起步阶段，中国在中东地区承包的工程项目主要是房建和筑路项目，项目的规模较小，承揽方式以分包和承包施工为主。

20世纪90年代以前，中国在中东地区的工程承包业务量主要集中于伊拉克。除伊拉克外，市场规模较大的还有埃及、索马里等国。1988年爆发的两伊战争以及之后美国主导的海湾战争，导致我国在中东地区工程承包业务量迅速收缩。相关资料显示，1991年，中国在中东地区签订的承包合同金额为16992万美元，仅为1982～1989年年均水平的43.6%，仅占到当年中国对外承包工程合同总金额的4.7%。[②] 总体来看，1990～1997年是中国在中东地区开展工程承包业务的低谷期，在绝大多数年份，中国对中东国家工程承包营业额在我国对外工程承包营业额中占比都不到10%。20世纪90年代初到1997年，刚刚从战争中恢复的伊朗成为中国在中东地区开展工程承包业务的主要市场。1997年，中国对伊朗工程承包营业额为12824万元，占到中国对中东国家工程承包营业额的30%以上。与20世纪80年代相比，这一时期，中国在中东国家承接工程承包项目的技术含量有了明显提高，主要业务已涉

---

① 赵国忠主编《简明西亚北非百科全书（中东）》，中国社会科学出版社，2000，第316～317页。

② 赵国忠主编《简明西亚北非百科全书（中东）》，中国社会科学出版社，2000，第317页。

及地铁、工厂建设等具有一定技术含量的工程承包项目。

得益于我国石油企业实施的"走出去"战略，中国对中东国家工程承包业务很快从低谷中走出来。总体来看，1997～2002 年是中国石油企业"走出去"带动中国对中东国家工程承包业务加速发展的时期。1993 年开始，中国石油企业开始国际化经营的探索和实践，并开始将国际业务扩展至中东地区。20 世纪 90 年代末到 21 世纪初，中国石油企业在中东地区"走出去"的重点国家是苏丹。1995 年 9 月，中石油获得苏丹穆格莱德盆地 6 区块石油开发权；1997 年 3 月，中石油获得苏丹穆格莱德盆地 1/2/4 区块石油开发权；2000 年 11 月 11 日，中石油公司又中标苏丹 3/7 区块石油勘探开发项目。中国石油公司在苏丹业务的扩展带动了中国对苏丹工程承包营业额的快速增长。1998 年，中国对苏丹工程承包营业额由上一年的 6533 万美元增长至 6.3 亿美元，1999 年进一步上升至 7.3 亿美元。在苏丹业务的带动下，1997～1999 年，中国对中东国家工程承包营业额由 4.1 亿美元增长至 14.9 亿美元，中国对中东国家工程承包营业额在中国对外工程承包营业额中所占比例也由 6.8% 上升至 17.4%。2000 年，中国对苏丹工程承包营业额大幅下降，受此影响，同年，中国对中东国家工程承包营业额下降至 8.9 亿美元。此后，受益于苏丹业务的恢复以及中国石油企业在阿尔及利亚、伊朗等国业务扩展的影响，2002 年，中国对中东国家工程承包营业额上升至 15.2 亿美元。1997～2002 年，中国公司与中东国家签订的承包合同以石油石化项目为主。主要项目有：1998 年中国石油工程建设（集团）公司在苏丹承包的穆格莱盆地输油管道项目油田生产设施，合同金额总计为 4.6 亿美元；2000 年中国石化工程建设公司在伊朗承包炼厂改造项目，合同金额为 1.5 亿美元；2002 年胜利油田管理局承包的阿尔及利亚区块开发项目，合同金额为 1.6 亿美元（见图 10）。

从 2002 年开始，中国对中东国家工程承包业务进入快速发展期，2002～2008 年，中国对中东国家工程承包营业额由 15.7 亿美元迅速增长至 165.9 亿美元。2008 年金融危机爆发后，中国对中东国家工程承包营业额不但没有受到影响，反而因为中东国家推出的经济刺激计划，同比大幅增加。2009 年，中国对中东国家工程承包营业额高达 243.6 亿美元，较 2008 年增长 46.8%。总体来看，2002～2009 年，中国对中东国家工程承包业务的发展十分迅速，承包营业额的年均增长率高达 40.9%，中国对中东国家工程承包营业额在中国对外工程承包营业总额中所占比例也由 14.0% 上升至 31.3%。不过，2009

年迪拜债务危机的爆发和 2010～2011 年中东地区动荡终结了中国对中东国家工程承包业务的高速增长。2002～2009 年，阿联酋已成为带动中国对中东国家工程承包业务快速发展的主要国家，2009 年底爆发的迪拜债务危机导致 2010 年中国对阿联酋工程承包营业额同比出现 18.8% 的降幅。由于阿联酋业务量的萎缩，2010 年，中国对中东国家工程承包营业额同比仅增加了 2.9%，由 243.6 亿美元增至 261.0 亿美元。2011 年，"阿拉伯之春"引发的中东地区局势动荡及利比亚战争给中国对北非地区的工程承包业务带来重创，中国对北非地区工程承包营业额由 128.3 亿美元降至 93.6 亿美元，同比下降 27%。同年，中国对中东国家工程承包营业额出现自 2000 年以来的首次收缩，由 261.0 亿美元降至 235.1 亿美元，同比下降 6.3%。

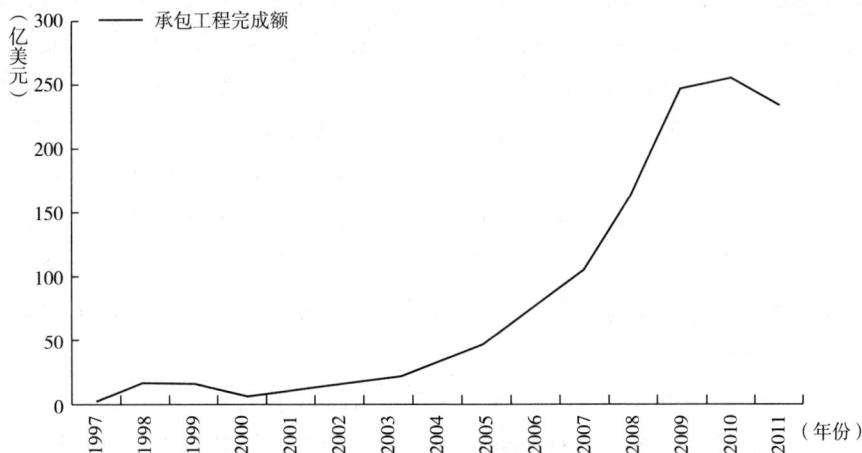

图 10 中国对中东国家建筑承包工程完成额

资料来源：国家统计局。

2002 年以后，国际油价不断攀升给中东很多产油国带来石油繁荣，这些国家大幅增加了对基础设施和房地产项目的资金投入，当地建筑业呈现高速增长的态势，公路、电力、地铁等基础设施和房地产项目成为带动中国对中东国家工程承包业务快速发展的主要力量。此外，2002 年以后，中国石油企业"走出去"的步伐进一步加大，中国石油企业在伊拉克、伊朗、阿尔及利亚等国的业务扩展也有效带动了中国对中东国家石油化工项目工程承包业务的进一步扩大。2002～2011 年，中国企业在中东国家承接的主要工程承包项

目有：2003 年，中建公司承揽的阿尔及利亚布迈丁机场楼项目，合同金额为
2.0 亿美元；2007 年中建总公司在阿联酋承建的天阁高档住宅楼项目，合同
金额总计为 3.6 亿美元；2009 年，山东电力建设第三工程公司承建的沙特扎
卡尔电站项目，合同金额为 25 亿美元；2009 年，中铁建在沙特承接的轻轨项
目，合同金额为 17.7 亿美元。

（三）中国－海合会自贸区建立的收益与成本

2004 年 7 月，中国与海合会签署《中国－海合会经济、贸易投资和技术
合作框架协议》，协议签署后，中海双方宣布启动中国－海合会自贸区（中海
自贸区）谈判。[①] 中海自贸区谈判启动至今已有十年，其间，双边贸易关系发
展十分迅速，而自贸区谈判的进展却十分缓慢，2009 年 6 月中海第五轮自贸
区谈判结束后，便再无实质性进展。由此也就出现自贸区谈判与经贸关系快
速发展相脱节的问题。虽然谈判中的中国－海合会自由贸易协定涉及货物贸
易、服务贸易、相互投资等诸多领域，但无论从资金量还是重要程度来看，
货物贸易无疑是双边经贸关系的重中之重。不过，全球贸易分析模型对中海
自贸区静态收益所做的分析表明，中海自贸区建立使双方受益的基础源自海
合会油气产量的提高，而从海合会各国当前执行的能源政策来看，海合会国
家油气产量并不会受中海自贸区建立的影响，由此，自贸区建立带来的静态
收益也将十分微小。

1. 全球贸易分析模型对中海自贸区收益的静态评估

关于全球贸易分析模型对中海自贸区收益的静态评估，本文主要以安文
雯使用第七版全球贸易分析数据库资源对中海自贸区收益得出的模拟结果作
为分析的依据，模拟分析的前提假设是：市场完全竞争、生产的规模报酬不
变。由于第七版全球贸易分析数据库以 2004 年为基期，数据较老，在研究
中，安文雯先是使用美国环球透视机构（Global Insight）的数据将第七版全球
贸易分析数据库升级至 2010 年，然后模拟基准方案下自贸区建立对中海双方
的影响。根据安文雯所得模拟结论，中海自贸区建立后，双方经济均会从中
受益，其中，中国的国内生产总值将会增长 0.53%，海合会国内生产总值将
会增加 1.24%，表 7 和表 8 是安文雯得出的中海自贸区建立对双方货物贸易

---

① 陈沫：《中国与海湾合作委员会国家经济关系探析》，《西亚非洲》2011 年第 8 期，第 26 页。

的主要影响。

（1）自贸区建立对中海贸易平衡的影响

在贸易平衡方面，如表7所示，中海自贸区建立后，我国比较劣势最为明显的原油、天然气所受冲击最大，净出口额分别减少19.65亿美元和16.84亿美元。除原油、天然气外，贸易竞争力处于劣势的其他矿物及制品、化工产品的净出口额也有所下降，但仅下降5.43亿美元和2.1亿美元。不过，出人意料的是，我国比较优势较强的服装皮革净出口额也略微下降了0.15亿美元。虽然除以上货物外我国其他各类货物的净出口额都有小幅增长，但由于原油、天然气净出口额的降幅过大，我国货物商品的净出口额仍下降了38.06亿美元。

表7　中海自贸区建立对双方货物贸易的影响

	净出口额变动（亿美元）		产出变动（%）		中国国内价格的变化（%）
	中国	海合会	中国	海合会	
食品	0.95	−4.83	1.01	0.39	0.10
原油	−19.65	27.23	0.08	6.05	−1.28
天然气	−16.84	20.12	0.62	4.69	−2.41
化工产品	−5.43	6.03	2.17	5.24	−3.63
其他矿物及制品	−2.1	5.79	0.21	1.35	0.03
交通运输设备	0.42	−1.18	2.41	−0.08	0.29
电子设备	0.84	−5.43	1.95	−0.19	0.15
机械设备	0.26	−4.17	3.94	−0.81	1.01
其他制造业	1.21	−4.1	4.03	−0.49	0.57
纺织业	2.43	−2.72	3.16	−2.53	0.14
服装皮革	−0.15	−0.74	−1.05	0.18	0.09

注：其他矿物及制品包括煤、黑色金属冶炼、其他金属制品、冶炼、矿物制成品。

资料来源：安文雯：《中国－海合会自由贸易区的经济效应研究》，硕士学位论文，重庆大学，2012，第40页。

与中国相比，自贸区建立后，海合会贸易平衡得到改善的行业较少，仅原油、天然气、化工产品、其他矿物及制品的净出口额出现增长，分别增长27.23亿美元、20.12亿美元、6.03亿美元和5.79亿美元，但由于原油、天然气净出口额增长明显，海合会货物净出口总额仍然增加了36.00亿美元。

（2）自贸区建立对中海货物出口流向的影响

在中海货物出口的流向方面，如表8所示，自贸区建立后，海合会对中国内地货物出口的变动最大，出口额增加53.34亿美元，占到海合会新增货物出口额的88.15%。自贸区建立后，海合会出口贸易额增加最多的是石油、天然气和石化产品，而这些货物又都以我国为目的地。受供给增加的影响，自贸区建立后，我国上述产品的价格分别会呈现1.28%、2.41%和3.63%的降幅（见表7）。以上数据也表明，中海自贸区的建立对于改善我国能源的安全状况发挥了重要作用，不但带来海合会对华油气出口规模的增加，同时也在一定程度上消除了当前存在的"亚洲升水"。

表8　中海自贸区建立对中海商品出口流向的影响*

单位：亿美元

出口地区	进口地区							
	中国内地	海合会	东盟	亚洲其他国家和地区	北美自贸区	欧盟	俄罗斯	其他国家
中国内地	0.00	21.16	5.96	12.24	1.08	1.53	2.79	1.21
海合会	53.34	5.01	-1.89	2.31	0.05	0.61	0.04	1.04

注：* 包括服务贸易出口。

中海自贸区协议签订对两国服务贸易的影响很小，根据模拟结果，中海自贸区协议签订以后，中国服务贸易出口额仅增加0.58亿美元，海合会服务贸易出口额仅增加1.01亿美元。参见安文雯《中国—海合会自由贸易区的经济效应研究》，硕士学位论文，重庆大学，2012，第40页。

资料来源：安文雯：《中国-海合会自由贸易区的经济效应研究》，硕士学位论文，重庆大学，2012，第25页。

而在我国货物出口方面，中海自贸区建立以后，虽然我国对海合会货物出口贸易增幅最大，但21.16亿美元的增长额却仅占到我国新增货物出口额的46.03%，这也反映出，我国从中海自贸区建立中受益主要不是源于海合会对我国货物商品的关税减免及贸易保护水平的降低，而是源于能源价格下降带来相关产品生产成本的降低与国际竞争力的提升。

（3）自贸区建立对中海各货物贸易部门产出的影响

在产出方面，得益于中海自贸区建立后资源配置的优化，我国绝大多数经济部门不但没有受到冲击，生产反而有所增长，其中，受益最大的是交通运输设备、机械设备、其他制造业及纺织业，这几个经济部门的产出增幅分别是2.41%、3.94%、4.03%和3.16%。而在中海自贸区谈判中，中国特别关切的石化行业，其产出不但没有受到负面冲击，反而因为能源价格的下降实现了2.41%的正增长。在我国各经济部门中，只有原本具有较强国际竞争力的服装皮革部门受到中海自贸区建立的负面冲击，产出下降了1.5%，而这也反映了资源得到进一步优化配置后，我国制造业部门整体朝向更高端发展。

海合会方面，自贸区建立对其产出的影响与对贸易平衡的影响相似，这主要是因为海合会主要受益于我国对其贸易障碍的降低，而非资源优化配置带来的生产成本的降低。自贸区建立后，海合会产出受益最大的贸易部门是原油、天然气、化工产品、其他矿物及制品，产出增幅分别为6.05%、4.69%、5.24%和1.35%，受冲击最大的则是纺织业部门，产出呈现2.53%的降幅。与上述行业相比，海合会其他行业受自贸区建立的影响均不大。

2. 海合会油气产量"零增长"对全球贸易分析模型模拟结果的影响

虽然全球贸易分析模型得出的模拟结果可以为中海自贸区谈判提供重要的参考意见，但很多以市场完全竞争为假设前提的全球贸易分析模型却忽略了海合会参与下自贸区的独特特点。这就是，海合会最具比较优势的货物商品——石油、天然气的生产并非是完全竞争的，而是带有强烈的政府干预色彩。受欧佩克配额和产油国油气生产目标收益规则的制约，中海自贸区的建立很可能不会带来海合会油气产量的大幅增加。而根据全球贸易分析模型的模拟结果，海合会对华油气出口规模的扩大却是自贸区的建立让双方获取静态收益的基础。因此，在海合会油气产量零增长的假设下，自由贸易签署给中海双方带来的静态收益将会变得微不足道。

（1）海合会油气产量不受自贸区建立影响

从原油方面来看，海合会国家中有4个（沙特、科威特、阿联酋、卡塔尔）是欧佩克国家，其中3个属于欧佩克核心国家（沙特、科威特、阿联酋），欧佩克国家，特别是欧佩克核心国家的原油产量和出口量主要是根据国际原油市场对其"剩余需求"（世界原油消费量与非欧佩克原油产量之间的差额）的变化做出调整。[①] 而海合会另外一个石油资源富国阿曼也与其他资源国一样，原油生产遵循目标收益的原则，在当前的高油价均衡下，阿曼的原油供给实际上处于向后倾斜的供给曲线上，近些年，产量不但没有上涨，反而仍在下降。[②] 因此，中海自贸区建立未必会带来海合会原油产量的变化。

与原油相比，虽然天然气在海合会货物出口贸易中的重要性远低于原油，但其生产和出口也会受到政府的严重干预。目前，除卡塔尔外，包括沙特在内的海合会天然气资源大国并未充分发挥其资源禀赋。虽然从表面来看，是因为国内的天然气价格补贴制度让天然气投资变得无利可图。但根本原因是这些国家普遍富裕，并不需要天然气出口带来的额外资金收入，面对国内天然气消费量的迅速增加，很多国家不但没有加大上游开发的力度，反而开始考虑从其他国家进口天然气。因此，除非是为了支持本国的石化产业，中海自贸区建立也未必会带来海合会天然气产量的变化。

（2）油气产量"零增长"对中海自贸区静态收益的影响

从全球贸易分析模型所得中海自贸区建立的静态收益来看，海合会油气产量增长是中海自贸区建立让双方获益的基础。如若不能带来海合会油气产量变化，中海自贸区建立给双方带来的静态收益也就变得十分微小。

这是因为，根据全球贸易分析模型的模拟结论，中海自贸区建立后，海合会向我国出口的主要是新增油气产量，并不会带来对其他地区油气出口贸易的萎缩（见表8）。在海合会油气产量"零增长"的假设下，中海自贸区建立也就不会带来海合会对华的油气出口规模的扩大，我国从能源价格下降中获得的贸易创造效应也就不复存在。而海合会从中海自贸区中获得的收益主要源自石油、天然气产量的提高。因此，在海合会油气产量"零增长"的假设下，中海双方从自贸区建立中获得的静态收益也就会变得十分微小。

3. 中海自贸区对货物出口的带动作用——基于规模经济的分析

生产的规模经济是指产量的上升会带来产品平均成本的下降，规模经济

---

① 刘冬：《欧佩克石油政策的演变及其对国际油价的影响》，《西亚非洲》2012 年第 6 期。

② 目标收益模型认为产油国国内资金吸收容量有限，并且国外投资安全性低，因此在油价上涨时不能将所有收入转换为投资，而是会减少产量。而油价下跌时，因为不能从外部获得资金，也就不会削减产量。因此，产油国的石油供给曲线存在向后弯曲的一段，当产油国石油生产运行在这段供给曲线上时，油价上涨不但不会带来产油国产量的提升，反而会带来产量的下降。参见刘冬《高油价均衡下中国与中东产油国的石油合作》，《国际石油经济》2011 年第11 期，第 16~20 页。

的获取要求生产的规模报酬处于递增或水平阶段，也就是说，产量的增长幅度不小于投入要素的增长幅度。欧盟成立前夕，由迈克尔·爱默生（Michael Emerson）主持的，旨在衡量欧盟建立经济影响的欧共体报告曾对规模经济与贸易自由化动态收益的关系做过专门的论述。该份报告认为，规模经济尚未得到最大开发的产业将会获得最大的收益，其收益要远远高于生产规模报酬递减的行业。[①] 此外，根据小岛清的协议分工理论，规模经济的获得，在重工业、化工业中最大，轻工业中较小。[②] 因此，对于一国来说，如果其具有比较优势的货物商品具有较大的规模经济潜力，比较优势货物商品是重工业品或化工产品，则该国将会从贸易自由化中获得更大收益。本部分主要从产品特点和规模经济入手，对中海自贸区建立后双方所获得的动态收益做出评估。

（1）自贸区建立与中国对海货物出口

从产品类型来看，我国比较优势货物商品以轻工业产品为主。轻工业产品的销售对象是普通消费者，而普通消费者的消费行为存在偏好，在商品选择上除价格外，还会受到其他因素的影响，并且，收入水平越高，偏好的影响也就越强烈。[③] 因此，对于富裕的海合会国家而言，价格并不是其选择消费类商品的唯一因素，偏好对其消费选择的影响也很重要。例如，海合会市场上，我国电视的价格不到日本电视的一半，但我国电视对海出口的发展却并未改变很多海合会消费者对日本电视的选择。[④] 目前，海合会对中国大多数出口货物征收的关税税率仅为5%，中海自贸区建立后，有限幅度的价格下降并不一定会对海合会消费者的消费偏好产生太大影响。而且，我国很多货物商品是以贴牌形式出口到海合会市场，这些产品的价格主要受跨国公司全球定价策略影响，自贸区建立后，关税税率的降低也未必会带来海合会上述产品价格水平的下降，加之海合会国家市场规模很小，自贸区建立后关税税率的降低更不会刺激跨国公司将更多产能调整至我国。因此，仅是从比较优势货

---

① Commission of the European Commuities, Dirctorate – General for Economic and Financial Affairs, *European Economy – The Economics of* 1992, *An Assessment of the Potential Economic Effects of Completing the Internal Market of the European Community*（Paris: Dirctorate – General for Economic and Financial Affairs, 1988）, pp. 103 – 148.

② 〔日〕小岛清:《对外贸易论》，周宝廉译，南开大学出版社，1987，第170～171、350页。

③ 〔日〕小岛清:《对外贸易论》，周宝廉译，南开大学出版社，1987，第170～171、222～223页。

④ 联合国统计局 UNCOMTRADE 数据库，http://comtrade.un.org，最后访问日期：2014年1月14日。

物商品的类型来看，我国已很难从中海自贸区建立中获得太多动态收益。

此外，由于我国具备比较优势的货物商品主要是劳动密集型的工业制成品，金融危机后，受国内劳动力价格不断攀升影响，我国相对于竞争对手的劳动力成本优势日趋收窄。[①] 很多劳动密集型产业部门生产的规模报酬已经出现停滞，如表9所示，2008年金融危机结束以后，中国大多数具有比较优势的货物商品贸易竞争力开始下降，其中，出口额最大的电信及音像设备、办公与自动化设备的国际竞争力分别从2008年的0.63和0.58下降至2012年的0.57和0.56。在年出口额超过1000亿美元的贸易部门中，仅有杂项制品的国际竞争力仍在上升之中。以上数据表明，我国在很多比较优势货物商品的生产上已经充分获得了规模经济效应。由于生产的规模报酬已经进入水平阶段，甚至出现下降，上述货物商品在贸易自由化过程中获得的收益也就不会太大。

表 9　中国比较优势货物商品的贸易竞争力指数变化及其他相关指标

	2000 年	2005 年	2008 年	2012 年	2012 年出口额（亿美元）	2012 年海合会进口额/中国出口额（%）
纺织品	0.11	0.45	0.60	0.66	954.5	10.81
服装	0.80	0.80	0.86	0.76	1628.3	11.27
软木及木材制品	0.21	0.74	0.86	0.87	112.6	20.25
纸及纸制品	-0.47	-0.04	0.29	0.51	141.7	33.03
金属制品	0.59	0.61	0.66	0.67	731.3	19.47
办公与自动化设备	0.26	0.51	0.58	0.56	2279.9	5.34
电信及音像设备	0.22	0.53	0.63	0.57	2294.7	9.32
预制建筑物	0.89	0.92	0.93	0.93	239.5	10.73
家具及其零部件	0.93	0.93	0.93	0.92	561.9	9.06
旅行用品等	0.98	0.96	0.93	0.89	255.2	6.74
鞋类	0.94	0.94	0.93	0.93	468.1	5.94
未列明的杂项制品	0.73	0.68	0.71	0.77	1461.3	23.05

资料来源：根据联合国贸易与发展会议数据整理计算所得。

———————————

① 国家信息中心经济预测部：《劳动力成本上升对我国竞争力的影响分析》，http://www.sic.gov.cn/News/81/2016.htm，最后访问日期：2014年1月14日。

综上所述，受比较优势货物产品主要以轻工业产品为主以及生产规模报酬收益率下降影响，中国很可能不会从自贸区建立中获得太多收益，中海自贸区建立对我国货物出口贸易及相关产业的带动效应也可能会低于很多人的预期。

（2）自贸区建立与海合会对华货物出口

与我国不同，海合会国家比较优势产品以石化产品为主。由于石化产品的购买者主要是厂商，其购买行为很少受到偏好的影响，在同等质量条件下，商品价格是其选择商品的主要考虑因素，因此，与轻工业相比，化工产品更容易凭借比较优势在贸易自由化过程中占领整个共同市场。

而在生产的规模经济方面，海合会在石化产品生产上还远未充分发挥其资源禀赋，虽然表 10 显示近些年海合会比较优势货物商品的贸易竞争力持续下降，但并不意味着海合会石化产品生产的规模报酬已经出现了逐渐递减的迹象。这是因为，一般来说，一国具有比较优势的货物商品的出口额在该国货物出口总额中所占比例要远远高于同类货物在世界出口贸易中所占比例。[①]例如，2012 年，中国纺织服装的出口贸易额占到当年中国货物出口贸易总额的 12.6%，是世界平均水平的 2.95 倍。而海合会比较优势货物商品在其货物出口贸易中的占比却与世界平均水平相差不远，2012 年，海合会石油产品、有机化学物、肥料、初级形态塑料的出口额在其货物出口总额中的占比分别为 8.4%、2.3%、0.6%、2.7%，仅是世界平均水平的 1.51 倍、1.02 倍、1.48 倍和 1.61 倍。[②] 以上数据表明，海合会在石化产品生产上的规模经济尚未得到最大化开发。这一现象的出现，主要是与石化产品消费国的贸易保护政策有关。根据吕航的统计，1995～2012 年间，全球 20% 的反倾销指向化工产品，13% 指向塑料和橡胶产品。[③] 而保护主义的盛行也就导致海合会国家难以充分发挥本国在石化产品生产上的比较优势，进而出现相关货物国际竞争力持续下降的现象。

① Bele Balassa, "Trade Liberalisation and 'Revealed' Comparative Advantage," *The Manchester School* 332 (1965): 99 – 123.

② 联合国贸易与发展会议 UNCTAD STAT 数据库，http://unctadstat.unctad.org，最后访问日期：2014 年 2 月 19 日。

③ 吕航：《反倾销实践的特征及其成因探析》，《通化师范学院学报》（自然科学版）2013 年第 4 期。

表10　海合会比较优势货物商品的贸易竞争力指数变化及其他相关指标

	2000 年	2005 年	2008 年	2012 年	2012 年出口额（亿美元）	2012 年中国进口额/海合会出口额（%）
石油产品	0.95	0.86	0.69	0.69	874.6	37.77
有机化学物	0.73	0.73	0.70	0.59	235.0	258.26
肥料	0.83	0.92	0.95	0.93	64.1	62.71
初级形态塑料	0.48	0.66	0.61	0.66	281.3	186.95

资料来源：根据联合国贸易与发展会议数据整理计算所得。

与其他国家相比，我国对石化产品的保护还要高于世界平均水平，2000～2012 年，我国提起的反倾销诉讼案件为 181 起，其中 140 起指向化工行业，占比高达 77.3%。[1] 而从市场规模来看，中国有机化学物、初级形态塑料的进口额高达海合会出口额的 2.6 倍和 1.9 倍。因此，中海自贸区建立后，随着贸易障碍的消除，海合会对华石化产品出口必然会从中受益。巨大的中国市场很可能会带来海合会石化产品出口和生产能力的爆发式增长。

4. 中海自贸区建立的经济调整成本——基于产业内贸易的分析

传统贸易理论主要集中于部门之间的比较优势，但是，现代经济生活中，贸易双方会在同一时间向对方出口同一类商品，这种贸易形式即为比较优势理论所不涉及的产业内贸易问题。1979 年，克鲁格曼（Krugman）通过新张伯伦模型证明，对于贸易自由化带来的经济调整成本，产业间贸易承受的经济调整之痛要远远高于产业内贸易。[2] 因此，中国与海合会之间是否存在产业间贸易，也是评估中海自贸区建立动态收益的重要指标。

（1）中国对海合会产业内贸易状况评估

国际贸易研究者通常是用格拉贝尔（Grubel）和劳埃德（Lloyd）提出的产业内贸易指数来测定两国之间的产业内贸易状态，该指数介于 0～1 之

---

[1] 刘爱东、沈红柳：《我国对外反倾销案件的统计分析与启示》，《山东财政学院学报》2013年第 4 期。

[2] Paul R. Krugman, "Increasing Return, Monopolistic Competition, and International Trade," *Journal of International Economics* 94 (1979): 469–79.

间，其值越接近1，则代表两国或两地区间产业内贸易程度越高，国际上一般将0.8看作是产业内贸易与产业间贸易的分界线。[①] 表11是中国对海合会产业内贸易指数变化情况。

表11　中国对海合会产业内贸易指数

	2000 年	2005 年	2008 年	2012 年
食品	0.0893	0.0255	0.0427	0.2754
非食用原料（不包含燃料）	0.6458	0.2577	0.1106	0.1568
矿物燃料、润滑油及有关原料	0.0044	0.0221	0.0121	0.0148
石油产品	0.1572	0.4468	0.4567	0.9940
化学品和有关产品	0.2810	0.2300	0.4100	0.2525
有机化学物	0.1436	0.1030	0.1461	0.0940
肥料（非天然）	—	—	—	—
初级形态塑料	0.0099	0.0578	0.2092	0.1150
按原料分类的制成品	0.1794	0.0668	0.0244	0.0635
机械及运输设备	0.0104	0.0038	0.0018	0.0053
杂项制品	0.0006	0.0006	0.0011	0.0007

资料来源：根据联合国贸易与发展会议数据整理计算所得。

从表11中可以看到，除石油产品外，中国对海合会国家产业内贸易指数极低，双方之间的贸易主要是产业间贸易，几乎不存在产业内贸易。

（2）中海自贸区建立的经济调整成本

由于中国与海合会在大多数货物部门之间都不存在产业内贸易，中海自贸区建立后，随着影响贸易自由的关税、非关税壁垒的消失，双方比较优势货物商品将会直接冲击对方相关经济部门，而冲击的大小，主要取决于优势产品的渗透能力以及本国相关产业在国民经济中的重要性。

从海合会方面来看，中海自贸区建立后，海合会承受的经济调整成本

[①] 产业内贸易指数的计算公式为：$GL_i = 1 - |X_i - M_i| / (X_i + M_i)$，式中，$GL_i$表示一国或地区与其贸易伙伴在 i 行业的产业内贸易指数，X_i表示该国或地区对其贸易伙伴出口 i 商品的贸易额，M_i表示该国或地区对其贸易伙伴进口 i 商品的贸易额。Herbert G. Grubel and Peter J. Lloyd, "The Empirical Measurement of Intra – Industry Trade", *Economic Record* 474 (1971)：494 – 517.

将非常小。首先，这是因为我国向海合会出口的产品主要是劳动密集型轻工业品，而该类产品是最不易于在共同市场中形成垄断的货物商品。其次，由于近些年劳动力成本的不断上升，我国生产该类产品的比较优势已开始下降，中海自贸区建立对我国对海货物出口的带动将十分有限。再次，更为重要的是，海合会经济结构十分单一，劳动密集型轻工业部门对其经济发展的贡献十分低，即使大量中国轻工业产品涌入海合会市场，也不会对其经济构成太大冲击。因此，中海自贸区建立后，海合会所要承受的经济调整成本也就非常小。

与海合会不同，中海自贸区建立后，我国可能要承受非常大的经济调整成本。这是因为，海合会相较我国具有比较优势的货物商品主要是石油产品、有机化学物、肥料和初级形态塑料，这些产品属于易于在共同市场中形成垄断的石化产品，并且海合会在上述产品生产上还远未获得规模经济，自贸区建立很可能会带来海合会对华石化产品出口规模的迅速扩大。除与海合会产业内贸易规模较大的炼油业外，中国的基础化工和塑料加工业将会遭受巨大冲击。而以上两个经济部门对我国又十分重要，根据联合国工发组织的最新数据，2010 年，这两个工业部门吸纳的就业人口分别占到中国制造业总就业人口的 3.00% 和 3.62%，两者之和超过当年我国纺织业吸纳就业人口的总和。从产值来看，2007 年，基础化工和塑料加工业创造的增加值分别占到当年我国制造业总增加值的 4.49% 和 2.16%，两者之和几乎与当年纺织业和服装业创造的工业增加值总和相当。[1] 中海自贸区建立后，如取消对海合会石化产品的进口限制，我国将承受非常大的经济调整成本，不但经济发展会受到严重影响，还会带来十分严重的失业问题。

---

[1] 联合国工业与发展组织 Industrial Statistics 数据库，http://www.unido.org/statistics，最后访问日期：2014 年 2 月 19 日。

海合会国家建筑工程承包市场与
中国企业的机遇

杨　光*

海合会是海湾合作委员会的简称，其成员国包括沙特阿拉伯、科威特、阿拉伯联合酋长国、阿曼、卡塔尔和巴林 6 个国家。海合会国家作为一个整体，是世界第二大建筑工程承包市场，约占国际承包工程营业额的 1/5，工程项目种类丰富，特大型工程项目数量多，是各国建筑工程公司的淘金热土。21 世纪以来，在石油收入增加、人口增长和城市现代化建设、经济发展战略调整、经济一体化进程，以及经济政策调整推动下，海合会国家的建筑工程承包市场发展迅速。在国际金融危机冲击下，尽管私人资本支持的房地产市场明显收缩，但政府资金支持的基础设施项目受冲击较小。未来五年，随着各国经济恢复，市场将进入缓慢恢复期。与金融危机以前时期相比，基础设施项目相对增多，工程成本下降，项目结构优化，开放程度提高。中国企业在海合会国家建筑工程承包市场上面临大量的发展机遇。

一　工程承包市场的发展特点

（一）21 世纪的市场重新振兴

以海合会国家为主的西亚建筑工程承包市场在 20 世纪 70 年代一度辉煌，

---

*　杨光，中国社会科学院西亚非洲研究所所长、研究员。

但从 80 年代中期以后因国际油价低迷而全面萎缩，21 世纪以来在国际油价持续高涨推动下迎来全面振兴。全球最大的 225 家国际工程承包商在西亚市场的营业额从 2001 年的 85.4 亿美元猛增到 2008 年的 774.7 亿美元，年均增长率为 37%。2008 年，西亚集中了国际建筑工程承包公司 225 强中的 155 家，成为世界上国际承包公司最集中的地区；225 强在西亚市场实现了其全年营业额的 19.9%。西亚在国际承包工程市场营业额中的地位从 2001 年低于欧洲、亚洲、北美和拉美的第 5 位，跃升到 2008 年仅次于欧洲的第二位。①

（二）特大型工程项目数量较多

在海合会国家 2010 年在建和设计中的 50 个金额最高项目中，项目金额超过 100 亿美元的有 19 个，其他 31 个项目的金额也都在 26 亿~93 亿美元之间。② 例如阿联酋的 Capital District 项目额 400 亿美元、Yas Island 开发项目额 370 亿美元、Saadiyat Island 项目额 275 亿美元，沙特的 King Abdullah Economic City 项目额 350 亿美元、海合会铁路项目额 250 亿美元，卡塔尔全国铁路系统项目额 250 亿美元，阿曼的 Duqm 新城项目额 200 亿美元，科威特的 Sabah el – Ahmed 城镇项目额 138 美元，巴林的 Water Garden City 项目额 66 亿美元，等等。③

（三）市场的国别分布比较集中

从建筑工程项目的国别结构来看，市场主要集中在少数国家。在 2008 年海合会国家在建和计划中项目总额中，阿联酋市场独占 7148 亿美元，占比 52.2%。其他两个主要市场：沙特项目额为 2838 亿美元，占比 20.7%；科威特项目额为 1848 亿美元，占比 13.5%。卡塔尔、阿曼和巴林 3 个国家的市场则规模较小，总共占比 13.6%。

---

① 《工程新闻记录》2002 年 8 月和 2009 年 8 月，转引自《国际经济合作》2009 年 10 月号和 2002 年 10 月号。

② 《工程新闻记录》2002 年 8 月和 2009 年 8 月，转引自《国际经济合作》2009 年 10 月号和 2002 年 10 月号。

③ 《工程新闻记录》2002 年 8 月和 2009 年 8 月，转引自《国际经济合作》2009 年 10 月号和 2002 年 10 月号。

（四）资金结构以私人投资为主

由于国际石油市场从 20 世纪 80 年代初以后长期低迷，海合会国家石油收入减少，政府投资能力受限，私人业主投资逐渐在建筑工程承包市场占据主要地位。即便是政府发包的项目，往往也要求承包商的带资承包或是采取 BOT 等融资方式。直到 2003 年以后，随着国际石油价格再次出现持续暴涨，政府投资的项目才重振雄风，但仍未改变私人投资为主的状况。

（五）项目结构以房地产项目为主

海合会的建筑工程项目全面，包括基础设施、工业项目和房地产项目。随着市场融资来源的变化，以政府投资为主的基础设施项目和工业建设项目的主导地位在 20 世纪 80 年代以后逐渐让位于以私人投资为主、更加有利可图，但也更加具有投资性质的房地产项目。房地产业虽然在金融危机中受冲击最严重，许多项目暂停和取消，但仍占据主导地位，海合会地区的建筑工程承包结构并没有发生根本性改变。海合会国家 2010 在建和列入计划项目总额高达 13684 亿美元。从项目结构来看，房地产和写字楼商厦等建筑项目为主，在建和列入计划项目额 11509 亿美元，占比 84.1%；交通、电力等在内的基础设施在建项目额 1903 亿美元，占比 13.9%；包括海水淡化、城市给排水和废物处理等项目额 272 亿美元，占比 2.0%（见表 1）。

表 1　2010 年海合会国家在建和列入计划项目

单位：10 亿美元

国　家	房地产和建筑	基础设施（包括运输）	水和废弃物	金额
阿联酋	629.5	75.1	10.2	714.8
沙　特	230.8	50	3	283.8
科威特	170.2	12.6	2	184.8
卡塔尔	55.9	29.6	7.1	92.6
阿　曼	27.6	17.2	3.5	48.3
巴　林	36.9	5.8	1.4	44.1
总　额	1150.9	190.3	27.2	1368.4

资料来源：《中东经济文摘》副刊《2010 年海湾建筑业：地区项目指南》，第 7 页。

（六）市场主体呈现多元化状态

活跃在海合会国家工程承包市场上的承包商来源甚广。迄今为止，欧美承包公司仍占有大部分市场份额，但其营业额有下降趋势，从 2001 年的 65.9% 下降到 2008 年的 59%；亚洲国家的承包公司占第二位，其中中国、日本和韩国的公司营业额占比在 2001～2008 年间变化不大，从 24.5% 略增到 25.5%。2008 年美国公司独占市场营业额 19.8%，日本公司占 11.5%，意大利占 10.3%，韩国占 7.7%，此为中东市场前 4 名。此外，法国占 6.2%，土耳其占 5.0%，英国占 4.9%，也是中东市场主要角色。[①] 本地承包商也脱颖而出。例如在沙特，SBG 和 Oger 两家本地承包商几乎垄断了沙特的住房建筑市场。

二　推动市场发展的主要因素

海合会国家建筑工程承包市场的发展，既是石油收入增加的结果，也是国内社会经济发展的内在需要。

（一）石油收入的明显增加

石油输入是海合会国家建筑承包工程市场繁荣的基本保障。21 世纪以来，特别是 2003 年以来国际油价的持续暴涨，使海合会国家获得巨额石油收入，并得以再次开展大规模的经济建设。石油收入的增加，不仅提高了海合会国家政府的财政开支能力，也通过石油分配机制显著提高了王族和工商业者的资金实力，并且带动了外资向海合会地区流动，从而使该地区资金充裕，银行贷款条件宽松，为建筑工程承包业的发展奠定了坚实的资金供给基础。据国际货币基金组织报告，预计海湾六国在 2006～2010 年间建筑业投资规划为 7000 亿美元（黄皮书 07－08P251）。

（二）人口增长和城市现代化

随着海合会国家的本地人口和外籍人口数量的快速增长，以及人们物质

---

① 《工程新闻记录》2009 年 8 月，转引自《国际经济合作》2009 年 10 月号。

文化需求的提高，住房、水电、交通、通信、办公、礼拜、休闲、娱乐、体育、购物、医疗、教育等方面设施的需求相应增加。20世纪70年代到80年代中期第一次建筑热潮期间修建的基础设施渐趋老化，需要大量更新。伴随人口增长和收入水平提高，城市现代化建设也迎来高潮，特别是对高档住宅区建设、外观新颖的建筑、地标性的形象工程、高档写字楼宇、轻轨地铁等新的交通运输工具、先进的给排水系统和废水废物处理设施等方面的需求凸显。地区大国沙特阿拉伯的本地人口已达2900万，且年轻人居多，对于住房具有刚性需求。阿联酋和卡塔尔等国沿海地区人口集中，土地资源缺乏，把填海造地作为兴建高档居住区和现代化城镇的重要途径。

（三）经济发展战略的调整

21世纪以来，海合会国家继续依靠巨额石油收入推行经济多样化战略，但多样化战略的方针有所调整。最明显的变化是，该地区的小国都把发展服务业作为经济发展的比较优势，倾力打造地区航空海运中心、金融贸易中心、旅游度假中心、会展中心、伊斯兰文化中心等，并且以兴建和扩建机场、公路、铁路、场馆、景点、豪华饭店、高档写字楼、精品购物场所、体育休闲设施、高档住宅等设施，以及相应的水电供应等服务配套设施，实现服务业的加速发展。与此同时，该地区国家石油天然气资源丰富，地区大国尤其是沙特阿拉伯坚持走以石油化工为基础的工业化道路，因此石油天然气开发和工业建设项目数量也明显增多。

（四）经济一体化进程加快

海合会在2003年建成关税同盟，区内自由贸易格局基本形成，而便利区内商品和生产要素流动的基础设施不足问题突出。为打破地区性基础设施瓶颈，进一步推动区域经济一体化，一批大型的地区性交通运输项目应运而生。为解决电力消费增长快和部分国家电力短缺问题，海合会国家加强了合作。2004年启动海湾电网工程，第一阶段已经于2009年7月完工，连通了沙特、科威特、卡塔尔和巴林的电网。第二阶段是与阿联酋和阿曼并网，2011年完成。连接科威特、沙特、阿联酋和阿曼的海合会铁路项目，经过多年酝酿，于2010年第四季度进行设计招标。一些国土面积相对较大的国家，如沙特和阿联酋，也制订了全国性铁路网建设计划。

（五）政策调整产生积极效果

海合会国家的外资限制较多，特别是保人制度、劳动力本地化规定、行政手续复杂等一些普遍性问题，长期以来是外国承包商进入该地区市场的主要障碍。但是，该地区国家加入世界贸易组织以来，政策调整趋势明显。其中，许多政策调整对促进建筑工程承包的发展发挥了积极作用。例如，为加快基础设施建设发展，消除建筑承包行业的障碍。沙特为争取加入世贸组织，2001年就取消了多年来强制执行的外国承包商由当地人代理的制度，近年来沙特内阁又出台了6项建筑承包行业鼓励措施，包括向沙特公司和外国公司提供一视同仁的便利。按照世界贸易组织的要求，该地区的不利规则最终趋于取消。

三 金融危机的影响和 2015 年预测

金融对市场产生了重大的短期影响，但并没有发生根本性的动摇。

（一）金融危机的冲击

市场整体急剧收缩。在金融危机冲击下，海合会的工程承包市场受到冲击，总体上严重收缩。2008年与2009年相比，海合会国家的建筑工程承包项目发包额从1010亿美元下降到520亿美元。

房地产市场首当其冲。受金融危机冲击最严重的是房地产投机市场。在金融危机爆发后，由于银行流动性紧张，宽松的贷款条件发生变化，私人房地产开发商和投机商的资金链断裂，不得不大量暂停和取消项目，迪拜世界公司甚至发生债务危机，导致房地产业迅速降温。由于房地产项目以中小型为多，所以中小型项目受到的冲击最大（见表2）。

迪拜酋长国受冲击最大。在海合会6国之中，迪拜酋长国市场受冲击最明显，该国建筑工程承包项目同期发包额从420亿美元下降到80亿美元；全地区暂停的项目总额4938亿美元，其中91%都是迪拜酋长国的项目，暂停项目以房地产项目为主。相比之下，其他国家受到的冲击较小。

买方市场转向卖方市场。由于市场发包项目数量减少，买方市场的情形不复存在。从2009年市场情况来看，在建筑承包市场高峰时期出现的业主与承包公司建立长期合作关系或通过直接谈判发包工程项目的情形已经大大减少，工程承包商之间的项目竞争重新加剧，形形色色的带资承包方式卷土重来，市场形势转向卖方市场，承包商之间的市场竞争加剧。

项目经营风险有所增加。金融危机发生以来，美元汇率波动比较明显，总体呈现贬值趋势，因此承包工程项目管理中的汇率风险加大。全地区因不能正常履行商务合同而发生的商务纠纷数量增加。

表 2   2010 年海合会国家暂停项目

单位：10 亿美元

国　家	暂停项目金额
阿联酋	449.5
沙　特	20.6
科威特	6.0
卡塔尔	6.2
阿　曼	2.3
巴　林	9.2
总　额	493.8

资料来源：《中东经济文摘》副刊《2010 年海湾建筑业：地区项目指南》，第 7 页。

但是，海合会建筑工程市场也不是一片黑暗，金融危机并没有摧毁市场。

基础设施项目市场看好。受到冲击最明显的主要是投资性质的房地产项目和一些工业项目，而电力、交通运输、给排水等基础设施受影响最小。基础设施项目发包额保持了增长，同期发包额从 130 亿美元增加到 150 亿美元。[①]

政府投资发挥保障作用。政府为在金融危机中拯救经济，利用多年积累的石油收入支持基础设施项目。基础设施项目之所以有所增加，主要是这类项目迄今一般都是政府发包的项目。例如，2009 年，沙特就把原来计划采用 BOT 方式融资的陆桥铁路建设计划直接修改为政府采购项目。

亚洲承包商乘势而起。欧美国家的企业和银行受金融危机打击沉重，需要较长的喘息和恢复时间，亚洲国家，特别是中国、日本、韩国、土耳其等

---

① *MEED Gulf Construction 2010* 副刊，第 15 页。

国总体上受金融危机冲击较小，承包企业的资金竞争力相对提高，面临乘势而起的发展机遇期。

（二）未来五年市场走势

海合会市场潜力巨大，但将进入缓慢恢复期。

市场进入缓慢恢复时期。21 世纪以来推动海合会承包工程市场发展的长期因素继续有效，人口增长、城市现代化建设、经济发展战略调整、区域经济一体化等因素将继续推动市场需求，但由于国际石油价格虽在未来 5 年可能稳中有升，却主要受世界经济恢复缓慢牵制，难以恢复到金融危机前水平，海合会国家的石油收入增长速度可能不快。石油收入前景决定，未来 5 年海合会建筑工程承包市场将进入缓慢恢复期，但资金充裕程度、项目供给数量都难以恢复到金融危机前水平，总体上市场竞争形势加剧，将从买方市场转向卖方市场。特别是迪拜房地产项目在经历金融危机沉重打击以后，将缩减规模，趋于审慎。

项目成本趋于下降。金融危机对于过热的海合会建筑市场也是一种自发的市场调节。人力成本和原材料成本下降。金融危机发生后，世界石油、钢铁等原材料价格下跌，劳动力价格也因项目减少和竞争加剧而降低。今后 5年将是海合会建筑工程承包项目成本较低的时期，低成本因素将有利于市场恢复。

项目结构将进一步优化。从海合会国家计划和研究中的项目资源来看，新项目潜力十分丰富，总金额高达 2573 亿美元，其中绝大部分是房地产和基础设施项目。这些项目代表了海合会建筑工程承包市场今后 5 年的巨大潜力。房地产项目因其数量之多，以及人口增长、城市现代化和服务业发展导致的刚性需求，在市场中的主导地位不会发生根本性动摇，但房地产投机会受到抑制，政府支持的基础设施建设项目比重可能趋于相对上升。值得注意的是，随着发展观念转变和对本国资源优势的新认识，海合会国家正在悄然走上新能源经济道路。2009 年阿布扎比与韩国公司签署了建造核电站的合同，科威特、阿曼和卡塔尔也在 2010 年至 2011 年发包一批太阳能发电或太阳能海水淡化的项目。新能源为建筑工程承包开辟了新领域。

市场开放度将有所提高。经过金融危机冲击，政府的海外资产缩水，财政能力有所减弱，融资能力下降，开始转向私人资本。这种变化直接导致政府控制基础设施项目的局面逐渐解体。私人资本获得参与基础设施建设的机会，PPP 方式值得注意。所谓 PPP 融资方式，即政府和私人合伙的融资方式（public - private partnership，PPP）。一些相关的法律和规章障碍将逐渐被修正和废除。阿布扎比已经开始以这种资助建设艾因大学新校区、巴黎第一大学新址和扎耶德大学项目。要求承包商垫付最初的投资，政府从一开始就在项目中持股，然后在 25～30 年的项目使用期内陆续支付其投资。阿联酋的一些高速公路项目也开始采用这种方式招标。科威特政府 2010 年 1 月批准了 1020 亿美元公路、地铁和港口开发项目，此外还计划上马一批住房、运输和教育项目。为了实现 PPP 融资形式，科威特将修改不允许私人拥有基础设施的法律，然后组建公私合营的公司来实施这些项目。预计 PPP 方式的使用在未来 5 年在海合会国家还有扩大之势。

阿联酋和沙特值得关注。海合会国家现处在策划和研究阶段的项目中，92% 都集中在阿联酋，主要集中在迪拜酋长国，目前海合会国家最大的 10 个计划中或在建中的项目，阿布扎比占了 5 项。沙特的项目资源潜力也很大。其现有发电厂 17% 已经超过 25 年厂龄，须在未来 10 年中更新；而其发电能力需求预计将从 2008 年的 3.8 万兆瓦增加到 2025 年的 6 万兆瓦。电厂建设项目潜力大。[①] 沙特的人口增长也使该国的住房和城市建设具有很强的刚性需求。沙特还是工业建设项目资源潜力最大的国家，与国外公司合作兴建炼化厂、发展石化工业的计划项目很多。[②] 因此，阿联酋和沙特未来 5 年仍是海合会建筑工程承包主要市场（见表 3），正受到国际工程承包公司的密切关注。

表 3　2010 年海合会国家计划或研究阶段项目

国　家	房地产和建筑	基础设施（包括运输）	水和废水	总　额
阿联酋	24.2	35.4	0.6	60.2
沙　特	75	20.5	4.8	100.3
科威特	6.9	14	1.3	22.2
卡塔尔	14.8	15.3	6.3	36.4

---

① *MEED*，2009.03.20 - 26，p.29.
② 《国际经济合作》2009 年 10 月号，第 5 页。

续表

国　家	房地产和建筑	基础设施 （包括运输）	水和废水	总　额
阿　曼	20.5	5	0.7	26.2
巴　林	7	4.9	0.1	12
总　额	148.4	95.1	13.8	257.3

资料来源：《中东经济文摘》副刊《2010 年海湾建筑业：地区项目指南》，第 7 页。

四　中海承包劳务合作 2000 年以来变化及 2010～2015 年发展方向和规模结构展望

（一）中国在海合会承包工程特点

海合会国家是中国海外工程承包业新增长点。2001～2008 年，中国在海合会国家的工程承包额持续大幅度上升。合同额从 3.4 亿美元增加到 117.4 亿美元，年平均增长率为 66%；工程承包营业额从 1.0 亿美元增加到 52.9 亿美元，年平均增长率为 76%，均远远超过同期中国海外工程承包合同总额年平均增长 37% 和营业总额年平均增长 31% 的增长速度，比同期世界 225 强在中东承包工程营业额的年平均增长速度快 1 倍以上。2008 年，中国在中东国际建筑工程承包市场 225 强营业额中占比 6.5%，是中东国际建筑工程承包市场上的第 5 大角色。[①]（中国占 225 强 25%，但营业额只占 6.5%，说明所获得的项目增加值有问题。）

海合会国家已成为我国海外工程承包主要市场。在 2008 年中国对外工程承包营业总额中，海合会国家列亚洲和非洲之后，位居第三，但其上升趋势明显。从 2001～2008 年海合会国家在我国对外工程承包总额中的比重来看，合同额比重从 2.6% 上升到 11.2%，营业额比重从 1.2% 上升到 9.4%。同期，中国在海合会国家从事建筑工程承包人员数量也从 3218 人增加到 41379 人，海合会国家在中国对外工程承包在外员工总数中的比重从 5% 上升到 15%。

---

① 《工程新闻记录》2009 年 8 月，转引自《国际经济合作》2009 年 10 月号。

我国企业在海合会地区的主要市场集中在沙特和阿联酋，2008 年两国分别占中国在海合会国家承包工程营业总额的 46% 和 40%。

海合会国家已成为获取大型项目的主要来源。随着中国企业在工程施工能力和配套能力，以及在一些领域的设计能力的快速提高，中国企业承揽的大型项目的能力不断提高。2001～2008 年，中国在海合会国家签订的每项合同平均金额从 472 万美元提高到 5240 亿美元，远远超过同期中国海外工程承包合同平均金额 1932 万美元的水平。随着中铁集团在沙特获得 18 亿美元的麦加轻轨项目、中铁 18 局中标总金额 140 亿美元的沙特南北铁路项目部分工程、中国石油 2008 年在阿布扎比获得原油管线设计采购施工（EPC）价值 32.9 亿美元的项目总承包合同等，海合会已经成为我国公司获取大型建筑工程承包项目的主要市场（见表 4）。

中国企业的承包工程项目结构不断取得新突破。中国企业承包的工程行业从早期主要集中在劳动密集型的土建项目以及主要分包工程，逐渐发展到石化、水利电力等基础设施等资本密集程度较高的项目，并且越来越多地成为项目总承包商。① 近年来中国企业在海合会地区，特别是在沙特的铁路建设、水泥生产线等方面首次获得大项目，取得突破性进展。

表 4　中国在海合会国家的工程承包营业额

单位：万美元，%

年　份	2001	2002	2003	2004	2005	2006	2007	2008
沙　特	3059	5323	3485	11634	31729	102082	127614	245371
阿联酋	2511	5823	13331	32170	28039	88918	140293	210954
科威特	755	121	7998	10298	15877	9913	8720	11307
卡塔尔	3720	2621	1482	664	1643	25905	45784	41980
阿　曼	277	0	1011	3345	8634	10098	10722	16367
巴　林	0	0	1	12	0	0	1983	3478
总　计	10322	13888	27308	58132	85985	240524	335116	529457
增　长	—	34.5	96.6	112.9	47.9	179.7	39.3	58.0

　　资料来源：商务部对外经济合作司编制的历年《中国对外承包工程、劳务合作和设计咨询业务统计年报》，国家统计局贸易外经统计司编《中国贸易外经统计年鉴》，中国统计出版社相关年份。

---

① 2007 年中国公司在海湾签署的大项目详见杨光主编《中东非洲发展报告 No.11（2007～2008）》，社会科学文献出版社，2009，第 249～250 页。

（二）中国企业在海合会国家承包市场的竞争优势

随着中国的经济发展，中国建筑工程承包企业在海合会国家市场上树立了一定的优势。

人力资源成本优势。中国在人力密集型行业有非常明显的竞争优势。在建筑承包工程方面，中国不仅仍然具有劳动力成本的优势，而且还有熟练技术工人的劳动力成本和效率优势。保质守时是中国企业的口碑。中国公司的人力资源优势主要是管理人员和技术人员成本低，与发达国家的工程技术人员没有明显的能力和水平差距，但工资差距较大。与经济不发达国家的工程技术人员相比，中国工程技术人员在工资上虽然没有优势，但在能力和水平上却有优势。尽管沙特等国实行劳动力本地化政策，但由于当地国民在教育素质和工作意愿方面的原因，在未来 5 年内还无法与我国劳动力竞争。

专业技术品牌优势。逐渐形成了中国的强势产业，在多个领域形成了以生产成本为核心的比较优势，具体包括以工厂制造成本为主的大型基础设施领域，如发电、送电、港口机械、电信、冶炼等；以施工设备和施工技术为主的大型基础设施建设项目，如石油、公路、水利、供水、水电站、港口等。从近年发展趋势上看，中国企业在科技含量高、资金规模大的工业项目上呈现持续增长的趋势，电子通信类高科技项目也有很大进展，竞争优势比较明显。经过多年发展和技术积累，中国公司在制造技术、设计技术、施工技术等方面已经具有相当的优势。就土木工程而言，中国企业已经能够自行设计施工世界最长的桥、最高的楼、最大的水电站、海拔最高的铁路等。在国际承包工程市场上，中国公司的技术优势在通信、发电、送电、冶炼等方面已经发挥出来。中国公司在土木工程上的优势为中国公司争取大型和特大型项目提供了坚实的基础。在新能源领域，中国在核电、太阳能和风能方面都有一定的技术优势和成本优势。

承包工程能力增强。中国建筑工程承包商从劳动密集型的土建工程和从分包大项目中的土建项目起家，如今已经逐渐具备采用 EPT 方式，进行设计、采购和建筑的总承包的能力。在沙特阿拉伯，从事 EPT 方式承包的中国企业已占多数，部分企业从事建筑分包，包清工和提供专业劳务。中国承包商已经进入石油天然气勘探开发、石化工程建设、市政基础建设、工业和民用建筑、路桥等众多领域。

成套设备制造优势。中国目前基本形成比较完整的工业产业链，在大型机电设备、成套设备制造等方面具有较强竞争力，制造能力强，价格合理，有助于承揽国际承包工程项目，在大经贸框架下推动海外建筑工程承包业的发展。

五　现存问题及中方配套措施建议

（一）与国际承包公司相比的主要劣势

外国企业的设计咨询和总承包能力强，我国企业在这方面还相对欠缺实力，许多企业仍然在从事分包项目和低端项目。

我国企业融资能力不如大型外国企业。外国公司往往组建金融企业、设备供应商和承包公司等联合组成的国际财团，形成强大的市场竞争力，而我国承包公司单打独斗的情况还比较普遍，我国企业多是整体国内建制。

企业履行社会责任的意识还不强。外国企业在环保、劳动力本地化等方面比较重视。我国企业对现代企业社会责任意识还不够明确。

比较缺乏复合型人才。

相互之间竞争比较严重，缺乏协调管理。

（二）中方配套措施建议

市场竞争的重新加剧，迫使我国企业提高竞争力，特别是从数量扩张转向质量取胜，这是一个关键时期，建议采取以下对策。

1. 加强政府对企业的金融支持

在金融危机后的市场恢复时期，当地资金状况可能不如金融危机前时期，带资承包将重新成为获得项目的竞争力核心内容。中国政府应当积极应对带资承包形势，推动国内金融保险机构建立和完善对外承包工程业务发展的金融支持体系。加强对带资承包各种实现形式的研究工作，在充分利用政策性银行、保险公司对承包工程各种融资支持手段的同时，进一步鼓励发挥商业银行的融资主渠道作用；在进一步优化信贷条件、扩大信贷对承包工程的支持规模的同时，大胆尝试以 BOT 及其衍生形式或带资方式拓展工程承包业务（例如 PPP）。也可鼓励金融企业给予适当支持，金融企业、项目管理企业与

433

承包企业也可打造财团，联手进入市场，提高带资承包实力，避免融资形成业务瓶颈。要认真研究当地市场出现的 PPP 等新的融资形式，寻找利用这些形式融资的新机遇。

2. 提高承包工程的结构和水平

把现有承包工程项目结构从房地产调整到资金更加有保障的基础设施和石化工业项目上来，其中包括区域经济一体化带来的地区性电网、铁路网、公路网、电信网等建设。房地产项目反映了海湾国家的人口增长需要和经济增长战略新方向，也是私人投资热点，因此绝不会在金融危机后一蹶不振，在经过一阵降温之后，还会卷土重来，仍然值得我国公司继续关注，但应提高风险防范意识。值得重视的是，要从代表第四次技术革命的新能源领域寻找新的突破口和增长点，特别是积极寻找和关注我国已具能力，而且海合会国家锐意发展的核电、太阳能、风能等新能源等建筑工程承包项目。在我国劳动力成本优势逐渐削弱，市场竞争趋于激烈的形势下，我国企业的承包项目应从相对简单的劳动密集型项目向技术密集型项目和知识密集型项目渗透。我国企业应逐步退出土建等低端市场，向高附加值领域和新型领域发展。为此，企业应加快对新技术、新材料的学习、研究与应用，设立研究机构，加强与科研院所联系。

3. 通过鼓励企业重组提高竞争力

优化经营主体结构，实施分级分类管理，加强战略合作。为改变目前多数企业实力单薄的格局，需要优化经营主体结构，推动工程公司之间、工程公司和设计公司之间的重组与兼并，以提升企业的运营规模与实力，推动有实力的对外承包工程企业跨国经营、国际化发展。对外承包工程企业实行分级分类管理，对重点企业予以政策倾斜，促进业务发展。我国外经企业在国际承包工程和劳务市场上相互压价等恶性竞争现象比较严重，主要原因是企业数量多，企业之间业务同质化严重。要整顿和规范经营秩序，必须加快行业联合、重组、改制的步伐，尽快形成一批专业特点突出、技术实力雄厚、工程及竞争力强的大企业集团，适时组成专业化国际工程公司是解决目前开拓海湾市场主要问题的最佳方案之一，解决一些企业缺乏规划、经验少、人才缺乏、力量分散等问题，提高企业竞争力。

4. 加强与国际承包商的横向合作

在欧美企业占据支配地位、当地企业崛起的市场上，我国工程建设企业可采取各种形式、灵活政策，联合国际、当地企业、专利商、工程公司、银团以及施工企业等，充分发挥各自优势，扩大我国企业的市场份额。例如，控制当地承包市场的承包商分包工程，或与当地较小的承包商联合进行项目竞标。沙特虽然已取消代理制的强制执行，但实际上代理制仍然是获得项目的有效方式之一，在市场竞争加剧的情况下，处理好与当地代理人的关系值得重新引起重视。

5. 加强行业商会的协调、指导作用

行业商会一方面要加强对业内"走出去"企业的管理，完善自律机制建设，避免无序竞争。另一方面，要注意不断提升服务水平和质量，强化提供信息、咨询及相关服务的功能，协助业内企业进行项目谈判。切实履行为企业牵线搭桥的义务，加强在企业管理、沟通政府与企业之间的关系、帮助政府了解行业情况、为企业代言和服务等方面发挥应有的作用。

6. 进一步加强对合格人才的培养

特别是培养语言能力强、熟悉当地国情、善于经营管理、具有国际工程谈判能力的复合型管理人才和掌握熟练劳动技能、了解和适应所在国风土文化的适合市场需要的劳动力，发挥国内劳动力培训基地的作用。

7. 应逐步建立和完善适合我国国情的对外劳务合作社会服务体系

如在行业组织中设立外派劳务人员共同风险基金，用于替代劳务备用金制度，减少资金闲置，减轻企业负担。建立外派劳务人员服务体系，如为出国劳务人员提供医疗和养老保险等社会保障，为归国劳务人员的重新安置就业提供帮助和扶持，设立为劳务人员提供法律、心理和业务服务的咨询机构等。

8. 履行企业社会责任

己欲达则达人，为企业创造更好的经营环境，为国家树立互利共赢形象。特别是要全面贯彻联合国全球契约、ISO9000系列质量标准等企业社会责任规范，确保工程质量，维护全行业的信誉。注意解决当地关注的就业和技术转让问题，劳动力本地化已经成为大型跨国公司的重要做法，当地人教育发展提供了人才可能，符合当地国家解决本地人高层就业的要求和方向，我国企业也应当采取。

9. 应对可能的汇率风险

由于中国的人民币逐渐升值，汇率对工程的影响加大。人民币升值以及我国《劳动法》和相关条例，包括《建筑工程受到承包条例》的实施，使中国的人力成本上升，使中国设备成本竞争优势被削弱，更加突出了我国企业要走国际化发展道路和从劳动密集型项目转向资本密集型项目的必要性。美元则不断贬值，当地货币短期内没有与美元脱钩的前景。美元贬值和汇率波动可能给项目造成的风险值得重视。企业在投标的时候应当重视汇率风险。

伊斯兰金融全球化发展及中国与
中东国家的金融合作

姜英梅*

伊斯兰金融的全球化发展体现了金融全球化的发展趋势。非伊斯兰国家的伊斯兰金融实践表明，伊斯兰金融中心争夺战日趋激烈。英国为西方最强的伊斯兰金融中心；亚洲非伊斯兰国家中，新加坡意图打造连接中东和亚洲的伊斯兰金融中心。伊斯兰金融出现"向东看"趋势，中国亦有发展伊斯兰金融的构想。然而，由于中国国内诸多条件制约以及伊斯兰金融自身原因，中国设立伊斯兰金融中心动力不足，为时尚早。中国与中东国家的金融合作以海湾国家为主，金融合作领域和范围还亟待突破。

伊斯兰银行发展之初，政治家和金融家均对其持怀疑态度。30 年之后，曾被视为金融"奇葩"的伊斯兰金融发展迅猛，引起国际银行家和投资家的极大兴趣。不仅宗教意识浓厚的伊斯兰国家，而且伦敦、纽约等老牌国际金融中心，以及新加坡和中国香港等新兴市场皆力图争夺地区或全球伊斯兰金融中心地位。中国香港早在 2007 年就提出了建立亚洲伊斯兰金融中心的蓝图，并积极付诸实践。中国内地亦在 2009 年开始伊斯兰银行窗口试点。然而，受多种因素影响，中国内地伊斯兰金融发展步伐极其缓慢。对非伊斯兰国家和地区伊斯兰金融发展的分析，或许能对中国伊斯兰金融发展提供些许启示。

---

* 姜英梅，法学博士，中国社会科学院西亚非洲研究所副研究员，主要研究中东经济发展问题。

一 伊斯兰金融的全球化发展

伊斯兰金融自创立以来，就不断开疆拓土。伴随金融全球化和石油美元大流动，伊斯兰金融不可避免走向国际化和全球化，即跨越地理疆域和宗教疆域，在更大范围和更高层次上发展。伊斯兰金融全球化也就是其自身的"三次现代化"历程。2008 年国际金融危机爆发，传统金融体系岌岌可危，唯有伊斯兰金融傲然挺立，成绩骄人。据安永会计师事务所估计，2013 年伊斯兰金融资产将达到 1.7 万亿美元，年增长率 17.6%，而 2006～2013 年的年均增长率是 16.4%（见图 1）。全球伊斯兰金融机构约有 3800 万客户，平均每个客户拥有 2.1 个伊斯兰金融产品。78% 的伊斯兰金融资产由 6 个伊斯兰国家[①]（简称"QISMUT"）掌控，2/3 的伊斯兰金融机构客户居住在上述 6 国。目前，伊斯兰金融资产约占全球金融总资产的 1%，[②] 尽管规模很小，但增长速度快，安永会计师事务所估计，2018 年伊斯兰金融资产将达到 2 万亿美元。[③]

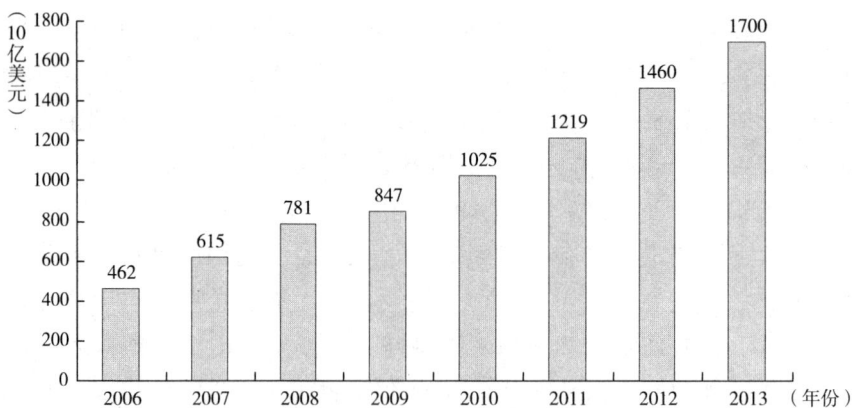

图 1　伊斯兰金融资产趋势图

资料来源：Ukifs（a part of The City UK），*Islamic Finance* 2013，October 2013，p. 1。

---

① 6 个伊斯兰国家分别是卡塔尔、印度尼西亚、沙特阿拉伯、马来西亚、阿联酋和土耳其。

② Middle East Economics Digest – MEED，"Size of Islamic Finance Sector 'Trivial'," *MEED*，Vol. 7 – 13，June 2013，p. 16.

③ Ernst & Young，*World Islamic Banking Competitiveness Report 2013 – 2014*，Nov. 2013，pp. 8 – 16.

20 世纪 70 年代，伴随伊斯兰复兴主义和滚滚而来的石油美元，伊斯兰国家开始设立伊斯兰银行，迄今为止仍是伊斯兰金融最主要的形式之一。1972 年，埃及在开罗成立纳赛尔社会银行，这是"第一家面向城市客户的伊斯兰银行"。[①] 1975 年伊斯兰开发银行和 1977 年国际伊斯兰银行业协会成立后，海湾地区乃至整个伊斯兰世界兴起了一股创建伊斯兰银行的热潮。

伴随伊斯兰国家经济合作日益增强，伊斯兰银行之间的合作也日渐增多。沙特起了决定性作用。埃及费萨尔伊斯兰银行、苏丹费萨尔伊斯兰银行和沙特－菲律宾费萨尔银行等，都包含有 40% 以上的沙特官方和私人资本。1980 年，沙特在瑞士日内瓦建立伊斯兰投资社，借此成功踏进西方国家金融市场。此后，沙特大力拓展伊斯兰银行，在英国（伦敦和伯明翰）、土耳其、突尼斯、马来西亚等国均有伊斯兰银行的分支机构。不到 20 年的时间，伊斯兰金融机构就从 1 家发展到近 40 家，在中东地区占据主导地位。伊斯兰金融产品以伊斯兰银行产品为主，禁止涉猎金融衍生品。伊斯兰金融的第一波发展浪潮被称为伊斯兰金融的"第一次现代化"，主要围绕伊斯兰教法学家的解释、合法性等文字工作展开。[②]

1990 年是国际政治格局的重要分水岭，以新自由主义为理论基础的金融自由化在全球扩散开来。金融自由化政策为伊斯兰金融进入西方国家打开便利之门，中东再兴伊斯兰复兴主义、西方国家穆斯林中产阶级地位上升等，都对伊斯兰金融全球化发展产生了积极影响。[③] 与此同时，伊斯兰金融产品日益多元化，银行和非银行金融工具平分秋色。伊斯兰金融活动也由中东地区向东南亚拓展。马来西亚在政府大力支持下开展了灵活务实的经营方式，从而成长为新的区域伊斯兰金融中心。至关重要的是，伊斯兰银行和传统银行从最初的怀疑敌对开始走向合作关系，主要表现为：第一，传统银行开设伊斯兰银行窗口，提供伊斯兰金融产品；第二，非伊斯兰国家金融机构也涉足伊斯兰金融业务，伊斯兰银行数量由此日益增多；第三，一些非穆斯林也开始接受伊斯兰金融产品；第四，在金融产品创新方面，传统金融机构和伊斯兰金融机构相互合作，这在非伊斯兰世界尤为突出。截至 20 世纪末，全球伊

[①] 许利平等：《当代东南亚伊斯兰发展与挑战》，时事出版社，2008，第 244 页。

[②] Clement M. Henry and Rodney Wilson, *The Politics of Islamic Finance*, Edinburgh University Press，2004，p. 48.

[③] 姜英梅：《中东金融体系的伊斯兰特色》，《当代世界》2013 年第 1 期，第 57 页。

斯兰金融资产超过 1500 亿美元,伊斯兰金融机构达到 170 多家。[①] 这一时期堪称伊斯兰金融的"第二次现代化",强调伊斯兰的"道德经济"或"精神原则"[②],例如,风险分担原则,以此评估现代金融工具与伊斯兰教法的相容性。[③]

21 世纪世界进入高油价时代,伊斯兰国家丰富的石油美元和国际金融市场的强劲需求,促使伊斯兰金融出现第三波发展浪潮,也就是"第三次现代化"。巨额石油美元和巨大市场潜力,导致传统银行不断涉足伊斯兰金融业,伊斯兰金融也逐渐向非伊斯兰国家扩张,以中东和东南亚为中心,辐射至欧美传统国际金融中心和新兴市场等 50 多个国家和地区,伊斯兰金融机构达到 300 多家,其中伊斯兰银行 200 多家,其他伊斯兰金融机构 100 多家,包括商业银行、投资银行、保险公司、基金管理公司及其他金融服务公司,另外还有 190 多家由传统银行设立的伊斯兰银行窗口,伊斯兰金融资产达到 1.7 万亿美元,且以每年 15% ~ 20% 的速度增长。[④] 伊斯兰金融成长为国际金融体系的重要组成部分,主要表现为金融机构多元化、金融产品创新化、客户广泛化、业务范围国际化。此外,国际伊斯兰金融组织如伊斯兰金融服务委员会(Islamic Financial Services Board,IFSB)等相继成立,以此加强对伊斯兰金融行业的统一监管与协调,促进其良性发展。

伊斯兰金融的兴起和发展与石油美元和伊斯兰复兴运动息息相关;伊斯兰国家的经济改革和结构调整以及金融自由化和全球化,也为伊斯兰金融全球拓展创造了有利条件。由此可见,伊斯兰金融的发展体现了金融全球化的发展趋势。从未来发展趋势看,伊斯兰文明如何融入全球化大潮,是伊斯兰金融发挥全球影响力的一个重要影响因素。值得注意的是,由于政治环境、经济状况以及对宗教的依赖程度不同,各国对伊斯兰金融机构的看法、允许经营的范围和参与的程度呈现差异化发展。[⑤] 总体来说,伊斯兰金融不断扩展的事实表明,其所处的政治经济环境从一定程度上来讲是自由的。这是因为,

---

[①] Tarek S. Zaher and M. Kabir Hassan, "A Comparative Literature Survey of Islamic Finance and Banking," *Financial Markets – Institutions & Instruments*, Vol. 10, No. 4, November 2001, p. 174.

[②] Clement M. Henry and Rodney Wilson, *The Politics of Islamic Finance*, Edinburgh University Press, 2004, p. 48.

[③] 姜英梅:《中东金融体系的伊斯兰特色》,《当代世界》2013 年第 1 期,第 57 页。

[④] Ernst & Young, *World Islamic Banking Competitiveness Report 2013 – 14*, Nov. 2013, p. 2.

[⑤] 姜英梅:《中东金融体系的伊斯兰特色》,《当代世界》2013 年第 1 期,第 58 页。

一个备受质疑的金融体系如果能迅速成长，必须在政府严格控制之外给予试验和发展的空间。

二 非伊斯兰国家伊斯兰金融实践和发展

为应对金融全球化的挑战，获得更大的发展空间，筹集更多的资金，伊斯兰金融不再局限于本土和本地区，逐渐向非伊斯兰国家渗透，其触角延伸到亚洲、欧洲、美洲国家和世界主要金融中心，形成全球拓展之势。1992年英国渣打银行成为第一家提供伊斯兰银行商品的国际商业银行，成功地带动国际金融市场对伊斯兰金融的关注。全球经济体发展伊斯兰金融中心无非有五个原因，一是吸引伊斯兰国家尤其是中东产油国的石油美元，获得经济发展资金；二是许多伊斯兰国家都是石油天然气生产大国，且储量可观；三是到伊斯兰市场投资获利，中东等伊斯兰市场是继金砖国家之后下一个极具潜力的经济发展地区；四是杜绝了"有毒"资产的伊斯兰金融是目前全球金融表现最受瞩目的明星产业之一；五是全球23%（2030年将达到27%）[1] 的穆斯林人口，只有1%的金融资产是符合伊斯兰教教法的，全球仅有12%[2]的穆斯林使用伊斯兰金融产品。整个中东只有不到20%的成年人有正式的银行账户，这一缺口是呈现在国际市场面前的巨大机会。[3] 目前，中东地区伊斯兰金融资产占全球伊斯兰金融资产的比例为71.72%，亚洲地区（不包括西亚）占22.56%，欧美和澳大利亚占4.52%，撒哈拉以南非洲占1.2%（见表1）。

表1　2012年世界各地区伊斯兰金融资产及比例

单位：亿美元，%

地　区	伊斯兰银行	伊斯兰债券	伊斯兰投资基金	伊斯兰保险	合计	占比
亚洲	1718	1603	226	27	3574	22.56
海合会国家	4345	663	289	72	5369	33.89

---

① Ukifs（a part of The City UK），*Islamic Finance 2013*，October 2013，p. 2.

② Ukifs（a part of The City UK），*Islamic Finance 2012*，March 2012，p. 2.

③ 〔英〕乔治·奥斯本：《英国力争成为全球伊斯兰金融中心》，《金融时报》中文网，http：//www. ftchinese. com/story/001053166#utm_ campaign = 2G090229&utm_ source = marketing&utm_ medium = campaign，2014 - 01 - 06。

续表

地　　区	伊斯兰 银行	伊斯兰 债券	伊斯兰投资 基金	伊斯兰 保险	合　计	占比
中东（不包括海合会）	5906	17	2	69	5994	37.83
撒哈拉以南非洲	169	1	16	4	190	1.20
欧洲、美国、澳大利亚	598	10	108	0	716	4.52
合　　计	12736	2294	642	172	15844	100

资料来源：Islamic Financial Services Board – IFSB，*Islamic Financial Services Industry Stability Report 2013*，May 2013，p. 9。

（一）英国——西方最强的伊斯兰金融中心

据伊斯兰金融服务委员会（IFSB）2013 年统计，欧洲、美国和澳大利亚伊斯兰金融资产占全球伊斯兰金融资产的比例为 4.52%，这在非穆斯林地区是最高的。其中，英国伦敦是最强的伊斯兰金融中心，按国别来看排在第八位，前七位皆是伊斯兰国家。[①]

1. 英国伊斯兰金融市场概况

伦敦身为最大的国际金融中心之一，加上有 200 多万[②]穆斯林，吸引了不少中东伊斯兰银行。英国于 20 世纪 80 年代就引入了伊斯兰金融，但由于缺乏相关的机制及法规、伊斯兰金融产品缺乏吸引力且无法规保障，加之政府支持力度不够，伊斯兰金融零售市场一直处于停滞状态，直到 21 世纪英国伊斯兰金融才出现飞速发展，成为非伊斯兰国家最强的伊斯兰金融中心。2004年英国金融服务局（FSA）授权英国银行系统接纳伊斯兰银行业务，并在同年核准了英国乃至整个西方国家首家伊斯兰银行——英国伊斯兰银行（Islamic Bank of Britain plc.，IBB），该银行由西亚国家的财团筹资设立。2008 年英国设立伦敦中东银行、欧洲伊斯兰投资银行和欧洲金融公司 3 家新的伊斯兰金融机构，传统银行还通过设立伊斯兰窗口提供伊斯兰金融服务，其中劳埃德信托储蓄银行（TSB）和汇丰银行的示范效应比较突出。劳埃德

[①]　Islamic Financial Services Board – IFSB，*Islamic Financial Services Industry Stability Report 2013*，May 2013，p. 9.

[②]　Ukifs（a part of The City UK），*Islamic Finance 2012*，March 2012，p. 2. 根据美国中央情报局网站统计，英国穆斯林人口占总人口的比例为 2.7%，约为 171 万人，https://www.cia.gov/library/publications/the – world – factbook/geos/uk. html，2014 – 02 – 03。

信托储蓄银行（TSB）印制的客户服务项目手册中就专设一章对伊斯兰银行制度进行解释。此后许多传统银行纷纷效仿，向伊斯兰学者请教并雇用伊斯兰金融专家设计伊斯兰服务专柜。英国财政部还着手制定一系列措施，使符合伊斯兰教法的储蓄账户和抵押服务合法化。[①] 欧美国家和离岸中心的伊斯兰银行共计49家，英国就有22家（其中6家是完全按照伊斯兰教法开展业务的伊斯兰银行，另外16家是在传统银行设立的伊斯兰窗口），美国有10家，澳大利亚和瑞士都有4家，法国有3家，其余分别有1家。[②] 英国国内的伊斯兰金融主要集中在消费金融市场，例如房屋融资，为避免金融机构和放贷客户缴纳双重印花税，英国政府废除了金融机构取得不动产时应缴纳印花税的规定。包括剑桥大学在内的英国十几所大学或商学院都设立了伊斯兰金融课程。此外，为了解决国内某些穆斯林贫困问题，政府还计划出台一些符合伊斯兰金融的政府项目，例如学生融资、创业融资以及企业补助。政府政策的持续转型和制度改良，以及伊斯兰金融产品吸引力上升是英国伊斯兰金融飞速发展的主要原因，然而，"9·11"事件后英国伊斯兰社团和英裔族群关系恶化，而两大族群融合是英国政策之一，发展伊斯兰金融是促进社会和谐的一个重要手段。[③]

2. 英国力图建立伊斯兰金融中心

英国还计划建立欧洲乃至全球的伊斯兰金融中心。早在20世纪80年代，伦敦金属交易所就引入穆达拉白（Mudarabah）和穆拉巴哈（Murabahah）交易。为鼓励伊斯兰金融业务，英国持续推行税收优惠和对外开放政策。渣打银行和汇丰银行的伊斯兰银行子公司为英国伊斯兰金融发展奠定了重要基础。在股票领域，英国推出"全球伊斯兰指数系列"和伊斯兰股票型基金。2006年时任英国财政大臣戈登·布朗表示希望英国成为西方通向伊斯兰金融世界的门户。为此，英国政府设立了"伊斯兰金融特别工作组"（Islamic Financial Tast Force），目的是将英国培育成西方伊斯兰金融中心，吸引伊斯兰资本促进经济发展。2013年10月29日，第九届世界伊斯兰经济论坛在英国伦敦开幕，这是该论坛第一次在非伊斯兰国家举办，体现了英国作为全球金融中心的地

---

① 沈晓明主编《伊斯兰银行知识读本》，中国金融出版社，2010，第26页。

② Ukifs（a part of The City UK），*Islamic Finance 2013*，October 2013，p.4.

③ 参见〔日〕门仓贵史《伊斯兰金融大商机》，林慧如译，经济新潮社，2009，第105页。

位，来自 100 多个国家的 1000 多名投资者和 15 个国家的政府首脑出席了开幕式。英国首相在开幕式上宣布英国财政部正准备在 2014 年发行总额大约为 2 亿英镑的伊斯兰主权债券——苏库克（Sukuk），这将是西方国家第一次发行伊斯兰主权债券。此前，英国乐购（Tesco）和汇丰银行（HSBC）等公司已经通过位于中东和东南亚的子公司发行过伊斯兰企业债券，标准普尔曾给予AAA 的评级。英国此举将支持伊斯兰银行业在英国的进一步拓展，使穆斯林和非穆斯林受益，并将推动企业机构也采取类似做法，进一步拓展伊斯兰债券在全球资本市场的作用，有助英国获得更多急需的海外投资。① 伦敦证券交易所还计划推出一个伊斯兰市场指数，帮助投资者辨别符合伊斯兰教法的公司，以吸引更多伊斯兰投资者。目前英国已有 25 家律师事务所为当地和全球的伊斯兰金融部门提供服务。与此同时，伊斯兰金融方式也在伦敦的城市发展中被更多采纳，例如，伦敦碎片大厦（Shard）和 2012 年奥运村就是在伊斯兰金融的支持下建成的。伊斯兰金融不仅为英国创造就业，还带来投资。英国媒体报道说，过去 7 年间，英国的伊斯兰投资飙升了 150%；过去 5 年间，伦敦市场的伊斯兰投资价值达到了 340 亿美元。② 未来，伊斯兰投资将继续在英国基础设施建设方面发挥重要作用，英国伦敦还将发展成继迪拜之后的世界伊斯兰金融中心。

3. 英国对伊斯兰金融的监管

英国现行的金融监管机构是英国金融服务管理局（FSA，以下简称金融监管局），根据 2000 年《金融服务与市场法规》（FSMA）的规定，该局拥有立法权，负责监管银行、保险及证券业，与英格兰银行（BOE）共同隶属于财政部。金融监管局负责金融机构的监管，而英格兰银行负责维持金融市场稳定。凡从事与收取存款、保险及投资业务相关的业务，都必须遵守英国《金融服务与市场法规》。一般金融机构都必须向金融监管局申请营业许可，伊斯兰金融机构当然也受其管辖。英国现有的 6 家专业伊斯兰银行同时依据英国传统金融法规以及伊斯兰金融法规设立。目前伊斯兰金融在英国《金融服务

---

① 〔英〕乔治·奥斯本：《英国力争成为全球伊斯兰金融中心》，《金融时报》中文网，http：//www. ftchinese. com/story/001053166#utm_ campaign = 2G090229&utm_ source = marketing&utm_ medium = campaign，2014 年 1 月 22 日。

② 《英国拟建伊斯兰金融中心》，人民网，http：//www. people. com. cn/24hour/n/2013/1031/ c25408 - 23381158. html，2014 年 1 月 16 日。

与市场法规》适用上仍面临困难，主要包括：

一是关于商品名称的定义。伊斯兰金融产品是依据伊斯兰教法设计的，同样的产品名称，其属性与传统金融并不相同。例如伊斯兰金融存贷款业务，并不涉及传统金融的利息费用，而是伊斯兰金融特有的资产销售与租赁业务方式。对监管机构而言，伊斯兰金融的监管无法站在与传统金融相同的基础点来看，因为其所涉及的人员及业务范围不尽相同。尤其是现行的金融法规都是依据传统金融的模式来制定的，要同时规范伊斯兰金融，可能会忽略法律未规范的业务。[①] 为此，伊斯兰金融机构与英国监管部门进行了多次磋商，共同提出了解决方案，例如对"存款"的定义，从而体现出了伊斯兰金融与传统金融的兼容性，这对中国发展伊斯兰金融很有借鉴意义。

二是沙里亚顾问委员会（al – Shari'ah law）。[②] 英国伊斯兰金融监管在历经多次改革之后，目前已有较完整的管理组织与程序。为了稳定伊斯兰金融市场运作，英国成立了独立的沙里亚顾问委员会，负责伊斯兰金融机构的监督管理与咨询，并定期审核伊斯兰金融机构的运作是否符合伊斯兰教法的规定。大部分伊斯兰金融机构内部也成立了沙里亚顾问委员会，除了加强业务管控外，也有助于通过沙里亚顾问委员会的审核。由于伊斯兰金融必须符合伊斯兰教法，伊斯兰金融机构必须同时遵守金融监管局和沙里亚顾问委员会的规定，才能够合法营业。此外，沙里亚顾问委员会的沙里亚学者也要服务于英国监管部门与伊斯兰金融机构。对于监管者而言，对于某些特殊的业务，双方必须事先沟通了解才能够达成共识。[③]

三是伊斯兰金融产品的促销。伊斯兰金融与传统金融的运作方式不同，银行与客户之间是一种"风险共担、利润共享"的伙伴关系，投资收益并不固定，传统银行与客户的关系则是固定利息固定收入的借贷关系，消费者对此很陌生。因此，在推销伊斯兰金融产品时必须考虑到消费者保护的议题，主要体现在风险管理和公司治理两个方面。这就要求广告宣传必须要遵守"清楚、写实、不误导"的原则，必须清楚揭露业务上可能产生的投资风险，

---

① 梁敏蒂、黄博怡、陈漱石：《伊斯兰金融——另一个13亿人口的另类金融》，台湾：考用出版股份有限公司，2011，第142～143页。

② 根据伊斯兰教法建立的伊斯兰金融权威解释机构。

③ 梁敏蒂、黄博怡、陈漱石：《伊斯兰金融——另一个13亿人口的另类金融》，台湾：考用出版股份有限公司，2011，第142～143页。

而不是一味地宣传获利和收益。[①]

（二）其他西方发达国家伊斯兰金融发展状况

除了英国以外，美国、法国、瑞士、俄罗斯、澳大利亚等西方发达国家也不同程度地涉足伊斯兰金融业。

美国伊斯兰金融规模不大，主要集中在纽约，以住宅融资为主营业务。美国伊斯兰金融业务最亮眼之处在于推出伊斯兰指数和伊斯兰股票型基金，例如，"道琼斯伊斯兰市场指数"（DJIMI）、道琼斯伊斯兰市场美国指数（IMUS）。摩根士丹利推出全球伊斯兰指数，标准普尔推出"全球沙里亚指数"，争先界定伊斯兰金融投资范围，为虔诚的穆斯林提供安全交易和选择的重要"过滤器"。

直到 2008 年国际金融危机后，法国金融市场才对伊斯兰银行开放，开放的主要原因是希望石油美元充裕的阿拉伯海湾国家通过在法国设立伊斯兰银行加大对法国的投资，这对遭受金融危机重创的法国将起到积极作用。2009 年 6 月，法国首家伊斯兰银行在巴黎成立，如今法国已有 3 家伊斯兰银行，都来自中东海湾国家。[②]

瑞士伊斯兰金融发展时间非常短暂，但又极其迅速。2006 年，费萨尔私立银行在瑞士日内瓦开业，开创了瑞士伊斯兰银行业务新局面，从而带动世界许多国家的客户纷至沓来。目前，瑞士共有 4 家伊斯兰银行。面对伊斯兰金融的诱惑和对阿拉伯资本的渴望，俄罗斯也在 2011 年 6 月踏足伊斯兰金融产品，具体是由以穆斯林人口为主的鞑靼斯坦共和国发行伊斯兰债券。这批伊斯兰债券由鞑靼斯坦政府担保，其承销商是位于卢森堡的公司，用来筹资建造喀山市一个造价达 2 亿美元的综合商业中心。[③] 澳大利亚也有 4 家伊斯兰银行，正为进军伊斯兰金融市场摩拳擦掌。2013 年 4 月，澳大利亚举办了第一次伊斯兰金融论坛，7 月，首次发行伊斯兰债券。一些大学教授伊斯兰金融课程，拉筹伯大学（La Trobe University）还设立了伊斯兰银行与金融硕士专

[①] 梁敏蒂、黄博怡、陈漱石：《伊斯兰金融——另一个 13 亿人口的另类金融》，台湾：考用出版股份有限公司，2011，第 142～143 页。

[②] 参见沈晓明主编《伊斯兰银行知识读本》，中国金融出版社，2010，第 27 页。

[③] 《俄罗斯将首次发行伊斯兰债券吸引阿拉伯资本》，新华网，http://news.xinhuanet.com/world/2011-06/06/c_121499803.htm，2014-01-08。

业。目前，澳大利亚发展伊斯兰金融市场的主要问题在于税收问题。

（三）亚洲非伊斯兰国家伊斯兰金融实践

从伊斯兰金融在区域间的发展看，伊斯兰金融有"东移"趋势。许多伊斯兰金融机构的投资重点从西方转移到了亚洲东方地区，一方面是受"9·11"事件以及美国领导的全球反恐影响，欧美国家加大了对伊斯兰世界资金的监管和约束，导致其收益大大降低；另一方面是亚洲等发展中国家经济高速增长，对本国金融体系进行大规模的改革重组，加大对外开放程度，以此吸引伊斯兰世界的资金。受世界金融危机影响，富有石油、美元和闲置资金的伊斯兰国家投资欧美国家意愿低迷，更愿意与亚洲国家寻求合作。亚太非伊斯兰国家中涉足伊斯兰金融的是新加坡、日本、印度、泰国、文莱等国。

1. 新加坡抢滩伊斯兰金融国际据点

新加坡穆斯林人口约占总人口的15%，存在对伊斯兰金融的强烈需求，然而新加坡银行法并不适用于伊斯兰银行。2005年9月，新加坡金融管理局核准了伊斯兰金融产品中的"成本加利润销售型"金融交易。[①] 从此，国内外金融机构纷纷抢搭伊斯兰银行列车。2007年5月，新加坡最大的商业银行新加坡发展银行（DBS）和22个中东海湾投资者获得新加坡金融管理局的许可，成立新加坡首家伊斯兰银行——亚洲伊斯兰银行。花旗银行也在新加坡开办"成本加利润销售型"的金融交易。由于国内穆斯林人口不多，国内伊斯兰金融消费市场发展空间不足，新加坡政府意图打造联系中东与亚洲的国际金融中心，力促亚洲伊斯兰银行走向中东，新加坡发展银行由此获准在迪拜开设分支机构。随着伊斯兰金融的发展，中东石油美元源源不断流入新加坡，尤其是不动产市场。[②]

2. 日本积极扩展海外伊斯兰金融业务

日本国内穆斯林人口很少，占比也低，这决定了日本国内伊斯兰金融消费市场发展空间不足。然而，由于与伊斯兰国家大量的能源贸易以及伊斯兰金融市场背后的巨大商机，日本对发展伊斯兰金融仍持积极态度，且以外向

---

① 成本加利润销售型金融交易，即由银行代替客户买入商品，将购入成本加上一定利润之后卖给客户。

② 参见〔日〕门仓贵史《伊斯兰金融大商机》，林慧如译，经济新潮社，2009，第101~103页。

型为特点。日本政府积极参与伊斯兰金融服务委员会等国际伊斯兰金融组织的相关活动，日本金融机构也已开始向伊斯兰国家提供伊斯兰金融产品。例如，日本银行国际合作部聘请伊斯兰金融专家组成咨询小组，协助设立伊斯兰银行国际业务部，正式开展伊斯兰金融业务。此外，日本亚洲投资公司专设伊斯兰顾问处，与美国多家银行合作，建立伊斯兰金融管理部，为穆斯林客户服务。2007年，日本永旺信用卡公司在马来西亚发行日本首例伊斯兰企业债券，原因在于伊斯兰债券发行成本低于银行贷款利率。永旺信用卡和三井住友银行已在马来西亚提供伊斯兰融资服务。2012年和2013年，东京三菱日联与三井住友银行合作两次为一家文莱政府的海事航运公司提供1.7亿美元和1.84亿美元的银团贷款。[1]

日本金融机构也积极涉足伊斯兰保险，东京海上日动火灾保险所属的东京海上控股公司分别在沙特阿拉伯、印度尼西亚、马来西亚等地取得伊斯兰保险的营业执照，日本综合租赁业龙头欧力士也在扩大伊斯兰保险及租赁业务规模，未来可在许多国家开展伊斯兰保险业务。与此同时，日本为吸引巨额石油美元，也开始着手整顿国内市场，以配合中东穆斯林投资者的需求。例如，美国标准普尔与东京证券交易所合作开发符合伊斯兰教法的日本伊斯兰股价指数（Ss&P/TOPIX 150），未来还要进一步开发与伊斯兰指数联动的伊斯兰指数股票型基金，吸引中东资本，从而为低迷不振的日本经济注入活力。[2]

3. 其他亚洲国家尝试涉猎伊斯兰金融

印度约有1.5亿穆斯林人口，占全国人口的13%以上，严格遵守教义的穆斯林多半未在印度国内金融机构开立存款账户，而是以现金形式持有。印度政府和银行法并未对伊斯兰银行开放，然而，穆斯林仍可以通过其他方式找到所需的伊斯兰金融服务，即伊斯兰融资公司，但多半是小规模企业。近年来，印度为吸引外资，正大规模进行基础设施建设，亟须融资。印度中央银行设置专业委员会评估伊斯兰银行开放的可行性以及开办伊斯兰保险的可行性。印度股票市场有不少符合伊斯兰教法的股票，石油美元丰富的中东海

---

[1] 《日本金融机构开始向亚洲伊斯兰国家提供金融产品》，财界网，http://finance.17ok.com/news/5/2013/0128/2239716.html，2014年1月2日。

[2] 参见〔日〕门仓贵史《伊斯兰金融大商机》，林慧如译，经济新潮社，2009，第196~200页。

湾国家已在印度股市投入巨额资金。此外，在一些伊斯兰国家还存在一种类似伊斯兰地下钱庄的国际汇款系统——哈瓦拉（Hawala），到中东打工的海外劳工多倾向于利用哈瓦拉将钱款汇到母国，主要是印度、巴基斯坦、孟加拉国和斯里兰卡等南亚国家。文莱穆斯林人口并不占多数，但由于实行伊斯兰银行和传统银行体系的双轨制，加之完善的基础设施、法律团体和政府的大力支持，不论穆斯林还是非穆斯林都将从中受益。因此，文莱伊斯兰银行发展潜力较大。泰国穆斯林人口320多万，2004年国会通过了《伊斯兰银行管理条例》，2005年8月，首家伊斯兰银行正式对外营业。[①]

三　中国伊斯兰金融发展态势

自改革开放以来，中国经济蓬勃发展。尤其是在中国加入世界贸易组织（WTO）之后，市场逐渐开放，经济持续高速增长，现已成为全球第二大经济体。不仅西方发达国家如此，中东伊斯兰国家也将中国作为亚洲地区的主要投资目标。"9·11"事件之后，伊斯兰金融和石油美元出现"向东看"趋势，2008年的国际金融危机加速了这一进程。这是中国发展伊斯兰金融的大好机会。

（一）中国伊斯兰金融发展现状

伴随中国与中东伊斯兰国家日益紧密的能源经贸联系，以及国际金融危机后海湾主权财富基金和伊斯兰金融的卓越表现，中国也开始重视伊斯兰金融的发展。2007年中国香港特区政府提出建立伊斯兰金融中心设想，在特区政府的大力支持和国际金融中心优越地位的影响下，中国香港伊斯兰金融发展可谓风生水起。中国内地也在2009年设立了伊斯兰银行试点，然而，中国内地伊斯兰金融步伐极其缓慢。

1. 香港特区

2007年，中国香港雄心勃勃地提出伊斯兰金融中心计划，并将其纳入政府施政报告中。2008～2009年香港特区政府施政报告中提出将伊斯兰债券交易纳入传统体系之内，检视香港税制，建立符合伊斯兰金融的法规制度和相

---

① 参见沈晓明主编《伊斯兰银行知识读本》，中国金融出版社，2010，第24～25页。

关配套设施。目前，香港已有伊斯兰指数商品、伊斯兰基金商品、伊斯兰债券商品和伊斯兰银行窗口业务。2008 年马来西亚丰隆银行正式获得许可设立伊斯兰窗口业务，成为香港第一家提供伊斯兰银行服务的金融机构，主要是希望借助其在马来西亚发展伊斯兰银行的经验，来提升香港伊斯兰金融业务发展。香港汇丰银行也已获得批准成为首家在港销售伊斯兰债券的金融机构，其投资客户以零售客户为主，为穆斯林和非穆斯林提供多元化的投资渠道。香港发展伊斯兰金融中心的优势在于：国际金融中心优越地位，国际伊斯兰资金进入中国大陆的桥梁，自由宗教信仰和政府的大力支持；劣势则在于香港缺乏内需市场、产业缺乏竞争优势（制造业和科技产业相对缺乏，传统金融及酒店服务业并不适合伊斯兰金融投资），缺乏伊斯兰金融专业人才和管理人才。[①] 香港政府发展伊斯兰金融决心已定，目前最关键的是修订税制法规、提供公平竞争环境以适应伊斯兰金融。从业务性质上看，香港伊斯兰金融着重在伊斯兰证券上，包括伊斯兰债券、伊斯兰基金、伊斯兰指数股票型基金（ETF）等。相比较传统债券，伊斯兰债券需要承担更多的税务责任。为此，2013 年 7 月，香港立法会通过了条例草案，修订《税务条例》及《印花税》，为伊斯兰债券交易提供税务宽免。2014 年 1 月 10 日，香港《2014 年借款（修订）条例草案》刊宪，并于当月 22 日交立法会首读，进一步推动了香港伊斯兰债券市场的发展。政府发行伊斯兰债券集资，有助于促进香港金融市场的产品和服务多元化发展，巩固国际金融中心和资产管理中心地位。香港金融管理局正研究具体安排，以便在条例草案通过后，视市场情况，制定落实发行伊斯兰债券的可行方案。[②]

2. 中国内地

2009 年 3 月，中国人民政治协商会议上提出在中国内地发展伊斯兰金融的计划，探讨伊斯兰金融发展的相关法规和制度规定，并将会议报告翻译成阿拉伯文。中国已经成为伊斯兰金融服务委员会（IFSB）准会员国（Asocciate Member）。宁夏作为中国唯一的回族自治区和中阿博览会的永久举办地，发展伊斯兰金融具有独特的优势和条件，理应成为伊斯兰金融试点先

---

① 梁敏蒂、黄博怡、陈漱石：《伊斯兰金融——另一个 13 亿人口的另类金融》，台湾：考用出版股份有限公司，2011，第 151～155 页。

② 《香港修例推动伊斯兰债券市场发展》，新华网，http：//news. xinhuanet. com/gangao/2014 - 01/10/c_ 118919081. htm，2014 年 1 月 10 日。

行区。然而，由于各种原因，宁夏伊斯兰银行试点工作在运行了 3 年之后戛然而止，2012 年宁夏回族自治区政府申请建立"伊斯兰金融中心"和金融开放政策亦未获得国务院批准。2012 年第三届中阿经贸论坛发布《中阿金融发展战略框架倡议》，中阿经贸合作从实体贸易逐渐拓展到金融领域，但这份非官方的倡议书在业内人士看来并无多少实质意义。[①] 相对于中国内地的缓慢进程，国外伊斯兰金融机构却已经开始在中国内地布局。2006 年科威特金融子公司马来西亚公司成功地在中国内地发行第一个伊斯兰债券，主要投资于中国内地的电力设备建置。2007 年马来西亚丰隆银行认购成都市商业银行 6.5 亿新股，击败其他境外战略投资者，成为成都市商业银行境外战略合作伙伴。2008 年马来西亚联昌银行（CIMB）收购中国辽宁营口银行，该银行已由地方性银行转为区域性银行，且辽宁沈阳一带也是中国穆斯林聚居地之一。作为马来西亚经验丰富的国际性伊斯兰银行，与中国中资银行建立战略合作伙伴关系有利于其伊斯兰金融业务进军中国内地市场。

（二）中国内地设立伊斯兰金融中心可行性分析

毫无疑问，伊斯兰金融和石油美元已将投资目光锁定以中国内地为主的亚太地区，中国政府及金融界对伊斯兰金融的关注度也日益提高。然而，总体来看，相比亚太其他国家和地区，中国内地伊斯兰金融发展仅处于萌芽阶段。由于中国香港和内地"一国两制"政策，香港伊斯兰金融迅速发展得益于香港特区政府的强力支持和推进，并受益于国际金融中心的优越地位。探讨伊斯兰金融在中国内地发展的可行性应考虑以下几个因素：

一是广大的内需市场。中国有 13 亿人口之众，其中穆斯林人口 2300 万，是发展伊斯兰金融的庞大内需市场。宁夏、新疆、青海、甘肃等地区为主要的穆斯林聚居地，仍保持传统伊斯兰教文化和习俗，伊斯兰金融相对于传统金融更符合穆斯林的要求。东部一些发达都市有着良好的经济发展和金融制度，也是伊斯兰金融开拓市场的理想之地。中国庞大的基础设施建设和国家发展计划也将成为伊斯兰金融的巨大商机。

二是中国"向西开放"战略和"丝绸之路经济带"的红利。当前，扩大

[①] 李伯牙：《宁夏愿景：设立伊斯兰金融中心》，《21 世纪经济报道》，http://www.21cbh.com/HTML/2012 - 11 - 23/2NNjUxXzU2OTg2NA.html，2014 年 1 月 9 日。

内陆开放、沿边开放、向西开放，与包括伊斯兰国家在内的亚欧大陆国家加强合作、扩大相互开放，成为中国的必然选择。相应地，向西看、向西开放，正成为中国对外合作的新重点和新亮点。① 中国西部地区拥有丰富的石油、煤炭、天然气等资源，在政府倾斜政策的助力下，经济发展应有一个大跨越。"向西开放"和"丝绸之路经济带"构想与中东伊斯兰国家的"向东看"趋向遥相呼应，通过多边多元化合作，形成世界上一个新的创富地带。伊斯兰金融将从中获益，也将为这个创富地带做出自己的贡献。中国唯一的回族自治区宁夏，由于具有人文政治优势，已成功举办四届中阿经贸论坛（2013年升格为中阿博览会），将真正成为阿拉伯国家"向东看"和中国内陆地区"向西开放"这两个重要地区两大战略的交汇点。

三是政策环境方面的复杂性。中国大陆金融体系对外开放程度不够，在市场准入方面，基于伊斯兰金融的伊斯兰属性，尚有一定的政策"敏感性"问题待监管层审慎处理。政府对伊斯兰金融持保守态度，直到现在还没有一家中东银行在中国开设分支结构，开展业务。中国政府对中阿经贸的关注点似乎不在吸引石油美元上，更多的关注能源进口安全、工程承包、劳务输出等方面。在业务准入方面，以实务资产交易为基础、杜绝利息的伊斯兰金融并不适用于中国当前的金融监管体系和法律财务税收体系，超过了《商业银行法》等法律的约束范畴，在产品设计、收益体系、会计准则和重复计税等方面与传统金融模式有着根本差别。伊斯兰银行兼有多重角色，包括银行、直接投资人和基金管理者，而银行储户变成了投资者而不是放款人，储户与银行的关系是一种"利润共享、风险共担"的伙伴关系，储户的收益事先并不确定。而传统银行与客户的关系是一种借贷关系，储户只拥有对本金和利息的债权。在技术准入方面，伊斯兰金融的账务信息管理系统、客户信息管理系统等与商业银行完全不同，需要另行设计和搭建。②

（三）中国内地发展伊斯兰金融的几点建议

中国具有发展伊斯兰金融的广大内需市场，内需市场的开放主要着重于

---

① 万季飞：《中国向西开放是长期战略》，《人民日报》（海外版），http://opinion.china.com.cn/opinion_27_43027.html，2014年1月12日。

② 张睿亮：《伊斯兰金融在中国的借鉴与发展》，《阿拉伯世界研究》2012年第1期，第118页。

穆斯林集中分布的省市。而穆斯林人口相对较少的省市，尤其是经济发达金融发展良好的东部地区，亦可以引进长期投资的伊斯兰基金，抑或走向伊斯兰国家，建立与国际伊斯兰金融机构的外部联系。除了伊朗以外，开展伊斯兰金融的国家都奉行伊斯兰银行和传统银行并行的双轨制，在业务准入和技术准入方面，其他非伊斯兰国家能解决的问题，中国内地也能够解决。目前来看，中国发展伊斯兰金融的主要障碍还是市场准入方面，尤其是政府的态度。在这个方面，中国可以向英国和新加坡等国学习，以开放的心态对待伊斯兰金融，假以时日将其纳入中国金融体系的整体监管构架中。

第一，相关地域和领域应加大金融开放力度，在政策环境支持、监管合规定位、金融市场培育、业务经营发展等各方面不断优化、改善和构建，提供公平竞争的法律环境和税收政策，培养适合伊斯兰金融的土壤。

第二，在伊斯兰银行方面，中国可以借鉴成都商业银行海外上市引进马来西亚丰隆银行的方式，加强与其他国家伊斯兰银行的业务。在宁夏伊斯兰银行试点结束的情况下，可通过外资银行开设伊斯兰金融窗口，发展伊斯兰银行业务；或者成立伊斯兰信托机构，香港即是如此。创新伊斯兰银行产品，通过小额无息贷款和类似"母亲水窖"等慈善事业，开展农村小额贷款业务，还可适时引入加价贸易、融资租赁和利润分享等方式，解决中小企业融资困难。拓宽客户群，将非穆斯林和外国人纳入服务范围。马来西亚的一些银行，大量的客户并不是穆斯林，他们进行金融活动，并不是宗教的原因，而是源于商业的利益。此举将有利于中国的民族融合。

第三，中国可以考虑通过发行伊斯兰债券或创立伊斯兰基金的形式，将阿拉伯国家的资金和国内庞大的闲散资金集中起来，投入中国实体产业及中国特色的清真产业、现代服务业，解决中国企业转型升级所需资金，进而促进实体经济的复苏和繁荣。英国、俄罗斯、日本在进军伊斯兰金融之初，都通过发行伊斯兰债券的方式吸引石油美元投资本国。2006年巴林沙密尔银行和中国中信集团公司成立了1亿美元的伊斯兰基金，专门投资中国房地产。中国可以考虑先在境外发行伊斯兰债券，例如在温和中庸的沙菲耶派穆斯林为主的马来西亚等东南亚国家发行，从而吸引中东产油国的石油美元。

第四，中国大型保险公司还可以借鉴日本、新加坡进军印度尼西亚、沙特伊斯兰保险市场的做法，尝试开展伊斯兰保险业务。由于伊斯兰民众投保率低，今后伊斯兰保险将有极大的发展潜力，尤其是在人寿险方面。

第五，利用中阿合作论坛、中非合作论坛以及中阿博览会的机制和平台，加强与伊斯兰国家的政治、经济、文化交流，提高国际伊斯兰资金投资亚洲的意愿。建设宁夏"中阿金融合作中心"，为中阿双边投资和贸易融资搭建平台。例如，海湾国家在募集所需大量资金时，除了自身石油美元投资，还通过伊斯兰债券和专案融资方式获得。海合会国家有风力发电、水力发电，以及地热发电等专案融资计划。① 伴随新能源投资兴起，未来专案融资计划也将持续增加。中国大型金融机构可以借鉴日本的做法，通过专案融资计划，抢滩海湾地区。此举亦可助力中国的光伏等新能源产品走向中东。

第六，加大国内伊斯兰金融的普及程度。利用自身优势培育或引入更多伊斯兰学者，利用大学和研究机构的国际联合交流计划，或者到伊斯兰金融市场比较成熟的海湾国家和马来西亚进行实地考察和学习，培养既熟悉伊斯兰教法又懂国际金融知识的复合型人才。加强法律监管，将作为损益分享合约的伊斯兰金融纳入银监局和证监局的共同监管框架下，同时借鉴《巴塞尔协议 III》以及国际伊斯兰金融组织制定的相关法规，在符合中国具体国情及金融市场特点条件下，形成监管合力，确保伊斯兰金融业务能够合规经营和审慎开展。②

普华永道（PWC）预测，2013～2017 年的五年间，伊斯兰金融资产总额可能每年增长 17%，最终达到 2.7 万亿美元。促进这一增长的因素包括人口状况、基础设施融资需求，以及银行的资本规则，刺激了对符合伊斯兰教法的资产的需求。但关键是，在非伊斯兰世界，谁会成为领先的伊斯兰金融中心？③ 纵观伊斯兰金融的全球发展，开放的金融市场、配套的法律金融基础设施和政府支持是发展伊斯兰金融的先决条件。英国在 20 世纪 80 年代就有了伊斯兰金融交易，但直到近几年才成为欧洲的伊斯兰金融中心。马来西亚 20 世纪 60 年代就发展伊斯兰金融业务，直到 90 年代才成为东南亚金融中心。目前，中国发展伊斯兰金融还处于起步阶段，在国内金融体系和资本市场尚不能完全开放、伊斯兰金融尚不能脱"敏"以及政府支持乏力的大背景下，中国伊斯兰金融中心的设想还为时尚早。中国发展伊斯兰金融市场应稳中求进，根

---

① 参见〔日〕门仓贵史《伊斯兰金融大商机》，林慧如译，经济新潮社，2009，第 193 页。

② 张睿亮：《伊斯兰金融在中国的借鉴与发展》，《阿拉伯世界研究》2012 年第 1 期，第 116 页。

③ 《伊斯兰金融的诱惑》，英国《金融时报》中文网，http://www.ftchinese.com/story/001054173# utm_ campaign = 2G090229&utm_ source = marketing&utm_ medium = campaign，2013 年 12 月 31 日。

据市场需求，在国家政策允许的范围内，一步步发展即可。

四 中国与中东国家的金融合作

金融是现代经济的核心。在经济金融化、金融全球化的时代，深化金融合作是关系各国经济可持续发展的战略性问题。在互利共赢的基础上，双方金融合作亟待突破。在首届中阿合作论坛企业家大会上，双方都意识到"中阿国家间金融合作少，尚未建立金融区域市场已成为双方企业界投融资增长的症结所在"。中国与中东国家的金融合作以海湾国家为主。目前，海湾资本进军中国市场才刚刚开始。中国金融机构"走出去"战略也是刚刚起步。

（一） 金融合作概况

20世纪80年代，海湾金融机构对中国市场表现出兴趣，并开始以合办投资公司的形式进入中国市场。但是，受政治、经济、价值观念以及体制约束等多种因素的影响，双方金融合作非常少。进入21世纪，中国和海合会国家的金融体系均不同程度对外开放，双方开启金融合作之路。主要采取六种方式：一是金融组织间的直接联系，包括开设分支机构代表处、签署合作协议、信息共享等；二是银企合作，包括银行做担保的项目，如贷款、融资等；三是资本市场合作，包括合作协议、参股金融机构、股票交易等；四是成立投资公司，例如科威特中国投资公司；五是成立共同基金；六是伊斯兰金融合作。

2006年是双方金融合作的一个里程碑，当年中国银行和中国工商银行首次公开募股，海湾资本高调竞购。这一年正值海湾股市大跳水。股市的不稳定性，使得海湾投资者意识到改变投资策略、分散投资的重要性，继而将目光投向了中国。英国经济学家情报社报告称，从全球范围看，目前流向中国的资本在中东资本的全球投资组合中占比还比较小，但成长很快。中国银行业中，中国工商银行的海湾拓展之路最显著。2009年工行获得阿联酋中央银行颁发的本地银行业务牌照。工行最初聚焦于为在中东运营的中国企业提供商业银行服务，其次是与和中国企业有业务往来的海湾地区企业进行合作。

（二） 金融合作展望

中国和中东国家已经认识到开展金融合作是互利双赢的新领域。快速增长的经贸总额、企业的融资需求、庞大的投资资本以及政治外交领域的日益密切,更加表明金融合作的必要性和迫切性。迪拜债务危机虽在国际资本市场上掀起了一层波澜,但这并未妨碍中国与中东地区的金融合作与交流。2010年以来的中东剧变并未改变中东国家"向东看"的趋势,也未影响中国企业投资中东的热情。2012年第五届中阿合作论坛部长级会议制订了《中阿合作论坛2012年至2014年行动执行计划》,鼓励双方根据各自法律法规开展金融领域互利合作,鼓励双方金融机构为投资、工程承包和贸易活动提供金融支持和便利;积极鼓励双方在符合相关法律法规要求的前提下互设银行业机构。进一步推动双边贸易和投资便利化。未来双方金融合作领域包括以下几个方面:

开展银行合作。适应中国企业走出去的要求,推动中国银行业在海合会国家设立分行,为我国企业在海合会地区发展提供金融服务。应重点关注和支持中方有实力的公司对投资项目、出口设备和承包工程的融资需求,带动中国长线产能在所在国发展。并探索金融企业在海合会开拓业务的新机遇,在控制和有效管理风险的前提下,借鉴跨国银行在GCC的经验教训,涉足批发银行业务和投资理财业务,加强在反洗钱等领域的合作。

适度引进"石油美元"。在石油天然气工业下游领域吸引海合会直接投资,同时注意以三方合作模式弥补"石油美元"缺乏技术含量和市场效应的劣势。加强对伊斯兰融资方式的研究,探索利用伊斯兰融资的形式,以支持穆斯林聚居地区的发展,为西部大开发战略服务。研究探索中国企业在海合会国家股票市场上市的可行性。

金融合作离不开政府支持。在金融合作领域,针对外资银行限制较多、保险业对外开放程度低、资本市场规模较小、金融市场透明度差等问题,应推动双方相互开放金融市场,支持中国银行到海合会设立分行,双方应发挥中阿合作论坛、商务论坛平台的作用,加紧推进中国与海合会的自贸谈判协定。中国投资者要从法律、风俗、宗教信仰等方面做好充分准备,还要做好长期的规划。

中东能源地位及中国能源安全的构建

陈　沫[*]

长期以来，中国能源安全的一个主要传统关注点是维护从中东地区进口石油的稳定与安全，因为中国石油进口主要来源于中东地区。但是，随着中东地区剧变以及世界能源格局的变化，对中国能源安全可以进行重新审视与思考，从更多视角加以关注。本文主要从中国的石油供应安全方面阐述。

一　中国能源安全的多视角思考

（一）中国能源安全的传统关注点

长期以来，中国能源供应依赖中东，主要传统关注点一直是维护中东石油进口的稳定与安全。

随着中国经济的迅速增长，石油需求增加，而中国国内石油生产能力相对有限，增产的幅度远低于需求增加的幅度。从图 1 可以看出，2001～2011 年间，中国国内石油产量曲线呈基本平直态势，虽然石油供应能力有所提升，但总体变化不大，产量增速为 24.4%；而消费量却呈逐年上升态势，从 2.28 亿吨增加至 4.45 亿吨，增量约为 1 倍。由此带来的石油缺口导致中国石油进口量逐年增大。

* 陈沫，中国社会科学院西亚非洲研究所副研究员，主要研究能源及中东经济发展问题。

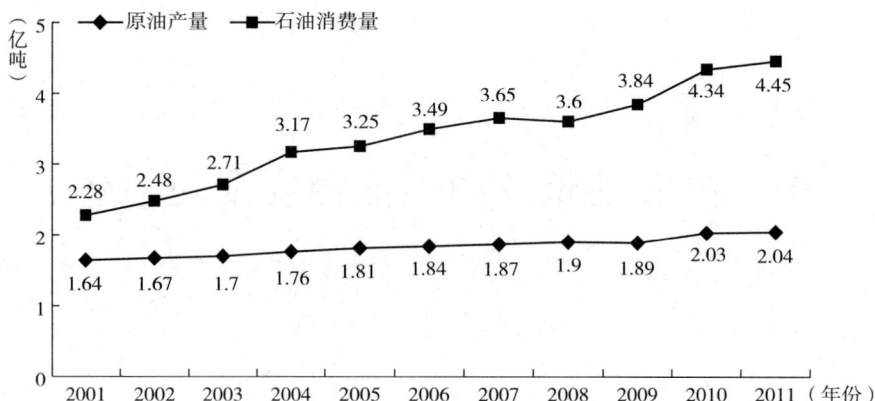

图 1　2001～2011 年中国石油生产与消费

资料来源：中华人民共和国国土资源部：《2011 年中国国土资源公报》，2012 年 4 月，第 9 页。

在石油供需缺口增大的情势下，中国经济发展对海外石油的需求越来越大。1990 年，中国原油进口量只有 292 万吨，2010 年已经上升到 2.393 亿吨，2011 年又继续升至 2.538 亿吨。[①] 与此同时，中国石油对外依存度急剧上升，如图 2 所示，2011 年中国石油对外依存度高达 56.7%。由于国内需求旺盛，中国业已成为世界上第二大石油消费国，中国石油对外依存度短期不会下降。根据《2011 年国内外油气行业发展报告》预计，2020 年中国石油对外依存度将达到 67%，2030 年还可能升至 70%。[②] 中国的经济安全也日益面临来自石油供应安全方面的挑战。长期稳定安全的石油供应是中国经济持续发展的保证。

中东地区石油储量、产量及产能都优于世界其他地区，而且这个地位未来仍将保持不变。长期以来，中国的国际石油供应主要来自中东地区。根据中国海关统计，2011 年，中国从中东地区进口原油为 1.3 亿吨，占中国原油进口总额的 51.2%（见图 3）。虽然中国重视原油进口市场的多元化，但其他地区在一定时期内难以取代中东作为中国主要国际石油供应来源的地位。中国依赖中东石油的进口，这种趋势继续发展，难以逆转。维护中东石油进口安全就成为长期以来中国能源安全的一个主要传统关注点。

---

① 中华人民共和国国土资源部：《2011 年中国国土资源公报》，2012 年 4 月，第 11 页。

② http：//news. jinti. com/caijingupiao/1442929. htm，2012 - 10 - 08.

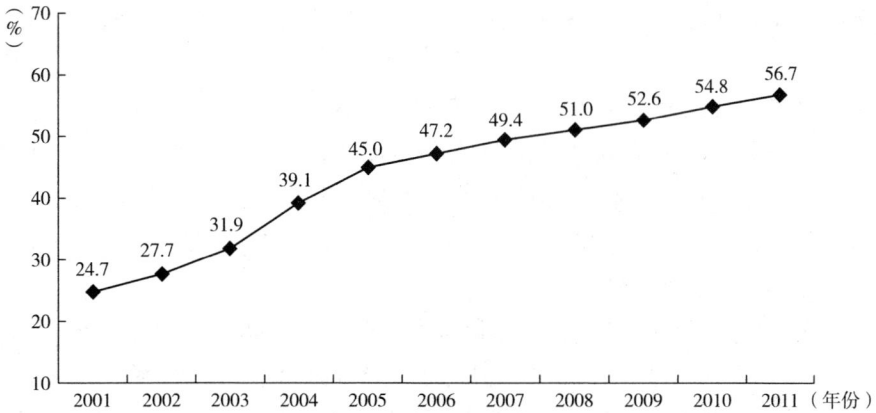

图2 2001~2011年中国石油对外依存度

资料来源：中华人民共和国国土资源部：《2011年中国国土资源公报》，2012年4月，第12页。

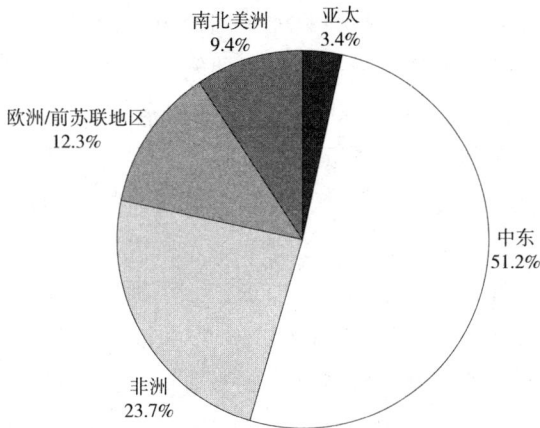

图3 2011年中国石油进口来源地

资料来源：根据"2006~2011年中国原油进口来源和出口去向表"（参见田春荣《中国石油和天然气进出口状况分析》，《国际石油经济》2012年第3期，第60~61页）绘制。

随着金融危机及中东地区剧变对产油区的影响，以及世界能源格局的变化，中国在中东地区的能源供应安全产生了更多的不确定因素。

（二）中东剧变及地区局势变化对石油供应的影响

中东剧变及地区局势的变化，对中国对中东能源的依赖再次敲响了警钟。中东地区局势的不稳定对石油供应的安全和石油价格的影响，都是中国能源安全所面临的问题。而这些问题带来了更多的关注点，可以从更多视角来审视。

1. 中东剧变及其溢出效应危及石油供应安全

中东剧变造成的地区动乱逼近主要产油区，危及石油供应安全。自从2010年底开始，中东地区的阿拉伯世界普遍发生政治动乱，埃及、突尼斯、也门、利比亚等国发生了政权更迭，利比亚和叙利亚甚至爆发了内战。这场尘埃未定的动乱危及石油供应安全。

利比亚是非洲已探明的石油储量最大的国家。在2011年初内战爆发前，利比亚每日原油产量达160万桶，占全球供应市场2%左右的份额。其中，约120万桶出口给欧佩克国家。[①] 由于战争爆发，利比亚石油出口在2011年3~9月完全中断，中国来自利比亚的原油进口量由2010年的737万吨锐减至2011年的259万吨，降幅达到64.8%。[②] 由此可见政局动荡对石油生产与出口的破坏性影响。不仅如此，一些石油基础设施及油田也遭到了破坏。未来相当长一段时间，该国还要面临持续出现的安全问题，中东剧变带来的政治和安全问题是影响利比亚原油产量的最重要的因素。

虽然利比亚石油产量及出口量占全球的份额很小，其石油供应的中断不会对全球石油供应产生根本性影响，但影响了欧洲的原油供应特别是轻质原油的供应，对人们的心理预期造成了影响，人们担忧石油供应可能发生局部短时中断，以及对动乱的担忧蔓延至中东核心产油国。如果动乱扩展到中东主要产油国，可能会对全球石油供应格局产生冲击。

此外，苏伊士运河作为国际供应的次要通道，其航行安全也一度因埃及的国内动乱而增加了风险，国际油价在利比亚战争期间曾经发生明显波动。在中东剧变期间，石油价格产生了剧烈波动（见图4），冲击了世界石油市场，危及石油供应安全。

中东剧变对国际石油供应造成的影响还在于危及世界主要油气资源区——海湾地区。由于这场动乱具有反对当政者的特征，中东地区政治民主化程度最低的那些君主国深感忧虑，尽管海湾国家依靠巨额的石油收入和较高的福利水平可以暂时延缓动乱的冲击，但是，反对君主制、要求教派平等和民主权

---

① http://news.china.com.cn/rollnews/2011-08/24/content_9743236.htm，2012-09-30.
② 田春荣：《中国石油和天然气进出口状况分析》，《国际石油经济》2012年第3期。

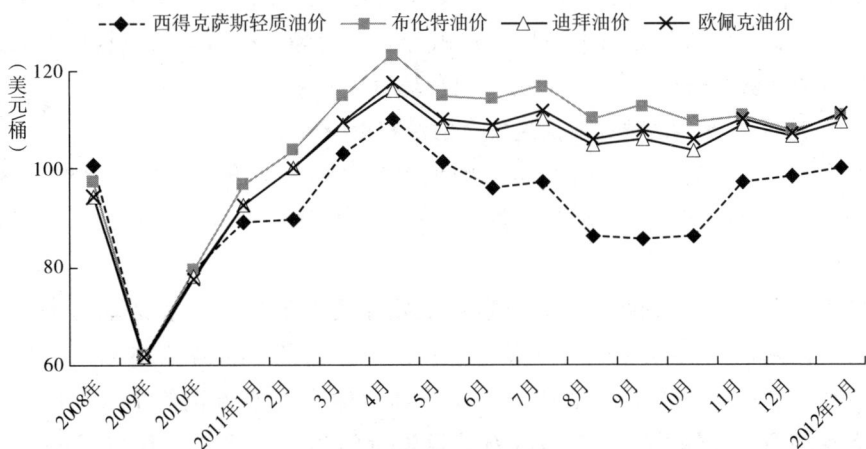

图4　2008～2011年主要原油现货平均价格

资料来源：路透社普氏报价。

利的要求已经开始在海湾地区涌动。2011年，巴林爆发了要求取消君主制、改善伊斯兰教什叶派地位的多次示威游行，只是在沙特和阿联酋联合出兵后才停止了动乱。阿曼也发生了反对物价上涨的群众示威，王室通过增加补贴和依靠其他阿拉伯国家的资助才暂时缓解了压力。沙特有270万伊斯兰教什叶派居民，占总人口的10%，[①] 长期不能享有与逊尼派穆斯林平等的政治经济权利，这种状况也是沙特发生动乱的隐患。随着中产阶级以及受西方教育的现代知识阶层的出现，反对绝对君主制要求的呼声日益高涨。2011年，沙特出现了中产阶级和知识阶层上书国王、要求改绝对君主制为立宪君主制的请愿活动。更为令人担忧的是，这个拥有世界最大产能和最大剩余产能的国家正在面临继承危机。随着沙特王室第二代亲王年事已高，兄弟相承的继承制度几乎走到尽头，2011年，甚至发生年迈的王储早于国王去世的现象，而第三代亲王承袭王位的制度还不存在。第三代亲王中，许多人受过西方教育，思想活跃，不满沙特王室现存的继承制度甚至不满沙特的君主制，继承问题给沙特政局的前景带来极大的不确定性。

由此看来，主要油气资源区——海湾地区的政治变革发生在所难免。巴

[①]　Vali Nasr, "When the Shiites Rise," *Foreign Affairs*, July/August 2006, p. 58.

林的动乱波及沙特、阿曼、也门和科威特，这些国家都出现了不同程度的动乱，世界石油市场的石油价格也显现出升高的趋势。海湾地区一旦发生大的政局变化，势必对国际石油市场产生更显著影响。

2. 地区局势变化对石油供应安全的潜在影响

中东地区的局势变化也严重影响世界油气的供应安全。除了海湾地区，伊朗、伊拉克、苏丹、利比亚和叙利亚等国对地区安全局势产生的影响也值得关注。

伊核问题对油气供应安全的影响主要体现在油气生产和运输方面。伊朗对于国际油气供应安全的意义在于：第一，伊朗是世界主要油气资源国和生产出口国。第二，伊朗扼守世界石油运输主要通道霍尔木兹海峡，这个海峡的石油运输量占中东地区石油运输量的80%，全世界运输量的1/3，是国际石油供应的关键水道。第三，伊朗地处海湾石油天然气的富集地区，其与周边国家的战争与和平都会影响到国际石油供应的安全。伊朗伊斯兰革命、两伊战争对国际石油供应安全的影响证明了伊朗在国际石油供应中的重要地位。2003年以来爆发的伊核问题使得伊朗再度成为国际石油安全的焦点。伊朗坚持推进发展核计划的立场有深刻的背景，既是伊朗地区大国情结的表现，也是伊朗和美国争夺地区霸权的结构性矛盾的反映。朝核问题、印度核问题的结果，都使伊朗受到鼓舞。美国遭遇的经济财政困难，及其在中东地区影响力的下降，也使得伊朗看到坚持核计划的前景，因此伊朗推行核计划的做法不会轻易改变，而且在与发展核运载工具及导弹同步推进。在美国看来，伊朗是美国在中东地区当前最大的敌手之一。伊朗核计划直接威胁到美国在中东的战略盟友以色列的安全，威胁到美国在中东地区军事基地的安全。因此，美国对伊朗发展核计划持强硬的态度。此外，伊朗还利用其地区影响力支持叙利亚巴沙尔政权，支持黎巴嫩的真主党、巴勒斯坦的哈马斯，以及沙特、巴林等国的伊斯兰什叶派，对美国在中东地区的利益及盟友的安全构成威胁。因此，美国和伊朗的矛盾不可能轻易化解。

以色列在中东地区一年多来的动乱中，周边安全环境急剧恶化，其中最大的安全威胁就是伊朗具有发展核武器的可能。以色列是中东地区迄今唯一拥有核武器的国家，并据此对其他阿拉伯国家形成战略威慑。一旦伊朗拥有核武器，中东地区的战略平衡将会发生不利于以色列的重大变化。

因此，以色列对于中东地区的伊斯兰国家拥有核武器采取零容忍的态度，对叙利亚、伊拉克的核设施曾发动过"外科手术式"的打击，一旦发现该地区有核武器，必须将其全部清除。对于伊朗的核计划，以色列已经为发动空袭进行过多次演练。事关以色列的生存和安全，以色列为此不惜一战。而这种一触即发的战争阴影也是中东地区能源供应安全潜在的影响因子。

随着伊朗核计划的推进和美国大选结束，2013年，美国和以色列与伊朗发生冲突的可能性显著增大。伊朗已经扬言，一旦遭到美以攻击，将采取封锁霍尔木兹海峡，中断石油出口，打击美国在伊朗周边的基地的方式进行报复。如果这种情况出现，则不仅伊朗240万桶/日的出口发生中断，而且海湾地区80%的石油外运将受到影响，海湾地区其他产油国的生产将受到影响，沙特拥有的全部剩余产能将无法发挥作用。这种局势对于国际石油市场的影响将是灾难性的。

伊拉克是重要的油气资源国，具有提升石油产能的重大潜力，对于世界未来石油需求的满足，伊拉克、伊朗和海湾国家是潜力最大的。但是伊拉克的石油供应至今受安全局势的影响，尤其是2003年两伊战争后，由于什叶派和逊尼派的矛盾以及伊拉克库尔德人和阿拉伯人之间的矛盾，伊拉克的石油利益分配问题长期得不到解决，政府提出的石油法草案得不到批准，无法可依，石油产量至今没有恢复到1990年海湾战争以前的水平。由于伊拉克民族矛盾和宗教矛盾复杂，其石油利益的分配问题在相当长的时间内难以解决，而这些矛盾的存在和发展，是伊拉克国内及地区安全的极大隐患。这将限制伊拉克石油工业发展的步伐。

苏丹是非洲地区的重要产油国。中国中石油集团是苏丹石油的主要开发商，苏丹也是中国石油"走出去"的一个重点案例。但是，在美国的策动下，2011年苏丹正式分裂为南北两国，而苏丹的主要油田恰恰分布在南北交界地区。苏丹分裂以前并没有就石油分配达成协议，为日后石油分配的冲突埋下祸根。南苏丹独立以来，石油纠纷加大，南苏丹占有苏丹石油资源的大部分，但依赖苏丹的管道和港口才能出口。南苏丹成立以后，对石油收入分配开出高价，令苏丹政府难以接受。南苏丹政府则以停产威胁，并寻求国际支持，试图在肯尼亚或喀麦隆铺设管道，以开辟新的出口通道。南苏丹与苏丹交界地区除了石油资源跨界分布以外，还存在边界纠纷，特别是阿布耶伊地区，由于游牧民的国籍难以确定而影响国界的划分。为此，两国在 2012 年关系恶化，并发生军事冲突，石油生产受到严重影响，导致南苏丹在 2012 年 1 ~ 8 月停止向苏丹输油管道供油的恶果。

上述国家内部以及国家之间的冲突对中东地区局势的错综复杂变化，增加了该地区油气供应的不稳定性，必然涉及该地区石油供应的安全。

3. 美国因素的影响

中东石油供应不稳定的原因，除了地区局势变化的影响以外，一个值得关注的问题是美国对中东石油依赖的弱化带来的影响。

海湾战争以后，美国对中东石油的依赖大大减少。2002 年，美国从中东进口的石油占美国石油总进口量的 22.9%。到 2011 年，美国从中东进口的石油占其石油总进口量的比重下降到 17.1%，而从美洲进口占其总进口量的 54.45%。[1] 近年来，随着页岩气在美国的大量发现和开采，美国能源独立性日益增强。美国在摆脱了对中东石油的依赖以后，对中东进行干涉更加肆无忌惮，而这种干涉对世界能源供应造成的危害将更多地伤及仍然依赖中东石油供应的中国。

虽然中东剧变显示出美国在中东地区影响力的下降，与 1991 年海湾战争中美国几乎得到了所有阿拉伯国家的支持不同，中东剧变导致该地区多国政权更迭，伊斯兰激进派势力上升，地区反美情绪的出现，等等，都使得美国在该地区的影响力下降；但是，美国依然在以强势入主中东地区，欲推翻叙利亚巴沙尔政权，遏制和包围伊朗，以控制中东地区的主要石油输出大国。即使面临很大的困难，美国仍然显示了控制世界石油资源产地并以此遏制其他依赖中东石油供应国家的意图。因此，这也是危及中国能源安全的一个重要因素。

中东地区局势的变化对油气供应安全而言直接影响到石油进口国的利益，尤其是对于石油进口主要来自中东地区的中国而言。所以，该地区局势的变化对中国能源安全有着较为重大的影响。

面对中东剧变及地区局势的变化，对中国能源安全从更多视角加以关注，可以有新的思考。中国能源供应是否继续依赖中东？美国已经摆脱对中东能源的依赖，对中东能源市场中国应该怎样作为？

---

[1] BP, *BP Statistical Review of World Energy*, June 2012, p. 18.

二 对中东能源地位及其对中国影响的再判断

(一) 中东仍然是世界油气的主要产区

中东地区能源储量丰富,具有优越的能源资源优势,而且具有增产潜力,在国际油气市场占据重要的地位。

1. 中东地区能源资源禀赋优越

中东地区在世界石油的储量、产量和供给方面一直保持优势地位,是世界能源供应的主要来源。在可以预见的将来,这种地位仍是其他地区和国家所难以取代的。其主要原因如下:

第一,中东地区尤其是海湾国家的石油储量居世界前列。中东地区已探明石油资源在第二次世界大战之后一直显著增长。1945 年,中东探明石油储量占世界探明石油总储量的 46.4%,1975 年这一比例上升至 63.9%。随着非洲等地区探明石油资源的增加,2010 年中东地区这一比例有所下降,但仍然占 59.1%。截至 2011 年底,全球探明石油储量为 165.26 亿桶,其中中东地区为 79.50 亿桶,占 48.1%。而世界其他地区石油资源储量比中东地区少。

表 1 全球石油储量地理分布

单位: 亿桶

	1991 年	2001 年	2011 年	2011 年底储采比(年)
北美	12.32	23.01	21.75	41.7
中美	7.46	9.88	32.47	超过 100
欧洲和中亚	7.68	9.88	32.47	22.3
中东	66.08	69.87	79.50	78.7
非洲	6.04	9.68	13.24	41.2
亚太	3.70	4.05	4.13	14.0
世界	103.27	126.74	165.26	54.2

资料来源: BP, *BP Statistical Review of World Energy*, June 2011, p.6。

第二,中东地区的石油资源不仅储量大,而且开采条件也极为优越。其主要特点是石油层厚、油质好、埋藏浅、自喷井多，靠近海岸线和大陆架，海上运输方便。同时，中东地区拥有的特大油田之多，是世界上其他地区所无法相比的。而且，截至 2011 年底，中东地区石油资源的储采比在 78.7 年，远远高于 54.2 年的世界平均水平（见表 1）。[①]

中东地区能源除石油以外，天然气储量也居世界前列，2011 年中东地区天然气储量 80 万亿立方米，占世界天然气储量的 38.4%，储采比超过 100 年（见表 2）。

表 2　全球天然气储量地理分布

单位：万亿立方米

	1991 年	2001 年	2011 年	2011 年底储采比（年）
北美	9.5	7.7	10.8	12.5
中美	5.3	7.0	7.6	45.2
欧洲和中亚	54.9	56.8	68.0	75.9
中东	42.7	70.9	80.0	超过 100
非洲	9.5	13.1	14.5	71.7
亚太	9.3	13.1	16.8	35.0
世界	131.2	168.5	208.4	63.6

资料来源：BP, *BP Statistical Review of World Energy*, June 2011, p. 20。

2. 中东地区石油增产潜力大

中东地区不仅石油储量大，而且生产和出口能力也很大。第二次世界大战后，该地区原油产量基本上是直线上升。中东石油产量在世界原油总产量中所占的份额，1945 年仅为 7.78%，到 1975 年这一比例增至 37.36%。此后，中东在国际石油产量中一直保持大约 1/3 以上的比重。因此，长期以来，中东地区是世界主要能源资源区和供应来源。2011 年，中东产油国石油供应量为 13.01 亿吨，日均 2769 万桶，占全球日均供应量的比例高达 32.6%（见图 5）。[②]

[①]　BP, *BP Statistical Review of World Energy*, June 2011, p. 6.

[②]　BP, *BP Statistical Review of World Energy*, June 2012, p. 10.

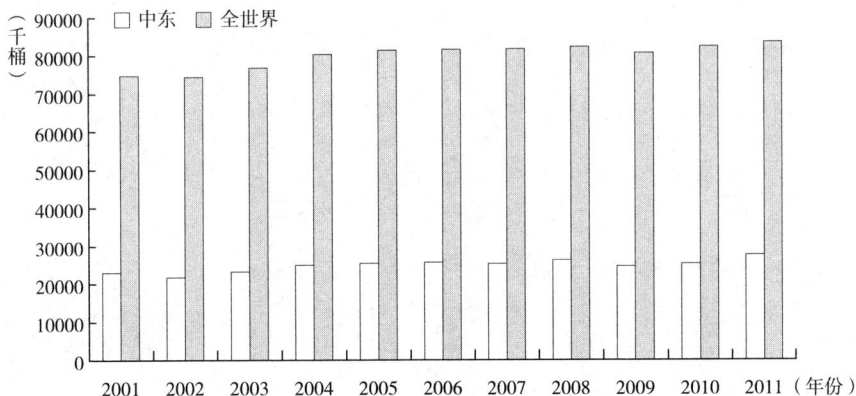

图5 2001～2011年中东石油产量

资料来源：BP, *BP Statistical Review of World Energy*, June 2011, p. 8。

由此可见，中东在国际能源市场上占有十分重要的地位，对世界的石油供应将发挥越来越重要的作用。世界大部分石油进口国对中东石油的依赖都将日益加深。

（二）中国仍然依赖中东能源供应

20世纪90年代以来，中国从中东进口石油的数量迅速上升：从1990年的115.36万吨增至2000年的约7000万吨，10年间进口量扩大了将近60倍。目前中国从中东国家进口的石油总量占总进口量的一半以上，其中主要是来自海湾合作委员会国家。[①] 中国的国际石油供应来源已经出现由亚洲向中东地区集中的趋势，中国从中东进口的石油占总进口石油的份额呈逐年增长的势头，在短时期内，其他地区难以取代中东作为中国主要国际石油供应来源的地位。

而从中国石油进口的其他来源国情况看，由于印度尼西亚的石油供应潜力（储采比）较小，其储采比已由1990年的22年降至2011年的11.8年，因而它在21世纪不可能再继续保持作为中国主要石油供应国的地位。中亚国家也是中国重要的石油供应来源地。从长远来看，进口中亚里海地区的原油是

---

① 关于中国与海合会国家石油贸易情况，参见陈沫《中国与海湾合作委员会国家经济关系探析》，《西亚非洲》2011年第8期。

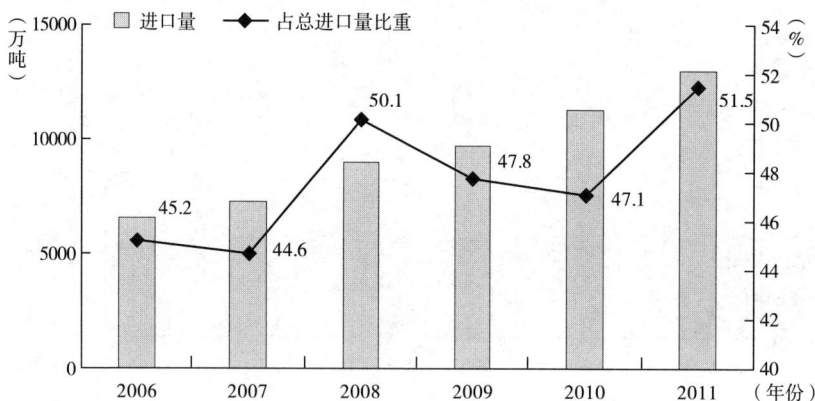

图 6　2006 ~ 2011 年中国从中东石油进口量

资料来源：根据 "2006 ~ 2011 年中国原油进口来源和出口去向表"（参见田春荣《中国石油和天然气进出口状况分析》，《国际石油经济》2012 年第 3 期，第 60 ~ 61 页）绘制。

可行的。但是，从目前该地区的石油出产情况来看，还很难同中东地区相比。截至 2011 年底，中亚主要产油国哈萨克斯坦石油储量为 39 亿吨，占全球储量的 1.8%；阿塞拜疆储量为 10 亿吨，占全球储量的 0.4%；乌兹别克储量仅为 10 亿吨，占全球储量比重很小。2011 年的原油产量在世界原油总产量中所占的比重也很小，阿塞拜疆为 1.1%，乌兹别克为 0.1%。[①]

因此，中国对中东石油的依赖加深是新的现实，这种依赖的趋势今后仍然会继续发展，难以逆转（见图 6）。今后，中东是中国最主要的国际石油供应来源地，中国也将成为中东石油的重要出口目的地之一。

与此同时，中国从中东地区进口天然气数量不大，通过管道外运不利，主要进口液化天然气。2011 年，中国从卡塔尔进口液化天然气 32 亿立方米，从也门进口 11 亿立方米，从埃及进口 2 亿立方米，占中国液化天然气进口的 27.1%。[②]

但是，未来与中东地区的能源合作液化石油气依然是一个重要的选择，中东国家也有向中国供应液化天然气的巨大潜力。随着以色列液化天然气的发现，又为中国增加了可能的供应来源。

[①]　BP，*BP Statistical Review of World Energy*，June 2012，pp. 6，10.

[②]　BP，*BP Statistical Review of World Energy*，June 2012，p. 28.

（三）亚洲石油板块与相互依赖

20 世纪 90 年代，西方国家出于能源安全和国际战略的考虑，采取石油供应来源多样化的战略，其结果是出现了世界石油板块化。

美国和欧洲国家都将其石油供应来源纷纷集中到自己的周边地区。美国将主要来源集中到美洲，欧洲集中到中亚和北非地区。从而在国际石油供求的格局中形成了美洲板块、欧洲中亚及北非板块及亚洲板块。美国和欧洲在石油供应多样化战略实施的过程中逐渐摆脱了对中东石油供应的依赖。2002 年，美国从中东的石油进口量减少；欧洲从中东进口石油占其石油总进口的 32.2%，到 2011 年仅占其石油总进口的 21.13%。[①]

在此情况下，只有东亚国家包括日本、韩国、印度和中国由于地理原因，依然不得不主要依赖中东的石油供应，从而形成了国际石油供求的亚洲板块。

三大石油板块的形成使得欧美国家摆脱了对中东石油的依赖，也减少了因为依赖中东石油而对其全球战略和中东战略的牵制。从这个意义上来说，中东对于亚洲国家的能源安全意义和地缘政治意义相对上升，而对西方国家的能源意义和战略意义相对下降。然而，中国及东亚国家对中东石油供应的依赖是相互的依赖。中国及东亚国家依赖于中东的石油进口，而中东石油输出国则依赖于中国及东亚国家巨大的石油出口市场。这种相互依赖有着重要的战略意义，可以作为长期相互合作的基础。

从石油板块化来看，现在中东地区的石油资源对中国及东亚国家能源安全的重要性超过世界上其他地区，这也是世界能源市场板块化发展的基本趋势。面对这种趋势，从中国能源安全视角及关注点看，中国仍然需要维护中东的石油供应安全，继续与中东产油国合作。但是，因为有上述多种因素的存在，面临各方面的挑战，所以在合作上要有新的思考。

三　中国对外能源合作的新思考

中东仍然是世界能源的主要产区，仍然是中国石油供应的主要来源地。受中东地区局势不稳定以及世界能源市场板块化发展趋势的影响，除继续加

---

① Vali Nasr, "When the Shiites Rise," *Foreign Affairs*, July/August 2006, p. 58.

强与中东的能源联系外，在合作上要有新的思考。

（一）继续维持发展与中东国家的能源合作

既然中东国家仍然是中国石油供应的主要来源，那么继续维持和发展与中东石油输出国的能源合作就更加重要。长期以来，中国与中东石油输出国的能源合作主要是以石油贸易的方式进行，中国进口其石油及石化产品，出口机电及纺织服装类产品。中国对其贸易始终处于逆差。要维持长期稳定的贸易合作，贸易平衡固然很重要，但除了贸易以外，工程承包和投资领域的合作也是发展双边经济关系、维持能源合作的重要方式。

例如，对战后重建国家利比亚和叙利亚等国，采取以石油资源为抵押换取建筑工程承包项目的方式加强合作。利比亚战后重建百废待兴，建筑工程有大量的需求，而且，战后的利比亚资金缺乏。这正是中国企业实施"走出去"战略的大好时机。而中国在建筑承包工程方面，不仅仍然具有劳动力成本优势，而且还有熟练技术工人的劳动力成本优势和效率优势。随着中国企业的承包工程项目结构不断取得新突破，中国企业承包工程的能力逐步增强。中国企业还拥有成套设备制造优势。此外，中国承包企业资金竞争力也不断提高。这种双边的需求使得以石油资源为抵押换取建筑工程承包项目方式的合作成为可能。

而对拥有大量石油美元的石油输出国沙特等国，则采取吸引石油美元对中国石油下游产业投资，强化石油输出国及其原油出口对中国的依赖以维持长期稳定的能源合作。

中国与中东国家的能源合作是通过双边经济关系相互依赖的，中国需要中东稳定的石油供应，中东国家需要中国稳定的石油出口市场以及石油美元的投资场所。这种相互依赖为中国发展与中东的能源关系奠定了坚实的基础。

（二）关注日本、韩国和印度在中东的能源利益

日本、韩国和印度都依赖中东的石油供应。2011 年，日本从中东进口石油 1.75 亿吨，占其石油总进口的 78.9%。印度从中东进口石油 1.1 亿吨，占其石油总进口的 62.2%。[①] 更应该关注的是，一方面虽然中国与这些国家的

---

① BP，*BP Statistical Review of World Energy*，June 2012，p. 18.

能源供应来源同属亚洲板块，石油进口都主要来自中东，但是，这些国家对中东的石油进口依赖程度高于中国。所以，日本、韩国和印度虽然在某些中东政策上追随美国，但考虑到自身的能源安全问题，则不能完全跟从美国。另一方面，美国也需要日本这个亚洲盟国在一些国际问题上的支持，伺机利用这些东亚国家实行对中国的掣肘。因此，这些国家在能源安全上的利益和美国的企图在一定程度上牵制了美国的中东政策，使其不能走得太远。例如，美国在制裁伊朗的问题上就不得不放宽对日本、韩国、印度和中国从伊朗进口石油的限制。这在一定程度上为中国发展与中东国家的能源关系提供了空间。

由于中国与日本、韩国和印度的能源需求同属亚洲板块，中国与这些国家在能源领域的竞争也就难以避免。但是，目前世界能源市场的供应充足，因此不至于使这种竞争的矛盾激化。而且，中国与这些国家在能源安全上也有着共同的利益。从各自长远利益和可持续发展的长期视角看，各方在能源储备、能源购买，特别是在节能领域有较大的合作空间。如果在亚太地区构建地区性的能源共同体如"东亚能源共同体"，对于促进各国间能源领域的合作，确保能源安全和稳定亚洲能源市场价格能起到推动作用。2006年1月12日，中国与印度在北京签署了"加强石油与天然气合作"的备忘录。① 中、印两国在石油领域的合作包括原油开采、炼油、开发乙醇汽油、提高能效等。这种合作可避免恶性竞争，而扩大和深化合作关系到两国的能源安全和发展全局。2012年5月13日，在中、日、韩第五次首脑会谈期间签署了《中日韩投资协定》。② 会议宣布年内启动建立中、日、韩自贸区谈判，很显然，这些都为中、日、韩的能源合作创造了良好的环境。

中、日、韩、印同属国际石油供应的亚洲板块，都依赖中东的石油供应。这种战略联系是相互进行长期合作的基础，而这种合作有利于各国的能源安全。

---

① 《中国与印度签署加强石油天然气合作备忘录》，http：//news. sina. com/cn/c/2006/01－14/02577977823s. shtml。

② 《中日韩投资协定即将正式生效》，http：//news. xin huanet. com/fortune/2014－05/14/c_1110687366. htm。

（三）扩大能源来源多样化，重视发展与非洲国家的能源合作

中国能源安全的一个重要方面是能源来源多样化，发展与非洲、中亚和拉美国家的能源合作是中国能源安全的重要组成部分，特别是加强与非洲国家的合作更加值得重视。这是因为，非洲在世界能源市场新格局中，对三大板块而言，都成为第一补充的供应来源，潜力巨大。

1. 非洲石油在国际石油市场中崛起

非洲石油在国际石油市场上的地位越来越重要，是 21 世纪以来的新现象，反映了非洲石油勘探开发的发展较快，在国际石油供应中的比重提升，而且石油的储采比上升，石油资源的潜力还在不断地显现出来。

非洲石油探明储量较高的国家依次是利比亚（443 亿桶，占世界总储量的比重为 3.3%）、尼日利亚（372 亿桶，2.8%）、安哥拉（135 亿桶，1.0%）、阿尔及利亚（122 亿桶，0.9%）和苏丹（67 亿桶，0.5%）等。[1]另外，埃及、加蓬、刚果（布）、赤道几内亚等国的石油探明储量也较丰富。由于新勘探技术的运用和新油田的发现，非洲石油储量还在不断增加。新的资源区已经出现，如几内亚湾、东非的苏丹、乌干达、乍得等区域，以及毛里塔尼亚的天然气等。

非洲石油的产量呈现出逐年上升的态势（见图 7）。2000～2011 年，非洲石油的日产量从 780.4 万桶增加到 880.4 万桶。2011 年，非洲的石油产量占到世界石油总产量的 8.01%，所占比例较高。2011 年，在非洲的产油国中，产量较大的分别是尼日利亚（2245.7 万桶）、安哥拉（174.6 万桶）、阿尔及利亚（172.9 万桶）、埃及（73.5 万桶）、利比亚（47.9 万桶）。[2]

由于非洲石油资源在不断被发现，潜力被看好，而且非洲石油质量高，开采成本低，相对于中东地区，运输方便，所以全世界的主要能源进口国都把非洲作为能源进口的重要战略区。2011 年非洲对美国的石油出口量为 8670 万吨，占美国石油进口的 15.5%；对欧洲石油出口为 1.07 亿吨，占欧洲石油进口的 18%；对中国的出口是 6120 万吨，占中国石油进口的 18.7%。[3]

---

[1]　BP，*BP Statistical Review of World Energy*，June 2012，p. 6.

[2]　BP，*BP Statistical Review of World Energy*，June 2012，p. 8.

[3]　BP，*BP Statistical Review of World Energy*，June 2012，p. 18.

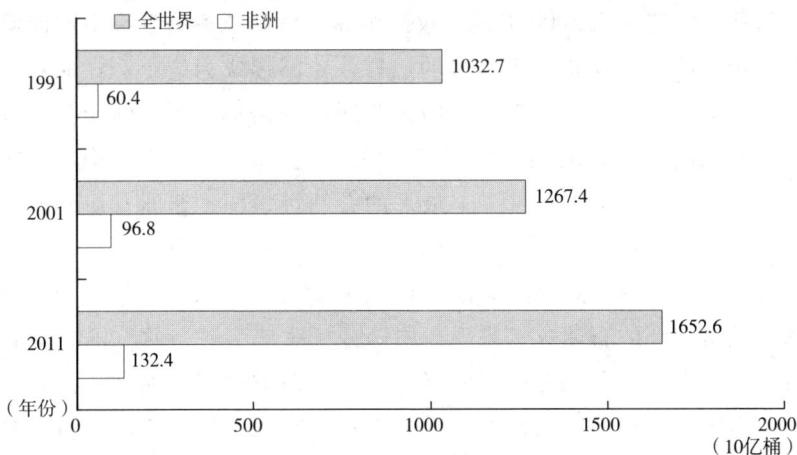

图 7 非洲石油产量变化

资料来源：BP，*BP Statistical Review of World Energy*，June 2011，p. 8。

事实上，在国际石油供应板块化的大格局中，中东地位的下降和非洲地位的上升形成了鲜明的对比。中东地区现在对西方国家的石油供应下降，而非洲从被关注的地区上升为美国第三大和欧洲第二大石油供应来源。非洲石油崛起的趋势，也使得非洲成为主要石油进口国以及这些国家的跨国石油公司博弈的地区。

与此相比，非洲天然气储产量占世界份额都不大。据统计，截至 2011 年底，非洲天然气储量、产量分别为 14.5 万亿立方米和 2027 亿立方米，分别占全球同期储量和产量的 7.0% 和 6.2%。[①]

2. 中国进口非洲油气具有重要的安全价值

从非洲地区进口油气是中国保障能源供应安全的重要选择。中国的石油进口过去从宏观上看不太重视非洲，1990～2000 年中国把中东和中亚、俄罗斯地区作为可相互保障的进口来源地。但是，随着中东地区局势不稳定的加强，石油供应面临中断的风险，从中东地区进口石油还要面临运输通道的风险，石油运输在很大程度上受制于美国。

以俄罗斯、中亚作为石油供应来源的保障则受到运输条件的制约，因为这个地区的管道运输能力有限，中、俄泰纳线到大庆的分线以及通往哈萨克

---

① BP，*BP Statistical Review of World Energy*，June 2012，pp. 20，22.

斯坦的管线运输能力为3000万吨，仅靠中亚、俄罗斯不能解决中国能源进口的需求。中国能源多样化需要更多的选择，非洲遂成为这个选择的目标。但是，非洲石油面临大国的争夺，中国在非洲石油出口中所占的份额不大，美国占非洲石油出口的1/3，欧洲占1/3，中国只占1/10。因此，中国在非洲进口石油也面临竞争。中国是世界上最大的石油进口国，非洲石油分配的格局与中国石油进口大国的地位不符。因此，减少从中东的石油进口，发展与非洲的能源关系，对中国能源安全有着重要的意义。

从大国对非洲的石油进口来说，中国处于劣势。一是西方国家是非洲石油开发的先行者，非洲较好的石油资源已经被西方国家石油公司控制。二是中国和西方国家在石油勘探开发技术方面存在差距，在非洲发现的主要是深海石油资源，而中国的石油公司在陆地勘探开发经验丰富，深海是弱项，在技术方面面临挑战。正因为如此，中国在非洲面对欧洲和美国的竞争，需要有强有力的全方位对非政策作为支撑。

为此，中国要加强在非洲的能源外交的力度。中国是发展中国家，但中国也是联合国常任理事国，在多边框架内可以发挥比较重要的影响。在秉承相互尊重主权和互不干涉内政的国际准则下，应发挥中国在非洲地区已有的优势，利用中非合作论坛等外交平台，继续开展领导人的互访，积极开展对非洲地区产油国的外交合作，增强互信，增进了解，实现互利共赢，共同发展，保证非洲地区石油进口来源的稳定。中国与非洲国家有长期友好的关系基础，这就为中国与非洲能源合作奠定了坚实的基础。事实上，改革开放以来，中国的经济实力显著增强，可以在相互尊重主权的基础上与非洲石油资源国开展广泛的石油合作，这不仅有助于提高世界石油生产能力，而且有助于缓和地缘政治紧张状况，有利于维护国际石油供应和价格的稳定。

中国还应该继续加深和发展与非洲产油国的关系，积极推进与这些国家在贸易、投资、工程承包等领域的经济关系。在贸易方面，改变能源进口导致的贸易不平衡，以维护长期稳定的能源供应渠道。在投资和工程承包方面，中国企业劳工和工程技术人员的成本低。中国在石油开发的综合方案方面有优势，如中国有较好的金融实力，贷款能力强大，而西方受金融危机的影响力所不及。中国在建筑工程承包基础建设方面有明显的优势，基础建设贷款和石油资源开发可以构成综合竞争力。中国公司与安哥拉和苏丹石油合作模式积累了经验，可以推广。这些优势使中国有条件进入非洲石油领域，而且在开发非洲油气方面有所作为。当下，中国从非洲进口的石油已经远远超过了从俄罗斯和中亚的进口，非洲正在成为中国石油进口的战略地区。

四　结语

中东剧变、中东地区局势及世界能源格局的变化对世界市场石油供应的影响，使我们重新审视和思考中国能源安全问题。采取更多视角和更多的关注点，恐怕是中国的应时之需以及长远基点。在不能摆脱对中东石油的依赖的同时，中国可继续发展与中东石油输出国的关系，与同属世界石油亚洲板块、有着共同能源利益的东亚国家合作，维护能源安全的环境。扩大能源来源多样化，高度重视发展与非洲的能源关系，积极发展新能源，维护中国的能源安全。

非洲"向东看"的经济考量

姚桂梅[*]

进入 21 世纪以来，全球经济出现若干新趋势，表现之一就是发展中国家的崛起，南南贸易及投资的加速。其中，亚洲和非洲之间贸易和投资的爆炸性增长成为南南关系中一个令人瞩目的亮点。笔者认为，这是非洲国家奉行"向东看"理念的结果。那么非洲国家为何"向东看"？非洲在亚洲有哪些经济方面的诉求？非洲在亚非经贸合作中得到了哪些实惠，又面临哪些挑战？本文将逐一展开分析与探讨。

一 非洲选择"向东看"[①] 的经济利益考量

非洲有 3 亿多贫困人口，面临世界最令人望而却步的发展挑战。近年来，中国、印度经济快速发展，国力逐日增强，国际地位逐渐提升，势必对旧有的国际政治经济格局产生重要影响。在非洲，中国和印度的崛起导致津巴布韦、肯尼亚、坦桑尼亚、纳米比亚等国领导人开始奉行"向东看"理念，他们希望在继续保持和发展同西方国家传统经贸关系的同时，走出非洲，向东发展，加强与中国、印度等亚洲国家的经贸合作，从而进入经济高速增长的亚洲市场，加快与全球经济的融合，以此摆脱长期被西方国家边缘化的不利

---

[*] 姚桂梅，中国社会科学院西亚非洲研究所研究员，主要研究领域为非洲经济和中非经贸合作。

① 从非洲国家的视角来看，"向东看"的所谓"东"并不局限于中国和印度，还包括日本、韩国、马来西亚、伊朗等很广泛的含义。但是，中国和印度这两个亚洲新兴经济"巨人"在与非洲国家经贸交往中表现突出，自然成为本文探讨的重要内容。

状态。坦桑尼亚总统基奎特在 2007 年初达沃斯世界经济论坛年会上指出："中国从世界上最穷的国家之一，成为世界舞台上的经济强国。中国是这种转变的模范。这给了非洲以希望，让我们知道有这种可能把我们的国家从可怕的贫穷带到发展的道路上来。有了正确的政策和正确的行动，有一天我们也会成为那样。"①

2008 年全球金融危机爆发后，资本主义世界麻烦缠身，让非洲国家对发达国家金融监管感到非常失望。相反，中国和印度在应对危机中表现不俗，经济增长继续领跑世界，这使非洲认识到今后更应加强与发展中国家的合作。南非政府也意识到世界经济重心已开始向发展中国家转移，中国是其中的领军者，因此南非也加快"向东看"步伐。南非斯泰伦布什大学副校长阿诺德·万·齐尔认为，中国是"30 年来最震撼世界的国家"，因为中国社会和经济实现了前所未有的"大突破、大跨越、大发展"②。正是综合国力的日渐强盛，让中国在应对国际金融危机时有了更大的回旋余地。坦桑尼亚总统基奎特说，为了抵御国际金融危机的冲击，坦桑尼亚正越来越依靠包括中国在内的亚洲国家市场。

（一）非洲视亚洲新兴市场为其经济"新曙光"

在非洲人眼中，中国和印度是世界第一和第二人口大国，共拥有 25 亿人口，这本身就是一个巨大的潜在市场。目前，中国和印度的工业正在快速现代化，中产阶层迅速崛起，收入和购买力不断增加。很多非洲经济学家预测，如果中国和印度的中产阶层达到 40% 的规模，将有数亿人进入中产阶层的行列，这个规模跟 100 年前西方国家快速崛起产生的中产阶层一样，对全球资源将有巨大需求，从而带动全球经济的发展。对非洲国家而言，中国、印度崛起的中产阶层对非洲资源将产生巨大的需求，不仅对非洲传统出口的石油、铜、棉花等农矿初级产品的需求不断增长，而且对非洲各种非传统出口产品（家用消费品、加工后的初级商品、轻工制成品、食品和旅游等）的需求也不断增长。中国和印度的强大需求将拉高原材料市场的价格，而非洲正是相关原材料的主要出口国，非洲国家出口收入的增多将成为拉动经济增长的引擎。

---

① 人民网，http://invest.people.com.cn/GB/75571/75606/5479084.html，2010 年 9 月 23 日。
② 新华社北京 2009 年 3 月 8 日电。

为此，肯尼亚政府在 2007 年 4 月胡锦涛主席访问该国前夕发表声明说，肯政府热切关注着东方，尤其是中国的发展，因为那里有着广泛的经济机遇。南非财长在 2010 年 6 月的 20 国集团首脑会议上指出，"为适应后经济时代全球经济发展新变化，南非将积极寻求劳动密集型的经济发展模式，并寻求欧洲以外需求旺盛的贸易伙伴，生产他们需要的产品。过去，南非传统的经贸政策无法带动经济增长和为本国人民创造足够的就业岗位，新的增长模式应以创造就业和消除贫困为中心，南非必须重新定位，开发更多的市场以增加自身竞争力"。[1] 2010 年 8 月，南非贸工部长罗布·戴维斯向《中国经济周刊》表示，与中国的合作对南非具有非常重要的战略意义，两国合作在未来几年将有重大进展。

（二）非洲视亚洲国家为潜在的资金救星

众所周知，资金不足是非洲国家社会经济发展的桎梏。进入 21 世纪，非洲国家在进行开发资源、发展基础产业、改善基础设施以及发展教育文化等方面，都受到资金短缺的制约。非洲国家资金不足不仅表现在国内储蓄严重不足、融资困难，而且还体现在外汇储备水平普遍偏低、外债沉重，流入的外资和外援缺乏稳定性。相对而言，日本、中国、韩国等亚洲国家资金富余，尤其是外汇储备水平普遍较高。2005 年，在世界外汇储备额排名前七位中，亚洲就占据了六席，日本更是多年位居榜首。2006 年 2 月，中国外汇储备超过日本跃居世界第一，高达 8536 亿美元。在印度，受益于国际投资机构对印度市场的看好，大量外资涌入印度使得其外汇储备飞速增长，2008 年底达到 2795 亿美元，位居全球第四。中国、印度外汇储备的不断增加表明两国正在突破束缚多数发展中国家经济发展的桎梏，对世界经济的影响力在不断增强。对于亟须引进外资的非洲国家来说，亚洲新兴经济体由于其迅速崛起和庞大的外汇储备，无疑成为其潜在的资金来源国。为此，近年来，许多非洲政要访华时，无不怀揣多个项目寻求中国资金的支持。2008 年金融危机爆发后，非洲国家发现欧美发达国家自顾不暇，在非洲的投资开发出现力不从心的迹象，于是更加看重亚洲国家的资金，加快"向东看"步伐，尤其是对中国的期望值不断提高。2009 年 11 月中非合作论坛第四次部长级会议后，仅赤道几

---

[1]　*South Africa must Reposition for Growth*，Bua News South Africa，24 June 2010.

内亚、乌干达、埃塞俄比亚、莫桑比克、赞比亚五国就向中国提出了总额超过 120 亿美元的优惠贷款要求。此后,一些非洲国家又陆续要求中国援建跨国、跨地区等大型基础设施项目。

二 非洲受惠"向东看",非洲在亚洲的经济利益得到提升

进入 21 世纪以来,在"向东看"理念支配下,非洲国家积极配合亚洲国家搭建各种涉非对话平台,主要有"中非合作论坛""东京非洲发展会议""韩国 – 非洲论坛""印度 – 非洲论坛""土耳其 – 非洲合作峰会"等。非洲国家通过上述平台与亚洲国家协商、交流,为其产品进入亚洲市场赢得了一些优惠。与此同时,亚洲国家承诺加大对非援助和投资力度、减免非洲债务,使非洲国家从日趋紧密的亚非经贸合作中受益。

2008 年爆发的全球金融危机对非洲经济的影响有限,非洲经济很快触底反弹,这在很大程度上得益于同中国、印度等亚洲新兴国家快速增长的贸易与投资。可以说,来自亚洲的力量正悄然改变着非洲。赞比亚女学者达姆比萨·莫约(Dambisa Moyo)在《死亡的援助》一书中尖锐批评了西方的援助政策及其在非洲产生的使贫者愈贫、发展减速的负面效果,她认为,非洲应当向亚洲特别是向中国学习;中国同非洲的贸易和投资比西方那种高高在上的援助更实惠,让非洲人得利更多,因为这给了他们真正的经济发展能力和动力。①

(一) 迅速增长的亚非贸易帮助非洲重塑其在世界商品市场重要商品来源地的地位

2000 年以来,亚非贸易快速增长(见图 1)。非洲与亚洲的贸易在 2008年占非洲贸易总额的 28%,相当于 1990 年的 2 倍。如今,亚非贸易已经与欧非贸易持平(见表 1)。有分析家认为,飞速增长的亚非贸易源于两个地区的互补性。非洲对亚洲的制成品和机械的需求不断增长,而亚洲发展中经济体不仅对非洲自然资源的需求不断增长,而且对非洲劳动密集型产品的需求也越来越大。要素禀赋和其他经济资源有可能继续在国家层面上维持这种很强

---

① 〔赞比亚〕莫约:《死亡的援助》,王涛、杨惠等译,世界知识出版社,2010。

的互补性，这意味着目前亚非贸易热潮可能具有持续性。中国、印度等亚洲国家对非洲自然资源的需求帮助非洲重塑了全球商品市场上重要商品供应地的地位。非洲在全球出口市场中的份额从 1995 年的 2.36% 提高到 2005 年的 2.97%，2008 年又升至 3.45%。与此同时，非洲在全球进口市场中的份额也有所增加，从 1995 年的 2% 提高到 2005 年的 2.48%、2008 年的 2.95%。

对此，非洲开发银行首席经济学家姆苏利·恩库贝博士积极评价，"来自亚洲国家特别是来自中国的出口产品很适合非洲国家的需求。进口制成品，如电子玩具和纺织品扩展了非洲消费者的购买范围；中国产品的价格相对较低，这能让许多非洲人民消费得起"①。喀麦隆总统保罗·比亚说："中国商品物美价廉，对抑制喀麦隆通货膨胀，控制物价上涨，改善百姓生活做出了贡献。"②

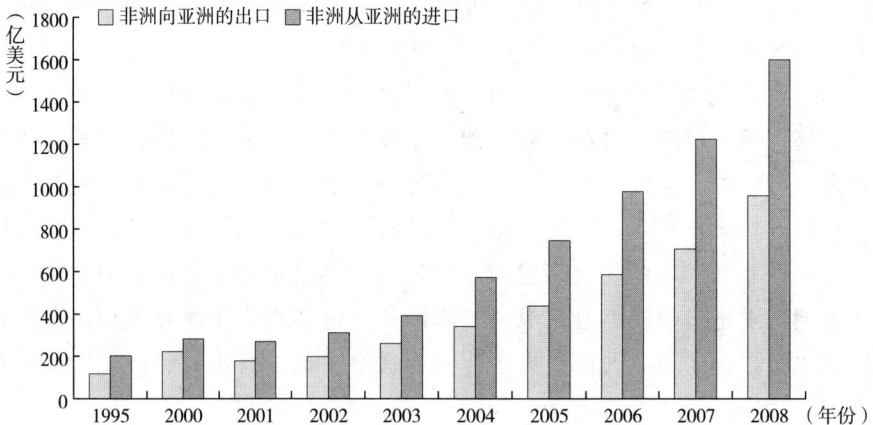

图 1　1995～2008 年非洲贸易走势

表 1　1995～2008 年非洲商品贸易伙伴的市场份额

单位：%

	非洲出口			非洲进口		
	1995 年	2005 年	2008 年	1995 年	2005 年	2008 年
发达国家	62.6	64.1	60.6	63.6	51.0	47.4
发展中经济体	31.2	30.9	34.5	31.9	43.1	47.5

---

① "China Aggressively Trading and Investing in Africa," http：//www. eurekalert. org/pub_ releases/2010 - 09/adb - cat091310. php.

② 《喀麦隆专家：中国对非援助不是"新殖民主义"》，新华网，2006 年 9 月 26 日。

	非洲出口			非洲进口		
	1995 年	2005 年	2008 年	1995 年	2005 年	2008 年
其中：亚洲	10. 8	16. 7	19. 9	15. 0	25. 8	30.6
转型经济体	0. 7	0. 3	0. 5	1. 3	2. 6	3. 5
其他	5. 5	4. 7	4. 4	3. 2	3. 3	1. 6

资料来源：UNCTAD，*Handbook of Statistics 2009*，pp. 84 – 87。

1. 非洲对亚洲的出口市场份额明显增加，但发达国家仍占据垄断地位

据联合国贸发会统计，非洲向世界的出口从 1995 年的 1012. 9 亿美元增长到 2005 年的 2842. 5 亿美元、2008 年的 5209. 7 亿美元，其中虽然从金额来看，非洲向发达国家的出口从 1995 年的 634. 1 亿美元增长到 2005 年的 1822. 3 亿美元、2008 年的 3157. 1 亿美元，但是非洲出口产品对发达市场的依赖在减弱；与此同时，非洲向亚洲国家的出口产品不仅规模在增长（从 1995 年的 109. 7 亿美元增长到 2005 年的 473. 9 亿美元、2008 年的 1034. 4 亿美元），而且在亚洲市场的份额也在扩大（从 1995 年的 10. 8% 一直攀升到 2008 年的 19. 9%），尤其是非洲对中国的出口增长迅速，非洲出口产品在中国市场的份额从 1995 年的 0. 9% 扩大到 2005 年的 6. 5%，2008 年升至 9. 3%（见图 2）。[①]

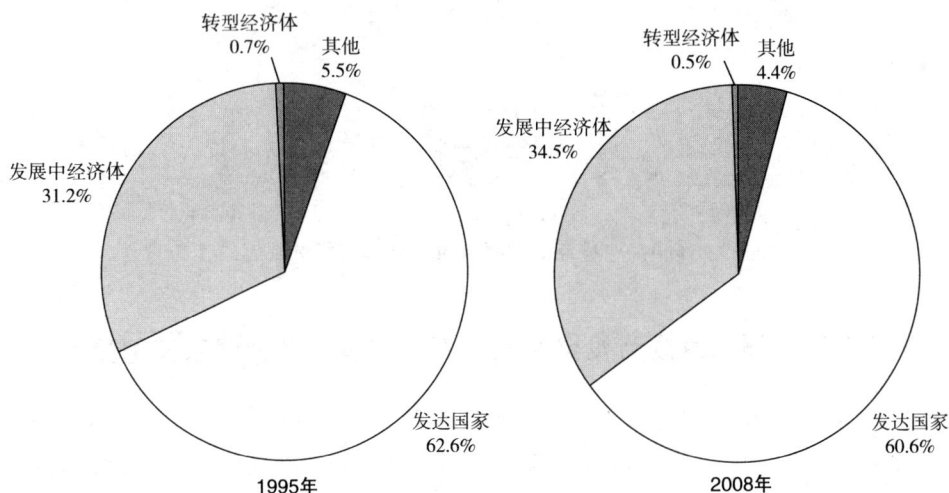

图 2　1995 年、2008 年非洲出口市场份额

① UNCTAD，*Handbook of Statistics 2009*，pp. 84 – 87.

2. 非洲从亚洲的进口迅速增加，亚洲与欧洲在非洲的进口市场上平分秋色

非洲从世界各地的进口从 1995 年的 1165.4 亿美元增长到 2005 年的 2479.9 亿美元和 2008 年的 4576.4 亿美元。其中，非洲从亚洲国家的进口迅速扩大，引人注目。非洲从亚洲国家的进口规模在增长（从 1995 年的 174.7 亿美元增长到 2005 年的 638.6 亿美元、2008 年的 1399.4 亿美元），亚洲在非洲进口产品市场的份额也相应扩大（从 1995 年的 15.0% 一直攀升到 2008 年的 30.6%）。其中，非洲从中国的进口增长迅速，中国在非洲进口产品市场的份额从 1995 年的 1.9% 扩大到 2005 年的 6.6%，2008 年达 9.7%。① 以中国和印度这些亚洲国家为主的发展中国家在非洲进口市场份额的迅速扩大，导致发达国家逐渐丧失其在非洲进口市场上的绝对优势，市场份额从 1995 年的 63.6% 降到 2005 年的 51.0%，2008 年降至 47.4%（见图 3）。

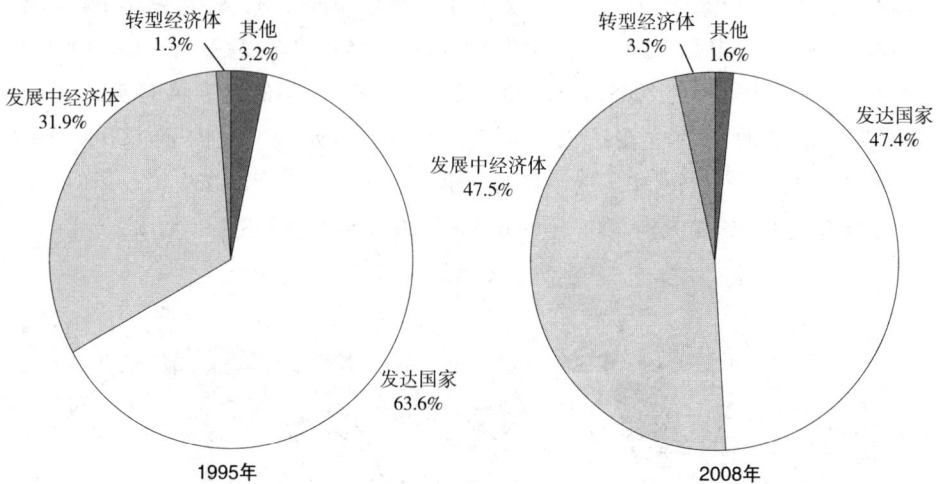

图 3　1995 年、2008 年非洲进口市场份额

（二）亚洲国家成为投资非洲的新领军者，非洲国家普遍受益

与亚非贸易热潮相伴，亚洲和非洲之间的外国直接投资也在快速增长，但是投资规模明显小于贸易规模，而且亚洲对非洲的外国直接投资增长尤为明显。2008 年全球金融危机爆发后，欧美发达国家自顾不暇纷纷从非洲撤资。相反，

---

① UNCTAD，*Handbook of Statistics 2009*，pp. 84 - 87.

以中国、印度为代表的发展中国家却逆势而上，加大了投资非洲的力度，使得发展中经济体成为投资非洲大军中的新锐。据联合国贸发会统计显示，2000～2008 年间发展中经济体在非洲的外国直接投资流量占非洲吸引外国直接投资总量的 21%，高于 1995～1999 年间的 18%；而同期亚洲在非洲的投资则从 1995～1999 年间的 6.7% 迅速提高到 2000～2008 年间的 15.2%①。中国、马来西亚、印度等亚洲国家成为一些撒哈拉以南非洲国家外国直接投资的主要来源。在 2006～2008 年间，中国在非洲的投资累计达 25.28 亿美元、马来西亚为 6.11 亿美元、印度为 3.32 亿美元、中国台湾地区为 0.48 亿美元、韩国为 0.45 亿美元、智利为 0.44 亿美元、土耳其为 0.35 亿美元、巴西为 0.14 亿美元（见图4）。

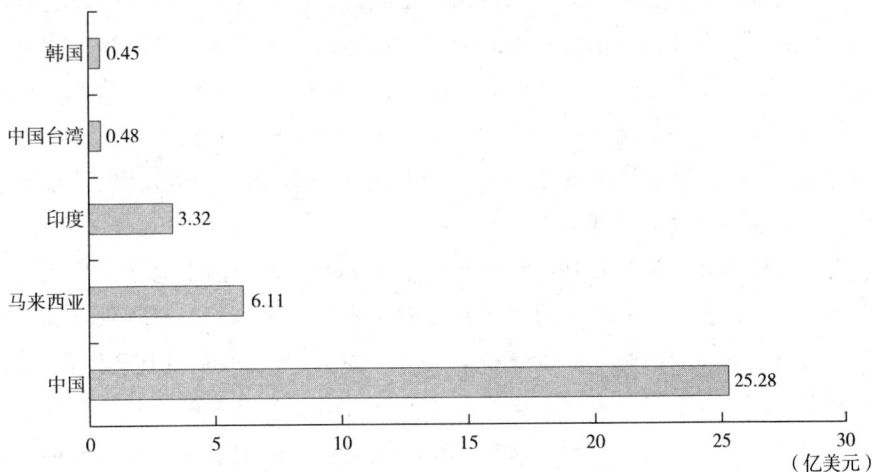

图 4　2006～2008 年亚洲国家对非洲的投资

客观而言，在过去 10 年间，中国和印度在非洲的外国直接投资主要集中于石油和矿产开发领域，这方面的投资一直是新闻媒体关注的焦点。但不容忽视的是，近年来中、印两国对非直接投资已经开始向其他领域扩展。目前，中、印对非投资涉及服装、食品加工、零售企业、渔业和海产养殖、商业房地产、交通运输、旅游、发电厂和电信业等。另外，有些投资正推动非洲的贸易进入最领先的多国公司网络，不断改变国际分工格局。值得强调的是，与欧美发达国家主要向非洲的产油国投资有所不同，中国在非洲地区的投资覆盖率高达

---

① UNCTAD，*World Investment Report 2010*，New York and Geneva，July 2010，p. 34.

81.4%，多数非洲国家从中受益。

中国和印度的对非投资，不仅为非洲国家带去了资金，而且带去了适用技术和管理经验；不仅有助于非洲国家产业结构升级，而且增加了当地的税收和就业，为当地培养了建设人才，支持了非洲国家经济发展。以赞比亚中国经贸合作区为例，经过5年多的建设，赞中合作区已完成基础设施投入10708万美元，用于水、电、气、道路、通信、污水处理等；完成平整土地187.75万平方米，公共设施建设4.41万平方米。合作区成功引进中色非洲矿业有限公司、谦比希湿法冶炼有限公司、谦比希硫黄制酸有限公司、谦比希铜冶炼有限公司等13家企业，涉及采矿业、勘探业、有色金属加工业、化工制造业、金属加工业、建筑业等行业，吸引投资近8.2亿美元，完成投资额超过5亿美元。截至2009年8月底，区内企业实现销售收入总额3.4亿美元，向赞比亚各级政府累计上缴税费4747.53万美元，累计生产铜精矿31.5万吨，含铜量14.18万吨，生产阴极铜16814吨，为赞比亚提供就业岗位近4000个。[①] 值得指出的是，在金融危机肆虐时期，中色集团明确表示并实际做到了"不减产、不减薪、不裁员"，受到当地政府和民众的高度评价。

此外，中国在非洲投资基础设施项目成效显著。以中国水电建设集团在非洲业务为例，该公司在非洲承建的项目主要是水坝、水电站、城市供水和农业灌溉、公路、学校、医院等，在许多非洲国家是推动经济发展的优先民生项目。如中水电在苏丹的麦洛维大坝，建成后使苏丹全国供电能力翻了一番，10公里长坝成为尼罗河上的第一长坝；承建的埃塞俄比亚泰可则水电站双曲薄拱坝高190米，是目前非洲在建的最高的水坝，建成后能使埃塞俄比亚电网供电能力提高30%。中国大举投资非洲基础设施的友好行动受到非洲人民的普遍赞誉。他们说，自非洲独立以来，还没有哪个国家像中国这样大规模地对非洲进行基础设施投资。肯尼亚驻华使馆经济参赞齐拉古表示，中国的基础设施投资将推动非洲经济发展，真正使沉睡的非洲大陆觉醒，非洲应该感谢中国。[②]

（三）亚洲对非援助增加，增进非洲自主发展能力

虽然乌干达、埃塞俄比亚等国领导人明确表示对外国援助不感兴趣，更

---

① 《面对金融危机挑战　中国对非投资合作力度不减》，中国商务部网站。
② 《中国投资如甘霖　非洲经济现生机》，《金融时报》2010年5月29日。

加欢迎外国投资，但是由于非洲 53 个国家的国情多样，撒哈拉以南非洲地区一半以上的国家仍严重依赖外援。随着亚洲新兴经济体的崛起，非洲国家希冀中国、印度增加对非援助的呼声也日渐高涨。目前，亚洲国家援助非洲的意愿在增强，特别是中国、印度对非援助都不附加政治条件，未来扩大援助的前景可期。亚洲主要国家对非援助情况如下：

1. 中国

新中国成立以来，中国一直坚持向非洲提供力所能及的援助。特别是 2006 年中非合作论坛北京峰会后的三年，中国对非援助规模增加了 1 倍。截至 2009 年底，中国已为非洲 53 个国家援建 884 个成套项目（其中一半属于改善民生项目），培训各类人员 26488 人，派遣技术人员 35 万人次，医疗队员 1.7 万人次，减免了 35 个非洲国家的 312 笔对华债务。[①] 可见，中国对非援助的覆盖面非常广泛。由于中国政府的对非援助以非洲国家的需要为前提，重在帮助非洲国家改善民生，增强自主发展能力，不附加任何政治条件，受到了非洲国家政府和人民的普遍欢迎。

2009 年 11 月，在埃及沙姆沙伊赫举办的中非合作论坛第四届部长级会议上，中国总理温家宝宣布，为增加非洲融资的能力，中国政府在未来三年内将向非洲国家提供 100 亿美元优惠贷款。

2. 印度

印度受国力限制，传统上对非援助比较注重道义支持，物资援助较少。2003 年印度发起旨在援助非洲、南亚发展中国家的"印度发展计划"（IDI），印度对非援助力度有所加大，从 2000 年的 100 万美元增加到 2008 年的 2111 万美元，占印度对外援助的比重从 0.6% 上升到 3.59%。2008 年，印度进出口银行向尼日利亚、埃塞俄比亚等 13 国提供了 5.7 亿美元的信贷，约为 2007 年的两倍，占对外信贷总量的比重由 2007～2008 年的 51.3% 提高到 2008～2009 年的 76.6%。[②]

2008 年 4 月，首届印度－非洲论坛峰会在新德里举行。印度政府承诺在未来 5 年内，在双边和地区两个层面，把对非洲的信贷额提高两倍多，达到

---

① 商务部国际贸易经济合作研究院：《2010 年中国与非洲经贸关系报告》，第 6 页。

② Government of India, Ministry of Finance, *Annual Reports 2008 - 09*, http://www.finmin.nic.in/reports/index.html.

54 亿美元，支持非洲铁路、资讯科技、电信、电力及物理连接领域的基础设施发展，还表示在未来 5～6 年，为支持非洲项目提供超过 5 亿美元的赠款。①

3. 日本

日本对非援助以无偿援助为主。1991～2005 年，日本对撒哈拉以南非洲双边官方发展援助占日本双边官方发展援助总额的比重一直在 10% 左右。2006 年以来，囿于国内财政困难和金融危机的冲击，日本开始削减对外援助的预算，但为确保对非战略利益，日本政府采取了向非洲倾斜的援助政策，结果在援助总额减少的情况下，日本对非援助不降反升，从 2003 年的 5.1 亿美元增加到 2007 年的 17.15 亿美元。对非援助占日本双边官方发展援助总额的比重也从 2003 年的 8.4% 上调到了 2007 年的 29.2%。②

2008 年 5 月，第四届东京非洲发展国际会议在日本横滨举行，时任日本首相的福田康夫提出了 2012 年前将对非援助增加 1 倍的目标。据媒体报道，在日本外务省 2009 年度国际合作重点中，大幅增加了针对亚洲、非洲的政府开发援助 （ODA），其中，针对非洲的目标额为 1885 亿日元 （约合人民币130.99 亿元），为有史以来的最大规模。

4. 韩国

非洲并非韩国对外援助的重点，1991～2005 年间，韩国向非洲国家提供了共计 1200 亿韩元的无偿援助，仅占韩国对外援助的 8%。③ 然而，2006 年 3月卢武铉总统访问尼日利亚时宣布 "非洲发展倡议"，此后，韩国对非援助增加很快，从 2005 年的 3910 万美元增长到 2006 年的 4780 万美元、2007 年的7007 万美元、2008 年的 1.04 亿美元；与此同时，韩国对非援助在其当年对外援助总额中的比重也有明显提高，即从 2005 年的 8.4% 提高到 2006 年的12.7%、2007 年的 14.2%、2008 年的 19.3%。

2009 年 11 月 23～25 日，第二届 "韩国 - 非洲论坛" 在首尔举行。在此次论坛上韩国政府通过《首尔宣言 2009》，承诺在未来 3 年对非洲的发展援助将增加到 2.14 亿美元，比目前的规模增加 1 倍，援助款主要集中于社会、经

---

① Opening Address by Dr. Manmohan Singh, Prime Minister of India, "At the Plenary Session – I of India – Africa Forum Summit Vigyan Bhawan," New Delhi April 08, 2008, http://meaindia. nic. in/.

② OECD, *Development Co – Operation Report 2009*, pp. 214 – 215.

③ 韩国外交通商部开发合作政策官室：《我国对外援助现状与政策方向》，2008 年 4 月 8 日。数据来源为韩国外交通商部政府开发援助网站，http://www. odakorea. go. kr/。

济以及解决水资源匮乏、耕地减少、粮食问题和气候变化等方面。

三 非洲国家“向东看”的前景

（一） 非洲“向东看”是对亚洲发展经验的青睐

如前所述，非洲国家从“向东看”中受益颇多，“向东看”步伐的不断加快，足以表明非洲人对新兴亚洲经济体发展经验的重视和青睐。实际上，非洲国家独立后，在选择发展战略、制定发展政策方面深受西方发展理论与思想的影响。由于脱离非洲国情，由西方主导的各种发展战略无论本意多么美好，都没有打破非洲国家的欠发达循环状态。而中国对非经贸合作起到提振当地就业、加快经济增长等实际作用，给非洲带来了新的希望和另一条发展途径。非洲人看到在过去 10 多年非洲经济的快速发展时期，正好就是中国与非洲经贸往来不断加强的时期。所以他们认为，中国的发展能够带动非洲的发展，中国经济快速发展的成功经验值得借鉴。目前，中国依靠技术手段更好地利用耕地，提高粮食产量，养活百姓的农业发展经验；中国计划生育政策，加强基础设施建设的“修路”经验；中国重视教育、促进人力资源发展的做法；中国自主选择适合本国国情的发展道路的理论；等等，正深深吸引着一些非洲国家领导人和学者。坦桑尼亚总统基奎特说，中国今天成功的发展模式是非洲在未来实现腾飞的样板，其经验能对非洲面貌的改变做出贡献，但真正能改变非洲的并不是中国，而是非洲人自己。尼日利亚知名学者费米·阿科莫莱夫在接受《环球》杂志记者采访时强调：“我们从中国那里最应该学习的一点就是，中国完全自主选择适合本国国情的发展道路，由自己来掌控发展的节奏，而不是像许多非洲国家那样盲目听从西方国家的‘指导’。中国的成功表明，一个拥有自信、决心和远见的民族将会取得什么样的成就。”[①] 他期待非洲大陆产生越来越多的富有远见和自信的领导人来主宰自己国家的命运。

值得强调的是，非洲国家希望借鉴亚洲国家的发展经验，并不局限于中

---

① Femi Akomolafe, "No one is Iughing at the Asians Anymore," *New African*, No. 452, June 2006, pp. 48 – 50.

国。非洲国家也非常重视印度农业发展经验，看重印度开发人力资源和改善医疗卫生、发展 IT 产业的经验和能力。同样，非洲国家还希望学习马来西亚政府如何发展中小企业，如何与私营部门紧密合作开拓国际市场的经验。此外，非洲国家也对"韩国脱贫经验"怀揣期望。众所周知，韩国曾经是一个非常贫困、经济基础薄弱的国家，在国际援助下逐步发展成一个新兴工业化国家。因此，一些非洲国家认为，"韩国曾在战争废墟中克服资源短缺的不利条件站起来了，如果以韩国的这种成功经验为基础，加上非洲的丰富自然资源，非洲也将在短期内取得增长"。[①]

（二）非洲国家"向东看"面临的挑战

应当看到，非洲在同亚洲国家的经贸交往中的确有所获益，但也面临不对称问题，需要非洲国家政府和人民发挥智慧，认真对待。

在贸易方面，尽管非洲与亚洲国家的经济互补性很强，双方贸易持续快速增长，但是非亚贸易并没有导致非洲出口结构发生重大变化，跟 10 年前一样，非洲仍以出口原材料，特别是石油和矿产品为主，变化的不过是贸易伙伴的排序。也就是说，非洲国家只不过是从对欧美发达国家市场的依赖逐渐转向对亚洲市场的依赖。为此，非洲国家必须加快改造单一经济结构，结束对商品出口的依赖，这对非洲经济复兴至关重要。

在投资方面，虽然亚洲对非洲的投资呈现快速增长态势，但非洲在亚洲的投资无论是绝对规模还是相对比例都处于弱势，不对称问题显而易见。与此同时，随着有国际竞争力的中国和印度等国公司的崛起，通过中国和印度企业家在非洲的投资，或从本土出口的方式，也挤占了纺织和服装等领域非洲厂家的国内销售和国际市场份额。这种竞争虽然可以促使非洲企业提高生产效率，但在转型期间也导致了一些非洲企业的倒闭、工人失业。面对上述问题，非洲国家应认真权衡利用外资的利益与代价，兼顾东道国和外资方的利益。非洲国家必须进行产业结构调整，采取多种措施鼓励本土企业抓住参与全球产业链的机遇，勇于面对外国竞争，在竞争中掌握实用技术和现代劳动技能，从而提高企业效率；同时，非洲政府应制定相应的外资政策，引领外资向经济多样化方向发展。

---

① 祝鸣：《韩国的雄心》，《解放日报》2009 年 11 月 27 日。

　　此外，在利用外援方面，非洲国家也遇到了一些困扰。虽然与欧美这些传统的捐助国相比，亚洲新兴捐助国的援助比较注意照顾非洲方面的关切，但做得还不到位，还有很大的改善空间。非洲国家应充分发挥非洲人的智慧，努力提高外援的有效性，以此增强非洲自主发展能力。

　　总之，从10多年来非洲发展历程来看，亚洲新兴国家的崛起显示了强大的吸引力，这正是非洲"向东看"的动力所在，"向东看"步伐正在加快，并展现了广阔的前景。尽管在亚非经贸交往中存在着诸多挑战，但是，亚非合作共赢是顺应历史潮流，更是双方的共同需要。

浅析非洲工业化发展与中非经济合作

杨宝荣[*]

非洲工业化问题是研究非洲问题的一个重要内容。它不仅涉及非洲自身的发展，同时也与对非经贸合作有着密切的关系。该地区工业化程度的低下，以及由此带来的经济发展落后，直接或间接导致很多社会问题难以解决。随着同非洲经贸关系的日益扩大，对非关系已日益涉及中国切身利益。在该问题受到国际社会广泛关注的情况下，如何认识非洲当前工业化道路面临的问题，对于深化中非合作具有重要的意义。

一 非洲工业化的选择：持续增长的神话还是陷阱

对于多数国家而言，工业化被视为现代化的重要基础。简而言之，工业化可以促进增长和社会经济发展。由此，作为全球工业化程度最低的大陆，非洲国家对工业化的期望值很高。作为工业化进程中的后来者，在全球工业化分工体系已经确立的当前，非洲应该实行什么样的工业化，国际工业分工体系留给非洲多大的空间，却是非洲不得不面临的问题。

（一）非洲的工业化已经不可能走传统的工业化道路

首先，理解工业化及其传统工业化的概念对于认识非洲走什么样的工业化有重要意义。什么是传统工业化的道路？从学术研究角度来看，工业化的

---

* 杨宝荣，中国社会科学院西亚非洲研究所非洲研究室副研究员。

概念较多，其中相关概念包括原初工业化（proto industrialiazation）、近代工业化、再工业化、新型工业化等。受不同关注点影响，对于工业化这一概念问题存在不同的解读。就其核心要素来看，传统工业化是以机器生产为特征，通过提高劳动生产率，增加工业制成品，并伴随能源耗费的生产形态及社会经济形态。尽管近年来随着信息科技的发展，出现了以信息化带动工业化、工业化促进信息化的所谓新型工业化的概念①，但究其实质，所谓新型工业化仍离不开机器生产为基础的工业，所谓"新"，只是利用新技术在发展的可持续性、生产效率的提高等方面有了新的诠释。对非洲国家而言，人类已有的工业化经验，都可以称之为传统的工业化经验。人类社会发源于欧洲的工业化进程已经经历了近 4 个世纪。尽管其间不同国家在工业化进程中所走的道路和发展模式有着各自的特点，但工业化生产体系的建立需要资金和技术的积累，工业化生产意味着生产力的提高，工业化生产体系的确立需要市场来维系，却是其共同特征。根据联合国工业发展组织在《2009 年度工业发展报告》中对工业化的解读，工业化应该是在"产品空间、地理空间和时间上'呈聚块性特征'发展的过程，即工业化表现为'三个集聚'：产品空间、地理空间和时间上的集聚。其中，产品空间上的集聚是指专业化分工的发展，地理空间上的集聚是指产业集群的发展，时间上的集聚是指国际分工格局中的先发优势"。②

其次，非洲国家不能走传统工业化道路的结论是基于人类社会启动工业化进程以来的历史经验。在当前非洲发展工业化面临的现实条件基础上，非洲国家已不可能走传统工业化道路。①从资金积累来看，早期的资本主义国家在工业化进程中的资本积累过程是充满血腥的。这在马克思的著述中有着较为详细的解读，诸如"羊吃人""资本来到世间，从头到脚，每个毛孔都滴着血和肮脏的东西"是这个时期典型的特征。很显然，后来的发展中国家工业化都不可能走早期资本主义国家的工业化道路。从国际市场融资角度而言，资本的趋利特点决定了寻求回报率的本能。受市场条件等多种因素影响，更

---

① 欧阳培：《新型工业化与传统工业化比较研究》，《长沙民政职业技术学院学报》2004 年第 11 卷第 2 期，http://wenku.baidu.com/view/a58e7680e53a580216fcfe90.html，最后访问日期：2012 年 4 月 12 日。

② 联合国工发组织《2009 年度工业发展报告》的主要观点，百度文库，http://wenku.baidu.com/view/f156323b580216fc700afddc.html，最后访问日期：2012 年 3 月 25 日。

多国际私营资本仍会选择制造业当前仍集中的其他较非洲工业化程度为高的发展中国家。这极大地限制了非洲国家通过市场手段获取国际融资的能力。②从技术角度讲，当前工业发展的技术条件发生了较大的变化。一方面，立足于减排和可持续发展的新发展概念日益受到世界关注，由此对工业化的可持续性提出了更高的要求，如排放的标准、环境的治理等。另一方面，随着信息技术的快速发展，世界工业的发展已经进入了信息化时代。而信息化时代的工业发展对科学技术的要求有着更高的标准。③从世界工业化进程中实现快速工业化的成功国家经验来看，非洲国家在多方面存在着瓶颈。苏联、日本和中国是快速实现工业化的成功案例。作为工业化进程启动的后来者，日本和苏联在工业化进程中国家资本主义发挥了重要的作用。相比之下，从20世纪80年代的经济改革开始，多数非洲国家政府对经济的干预能力在下降。从较早启动工业化进程的拉美经验来看，拉美国家早在西班牙殖民统治时期，就出现了资本主义的萌芽，在19世纪末20世纪初拉美国家基本确立了资本主义生产方式。20世纪30年代，拉美国家工业化已经取得了很大的成就。率先实行"进口替代"工业政策的阿根廷、巴西和墨西哥三国，在20世纪四五十年代已经陆续解决了消费品的国产化问题后，60年代已经开始逐步实施工业品的"出口导向"政策，对外贸易基本摆脱了单一原材料的出口，建立起比较完整的工业体系。① 相比之下，目前多数非洲国家经常项目收支仍主要依靠对外原材料出口，产业结构极其单一，工业化程度很低。

（二）前工业化时代的生产与后工业化时代社会机制的矛盾

按照马克思经济基础决定上层建筑的理论，社会经济的发展水平应该同社会治理机制相配套，二者的不匹配将影响社会的稳定。在非洲多数国家中，低下的经济水平承担着昂贵的治理成本。这种现实使得一些非洲国家政局长期不稳，也严重影响了经济的发展。具体而言，体现在以下几个方面。

前工业化时代的经济水平与后工业化时代的社会公共服务的矛盾。这主要指的是落后的国民经济水平难以承受现代社会公共服务。非洲的国民经济发展水平很低，社会公共服务水平也很低。按照国际社会的关注，非洲国家应该在社会公共服务领域投入更多的资金。一方面，这有助于改善当地居民

---

① 王绪苓：《浅析拉美和英国工业化进程的不同特点》，《拉丁美洲研究》1986年第6期。

的生活条件，以实现"千年发展目标"；另一方面，这有助于改善投资环境，吸引外资。在自身财政困难重重的情况下，外部援助并不是解决公共服务的根本出路。即使在西方发达国家，其工业化早期政府所提供的公共服务也是极其有限的。问题在于，落后的非洲要吸引外资，就必须通过扩大基础设施建设增加社会公共服务来改善投资环境，以满足投资者的需要。企业竞争力是推动一国工业化发展的重要动力。但从低端制造业在经济结构中占主导的非洲国家来看，社会公共服务的提高，包括为企业员工提供的医疗、教育等社会保障等，将会增加企业的经营负担。此外，政府通过立法对劳工权利的保障，在维护劳工权利的同时客观上也增加了本地企业的经营成本。中国改革开放以来的快速发展，就一度被西方批评是利用缺乏社会保障的低劳动力成本获取了国际竞争优势。

落后的工业化水平与扭曲的城市化进程。这主要指的是落后的工业化水平难以解决大量的城市化人口就业。从发达国家工业化的经验来看，机器生产方式的确立，会带来大量的失业人口，伴随着经济水平的提高，新兴产业，特别是第三产业将会成为吸纳劳动力的重要领域。在此过程中，城市化进程应该是工业化进程的副产品。但在非洲，受多种因素影响，其城市化进程远高于工业化进程。研究表明，非洲城市化进程为世界最高。1960 年，在撒哈拉以南非洲地区只有一个居民 100 万以上的城市中心——约翰内斯堡，今天该地区有近 20 个中心城市人口达到 100 多万或以上。人口向中心城市尤其是省会城市的大规模迁移，和大城市在沿海区域的聚集，造成了许多国家人口和城市分布的严重失衡。在未来 25 年，非洲城市人口的增长速度几乎是总人口增长速度的两倍。到 2025 年，将有超过一半的非洲人口成为城市居民。较好的公共服务是吸引人口流向城市的拉动因素。自然灾害及农产品市场化的政策、频繁的冲突等是将农民及其家庭推向城市的重要因素。[①]"快速的城市化不仅没有创造出更多的财富来促进经济发展，相反却带来了系列的城市发展问题。"[②]

落后的工业化与现代治理体制的矛盾。20 世纪 90 年代非洲民主化浪潮过后，非洲国家基本建立了以西方国家为样板的现代治理模式。但是，受多元

---

① CISSE Djibrilla. Alhadji、丁金宏、COULIBALY Mariam：《当代非洲城市化的动因与困境》，《世界地理研究》2008 年第 17 卷第 2 期。

② 张增玲、甄峰、刘慧：《20 世纪 90 年代以来非洲城市化的特点和动因》，《热带地理》2007 年第 27 卷第 5 期。

化利益影响，多党选举制度下形成的中央政府很难在推动工业化问题上形成强有力的共识，也缺乏长远的执政规划。因此，该体制既缺乏推动工业化发展的动力，也缺乏对机制自身发展的保障能力。一定意义上讲，现代治理机制是在工业化过程中确立的，适应工业化发展需要，并用以保障工业化及由此带来的社会进步的机制。但是，从 20 世纪 90 年代纷纷确立西式现代治理机制后，大多数非洲国家并没有因此走上稳定发展的道路，债务沉重、动乱频仍成为其国家发展的突出特征。这主要同其落后的工业化进程密切相关。研究表明，"民主政治能否成功主要取决于建立民主政治的社会经济前提条件，如共同的国家认同感、较好增长和合理分配财富的经济以及一个强有力的国家"①。从历史经验来看，老牌资本主义国家在引入全民普选之前，现代国家制度已经确立，这些国家的民主化是在已经建立了法治、活跃的公民社会、责任政府的基础上进行的。而非洲却是在没有建立这些重要的现代制度的基础上就引入了民主选举，这被称为"反向的"民主化。由此，当政者就不得不面临双重挑战："既要建立现代的国家制度，又要在选举中和反对党竞争。"② 在经济发展水平低下、财政收入严重不足的情况下，国家不得不通过举债来维护选举等现代治理形式。

二　国际社会对非洲工业化合作的趋势：去工业化还是工业化

从 20 世纪 70 年代石油危机后，非洲国家纷纷陷入了发展困境。为获取外部支持，非洲国家逐步接受了西方国家主导下的国际金融机构的改革。但经历 30 多年的发展，非洲在工业化发展方面形势更为严峻。

（一）国际金融机构和西方国家在非洲工业化发展方面的"贡献"

首先，促进自由化经济改革。整体上，从 20 世纪 80 年代到目前，以世

---

① Michael Bratton & Eric C. C. Chang：《撒哈拉以南非洲的国家建设和民主化：谁先谁后，还是同步前进？》，《开放时代》2007 年第 5 期。

② Rose, R., & Shin, D. C., "Democratization Backwards: The Problem of Third – Wave Democracies," *British Journal of Political Science*, Vol. 31, 2001, pp. 331 – 354. 转引自 Michael Bratton & Eric C. C. Chang：《撒哈拉以南非洲的国家建设和民主化：谁先谁后，还是同步前进？》，《开放时代》2007 年第 5 期。

界银行和国际货币基金组织为首的国际金融机构以平稳非洲经济、通过项目援助促进经济增长为由，在非洲开展的工作主要包括"结构调整计划"和"减贫发展战略"。其中结构调整计划在20世纪80年代推出，一直延续到90年代中期。究其实质，是要求非洲国家按照其开出的药方，实施经济自由化和私有化改革。正如李智彪所指出的，"非洲现行经济发展战略与政策基本上仍是过去经济结构调整计划的延续或翻版。经济结构调整计划曾因广受争议和反对被弃之不用，但该计划的主导思想和主要政策框架在换上减债计划、减贫战略等新的外包装后继续掌控非洲经济发展进程"①。此外，20世纪90年代，在西方发达国家推动下，多数非洲国家经过民主化浪潮建立了西式民主体制。为满足发展需要，非洲国家不得不按照西方国家的要求，推动本国的私有化和自由化改革。从这个角度而言，西方国家和国际金融机构所扮演的角色有着较强的一致性。正是在国际金融机构和西方国家推动的结构调整政策，极大地消除了非洲国家独立后努力追求的促进工业化发展战略。研究表明，在结构调整计划的实施中，贸易自由化使非洲民族工业发展受到阻碍。在外来商品和企业的竞争下，非洲的民族工业受到致命打击。与此同时，扩大开放也加深了非洲国家对外部世界的依赖，丧失了自主发展经济的机会。②

其次，重视公共服务和技术援助。在"结构调整计划"实施，非洲陷入了长达10多年的增长停滞后，国际金融机构将减贫和减债作为指导发展的工作重点，主张非洲国家政府通过制定和实施获得其债权方认同的减贫战略，在此基础上增加公共投入，创造就业，促进增长。给非洲开出这种新药方主要基于这样两个现实：①经过"失去的十年"后，多数非洲国家外债沉重，资不抵债。②在国际社会关注下，联合国提出了旨在改善发展中国家民众生活条件的"千年发展目标"。而基于减贫和减债的改革方案，迎合了非洲面临的国内经济和国际形势，但背后仍是要求非洲国家达到自由化和私有化的改革目标。在此基础上要求非洲国家将债务减免额作相应的国内公共服务投入符合"去工业化"的显著特征，即增加非生产性投入、扩大基础设施建设、增加社会保障等。此外，对于具体带有援助性质的融资或技术合作项目，西方国家或国际组织

① 李智彪：《对后结构调整时期非洲主流经济发展战略与政策的批判性思考》，《西亚非洲》2011年第8期。

② 舒运国：《从结构调整看经济全球化对非洲国家的负面影响》，《上海师范大学学报》（哲学社会科学版）2004年第33卷第3期。

仍设置了种种类似的门槛，包括改善投资环境、政府良治等。

（二） 非洲工业化发展的现状

首先，经济结构多元化程度下降。国际经验表明，经济结构的多元化有助于经济的可持续增长。但联合国最新报告表明①，非洲的经济结构近年来并没有显著变化。相比于 20 世纪六七十年代，一些国家的经济结构甚至出现更加单一化的趋势。这突出反映了非洲国家近年来的快速增长仍是由资源出口带动的。有数据显示，非洲国家在结束殖民统治后，经济增长显著提高是在 1995 年之后。1994～2008 年，非洲年均经济增长率接近 5%。2010 年撒哈拉以南非洲增长率为 5.3%，2011 年为 4.9%。报告指出，金融危机前后，尽管非洲保持了增长，但其经济仍是脆弱的。非洲之所以在 1995 年之后取得良好的经济表现，主要是由于非洲国家避免了 80 年代的灾难性经济政策。那种政策导致实质性增长衰退。而 1995 年之后的增长仍主要是在矿产资源丰富的国家。非洲缺少低生产率向高生产率的转变，这是非洲实现长期增长的瓶颈。对于多数非洲国家而言，如果没有经济结构的变化，目前的增长是不可持续的。

其次，工业产出下降。联合国工发组织数据表明，从 20 世纪 80 年代以来，非洲工业化水平日益受到削弱。当 20 世纪的后 20 年世界低收入和中等收入国家工业发展繁荣时，非洲的工业却面临衰退。1995～2008 年间，发展中国家的制造业年均增长率超过 6%，而非洲仅仅为 3%。不包括南非的情况下，非洲制造业产出占世界的比重由 1980 年的 0.4% 下降到 2005 年的 0.3%，非洲工业品出口占世界的比重由 0.3% 下降到 0.2%。2005 年，发展中国家制造业产出占 GDP 的比重平均约 1/3，而非洲人均制造业产出和出口分别占发展中国家平均水平的 20% 和 10%。该地区制造业商品出口中的中高级技术含量的商品很少。从 20 世纪 90 年代以来，这种情况一直没有什么变化。②

---

① John Page, "Should Africa Industrialize?" Working Paper No. 2011/47, UNU – WIDER 2011, August 2011, http：//www. wider. unu. edu/publications/working – papers/2011/en_ GB/wp2011 – 047 /_ files/8617195555 2518219/default/wp2011 –047. pdf，最后访问日期：2012 年 4 月 22 日。

② John Page, "Should Africa Industrialize?" Working Paper No. 2011/47, UNU – WIDER 2011, August 2011, p. 2, http：//www. wider. unu. edu/publications/working – papers/2011/en _ GB/wp2011 –047/_ files/86171955552518219/default/wp2011 – 047. pdf，最后访问日期：2012 年 4 月 22 日。

三 中国与非洲工业合作面临的问题：债务的泥潭还是新道路的探索

推动非洲工业化发展，是实现中非互利共赢合作可持续性的重要手段，也是未来中非合作面临的重大挑战。结合中国的发展经验，针对非洲相关国家的特点，促进非洲工业化发展是双方未来工业化合作的重点。

（一）中国工业化经验的不可简单复制性

首先，中国工业化经验的特殊性。中国改革开放30多年来的快速增长促进了工业化的迅猛发展，成就了中国"世界工厂"的地位，创造了人类发展进程中的奇迹，由此也吸引了国际社会较多的关注。但事实上，中国工业化成绩与中国历史的积淀分不开。①从技术积累来看，中国作为四大文明古国之一，中国人崇尚知识，历史累积的技术文化底蕴深厚。②中国长期重视农业发展。新中国成立后，中国建立完整的工业体系，并以非市场的手段完成了大量重要的基础设施，特别是在农业、水利等领域，为中国的工业发展提供了重要的保障。相比之下，在市场经济条件下，在很短的时间内完成这些要素的积累是一个很不现实的问题。③农业文明影响下的民众消费习惯，为中国的资本积累奠定了重要基础。④改革开放以来经济政策对市场的活跃和保障。⑤中国有巨大的消费市场和劳动力资源。⑥中国有着一个可以高效发挥政府职能，确保政策延续性和制度稳定性的治理体系。

其次，"向东看"学习中国发展经验面临的制约因素较多。随着中国经济持续多年的高增长，国际社会对所谓"中国模式"的关注度较高。很多非洲国家也提出了向新兴市场国家，特别是向中国学习的"向东看"政策，一方面，试图使本国经济搭乘新兴国家快速增长列车；另一方面，很多国家也希望通过借鉴学习中国的经济发展经验促进本国的发展。以近年来重视学习中国经验的南非为例。南非政府认为："近一百年来，南非的经济结构并没有取得显著变化，国民经济仍以采掘业及相关产业为主。结构性失业导致大量的年轻人和非技术人员找不到工作。电力、水利和交通等基础设施不足和运营低效，制造业基础不断削弱，私营部门在国内和全球竞争机会中并没有足够的优势，储蓄率低，国家发展对短期资本有着较大的依赖。"造成这种状况的一个重要原因是，南非缺乏保持一致的长期发展计划，削弱了国家的发展能力。[①] 2009 年 5 月祖马上台后，成立了国家计划委员会，加大了对国家经济的宏观调控，认为建立国家计划委员会将是提高长期计划和实施能力的具体表现。[②] 2009 年 8 月 12 日，议会通过了《公共咨询国家战略计划绿皮书》。为此，国会成立了由社会组织、机构和个人等人员组成的委员会。通过该委员会内广泛的协商，来制定国家的发展战略。2010 年南非通过了《5 年发展战略计划》，2011 年国家计划委员会出台了《2030 年国家发展规划》等。但是，非国大上台近 20 年中，仅解决土地问题进展缓慢就充分反映出南非在推动改革方面所面临的严重制约。

尽管非洲国家在工业化进程中面临很大的困难，但这并不意味着中国通过同非洲经贸合作促进非洲工业化发展无章可循。通过深入分析非洲国家在当前全球经济格局变化背景下的优劣势，促进非洲国家在利用自身资源和市场等优势基础上的工业化发展，对于探索可持续的互利共赢的中非合作具有重要意义。

（二）中国促进非洲工业化的认识

首先，在多年的中非合作中，中国学者对于中非合作促进非洲工业化发展有了较为积极的认识。这主要包括以下几个方面。①都是发展中国家，产业结构等存在互补性。②中国有资金、技术以及管理方面的合作优势。③在产业升级和发展转型中有转移产业链的客观需求。客观上，以上这些因素对于深化中非经贸合作具有重要的推动意义。通过多年的合作，中国在促进非洲增长和工业化发展方面取得了很大的成绩。特别是中非合作论坛启动以来的 10 多年，中国在促进非洲工业化发展方面起到了重要作用。一方面，对非经贸合作在贸易基础上关注对非投资，对非洲产业结构多元化起到了积极作用。另一方面，投资企业在项目中对当地员工的培训、技术转移等，有利于提高当地劳动力技能。

---

① "Green Paper: National Strategic Planning," p. 7, http://www.info.gov.za/view/DownloadFileAction? id = 106567，最后访问日期：2012 年 1 月 3 日。

② "Notice 101 of 2010, Publication of the Revised Green Paper: National Planning Commission," http://www.info.gov.za/view/DownloadFileAction? id = 116276，最后访问日期：2012 年 1 月 3 日。

其次，中国在促进非洲工业化发展方面存在的问题。①贸易合作对促进非洲工业化的局限性。近年来中非贸易增长较快，但由于非洲出口商品主要为原材料及初级产品，进口商品需求种类较多，对于资源匮乏型的非洲国家而言，其对华贸易赤字缺口较大，不可持续。②相对优势的错位。相比于非洲，东南亚、中亚、拉美等地区国家在工业基础和市场条件等方面对中国企业"走出去"也有很大的优势和吸引力，而多数非洲国家由于技术劳动力缺乏、产业单一等问题，增加了中国企业投资的成本。③大规模基础设施建设作为工业化的动力的持久性问题。对非洲而言，大规模基础设施建设对于改善投资环境，促进增长和就业有着非常重要的积极作用。但对投资方而言，基础设施建设与资源开发有着密切的联系，中国在该问题上还必须考虑大规模贷款对债务可持续的风险性问题。仅以通信业为例，有信息显示，由于通信网络在最近10年内快速发展，非洲运营商陷入因网络传输线路太多而无利可图的窘境。在加纳等地，由于多条缆线的建成，信息传输速度迅速提高，从2000年的近零传输速率到2012年超过每秒16 terabit的超大容量。对此，约翰内斯堡独立电信通信产业顾问Cornelis Groesbeek表示，新增加的带宽可降低宽带价格最多90%，将使"法国电信"（France Telecom SA）与"全球无线网络公司"（Cable & Wireless Worldwide）等企业的缆线投资难以收回。①

（三）应对非洲工业化发展的挑战

由上可见，中国在同非洲加强合作，促进其工业化发展方面面临较多的挑战。这集中体现在以下几个方面。①非洲国家的体制性影响，包括制度的稳定性、政策的延续性以及发展规划的合理性和政策落实的切实性等方面。②对非项目的风险性，包括财政风险、金融风险甚至政治风险和安全风险等方面。③深化对非工业化合作须应对的大国关系协调。由于历史的关系，非洲地区一直是西方大国影响力较大的地区。中非工业化合作的深入，将考验中国和非洲国家应对外部影响的智慧。由此，切实推进非洲国家的工业化，促进中非关系的健康和可持续发展，需要中国同非洲国家针对国际政治经济形势的变化，共同应对。从当前来看，应注重以下几个方面的工作。

---

① 《非洲运营商面临烦恼：宽带过剩 无利可图》，http://net. zol. com. cn/190/1906058. html，最后访问日期：2012年4月15日。

积极推动区域市场一体化发展，并针对不同国家的资源禀赋特点促进其工业化。工业化是非洲摆脱贫穷落后的重要手段。对此，非洲国家有着清晰的认识，并通过积极改善公共政策环境、促进基础设施建设、加强人力资源开发等众多手段促进非洲的工业化发展。但是，从具体情况而言，非洲国家众多，资源禀赋特点差异较大，这给非洲国家的工业化带来了很大的挑战。一定意义上讲，非洲20世纪70年代的工业化进程遭遇挫折同市场狭小有关。20世纪五六十年代非洲国家纷纷获得政治上的独立后，在外部援助下建立了本国的基础工业。但是，这些基础工业在随后的生产中，由于市场狭小，生产难以扩大，资源配置能力差，商品出口难以带动本国相关产业链的拓展和升级，加上来自外部的竞争等因素，这些企业多难以为继。

通过建立多边安全协商机制，推动非洲的政治稳定和经济政策连续对于促进非洲改善投资环境具有重要意义。多边机制的参与水平是衡量一国世界地位的重要指标。相比于中国在其他地区的合作机制，目前中国在非洲地区的多边参与规模较小，能力较弱。从经营非洲的长远考虑，中国应加强对非洲多边机制的参与，不仅要积极参与非洲地区的区域组织等多边机制，还应该积极参与西方国家对非关系的协调机制。

区域内市场保护措施的必要性。从历史经验来看，发展中国家对区域内市场的保护是维护经济健康发展的重要保障。从表面来看，强调区域内市场保护不利于中国商品对非洲的出口。但是，从长远来看，有助于中非经贸的健康发展。这主要基于以下三个方面。首先，如不促进非洲的工业化发展，中非经贸合作，特别是贸易领域将面临不可持续的风险。其次，符合非洲国家的发展要求。最后，有助于营造中国同西方国家公平参与非洲合作的市场环境。

合作项目应通过基于非洲长远增长的筛选。由于非洲国家在人口、资源、地缘等方面有着较大的差异，对非工业化合作应该针对非洲国家的具体资源禀赋进行规划。相应地，在具体合作项目的选择上，避免过分依照非洲国家的"要求"而参与相关项目合作，而应根据地区内市场的资源特征布局非洲，开展项目合作。

加强人文科技合作，扩大应用型技术培训。从发达国家对非经济合作的经验来看，重视对非应用型技术的培训，不仅对于提升当地劳动力技术水平、增加就业有着重要的意义，同时也有助于扩大对非经济技术合作。近年来，非洲国家希望中国在同其合作中加大技术培训和技术转让的呼声较高。加强该方面的合作符合非洲的需求。此外，随着工业制成品的输出以及直接投资的增加，培养当地技术劳动力对于扩大市场具有重要意义。

　　加快产业链的转出，不仅有助于非洲工业化，也有助于提升中国技术进步。近年来，非洲国家日益重视外资在加工业的作用，希望通过提高当地原材料附加值来改变长期的原料出口并增加就业。而随着中国政府经济发展转型战略的实施，淘汰落后和过剩产能，实现产业转型和升级已提上日程。非洲作为通往发达国家的重要桥头堡市场，中国企业对非投资转出产业链，将给中国企业产业链晋级提供更多的机会。

中非能源合作热的冷思考

李智彪*

能源是人类社会赖以生存和发展的物质基础，在各国国民经济中占有举足轻重的地位。在全球煤炭、石油、天然气等不可再生能源储量不断萎缩的大背景下，能源问题更是受到举世关注，尤其是对于那些能源资源相对短缺或处于能源贫困状态的国家而言，能源问题更是成为影响各国稳定与安全的重大战略问题。中国能源资源相对短缺但能源生产能力相对过剩，非洲能源资源相对丰富但能源供应严重不足[①]，不同的能源资源禀赋和产业发展状况促成了双方蓬勃发展的能源合作热潮，并使能源合作成为迅猛发展的中非经贸合作关系的核心内容。然而，红火的能源合作热潮背后也潜伏着越来越多的矛盾与问题，其中有些矛盾与问题已浮出水面，日渐成为制约双方能源合作乃至整体经贸关系向纵深发展的障碍。本文将以非洲能源产业自身发展状况特别是供需状况为切入点，尝试对中非在石油、天然气、水电和太阳能4个能源合作领域潜伏或显现的矛盾与问题进行系统、深度解析，并在此基础上提出应对、解决这些矛盾与问题的战略思考。

---

* 李智彪，历史学博士，中国社会科学院西亚非洲研究所研究员、教授、博士生导师。

① 非洲虽然是全球重要的油气资源出口区，但由于电力供应普遍短缺，因此也是国际社会公认的能源贫困地区。有学者甚至认为，正是能源贫困削弱了撒哈拉以南非洲地区的经济发展，并催生了该地区的政局动荡与冲突。UNDP and World Bank, *Energy Services for the Millennium Development Goals*, Washington, D. C.: The World Bank, 2005, p. 9; OPEC, *World Oil Outlook 2013*, Vienna: OPEC Secretariat, 2013, pp. 168, 171; John P. Banks, "Key Sub – Saharan Energy Trends and Their Importance to the US," *The EastAfrican*, May 3 – 9, 2014.

一 非洲并非中国原油进口最佳渠道

目前，中非能源合作的重中之重是石油领域的合作，主要是中国单方面从非洲产油国进口石油以及在部分国家的石油产业投资。经过 20 多年的发展，非洲已成为中国仅次于中东的第二大石油进口来源地，年进口量稳定在 6000 万吨以上，占中国海外进口石油总量的 20% 左右。[①] 基于中国石油对外依存度不断上升的趋势和非洲石油在中国海外进口石油中的重要地位，国内相关决策机构和一些学者提出，非洲是中国开发海外石油资源的理想区域，中国未来的石油供应地应首选非洲。这种看法实际上只是单纯地思考如何满足中国的石油进口需求，而没有系统地考察非洲在石油储藏、生产、消费和贸易方面存在的问题，或者说没有站在非洲角度对中非石油领域的合作进行客观思考。

（一）非洲石油剩余探明储量并不丰富

据英国石油公司最新统计数据，2013 年底，非洲石油剩余探明储量为 1303 亿桶（173 亿吨），占全球石油剩余探明总储量的 7.7%。非洲石油储量全球占比不仅远低于全球第一大储油区中东（占全球储量的 47.95%），也低于中南美洲（19.5%）、北美洲（13.6%）以及欧洲和欧亚大陆（8.8%）。按当年相对低迷的石油生产水平计算，非洲石油储采比仅 40.5 年，低于世界平均水平（53.3 年），更低于中东和中南美洲。[②]

（二）非洲石油资源分布极不均衡

非洲现有 54 个国家，其中已确证拥有石油资源的国家占非洲国家总数的

---

① 中国于 1992 年起开始从非洲进口石油，当年共进口 50 万吨，占中国海外石油进口总量的不足 5%。之后中国从非洲进口石油数量不断增加，2005 年非洲石油进口占比超过 30%。2011 年，北非变局和南北苏丹分离事件相继发生后，中国从非洲进口石油比重有所下降，但非洲依旧是中国第二大石油进口源。2013 年中国海外石油进口总量 3.78 亿吨，其中从中东进口 1.62 亿吨，非洲 6590 万吨，前苏联地区 6330 万吨，亚太地区 4500 万吨，中南美洲 3070 万吨，非洲石油进口占比降至约 17%。BP，*BP Statistical Review of World Energy June 2014*，2014，p. 18.

② BP，*BP Statistical Review of World Energy June 2014*，2014，p. 6.

1/2 左右，这也就意味着非洲还有一半国家没有或暂未发现石油。[①] 在已发现石油的非洲国家中，只有少数几国剩余储量较丰富，多数国家剩余储量非常有限。2013 年底石油储量超过 50 亿桶的国家共 4 个，依次是利比亚（485 亿桶）、尼日利亚（371 亿桶）、安哥拉（127 亿桶）和阿尔及利亚（122 亿桶），4 国合计储量约占非洲总储量的 85%，其余国家的储量仅占 15%。即使是上述 4 个石油储量丰富的国家，储采比也不很乐观，除利比亚因内乱导致原油产量大幅下降、储采比超过 100 年外，尼日利亚的储采比仅 43.8 年，阿尔及利亚和安哥拉的储采比分别低至 21.2 年和 19.3 年。[②] 在石油资源相对富庶的非洲产油国，大型油田基本上掌控在西方跨国石油公司手中，留给中国企业的机会并不多。

（三）非洲石油生产、消费与贸易呈现畸形化发展态势

这种畸形化表现在两个层面：一是石油资源长期过度开采，且主要以原油形式出口到洲外，未与非洲乃至非洲产油国的产业发展、经济发展有效结合。2013 年，非洲石油生产因多个产油国局势动荡而出现下滑，但全年原油产量仍达到 4.19 亿吨，占全球原油总产量的 10.1%，原油产量全球占比明显超过石油储量全球占比。在所生产的石油中，以原油形式出口部分高达 3.07 亿吨，占原油总产量的 73%；以石油产品形式出口部分仅 3190 万吨，占原油产量的 7.6%；在非洲本土消费部分 8000 万吨，占原油产量的 19.1%。原油和石油产品主要出口目的地依次是欧洲（7290 万吨）、中国（5350 万吨）、美国（3150 万吨）、印度（2680 万吨）和中南美洲（1430 万吨）。[③] 正是基于对石油资源的过度开采与出口，非洲才成为世界主要产油区，甚至被视为世界石油供应的第二个海湾地区。但伴随这种过度开采与出口，非洲已有为数不少的产油国如埃及、阿尔及利亚、突尼斯、苏丹、刚果（布）、加蓬、喀麦隆、乍得、赤道几内亚等国的石油生产开始走下坡路，而这些国家对石油产

---

① 2013 年底确证拥有石油资源的非洲国家包括利比亚、尼日利亚、安哥拉、阿尔及利亚、埃及、南苏丹、苏丹、加蓬、赤道几内亚、刚果（布）、乍得、突尼斯、喀麦隆、科特迪瓦、圣多美和普林西比、刚果（金）、毛里塔尼亚、埃塞俄比亚、南非、贝宁、摩洛哥、尼日尔、几内亚比绍、加纳、乌干达、肯尼亚、中非共和国和塞拉利昂。

② BP, *BP Statistical Review of World Energy June 2014*, 2014, p.6.

③ BP, *BP Statistical Review of World Energy June 2014*, 2014, pp.10, 18 – 19.

品的需求却在与日俱增。

二是非洲对石油产品的消费需求无法依靠自身资源优势满足，无论是石油资源短缺国，还是石油资源富庶国，多需从洲外进口所需石油产品。由于工业化程度低、交通运输产业发展滞后，非洲石油消费量很小。2013 年，全非原油和石油产品消费量 1.71 亿吨，占全球消费总量的 4.1%，其中消费量较大的国家主要是埃及（3570 万吨）、南非（2720 万吨）和阿尔及利亚（1750 万吨），三国消费量合计约占全非消费量的 47%。[①] 即使如此低的消费量，非洲也未能依靠自有资源满足。2013 年，非洲进口原油 1610 万吨，进口成品油 5230 万吨，合计 6840 万吨。进口渠道主要是欧洲（2870 万吨）、中东（1650 万吨）、印度（850 万吨）和美国（650 万吨）。[②] 作为世界原油重要供应源的非洲，石油对外依存度竟然高达 40%，且是全球最大的石油产品净进口地区，不能不令人惋惜。

导致非洲石油对外依存度高的原因主要有两个：一是非洲国家炼油业普遍不发达。2013 年底，非洲 54 国中 25 国有炼油厂，炼油厂数量共 50 多座，且以小型炼油厂居多，全非日均炼油产能 351.7 万桶，由于设备老化等原因，实际日均炼油产量 217.7 万桶。[③] 在拥有炼油设施的非洲国家中，埃及、南非、阿尔及利亚、利比亚等国是产能和产量较大的几个国家，其他国家的产能和产量都较小。尼日利亚是非洲最大产油国，但国内炼油产能仅能满足本国 20% 左右的成品油需求，其余 80% 依靠国外进口，所以非洲头号产油国同时也是仅次于南非的第二大石油进口国，国内还时常发生燃油供应危机。埃及是非洲炼油业最发达的国家，但由于该国同时也是非洲第一大石油消费国，国内炼油厂所产成品油同样无法满足本国需求，因而有近 20% 的成品油需求缺口依靠进口解决。就近年数据看，炼油业能够满足本国成品油需求并有少量出口的非洲国家主要有阿尔及利亚、利比亚、科特迪瓦、喀麦隆、加蓬、刚果（布）和赤道几内亚。

二是非洲产油国和非产油国之间缺少贸易往来。南非的例子很能说明问题。南非是非洲工业化水平最高、综合经济实力最强的国家，并拥有非洲大

---

① BP, *BP Statistical Review of World Energy June 2014*, 2014, p. 11.
② BP, *BP Statistical Review of World Energy June 2014*, 2014, pp. 18 – 19.
③ BP, *BP Statistical Review of World Energy June 2014*, 2014, p. 16.

陆仅次于埃及的第二大炼油产能。但由于南非本国石油储量少、产量低，国内炼油厂所需原油主要靠进口，南非自然而然成为非洲第一大原油进口国。需要特别指出的是，在2011年以前很长时期内，南非进口的原油主要来自中东，约占其进口总量的82%，伊朗曾是其最大的单一原油进口国；南非虽然也从非洲进口原油，但所占比重只有约18%。近年来，由于欧美对伊朗实施制裁，中东政治风险不断加剧，南非才开始实施原油进口多元化战略，加大了从非洲产油国进口原油的力度。2013年，南非日均消费原油约62万桶，其中进口量38万桶，原油对外依存度超过60%。主要进口源包括沙特阿拉伯（占进口总量的50%）、尼日利亚（24%）、安哥拉（14%）和加纳（5%）等。[①] 上述数据表明，南非正在不断强化与非洲产油国的合作，但当下中东仍是南非第一大原油进口源。

通过对非洲石油资源产业发展状况的剖析，不难看出非洲成为世界原油重要供应源实际上很不正常，中国过分倚重非洲石油也不可取。尤其应看到的是，目前非洲经济正处于快速发展阶段，各国正在大力推动工业化进程和交通基础设施建设，各国各地区之间的经济融合进程也正在以前所未有的步伐向前迈进，这预示着非洲大陆对石油的需求必将快速、大幅增长，这个现在仍是全球石油重要供应源的地区有可能在未来二三十年演变成主要消费区乃至进口区。

二 天然气领域的合作未受到足够重视

与中非在石油领域热火朝天的合作局面相比，双方在天然气领域的合作还未受到中国相关决策机构和企业的足够重视，这种"重油轻气"现象与非洲天然气领域所蕴藏的巨大合作潜力极不相符。

（一）非洲天然气资源储量丰富，分布远比石油广泛，但开采率和利用率较低

据英国石油公司最新统计数据，2013年底，非洲天然气剩余探明储量为

---

① N. Wabiri & H. Amusa, "South African Crude Oil Import Portfolio Risks: Which Way Out?" *HSRC Policy Brief*, January 2011; EIA, "South Africa Energy Analysis," February 28, 2014 – 08 – 11, http://www.eia.gov/countries/analysisbriefs/South_ africa/south_ africa.pdf.

14.2 万亿立方米，占全球天然气剩余探明总储量的 7.6%，储采比为 69.5 年，高于全球平均储采比（55.1 年），仅次于中东地区（100 年以上）。储量较多的国家包括尼日利亚（储量 5.1 万亿立方米，储采比 100 年以上）、阿尔及利亚（储量 4.5 万亿立方米，储采比 57.3 年）、埃及（储量 1.8 万亿立方米，储采比 32.9 年）和利比亚（1.5 万亿立方米，储采比 100 年以上）。[①]

必须指出，英国石油公司有关非洲天然气储量的统计数据很不全面，漏项不少，如近年来在东非沿海地区发现的天然气储量就未被纳入，而该地区天然气的发现很可能彻底改写非洲天然气资源的世界地位。据毕马威非洲有限公司近期发布的相关数据，美国阿纳达科石油公司和意大利埃尼石油公司均已在莫桑比克沿海地区发现大型天然气田，已探明储量在 3.4 万亿~4.2 万亿立方米；坦桑尼亚沿海地区也发现多个天然气田，储量约为 1.3 万亿立方米。按美国地质调查局的测算数据，非洲东南部沿海地区的天然气总储量约为 12.5 万亿立方米。因此，东非地区未来有望成为世界第三大天然气出口区。[②]

还应看到，由于缺少商业化开采基础设施，非洲绝大多数产油国的油田伴生气未被有效利用，或放空排放或燃烧，或重新注入油井以增加油田产量，因而非洲大量天然气资源根本没有进入相关机构的统计数据库。尼日利亚目前是非洲天然气探明储量最多的国家，但其天然气资源基本上是伴随油田勘探同步发现的，而从未有公司对该国天然气资源进行专项系统勘探。因此，有工业专家称，如果进行专项系统勘探，尼日利亚天然气储量很可能高达 16.8 万亿立方米。[③]

除了常规天然气资源，非洲的页岩气资源也很丰富，目前主要在南非和北部非洲地区有发现。据国际权威机构初步估测，阿尔及利亚页岩气技术可开采量约 20 万亿立方米，南非约 10.9 万亿立方米，利比亚约 3.4 万亿立方米，埃及为 2.8 万亿立方米，突尼斯、摩洛哥和西撒哈拉地区也有一定规模储量。[④]

---

① BP, *BP Statistical Review of World Energy June 2014*, 2014, p. 20.
② KPMG Africa Limited, *Oil and Gas in Africa: Reserves, Potential and Prospects of Africa*, Switzerland: KPMG International, 2014, p. 5.
③ KPMG Africa Limited, *Oil and Gas in Africa: Reserves, Potential and Prospects of Africa*, Switzerland: KPMG International, 2014, p. 2.
④ KPMG Africa Limited, *Oil and Gas in Africa: Reserves, Potential and Prospects of Africa*, Switzerland: KPMG International, 2014, p. 3.

遗憾的是，除少数国家外，非洲天然气资源富集国长期以来未能有效利用其宝贵资源。据统计，2013 年非洲天然气总产量 2043 亿立方米，相当于 1.84 亿油当量吨，占全球天然气总产量的 6%。主要产气国包括阿尔及利亚（786 亿立方米）、埃及（561 亿立方米）、尼日利亚（361 亿立方米）和利比亚（120 亿立方米），四国产量占全非总产量的 89.5%；其他非洲国家合计产量仅 216 亿立方米，占全非总产量的 10.5%。[①]

由于非洲国家天然气终端消费基础设施普遍短缺，非洲天然气消费量很有限。2013 年全非共消费天然气 1233 亿立方米，相当于 1.11 亿油当量吨，占全球天然气消费总量的 3.7%。天然气消费量比较大的国家包括埃及（514 亿立方米）、阿尔及利亚（323 亿立方米）和南非（39 亿立方米），三国消费量占全非消费总量的 71%；其他非洲国家合计消费 357 亿立方米，占全非消费总量的 29%。[②] 在产大于销的情况下，非洲部分产气国也成为国际天然气市场的重要供应源。非洲出口的天然气包括管道天然气和灌装液化天然气两种。2013 年非洲共出口管道天然气 366 亿立方米，其中阿尔及利亚出口量 280 亿立方米，主要出口到意大利和西班牙等欧洲国家；利比亚出口量 52 亿立方米，全部出口到意大利；其他非洲国家出口量 34 亿立方米，主要出口到南非。同年非洲出口液化天然气 465 亿立方米，主要出口国包括尼日利亚（224 亿立方米）、阿尔及利亚（149 亿立方米）、赤道几内亚（51 亿立方米）、埃及（37 亿立方米）和安哥拉（4 亿立方米），主要出口目的地是亚太地区和欧亚大陆，较大的出口对象国包括日本（52 亿立方米）、韩国（38 亿立方米）、西班牙（31 亿立方米）和墨西哥（16 亿立方米）。[③]

从上面的分析可以看出，中国与非洲国家开展天然气领域的合作具有非常广阔的空间，且合作更具双赢性质——既可帮助非洲国家充分利用自有资源，又可增加中国的天然气进口渠道。还有一点特别值得关注，即非洲的石油资源尤其是优质石油资源多被西方跨国石油公司掌控，天然气资源的开发则基本处于起步阶段，中国企业更容易介入。

---

① BP, *BP Statistical Review of World Energy June 2014*, 2014, pp. 22, 24.
② BP, *BP Statistical Review of World Energy June 2014*, 2014, pp. 23, 25.
③ BP, *BP Statistical Review of World Energy June 2014*, 2014, p. 28.

（二）中国对进口天然气日益增长的需求为中非天然气领域的合作提供了动力

10 余年来，中国的天然气消费呈快速增长态势，2003～2013 年间消费量增长近 5 倍。虽然国内天然气探明储量与产量也在不断增长，但增幅明显低于消费的增长，导致中国在 2007 年成为天然气净进口国，之后天然气进口量逐年攀升。据英国石油公司最新统计数据，2013 年底，中国天然气剩余探明储量 3.3 万亿立方米，储采比为 28 年。2013 年，中国共生产天然气 1171 亿立方米，消费天然气 1616 亿立方米。数百亿立方米的供应缺口主要靠海外进口解决，天然气对外依存度升至近 28%。当年，中国实际进口天然气 519 亿立方米，其中包括管道天然气 274 亿立方米，主要来自土库曼斯坦等中亚国家；液化天然气 245 亿立方米，主要来自卡塔尔（92 亿立方米）、澳大利亚（48 亿立方米）、马来西亚（36 亿立方米）和印度尼西亚（33 亿立方米）等中东和亚太地区国家，以及非洲的埃及（6 亿立方米）、尼日利亚（5 亿立方米）、赤道几内亚（5 亿立方米）、阿尔及利亚（1 亿立方米）和安哥拉（1 亿立方米）等国。[1]

鉴于俄罗斯和中亚国家天然气资源非常丰富，以管道方式从这些国家进口天然气无疑是一种相对便捷的方式。但管道输送方式极受地域因素限制，比如紧邻俄罗斯和中亚国家的东北地区和西部地区其实是中国天然气主产区，并不需要进口天然气；东南沿海地区对天然气进口需求量大，但距离俄罗斯和中亚比较遥远。灌装液化天然气输送方式则完全不受地域因素限制，尤其适合港口城市众多、对天然气需求量较大的东南沿海地区。特别是东非海岸大量天然气田的发现，莫桑比克等国正在筹建的大型天然气液化厂，更是为中非加大天然气领域的合作力度提供了良机。制约中非天然气合作的最大不利因素可能是中国沿海地区现有进口液化天然气接收站较少[2]，但此类问题应

---

[1] BP, *BP Statistical Review of World Energy June 2014*, 2014, pp. 20, 22 - 23, 28.

[2] 据统计，截至 2013 年底，中国已投产的进口液化天然气接收站共计 10 个，主要分布在东南沿海地区，合计年接转能力为 3230 万吨；2014 年底进口液化天然气接收站有望增至 12 个，年接转能力将达到 3730 万吨。参见《2014 年中国 LNG 产能调查分析》，液化天然气在线网，http://www.lngonline.cn/Marketing/International/201402/9740.html，最后访问日期：2014 年 2 月 1 日。

该不难解决。2013 年 3 月，中国石油天然气集团公司斥资 42 亿美元，收购意大利埃尼石油公司运营的莫桑比克关键区块 20% 的权益，是一个积极信号，有可能开启中非天然气领域大规模合作的大门。

三 非洲大型水电开发潮潜藏危机

电力供应短缺长期以来是制约非洲经济发展的一大瓶颈，过去 20 年非洲国家经济增长普遍提速，更激发了旺盛的电力需求，于是水电资源丰富的非洲国家纷纷掀起水电开发热潮。中国因在改革开放以来同样经历过一轮大规模水电开发热潮，既拥有水电站建设的相关经验、技术和设备，又拥有现成的、为数众多的施工队伍，且中国企业的竞标价格往往低于国外同类企业，中国企业便成为非洲国家水电站建设的主力军。但由于非洲水电资源分布不均，水电资源最富集的河流通常由多个国家共享，再加上一些大型水电项目必然牵扯到移民问题，也必然会对河道的整体生态环境产生某些影响，从而导致非洲国家已建和在建的不少大型水电项目潜藏危机，值得中国政府和企业警惕。

（一） 相关国家围绕水资源分配的纷争

埃塞俄比亚和埃及围绕复兴大坝的外交纠纷是一个典型例证。复兴大坝是埃塞俄比亚于 2011 年在青尼罗河源头附近启动的一项大型水电工程项目，作为工程主体部分的复兴大坝长 1.7 公里，高 145 米，建成后可蓄水 740 亿立方米，发电装机容量 600 万千瓦，年发电量可达 150 亿千瓦时以上。该工程现为非洲大陆在建的最大水电工程，总投资约 47 亿美元，预计 2016 年完工，由意大利一家建筑公司承建。[①] 由于该水坝建在被埃及视为其生命之源的尼罗河上，埃及担心大坝建成后影响其用水，故一直想阻挠大坝工程，从而导致两国龃龉不断、纠纷频发，双边关系日趋紧张。埃及政府主要通过外交途径对埃塞俄比亚政府进行各种劝阻活动，也曾向埃塞俄比亚政府提出联合建坝

---

① Zeray Yihdego, "The Blue Nile Dam Controversy on the Eyes of International Law," Global Water Forum, Discussion Paper 1326, July 2013; Belachew Chekene Tesfa, "Benefit of Grand Ethiopian Renaissance Dam Project for Sudan and Egypt," *EIPSA Communicating Article*: *Energy*, *Water*, *Environment & Economic*, Vol. 1, Issue 1, December 2013.

倡议，还曾劝退一些拟参加建坝的外国公司。也有一些埃及政治家提出应对埃塞俄比亚采取军事行动，以彻底阻止大坝的建设。2013 年 6 月，埃及前总统穆尔西曾宣称："埃及将用鲜血捍卫每一滴尼罗河水。"[①] 2014 年 1 月，取代穆尔西政府的塞西军政权再次要求埃塞俄比亚暂停大坝工程，并称埃及将不惜一切代价保卫其对尼罗河水的历史权利。[②] 两国关系一度空前紧张，大有为水一战之势。不过，鉴于这两个尼罗河上下游国家被苏丹和厄立特里亚所阻隔，埃及政府的精力被内部混乱局势牵扯，国际社会基本排除了两国开战的可能性，但一些分析人士还是指出，不能完全排除埃及对在建大坝发动空袭的可能性。[③] 由于尼罗河上游国家均站在埃塞俄比亚一边，原与埃及站在一个战壕的下游国家苏丹最后也转了向，埃及眼下已无力阻止埃塞俄比亚将复兴大坝工程进行到底的决心。截至 2014 年 5 月，复兴大坝已完工 1/4，2014 年底首批装机容量为 75 万千瓦的发电机组将并网发电。但令人忧虑的问题是，一旦大坝彻底完工，开始蓄水，尼罗河下游地区的用水的确受到较大影响，而埃及政局届时趋向稳定，有能力捍卫自身权益，这两个东北非地区人口大国会不会真的为水开战呢？这将是一个令人揪心的悬念！

上述水资源纷争不仅存在于尼罗河流域，也存在于非洲其他水系。随着非洲经济增长速度、工业化进程及城市化进程不断加快，水资源争夺必将更加激烈。因为非洲水资源虽然丰富，但地理分布、季节分布很不平均，尤其是南部非洲地区和北部非洲地区这两个非洲经济相对发达的地区，对水、电的需求量都较大，但恰恰又是水资源相对稀缺地区。另外，非洲的大河大湖基本上是多个国家共享，上下游国家很容易为同一水资源展开争夺，甚至引发冲突。所以，水资源富集流域的上下游国家能否公平分配水资源至关重要。正如南非水资源问题专家皮特·阿什顿所指出的，如果非洲国家不能合作应对水资源压力，非洲的水资源冲突将不可避免，而避免

---

① Nicholas Bariyo, "Ethiopia, Egypt Set to Start Talks over ＄4.3 Bln Dam Row," http：//addisnews. net/ethiopia – egypt – set – to – start – talks – over – 4 – 3 – bln – dam – row/12386，2014 –07 – 21.

② 有关埃及对尼罗河水的权利主张及围绕该河的国际纷争，参见洪永红、刘婷《解决尼罗河水争端的国际法思考》，《西亚非洲》2011 年第 3 期，第 12 ~ 18 页。

③ UPI News，"Battle of the Nile：Egypt, Ethiopia Clash over Mega – dam," http：//www. upi. com/Business_ News/Energy – Resources/2014/02/07/Battle – of – the – Nile – Egypt – Ethiopia – clashover – mega – dam/UPI – 73211391803628，2014 – 02 – 07.

冲突的唯一途径是各国的水资源政策与策略必须遵循可持续性、公平合理、彼此合作及为社会谋求最大利益的价值观。[①] 但这样的价值观说起来容易，执行起来太难了。

（二）库区移民贫困化问题

大型水电工程通常会涉及数目较大的移民安置问题，这一问题解决不好，会引发大量社会问题，甚至成为特定区域的不安定因素。令人遗憾的是，非洲国家对此类问题的解决大多不够完美。刚果（金）是非洲水电资源最丰富的国家，该国独立后在刚果河上修建的英加一期水电工程（1972 年建成）和英加二期水电工程（1982 年建成）均曾涉及移民安置问题。由于政府未能妥善安置库区移民，自英加一期工程开工至今，部分移民长年累月为安置补偿而毫无希望地奔走。这也导致拟议中的英加三期特大水电站工程招来众多反对声。2009 年建成的苏丹麦洛维大坝是目前非洲最大的水电站，据国外媒体报道，该工程移民安置工作也遗留下不少问题。据悉这座大型水坝共移民约 7 万人，由于苏丹政府未能妥善安置和补偿他们，众多移民在大坝开工前、建设期间和竣工运营后一直不断举行各种形式的抗议活动，有时抗议者还与维持秩序的政府安全部队发生冲突，酿成流血事件。[②] 虽然类似的库区移民安置纯属非洲国家内政，国外还是有学者把这些移民的遭遇归罪于中国，称中国在非洲的建坝潮留下了"开发诱发的贫穷"（Development - induced Poverty）。[③] 反击这样的无端指责很容易，但中国政府和企业是否也应该在资助或承建此类工程时多考虑一下移民安置问题呢？

---

① Peter J. Ashto, "Avoiding Conflicts over Africa's Water Resources," *Ambio*, Vol. 31, No. 3, May 2002, pp. 236 – 242.

② CDCA, "The Merowe Dam," http：//www. cdca. it/spip. php? article1712&lang = en, 2014 – 08 – 08; Peter Bosshard, "Sudan's Merowe Dam：German Company Brought to Justice?" *Pambazuka News*, Issue 481, http：//pambazuka. org/en/category/comment/64399, 2014 – 08 – 08; Reem Abbas, "Protest against Sudan Dam Enters Third Week," http：//www. africareview. com/News/ Protest – against – Sudan – dam – enters – third – week/ -/979180/1285136/ -/1a25i8z/ -/ index. html, 2014 – 07 – 08.

③ Daouda Cissé, Sven Grimm and Andreas Nöke, "State – Directed Multi – National Enterprises and Transnational Governance：Chinese Investments in Africa, Corporate Responsibility and Sustainability Norms," Discussion Paper, Center for Chinese Studies, Stellenbosch University, January 2014.

（三） 大坝对河道生态环境无法预测的影响

大型水库所具有的发电、蓄水、灌溉、防洪等功能对一个国家经济发展和居民生活的积极影响是举世公认的，但大型水库对库区乃至整个河道上下游生态环境又有哪些负面影响，学界和业界在许多问题上至今未取得共识，有些问题可能是现有科学无法判断和解释的。非洲大陆经济发展水平落后，整体生态环境比较脆弱，大型水库建设很可能增加生态环境变化中的不可测因素。比如，复兴大坝争议中的一个核心问题是：水库对尼罗河下游河水流量究竟会产生怎样的影响？按照两位美国地理专家的分析，复兴大坝库容庞大，建成后蓄满水至少需要 20 年时间，而不是埃塞俄比亚政府认为的 5 年，因库区所在的高原地区长年干旱少雨，日照时间长、水分蒸发快，即使按 5 年计算，那么在蓄水期的 5 年内，尼罗河年均流量也会下降20％，这对于下游地区的农民来说是一大灾难。[①] 这种预测得到不少国家科学家的认可，并因此认定复兴大坝的建设将成为尼罗河下游国家的大灾难，再加上埃塞俄比亚政府一直未发布独立的有关复兴大坝环境影响评估报告，大坝工程也未公开招标，这些因素共同构成埃及强烈反对复兴大坝建设的依据。

还有一个值得关注的动向是：在众多发展中国家兴起水坝建设热潮的同时，以美国为主的一些西方发达国家却反其道而行之，在过去 20 多年间掀起一股拆坝潮，有些水坝属运行年头长、逐渐老化，出于安全考虑才拆除，但更多的是为了恢复河流原貌。这些动向也应引起相关决策者关注。

四　光伏企业不宜盲目进军非洲光伏市场

借助国家政策强力扶持，中国仅用 10 年左右时间就成为世界太阳能光伏产业第一制造大国，遍布全国各地的众多新兴光伏企业所生产的太阳能电池、光伏组件几乎可以满足全球市场需求。然而，由于产品所需原材料主要依赖进口，产品主体市场在欧美，当欧美以反倾销和反补贴举措抵制、打压中国

[①]　Neal Lineback and Mandy Lineback Gritzner, "Ethiopia's Capture of the Blue Nile," http://news-watch.nationalgeographic.com/2013/04/24/geography – in – the – news – ethiopias – dam – projects, 2014 – 09 – 11.

光伏产品时，产能严重过剩的中国光伏产业立刻陷入困境。为求生存，不少光伏企业将目光转向太阳能资源丰富但电力供需矛盾突出的非洲。然而，多种因素决定了非洲在短期内无法成为欧美市场的替代场所。

非洲太阳能资源的确丰富，因为这里是世界公认的地球上日照时间最长的地区，大多数非洲国家一年之中有 300 天以上阳光普照的日子，发电潜能巨大。非洲国家以及众多国际金融机构、援助机构也渴望利用丰富的太阳能资源解决非洲能源短缺问题，并采取了诸多推广行动。但实际结果不尽如人意，无论是太阳能光伏产品营业额，还是太阳能光伏发电装机容量，非洲在全球所占比重都微乎其微，且集中在南非等少数国家。

太阳能光伏发电系统未能在非洲推广，受制于多方面因素。第一，非洲太阳能光伏市场面临离网系统和并网系统如何取舍的两难困境。太阳能光伏发电分离网发电和并网发电两种系统。离网发电系统也称独立光伏发电系统，是由太阳能电池板、储能蓄电池、充放电控制器、逆变器等部件组成的不依赖电网而独立运行的系统。离网发电系统不受地域限制，很适合偏远无电网地区安装使用，但该系统成本较高，加上蓄电池寿命短，很难大范围推广，因而有逐渐被淘汰的趋势。并网发电系统是通过太阳能电池板和逆变器与公共电网连接后方可运行的发电系统。并网发电系统成本低，使用简单，且可将多余电量卖给电力公司，因此目前全球太阳能光伏发电基本采用该系统，成为主流技术。就非洲而言，大多数国家电网建设落后，尤其是农村地区基本没有电网，因此，离网发电系统理论上比并网发电系统更适合非洲，这也是众多商家看好非洲光伏市场的原因。问题是，一方面国际市场上适合非洲需求的此类产品甚少；另一方面对绝大多数收入不足以维持温饱的非洲农村民众而言，即使最简单的离网发电系统也是很昂贵的奢侈品，特别是这样的产品如果只能解决简单的生活用电，而不能用于增加家庭收入的生产活动，它们很可能被视为玩物而非必需品。也正因此，国外有专家曾明确表示，太阳能光伏离网发电是一条死胡同。[①] 但如果开发并网发电系统，非洲国家的电网短缺问题又成为一大制约因素。

第二，非洲国家大多缺乏开发利用太阳能资源的动力。目前太阳能光伏

---

① Mark Hankins, "Why Africa Is Missing the Solar Power Boat," http://www.renewableenergyworld.com/rea/news/article/2013/04/why‐africa‐is‐missing‐the‐solar‐electricity‐boat, 2014‐09‐01.

市场扩展较快的，均是经济较发达、国民收入水平较高的国家，各国出于节能减排或开发替代能源之目的，均程度不同地对推广光伏系统给予政策和资金支持。非洲国家经济普遍欠发达，电网建设严重滞后，各国政府现阶段更关注国家电网尤其是城市地区电网的扩展和完善，而不是节能减排等环保问题，故对小规模的光伏发电项目不是很感兴趣，暂时也顾及不了农村地区的供电问题。非洲国家的银行和其他金融中介机构对利润较小的光伏项目缺乏融资兴趣。另外，尽管光伏系统的发电成本现已低于非洲大陆随处可见的柴油机发电成本，但由于柴油机营销利润丰厚且已形成相对成熟的销售渠道，光伏系统对非洲消费者和商人来说尚属新生事物，柴油机经销商短时间内很有可能抵制光伏产品。

第三，部分伪劣产品影响了非洲消费者对光伏产品的信心。中国光伏产品进入非洲大陆初期，一些不良商家曾向非洲国家出口假冒伪劣太阳能电池板。也有一些非洲进口商从中国采购光伏产品时，不在意产品质量，只关注产品价格，导致一些质次价低的光伏产品流入非洲。类似现象不仅影响了中国光伏企业的整体声誉，更打击了非洲消费者对中国光伏产品的信心，从而影响到中国生产的诸多质量优良、价位适中的光伏产品在非洲国家的销路。

受上述因素影响，非洲大陆非但未从丰富的太阳能资源中受益，反而成为全球光伏市场扩展最慢的地区。漫步在非洲最缺电的农村地区，有时也会发现某些乡村卫生中心、警务机构和学校等场所安装有小型太阳能光伏发电系统，满足了这些公共机构的照明、通信乃至抽水等需求，但这些设施很少是非洲国家自主采购安装的，而是国际援助机构或非政府组织援助的。

当然，非洲也有少数国家比较重视利用太阳能光伏发电缓解本国电力短缺状况。如南非政府 2010 年颁布《整合可再生能源规划》，提出到 2030 年实现太阳能光伏装机容量 840 万千瓦的目标；2011 年又发布《可再生能源独立发电厂商采购计划》，为太阳能等可再生能源的发展提速。除南非外，突尼斯、摩洛哥、阿尔及利亚、埃及和肯尼亚等国也均出台了发展光伏产业的政策与计划。与此同时，这些国家还启动了一系列光伏工程，其中有不少项目是由中国光伏企业承建的，如上海晶亨光电科技有限公司承建的肯尼亚光伏并网电站项目、河北英利绿色能源控股有限公司承建的阿尔及利亚光伏地面电站项目等。2014 年 8 月，上海晶科能源有限公司在南非开普敦成立的太阳能板生产基地举行了投产启动仪式，这是中国光伏企业在非洲设立的首家生产基地,标志着中非光伏产业领域合作的深化。

五 结论:对未来中非能源合作的几点战略思考

从上述分析可以看出,中国和非洲现阶段均面临相当严峻的能源供给保障形势,中国和非洲目前同属世界经济增长速度最快的国家和地区,且这种快速增长势头有望在未来较长时期保持,这就意味着中国和非洲未来的能源供需矛盾将日趋突出,尤其是石油的供需矛盾。中国社会科学院的能源专家曾预测,中国能源的整体对外依存度将从 2013 年的 9% 上升到 2015 年的 11%,2020 年接近 26% 并稳定至 2030 年左右,到 2035 年有可能降至 15%;其中石油对外依存度将从 2011 年的 55% 左右上升到 2015 年的 60% 并稳定到 2025 年,2030 年接近 65%,2035 年有可能提高到 68%;天然气对外依存度将由 2013 年的 19% 左右上升到 2015 年的 35%,2020 年接近 40% 并保持到 2030 年,2035 年有可能下降到 24%。[①] 非洲的情况更为复杂,首先它不是一个政治实体,而是经济规模普遍较小的 54 个国家,它们之中既有能源资源相对丰富的国家,也有能源资源相对贫乏的国家,且这两类国家之间因种种原因很少互通有无,其结果是非洲既是全球重要的能源输出地,同时也是重要的能源输入地,其中石油对外依存度目前已高达 40%,该大陆经济最发达的南非石油对外依存度更是超过 60%。面对这样的格局与形势,中国必须从长远着眼,统筹规划国家能源安全战略,并真正本着互利双赢的原则开展对外能源合作,及时调整中非能源合作进程中不符合双方长远利益的政策与做法。

(一) 以转变经济发展方式为主线加快节能步伐

要实现经济发展方式的根本转变,目前最紧迫的任务是解决国内众多行业出现的产能过剩问题。解决这一问题可从国内、国外两个渠道同步推进。就国外渠道而言,可将部分过剩产能转移到有优势、有需求的国家。非洲具有自然资源、劳动力资源等多方面的优势,经济发展落后状况又使该洲各国

[①] 中国社会科学院世界经济与政治研究所"世界能源中国展望"课题组:《世界能源中国展望 2013~2014》,社会科学文献出版社,2013,第 6~7 页。

普遍渴望启动或加速工业化进程，因而非洲是中国向外转移过剩产能的理想区域。① 中国完全没必要担心向外转移产能将来有可能失去"世界工厂"、"世界第一大出口国"地位，甚至可以对这样的定位做必要调整，鼓励和支持国内企业向真正的国际化道路迈进，最终实现在全球范围内最优化地配置原材料、生产与销售，这种状态下保持的"世界工厂"和"世界第一大出口国"才名副其实。相信这样的产业转移进程将大大减缓国内能源消耗速度，并有助于环境的改善。

（二）注重新能源等清洁能源的开发利用

中国现有的能源结构以高污染的煤和严重依赖进口的石油为主，无论从环保角度还是安全角度看均存在隐患，有必要逐步调整，加大新能源等清洁能源在能源消耗中的占比。中国也有这方面的潜力与优势，如各种数据显示，中国拥有世界上最大的页岩气储量，且已有国际能源巨头表现出与中方合作开发的兴趣。美国借助页岩气革命大幅降低了油气资源对外依存度，中国或可复制美国的成功经验。又比如，中国现在是全球光伏制造业第一大国，国内光伏市场的消费潜力也非常大，但受制于多种因素，众多光伏企业只能舍近求远，征战于海外市场，中国自身丰富的光伏资源被白白浪费掉。面对西方国家损人不利己的贸易保护主义行径，中国政府又不得不想办法拯救危机中的光伏企业，实在令人扼腕。

（三）能源进口应在全球范围内统筹规划、科学布局

在替代性能源暂时无法取代传统能源的情况下，中国经济发展必须依赖进口能源成为不可逆趋势。在节能开源的基础上，中国应依据各国各地区经济发展状况和能源禀赋条件，统筹规划能源进口策略。海湾地区目前是中国油气资源进口第一大来源地，也是全球油气资源剩余储量最丰富、可开采年限最长的地区，应继续将其作为第一大供应源全力保障。俄罗斯和中亚地区的油气资源储量也异常丰富，且是离中国最近的能源供应源，属重点经营地区。上述两大进口源宜作为"丝绸之路经济带"战略规划的核心环节稳妥谋划。中南美洲尤其是委内瑞拉的油气资源储量也较丰富，可作为中国能源进

---

① 参见李智彪《中国、非洲与世界工厂》，《西亚非洲》2012 年第 3 期。

口多元化战略的重要补充。非洲石油资源剩余储量并不丰富且分布不均，有一半国家需进口石油，不少产油国需进口石油产品，因此应逐渐减少非洲原油进口量，帮助非洲改善能源贫困局面，促进非洲产油国与非产油国之间的石油贸易。非洲天然气资源储量相对丰富且分布广泛，未探明潜在储量可能更丰富，故有必要加大双方在天然气领域的合作力度。

（四）把帮助非洲发展石化工业作为双方能源合作的一个重点

这主要基于两个方面因素考虑。其一，中国石化行业近年来也出现全行业产能过剩问题，其中炼油、化肥、化工原料、轮胎等行业产能过剩程度十分严重。如 2013 年全国原油一次加工能力超过 7 亿吨，加工量 4.8 亿吨，产能利用率仅 68.6%。尤为严峻的是，目前国内石化各行业仍有大量在建产能，预计近期将陆续投产，超过未来两年需求增长，产能过剩趋势将进一步加剧。[①] 向非洲转移石化行业的过剩产能，可能有助于缓解该行业的产能过剩问题。其二，非洲之所以出现扭曲的石油贸易流向，主要源于石油冶炼业发展落后，而炼油业发展落后对交通运输业、重化工业、民众日常生活等方面均有影响。所以，帮助非洲国家发展石化工业意义重大。过去 10 多年间，中国企业已在苏丹、乍得等多个非洲国家的石化领域有成功投资案例，既积累了丰富经验，也受到非洲国家乃至国际社会的广泛关注和赞誉，为双方深化石化工业领域的合作打下了良好基础。

（五）尽可能少参与大型水电站项目，多投资小水电站项目[②]

理由主要有两个：一是前文述及的大型水电站项目可能潜藏的各种危机或风险；二是非洲小水电资源更丰富，小水电站更适合非洲用电需求。2012年曾有两位坦桑尼亚学者和一位挪威学者联合完成一项系统研究报告，称非洲小水电资源发电潜力至少在 1000 万千瓦以上，现已开发的仅占总量的0.5%，其中肯尼亚、莫桑比克、乌干达、坦桑尼亚等国的小水电资源尤其丰

---

① 参见中国石油和化工联合会《石化行业产能过剩预警报告》（2014 年 4 月 11 日），载国家石油和化工网，http://www.cpcia.org.cn/html/1/20144/137144.html，2014 - 04 - 11。

② 小水电站一般指总装机容量小于 1 万千瓦的水电站，又可分为小型水电站、微型水电站和超微型水电站。

富，因此他们认为撒哈拉以南非洲地区更适宜发展小型水电项目。[1] 近年来非洲每年召开的水电大会也均把小型、微型乃至超微型水电站建设经验交流作为重要议题之一，因为有越来越多的非洲国家政府官员和专家学者认为，小型或微型水电系统可以架设在较小的河流上，通常不需要修建大坝或改变水流通道，特别适合那些国家电网未能覆盖的偏远农村地区，能为这些地区的人们提供生产、照明和娱乐所需的电力。而且小型水电站一般不会对环境造成影响或者影响很小。[2]

（六）对非光伏外交不应以消化积压光伏产品为目的

近年来，为应对欧美国家对中国光伏产品的"双反"挑战，政府相关部门不断出台各种政策，鼓励和支持国内光伏企业进军非洲光伏市场，并把太阳能光伏产品纳入援助非洲的产品范畴。中国政府还先后启动了数十个太阳能援非项目。所有这些举措的确具有双赢性质，既可部分缓解中国光伏企业面临的生存危机，也有助于改善非洲国家缺电情况，提高缺电地区居民的生活水平。但应关注的一个问题是，政府的光伏外交绝不能单纯考虑光伏企业的产品销路问题，更要考虑非洲对光伏产品的实际需求，不要把光伏产品仅仅作为"鱼"提供给非洲国家，而要充分考虑这些援助品是否能发挥"渔"的效应。

---

① Chiyembekezo S. Kaunda, Cuthbert Z. Kimambo and Torbjorn K. Nielsen, "Potential of Small - Scale Hydropower for Electricity Generation in Sub - Saharan Africa," *International Scholarly Research Network Renewable Energy*, Volume 2012, DOI: 10.5402/2012/132606.

② 国际电力网：《非洲多国聚焦小水电建设》，《水电发展动态》2011 年第 6 期。

贸易保护主义对中非贸易发展的影响

朴英姬[*]

回顾世界经济发展的历史轨迹，我们会发现"危机"与"保护"总是如影随形。在当前席卷全球的金融危机背景下，世界各国纷纷出台各式各样的"经济刺激计划"，以期实现经济复苏。其内容往往会包括"购买本国货""雇用本地人""产业扶持政策""限制境外投资"等涉及对本国产业和就业的保护。除此之外更有"提高关税""进口管制""技术性壁垒""反倾销""反补贴""保障措施"等贸易保护措施出台。在贸易保护主义趋势下，中非贸易发展将面临新的机遇和挑战。一方面，发达国家的贸易保护措施将使中非贸易发展存在新的增长空间；另一方面，在贸易保护主义的背景下，非洲国家也纷纷采取关税、非关税、区域性贸易壁垒来保护国内产业的发展。这些都将给中非贸易发展带来挑战。

贸易保护主义是指通过高额关税和其他非关税措施来限制进口，保护本国市场，减弱或防止外国商品竞争的国际贸易理论或政策。关税是由各国海关对进出口货物所征收的一种流转税，是各国增加财政收入、保护国内市场、调整进出口商品结构的重要手段。关税是世贸组织允许各成员使用的保护国内产业的重要政策工具。而非关税措施是指一国政府采取除关税以外的各种办法，对本国的对外贸易活动进行调节、管理和控制的一切政策和手段的总和。^① 包括贸

＊ 朴英姬，中国社会科学院西亚非洲研究所助理研究员，主要研究领域为非洲经济和外国投资。

① 宋玉华、胡培战：《直面非关税壁垒、扩大中国出口——理论、策略与应对平台》，中国社会科学出版社，2004，第 1 页。

易立法、卫生标准、检验方法、技术标准、环境标志等更隐蔽、更灵活的贸易措施。在贸易保护主义发展初期，关税是最重要的贸易保护方式；到了新贸易保护主义时期（20 世纪 70 年代中期之后），随着关税和贸易总协定（GATT）或世界贸易组织（WTO）以关税减让为中心的多边贸易谈判取得显著成就，世界整体关税水平大幅度降低，非关税措施逐渐成为贸易保护的主要手段（以发达国家为主）。

一 全球金融危机背景下的贸易保护主义

2008 年下半年，金融危机席卷全球，世界各国的实体经济趋于恶化，为遏制经济下滑和失业率上升的不利形势，各国纷纷出台一系列保护国内产业和产品的政策措施，国际贸易保护主义又有重新抬头的趋势。世界银行公布的一份研究报告显示，自 2008 年 11 月二十国集团华盛顿峰会上，各国领导人签署避免采取贸易保护措施的承诺，至 2009 年 2 月底，二十国集团中的 17 个国家已实行了 47 项贸易保护措施。[1]

具体来说，当前的贸易保护主义主要表现在以下几个方面：

（一）国内经济政策包含形式多样的贸易保护内容

各国经济刺激计划中包含有贸易保护主义色彩的条款。例如，2009 年 2 月，美国通过的《2009 年美国复兴和再投资法案》中包含“购买美国货”条款（第 1605 款），其中规定法案拨款和其他资金项下的公共建筑或公共工程，必须使用美国生产的钢铁和制成品。明显背离了二十国集团华盛顿峰会上达成的“不设置新壁垒”的共识，并产生了不良的示范效应，导致其他各国也纷纷效仿。[2] 为帮助汽车产业脱离困境，美国向三大汽车企业提供了 174 亿美元解困方案。之后，法国、日本、英国、瑞典、加拿大、意大利等国纷纷效仿，迅速加入到救济本国汽车业的行列。[3]

此外，各国政府对金融、投资、就业等领域的保护也频繁出现。例

---

[1] Elisa Gamberoni and Richard Newfarmer, *Trade Protection: Incipient but Worrisome Trends*, March 2009.

[2] 陈泰锋：《多哈回合谈判：危机中的共同期待》，《国际贸易》2009 年第 5 期，第 44 页。

[3] 李智：《对全球贸易保护升温下我国贸易救济工作的思考》，《国际贸易》2009 年第 3 期。

如，美、欧多国要求银行优先向国内放贷，跨国金融活动受到限制；美国国会提出对外劳动限制雇用、优先辞退的议案，且限制给予向国外转移就业的美国公司减免税收；法国准备设立国家基金严防国内重要企业遭外企并购，并要求受政府援助的公司不得关闭在法工厂，不得在他国增资设厂。①

（二）采用直接的进口限制措施

对于发展中国家来说，传统的提高进口关税和进口管制仍然是主要的贸易保护手段。例如，印度尼西亚对 500 多种商品实施进口管制；俄罗斯对汽车、禽肉和猪肉加征高额进口关税；阿根廷对进口鞋和汽车配件施加新的限制措施；厄瓜多尔对部分肉类产品征收的关税由 25% 猛升到 85.5%；阿根廷和巴西提高酒类、纺织品、皮革品和桃的进口关税；印度对进口大豆油加征20% 的关税。②

（三）滥用世界贸易组织允许的贸易救济措施

尽管世界贸易组织允许成员国使用诸如"反倾销""反补贴""保障措施"等贸易救济措施来保护本国产业免受外来的巨大冲击，但在贸易保护主义趋势下，此类贸易救济措施有被滥用的趋势。2008 年下半年，随着国际金融危机逐渐波及实体经济，各国采取的反倾销措施快速增加，最终导致 2008年全球反倾销调查发起数量（208 起）较前年增加了 15%；最终被认定为倾销并课以惩罚性关税的案件数增加了 22%。③进入 2009 年，贸易调查数量出现激增趋势。截至 2009 年 3 月 25 日，全球已发起 29 起反倾销调查、3 起反补贴调查和 6 起保障措施调查。世界贸易组织警告称，全球新的贸易救济调查的案件数量可能会随着经济危机的持续而急剧增加。④

①　课题组：《当前全球金融危机和贸易保护主义的影响和应对》，《国际贸易》2009 年第 6 期。

②　参见陈泰锋《遏制全球贸易保护主义：基于 WTO 多边贸易体制的价值评价》，《国际商务研究》2009 年第 3 期；李智：《对全球贸易保护升温下我国贸易救济工作的思考》，《国际贸易》2009 年第 3 期。

③　*Global Trade Protection Report 2009*，accessed February 18，2010，http：//www. antidumpingpublishing. com.

④　陆燕：《反对和遏制贸易保护主义是全球共同的任务》，《国际经济合作》2009 年第 8 期。

（四） 频繁使用技术性贸易壁垒等隐性贸易保护手段

技术性贸易壁垒，是指国与国之间进行商品交换时，通过颁布法律、法令、条例、规定，建立技术标准、认证制度、检验制度等方式，对外国进口商品制定的技术、卫生检疫、商品包装和标签标准，从而提高产品技术要求，增加进口难度，最终达到限制进口的目的。它实际上是一些工业较发达国家利用其科技上的优势，对商品进口进行限制的一种措施。① 根据世界贸易组织统计，2008 年欧盟向世界贸易组织共通报技术性贸易措施 84 条，其中技术法规和标准 67 条，卫生和植物卫生措施 17 条。2008 年美国在技术法规方面颁布了诸多新的法案或修正案。包括《消费品安全改进法》、《联邦机动车辆安全标准》、《强制性原产地标签》 等法案。2008 年，日本颁布了许多技术法规，涉及包装容器、电器、玩具、化学用品等各个行业。②

二　贸易保护主义对中非贸易发展的影响

（一） 在当前贸易保护主义趋势下，中非贸易发展符合双方共同利益

近年来，中国与非洲的商品贸易突飞猛进，2008 年，中非贸易额突破了1000 亿美元大关。2009 年 1~6 月，中国外贸出口总额下降了 21.8%，中国对美国、日本和欧盟这三大贸易伙伴的出口额分别下降了 16.9%、24.5% 和20.3%。同期，中国对非洲出口额却仅下降了 5.4%。③ 这体现出非洲市场对于中国出口增长的重要性。而中国在非洲对外贸易中的地位也在逐步提升，已成为撒哈拉以南非洲第一大贸易伙伴。目前全球经济危机已经导致发达国家经济低迷，外部需求减少，贸易保护措施频繁出台，对于中国和非洲国家来说，扩大对发达国家出口都将困难重重。为应对恶化的国际贸易环境，抵制发达国家的贸易保护主义，中国和非洲国家进一步加强贸易往来是双方共

---

① 参见宋玉华、胡培战《直面非关税壁垒、扩大中国出口——理论、策略与应对平台》，中国社会科学出版社，2004。

② 商务部：《国别贸易投资环境报告 2009》，欧盟、美国、日本部分，第 116、176、203 页。

③ 《进出口商品主要国别（地区）统计》，《国际贸易》2009 年第 8 期，第 70 页。

同利益所在。

其一，中国传统出口市场对华贸易争端频发，为转移风险，非洲将成为新的出口增长点。中国作为世界第二大贸易出口国，已经成为此轮贸易保护主义的最大受害方。据统计，2009 年 1~8 月，中国对外贸易争端涉案金额约100. 35 亿美元，已远远超过 2008 年的 62 亿美元。对中国实施反倾销调查的不仅有欧美、澳大利亚、加拿大、日本等发达国家和地区，也有土耳其、印度等一些发展中国家，案件涉及钢铁、鞋、玩具、轮胎、铝制品、日用品、机电、矿产、养殖品等中国具有出口优势的行业。[①] 当前中国与欧美等传统贸易伙伴国的贸易摩擦呈全面上升趋势。2008 年，欧盟在全球新发起 10 起反倾销调查，其中对华反倾销调查就有 6 起。[②] 美国对中国的贸易救济措施也引起多方关注。例如，美国对中国的轮胎征收三年惩罚性关税。而当前中国与非洲国家的贸易争端还相对较少。

鉴于中国对欧美发达国家出口下滑的状况，一些中国企业已经开始调整出口战略，抢占非洲市场。例如，美国、欧盟和非洲是中国鞋类产品出口的前三大市场。在美欧贸易保护主义盛行的背景下，2009 年前 5 个月，中国对美国出口鞋 7. 5 亿双，下降 15. 2%；对欧盟出口鞋 7 亿双，下降 9. 9%。而同期对非洲市场出口鞋 4. 2 亿双，增长了 30. 5%。中国对非洲市场出口的主要是价格较低的橡胶或塑料制鞋，共出口 3. 5 亿双，增长了 41. 2%。[③]

其二，非洲国家受制于欧美等发达国家设置的贸易壁垒，需要开拓中国市场。尽管欧美发达国家对非洲国家提供了特殊的市场准入优惠，如欧盟2001 年对最不发达国家实施的 "除武器外全部免税" 政策和美国 2000 年对撒哈拉以南非洲国家制定的《非洲增长与机会法案》，这两项措施对非洲国家出口产品提供了大量的免税和免配额的优惠条件。表面上看，这些市场准入优惠应该会大大促进非洲国家对欧盟和美国的出口，但事实情况是，这些优惠措施给非洲国家带来的出口促进作用是有限的。

欧盟的优惠政策没有将重心放在非洲国家的主要出口产品上，很大比例的非洲出口产品没有较为优惠的市场准入条件，欧盟也没有对这些产品执行

---

① http：//gpj. mofcom. gov. cn/aarticle/subject/mymcyd/subjectdd/200909/20090906504018. html，
最后访问日期：2010 年 2 月 20 日。

② 商务部：《国别贸易投资环境报告 2009》，欧盟部分，第 191 页。

③ 《出口量值齐跌　贸易保护主义困扰中国鞋类出口》，《国际商报》2009 年 7 月 23 日。

最惠国关税，因此"除武器外全部免税"的政策对非洲国家的出口带动作用很小（见表1）。突出的例子是赤道几内亚，2001年赤道几内亚对欧盟出口总额约为75亿美元，但是在"除武器外全部免税"政策下却没有出口额。当年在此政策下出口额最大的国家是赞比亚，但也仅出口了135.9万美元，远不及当年对欧盟出口总额的1.6亿美元。[①]

在《非洲增长与机会法案》下，非洲国家对美国出口量最大的产品是石油、矿产品等资源类产品，曾经受益较多的纺织品服装出口已出现下滑势头。2008年美国在《非洲增长与机会法案》下最大进口产品是石油，占进口总额的92.3%，而纺织品服装的进口额却下滑10.4%，农产品进口额下滑7.9%。尼日利亚、安哥拉、南非、乍得、刚果（布）是在《非洲增长与机会法案》中受益最大的国家，其次是加蓬、喀麦隆、莱索托、马达加斯加、肯尼亚、斯威士兰和毛里求斯。[②] 非盟副主席穆文查称，《非洲增长与机会法案》严格的质量限制和冗长的认证过程阻止了许多非洲产品出口美国，非洲需要敦促美国改进质量认证过程，尤其是卫生和植物卫生评估。

表1　2001年欧盟"除武器外全部免税"政策对部分非洲国家出口的影响

单位：千美元

	对欧盟出口总额	"除武器外全部免税"政策下的出口额	糖类、香蕉、大米的出口额
安哥拉	1944630	91	0
赤道几内亚	754865	0	0
利比里亚	736973	10	0
马达加斯加	600912	72	8500
几内亚	579518	41	0
莫桑比克	530174	248	991
坦桑尼亚	395283	35	6648

---

① 参见〔美〕约瑟夫·E.斯蒂格利茨、安德鲁·查尔顿《国际间的权衡交易——贸易如何促进发展》，沈小寅译，中国人民大学出版社，2008，第46、145页。

② http：//www. AGOA. gov/resources/US_ African_ Trade_ Profile_ 2009. pdf，最后访问日期：2010年2月19日。

续表

	对欧盟出口总额	"除武器外全部免税"政策下的出口额	糖类、香蕉、大米的出口额
苏丹	303550	778	13982
毛里塔尼亚	258568	6	6
乌干达	242524	116	55
马拉维	194903	0	22617
埃塞俄比亚	159389	12	968
赞比亚	158375	1359	6675
尼日尔	119613	6	0
贝宁	63698	69	0
布基纳法索	63052	52	0
吉布提	61494	38	0
多哥	58591	26	26
乍得	57638	1	0
马里	45726	67	0

注：香蕉、大米、糖类等 44 种产品的免税措施最早也要在 2009 年才能施行。

资料来源：〔美〕约瑟夫·E.斯蒂格利茨、安德鲁·查尔顿：《国际间的权衡交易——贸易如何促进发展》，沈小寅译，中国人民大学出版社，2008，第 145 页。

对大多数非洲国家来说，农产品仍是占主导地位的出口产品，但发达国家对农业的保护政策导致非洲农产品无法拓展欧美等发达国家的市场。目前，发达国家仍耗巨资对农业进行补贴。2000 年，经合组织成员国的农业补贴总费用占生产总值的 48%，总数超过 3000 亿美元。欧盟每年花费 400 多亿欧元用于农业补贴。发达国家的贸易扭曲型政策大大阻碍了非洲国家农产品出口，而且发达国家还强迫发展中国家所出口的产品使用全球市场价格，这些政策都直接影响到了非洲国家农民的收益。[①] 此外，发达国家严格的技术性壁垒也限制了非洲农产品的出口。例如，美国对农产品规定了极其严格的农药、兽药及重金属残留限量。这些残留限量不但经常变更，而且往往在正式批准实施后才向世界贸易组织通报其最终法规。

---

① 〔美〕约瑟夫·E.斯蒂格利茨、安德鲁·查尔顿：《国际间的权衡交易——贸易如何促进发展》，沈小寅译，中国人民大学出版社，2008，第 36、41 页。

为规避发达国家的贸易壁垒，扩大产品出口，非洲国家需要开拓新兴市场。而中国巨大的消费市场和对非洲国家进口商品的免税措施[①]，使得非洲企业开拓中国出口市场的热情进一步高涨。

（二）非洲国家的贸易保护政策为中国出口设置障碍

自由贸易只是在理论上最为理想的贸易政策，现实世界中，每个国家都或多或少地采取一些贸易保护政策。在当前国际经济形势恶化的背景下，非洲国家经济增速大幅下滑，更是不可避免地导致各类贸易保护政策出台。具体来说，非洲国家的贸易保护政策主要表现为以下四个方面：

其一，对于许多非洲国家来说，传统的提高关税和直接的进口管制仍是主要贸易保护手段。许多非洲国家在大幅提高关税方面，远远超过了世界其他地区，这主要是因为提高关税水平比起建立健全反倾销体系成本要低。[②] 根据世界贸易组织2008年的统计，埃及对车辆、服装、部分酒类饮料等商品实行高关税，最高达到3000%。南非对部分成衣征收37.9%的关税，对部分纺织品征收高达1000%的关税。南非的关税高峰主要集中在纺织、皮革、鞋、布料、摩托车及零部件和加工食品。为扶持本国相关产业的发展，南非还对糖类产品、羊肉、牛奶和玉米等产品征收较高的进口关税。截至2007年底，尼日利亚已单方面宣布对59种产品实施进口禁令，其中就涉及中国出口量较大的部分商品，如纺织品、鞋类、箱包等。[③]

其二，非洲工业较发达的国家，如南非和埃及均对进口产品设置了严格的技术性贸易壁垒。例如，南非共有约5000项国家标准，其中约60项为强制性标准。2008年南非又新颁布了13种技术性贸易措施。而且有些标准不符合现行的国际标准，对中国产品出口造成了不必要的障碍。埃及约有5600项国家标准，其中约400项为强制性标准。埃及对食品的保质期、产品的包装

---

① 中国政府自2005年起，陆续给予非洲31个最不发达国家466个税目（2008年中国海关税则8位编码计）商品零关税待遇。截至2009年3月底，中国从非洲累计进口受惠商品7.6亿美元。参见商务部西亚非洲司《互利共赢　共克时艰——新形势下的中非经贸合作关系》，《中国经贸》2009年第7期，第24页。

② WTO, *World Trade Report 2009: Trade Policy Commitments and Contingency Measures*, July 2008, pp. 141 - 142.

③ 商务部：《国别贸易投资环境报告2009》，埃及、南非部分，第14、161页；商务部：《国别贸易投资环境报告2008》，尼日利亚部分，第141页。

和标签等均有较为苛刻的要求。①

其三，在当前金融危机背景下，许多非洲国家针对本国产业，特别是对落后产业的保护进一步增强。例如，2008 年 10 月，南非政府通过《汽车生产和发展计划》（ADPD）方案，内容包括从 2012 年起进口整车关税一律统一为 25%。南非政府还表示将通过提高食品的进口关税来加大对农业的保护。② 为扶植棉花产业，埃及将棉花补贴提高了 50%。提高补贴后，政府对每 50 公斤棉花的补贴由 100 埃镑提至 150 埃镑（1 美元约合 5.6 埃镑）。③ 非洲国家的产业保护政策，将对中国产品出口造成冲击。

其四，在贸易保护主义趋势下，中非贸易争端也有加剧的趋势。当前，南非和埃及是非洲国家中对华贸易争端最多的国家。截至 2008 年底，南非和埃及分别对中国产品发起了 42 起和 17 起贸易救济调查。纺织品、金属制品、化工产品是南非对华反倾销的重点。埃及对华反倾销主要涉及机电、轻工、化工等产品。④ 贸易保护主义具有示范效应，世界各国对华贸易救济措施频繁出台，也会导致非洲国家对华贸易争端的增加。2009 年 1 月，南非对华聚酯纱线发起反倾销调查。2009 年 3 月和 8 月，埃及国内产业界分别要求对中国女袜和多项交流发电机进行反倾销立案调查。目前埃及贸工部正在审查这两项申请是否符合立案条件。在未来也需要警惕非洲国家对华的贸易救济调查。

总之，非洲国家现行的和即将实行的贸易保护政策措施都将为中非贸易发展带来负面影响。

（三） 中国对非洲贸易发展面临非洲区域性贸易壁垒

世界贸易组织虽然倡导自由贸易，但也认可一些贸易保护的例外条款以保障各成员方的利益。根据《1994 年关税和贸易总协定》第 24 条的规定，允许缔约方在满足一定的严格标准的情况下，在其领土之间建立关税同盟或自由贸易区形式的区域贸易集团。并且规定，在区域贸易集团中的贸易自由

① 商务部：《国别贸易投资环境报告 2009》，埃及、南非部分，第 15、16、161 页；商务部：《国别贸易投资环境报告 2008》，埃及部分，第 14 页。

② 商务部：《国别贸易投资环境报告 2009》，南非部分，第 156 页。

③ http://eg.mofcom.gov.cn/aarticle/jmxw/200905/20090506244200.html，最后访问日期：2010 年 2 月 20 日。

④ 商务部：《国别贸易投资环境报告 2009》，埃及、南非部分，第 16、162 页。

化行动可以偏离最惠国待遇原则，对集团内成员间相互给予的贸易优惠可不给予集团外的国家。区域贸易集团从本质上是违背了世界贸易组织一般原则，特别是最惠国待遇原则的，但世界贸易组织将此行为视为其规则的一个重要例外。① 也就是说，区域性贸易集团在成员内部实行贸易自由化的同时，对集团外的竞争者存在遏制作用。由此贸易保护从独立国家贸易壁垒转向区域性贸易壁垒。在经济危机的背景下，区域贸易集团还存在进一步转向为更加封闭和具有排他性的趋势。

当前国际贸易环境急剧恶化，贸易保护主义抬头，许多非洲国家更加关注开发区域组织内部市场，非洲各区域组织也纷纷加快了一体化进程，试图借此促进经济和贸易增长。2008 年 8 月 17 日，南部非洲发展共同体自由贸易区正式启动。2009 年 6 月 7 日，东南非共同市场正式成立关税同盟，实现该地区对外贸易的高度统一。东非共同体将于 2009 年 11 月签署共同市场协议，以实现人员、货物、服务和资本的完全自由流通，共同市场在 2010 年初正式启动。

三　结语

在当前席卷全球的经济危机背景下，国际贸易保护主义甚嚣尘上，各国都试图通过形式多样的保护措施降低经济危机对本国的冲击。但是，20 世纪30 年代经济大萧条的历史教训警示我们，一味地实行贸易保护主义，只会延长经济的萧条期。唯有摒弃贸易保护主义，推行贸易自由化政策，才能使全球经济和国际贸易步入平衡发展的轨道。正如自由贸易的坚定倡导者贾格迪什·巴格瓦蒂教授在其著作《现代自由贸易》一书中提到的，贸易保护主义总是代表着"个别利益"，而自由贸易则代表了"大众利益"。② 在"个别人"与"大多数人"的博弈中，应该尊重和保护多数人的利益。

① 任勤：《世界贸易组织框架下的贸易保护问题研究》，西南财经大学出版社，2008，第 33 页。
② 〔美〕贾格迪什·巴格瓦蒂：《现代自由贸易》，雷薇译，中信出版社，2003，第 36 页。

中国在非洲直接投资的总体评估

姚桂梅 *

近年来，非洲国家在改善投资环境方面成绩斐然，成为世界的投资热土，中国成为对非投资的生力军。大多数中国企业在非洲的投资收到了双赢的效果，不仅缓解了国内资源短缺的问题，带动了机电设备的出口，而且提升了非洲国家的生产技术水平，在增加税收和扩大就业方面发挥了积极作用。同时中国在非投资也面临诸多问题和挑战，为此，中国政府和企业正在采取旨在提高治理能力的应对措施，使中国的对非投资朝着健康、持续的方向发展。2008 年席卷全球的金融危机加大了中国对非投资的风险，但也孕育着难得的历史机遇，中国政府和企业应立足长远投资战略，加大对非洲的投资力度。

一　非洲国家的投资环境正处于历史上最好的时期

非洲的资源和市场对世界上许多国家都具有战略意义。近年来，由于非洲国家政局稳定、热点降温；经济步入持续增长新阶段，宏观经济指标不断改善；许多非洲国家采取了鼓励外国投资的政策和措施，非洲投资环境得到显著改善。以 2007 年为例，非洲有 10 个国家引入了新的政策法规，其中多数措施有利于外资和跨国公司。例如，佛得角简化了绿地投资的批准程序，对外国直接投资开放了所有的部门，特别强调对轻工业、旅游业、

*　姚桂梅，中国社会科学院西亚非洲研究所研究员，主要研究非洲经济和中非经贸合作问题。

捕捞业的投资；埃及放松了在特区新建投资的手续；肯尼亚出台了推动风险资本公司的条例，且放松了对包括外资银行在内的银行业的要求；利比亚允许外国投资者汇回利润和向国外转让清算外汇结余，为投资者提供长达 5 年的减税，并免除设备、机械及相关商品进口的关税；毛里求斯将公司税从 22.5% 下调到 15%；尼日利亚对于自由贸易区或出口加工区中 100% 的出口生产企业给予免除公司利得税的待遇；苏丹允许外国投资者拥有 100% 的公司资本。2007 年，共有 11 个非洲国家签订了 11 个投资保护协定，10 个非洲国家签署了 11 个避免双重征税协议，使得非洲国家的投资保护协定和避免双重征税协定分别达到 696 个和 459 个，其中约有 50% 的投资保护协定、60% 的避免双重征税协定是与发达国家签署的。[①] 世界银行《2009 全球营商环境报告》显示，2007 年 6 月至 2008 年 6 月，非洲塞内加尔、布基纳法索、博茨瓦纳等 28 个国家在经济法规方面完成了 58 项改革，使得非洲的营商环境改革成效斐然。再加上非洲地区投资回报率高，进入世界主要市场享有优惠待遇，吸引越来越多的外国直接投资重返非洲大陆。

联合国贸发大会《世界投资报告》历年数据显示，进入 21 世纪以来，流入非洲的外国直接投资呈不断增长态势，特别是 2004 年以来，流入非洲的外资屡创新高。2004 年流入非洲的外国直接投资为 180 亿美元，2005 年为 295 亿美元，2006 年达到创纪录的 458 亿美元，2007 年再创新高 530 亿美元，占到全球外国直接投资流入总量的 2.9%[②]（见表 1）。

从全球来看，非洲吸引的外资规模仍然十分有限，但是从投资对非洲经济增长的贡献率来看，正在逐年扩大。2007 年流入非洲的外国直接投资对非洲大陆固定资本形成的贡献率达到 21.3%；非洲吸引的外国直接投资存量达到 3930 亿美元，其占 GDP 的比重已经从 2000 年的 25.2% 提高到 2007 年的 31%，高于发展中国家的平均水平。[③]

---

① UNCTAD, *World Investment Report 2008*: *Transnational Corporations and the Infrastructure Challenge*, New York and Geneva, September 2008, p. 43.

② UNCTAD, *World Investment Report 2008*: *Transnational Corporations and the Infrastructure Challenge*, New York and Geneva, September 2008, p. 253.

③ UNCTAD, *World Investment Report 2008*: *Transnational Corporations and the Infrastructure Challenge*, New York and Geneva, September 2008, pp. 262 – 263.

表 1   1996～2007 年世界对非洲直接投资额

单位：亿美元

年　份	1996	1997	1998	1999	2000	2001	2002	2003	2004	2005	2006	2007
世界对非外国直接投资	58	107	90	128	87	190	129	180	180	295	458	530
中国对非外国直接投资	0.56	0.82	0.88	0.65	2.16	0.67	0.63	0.75	3.17	3.92	5.20	15.74

资料来源：根据联合国贸发会 1996～2008 年《世界投资报告》，中国商务部、国家统计局、外汇管理局出版的 1996～2008 年《中国对外直接投资统计公报》编制。

二　中国成为对非直接投资的生力军

传统上，非洲的外国直接投资主要来源于法国、英国和美国。但自 20 世纪 90 年代中期以来，在传统投资国对非投资增长的基础上，来自加拿大、意大利、荷兰、瑞士、挪威、葡萄牙和西班牙等国的投资增长显著。值得注意的是，中国、印度、沙特阿拉伯等亚洲国家对非洲的直接投资也在逐步增加。

中国对非洲投资始于 20 世纪 80 年代初，当时主要动因是为了巩固以往的经济援助成果，同时带动工程设备、原材料以及其他产品出口。中国在非洲开展了包括兴办合资、独资企业在内的多种形式的互利合作，经营方式也由"交钥匙"援建转向合资经营、共同管理。总体来看，这个阶段中国对非投资尚处于起步阶段，投资规模较小，每个项目平均投资额约 50 万美元。90 年代初，中国开始将对非洲的援助转化为双边企业间的合资合作。1995 年中国政府改革援外方式，将中非合作的主体从政府转向企业，实行援外方式和资金的多样化，提出要积极推动双方企业之间的合作，并把援助与投资、贸易和其他互利合作结合起来。与此同时，中国在非洲国家逐步设立了 11 个"投资开发贸易促进中心"，为双边投资和贸易提供信息和服务。1998 年，国家计划委员会（现发改委）确定对非投资规划方案，第一次就对非投资领域、规模及投资目标进行量化分析，并提出了相关的指导意见。这标志着中国对非投资工作开始孕育面向 21 世纪的战略转变，即由贸易型投资逐渐向资源开发类投资转变。90 年代末期，面对经济全球化深入发展的趋势，为适应中国产业结构调整、经济可持续发展等各方面需要，中国政府提出实施"走出去"战略，鼓励有比较优势的各类所有制企业开展对外直接投资和跨国经营，推动中国有实力的企业通过对外投资不断发展壮大。资源丰富的非洲大陆成为中国实施"走出去"战略的重点地区之一。2000 年中非合作论坛成立，自此包括建立中非发展基金等新举措不断出台，推动中国对非投资快速增长。2004 年中国对非直接投资（非金融类）为 3.2 亿美元，2005 年为 3.9 亿美元，2006 年增长到 5.2 亿美元，2007 年猛增到 15.74 亿美元，比 2006 年增长202.7%。截至 2007 年底，中国在非洲直接投资累计 44.6 亿美元，占中国对外直接投资的 3.8%。[①]

从总体规模看，中国对非投资增长速度快，但在非洲的直接投资流量（3%）和存量规模（1%）都比较小，发展潜力巨大。从投资主体看，在非800 家中国企业中，实力强、管理科学、信誉好的国有企业共有 100 余家，成为中国对非投资的中坚力量;[②] 其余多为中小企业，且民营企业比重日益壮大。从投资行业看，中国在非涉足领域不断扩大，资源类大项目明显增多。长期以来，基础设施、住宅建筑、轻工、机电、纺织、服装和制药等劳动密集型产业是中国对非投资的优势领域。例如，1979～2000 年中国的对非投资总额 46% 集中在制造业、28% 在资源产业、18% 在服务业、1% 在农业。[③] 近年来，伴随着中国对石油和其他矿产资源的需求日益增加，以及国内高新技术的迅猛发展，石油和其他矿产资源的开发投资、电信技术的投资，迅速成为我国对非投资的重要领域。从地域流向看，投资对象国逐步增多，但比较集中。目前，中国的投资项目已经遍布 49 个非洲国家，覆盖率达到 81%。[④]中国的资本主要分布在南非、尼日利亚、苏丹、赞比亚、阿尔及利亚等国（见图 1）。2007 年中国在 35 个非洲国家启动了新的投资项目。投资额在千万美元以上的国家有南非、阿尔及利亚、毛里求斯、尼日尔、尼日利亚、苏丹、

---

① 商务部、国家统计局联合发布的《2007 年度中国对外直接投资统计公报》（非金融部分），第9 页。

② 《中非经贸合作获新动力　民间资本觅得商机》，中非民间商会网，2007 年 12 月 1 日，http：//www. cabc. org. cn/news/2006－11－7/2006117153240. html。

③ United Nations Development Program（UNDP），*Asian Foreign Direct Investment in Africa：Towardsa New Era of Cooperation*，New York：United Nations，2007，page 56.

④ 商务部、国家统计局联合发布的《2007 年度中国对外直接投资统计公报》（非金融部分），第17 页。

刚果（金）、赞比亚、埃塞俄比亚、莫桑比克，10 国共占中国当年对非直接
投资总额的 94.5%（见表 2）。

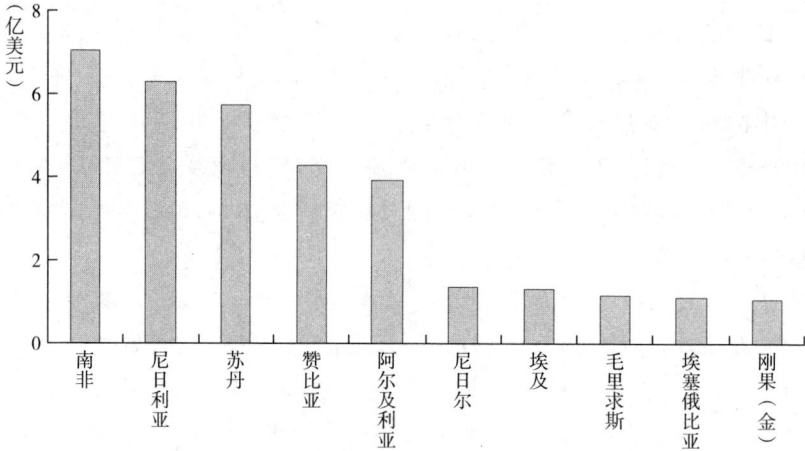

图 1　截至 2007 年底中国对非直接投资存量前 10 国

表 2　2003～2007 年中国对非直接投资重点国家流入规模

单位：万美元

年份 国家	2003	2004	2005	2006	2007
阿尔及利亚	247	1121	8487	9893	14592
安哥拉	19	18	47	2239	4119
刚果（金）	6	1191	507	3673	5727
埃及	210	572	1331	885	2498
埃塞俄比亚	98	43	493	2395	1328
毛里求斯	1027	44	204	1659	1558
尼日利亚	2440	452	5330	6779	39035
南非	886	1781	4747	4074	45441
苏丹	—	14670	9113	5078	6540
赞比亚	553	223	1009	8744	11934
非洲合计	7481	31743	39168	51968	157431

资料来源：商务部、国家统计局联合发布的《2007 年度中国对外直接投资统计公报》（非金融部
分），第 19～20 页。

三　中国对非直接投资效果评估

（一）大多数中国企业在非投资取得了双赢

中国企业在非洲投资的迅速增长，为中国解决国内资源短缺问题、转移过剩的国内生产能力、带动机电设备出口，发挥了重要的作用。绝大多数中国投资企业遵守东道国法律，推行劳动力本地化战略，资助当地的基础设施建设和卫生教育事业发展，为非洲国家的经济社会发展做出了贡献；受到投资对象国政府和人民的欢迎，为促进非洲国家的发展和夯实中非政治关系的基础做出了重要贡献。例如，中国石油公司对苏丹的石油勘探、开采、冶炼、加工、管道运输、成品油储存销售领域进行了上下游一体化的投资建设，在不到 10 年里帮助其建起了完整的石油工业体系。得益于石油工业，苏丹国民经济以年均 8% 的增长速度发展，人民生活水平明显得到改善和提高。苏丹人均 GDP 从 1997 年的 38 美元提高到 2006 年的 803 美元。值得特别指出的是，中石油始终把从事公益事业、造福当地人民视为在苏丹可持续发展的重要环节。该公司出巨资修建医院、学校，打水井、铺设饮用水供水管道和架桥等，使苏丹的受益人口多达 150 万。苏丹总统巴希尔在庆祝中苏石油项目合作 10 年的大会上，对中石油促进苏丹经济发展的作用给予高度评价，认为中石油"以友谊的精神和我们开展合作，实现了我们共同的利益……苏中之间实现了巨大的发展。中石油在苏丹石油合作的成功使世界更看好苏丹的石油工业"。此外，中国赞比亚友谊农场、毛里求斯天利纺纱厂、海信南非有限公司、莫桑比克信达水产公司、多哥同美药厂、华为和中兴在许多非洲国家的分公司等都在当地取得了很好的经济效益，不仅满足当地消费需要，而且增加当地的就业机会和税收，是一个双赢的结果。据商务部统计，2007 年在非中资企业（非金融类）境外纳税 2.6 亿美元，雇用当地员工 5.9 万人。[①]

然而，中国企业在非洲也有一些沉痛的教训，不少企业出现亏损或濒于倒闭。如科特迪瓦华科汽车装配厂、尼日尔棉花项目、喀麦隆拖拉机厂、中

[①]　引自商务部西亚非洲司周亚滨司长在 2008 年 10 月 9 日商务部中非经贸合作专题发布会上的讲话，http://xyf.mofcom.gov.cn/aarticle/tpxw/200810/20081005821329.html。

几（内亚）农业项目等。造成亏损的主客观原因很多，但主要的原因是前期工作没做好，可行性论证不充分，对到非洲投资的困难估计不足。中资企业对非投资的经验与教训表明，在实施"走出去"战略时，要特别注意搞好规划，防止盲目投资。要认真调查分析投资对象国的经济水平、产业结构、消费能力、市场容量以及自然资源等情况，并根据不同国家和地区的市场需求特点及容量，明确具体投资项目和规模。

（二）中国企业在非洲投资面临的主要问题和挑战

虽然中国对非投资取得了一定的成绩，但也面临来自外部和内部两个方面的问题，对中国在非洲的投资产生了一定的阻碍和干扰，影响中非投资合作的快速发展。

1. 内部因素

从中国政府层面看，首先，中国对非投资战略尚待清晰。过去20多年来中国的对非投资多是企业自发的，以企业的自主行为为基础的商业活动，而不存在明确的国家对非投资战略，因而政府管理和指导有待完善。其次，金融支持和保障体系不尽完善。目前，在非企业以中小企业为多，不仅自有资金不足，而且在信贷、抵押等方面无法满足银行要求，致使外汇资金的融通和汇兑渠道不畅，制约了企业在非投资的决策效率和投资规模。虽然国内已经出台了各项鼓励企业"走出去"的优惠政策和措施，但缺乏相关配套政策，资金支持力度有限。另外，非洲投资风险高于世界其他地区，而国家至今尚未建立相应的风险补偿机制，极大抑制了国内企业投资非洲的积极性，在一定程度上影响了中国对非投资合作的质量和水平。从中国企业层面来看，仍有一些企业片面看待非洲，认为非洲遥远、贫困，充斥疾病和灾难，经济落后、市场狭小、劳动力素质低下，对非洲发展的潜力估计不足。除少数大型国有企业外，大多数中国企业缺乏成熟的海外市场经营管理经验和属地化经营管理能力，缺乏懂经营、会管理、通外语的复合型人才；缺乏一套符合国际惯例又结合中国国情的行之有效的海外企业管理激励机制。值得特别指出的是，一些在非企业缺乏企业社会责任意识，缺乏国家战略意识，短期行为严重。一些在非企业受企业自身实力限制，甚至把国内一些不好的经营风气带到国外，不仅影响了自身的信誉和国家的声誉，而且对东道国造成了伤害，导致"双败"结果。

2. 外部因素

从非洲国家因素来看，虽然近年来非洲投资环境不断改善，但与世界其他地区相比，非洲整体投资环境欠佳。基础设施落后，经济结构单一，工业不成体系，生产配套能力较差，服务体系不完善；存在有法不依、执法不严、办事效率低下、官员腐败等现象；一些非洲国家政局不稳，社会治安欠佳；国家经济实力有限，非方配套资金往往无法落实；等等。值得特别指出的是，非洲国家虽然制定了许多法律条款，但在执行过程中经常伴有随意性，尤其是面对反对党对现有法规提出质疑时，当权者有时迫于社会舆论的压力而不得不对原法规做出的承诺进行调整，给企业的经营造成许多不便。另外，非洲国家对一些特殊领域的投资加强了管控，出台了不利于外国直接投资的政策措施。例如，2007 年初，塞拉利昂政府决定中止发行新的矿产勘探许可证；马达加斯加新《矿产法》对矿产勘探区块和开采许可进行了调整，即从新法颁布前勘探区块面积 6.25 平方公里（2500 米 × 2500 米）缩减到 0.39 平方公里（625 米 × 625 米），从原矿产许可证有效期 10 年缩减到 5 年；阿尔及利亚引入所有向外商转让和销售的投资须经国家批准的机制；莫桑比克限制外资在当地公司中仅持有少数股份，并禁止外国人成为公司的经理、管理人员和公司董事；[①] 津巴布韦实行 51% 的地方自主权要求，也正在考虑一项法案，确保国家在矿业公司中占 25% 的股份；[②] 肯尼亚能源部正在起草针对国际石油公司的新法规，要求外国公司必须先交纳一笔 7.5 万 ~ 50 万美元的费用，方可在肯尼亚设立办事处；[③] 外国公司之间不得相互转让区块；退还已获得勘探权的区块必须缴纳罚金。这些政策的调整都将增加中国企业在非洲的投资成本和经营难度。

从国际因素看，中国企业面临一些非议和挑战。近年来，有些西方国家对持续升温的中非合作说三道四，抓住个别中资企业社会责任缺失的把柄，据此否定中国主张的中非共同发展和互利双赢的合作理念，指责中国在非洲搞新殖民主义，严重阻碍中国对非投资的长远和可持续发展。

---

① UNCTAD, *World Investment Report 2008*: *Transnational Corporations and the Infrastructure Challenge*, New York and Geneva, September 2008, p. 44.

② UNCTAD, *World Investment Report 2008*: *Transnational Corporations and the Infrastructure Challenge*, New York and Geneva, September 2008, p. 44.

③ 中国发改委能源局网站:《肯尼亚起草油气勘探新法规》, http://nyj.ndrc.gov.cn/nydx/ t20071221_ 180277.htm, 2008 年 10 月 15 日。

四　中国加大对非的投资与治理力度

面对来自内部和外部两个方面的问题与挑战，中国政府和相关企业给予了高度的重视，并正采取综合措施予以治理。

首先，制定对非投资战略。针对过去中国对非投资缺乏统一规划和指导的问题，中国政府相关部门正在牵头并会同有关部委制定《中非投资合作战略》，引导中国企业重点投资非洲农业、能源、矿产和制造业等领域。

其次，加大对非投资的力度。中国企业自有资金不足也一定程度上影响了中国对非投资合作的质量和水平。为解决此问题，中国政府制定实施了一系列的金融政策支持措施，如政策贴息、优惠贷款、建立中非发展基金等。中非发展基金是中国政府落实推动中非新型战略伙伴关系的新举措、新方法，在资金性质、业务范围以及运作模式上都具有鲜明的特色。中非发展基金建立于2007年6月26日，是中国国内第一只专注于对非投资的股权投资基金，也是目前中国国内最大的私募股权基金（PE Fund）。基金首期出资10亿美元，由国家开发银行出资，最终出资规模将达到50亿美元。中非投资基金是中非合作进程中的一个创举，它弥补了传统模式下无偿援助和贷款之间的空白，在不加重非洲国家债务负担的情况下，通过直接参与投资的方式支持中非企业投资合作。基金致力于搭建中非经贸合作的桥梁和纽带；致力于增强非洲的造血机能；积极履行投资的环境与社会责任，以市场化运作促进中非互利共赢。中非发展基金不同于政府援助，不按国别设置投资限额，在非洲国家自主选择项目。投资集中于改善非洲民生、促进非洲经济发展的行业领域，重点支持非洲农业、制造业、基础设施和基础产业、资源产业、中国企业在非洲开办的工业园区等。截至2008年10月，中非基金已经通过14个项目；承诺投资2.41亿美元，拨付4791万美元；项目储备100多个。[①] 中国进出口银行是中国政府的国际经济合作银行，主要提供进出口融资、援外优惠贷款和对外投资贷款等金融服务。过去，中国进出口银行为支持中国企业走向非洲发挥了重要作用。截至2006年底，中国进出口银行累计在非洲地区批

---

① 迟建新在中国地质调查局主办的《境外矿产勘查论坛2008》会议上的讲话稿《抓住机遇、深化合作、共同推动对非矿业投资业务》，2008年12月11日。

贷及签约金额 924.84 亿元人民币，贷款余额 362.93 亿元人民币。中国进出口银行对非援助和贷款的领域十分广泛，共支持了 37 个非洲国家的 280 个项目。未来，中国进出口银行将继续发挥政策性融资主渠道优势，全力为非洲发展与中非合作提供金融支持，为非洲获得可持续资本支持做出更大贡献。继续坚持把对非业务作为战略重点，推进对非业务的拓展和创新，全面落实好中国对非政策和援助计划，为非洲发展提供直接资金支持；积极参与事关非洲长远发展的基础产业和基础设施项目建设，以"资源、资金、项目与增长"一揽子合作为基础，全面创新对非经济合作与融资模式；加大实施改善生产生活条件的"民心工程"和解决发展难题的"解难工程"，还将帮助非洲建立自由贸易区和出口加工区，提高非洲国家自身发展能力，促进非洲国家尽快融入经济全球化进程并从中受益。

再次，倡导和谐发展理念，完善政府政策导向职能。2007 年 8 月 28 日，中国商务部召开改进企业对非工作座谈会。商务部副部长魏建国指出，要努力扩大中非双方利益汇合点，帮助非洲国家提高自主发展能力。在非企业不仅要考虑经济利益，更要考虑国家形象和自身的社会责任；不能只关注当前，更要着眼于长远；要树立"多予少取，授人以渔"的思想。会上，67 家在非企业发出了"树立责任意识，创建和谐共赢的中非关系"的倡议，号召在非所有中资企业积极承担企业社会责任，回报当地社会。2008 年 1 月 4 日，国务院国有资产监督管理委员会发表《中央企业履行社会责任的指导意见》。该文件强调了央企要做履行社会责任的表率的必要性和重要意义，规定了社会责任的主要内容：坚持依法经营，诚实守信；完善公司治理，不断提高持续盈利能力；切实提高产品质量和服务水平；加强资源节约和环境保护；推进自主创新和技术进步；保障生产安全；维护职工合法权益；参与社会公益事业。该文件提出了央企履行社会责任的主要措施：①建立和完善履行社会责任的体制机制。把履行社会责任纳入公司治理，融入企业发展战略，落实到生产经营各个环节。明确归口管理部门，建立健全工作体系，逐步建立和完善企业社会责任指标统计和考核体系，有条件的企业要建立履行社会责任的评价机制。②建立社会责任报告制度。③加强企业间交流与国际合作。研究学习国内外企业履行社会责任的先进理念和成功经验，开展与履行社会责任先进企业的对标，总结经验，找出差距，改进工作。加强与有关国际组织的对话与交流，积极参与社会责任国际标准的制定。总之，国资委出台《指导意见》文件是对央企未来社会责任工作的强力促进。虽然目前国家尚未出台类似的规划措施，但相信在央企的带动下，中国在非洲的中小企业也将逐渐增强国家战略意识，并日益规范它们在非洲的企业行为准则。

最后，在非企业提高企业社会责任意识，积极治理问题。2005 年 4 月，赞比亚谦比西铜矿的一家中资企业发生爆炸事故，暴露了中资企业在安全生产和业务管理上存在的问题。安全生产事故发生以后，中国企业认真吸取了教训，投入大量资金改善安全生产条件，并对员工，特别是采矿作业面工人提供了更加全面的劳动保护措施，得到当地有关部门的高度认可。此外，在劳工待遇、与当地文化融合、环保等方面，一些中资企业都已采取了积极的应对措施。

五　国际金融危机背景下，中国对非投资的机遇

2008 年席卷全球的金融危机对非洲国家和中国的经济都产生了一定的负面影响。总的来说，就是下拉各国的经济增长速度。在投资方面，由于发达国家内部资金链紧张，加上国际市场上能源、矿产品价格暴跌，沉重打击了外资对非洲国家的投资信心，使得其到非洲国家投资的驱动力受限或减弱。事实上，来自埃及、突尼斯、赞比亚等国的消息已经证实，流向这些国家的外国直接投资出现了减少趋势。这种情况对于那些想利用外资实现其经济社会发展目标的非洲国家当然是个艰巨的挑战，但对致力于扩大对非投资的中国政府和企业来说却是风险与机遇并存，并且机遇大于风险。第一，发达国家对非洲出口产品需求的减少，导致国际市场上非洲产品价格的大幅下滑，企业开始减产，上市公司股价和市值大幅缩水，一些陷入资金困境的公司急于抛售股权以缓解资金紧张压力，于是出现了以较低成本购入优质公司股票的机会；第二，发达国家对一些投资项目的撤资，导致非洲国家转而向中国等新兴市场国家寻求资金支持，出现了寻求转让或合作的项目；第三，从长远来看，非洲国家的资源与市场仍对未来中国经济持续发展具有重要意义，这一点不容改变，所以可以长远战略投资。古人所谓"旱则资舟，涝则资车"，比较适于金融危机时期的中国企业。中国企业若能在非洲国家陷入困境时积极介入，扩大合作的领域与规模，待未来全球经济回暖，市场因产品的供应短缺而引致价格再度提高时，将获得丰厚的回报。

综上所述，中国对非投资已经初具规模，成为对非直接投资大军中的一股新生力量。中国对非投资并非仅仅局限在石油、矿产领域，而是随着时间的推进将加大对非洲农业、制造业、交通运输等基础设施领域的投资力度。面对来自国内外两个方面的机遇和挑战，中国政府和相关部门正在积极采取措施，提高政府和企业自身治理能力，尤其注意引导中国企业提高投资中的国家战略意识与企业行为规范，使得对非投资朝着健康、持续的方向发展。今后，中国企业应在对非投资合作中继续坚持"守信、保质、薄利、重义"的原则，在非洲工业化进程中发挥更大的作用，承担更多的国际化的社会责任。2008 年席卷全球的金融危机在加大了中国对非投资风险的同时，也孕育着难得的历史机遇。对此中国政府和企业应给予高度重视，趁机加大对非洲的投资力度。

中国对非洲直接投资的国别、路径及策略选择

朴英姬[*]

中国对非洲直接投资起步于改革开放初期，在最初的二十年间发展比较缓慢。进入 21 世纪以来，特别是中非合作论坛机制的形成和中非新型战略伙伴关系的确立，使得中国与非洲从政府到民间都进一步增强了深化投资合作的意愿，加之非洲国家经济改革取得明显的成效，政治稳定性逐渐增强，尤其是在全球经济增速日趋放缓的今天，非洲的投资前景引起中国乃至世界的关注。尽管如此，对非洲大陆的投资仍将长期面临政治、经济、安全等诸多方面的风险和挑战，中国对非投资必然要更加谨慎地选择投资国别、进入模式、企业应对投资风险与国际竞争的策略，以及政府鼓励企业投资非洲的政策措施，以保障中非投资合作健康、长远地发展。

据商务部、国家统计局、国家外汇管理局联合发布的《2007 年度中国对外直接投资统计公报》，2007 年中国对外直接投资净额为 265.1 亿美元，其中中国对非洲直接投资额仅占中国对外直接投资总额的 5.9%。截至 2007 年末，中国对外直接投资存量为 1179.1 亿美元，其中在非洲地区的投资存量为 15.7 亿美元，仅占到 3.8%，中国对非洲直接投资还有很大的增长空间。在 2007 年非洲开发银行集团理事会年会开幕式上，中国国务院总理温家宝在致辞中指出，"加强中非合作，要创新合作思路，提高合作水平，实现互利共赢"。作为中非合作的重要组成部分，中国对非洲直接投资也要继续实现互利共赢的发展目标。为此，有必要将中国对非洲直接投资进行战略性规划，明确非

---

* 朴英姬，中国社会科学院西亚非洲研究所助理研究员，主要研究领域为非洲经济和外国投资。

洲当前经济和社会发展状况，科学选择投资的国别、进入路径、企业和政府的微观和宏观投资策略，力争在促进中国对非直接投资长远发展的同时，也帮助非洲国家实现工业化发展目标，摆脱贫困落后的现状。

一 中国对非洲直接投资的国别选择

莫塞斯·意凯拉（Moses M. Ikiara，2003）将 2000~2003 年各研究人员及国际机构对非洲 FDI 决定因素的调查结果综合起来并得出结论：具有国内市场容量大、经济增长率高、投资回报率高、贸易开放程度高、进入地区市场的潜力大、政治经济形势预期良好等特点的非洲国家具有广阔的投资前景。[①]具体来说，可以优先选择经济发展、商业环境和全球竞争力位居非洲前列的国家。

类型一：非洲经济发展的引擎国家

非洲开发银行发展研究部在 2007 年非洲开发银行集团年会上提出"清醒四国（SANE）"概念，代表南非、阿尔及利亚、尼日利亚和埃及 4 个非洲国家，并将其称为非洲发展的引擎。SANE 由南非（South Africa）、阿尔及利亚（Algeria）、尼日利亚（Nigeria）、埃及（Egypt）4 个国家英文名字的首写字母组成。

南非是非洲经济最发达、工业化水平最高的国家，国内有 4760 万人口，市场容量大。南非的法律体系透明度和稳定性好、效率高，基础设施完善，腐败和恐怖主义对企业造成的成本低，金融市场比较成熟。埃及、阿尔及利亚也是非洲经济发展状况良好、工业化水平较高的国家，全国总人口分别为 7600 万和 3390 万，市场容量大。尼日利亚是非洲人口最多的国家，有 1.46 亿人，国内市场容量很大，但其国内对石油工业依赖性较强，工业多样性较差。近两年，因为尼日尔三角洲的社会骚乱导致尼日利亚的经济增长率出现下降，从 2005 年的 7.2% 下降到 2006 年的 5.6% 和 2007 年的 3.2%。[②] 2008

[①] Moses M. Ikiara, *Foreign Direct Investment, Technology Transfer, and Poverty Alleviation: Africa' Hopes and Dilemma*, 2003, p. 30.

[②] ADB, *Selected Statistics on African Countries*, 2008, p. 229.

年以后，尼日利亚社会动荡趋于平稳，石油产量随之增加，经济增长也将趋于稳定，预计 2008～2010 年实际 GDP 增长率将达到 6.6%。[①]

在资源储备方面，南非是非洲最大的矿产资源国，尼日利亚是非洲最大的产油国，埃及和阿尔及利亚的石油和天然气储量也都很大。这四个国家分别位于非洲北部、西部和南部地区，对周边国家的经济辐射能力强，进入国际市场的渠道通畅；政治局势都比较稳定；对外资都采取了积极的政策，外国投资对当地技术转移的溢出效应都很明显。

类型二：非洲商业环境较好的国家

在世界银行《2008 年全球商业环境》报告中，毛里求斯名列全球第 27 位，是非洲商业环境最好的国家，其次是南非（第 35 位）、纳米比亚（第 43 位）、博茨瓦纳（第 51 位）和肯尼亚（第 72 位）[②]。毛里求斯是联系欧、亚、非、大洋洲之间的海空交通要冲，战略地位十分重要，国内的旅游业、金融业非常发达，是一个国际商务中心。博茨瓦纳、纳米比亚是矿产储量丰富的资源型国家。肯尼亚是东部非洲地区经济发达、工业化水平较高的国家，人口有 3750 万，国内市场容量较大。肯尼亚虽然鼓励外国直接投资的流入，但国内的腐败和恐怖主义对企业造成的成本较大，限制了大规模外资的流入。

毛里求斯、博茨瓦纳、纳米比亚三个国家的国内政局稳定，不存在种族和地区冲突，治安状况良好，是非洲大陆政治、安全风险较低的国家；并且法律体系、金融体系都比较健全，基础设施比较完善，对外国投资都采取促进和鼓励的政策。毛里求斯、博茨瓦纳、纳米比亚三国的人口不多，都在 200 万人左右，但人均收入较高，消费能力强。博茨瓦纳、纳米比亚、毛里求斯和肯尼亚都是许多国际和地区组织的成员国，可享有多种进入非洲区域组织成员国和西方发达国家市场的优惠政策，开拓国际市场的潜力很大。

类型三：非洲全球竞争力较强的国家

全球竞争力指数提供了对驱动生产力和竞争力都至关重要的那些因素的全面概括，并将其分为九个支柱，即制度、基础设施、宏观经济、健康与基

---

① EIU, *Country Forecast：Nigeria*, July 2008, p. 35.
② World Bank, *Doing Business*, 2008, p. 6.

础教育、高等教育与培训、市场效率、技术准备、企业成熟度、创新。世界经济论坛《2006～2007 全球竞争力报告》中，对世界 125 个国家的 2006 年全球竞争力指数排名中，位于非洲国家前列的有：突尼斯（第 30 位）、南非（第 45 位）、毛里求斯（第 55 位）、埃及（第 63 位）、摩洛哥（第 69 位）、阿尔及利亚（第 78 位）、博茨瓦纳（第 81 位）、纳米比亚（第 84 位）、肯尼亚（第 94 位）和尼日利亚（第 101 位）[1]。

突尼斯国内法律体系的效率和稳定性较高、透明度较好，基础设施较完备，金融体系较完善，腐败和恐怖主义对企业造成的成本不高，是非洲全球竞争力最强的国家。突尼斯和摩洛哥均为北非地区经济发展状况良好、工业门类比较多样化的国家，人口分别为 1030 万和 3120 万，市场容量较大。突尼斯和摩洛哥两国的政局稳定，劳资关系较融洽，对外国直接投资采取鼓励的政策，外国投资对当地技术转移的溢出效应明显，进入国际市场的渠道也比较便利。

综合上述分析，南非、埃及、阿尔及利亚、尼日利亚、突尼斯、毛里求斯、摩洛哥、博茨瓦纳、纳米比亚、肯尼亚是非洲投资环境较好的 10 个国家（见表 1）。2007 年，尼日利亚、埃及、南非是非洲外国直接投资流入量最大

表 1　非洲十国的投资环境

国别	法律的透明度和稳定性 1＝模糊且不定期地进行强化 7＝稳定且前后一致，公正地进行强化	调节外国直接投资的法规所起的作用 1＝破坏和阻碍 7＝促进和鼓励	恐怖主义导致的企业成本 1＝给企业造成很高成本 7＝未给企业造成很高成本	腐败导致的企业成本 1＝扭曲竞争的巨大影响 7＝未对竞争产生影响	基础设施的总体质量 1＝欠发达 7＝设施覆盖面和质量是世界上最好的	法律体系的效率 1＝是低效率且受操纵的 7＝有效率且遵循一个明确、中立的程序	金融市场的成熟性 1＝低于国际标准 7＝高于国际标准
突尼斯	5.2	5.7	5.9	5.1	4.7	5.0	4.1
南非	4.5	5.0	5.4	5.2	4.6	5.6	5.7
纳米比亚	4.2	4.7	5.4	4.1	4.8	4.6	4.1

---

[1]　世界经济论坛：《2006～2007 全球竞争力报告——创建良好的企业环境》，经济管理出版社，2007，第 13～14 页。

续表

国别	法律的透明度和稳定性 1＝模糊且不定期地进行强化 7＝稳定且前后一致，公正地进行强化	调节外国直接投资的法规所起的作用 1＝破坏和阻碍 7＝促进和鼓励	恐怖主义导致的企业成本 1＝给企业造成很高成本 7＝未给企业造成很高成本	腐败导致的企业成本 1＝扭曲竞争的巨大影响 7＝未对竞争产生影响	基础设施的总体质量 1＝欠发达 7＝设施覆盖面和质量是世界上最好的	法律体系的效率 1＝是低效率且受操纵的 7＝有效率且遵循一个明确、中立的程序	金融市场的成熟性 1＝低于国际标准 7＝高于国际标准
毛里求斯	4.0	5.1	5.9	4.2	4.5	4.9	4.4
博茨瓦纳	3.8	5.1	5.7	4.7	4.0	4.9	3.6
肯尼亚	3.6	4.6	3.6	3.4	2.3	3.0	3.6
阿尔及利亚	3.3	4.6	3.7	3.7	3.1	4.1	2.0
尼日利亚	3.2	5.3	3.7	3.7	2.6	3.2	3.6
埃及	3.1	4.4	4.3	4.4	3.8	4.1	3.6
摩洛哥	3.1	5.2	4.7	3.6	3.7	4.0	3.2

资料来源：世界经济论坛：《2006～2007全球竞争力报告——创建良好的企业环境》，经济管理出版社，2007，第410、430、432、466、483、510、533页。

的三个国家，分别为124.5亿美元、115.8亿美元和56.9亿美元。摩洛哥、突尼斯、阿尔及利亚三个北非国家的外国直接投资流入量也很大，分别为25.8亿美元、16.2亿美元和16.7亿美元，均是位居非洲外国直接投资流入量前10名的国家。

这10个国家的宏观经济指标如表2所示，从中可以看出有些国家宏观经济存在一些问题。突尼斯的负债率（即外债总额/GDP）远远超出了20%～25%的国际警戒线，而且由于商品贸易逆差，经常项目出现赤字，但由于外汇储备比较充足，在未来出现外债偿付风险的概率有所降低。南非的通货膨胀率达到了10%，而且经常项目的赤字较大。毛里求斯的负债率略高于国际警戒线，经常项目出现赤字，通货膨胀率也较高。肯尼亚和埃及的经济增长率较高，但是通货膨胀率也达到了9%以上。肯尼亚和摩洛哥的经常项目出现赤字。

除了宏观经济指标存在一些不利因素外，这10个国家也都存在制约外国投资流入的诸多因素。对在这些国家投资的企业活动最受困扰的因素调查中，投资阿尔及利亚最受困扰的三大因素是：融资渠道不畅、低效率的政府机构、腐败。埃及、博茨瓦纳是融资渠道不畅、低效率的政府机构、缺乏受教育的劳动力；肯尼亚是腐败、不完善的基础设施、融资渠道不畅；毛里求斯是低效率的政府机构、限制性的劳动法规、融资渠道不畅；摩洛哥是融资渠道不畅、税率高、腐败；纳米比亚是缺乏受教育的劳动力、职业道德较差的劳动力、低效率的政府机构；南非是缺乏受教育的劳动力、限制性的劳动法规、犯罪与偷窃。① 这也说明在非洲国家投资需要多方权衡，综合考虑当地市场的投资优势、劣势以及经济、政治、国际关系等方面的发展趋向，最终做出正确的投资决策。

表 2　2007 年非洲十国的宏观经济指标

单位：亿美元，%

国　别	GDP 总额	实际 GDP 增长率	人均 GDP （美元）	通货膨胀率	外债总额/ GDP	经常项目余额/GDP	外汇储备	外国直接投资流入
突尼斯	350.1	6.3	3399	3.1	55.0	-2.7	788.5	16.2
南非	2829.4	5.1	5944	10.0	13.3	-7.3	329.4	56.9
纳米比亚	68.3	3.6	3251	7.1	14.7	11.9	9.0	7.0
毛里求斯	75.2	5.4	5966	8.7	28.4	-5.2	18.2	3.4
博茨瓦纳	122.2	4.8	6430	8.1	3.3	16.1	97.9	5.0
肯尼亚	275.1	7.0	733	9.6	24.4	-4.1	33.6	7.3
阿尔及利亚	1309	4.5	3861	3.5	3.0	23.7	1106.3	16.7
尼日利亚	1420	3.2	971	5.4	5.6	1.8	513.3	124.5
埃及	1298	7.1	1708	9.5	22.5	0.4	313.3	115.8
摩洛哥	743.1	2.2	2382	2.0	26.8	-2.5	247.2	25.8

资料来源：EIU，*Country Report：Algeria*，July 2008，p. 14；EIU，*Country Report：Botswana*，July 2008，p. 13；EIU，*Country Report：Egypt*，July 2008，p. 16；EIU，*Country Report：Kenya*，July 2008，p. 15；EIU，*Country Report：Morocco*，July 2008，p. 17；EIU，*Country Report：Mauritius*，July 2008，p. 14；EIU，*Country Report：Namibia*，July 2008，p. 13；EIU，*Country Report：South Africa*，July 2008，p. 17；EIU，*Country Report：Nigeria*，July 2008，p. 16；EIU，*Country Report：Tunisia*，July 2008，p. 15；UNCTAD，*World Investment Report 2008*，Oct. 2008，pp. 253，254。

---

① 世界经济论坛：《2006～2007 全球竞争力报告——创建良好的企业环境》，经济管理出版社，2007，第 148、176、214、264、294、302、306、316、348、372 页。

二 中国企业对非洲直接投资的路径选择

20 世纪 70 年代中期，一批北欧学者（Carlson、Johanson、Vahlne 等人）以企业行为理论研究方法为基础，提出了企业国际化阶段理论。这一理论认为企业国际化经营是"由易而难，逐步升级"的渐进发展过程。企业国际化的渐进性主要体现在两个方面：一是企业市场范围扩大的地理顺序，通常是本地市场→地区市场→全国市场→海外相邻市场→全球市场。二是企业跨国经营方式的演变，最常见的类型是纯国内经营→通过中间商间接出口→直接出口→设立海外销售分部→海外生产。

北欧学派用"市场知识"来解释企业国际化的渐进特征。市场知识分为两部分，一部分是一般的企业经营和技术，即客观知识，可以从教育过程、书本中学到；另一部分是关于具体市场的知识和经验，即经验知识，只能通过亲身的工作实践来积累。当企业经营者缺乏对市场的信息和了解时，减少风险的本能使其把海外市场投入降到最低点，由此而来的企业决策也处于试探阶段。经过一段时间的海外经营活动，企业家获得并积累了对该市场的认识和经验，海外经营活动增加了决策者的市场知识，从而推动企业把更多的资金投向海外市场。

在特定条件下，企业海外经营也会出现跳跃式发展。当企业拥有足够雄厚的资产时，其海外投资相对于其资产来说微不足道时，海外经营阶段的飞跃就可能出现。另外，在海外市场条件相近的情况下，企业在其他市场获得的经验也会使其跨过某些阶段而直接从事生产活动。[1] 根据企业国际化阶段理论，中国企业对非洲直接投资应采取循序渐进的策略，渐次地进入非洲市场，具体来说应遵循以下路径：

首先，选择"先贸易后投资"模式。由于非洲的政治形势复杂，宏观经济存在不确定性，而且风俗习惯、人文特征都与中国相去甚远，投资非洲的风险相对较大。如果企业对投资非洲的前期市场调研不够深入和准确，就可能直接导致投资决策失败。例如，中国一家企业在 1998 年到有着"黄

---

① 参见鲁桐《WTO 与中国企业国际化》，中共中央党校出版社，2000，第 77~78 页。

金海岸"之称的加纳投资，与当地一家企业共同投资 1000 多万美元开采金矿。但由于企业前期准备不足，缺乏流动资金，金矿试生产仅半年多就被迫停产。[①] 为避免企业投资决策失误，可以考虑"先贸易，后投资"的方式，逐步进入非洲市场。这样既可以使企业有充分的时间熟悉当地的投资环境，还可以扩展企业出口产品的市场占有率和知名度，为将来投资设厂、就地生产销售打下基础。

其次，选择与当地企业合资、合作的模式。当中国企业对非洲市场的了解还不够深入，自身的竞争实力还不够强大时，可以选择与具有一定合作基础的当地企业联手开拓当地市场，以便有效地规避风险；还可以在当地选择合适的合作伙伴，一同开拓市场，以便更快地进入生产经营轨道，减少投资风险。通过与当地企业建立合资、合作伙伴，中国企业可以获取其合作伙伴的关系网，顺利打开当地市场。例如，浙江哈杉集团曾在尼日利亚被扣留了一批半成品，由于该企业在当地与许多企业都有合作关系，通过联合尼日利亚国内 20 多家鞋业企业临时成立制鞋工业协会，就鞋类产品进口政策对尼日利亚政府进行联合游说，最终顺利解决了贸易摩擦。此外，非洲国家的工会力量很强，如果没有当地合作者帮助与之交涉，中资企业在非洲当地的劳资关系可能比较紧张。

最后，实行本地化经营的模式。当中国企业的资本、技术实力强大，海外经营管理经验丰富时，可以考虑实行"本地化经营"战略。本地化经营是企业跨国经营的最高层次，就是企业完全或尽可能地像非洲当地企业那样开展经营，以便更好地融入当地市场。这就需要做到人才、管理、市场渠道的本地化，并且着重生产和提供针对当地消费者特殊需求的产品和服务，积极打造符合当地消费习惯的自主品牌。这一经营模式有利于增强当地居民的认同感，减少利益摩擦，既有助于中国企业在非洲的成长壮大，又能够促进非洲当地经济的发展。目前，华为技术有限公司在非洲"本地化经营"方面很突出，公司在非洲的 2500 多名员工中，有 60% 为本地雇员，为当地提供了不少就业机会，同时还在尼日利亚、肯尼亚、埃及和突尼斯建立了本土培训中心。

---

① 艾华：《规避非洲投资风险》，《大经贸》2007 年第 5 期，第 82~84 页。

三 中国企业对非洲直接投资的微观策略选择

（一）企业内部经营管理层面

随着非洲国家市场开放程度加深，宏观商业环境改善，加之投资非洲国家的回报率很高，世界各国的跨国公司将加大力度开拓非洲市场，中国企业投资非洲将面临越来越激烈的市场竞争压力。为此，中国企业必须努力提高自身的国际竞争力，力求在竞争中取胜。所谓企业国际竞争力，是指企业在产品开发、生产、营销及售后服务诸方面与国际市场上的竞争对手进行综合比较，所具有的竞争能力。美国学者加里·哈梅尔在 1994 年出版的《竞争大未来》一书中，提出获得国际市场竞争优势的基础是企业拥有在某一领域的核心专长（core competencies），企业的核心专长是能够长期产生独特竞争优势的能力。具体来说，中国企业要在非洲市场中获得竞争优势，需要具备如下几个方面的核心专长：

其一，获取研究与开发的长久竞争优势。美国管理学家迈克尔·波特曾指出，在所有改变竞争规则的因素中，技术变革是最显著的一种。企业的 R&D（研究与开发）活动与竞争战略之间是一个双向的作用过程，一方面，当企业的竞争战略确定之后，要求相应的 R&D 职能；另一方面，R&D 活动作为重要的战略资源，又会成为企业制定竞争战略的依据，并依此形成以企业技术战略为主导的整体竞争战略。企业的 R&D 水平是其获得竞争优势的根本源泉。因此，中国企业在未来应加大对产品研究与开发的投入，以获得长久的竞争优势。

其二，重视品牌在市场竞争中的作用。品牌具有溢价效应和规模效应，这是品牌战略产生效益的直接来源。溢价效应是指品牌商品的价格超过一般商品价格水平所产生的效益；规模效应是指通过品牌的规模经营和扩大市场销量所获取的经济效益。用品牌来扩大产品的影响力，提高产品在国际市场上的占有率，增强企业的国际竞争力，是跨国公司实现全球战略的重要武器。一种品牌甚至可以直接代表某一企业所生产的产品的国际市场优势。中国企业应充分重视品牌在国际竞争中的作用，积极采取品牌竞争的策略，加大对创立名牌产品的投入，将品牌优势作为未来市场竞争中不可忽视的手段。

其三，积极开展国际市场营销。西方经济学者彼得·德鲁克认为，真正的营销应该是公司整体的努力，是从顾客观点出发的全方位事业。美国西北大学教授舒尔兹等专家学者提出的整合营销理论认为，整合营销是对经营有利的品牌关系的一种交互作用过程，通过带领人们与企业共同学习来保持品牌沟通策略上的一致性，加强公司与顾客、其他关系利益人之间的积极对话，以及推动增进品牌信赖度的企业任务。[①] 当前，开展国际市场营销已成为企业拓展国际市场的必由之路。为此，中国企业应建立以客户为中心的营销网络，加大宣传力度，扩大企业知名度，努力为客户提供全方位的服务；注意市场信息的收集和市场调研，正确为产品进行市场定位，做出正确的经营决策；积极推进新型的营销方式；掌握现代营销手段，重视现代科学技术、经营观念和方式在国际市场营销中的作用。

（二）企业外部投资决策层面

中国企业"走出去"开拓非洲投资市场时，要综合权衡企业自身的竞争优势和投资目的国的资源、技术或劳动力等方面的优势，选择适合企业发展的投资决策。因而从单个企业的投资决策来说，可以千差万别，但从广义上来说，企业可以考虑采取以下几点策略：

其一，投资决策前做好充分的市场调研和实地考察。非洲有 53 个国家，各国在政治、经济、社会、文化等方面的发展状况千差万别，中国企业在做出投资非洲的决策之前，有必要对当地的政治环境、宏观经济形势、商业环境、外资政策、市场需求和潜力、劳动力成本、购买力、资源优势等各种因素进行综合分析和研究，并进行实地考察和详细了解，真正掌握市场环境和消费者需求，选择投资回报率相对较高、风险相对较小的国家和项目进行投资。

其二，依托中非经贸合作区进行投资，有效利用优惠政策。在"走出去"开放战略的指引下，中国政府大力支持有实力的企业到境外建立经济贸易合作区，以带动更多的中国企业跨国直接投资，形成集群效应。目前，中国政府批准在赞比亚、毛里求斯、尼日利亚和埃及建立的经济贸易合作区项目已

---

① 〔美〕汤姆·邓肯、桑德拉·莫里亚蒂：《品牌至尊——利用整合营销创造终极价值》，华夏出版社，2000，第 10 页。

经启动。未来中国企业可以依托中非经贸合作区对非洲国家进行直接投资，这样既可以借助双方政府提供的优惠政策扩大业务规模，还可以为非洲国家创造就业机会、增加税收和出口创汇收入、提高技术和管理水平，达到"互利共赢"的效果。

其三，利用"中非发展基金"的资金支持，开拓非洲市场。中非发展基金由国家开发银行投资，总资金为50亿美元，是目前世界上规模最大的致力于非洲发展的基金。中非发展基金采取自主经营、市场运作、自担风险的方式，选聘专业化团队进行运作和管理，引导和支持中国企业扩大对非洲的直接投资。中非发展基金将重点支持中国企业在非洲开办的工业园区以及投资非洲的农业、制造业、基础设施、资源开发等领域。中国企业可以充分利用中非发展基金的资金支持，积极开拓非洲的投资市场。

其四，借助发达国家对非洲的贸易优惠政策，发展出口导向型加工企业。目前，发达国家对非洲的贸易优惠政策逐渐增多，如美国的《非洲增长与机会法案》（Africa Growth and Opportunity Act，简称AGOA）放宽了多数撒哈拉以南非洲国家纺织品服装的市场准入条件，超过7000种商品在进入美国市场时享有零关税和无配额限制的优惠待遇。欧盟的"除武器外全部免税"对于非洲最不发达国家出口到欧盟的除武器以外的所有商品均免关税及配额。中国投资者可以利用这些贸易优惠政策，在非洲发展出口导向型加工企业，更好地开拓发达国家市场。

四　中国政府推动企业对非洲投资的宏观策略选择

为推动企业对非洲投资的深入发展，中国政府应努力提供一个公平竞争和完善的市场体系，最基本的条件就是在国内建立起相应的法律制度；其次要树立为企业服务的意识，加强对企业投资非洲的信息、咨询、风险防范等方面的政策支持。

其一，加强企业对非洲直接投资的宏观规划与管理。中国企业"走出去"进行海外投资需要法律保护和支持，但是目前我国还没有出台《海外投资法》等相关的法律，只有法律效力较低的部委规章和政府有关主管部门的内部规定，尚未上升到法律的高度。这也导致我国政府对企业投资非洲缺乏统一的宏观协调管理机构，缺乏统一的规划和布局，难免出现对非投资企业各自为政、盲目竞争、无序竞争的混乱局面。为此中国政府应尽快制定相关法律，建立起与国际惯例相接轨的涉外法律体系，减少不合理的行政干预，制定统一的中国企业对非洲投资管理体制和行业规范，并加强对在非洲投资的中资企业的监管，促进中国企业对非洲投资的顺利开展。

其二，建立企业对非洲投资的风险预警机制及保险体系。中国企业投资非洲面临较大的风险，主要为政治性风险、经营性风险和自然灾害风险等。自然灾害风险无法评估，但是政治性风险和经营性风险可以通过建立海外投资风险预警机制来有效地防范。海外投资风险预警就是对那些可能出现的不正常情况和风险的时空范围和危害程度进行识别、预报以及提出防范或化解措施的前馈控制系统。通过建立海外投资风险识别－风险评估－风险排除的境外投资风险预警机制，可以实现对企业海外投资风险的跟踪、监控、报警并及时采取排警措施，从而大大降低中国企业海外投资的风险。[1] 中国对非洲投资的高风险性决定了建立对非投资的风险预警机制的必要性。

其三，建立企业对非洲投资的政府公共服务体系。首先，建立专门的对非洲投资促进机构，为企业提供有关对非洲投资的政策信息，并从事政府对非投资政策的制定工作。其次，为国内企业提供对非投资决策所需的信息和咨询服务。建立专门的对非洲投资信息咨询服务体系，做出投资评估报告，提供给投资者。再次，积极发挥中非民间商会的中介作用，完善对企业投资非洲的中介服务。建立在非洲的中资企业商会的行业自律机制，协调企业投资行为，避免盲目投资、无序竞争。

---

[1]　衣长军、胡日东：《我国企业海外投资风险预警与防范》，《商业时代》2006 年第 32 期，第 23～24 页。

中非经贸合作区发展现状与前景

安春英[*]

2006 年 11 月，在中非合作论坛北京峰会上，中国国家主席胡锦涛宣布"在今后 3 年内，在非洲地区建设 3 ~ 5 个境外经济贸易合作区"。2007 年 2 月，首个中非经贸合作区在赞比亚揭牌。至 2011 年底，中国已在赞比亚、埃及、毛里求斯、尼日利亚、埃塞俄比亚五国建立了 6 个经贸合作区，成为中国正在建设的 16 个国家级境外合作区的重要组成部分，且这 6 个经贸合作区整体运行良好，经济和社会效益已初步显现。

一 中非经贸合作区发展现状

中非经贸合作区建设与运营 5 年来，采取循序渐进的开发方式，现已取得以下初步成效：

（一）招商引资工作稳步进行

中非经贸合作区 6 家承办企业，根据各自的比较优势、当地的资源禀赋，以及东道国与国际市场情况，制定了符合合作区发展方向的园区建设规划，产业定位明确。

赞比亚中国经贸合作区为"一区两园"，其中谦比希园区以有色金属工业为

＊ 安春英，中国社会科学院西亚非洲研究所编审，研究方向为非洲经济、非洲减贫与可持续发展问题。

主导，延伸有色金属加工产业链，适当发展配套产业和服务业，建设具有辐射和示范效应的以有色金属工业为主的综合性园区；卢萨卡园区依托卡翁达国际机场的优势，重点发展商贸、物流、加工、房地产等产业，并依此定位将园区分为物流仓储区、建筑材料产业城、增值加工区、办公服务区、中央商务区、高档住宅区，目标是建设以自由贸易区为主要功能的现代空港产业园区。①

埃及苏伊士经贸合作区规划为 4 个产业功能分区，分别是纺织服装产业区，包括纺织、印染、成衣、纺织制品及服装饰品、金属饰品等企业；石油装备产业区，包括石油设备生产制造企业；汽车产业区，包括汽车组装厂、汽车零部件生产配套企业；电器产业区，为高低压电器配套产业入驻园区提供发展空间。②

毛里求斯晋非经贸合作区规划为 6 个功能板块：旅游度假板块可容纳度假酒店、高等级餐饮、娱乐等产业；商务商业餐饮板块可容纳商务酒店、会展中心、商业街、超市、加油站等产业；房地产开发板块以开发别墅、公寓、职工宿舍为主；教育板块可容纳英语、法语、中文三种语言学习以及职业培训、预科学习等；产品加工及物流板块可容纳高科技产业、海产品加工、轻工业、建材加工及物流配送；预留板块处于园区中心地带，为符合园区定位、能够提升园区品牌、经济效益和社会效益最优的项目预留。

尼日利亚广东经贸合作区包括加工园区、工业园区、科技园区等，主导产业涵盖家具、建材、小五金、医药等行业，以及发电厂、水厂、污水处理厂、交通建设等基础设施项目。③ 尼日利亚莱基自由贸易区分为如下产业群：生产制造业，主要包括家具生产、服装鞋帽加工、中高端建材加工、家电生产、精细化工、生物医药等加工业，以及交通运输设备装配、工程组装、电子产品组装等产品装配业两部分；商贸物流业包括现代会展、商贸物流、石油天然气仓储、工业物流仓储等；房地产业包括商业、住宅和工业房地产；城市服务业包括金融保险、宾馆酒店、休闲度假、中介服务、信息服务和其他城市服务业。

埃塞俄比亚东方工业园以外向型制造加工业为主，重点发展适合埃塞俄

---

① 中国有色矿业集团有限公司提供资料。

② 参见中国埃及苏伊士经贸合作区网站，http://www.setc-zone.com/portal/hzqgh，2012 年 3 月 30 日。

③ 参见尼日利亚广东经贸合作区网站，http://www.chinafrica.com.cn/guide.asp，2012 年 3 月 30 日。

比亚及非洲市场需求的纺织、皮革、农产品加工、冶金、建材、机电产业，并有进出口贸易、资源开发、保税仓库、物流运输、仓储分拨、商品展示等功能，将逐步形成集工业、商业、商务、居住、娱乐等多行业、多功能发展的工商贸综合功能区。①

从目前招商引资进展看，截至 2011 年底，6 家经贸合作区已吸引不少中国、东道国以及其他国家的企业与之洽谈、签约，协议投资额达到 20 多亿美元，已入区企业近百家，中方投资企业占主体。例如，在尼日利亚莱基自由贸易区的 28 家入区企业中，中资企业有 17 家，其余为尼日利亚当地企业和一些来自英国等国的外国企业，产业覆盖石油仓储、机械及汽车制造、药品生产、建材加工、家具生产、清关物流、建筑及服务贸易。在埃及苏伊士经贸合作区，共有入驻企业 26 家，出租标准厂房 37427.5 平方米，园区公寓出租和预定数量达到 64 套，投资服务中心共出租和预定办公室 19 套，总面积为 1579.27 平方米的底商已全部出租或预定，工业园 1900 平方米的仓库也全部租罄。② 合作区的"投资平台"作用日益凸显，"集群式"发展模式已具雏形（见表 1）。

表 1　中非经贸合作区投资情况（截至 2011 年底）

名　称	面积（平方公里）	运营商	投资额（亿美元）	已入区企业（家）
赞比亚中国经贸合作区	11.58	中国有色矿业集团有限公司	16	17
埃及苏伊士经贸合作区	5	天津泰达投资控股公司	4.1	26
毛里求斯晋非经贸合作区	2.11	山西天利实业有限公司	1.3	5
尼日利亚广东经贸合作区	100	广东新广国际集团中非投资有限公司	1.5	8
尼日利亚莱基自由贸易区	165	中非莱基投资有限公司	7	28
埃塞俄比亚东方工业园	5	江苏其元集团	1.4	12

资料来源：根据 6 家中非经贸合作区企业提供的资料编制。

（二）基础设施建设平稳推进

由于 6 个中非经贸合作区建设起点不同，基础设施建设进展亦有所差异。

---

① 江苏其元集团有限公司提供资料。
② 埃及苏伊士经贸合作区提供资料。

埃及和赞比亚两个经贸合作区以原谦比希工业园和埃及苏伊士湾西北经济区为基础，基建速度推进较快。截至 2011 年底，埃及苏伊士经贸合作区起步区 1.34 平方公里已基本建成。占地 1.5 万平方米的泰达苗圃公园及环境、道路景观改造工程全部竣工。占地 7.6 万平方米、建筑面积超过 5 万平方米、拥有 6 栋标准厂房及小型服务中心和餐饮供应场所的中国小企业孵化园已全部建成并投入使用。二期工业厂房首期和 960 平方米的蓝领公寓于 2011 年 9 月份开工建设。此外，综合配套服务中心一期工程已于 2009 年底完成，包括一座 8 层楼的投资服务中心、一座 7 层楼的四星级酒店、2 栋员工公寓及底商。还有 2 栋小的单体建筑分别为俱乐部和餐厅，也于 2010 年底前全部完工并部分投入使用。目前，合作区内已经设立有货代清关、海运服务公司、银行、中餐厅、广告公司和财务监督办公室，并修建了简易体育馆，设有篮球场、羽毛球场、乒乓球台和健身体育设施。一个生态化、生活化的高标准现代工业新城区已初具规模。①

埃塞俄比亚、尼日利亚和毛里求斯经贸合作区基础设施建设也取得不同进展。埃塞俄比亚工业园起步区 2 平方公里土地已全部平整，10 条主干道路框架全部完成，已开挖水井 4 口，铺设排水管线 16050 米，污水处理厂正在建设中；已建 10000 千瓦变电所一座，购 400 千瓦发电机 2 台，购 1000 千瓦变压器 6 台，新架电缆线 5000 米；临时办公场所、工程仓库、生活用房、工业一区 5 万平方米标准型厂房已竣工，园区已具备企业入园条件。② 晋非经贸合作区的标准厂房、公寓、道路、围墙、变电站及相应的介质管道也均已竣工。

（三）经济和社会效益初步显现

中非经贸合作区基础设施建设已取得阶段性进展，经济与社会效益开始体现，主要包括以下几个方面：

第一，带动了中国对非商品出口。经贸合作区初创阶段，为满足园区建设需要，需从中国进口一些实物投资、备品备件及生活物资。尼日利亚广东合作区、尼日利亚莱基自由贸易区和埃及苏伊士经贸合作区带动国内设备、

---

① 埃及苏伊士经贸合作区提供资料。
② 江苏其元集团有限公司提供资料。

原材料出口额分别约为 2200 万美元、4000 万美元和 3400 万美元。

第二，增加了当地政府税收，创造了新的就业岗位，提升了东道国的产业发展与对外贸易水平。中国有色矿业集团和合作区累计向赞比亚缴纳税费超过 1.1 亿美元，在当地创造就业岗位 12000 多个，赞比亚形成较为完善的以有色金属产业链为主的企业集群发展格局。埃塞俄比亚东方工业园业已运营的水泥厂年产水泥 25 万吨，有力地支持了当地经济建设，且为东道国增加就业岗位 800 多个。尼日利亚莱基自由贸易区吸纳当地社区居民 1000 多人就业。埃及苏伊士经贸合作区累计创造产值 4600 多万美元，2011 年进出口额达到 3400 多万美元，合作区吸纳埃方人员近 700 人。

第三，通过资助东道国当地公益事业，履行企业社会责任，促进当地社会发展。中国有色矿业集团在搞好合作区开发建设的同时，关切当地社会公益事业，累计捐助近千万美元，包括为当地社区修建道路和公共汽车候车亭，资助疾病防控项目，赞助体育事业，为市政和妇女儿童协会捐款，提供学费赞助等。尼日利亚莱基自由贸易区曾组织当地人参加的技能培训和文化交流活动，为当地社区修建道路、教堂、水井、水塔、厕所等，捐赠生活必需品，设立支持周边社区的专项发展基金。[①]

第四，通过举办有关经济开发区为主题的研修班，与东道国分享开发区建设经验。2009 年 5 月和 6 月，中国商务部合作区办公室在商务部培训中心举办了两期"中国开发区政策研修班"，包括非洲国家在内的部分境外经贸合作区所在国政府官员参加了学习，并赴天津、上海、江苏经济技术开发区进行实地考察。2011 年 10 月，中方举办了刚果（布）经济特区建设部级研讨班，双方就加强开发区建设等议题进行了广泛交流。

第五，促进中国与经贸合作区所在国友好关系向纵深发展。赞比亚中国经济合作区内设有中赞友谊医院，尼日利亚广东经贸合作区内设有中国援建的一所小学，埃及经贸合作区与埃及苏伊士运河大学孔子学院成立了联合培训中心，为埃及员工开展公共汉语、专业汉语和中国文化培训等。

中非经贸合作区建设与运营时间还比较短，初期的效应更多地体现在静态经济效果方面，如促进投资、就业、出口等。技术转移、产业结构升级、与合作区所在国国内经济的融合等动态经济效果尚未显现。

---

① 以上关于各中非经贸合作区经济与社会效益的量化数字，均由相关中资企业提供。

二 中非经贸合作区建设与发展动因

中非经贸合作区能在短时间内迅速启动并逐步投入运营，与双方政府和企业的认同与支持分不开。中国方面的积极性主要源自以下因素：

第一，设立中非经贸合作区有利于解决中非贸易摩擦问题。非洲是中国海外市场多元化重要地区，随着中非贸易额快速增长，中国大量商品涌入非洲市场，引发贸易摩擦不断增多。一些非洲国家如南非和埃及对中国产品采取贸易反倾销调查，一些国家则采取限制甚至禁止进口措施，使中国对非出口受到影响。[①] 建立中非经贸合作区，将出口产品转移至非洲本土生产，既能有序转移中国国内过剩但具有比较优势的产能，又有助于转变中非贸易发展方式，减少贸易顺差，还可利用非洲国家产品进入欧美市场无配额限制或免征关税的条件，销往国际市场。

第二，合理消化过多的外汇储备。根据国家统计局数字，早在 2006 年中国外汇储备已超过 1 万亿美元，2011 年底超过 3 万亿美元。如何实现外汇储备的保值增值已成为一个非常棘手的问题。目前中国很大一部分外汇储备用于购买美国国债，但美元贬值的趋势导致这部分投资不断缩水。将外汇储备用于支持国内企业境外投资，既可实现外汇储备的多元化投资，又能支持国内企业发展壮大，可谓一举两得。

第三，为中国企业走进非洲搭建集群式发展平台。由于中国与非洲大陆相距遥远，国内中小企业对开拓非洲市场存有疑虑。有了经贸合作区这一平台，国内中小企业可联合"走出去"寻求发展，以"抱团"发展实现优势互补，以群体效应来延伸产业链、降低成本，提升境外投资的总体竞争力。

第四，中国拥有经济特区的成功经验，具有示范效应。中国政府自 1980 年以来，先后在深圳、珠海、汕头、厦门和海南建立了五大经济特区。实践证明，这些经济特区以及产业集群的发展是带动中国经济增长的重要引擎，在吸收外资、增加政府财政收入、提升国内产业结构等方面均取得了显著成绩。将这种经验推介到非洲，有可能带动非洲经济的快速发展。

非洲国家的积极性主要出于以下考虑：

---

① 参见宋志勇《试析中非贸易摩擦》，《西亚非洲》2006 年第 8 期。

第一，吸引外资流入。大多数非洲国家具有投资拉动型经济增长特征，而由于低储蓄率、高负债率等因素导致国内资本形成能力不足，需要引进外资来支持国内经济增长。经贸合作区的建设可大大改善东道国的基础设施状况，进而吸引更多的外资流入。

第二，推进本国工业化进程。大多数非洲国家工业发展落后，制造业水平低下，制造业增加值占国内生产总值的比例低于15%，无法满足民众对工业产品的需求。经贸合作区在吸引大量外企进入的同时，必然会带来相应的生产技术和经营管理的转移，进而促进本土产业和企业的发展壮大。此外，以非洲当地资源为基础建立的加工企业，会提高非洲资源产业的加工能力，增加产品的附加值。

第三，增加税收，创造就业。入驻经贸合作区的企业及其所开展的生产经营活动，可以缴纳税收的形式增加地方政府财政收入；企业运营属地化则可为东道国提供更多就业机会，从而提高当地居民的收入水平，推进东道国的减贫与发展。

第四，期待合作区成为本土企业家成长的摇篮。囿于民族资本发展滞后，非洲国家本土企业家发展不成熟，不能对本国经济发展起到应有的推动作用。因此，非洲国家非常希望合作区的建立也能吸引更多本土中小企业入驻，向区内其他国家的企业学习和借鉴国际化经营管理经验，在学习中成长壮大，并与外国企业建立起密切的经济联系。

第五，为非洲国家经济特区发展注入新的活力。20世纪70年代，非洲先后有利比里亚、毛里求斯和塞内加尔3国建立经济特区，90年代以来又有29国建立了114个各类经济特区，但非洲的所有经济特区仅占全球经济特区总量的3%，特区功能也未充分展现。[①]这些国家特别渴望借中非经贸合作区的东风，使旧的特区焕发生机。

中非经贸合作区的建设与发展也与新古典经济学增长理论及新增长理论的一些要义相契合。一是"发展极"理论。该理论由法国经济学家佩鲁于1955年首先提出。所谓"发展极"，就是由主导部门或具有创新能力的企业在某些地区或大城市集聚发展而形成的经济活动中心，这些活动中心具有生

---

① Thomas Farole, *Special Economic Zones in Africa：Comparing Performance and Learning from Global Experience*, The World Bank, 2011, p. 69.

产、贸易、金融、交通服务等多种功能。政府通过特殊政策支持，推动"发展极"自身的发展和对周边地区的影响、辐射，以期带动整个区域甚至整个国家的发展。而经贸合作区本身所具有的独特区位、特别优惠政策、多向度产业定位，以及使东道国国内更多的地区受益于经贸区经济发展释放的"回流效应"和"涓滴效应"的预期效果，可谓与"发展极"理论不谋而合。二是知识外溢和"边干边学"内生增长思路。这是发展经济学新增长理论的重要组成部分。早在20世纪60年代，美国经济学家阿罗就提出了著名的"边干边学"理论，强调边干边学或知识是投资的副产品，具有递增的边际生产力。80年代，罗默提出"知识外溢长期增长模式"，卢卡斯提出"人力资本外在性增长模式"，斯多克提出"新产品引进知识外溢内生增长模式"，对阿罗的理论进行了修正与扩展。这些模式都强调知识和人力资本是经济增长的"发动机"，强调发展中国家在经济发展过程中对外开放的重要性，即发展中国家通过某种形式参与国际经济合作，加速自己在知识、技术和人力资本方面的积累，产生一种"赶超效应"（catch-up effect）。[1] 建立经贸合作区恰好可以通过技术创新和技术转移，使东道国的知识、技术和人力水平得到迅速提高，收到边干边学和知识外溢效应，从而促进国内经济长期增长。

三　中非经贸合作区发展前景

建立中非经贸合作区是中国对非投资合作的新探索，也是推动我国企业在海外可持续发展的新模式。合作区建设既是一项新事物，也是一项长期、复杂的系统工程。合作区未来的发展将取决于诸多因素。

从优势视角看，以下因素可能有助于合作区的发展。一是政治优势。中国与埃及、埃塞俄比亚、尼日利亚、赞比亚和毛里求斯双边关系良好，为双边经济合作奠定了坚实的政治基础。赞比亚总统迈克尔·萨塔2011年10月29日在总统府宴请中国有色矿业集团公司等中资企业代表时表示，"欢迎中国企业到赞比亚投资，帮助赞比亚兄弟姐妹发展经济"。二是政策优势。我国政府对境外经贸合作区建设工作十分重视，2010年4月曾出台

---

[1]　谭崇台主编《发展经济学的新发展》，武汉大学出版社，1999，第393页。

有关支持境外经贸合作区的政策举措，从资金、保险、货物通关以及与合作区所在国相关事务协调等方面均给予承办企业务实性扶持。[①] 中非经贸合作区所在国鼓励外商投资，并给予经贸合作区一些优惠政策。三是资金优势。合作区承办企业通过商务部、财政部的确认考核后，可得到来自国家2亿～3亿元人民币的财政支持，还可得到中非发展基金、相关地方政府以及非洲国家的支持，使合作区有可持续发展的后劲。四是梯度产业发展优势。经过多年发展，中国与非洲国家在诸多产业领域呈现互补性态势，夯实了双方合作的根基。五是区位优势。除赞比亚和埃塞俄比亚以外，其他三国的中非经贸合作区位于沿海地区，可节省出口货物的运输时间和成本。另外，经贸合作区依托所在国加入的地区一体化组织以及与发达国家达成的相关双边贸易协议，有利于区内企业开拓国际市场。

从劣势视角看，以下一些因素可能是合作区需要应对的问题。其一，非洲经济特区发展基础薄弱。如前所述，非洲经济特区发展缓慢，且以自由港、出口加工区、保税区、自由贸易区为主要形式，当地政府管理和建设合作区的经验不足，不利于中非经贸合作区的顺利发展。据世界银行2011年发布的有关经济特区发展评估报告显示，除毛里求斯、肯尼亚、马达加斯加和加纳以外，其他非洲国家发展经济特区成效欠佳，主要归因于

---

① 共八项政策措施：第一，凡经政府批准、确认、考核通过的合作区，在符合商务部、财政部关于《境外经贸合作区资金管理办法》、《境外经贸合作区确认、考核暂行办法》的前提下，可享受合作区发展资金的支持。第二，相关金融机构对符合国家政策规定和贷款条件的建区和入区企业，积极提供必要的授信支持和配套金融服务。第三，对投资到合作区的设备、原材料和散件，按政府统一规定的退税率和其他规定办理出口退（免）税。落实和完善关于企业境外所得的所得税政策。第四，简化项目审批和外汇审查手续，合作区相关业务人员出国手续一年内一次审批、多次有效。第五，合作区建设所需施工器械（含配件）、工作人员自用的办公生活物资以及其他从国内运出返回的物资免于检验；对送往合作区的原材料、全新机器设备、施工材料（包括安装设备）优先安排实施检验检疫，提供进出境通关便利。第六，通过双边途径，就合作区的土地政策、税收政策、劳工政策、基础设施配套以及贸易投资便利化措施等加强与驻在国政府的磋商，为合作区建设提供支持，切实维护好我企业和人员的合法权益，保障投资和人员安全。第七，针对合作区建设特点，研究增加保险品种，为建区和入区企业提供国别风险分析咨询、投资保险、出口信用保险和担保等一揽子保险服务。第八，对相关人员的培训工作。就合作区建设的有关知识、我对外投资合作的方针政策、驻在国法律制度、风俗习惯、企业社会责任等提供培训服务。参见商务部相关网站，http://www.mofcom.gov.cn/aarticle/subject/jwjjmyhzq/subjectn/201004/20100406869369.html，2012年3月31日。

这些特区"缺乏有效的战略规划与管理、政策不稳定、政府管理能力低下"。① 其二，中非经贸合作区的基础设施严重不足，束缚着园区企业的经营与发展。例如，在埃及苏伊士经贸合作区所在的三号地块，当地的供电能力难以满足在建大项目的需求，并且合作区供电稳定性不够，突然停电现象经常发生。合作区也无天然气供应，无法保证入驻企业的燃气需求。合作区的互联网仍采用电话线 ADSL 或 DSL 上网，传输速度慢，影响企业正常业务的开展。② 其三，中国企业在非洲建设经贸合作区属开拓性尝试，需要面对园区发展总体策划、开发建设、管理营销等诸多事宜，这需要有跨国经验的海外运营团队、专业的合作伙伴和专家顾问团做支撑。在 6 个中非经贸合作区中，除天津泰达投资控股公司积累了大量开发区建设经验外，其他 5 个合作区都存在经验少、园区经营管理人才短缺困境。其四，非洲人力资源水平低下，无法满足经贸合作区的建设要求。中方企业需要遵循属地化经营原则，但在实际运营中却存在用工方面的供需矛盾。如在埃及苏伊士经贸合作区，依据埃及 2003 年 12 号劳动法中关于聘用外国员工比例的特殊规定，雇用中方和埃方员工的比例为 1∶9。但对处于创业期的新入区企业来说，大部分高层管理人员以及高级技术人员可能不得不从国内聘用，而埃及的法规却对此形成制约。

从机遇视角看，以下因素有利于经贸合作区发展。其一，中国和非洲经济仍保持较高增势。后金融危机时期，中国经济基本没有减速，仍保持高速平稳发展态势，经济实力不断增强，现已成为世界第二大经济体。5 个经贸合作区所在国除埃及在 2011 年出现政治动荡以外，尼日利亚、埃塞俄比亚、毛里求斯和赞比亚宏观经济运行态势良好，2011 年四国经济增长率分别为 6.9%、4.2%、7.5% 和 6.7%。③ 其二，中国企业正在加速产业转移、实施海外发展战略。目前，中国企业将国内和国际两个市场视为企业发展的战略目标，积极向海外转移过剩的但又具有比较优势的产能，以实现企业自身的海外战略发展和升级。中非经贸合作区是承接国内产业转移的很好平台，企业

---

① Thomas Farole, *Special Economic Zones in Africa: Comparing Performance and Learning from Global Experience*, The World Bank, 2011, p. 69.

② 埃及苏伊士经贸合作区提供资料。

③ IMF, *Regional Economic Outlook: Sub-saharan Africa*, Oct. 10, 2011, p. 68, http://www.imf.org/external/pubs/ft/reo/2011/afr/eng/sreo1011.pdf, 2012 - 03 - 31.

可在此建立可靠的海外生产基地，又能在一定程度上降低企业海外投资经营成本。其三，非洲国家经济发展需要解决投资不足问题，渴望开放市场，尤其是许多非洲国家为摆脱对西方国家的依赖，出现"向东看"趋势，更愿意与中国等发展中经济体合作。

从威胁视角看，也存在不利于经贸合作区发展的因素。其一，国际金融危机和欧债危机可能会影响经贸合作区商品出口规模。因为欧美国家在遭受国际金融危机和欧债危机冲击之后，对外投资能力下降，国内经济衰退，进口能力下降，加之一些发达国家出现"新贸易保护主义"思潮，势必会影响经贸合作区内外向型商品的出口贸易。其二，非洲大陆与中国距离遥远，中国国内一些企业对非洲国家认识不足，对赴非洲发展具有恐惧和将信将疑的心理。另外，与中国的其他境外经贸合作区相比，企业在非经营面临更大的人员成本和货物运输成本支出，增加了企业运营的压力。其三，安全风险因素突出。虽然经贸合作区承办企业采取了一系列安保措施，配备了专业保安队伍，实行封关运作，但针对经贸合作区设施和员工的恐怖袭击事件仍时有发生。在尼日利亚广东经贸合作区，2008年8月至2011年11月，曾发生5起绑架和抢劫事件，造成人身伤害和财产损失。

针对中非经贸合作区存在的问题与困难，特提出如下对策建议：

第一，科学规划中非经贸合作区布点。鉴于现有的6个合作区在地理上已形成事实上的东、西、南、北地区全部覆盖的布局，政府部门可以此作为经贸合作区的"试验场"或"先锋"，近期不再新增经贸合作区，并给予现有的6个合作区更多的政策扶持，及时帮助承建企业解决面临的各类问题，总结经验与教训，推动合作区健康发展。

第二，落实相关扶持政策。作为新生事物，中国与经贸合作区所在的非洲国家政府宜用战略眼光看待这一合作模式，并给予切实可行的政策支持，为合作区营造更好的经营环境，以吸引更多企业入驻。中国与相关非洲国家应建立专门的政府间磋商机制，在合作区出现困难和问题时发挥指导作用；还可成立中非合作方双边工作委员会，将推进合作区建设纳入常态管理，尤其是敦促非方有关政府部门落实相关优惠政策，[1] 争取与非方签订长效合作框

---

① 2012年3月2日在天津召开"中国－非洲经贸合作区发展研讨会"，中非经贸合作区承办企业普遍提出东道国相关优惠政策不能兑现的问题。

架，以期保持政策的稳定性与可持续性。

第三，扩大对中非经贸合作区的宣传力度。一方面，政府相关部门组织利用中非合作论坛项下的"中非企业家大会""中非民间商会"及其分会等各类机构作为平台，推介非洲的投资商机；另一方面，各经贸合作区承办企业采用各类平面媒体、声讯媒体、网站，甚至出版专门的电子期刊，使用中、英文，对经贸合作区的发展潜力与优势进行客观介绍，加深国内相关企业对非洲国家的认知，使更多的中资及外资企业驻足中非经贸合作区，其发展规划亦由蓝图变成现实。

第四，探索企业赢利模式。在中非经贸合作区初创阶段，产业发展准确定位十分重要，需要对合作区的资源、供应链、产业特色、入区企业赢利点等方面认真分析与把握，尤其是关切各自经贸合作区所在国的产业发展战略与政策，以及促进外国投资的新举措、限制领域，选择各自赢利项目，使经贸合作区建设得以持续并发展壮大。

第五，注重规避投资风险。中非经贸合作区远离中国本土，仅靠中国企业自身力量难以应对各类建设与运营风险。承办企业需以开放性思维，在合作区开发、运营、招商等方面，吸纳当地人员和企业参与其中，这不仅可为经贸合作区的建设与运营提供便利，而且可使合作区真正融入当地社会，与当地社会形成真正的利益"捆绑"态势。当合作区运营中面临东道国政权重组、族际摩擦、教派矛盾、战乱、绑架、抢劫等问题时，当地人和当地企业可形成一个有效的保护屏障，减少中资企业的风险。此外，合作区还应加强与当地公民社团和非政府组织的接触，通过增信释疑，创造良好的舆论环境，实现中非经贸合作区的顺利发展。

非洲跨境基础设施建设及中国的参与方略

姚桂梅[*]

    进入 21 世纪以来，非洲一体化进程加快，为经济发展提供了新的动力。例如，2000～2007 年间，非洲区内贸易（intra – REC trade）出口平均增速 15%，进口平均增速 18%；非洲内部贸易（intra – African trade，国家内部贸易）出口平均增速 25%，而进口平均增速 19%；非洲与外部世界贸易出口增速 15%，进口增速 16%。[①] 由此可见，非洲内部贸易呈快速扩张态势。但与世界其他地区相比，非洲内部贸易仅占非洲对外贸易总额的 10%～12%，[②] 远远落后于欧洲的 60%、北美的 40% 和亚太地区的 30%。导致这一现象的一个重要原因是，非洲的基础设施特别是跨国跨地区基础设施短缺，使各国市场多处于分割状态，运输成本极高，不利于市场的有效配置。非洲国家和相关地区组织已认识到这一问题，并正在制订各种计划，出台各种措施，以推动跨境基础设施建设，打破内部贸易瓶颈。2012 年 1 月，非盟第十八届首脑会议通过《非洲基础设施发展计划》，确定了多个跨国跨地区基础设施重点建设项目，重点是加快铁路连通和港口运力建设，以突破制约内部贸易发展的交通瓶颈。与此同时，非洲国家非常渴望国际社会的资金支持非洲跨国跨区

---

  * 姚桂梅，中国社会科学院西亚非洲研究所研究员，主要研究非洲经济和中非经贸合作。

① ECA, *Assessing Regional Integration in Africa IV*: *Enhancing Intra – Africa Trade*, available at http: //www. uneca. org/aria4/index. htm, accessed in May 2010.

② Trudi Hartzenber, "Regional Integration in Africa," WTO Staff Working Paper ERSD – 2011 – 14, available at http: //www. wto. org/english/res_ e/reser_ e/ersd201114_ e. pdf, accessed in October 2011.

域基础设施建设，尤其是中国资本的参与，这为中国企业拓展与非洲的合作提供了新的机遇。

一 非洲主要跨境基础设施建设计划

近年来，非盟、非洲区域合作组织和非洲国家纷纷提出跨国跨地区基础设施建设计划，以密切相互之间的经济联系和贸易往来。这些计划有的已启动实施，有的正在筹措建设资金，还有的处于方案进一步完善论证阶段（见表1）。在所有已出台的规划中，陆路交通和电网建设项目属重点，现摘要介绍。

表1 非盟重大基础设施建设规划

项目名称	项目推动国
阿尔及尔–拉各斯跨撒哈拉高速公路及沿线光纤项目	阿尔及利亚
金沙萨–利伯维尔公路铁路大桥项目	刚果（布）
水治理、水路和铁路运输基础设施项目	埃及
尼日利亚–阿尔及利亚天然气管道项目	尼日利亚
连接邻国的信息和通信技术的光纤宽带网络	卢旺达
东西非铁路公路项目（达喀尔–恩贾梅纳–吉布提）	塞内加尔
南北走廊交通项目	南非

资料来源：非洲开发银行。

（一）泛非公路网规划（Trans Africa Highway，TAH）

2010年10月，在南非召开的第二届NEPAD基础设施峰会上，南非总统祖马详细介绍了泛非公路网规划。该规划设计公路里程56683公里，拟由非盟、非经委、非洲开发银行和各地区协会组织共同开发。

该公路网包括三纵六横共9条跨国公路。三纵分别是：TAH2，从阿尔及利亚首都阿尔及尔经尼日尔至尼日利亚的拉各斯，全长4504公里；TAH3，从利比亚首都的黎波里经乍得、中非、刚果（布）、刚果（金）、安哥拉、纳米比亚至南非的开普敦，全长10808公里；TAH4，从埃及首都开罗经苏丹、埃塞俄比亚、肯尼亚、坦桑尼亚、赞比亚、津巴布韦、博茨瓦纳至南非的开普敦，全长 10228 公里。六横指：TAH1，从塞内加尔首都达喀尔沿西海岸北上，经毛里塔尼亚、西撒哈拉、摩洛哥、阿尔及利亚、突尼斯、利比亚至埃及首都开罗，全长 8636 公里；TAH5，从塞内加尔首都达喀尔经马里、布基纳法索、尼日尔、尼日利亚至乍得首都恩贾梅纳，全长 4496 公里；TAH6，从乍得首都恩贾梅纳经苏丹、埃塞俄比亚至吉布提首都吉布提，全长 4219 公里；TAH7，从塞内加尔首都达喀尔沿西海岸南下，经冈比亚、几内亚、塞拉利昂、利比里亚、科特迪瓦、加纳、多哥、贝宁至尼日利亚的拉各斯，全长 4010 公里；TAH8，从尼日利亚的拉各斯经喀麦隆、中非、刚果（金）、乌干达至肯尼亚的蒙巴萨，全长 6258 公里；TAH9，从安哥拉西部港口城市洛比托经赞比亚、刚果（金）、津巴布韦至莫桑比克东部港口城市贝拉，全长 3523 公里。

泛非公路网拟以各国现有的公路为基础，将尚未连通的区域连接起来，其中三纵和六横中的 TAH5、TAH6 共 5 条线路是计划中的重点线路。

（二）东非铁路网计划（East African Railway Master Plan）

现有的东非铁路始建于 1891 年，由英国人修建，主要连接肯尼亚海滨城市蒙巴萨和乌干达首都坎帕拉。由于运营多年，设备严重老化，且该铁路铁轨采用窄轨标准，运营状况一直欠佳，经海路运抵蒙巴萨港的大量集装箱不得不通过公路运往乌干达、卢旺达、布隆迪和南苏丹等国，不仅给肯尼亚公路系统带来很大压力，也增加了货物运输成本，影响该地区贸易发展。为改善东非地区各国间交通运输窘况，推动地区贸易发展，东非共同体 5 国以及埃塞俄比亚、苏丹于 2010 年出台一项计划，拟用 12 年时间在该地区新建 10 余条铁路，以形成覆盖东非大部分国家的现代铁路网。按照规划，坦桑尼亚将承担最多的建设项目，新建 8 条线路，建成之后将坦桑尼亚与肯尼亚、乌干达和卢旺达连接起来。乌干达将新建 4 条线路，建成之后把国内主要经济区连接起来。肯尼亚将新建 2 条线路，一条通往埃塞俄比亚首都亚的斯亚贝巴和南苏丹首都朱巴，另一条与现有的蒙巴萨至坎帕拉铁路平行。

（三）南北交通走廊计划（the North South Corridor Rail and Road Projects，NSC）

南北交通走廊计划是东南非共同市场、南部非洲发展共同体和东非共同体于 2011 年联合提出的，该计划分为铁路网和公路网两部分。铁路网将在现有铁路基础上形成两纵四横格局，将资源富集地区、主要经济中心、重要港口连接起来。两纵指达累斯萨拉姆走廊和南北走廊。达累斯萨拉姆走廊北起达累斯萨拉姆，向南经赞比亚、刚果（金）、津巴布韦、博茨瓦纳，至南非港口城市德班。南北走廊北起坦桑尼亚姆贝亚，向南经马拉维、莫桑比克、津巴布韦，至德班。于两纵相交的四横包括卢萨卡 – 利隆圭线、卢萨卡 – 哈拉雷线、布拉瓦约 – 奎鲁线、马哈拉佩 – 彼得斯堡线。公路网则计划在现有公路网的基础上形成两纵三横的网状布局。两纵包括达累斯萨拉姆 – 卢萨卡 – 布拉瓦约 – 哈博罗内 – 比勒陀利亚 – 约翰内斯堡 – 德班，以及姆贝亚 – 姆祖祖 – 姆万扎 – 利隆圭 – 哈拉雷 – 马斯温戈 – 比勒陀利亚 – 约翰内斯堡 – 德班。三横为卢萨卡 – 利隆圭、卢萨卡 – 哈拉雷、弗朗西斯敦 – 马斯温戈。

（四）西部非洲电网计划（West African Power Pool Project，WAPP）

非洲水电资源丰富，但地理分布不均，这就需要保证电力资源的集中和采取跨边界分享电力的策略。20 世纪 70 年代，非洲主要电力企业创立了非洲电力生产、传输和配送企业联盟（UPDEA），总部设在阿比让，旨在协调各国的电力分享。1999 年 12 月，UPDEA 创办了西部非洲电力联合体，以促进西非地区的电力整合，协调西非国家电力部门的规章制度，发展电力生产设施。1999 年 12 月，西部非洲电力联合体出台西部非洲电网计划，该计划分 4 个阶段进行，预计到 2020 年建成 5600 公里长的电缆，将所有西非国家连接起来，实现年输送电力 10000 兆瓦的目标。

西部非洲电网计划包括 A、B 两个地理区域。A 区成员国包括科特迪瓦、加纳、多哥、尼日利亚、尼日尔、布基纳法索和贝宁。这些国家的电力系统目前已与跨边界的高压互联网相连。B 区成员国有马里、塞内加尔、几内亚、几内亚比绍、冈比亚、利比里亚和塞拉利昂。A 区优先项目为二期工程"海岸传输骨干网"（Coastal Transmission Backbone Project—CTB），涉及加纳、科特迪瓦、多哥、贝宁和尼日利亚 5 国，目标是到 2020 年显著提高从加纳西部的普雷斯特阿变电站到尼日利亚拉各斯的伊凯贾西变电站的跨境电力传输能力。该项目由以下传输线路和电力工程组成：连接贝宁萨凯泰变电站到尼日利亚伊凯贾西变电站的 330 千伏高压传输线路；加纳境内从 ABOADZE 变电站到沃尔特变电站的 330 千伏高压传输线路；加纳境内连接库马西、普雷斯特阿和 ABOADZE 的 330 千伏高压输电线路；连接加纳沃尔特和多哥 MOME HA-GOU、贝宁萨凯泰的 330 千伏高压输电线路；多哥洛美的贝宁电力共同体（CEB）系统控制中心等传输设备升级，贝宁电力共同体燃气涡轮发电机搬迁至玛丽亚 GLETA，即西非天然气管道项目的终端；加纳沃尔特系统控制中心、阿科松博和 KPONG 发电站和变电站等相关设施的升级更新。各项计划完成后，A、B 两个区域都将有相互联网的电力系统，易于区内电力交易。

（五）尼日利亚 – 阿尔及利亚天然气管道计划（The Nigeria – Algeria Gas Pipeline Project）

2009 年 7 月 3 日，尼日利亚、尼日尔和阿尔及利亚三国签署一项协议，计划修建一条从尼日利亚经尼日尔至阿尔及利亚的天然气管道，管道全长4400 公里，预计总投资 200 亿美元，计划于 2015 年建成。管道建成后尼日利亚丰富的天然气资源将借助阿尔及利亚通往欧洲的天然气管道方便地进入欧洲市场，同时也可为加纳、多哥、贝宁等国供气。

二 中国参与非洲跨境基础设施建设项目的对策研究

目前，跨境基础设施建设已成为非盟、非洲区域合作组织和非洲国家关注的重点领域，但囿于非洲国家的经济实力，若无外界提供资金支持，现已出台的大多数规划很可能无法实现，也正因此，非洲渴盼国际社会的资金支持，对基础设施建设经验丰富、资金实力越来越雄厚的中国更是满怀希望。2010 年 11 月，中国国家副主席习近平访问南非时，南非方面明确表示希望中国支持非洲的跨国跨地区基础设施建设。[1] 不少在非洲投资的中国企业也越来越感觉到非洲跨境基础设施短缺所带来的不便，对非洲的相关计划充满热望。

（一）中国参与非洲跨境基础设施项目的必要性

非洲是中国实施"走出去"和"两种资源、两个市场"战略的重要地区，关乎中国经济安全、和平崛起、大国地位之大局。非洲国家致力于发展

---

① 《外交部副部长翟隽谈习近平副主席访问亚非四国》，《人民日报》2010 年 11 月 25 日。

跨境基础设施建设，对于整合非洲分割的市场、促进非洲丰富的自然资源转化为经济发展动力、改善非洲国家人民的生活质量意义重大。非洲多个国家和区域组织渴望中国参与其中，也为中国提供了难得的机会。同时，加强中国与非洲区域组织的经贸合作，也是中国深化中非经贸关系的需要，中国可顺势加快对非洲资源与市场的整体布局。因此，无论是从帮助非洲国家提高自主发展能力的角度出发，还是从维护中非经贸合作的可持续性方面着想，中国都应积极参与其中。

非洲跨境基础设施建设也体现着大国在非洲的利益竞争。除世界银行等国际金融机构外，欧美国家无不从自身战略利益出发，关注非洲基础设施建设。欧盟、美国已帮助非洲国家研究、设计了一大批大型跨地区基础设施项目。2009 年 4 月，世界银行、世界贸易组织、欧盟承诺将向南北交通走廊提供 12 亿美元的援助。日本、韩国、美国以及 OECD、欧洲投资银行也非常关注南北交通走廊计划。围绕非洲跨境基础设施建设的合作，有可能引发新的大国对非关系调整。中国目前还不是南北交通走廊的合作伙伴，南非及南部非洲发展共同体均期待中国参与。中国参与非洲跨境基础设施建设项目，对于巩固和扩大中国在非国家利益意义重大，中国应有所作为。

（二）中国参与非洲跨境基础设施建设项目的可行性

中国参与非洲跨境基础设施建设项目不仅必要，而且可行。因为中国已经是众多非洲国家基础设施建设项目的主要参与者，为参与跨国跨地区项目积累了宝贵的经验。中国还拥有基础设施建设的技术、原材料供应及人员优势，政府有能力将帮助非洲国家改善跨境基础设施列为援非的重点领域，为改善非洲国家的经商环境做出应有的贡献。2008 年世界银行发布的《搭建桥梁：中国在撒哈拉以南非洲国家基础设施建设融资中不断增长的作用》报告中指出，中国在该地区的建设融资通常流向大规模的基础设施项目，特别是水电和铁路等项目。中国在非洲的融资在很大程度上弥补了该地区巨大的基础设施投资缺口，因此为该地区提供了重要的发展机遇。[①] 南非标准银行经济学家史蒂文（Jeremy Stevens）在其研究报中指出，自 2007 年以来，非洲基础

---

① 魏建国：《中国将继续帮助非洲实现发展》，参见中国国际经济交流中心网站，http：//www.cciee.org.cn/thinktank2/NewsInfo.aspx？NId = 2823，2012 年 3 月 28 日。

设施建设资金的 2/3 来自中国，中国在非洲投资修建公路、铁路、学校，为非洲未来的进步铺平了道路。[①] 虽然跨国跨地区基础设施项目的难度远远大于具体国家的具体项目，但中国参与此类项目显然可进一步扩大中国在非洲的影响。

（三）中国参与非洲跨境基础设施建设项目面临的困难与挑战

中国参与非洲跨境基础设施建设具有诸多比较优势，且已积累了不少宝贵经验，但也面临不少困难和挑战。

从中国方面看，过去中国与非洲在基础设施领域的合作基本上局限于双边合作机制范畴，即中国与单个非洲国家接洽。除非盟和东非共同体外，中国缺乏与非洲众多区域合作组织的合作机制。就企业层面而言，实际的困难与挑战更多。其一，中国企业对外大型投资尚不成熟，经验不足，尤其对于外方运营、操作模式不适应。其二，中国企业大多没有专业的运营资质。其三，中国基础设施建设企业大多自有资金不足，对于动辄几亿甚至上百亿美元的跨境项目，融资是一大难题。其四，中国企业还面临技术难题，因为非洲各国几乎曾经均为英、法、德、意、西、葡萄牙等国的殖民地，各国采用的技术标准不同，虽然已出台诸如《南部非洲路桥工程标准规范（草案）》（SATCC）等区域建设规范标准，但大多数国家仍然是"各自为政，我行我素"。

从非洲方面看，以下困难与挑战不容忽视。其一，政治和安全风险。众所周知，跨境基础设施建设项目通常地处偏僻地带，投入资金巨大，牵涉多个国家之间的相互交往，耗时长，为此和平与安定的国际环境是开展基建合作的前提。近年来，在世界经济不景气的大背景下，非洲经济仍然保持持续增长态势，给人以希望。与此同时，非洲大陆的政局却进入新一轮激烈变动期，令人不安。北非乱局后的利比亚战争虽然结束，但族际冲突在不断升级。南苏丹虽然独立，但南北苏丹关系持续紧张，并最终开战。在西部非洲，科特迪瓦内战平息后，马里又发生了军事政变，且国家面临分裂危险。此外，

[①] "South Africa, China to Increase Role in Africa's Building Sector," *Business Live*, July 21, 2011, available at http://www.businesslive.co.za/africa/2011/07/21/china-to-increase-role-in-africa-s-building-sector.

在索马里、尼日利亚和刚果等地，恐怖袭击、暴力活动不断，苏丹、尼日尔、阿尔及利亚等国绑架人质事件时有发生；热带非洲国家疟疾肆虐、缺乏清洁饮用水，这些都是在非洲基建投资者所面临的风险。其二，非洲国家之间缺乏政治互信。非洲开发银行主席卡贝鲁卡曾在非盟第 18 届首脑会议上表示，非洲国家间缺乏开展合作的政治意愿，是启动和实施跨境基础设施建设项目的主要障碍。[①] 例如，连接冈比亚与塞内加尔的冈比亚大桥项目和连接赞比亚与博茨瓦纳的卡桑古拉大桥项目，均因政治原因而被拖延数年。其三，非洲国家间易因经济利益发生纷争且难协调。跨境乃至跨区域合作一般涉及好几个国家，各国政治经济发展水平、语言、人文、环境大不相同，从前期运作与谈判，再到规划和实施阶段，均需要花费大量时间，克服诸多困难。例如，非洲开发银行资助的"两刚大桥"的可行性研究项目虽然已于 2011 年 10 月启动，但迄今刚果（金）、刚果（布）对该项目利弊的评估仍存较大分歧。[②] 刚果（金）担心两国港口间的商业竞争，刚果（布）则担心大桥建成后刚果（金）人口大量涌入刚果（布）。可见，非洲国家在事关本国切身利益的问题上很难求同存异、互谅互让。

（四）中国参与非洲跨境基础设施建设项目的原则及路径

虽然中国参与非洲跨境基础设施建设项目可以获得政治、经济收益，但相对于困难和挑战而言，中国的优势并不十分明显。况且跨境基础设施建设项目众多、规模庞大、涉及国家广、耗时长、竞争激烈。因此，在面对非洲国家强烈的投融资诉求时，中国应本着"从实际出发、量力而行、统筹安排、科学决策、理性参与、区别对待"的原则与策略加以应对，切忌蜂拥而上。

1. 适合开展跨境基础设施建设的区域

近年来，非洲大陆一体化稳步推进，西非国家经济共同体、东非共同体、南部非洲发展共同体、中部非洲经济与货币共同体等地区性一体化组织都有不同程度的进展。但是由于各组织、成员国经济实力悬殊、发展不平衡等因素，并不是所有的地区和国家都适合开展跨境基础设施建设。就现状而言，

---

① 《政治意愿缺乏将影响非跨境项目实施》，中国驻肯尼亚使馆经商参处，2012 年 2 月 14 日，商务部网站，http://www.mofcom.gov.cn/aarticle/i/jyjl/k/20120。

② 新华社布拉柴维尔分社：《"两刚大桥"项目各方意见仍存分歧》，2011 年 11 月 24 日，商务部网站，http://www.mofcom.gov.cn/aarticle/i/jyjl/k/201110/20111007795745.html。

东非共同体和西非国家经济共同体内的新兴资源类国家可以作为中国尝试跨境基础设施建设项目合作的地区与国家。因为东非共同体成员国法律制度相对完善，有一套较为成熟的管理体系，且具有一定还贷信誉，对于投资回收有一定保障；几内亚湾地区的新兴资源类国家资金较充沛，有还款能力。

2. 适合开展跨境基础设施建设的项目

非洲的交通及电力基础设施建设是当前非洲基建项目的重中之重。中国可以非洲跨境公路项目为切入点，在非洲既有公路等级提升和泛非公路网局部缺失段中挑选适宜项目。因为公路项目的成本、技术要求能够达到，而且后期维护工作可以交由非方负责。考虑到中国对非洲国家石油的长期需求，与能源相关的基础设施项目也可成为重要选项。吸取中国援助坦赞铁路和中铁建参与沙特轻轨项目的教训，切忌大规模、全方位地参与非洲跨境铁路建设，而应挑选一至两个项目作为试点，以点带面地发展。

3. 参与跨境基础设施建设项目的投融资模式

非洲大陆有 54 个主权国家，国与国之间虽有某些共性，但各国实力、资源禀赋、外资政策、融资政策、融资偏好、国家主权债务状况、企业融资风险、民族政策和宗教信仰都存在较大差异，因此，中国投资非洲跨境项目的融资模式也应因国而异。对于资源丰富但建设资金不足的尼日利亚、刚果（金）、赞比亚等国，可以考虑采用基础设施换资源的安哥拉模式；对于经济条件差、矿产和运输量较小的乍得、马里、马拉维、津巴布韦等国，可采用土地开发补偿模式，即建成后再获取铁路和公路沿线重要节点的土地作为补贴，使投资商享有项目建成后带来的土地增值和商业开发收益。对于经济条件较好、政权相对稳定、具备较好偿还能力的南非等国，可考虑采用公私合营模式（PPP 模式），建成后特许经营 N 年后移交当地。

（五） 对相关部委和金融机构的政策建议

相关部门应正确引导中资企业合理介入非洲跨境基础设施建设项目，尤其在资金和机制保障方面做好工作。首先，国家发改委、商务部和外交部应统筹考虑将中国的部分对非援助、优惠贷款和优惠出口买方信贷用于支持部分惠及多数成员国民众的基础设施项目。国家开发银行应支持和鼓励中国有实力的企业通过商业化运作方式，承担一些有一定经济效益的项目。其次，尽快建立中国与非洲次区域组织的多边经贸合作机制。非洲国家非常重视中非合作论坛成立的意义及影响。据权威渠道的消息,非洲国家正打算成立一个核心国家集团,在中非合作论坛框架下专门处理非洲国家共同关心的问题。短期内该集团工作重点将放在改善进入中国市场和改善基础设施方面,长期内该集团将关注协调债务减免和分解发展援助的重要性。[①] 在非洲国家有所准备的情况下,中国若再局限于国与国间的双边合作机制,难免贻误中国参与非洲一体化建设的有利时机,工作陷入被动。再次,政府部门应专门搭建涉非安全风险预警信息平台,并加强风险管控工作。当然,做好风险管理工作无疑是每个企业在非洲参与跨国基建项目获得成功的必修课,但是中国政府和相关部门应充分发挥服务和监督功能,利用政府信息渠道多而灵的优势,及时向企业发布各类风险警示;同时引导企业遵守行业规范,并建立相应的奖惩机制,为企业规避经济金融、政治安全等风险提供制度保障。

---

① Richard Schiere and Alex Rugamba, "Chinese Infrastructure Investment and African Integration," African Development Bank Group Working Papers Series No. 127, available at http://www.afdb.org/fileadmin/uploads/afdb/Documents/Publications/WPS%20No%20127%20Chinese%20Infrastructure%20Investments%20.pdf, accessed in May 2011.

中资企业在非洲履行社会责任调研报告

中国社会科学院国际学部非洲调研组[*]

　　近年来，中非经贸合作已经进入全方位、多层次、宽领域的发展阶段。中国对非洲的贸易实现了跨越式发展。贸易额从 2000 年的 100 亿美元增长到 2006 年的 555 亿美元，年均增幅达 30%。2007 年中非贸易额高达 736 亿美元，同比增长 33%。其中，中国对非洲出口 373 亿美元，同比增长 40%；从非洲进口 363 亿美元，同比增长 26%。国际货币基金组织的统计数据显示，中国已成为非洲第二大贸易伙伴。[1]

　　自从 20 世纪 90 年代末，企业"走出去"成为一项国家战略以来，非洲成为中国企业海外投资的重要市场。据中国进出口银行统计，当今在非洲投资的中国企业达到 800 多家，其中 100 多家是国有大中型企业，其余大部分是民营企业。各类投资总额已达 117 亿美元，其中非金融类直接投资累计 25.6 亿美元。[2] 承包工程业务量连续迈上新台阶，劳务合作也不断发展。承包劳务营业额从 2000 年的 13 亿美元增加到 2006 年的 95.5 亿美元，年均增长 39.4%。截至 2006 年底，中国企业在非承包劳务累计合同额 703.3 亿美元，其中，完成营业额 385.9 亿美元，年末在非承包劳务人员 9.5 万人，非洲已经成为中国仅次于亚洲的海外承包市场。

---

　　* 调研主持人：杨光；调研组成员：王立强、姚桂梅、詹世明、杨宝荣；调研时间：2008 年 1 月。

[1] 中国商务部网站，http://english.mofcom.gov.cn/aarticle/speech/200711/20071105246103.html。

[2] 中国商务部、国家统计局、国家外汇管理局：《2006 年度中国对外直接投资统计公报》，第 54、59 页，2007 年 9 月发布。

中国企业在非洲投资的迅速增长，为中国解决国内资源短缺问题、转移过剩的国内生产能力、带动机电设备出口，发挥了重要的作用。绝大多数中国投资企业遵守所在国法律，推行劳动力本地化战略，资助当地的基础设施建设和卫生教育事业发展，为非洲国家的经济发展做出了贡献，受到投资对象国政府和人民的欢迎，为促进非洲国家的发展和夯实中非政治关系的基础，做出了重要贡献。但是，中国企业在非洲投资的迅速发展近年来也招致国际上不少非议。在西方国家的媒体上和国际会议上，所谓中国投资企业在非洲只顾自身经济利益、缺乏社会责任、不重视环境保护、不重视劳工条件、不重视解决当地就业等指责不绝于耳，甚至据此否定中国主张的中非共同发展和互利双赢的合作理念，指责中国在非洲搞殖民主义。这些非议在很大程度上是不真实的，主要反映出西方国家长期把非洲视为自己的后花园，不愿接受中国与非洲国家经济关系迅速发展的现实。但对中国和平发展和努力构建和谐世界的大局造成新的危害，不仅不利于中非友好关系的发展，也为中国与西方国家的关系发展制造了新的障碍。个别中国企业在非洲投资的不良行为，给西方国家的媒体炒作授以口实，应当引为教训和警示。

本报告以调研组在非洲的马里、埃塞俄比亚和苏丹的实地调研为依据，论述了中资企业在当地履行企业社会责任，特别是在推动经济发展、遵守当地法律、支援医疗事业、支持发展教育、创造就业和培养人才、建设基础设施，以及赈灾济贫方面做出的贡献；分析了中资企业履行社会责任给中国企业和政府带来的政治和经济效益，特别是改善企业投资环境，降低企业经营成本，续写中非友谊篇章，打压台湾当局图谋，以及占领道义高地方面的收益。建议从提高认识、重视宣传、完善体制、加强研究和文化沟通等方面，进一步加强"走出去"企业履行社会责任工作。

一　中国在非企业履行社会责任情况

企业的社会责任（Corporate Social Responsibility，简称CSR）概念发源于欧美，至今已广为世人接受。虽然企业社会责任在国际范围内还没有一个统一的定义，但是企业社会责任的对象、性质、内容却大体趋同。一般认为企业社会责任就是企业在创造利润、对股东利益负责的同时，还要承担对员工、对消费者、对社区和环境的责任，包括遵守商业道德、生产安全、职业健康、保护劳动者的合法权益、保护环境、支持慈善事业、捐助社会公益、保护弱势群体等。从企业社会责任对象来看，它超越了以往企业只对股东负责的范畴，强调要对包括股东、员工、消费者、社区、客户、政府等在内的利益相关者负责任。从企业社会责任的性质来看，可分为社会义务和社会责任两个层次：第一层次是最基本的，即企业必须履行的法律责任，包括遵守国家的各项法律，不违背商业道德。第二层次是社会期望或企业自愿履行的，即企业对社区、环境保护、社会公益事业的支持和捐助。从企业社会责任的具体内容来看，在第一层次包括经济责任和法律责任，在第二层次包括道德责任和慈善责任。除此之外，对于在非洲这样的最不发达地区投资的企业而言，带动当地的经济社会发展和脱贫也应当成为企业的重要社会责任。

下面，就按我们对企业社会责任的认识，把我们在非洲的马里、埃塞俄比亚和苏丹调研中资企业履行社会责任的情况和体会报告如下。

（一）推动当地经济发展

在履行企业的经济责任方面，国有大中型企业由于实力强、管理科学，在推动非洲国家经济发展方面发挥了不可替代的作用。苏丹和马里两个国家工业化迄今取得的主要成就，都与中国企业的活动直接相关。

1. 中国石油天然气集团公司推动苏丹石油经济腾飞

中国石油天然气集团公司（以下简称"中石油"，CNPC）1995年进入苏丹。当时苏丹经济正处在非常困难的时期，几乎无像样工业，农业也非常落后，国家财政入不敷出，通货膨胀，商品奇缺，大量物资依赖进口，外债数目巨大，曾被国际货币基金组织列为无能力偿还债务和不宜提供贷款的国家，国家唯一的铁路还是殖民统治时期西方国家建设的，除了连接喀土穆市有几条公路外，其他的全部是土路。

自1997年中苏开展实质性合作以来，中石油秉承"奉献能源、创造和谐"的企业宗旨，坚持"互利共赢、和谐发展"的合作原则，在短短的10年里，帮助苏丹政府和人民建成了体系完善、技术先进、规模配套的上下游一体化的石油工业体系。目前，中石油在苏丹共有7个投资项目，包括：1/2/4区项目、3/7区项目、6区项目、15区项目、13区项目、喀土穆炼油厂项目和喀土穆化工有限公司项目，同时，拥有6座加油站和1座成品油库，业务范围涵盖勘探、开发、生产、输油管道、炼油、聚丙烯、塑料加工、成品油销售等领域。石油工业已经成为苏丹经济发展的领头羊，极大地带动了交通运输、制造、建筑等相关行业的发展。近几年来，得益于石油工业，苏丹国民经济以年均 8% 的增长速度发展，人民生活水平明显得到改善和提高。

2005 年 11 月 14 日，巴希尔总统在接见中石油总经理陈耕时说："感谢中国，感谢中石油，如果没有中国，没有中石油的真诚帮助，苏丹石油工业就没有今天的规模，石油投资是苏丹实现和平的主要原因，因为有了石油，南方才接受了和平协议。中石油不仅给我们带来了石油，也带来了和平。"[①]

2007 年 2 月 3 日，在庆祝中苏石油项目合作 10 周年的大会上，巴希尔总统说，当苏丹在军事、政治、外交和经济上经历艰难时刻时，历史考验我们，同样也垂青我们，中国的兄弟和我们走到了一起，以友谊和我们展开了合作，实现了我们的共同利益，建立了更为紧密的伙伴关系，苏中之间实现了巨大的发展。中石油与苏丹在石油领域合作的成功使世界上看好苏丹的石油产业。苏中之间的石油合作培养了许多苏丹的石油人才。我们珍视与中国的合作和友谊。

2. 中国海外工程公司在马里基础设施建设、纺织业中占有举足轻重的地位

近年来，中国海外工程总公司（以下简称中海外，COVEC）是中资企业开拓非洲市场的排头兵。仅以马里分公司为例，自 1989 年修建首都巴马科第二座尼日尔河大桥以来，以重合同、守信誉、高质量的上乘品质逐渐在马里工程承包市场上站稳脚跟，成为该国基础设施建设市场上的中坚力量。目前，业务范围涉足建筑、路桥、农业、水利、纺织等领域，并取得了不菲的业绩，特别是在工程承包方面，马里最著名的建筑如议会大厦、"3·26"体育馆、国家图书馆以及巴马科市绝大部分城市道路等，都是由"高外克"（COVEC 的法语发音）承建，深受马里政府的信赖和人民的欢迎。

根据公司国际化经营战略，同时考虑非洲国家的发展需求，中海外选择投资当地急需项目。根据马里盛产优质棉，但纺织业不发达的特点，与马里政府在塞古地区合资建立了马里最大的纺织公司（简称塞纺，COMATEX S. A,），为马里棉花寻找到了市场，取得了良好的社会经济效益。目前，该纺织公司拥有中方员工从最初的 20 人减少到 11 人，解决了当地 1435 人的就业

---

① 中油国际（尼罗）公司提供资料：《中国石油天然气集团公司在苏丹开展石油合作项目的有关情况》，2008 年 2 月。

问题，每年给当地纳税 8 亿西非法郎，累计向当地政府交纳税金 1860 万美元。[1] 该项目被时任国务院副总理的李岚清誉为"中国政府探索对外援助和国际经济技术合作新途径的成功典范"。

马里耕地面积广阔，土地肥沃，农田水利条件较好，但该国只开发了其中很小一部分，发展现代化农业是马里迫切的需求。1998 年起，中海外在马里塞古大区经营贝瓦尼农场，采取稻田对当地百姓出租的经营措施。经过努力，大租户赚得了大量粮食，小租户解决了自身温饱，数百个当地家庭从中直接受益，并为当地培养了一批农业人才，中海外也获得较好的经营回报，实现了社会效益和经济效益的双丰收。

3. 中国轻工业对外经济技术合作公司的糖联成为马里的就业纳税大户

马里糖联（SUKALA S. A）前身是中国 20 世纪六七十年代经援项目，历经援外、合作管理、私有化过渡期管理各个阶段，于 1996 年 2 月正式开始合资经营，注册资本 50 亿西非法郎（中资占 60%，马方占 40%），至今已近 20 年。自合资经营以来，糖联始终坚持"依法经营、科学管理、争创效益、回报社会"的宗旨，在马里当地享有很高的声誉，为中马友好合作做出了卓越的贡献。

在合资十年历程中，仅中方累计从糖联获得的分红和贸易等利润总额就达 3 亿元人民币，带动国内成套设备和机电产品出口共计 3000 多万欧元。其中，2006 年带动国内机电产品出口 320 万欧元。与此同时，糖联每年为马里政府上缴各种税费约 30 亿西非法郎（不含分红款），每年支付马方人员工资及社保费 30 多亿西非法郎，每年在马里当地采购物资 30 多亿西非法郎。此外，糖联每年还可提供 9000 多个就业机会。目前，糖联成为马里解决就业第一、纳税第三的企业，满足了马里全国大约 1/3 的食糖需求，为马里经济发展做出了巨大贡献。

（二）认真遵守当地法律

在我们调研的近 20 家中资企业中，绝大部分严格遵守当地的劳工、环境法律法规以及同行规范和国际惯例，尊重当地风俗，获得了主管部门和当地

---

[1] 中国海外工程总公司，《回馈当地社会，实现互利共赢》，http://www.caiec.org/2005/column_view.asp? id = 1323。

居民非常好的口碑。例如，在马里经营的中海外、塞古纺织厂、糖联等中资企业严格执行马里关于最低工资标准和不安排女职工上夜班等规定，严格按合同办事；糖联在企业自身成本提高，经营效益下降的情况下，仍按马里政府的要求从 2008 年 1 月开始为马里员工提薪 5%。在苏丹，中石油的一些下属公司，不仅为穆斯林开辟专供祈祷用的空间，而且每逢宰牲节、开斋节及苏丹的其他法定节日，都购买活羊，慰问所在地区的驻军、安全局、警察局，以示庆祝，增进中苏友谊。

实现人与自然、人与环境的和谐发展，是中石油的不懈追求。在苏丹，中石油项目坚持"不符合环保要求的绝不立项（设计阶段），不符合环保要求的绝不开工（建设阶段），不符合环保要求的绝不投用（完工阶段）"的"三不"原则，高度重视 HSE（健康、安全、环境）工作，实现了能源开发与环境保护的和谐发展。该公司在苏丹合资成立的大尼罗国际公司（1/2/4 区块）近年在黑格里地区投资 3000 万美元，由英国专业公司设计，采用生物技术和植物进行污水处理，建成了污水处理实验工程，面积达 4 平方公里。投入使用以来，公司多次受邀在国际会议上谈经验，得到了与会专家的认可。2006年以来，大尼罗国际公司又投资 7000 万美元，在黑格里以外的 6 个油田建成了污水处理工程。目前，含油污水排放低于国际标准，甚至可以达到零排放的标准。中石油曾组织美国驻苏丹使馆官员、苏丹南方政府官员以及当地主流媒体等多方人员赴石油 1/2/4 区块现场参观考察，参观者对油区良好的生态环境称赞不已，对中石油实施的环保工程深感满意，之后他们中有多人在报纸上发表文章，用亲眼所见、亲身感受如实报道了油田地区人与自然和谐相处的真实情况。

中石油在苏丹合资成立的喀土穆炼油厂原址是一望无际的戈壁瀚海，经常发生遮天蔽日的沙暴，周围几公里内没有人烟。然而，现今的炼油厂经过开拓者和建设者的努力，周围已形成了一条长达 10 公里的由各种各样的鲜花树木及碧绿的草坪组成的绿化带，有效地减少了沙暴对炼油厂的影响。2003年，喀土穆炼油厂利用氧化塘排放的废水，投资 88 万美元建成了一座占地 8.6 万平方米的水上公园，为炼油厂员工和周边居民提供了良好的娱乐、休闲的环境。在经过处理的废水形成的公园湖泊中，有大量的鱼类和水禽栖息繁殖，岸边生长着茂密的芦苇，让人完全忘记是置身于戈壁沙漠之中。

中海外马里公司位于马里首都巴马科的智慧山上，占地 2 公顷。由于重视对环境的绿化、美化，该公司俨然已成为一座花园，绿树成行，鲜花满园。中式的亭台错落其间，孔雀、锦鸡、旱龟等动物和谐共处。该公司的一个沥青站曾建在市区，沥青燃烧时造成较大污染，影响附近居民的健康。针对这一情况，中海外花费了大量的人力财力，在最短的时间内将沥青站迁移到人烟稀少的郊区。当地人感动地说，今后，我们要像中海外那样保护自己的环境。

（三）帮助发展医疗事业

苏丹医疗卫生条件比较落后，疟疾等热带病流行。除首都喀土穆有几所较大医院外，其他地区上规模的医院较少，就医困难成为苏丹人民的一个主要社会问题。为此，中石油在苏丹建立了喀土穆炼油厂（KRC）友谊医院、富拉医院、法鲁济友谊医院，并向麦罗维医院、扎里巴医院、哈桑医院、吉利卫生院等当地医院捐赠近百万美元的医疗设备，有效地改善了当地医疗条件。此外，中石油的医生在富拉地区和巴里巴拉地区使用从中国带来的青蒿素，为当地居民免费治疗疟疾、免费接种预防疟疾疫苗，受益者多达上千人。中石油还主动为苏丹血液透析分析中心捐款，在一定程度上缓解了该中心资金、药品与医疗器械短缺的困境，使得部分患者得到及时的治疗。中石油在苏丹医疗事业方面的贡献，提高了当地人民的生活质量，受到苏丹政府和当地人民的好评。

（四）支持当地发展教育

在苏丹，由于贫困和教学条件落后，许多儿童失去上学的机会。为解决苏丹当地人上学难的问题，中石油苏丹项目为当地建设了25所学校。其中，1/2/4区块项目援建了22所学校，为6.5万人提供了上学的机会。3/7区块项目在油田周边地区捐资建设了2所学校，同时，还为222所学校购置了课桌、椅子等教学设施。喀土穆炼油厂投资30万美元，为苏丹员工建设了一所面积达1024平方米的小学。

哈电集团公司是苏丹吉利电站等项目的总承包企业，已经实施了吉利电站一期、二期项目，正在实施三期合同。该公司重视对社会公益事业的投入，在项目建设的同时，自愿从有限的利润中拿出30万美元回馈当地社会，其中20万美元用于吉利地区一所小学的建设，另外10万美元用于东古拉模范中学校舍的改造、教学设备的更新。受到苏丹当地居民的广泛好评。

喀土穆大学是苏丹培养高层次人才的摇篮。近年来，中石油所属东方物探公司捐资 50 万美元，与喀土穆大学联合成立了地球物理研发中心。中石油所属的中油测井公司向喀土穆大学捐赠 4 万美元，建设了学术报告厅。华为公司为喀土穆大学提供并安装的视频通信设备，解决了该大学的远程教育问题，将该大学的 7 个校区连为一体，主校区可以通过视频设备召开集体会议，进行教学，直接受益者达到 2000 人以上。

2008 年 1 月，中石油开始启动价值 75 万美元的向南方首府的朱巴大学捐助图书和教学仪器、培训师资项目。

（五）创造就业和培养人才

目前，在苏丹石油项目就业的苏丹雇员达 4000 多人，劳工 7000 多人，在一定程度上缓解了劳动力就业难的问题。同时，苏丹各石油项目注重对苏方员工的技能培训，以素质培养和能力建设为核心，遵循理论与实践互补、短期与长期结合的原则，认真落实培训苏方员工的年度计划，不断提高苏丹高级管理人员和技术骨干的理论水平、管理能力和技术操作水平。首先，中石油每年都选送大批苏方员工到中国或其他国家培训。1998 年以来共选送 35 名苏丹学生，到北京的中国石油大学学习，并获取硕士或学士学位。中石油所属的长城钻井公司资助了 20 名苏丹员工到中国进行了技术培训。其次，展开各种形式的就地培训。例如，中石油下属的工程建设（集团）公司采取对员工开展入场培训、安全讲座、HSE 管理培训、班组长班前会培训等各类培训形式，使得苏方员工培训覆盖面达到 90% 以上，其中 2005 年培训管理岗位的苏丹雇员 50 人次，2006 年培训高级员工岗位 60 多人。目前，通过各个层次的培训，中石油已为苏丹培养了一大批石油勘探开发、炼油化工生产、物探、钻井、工程施工等专业人才，为促进苏丹石油工业的发展、提高本地人专业技术和管理水平，做出了努力和贡献。以喀土穆炼油厂为例，从总经理、副总经理到技术、设备、财务、行政总监，再到生产运营部、动力部、技术经济部、设备维修部、人力资源部等部门主管，都至少有 1 位苏丹人担任，喀土穆炼油厂的员工苏丹化率已达 68%。

中海外马里公司本着"每一个项目都要让当地人受益"的宗旨，只做不说，默默奉献，自觉履行社会责任，特别是大量采用当地建筑材料，实施高层管理人才公开招聘、低端劳务当地雇用的战略，既保证了项目的正常建设和管理，又带动了当地生产性消费，为当地提供了就业岗位，培养了专业人才。

中兴、华为公司在向苏丹电信提供的成套设备培训设施安装投入使用后，帮助苏丹建立电信技术培训中心，年受训人数稳定在 1000 人左右，使苏丹电信专业技术人才的本地化不断提高。

（六）帮助建设基础设施

为改善当地落后的交通状况，中石油捐巨资用于交通等基础设施的改善。2002 年 6 月，中石油苏丹 6 区块项目捐资建成了长 1800 米、宽 45 米，可以起降 5 吨货运飞机和客机的巴里拉机场，并在作业前线建成了 580 公里的柏油公路和 10 座桥梁，为油田生产运营、当地居民和官员往返喀土穆提供了方便，有力地支持了当地经济的发展。2004 年 4 月 21 日，该公司向苏丹政府捐资 1000 万美元，建造麦罗维中苏人民友谊大桥，2008 年 1 月 17 日这座长 440 米，宽 20.5 米，汛期桥下最大净空 5.3 米的大桥正式剪彩通车。大桥的建成，结束了麦罗维至卡瑞玛需要摆渡的历史，方便了尼罗河两岸人民的经济、交通往来和日常生活，贯通了苏丹港－阿特巴拉－麦罗维－冬古拉交通干线，对苏丹北部地区的经济建设和农业发展起到了推动作用。麦罗维大桥是中石油对苏丹的最大一项社会公益捐助。在大桥的庆典仪式上，当地老百姓称赞，"感谢中国朋友建造这么漂亮的大桥！她是中国人民送给麦罗维人民最好的礼物"。

此外，为满足苏丹当地农业和生活用水的需要，中石油还累计为苏丹当地居民打水井、修水塘 156 个，解决了 20 多万人的清洁饮水问题。在缺水地区，中石油还经常出动生产用车，为边远村落送水。喀土穆炼油厂在尼罗河边的净水厂也专门建设了向当地居民无偿供应饮水的管线，使长期饮用河水的居民终于喝上了经过净化的清洁生活用水。

埃塞俄比亚和马里的大部分柏油公路都是由中国公司承建的。

（七）积极开展赈灾济贫活动

2007 年，苏丹遭遇 60 年一遇的大洪水，中资企业热心救灾。中石油向南部灾区捐助价值 10 万美元的帐篷、蚊帐等物资，专程将救灾物资送到灾区。

向苏丹卫生部捐助近 140 万元人民币的帐篷、毛毯等救灾物资。苏丹喀土穆州社会保障部部长塞米娅女士在出席中石油捐赠仪式时说："中苏两国友谊历史弥坚，苏丹人民见证了中石油为苏丹所做的贡献，中石油无私奉献、热心公益之举充分体现了中华民族善良正直、乐于助人的传统美德，中国人民对苏丹人民的深情厚谊将永垂史册。"①

祥和公司是在苏丹经营农场的一个民营小企业，投资规模不大，利润非常有限。但在当地百姓需要帮助时，却毫不犹豫地伸出援助之手。2006 年捐助 100 万第纳儿（约合 5000 美元），用于救助洪灾后无家可归的当地百姓。

多年来，中海外控股公司马里纺织股份有限公司热心驻地的公益事业。为当地体育、医疗、文化、教育等活动提供资助。它是第一批参与企业防治艾滋病项目的单位之一。该企业还在当地组织义务植树活动，累计植树 1000 余棵。为公司当地职工小区修建了稻米磨坊，方便了他们的生活。2005 年，该公司为马里文化艺术双年节提供了资助，受到塞古大区区长的高度评价。该公司还热衷当地体育事业，与塞古大区足球联合会共同举办了"塞纺杯"足球赛，为 2002 年马里举办非洲杯捐资 200 万西非法郎，受到了当地舆论的好评。

中海外马里公司积极履行社会责任，热衷公益事业的行为产生了良好的影响，赢得了项目当地政府和公众的高度评价，也得到了中央领导同志和商务部等有关部门的肯定和表扬。2006 年中非合作论坛北京峰会召开期间，马里总统杜尔代表在场的非洲国家总统对胡锦涛主席说，感谢中国政府、感谢中海外使我们的国家发生了巨大的、历史性的变化，希望中海外在非洲得到更大的发展。

马里的糖联在获取丰厚利润的同时，始终没有忘记回报当地社会与人民。每年为所在的地区修缮道路，为居民打井提供饮用水，与国内公司联合赞助儿童基金会修建培训教室。无偿为儿童基金会提供约 4.1 亿西非法郎赞助其修建办公楼和仓库，为马里举办"非洲杯"足球赛提供 1500 万西非法郎的现金支持。这些社会公益活动受到了马里政府和人民的高度评价。糖联已经成为中国和马里友好合作的典范，在马里家喻户晓，影响广泛。

---

① 中国驻苏丹大使馆经济商务参赞处：《构建和谐中苏关系 提高企业社会责任》，2008 年 2 月 3 日提供给调研组。

二　企业社会责任的政治经济效益

中资企业在非洲履行企业社会责任，可以给投资所在国带来明显的经济社会发展效益，对于中国的企业和政府而言，并不仅仅意味着付出，而是产生显著的政治经济效益。

（一）有利于企业改善投资环境

企业要在非洲生存和发展，必须要创造稳定和友好的环境，特别是在苏丹这样存在动乱的国家，企业的生存发展环境错综复杂，无论是南方还是达尔富尔地区，都存在与政府对立的各种势力，而企业的油田许多都邻近冲突地区，西方的政府和媒体也不断以所谓苏丹政府利用石油收入镇压反对派武装为由，对中国石油企业在苏丹的经营活动进行攻击。因此，通过开展公益事业，使当地人民更多地从企业的活动中直接受益，与当地政府和各地区各部落人民搞好关系，树立企业守法经营、真诚待人的良好形象，是企业生存和发展的重要条件。企业在当地的发展，不仅需要政府支持，也需要人民的理解和支持。因此，在苏丹、马里和埃塞俄比亚的许多中资公司，都对履行社会责任持积极的态度，不是把承担社会责任看作企业的负担，而是把它看作企业成熟的标志。中石油、中海外、中兴、华为等大型企业更是把履行企业社会责任工作当作其全球化战略的有机组成部分，有计划地系统地加以开展。这些企业能够在非洲扎根生长和迅速发展的实践表明，积极参与社会公益事业给企业带来的不只是成本，更多的是效益。

（二）有利于企业降低经营成本

履行企业社会责任与提高企业的效率，并不完全是矛盾的关系。在一定程度上，履行社会责任直接有助于企业节约成本，提高盈利。劳动力本地化是一个比较明显的例证。尽管在中国企业工作的非洲人工资收入在当地都属于较高水平，但非洲当地劳动力的成本总体上比中国要低，在中国国内剩余劳动力供给趋于紧张，工资水平趋于上涨的今天，增加使用非洲当地员工有助于企业节约劳动力成本。当地员工土生土长，熟悉当地社会环境、历史文化、生活习俗、法律法规，与当地政府、社团、教会等方面沟通便利，许多事情让非洲管理人员办理，可以发挥其多方面优势。随着中国培养的会讲汉语的一代非洲中青年进入劳动力市场，中资企业在使用当地劳动力方面面临更加广泛的选择。因此，在非洲的中资企业中，劳动力本地化的优势已经显现出来，劳动力本地化日益成为企业的自觉行动。埃塞俄比亚的 NORILA，马里的塞纺等中资企业都不仅雇用大量本地工人，也聘用本地中高级管理人员，其中一些管理人员会讲中文。这些本地雇员对企业的发展都发挥了重要的作用。

（三）有利于续写中非友谊篇章

中国与非洲国家的传统友谊，是双方老一代领导人在相互支持民族解放运动和中国真诚援助非洲国家的基础上形成和发展起来的。随着冷战结束和经济全球化加速发展，双方关系更加务实，经济因素明显上升，面向非洲"走出去"的中资企业成为双方关系的新主体。中资企业的表现，自然也成为非洲人评价双方关系的新视角。马里的塞纺、糖联等企业，原本是中国无偿援助的产物，长期以来就是中非友谊的象征。这些企业改制以后成为自负盈亏的合资企业，它们能否像以往一样帮助非洲人民实现经济社会发展，在很大程度上是中非友谊能否顺利传承和发展的重大挑战。在非洲有的国家，因中资企业一味追逐盈利，不顾社会责任，给非洲国家的反对派攻击中国和双方官方关系提供口实，给中非友好关系的传承和发展造成危害的事例是存在的。我们在马里、埃塞俄比亚和苏丹等国的调研中欣慰地看到，中国与这些国家的友好关系之所以能够长期稳定和不断发展，与中资企业的贡献是分不开的。中资企业，特别是大型国有企业的领导人在巩固和传承中非传统友好关系方面，富有使命感和大局观念，而认真履行企业的社会责任，与中国驻当地国家使馆的密切配合，正是他们续写中非友谊篇章的生动体现。

（四）有利于打压"台湾当局"图谋

中国企业通过成功推动当地国家的经济社会发展，可以产生示范效应，对渴望加快经济社会发展的非洲国家产生巨大的影响力，对于打击"台湾当局"在非洲的图谋，可以发挥潜移默化的作用。我们在调研中了解到，中海外在马里大规模承建基础设施并在短时期内取得显著成就，对原来在基础设施方面有明显优势的塞内加尔触动较大。这对于后者认清中国的实力的增长，重新评价与台湾当局的"外交关系"，直至最终与中国复交，产生了一定的影响。中石油通过在苏丹的投资，使苏丹在短短 10 年左右时间取得了工业化的显著进展，引起了非洲一批新兴产油国对苏丹模式的巨大兴趣，大大提高了它们通过与中国合作发展的愿望。新兴石油资源国乍得与中国复交，也正是在这样的背景下发生的。中国企业在非洲推动经济社会发展的成功实践，大大提高了中国在非洲的硬实力和软实力，增强了对非洲国家的感召力，使中国在非洲战场上挤压"台湾当局"的"外交"空间处在更加主动的位置。

（五）有利于中国占领道义高地

中国与非洲国家关系目前面临的一个主要挑战是，在诸多国际场合，经常受到西方国家学者和媒体的所谓中国在对非洲国家的关系上重利益、轻道义的指责。这种指责显然是以偏概全。在对外关系上，中国提出建立和谐世界的主张，在对非洲国家的关系上，中国主张实现互利共赢，共同发展，这些理念和价值观充分体现了中国对外关系的道义原则。但是，这些道义原则需要在实践中诠释和展现。虽然一些中资企业在非洲国家确有重利轻义行为，但在马里和苏丹的一大批中资企业则积极践行了中国对外关系的道德原则，在使企业获得发展的同时，有力推动了非洲国家的经济社会发展，为树立中国在对非洲国家关系上负责任、讲道义的形象，提供了不容辩驳的例证。

三　关于做好企业社会责任工作的建议

中资企业在马里、埃塞俄比亚和苏丹较好地履行了企业社会责任，为其他中资企业树立了榜样。但从总体上看，"走出去"的中资企业在履行企业社会责任方面还有许多问题。为了进一步推动企业重视履行社会责任，还需要从以下几个方面努力。

（一）提高认识

通过案头调研和到马里、埃塞俄比亚、苏丹三国的中资企业进行实地调研，我们发现，以国有大中型企业为代表的中资企业较好地履行了企业的社会责任，为所在国的社会公益事业做出了积极的贡献，在当地的影响力、亲和力不断提升。但是，客观地讲，在非洲的中资企业对于社会责任问题的认同度还存在不小的差异。有的企业站在战略高度，主动作为；有的企业意识淡薄，不主动作为；有的企业意识缺失，不作为。加上一些非洲国家的法律法规不完善，使得一些中资企业更加淡化社会责任，污染环境、不遵守劳工法的现象都有发生。我们不能把企业社会责任仅仅看成是搞一点公益活动；也不能把它简单看作西方国家对中国设下的责任圈套。应该看到落实企业社会责任对于国家和企业的政治经济效益，从中国的国家利益和企业长远利益出发，普遍提高政府和企业对落实企业社会责任的认识和主观能动性。

（二）重视宣传

尽管中资企业在履行企业社会责任方面做了大量的工作，但一般愿意"韬光养晦"，主张"只干不说""多干少说"，或者"自己不说，让别人说"。因此，企业也缺乏这方面的统计数据，面对西方国家媒体咄咄逼人的指责，容易在应对中陷于被动。这与西方跨国公司对企业社会责任业绩如数家珍，重视宣传，借此提升企业形象的行为方式很不相同，实际上是把评价中资企业履行社会责任的话语权拱手相让。为此，"走出去"的中资企业不妨借鉴西方跨国公司的做法，专门制作印刷和音像宣传资料，通过主办和协办专场讨论会和演示会等方式，充分利用国际会议、展销会、企业年度报告、企业网站等对企业履行社会责任状况进行宣传。中国的主流媒体应当积极组织报道，摄制有关的电视宣传片，宣传典型案例。有的企业在内部刊物上刊载企业热心公益事业的报道，应当扩大其宣传范围，以利于国际社会真正了解中国企业的形象，纠正西方媒体的不实宣传。非洲的非政府组织数量较多，有些能量较大，其中不少被西方国家利用，成为攻击中国企业社会责任缺失的"急先锋"。中国企业在加强宣传的同时，应注意与非政府组织接触，争取其对中资企业的正确认识。

（三）完善体制

尽管中国企业在非洲当地开展了大量公益活动，并取得了良好的社会经济效益，但至今没有一家企业设立专门机构对履行企业社会责任工作进行管理，除中石油以外还没有其他企业发表企业社会责任报告。这种状况既不利于外界了解企业，也不利于企业继续探索履行社会责任的有效途径和方法。

为此，建议中国企业学习一些在华跨国公司的做法，专门成立企业社会责任管理部门，负责社会责任特别是公益事业的策划、实施、跟进、评估、宣传等事宜，从制度上保证这项工作的落实。中国政府也应加强关于企业社会责任问题的监督与检查机制。可以国务院国资委《中央企业履行社会责任的指导意见》为依据，将履行社会责任情况纳入对在非国企领导人的目标考核范围。商务部可会同驻非使领馆对在非企业的社会责任行为进行监控和评价，在商务部网站上建立企业社会责任专栏，定期表彰做得好的单位，曝光问题严重的企业，督促企业在非经营过程中履行好社会责任。

（四） 加强研究

政府、企业和研究机构要加强全球化经营中的企业社会责任理论与实践研究。目前，中国在非企业的成就是在非洲国家环保标准较低和法律法规并不健全的环境中取得的。有些中资企业至今仍然沿用 20 世纪 60、70 年代的中国外援设备，随着全球环境保护标准的提高，以及非洲国家逐步走上可持续发展道路，这类企业的生存面临相当严峻的挑战。中国的资源开发企业对于一些涉及企业社会责任、可能约束其发展的国际行规还不熟悉。例如，西方国家正在大力推动全球性的《采掘业透明度倡议》（Extractive Industries Transparency Initiative，简称 EITI）。该倡议以反腐败和公平竞争为旗号，要求资源开发型企业提高其收支的透明度，迄今已有 16 个非洲国家愿意加入这一倡议，而中国企业对此还缺乏研究和了解。因此，我们应当未雨绸缪，通过加强对企业社会责任问题的全面系统和前瞻性的研究，发现问题，提出对策，争取主动。在加强研究方面，应注意理论与实际的结合，特别强调把专家学者与有关企业、驻外使馆的力量结合起来，形成合力，其中包括支持中国的非洲学者到研究对象国实地考察，参加有关的国际会议，为在非企业提供及时、有效的对策建议。

（五） 文化沟通

履行企业社会责任的工作对象是非洲当地的国家和人民，因此熟悉当地的文化是履行企业社会责任的重要基础。为加强文化沟通，中国在非洲经营的企业应教育培训中方员工熟悉了解东道国的历史文化，做好文化融合方面的工作。文化的融合包括价值观念、风俗习惯、生活方式、思维习惯、处世理念等多方面的融合。在这方面，应当充分发挥非洲问题专家学者的作用。提高对文化差异的理解和鉴别，增强对不同文化的适应能力，实现跨文化沟通，有助于中国企业获得合作方的信任，减少文化摩擦，增强凝聚力和向心力，构建和谐友好的工作环境，形成共同目标和动力，为企业履行社会责任打好基础。

中资企业对非技术转移的现状与前瞻

"授之以渔：中资企业对非技术转移现状调研"项目组 *

技术转移的定义是，技术作为生产要素，通过有偿或无偿的途径，由一国流向他国的活动。技术转移包括技术地点的转移和技术权利的转移两个方面，而技术权利的转移也被称为技术转让。技术转移可提高转移技术接受方的技术进步和生产效率，是经济增长的重要因素，这一点已被世界经济发展的历史和现实所广泛证明，是中国经济发展的成功经验，无疑也可以成为推动非洲经济发展的重要路径。

近年来，非洲舆论对于加强中资企业对非技术转移的呼声高涨，其中也不乏对中资企业对非技术转移现状的负面评价。2013 年，南非国际问题研究所（The South African Institute of International Affairs）的希拉里·裴特巴（Hilary Patroba）发表言论认为，中资企业的技术转移水平太低。[①] 博茨瓦纳大学（University of Botswana）的弗兰克·杨曼（Frank Youngman）认为，在博茨瓦纳中资建筑企业未提供技能和技术转移。[②] 2013 年 3 月，尼日利亚中央银行（The Central Bank of Nigeria）行长拉米多·萨努西（Lamido Sanusi）批评中国企业"不向当地社会提供技术转移"。[③] 同年，总部设在肯尼亚的非洲主要智库非洲经

---

* 项目主持人：杨光，项目组成员：李新烽、陈沫、仝菲、刘冬、樊少华。

① Hilary Patroba, "China in Kenya: Addressing Counterfeit Goods and Construction Sector Imbalance," The South African Institute of International Affairs, China in Africa Project, Occasional Paper, No. 110, March 2012.

② Strengthening Africa – China Relations: A Perspective From Botswana, The Centre for Chinese Studies, Stellenbosch, November 2013, Discussing Paper, p. 11.

③ http://www.bdlive.co.za/africa/africanbusiness/2013/07/17/gigaba – urges – caution – on – china – in – africa, 2014 – 11 – 24.

济研究会（African Economic Research Consortium）在其发表的报告《中非投资的影响：埃塞俄比亚案例》（*Impact of China - Africa Investment Relations：The Case of Ethiopia*）一文中也批评说，中国对埃塞俄比亚的管理技能转移和技术转移都极其有限。[①] 2014 年初，南非伦理研究所（Ethics Institute of South Africa）开展了一项关于非洲人对中国参与非洲事务的评价的调查，调查对象来自 15 个非洲国家。调查结果显示，关于中国企业对当地经济发展影响的评价 40.1% 为负面。负面评价的理由之一，是抱怨中资企业未向当地提供技术转移或技术转移的水平过低。[②]

为了了解中资企业对非技术转移的客观状况，探究非洲舆论在中资企业对非技术转移方面诸多负面评价的深层原因，中国社会科学院西亚非洲研究所在"中非合作论坛"设立的"中非联合研究交流计划"支持下，于 2014 年对非洲的马达加斯加、毛里求斯、阿尔及利亚和摩洛哥 4 国进行了专题调研。

一 中资企业对非洲技术转移的主要领域

项目组在深入调查后发现，中资企业对非技术转移并不像有关舆论所批评的那样缺位。总体上看，中资企业对非技术转移主要发生在以下几个领域：

（一）工程施工方法与施工技术

中国政府长期以来在非洲援建了大量的建筑工程项目。改革开放以来，建筑工程承包在中非关系中的地位日益提升。在建筑工程领域，中资建筑企业向当地转让了大量建筑工程施工技术与施工方法。这些技术不仅包括抹灰、砌砖、贴砖、焊接、建筑工程机械使用等较为简单的操作技术，也包括工程技术检测、制图、现场测量、混凝土浇筑、温控等较为复杂的技术。长期在阿尔及利亚从事经营活动的中铁建十四局根据当地市场的特点开发出 86 项施工方法和 15 项施工技术，这些施工方法和施工技术均被无偿转移给该企业在

---

① Alemayehu Geda and Atenafu G. Meskel, *Impact of China - Africa Investment Relations：The Case of Ethiopia*, African Economic Research Consortium, CA No. 11/July, 2013.

② Liesl Louw Vaudran, "SA Leads Africa in Anti - Chinese Sentiment," 21 Feb., 2014, http：//mg.co.za/article/2014 - 02 - 20 - sa - leads - africa - in - anti - chinese - sentiment, 2014 - 10 - 21.

当地的合作伙伴。

（二） 机械设备的操作和养护技术

这种技术转移主要发生在工程承包、制造业、机器设备销售等领域，涉及种类众多的施工机械和生产设备，挖掘机、装载机、铲运机、工厂车间使用的纺纱机、针织机、机场高端安检设备、电视舞台灯光设备、现代化的家电、电子产品生产线、移动和固网通信设备，等等。中资企业不仅向当地工人和客户传授设备操作技术，还通过提供后期保障服务、举办培训班、现场技术指导等方式向当地传授设备的维护和保养技术。

（三） 信息与通信技术

华为、中兴等中资通信企业已跻身全球领先的通信解决方案和设备供应商，也成为非洲最大的信息与通信技术服务商。其技术开放程度明显高于西方公司，通常通过培训企业的当地雇员，为当地运营商和分包商提供通信设备调试、配置、维护等方面的培训，向当地人转移现代化的信息和通信技术。

（四） 农业生产技术

从 20 世纪 60 年代开始，中国就开始派遣农业技术人员前往非洲国家指导开荒造田、兴修水利、传授农业技术。进入 21 世纪以后，农业技术援助依然是中国对非洲国家技术合作的重要内容。目前，中国已与非洲多个国家签署农业技术合作协议，使得中非农业技术合作日益制度化。2007 年中国援建的马达加斯加杂交水稻示范中心，把中国的杂交水稻种植技术传播到非洲。

（五） 企业管理技能

中资企业在非洲注意培养当地人才担任企业的中高层管理职务。在中建阿尔及利亚公司，当地雇员担任了项目助理等职务。特别是一些在中国接受过培训或学习过中文的当地人被提升到更高的管理岗位。如在中国与马里合资经营的糖厂和纺织厂，当地人已被提升为副总经理。

二 中资企业对非洲国家技术转移的主要形式

国际技术转移的形式非常多，既包括技术许可证贸易，也包括由特许经营、直接投资、商品贸易、服务贸易带动的国际技术转让，还包括以培训、技术合作等形式出现的非市场渠道国际技术转移。中资企业对非技术转移的形式十分多样，除技术许可证贸易较少以外，其他形式均有存在。

（一）特许经营

特许经营是特许经营权的拥有者以合同约定形式，允许特许经营者有偿使用其名称、商标、专有技术、产品及运作管理经验等从事经营活动的商业经营模式。跨国特许经营在快餐、饭店、食品、出租、汽车销售等行业比较普遍，中资企业对非特许经营主要发生在汽车销售领域。奇瑞、江淮、吉利、比亚迪等中资汽车企业已在阿尔及利亚、摩洛哥等国建立了包括"4S"店在内的特许经营店，并向经营者转移了包括营销技巧、特许经营店的运营与维护、车辆维修与养护等专业知识。

（二）直接投资

对外直接投资是一种综合性国际经济活动，往往涉及国际上的技术贸易、技术资料和信息分享、技术设备和软件的进口、技术专家的流动等。中资企业控股的鹿王羊绒马达加斯加有限公司成立于 1998 年，使用鹿王羊绒在国内的生产设备和生产工艺，利用当地的低成本劳动力、优质水源和出口欧洲的优惠配额，扩大生产规模，已发展成为拥有员工 4353 人的大型制造业企业。中资企业控股的天利纺纱毛里求斯有限公司成立于 2001 年，使用的是中国国内一流的纺纱设备、纺纱技术和管理方法。在阿尔及利亚的阿方控股的合资企业，也使用了中国合资方中铁建的电气化产品生产技术。

（三）商品贸易

商品是技术的重要载体，商品贸易也可以发生技术转移。中国海信公司与阿尔及利亚康特尔的合作是一个典型案例。从双方关系来看，海信只是康特尔的供货商，不参与康特尔的生产和销售活动，但出于维系客户的需要，海信向康特尔转移了大量专有知识和技术支持，包括提供磨具与磨具图纸、产品样机与资料、设计和安装生产线、基本操作规范等。通过与中国海信的合作，康特尔的技术能力大幅提升，逐步形成了独立的线体开发和软件调试能力。

（四）服务贸易

服务商品的跨国交易也往往会带来技术的跨国转移。目前，中国对非服务贸易以建筑工程承包和通信服务为主。中资建筑工程企业在非承建项目越来越多地采用工程总承包的模式，在项目执行过程中，通过雇用和培训当地雇员、与东道国合作伙伴分享技术、向东道国无偿提交工程图纸等方式转移了大量工程技术。华为、中兴等中资通信服务企业在非承接工程主要采取"交钥匙"模式，在工程实施过程中，通过雇用大量当地工人和分包商、提供大量培训向当地人转移技术。

（五）技术援助

中国对非洲的技术援助在对非技术转移中发挥了重要作用。例如，毛里求斯急需获得农产品加工增值技术，在中国援助下，其农业和食品安全部下属的食品技术实验室与中国食品发酵工业研究院之间开展技术交流与合作，派人来华参加"食品加工及保藏技术培训班"，接受中国援非专家现场指导，在当地开发出多种食品保鲜和储藏技术及相关的新产品，比如甘薯片、甘薯蛋糕、白萝卜泡菜、豆腐乳等。又如，中国援建的毛里求斯广播电视大楼竣工后，中国技术工作小组对大楼内部的电气系统、空调系统、舞台灯光、土建系统等相关技术进行了人员培训，并把技术材料和保养手册翻译成英文，供毛方技术人员使用。

三　中资企业对非洲国家技术转移的具体方法

中资企业对当地的技术转移主要采用了 3 种方法：一是技术培训；二是技术合作；三是当地管理人员的培养。此外，接受过中资企业技术培训当地员工的流动也在一定程度上发挥了促进中资企业技术在非洲国家传播的作用。

（一）技术培训

中资企业在非洲的技术培训的形式多样，主要可划分为以下 6 类：

第一，开展一对一、一带多的非正规施工现场技术培训。这种培训方式在建筑工程承包领域较为多见，培训对象是当地建筑工人，培训内容主要是建筑施工技术和建筑机械的操作技巧，该类培训具有明显的"边干边学"的特点。不过，一对一、一带多非常规施工现场技术培训向东道国转移的技术均较为简单。

第二，在东道国组织培训班、集中培训等专门培训活动。这种方法主要是针对高端技术设备或操控系统的应用及运行，比如中建股份承建的毛里求斯新机场项目中使用了三维立体"CT"安检机、"IT"信息系统等先进的设备和操作系统，中建股份邀请供货商的专业工程师对毛方人员进行了为期 3 个月的培训。中国援建毛里求斯的广播电视大楼也采用了类似的培训方法，中方已派遣了两批技术专家组，对大楼内部电气系统、舞台灯光设备、电脑操控系统等应用技术进行培训。在阿尔及利亚，华为、中兴在当地组织的专业技术培训覆盖人群的规模多达每年 200～300 人。

第三，组织当地雇员或合作伙伴来华培训。与在当地组织的培训相比，受限于昂贵的差旅费用，中资企业在选择来华接受培训的对象时更具有选择性。中兴阿尔及利亚分公司每年要安排 10 批当地雇员前往公司总部位于深圳的中兴大学接受培训，但其人员构成以业绩优异的工程师为主。海信每年也会安排其阿方合作伙伴——康特尔公司的雇员前往中国青岛的海信质量中心接受关于线体、工艺控制、产品开发方面的培训，而其选择的培训对象主要是主管人员、业务骨干。

第四，建立地区培训中心。华为集团在南非、肯尼亚、埃及、摩洛哥等非洲国家都已建立地区培训中心。2012 年 2 月建成的华为摩洛哥公司网络学院是华为在全球建成的第一个法语区培训中心和第一个法语区信息和通信技术（ICT）认证体系落地区域的支持平台。

第五，为当地政府培训计划提供支持。华为与坦桑尼亚、赞比亚、安哥拉等国政府合作制定了"信息和通信技术人才培养计划"，帮助非洲国家系统地培养计算机技术人才。中铁十四局在阿尔及利亚承建东西高速公路项目时，为当地政府提供资金，举办培训班，用于培训当地建筑工人。中兴阿尔及利亚公司与该国邮电部联合建立培训学校，为当地培训通信人才，该校至今已为 600 多人提供过培训。此外，中建阿尔及利亚公司与该国巴萨省劳动局合作，为建筑工人提供培训，并为通过培训的当地建筑工人颁发技术合格证书。

第六，为当地大学生提供实习机会也是中资企业对非洲国家技术培训的重要形式。在阿尔及利亚，华为每年都会为当地大学生提供 40 个实习岗位，那些实习期间表现优异的大学生会被华为聘用。中铁建十四局在阿尔及利亚东西高速公司项目施工期间，总共为 100～200 名阿尔及利亚国家工程学院的学生提供实习机会。

（二）技术合作

技术合作指中资企业通过与当地政府部门、企业之间建立合作关系，将先进的技术信息或理念转移给当地的部门或企业。中资企业借助技术合作对非技术转移的途径有：在经营活动中与东道国合作伙伴分享技术知识、与东道国企业成立联合研究机构，以及为东道国合作伙伴提供技术指导等。

第一，在经营活动中与东道国合作伙伴分享技术知识。中建股份在毛里求斯承建新机场建设项目时，就与当地企业达成协议，由当地企业负责一部分施工工作，为了帮助这些企业完成复杂工程的施工任务，中建股份向他们转交了大型跨屋面箱型梁吊装焊接、大面积光电玻璃雨棚安装、屋面大型膜结构吊装等先进施工技术的施工图纸和方案。

第二，与东道国企业成立联合研究机构。研发的国际化亦是促进国际技术转移的重要形式。在阿尔及利亚，中国铁建与当地业主及其企业联合建立了铁路研究中心，从事沙漠铁路技术、高速铁路技术、传统铁路提速改造技术以及铁路运营维护管理等方面的研究工作。

第三，为东道国合作伙伴提供技术指导。中水电集团在毛里求斯承建的水坝项目的最初设计方是法国公司，原设计被发现有严重失误后，三峡集团和中水电的技术专家组经实地考察，提出有关蓄洪坝和水坝防震的修改意见，并被毛方接受。海信在向康特尔销售家电、电子产品零部件的同时，每年也派出工程师前往阿尔及利亚，为其提供技术指导，帮助康特尔解决生产过程中遇到的问题。

（三）中高层员工培养

中资企业在毛里求斯和马达加斯加的当地管理人员雇用率都较高。华为毛里求斯有限公司的管理层以当地人为主。高级管理层的 3 个副经理都是当地人，中级管理层中的财务、供应链、人力资源等部门的主管都是当地人；北京建工毛里求斯分公司使用了 20 名当地的中层管理人员，其中大部分都是从普通工人中培养提拔起来的，这些岗位包括协调员、实验员、制图、测量等有一定技术含量的工作。中－马公共工程有限公司的管理层共有 39 人，其中中方 28 人，马方 11 人，约占管理人员总数的 28%，马方 1 人担任副总经理，并在各中层部门担任副经理。鹿王羊绒马达加斯加有限公司有一位副总经理由当地人担任，5 个车间的副主任也都是当地人。

（四）技术外溢

中国技术在第一次转移到非洲后在当地发生再转移，是一种技术转移的外溢效应，这种效应往往与人员的流动相伴发生。这种现象在非洲比较普遍。中建总公司与阿尔及利亚巴萨省劳动局合作，为当地人提供建筑工程技术培训，并为通过培训的人员颁发技术合格证书，获得技术证书的当地人往往能很快从其他工地找到工作，并将中建总公司向其传授的建筑工程施工技术带到新的工作场所。在摩洛哥、阿尔及利亚等国，一些接受过华为、中兴等中资通信企业培训的当地分包商，也会直接为东道国通信公司提供通信设备的安装、调试与维护工作，从而借助技术溢出效应进一步带动了中资企业技术在东道国的传播。

四　中资企业对非洲国家技术转移的动因

中资企业之所以把大量技术转移到非洲，与市场的约束、企业的动机和政府的推动等因素密不可分。

（一）企业层面

第一，根据协议为东道国提供技术培训。中资建筑承包企业与东道国签署的工程承包合同一般都设定了中资企业为东道国提供技术培训的条款。在阿尔及利亚，依照与东道国签署的协议，中国铁建每年要拿出支付当地工人工资总额的4%用于当地员工的培训，其中2%用于老员工培训，另外2%用于新员工培训；中建阿尔及利亚公司每年也要出资几百万元作为阿国员工业务、技术培训费。

第二，将技术转移作为吸引客户的工具。海信在与阿尔及利亚康特尔的合作中之所以会为康特尔提供技术支持，主要是出于维护客户稳定的需要。为了确保康特尔选择购买海信产品，海信通过帮助康特尔安装、调试生产线，为康特尔提供产品模具及图纸，派工程师赴阿提供现场技术指导等，开展了大量技术转移工作，使康特尔的生产经营活动因此获益匪浅，双方得以互利双赢。宏远机械进出口马达加斯加有限公司之所以会在向当地客户出售大型机械的同时，承担设备的安装、调试、试运行、技术培训、后期维护等工作，其目的也是希望通过为客户提供增值技术服务，来增强公司产品在马达加斯加市场的竞争力。

第三，出于企业"属地化"发展战略的需求。随着中国国内劳动力成本的大幅上升，非洲劳动力成本的比较优势越来越明显。因此，考虑到成本和效率问题，许多企业都已经制定了"属地化"发展战略，扩大对当地人力的使用，有计划地对当地进行技术转移。

（二）政府层面

中国对非政策一贯重视技术转移。纵观中非合作论坛历届部长级会议上中国政府公布的对非政策，技术转移都是一项必不可少的内容。2000年发布的《中非经济和社会发展合作纲领》提出："中方将提供专项资金，支持和鼓励有实力的中国企业到非洲投资，建立有效益、适合当地需要的合资或合作项目，增加当地就业，转让技术。中方表示愿在工程承包、技术和管理合作等领域提供现代和适宜的技术和管理技能。"2003年发布的《亚的斯亚贝巴行动计划》提出："中国将进一步鼓励和支持有实力的各种所有制企业赴非洲投资，包括通过创办旨在鼓励技术转让、创造非洲国家就业机会的中非合资企业。"2006年发布的《北京行动计划》提出："鼓励和支持有实力、有信誉的中国企业到非洲投资兴办有利于提高非洲国家技术水平、增加就业和促进当地经济社会可持续发展的项目。"2009年发布的《沙姆沙伊赫行动计划》提出："中方将在各领域合作中鼓励和推动对非洲国家的技术转让，重点包括对非洲国家经济社会发展有重大影响的先进适用技术。"2012 年发布的《北京行动计划》提出："中方将继续加强与非洲在技术和管理方面的合作，加大技术支持和经验共享，帮助非洲国家提高自主发展能力。"

五　中资企业对非洲国家技术转移的效果

中资企业对当地技术转移的效果主要体现在下述四个方面：

（一）改善了东道国的技术环境，支持了非洲国家的支柱产业

无论是研发性技术还是应用性技术，非洲国家的技术水平都十分落后，虽然现阶段中资企业向当地转移的主要是应用性技术，但通过技术转移，非洲东道国的技术环境得到了很大改善。首先，中资企业培养了一大批熟练技术工人，增加了当地的技工储备。非洲当地企业大多欠缺专业操作技术，雇用熟练的技工可以大幅提高企业的工作效率。其次，先进设备的引入和相关应用技术转移，为当地社会经济发展提供了关键性的支持。比如，中建股份承建的毛里求斯新机场航站楼采用了很多世界上先进的设备，使机场硬件达到了国际水准，同时，通过培训既让机场工作人员掌握了设备的操作技术，又提高了机场的服务和技术保障等软件水平。毛里求斯是以旅游业为主的国家，机场引入的新设备和技术有助于提高毛里求斯旅游业这一国民经济支柱产业在国际市场上的竞争力。华为技术有限公司为非洲国家电信运营商提供的先进的设备和技术培训，大大提升了当地的移动、固网、语音、宽带等通信环境，为非洲国家迅速步入现代信息社会，提供了关键性的基础设施。

（二）增加东道国劳动力的收入，提高非洲人民的生活水平

对非洲人而言，接受过技术培训后，便会成为掌握一种或多种技能的熟练工人，提高在现代部门就业的能力，个人的收入水平会有大幅度提高；即便是更换工作，在人才市场上也会更具竞争力。天利纺纱在马达加斯加设立的棉花种植基地，雇用了大量的当地居民，而这些居民原先是半游牧民族，居无定所，生产工具老化，坚持传统劳作模式，完全没有生产技术和能力，天利纺纱通过技术培训，让他们掌握先进种植技术，学会操作大型机械设备，生产力水平获得实质性的提升，不仅获得一份稳定的收入，生存方式由半游

牧转向定居，在很大程度上摆脱了贫困状态。

（三）带动了当地人的自主创业，促进非洲企业家队伍的成长

一些经过中资企业培训的技术工人，在掌握一定技术后会走上自主创业的道路。北京建工毛里求斯分公司培养的一名机械操作手，通过银行贷款购置机械设备，租给中建使用，后来又购买机器发展壮大，成立专门的公司，不仅继续与中建公司保持合作关系，还开始承揽其他跨国公司的业务。这样的情况在非洲并不鲜见。鹿王羊绒马达加斯加有限公司培养的一些熟练技术工人在离职后，利用所学自行创业，开设了拥有十几台到几十台织片机的小型工厂。中铁建十八局马达加斯加分公司培养的机械修理工在获得技能以后，也开设了属于自己的修理部，还与公司的监理合伙开办了工程监理公司。

（四）帮助非洲发展了新型产业，加快了非洲的工业化进程

在华为、中兴等中资通信企业进入非洲市场以前，非洲各国通信业的发展十分缓慢，其原因在于当时全球通信解决方案和设备供应市场几乎被西方公司垄断。西方公司的技术壁垒及其对非洲国家市场的漠视，导致非洲国家通信业的发展水平远远落后于其他发展中国家。华为、中兴等中资通信企业的到来，将这些国家的通信业带入迅速发展的"快车道"。中国的通信企业不仅将先进的通信设备引入非洲国家，帮助非洲国家建立起固话、"2G/3G"通信、移动宽带等现代化的通信设施，还通过专业培训向当地雇员、分包商传授通信信息技术和知识，培养起一批掌握现代通信技术的工程技术人才。一些接受过中资通信企业培训的当地工程师和分包商开始直接为当地电信运营商提供服务，独立安装、调试和维护通信设备，还有一些当地公司通过与中资通信企业合作，为当地运营商设计新的应用平台，定制适合当地市场的通信服务产品，开发"APP"应用产品。因此，中资企业对非洲国家的技术转移，推动了非洲国家通信产业的跨越式发展。

在海信与康特尔建立合作关系之前，阿尔及利亚基本上不具备家电及电子产品的生产能力，西方公司只愿意向非洲出口工业制成品，却不愿意对其转移技术。在海信的技术帮助下，康特尔于2004年建起电视生产线，于2006年建成电冰箱生产线，康特尔从海信的进口，也从电器整机转变为零部件。在与海信的技术合作经验基础上，康特尔开始接触格力、金立等其他中资企

业，并在上述公司的技术帮助下建成空调、笔记本电脑、平板电脑等家电、电子产品生产线，通过进口半散组件或全散组件，逐步实现上述家电、电子产品的本地化生产。在与中资企业的技术合作不断深化的过程中，康特尔公司家电、电子产品的国产化率不断提高，目前，康特尔生产平板电视的国产化率已达到7%～10%，冰箱、空调的国产化率也已达到50%～60%。通过与中国企业的技术合作，康特尔目前已成为阿尔及利亚最大的家电及电子产品供应商，其产品不但行销阿尔及利亚国内，还出口到埃及、突尼斯、阿联酋等其他阿拉伯国家。正是中资企业的技术转移，带动了阿尔及利亚家电、电子产品制造业的快速发展。

六 负面舆论产生的主要原因

中资企业对非技术转移既然取得这样多的成果，为什么还会出现相关的负面评价呢？在我们看来，大致有以下几个方面的原因。

第一，中方缺乏研究宣传。国内迄今没有看到有关中国对非洲技术转移的正式统计数据，学界也没有产生相关的系统研究成果。已经发表的相关文章和媒体报道星星散散，难窥全豹。连自己都还没有搞清情况，自然不可能"使人昭昭"。技术转移和"授之以渔"迄今没有成为主流媒体关于中非关系的宣传重点；在非洲的中资企业大多奉行"只做不说"或"多做少说"的原则，甚至有的企业只顾埋头盈利，根本没有宣传的意识。研究和宣传的缺失，使中资企业既有的技术转移成就没有获得应有的知晓度。

第二，技术转移层次较低。由于种种条件的限制，目前的技术转移，仍然以技术地点转移、操作技能的转移为主，技术权利转让比较少，还没有形成能够让人眼前一亮的技术转移典范项目。特别是由于西方国家仍然把持着工程、设备和操作规范等方面的标准，中国规范和中国标准难以进入非洲市场，非洲国家对于中国技术标准和中国规范的认可程度低，这是影响中国对非洲实施大规模技术转移的重大障碍，反映出中国在许多领域的技术竞争力还很弱。

第三，非方的期望值较高。近年来，非洲国家越来越不满足于通过资源的大量出口维持经济增长，表现出通过资源的就地加工增值，延长本地产业的"价值链"，加快工业化发展和解决就业问题的日益强烈的愿望。南非非洲研究所等非洲重要研究机构的学者，围绕延长非洲产业"价值链"发表的一批研究成果，对非洲人的发展观念产生了较大影响。在很大程度上，非洲国家对技术转移呼声的高涨，正是这种新发展观的写照。中资企业现有的技术转移规模和水平与这种巨大的期望值相比，显然有很大的差距。

第四，非洲投资环境较差。尽管技术转移可以在多个领域发生，但毫无疑问，其最有力的载体仍是直接投资项目。然而，非洲地区冲突频仍，一些国家安全局势堪忧，金融和投资限制较多，土地制度复杂，基础设施落后，市场规模狭小，地方性流行病肆虐，劳动力素质较低，等等，这些因素限制了对非洲直接投资和技术转移的吸引力，也限制了非洲人对技术转移的接受能力，致使中资企业对非洲的直接投资潜力和相应的技术转移潜力都远没有充分发挥出来。

七　加强中资企业对非技术转移的政策建议

中资企业对非洲技术转移问题的提出，对于中非关系发展来说既是新挑战，也是新机遇。为应对这一挑战和推动中非关系新发展，特提出如下建议：

（一）"授之以渔"，大力推动对非技术转移

非洲国家呼吁中国加强对非洲的技术转移，反映了非洲国家发展的新观念，也反映了非洲国家对中国的新期望，为中非关系发展提供了新机遇。就非洲国家所需要的劳动密集型和资源加工型技术而言，中国在世界上有比较明显的优势，且相关产业普遍存在生产能力严重过剩问题和向外寻找转移出路的需要。因此，以推动中资企业对非洲的技术转移为抓手，符合双方的经济发展战略性诉求，可为中非关系发展注入新的活力，是中非关系发展的新机遇。建议中国政府以"授之以渔"这个闪耀着中国传统文化光芒的格言为旗帜，对非洲国家公开宣示，要以对非洲的适用技术大规模转移来推动双方共同发展。

（二）加强研究，全面开展相关宣传工作

整合政府、专家学者、媒体和企业的力量，开展有关对非洲技术转移的基础统计和文献整理工作，支持专家学者开展相关的专题调研，举办专题国

际研讨会，组织中央媒体进行专题报道。在非洲举办中资企业对非洲技术转移宣展活动，引导国内外舆论正确认识中国对非洲技术转移和共同发展的理念和成就。理解"授之以渔"理念的道义内涵，强化中资企业通过技术转移实现与非洲国家共同发展的意识，为中资企业对非洲技术转移营造有利的舆论环境。

（三） 抓住关键，努力推介中国标准规范

推动中国的技术标准规范走进非洲，对于扩大中国对非洲技术转移，以及提升中资企业在非洲建筑工程承包市场的竞争力，发挥着关键作用。其实，目前中资企业与欧洲同行在建筑工程承包行业中的技术水平差距已经不大，中国政府和企业如加大推介力度，有可能在标准规范的竞争中再上新台阶。为此，建议中国政府和企业尝试在对非援助项目中附加应用中方标准规范的条款，带动中国技术标准规范在非洲国家的传播。树立中资企业在非洲运用中国标准规范建设的典型项目，让更多非洲人亲眼见证中国的技术能力，提高对中国技术标准规范的兴趣。在非洲设立高铁、民航、新能源等合作研究机构，支持中国相关产业进入非洲，带动中资企业对非洲国家技术转移向高端发展。适当组织非洲官员、企业家、媒体、记者来华做中国技术能力专题参访，了解中国的技术优势和水平，提高引进中国投资和技术标准规范的主动性。

（四） 共同努力，多方改善非洲投资环境

改善非洲国家的投资环境，必须依靠非洲国家自身和外部国家的共同努力。为此，中国政府部门、智库和企业有必要向非洲国家直截了当地发出信息，敦促那些需要中国直接投资和技术转移的国家改善其与外国投资相关的法律和政策环境及国内安全环境。与此同时，中国可在参与非洲维稳、提供教育和医疗卫生援助、改善基础设施状况等方面尽一己之力，不排除在这些方面与中非以外的第三方进行合作。唯有如此，才有望看到中国对非洲国家直接投资和技术转移形成高潮。否则，中国纵有大量自身过剩而非洲需要的适用技术，也不可能自动地大规模转移到非洲国家。

南南合作框架下的中国对非援助

安春英[*]

援助非洲在中国对非洲外交全局中占有重要地位。60 多年的中非关系发展史表明，对非洲提供援助是推动中非关系不断发展的助力，维系中非友谊的重要纽带。中国对非援助模式是中非友好关系持久发展中的一大特色，也是西方国家议论比较多的话题之一。

一 中国对非援助的发展历程

中国对非洲国家的援助始于 1956 年，大致经历了 3 个时期，每个时期都与非洲国家面临的历史任务与时代主题相应合。

20 世纪 50～70 年代，世界格局处于冷战时期。新中国刚刚成立，以美国为首的西方国家对新中国持有强烈的敌视态度，孤立、排挤进而企图扼杀新生的社会主义政权。继而，由于苏联大国沙文主义以及美苏关系缓和引发出来的中苏战略利益的矛盾，使中苏关系处于破裂态势。面临美、苏两个大国军事威胁和经济封锁，中国承受巨大的国际压力，需要找到新的外交支点。此时，非洲大陆民族解放运动进入高潮，寻求建立独立主权国家。基于国家安全利益的考虑，以及"中间地带"划分与"三个世界"战略理论思想，中国将非洲国家视为国际统一战线阵营的重要盟友，反帝、反霸斗争不可忽视

* 安春英，中国社会科学院西亚非洲研究所编审，研究方向为非洲经济、非洲减贫与可持续发展问题。

的重要力量，因此，巩固和加强与包括非洲在内的广大第三世界国家的团结与合作，成为打开中国外交新局面的一个基本立足点。这一时期，中国对非洲提供的国际主义援助旨在支持非洲国家谋求民族独立的斗争及巩固独立成果。1956 年 8 月，中国政府向埃及政府提供现汇无偿援助，以支援其抗击英法侵略，这是中国政府向非洲国家提供的第一笔援助。此外，中国还从物资、军事装备、资金上支持摩洛哥、几内亚、加纳、坦桑尼亚、赞比亚、安哥拉等国的民族解放运动。1970 年，几内亚遭到外国雇佣军的突然袭击，应几内亚政府的要求，中国政府向几内亚提供了现汇援助和一批武器装备、医疗器械和药品等。

尤为引人注目的是，1963 年 12 月至 1964 年 2 月周恩来总理在访问非洲十国时，代表中国政府提出了《中国对阿拉伯国家和非洲国家的五项原则》及《中国对外援助的八项原则》，它标志着中国对非洲援助政策的正式形成。这"八项原则"的主要内容是：①中国根据平等互利的原则对外提供援助，从来不把这种援助看作是单方面的赐予；②尊重受援国的主权，绝不带任何条件；③在需要的时候延长还款期限，以尽量减轻受援国的负担；④提供援助的目的是帮助受援国逐步走上自力更生、独立发展的道路；⑤援助项目力求投资少，收效快，使受援国政府能够增加收入；⑥中国提供自己所能生产的、质量最好的设备和物资；⑦中国对外提供任何一种技术援助时，保证做到使受援国的人员充分掌握这种技术；⑧中国援外专家同受援国自己的专家享受同样的物质待遇。值得一提的是，中国在自身经济非常困难的情况下，给予非洲国家大量的无私援助，这一点弥足珍贵。据统计，1956～1977 年间，中国向非洲国家提供了超过 24.76 亿美元的经济援助，占中国对外援助总额的 58%。这些援助项目涉及农业、农产品加工、水利水电、交通运输、文教卫生等领域。中国对非洲国家提供的真诚援助，彰显了国际主义所倡导的无私的相互支持、相互援助要义，有力地支援了非洲国家的民族解放运动，维护了国家独立与主权，助推其经济发展。同时，也增进了中非国家之间的相互了解和信任，扩大了中国在非洲大陆的影响。

20 世纪 70 年代末 80 年代初，中国和非洲国家的形势都发生了重大变化，对内对外政策均处于调整时期。在非洲，绝大多数国家政治上普遍实行多党制，经济上进行结构调整，对外交往突出经济因素，维护和平与稳定、发展民族经济、改变贫穷落后的面貌成为各国的首要目标。与此同时，1978 年中国政府确立了以经济建设为中心、实行改革开放的基本路线，并明确提出在平等互利基础上积极发展同世界各国的关系，寻求国民经济的快速发展。可以说，发展经济成为中非国家政府工作的重心。1983年，中国政府确立了中国对非洲经济技术合作的"平等互利、讲求实效、形式多样、共同发展"四项原则，它也成为新时期中国对非洲援助工作的基本原则。中国对非洲援助与互利合作相结合，更加注重援建项目的经济效益。

20世纪90年代以来，中非关系进入快速发展期。中国政府出于对国家在21世纪发展的战略考虑，将中非关系提升到战略的高度，充分认识到发展与非洲国家的关系是提升中国国际地位的需要，是加快中国现代化建设的需要。为落实中国政府提出的"市场多元化""两个市场、两种资源"和"走出去"发展战略，以及顺应非洲国家实现经济与社会可持续发展的要求，1995年中国对外援方式进行了改革，改革的中心内容是援助方式多样化和援外资金多样化，提出：①将过去的政府无息贷款改为具有援助性质的政府优惠贴息贷款；②推动有竞争力的中国企业和受援国企业在援助基础上开展合作，发挥企业在双方经贸合作领域中的作用；③实施推动贸易与投资、援助与投资良性互动的发展战略，以扩大出口，进一步拓展非洲市场。中国政府鼓励和推动中国企业与非洲企业对援外项目进行合资合作，充分发挥中非经济互补性强的优势，帮助非洲国家建设当地既有资源又有市场和经济效益的中小型生产性项目。这样可以推动中国企业与非洲国家企业直接合作，既帮助受援国发展民族经济，又为受援国企业培训技术和管理人才。中国对非援助更加注重帮助非洲国家发展生产性项目，如援建纺织厂、农产品加工厂等。这表明中国对非援助从注重无偿援助发展到强调互利双赢。

进入21世纪，中国对非援助的内容和形式日益丰富多彩。中国政府又相继在第一届至第五届"中非合作论坛"部长级会议上出台了一系列对非援助的新举措，诸如：逐步扩大对非援助规模；减免非洲重债贫穷国和最不发达国家债务，设立合资合作专项资金，设立"非洲人力资源开发基金"，扩大对非产品开放市场，给予非洲最不发达国家输华商品免关税待遇，在非洲建设境外经济贸易合作区；帮助非洲培训1.5万名各类人才，向非洲派遣青年志愿者，加强与非洲国家在农业、医疗、社会发展和教育等领域的合作，倡议实施"中非联合研究交流计划"，促进学者、智库交往合作，深化同非盟和非洲国家在非洲和平安全领域的合作，为非盟在非开展维和行动、常备军建设等提供资金支持，增加为非盟培训和平安全事务官员和维和人员数量；[①] 等等。这说明，当前对非洲援助已经成为中非新型战略伙伴关系的重要组成部分，为中非关系的持续发展注入了活力。

二 中国对非洲援助的特点

第一，中国对非洲援助政策虽然在不同历史时期有所调整，但对非援助原则始终如一，即中国对非洲援助坚持"不干涉别国内政"、平等相待的原则。它实质上是中国平等外交思想的核心。中国对非洲提供不附加任何政治条件的援助，可以维护非洲国家自我选择发展道路的权利。非洲国家当前不发达的原因，主要是历史上西方国家对非洲的殖民统治和掠夺，对非洲自我发展道路的干扰。所以，要帮助非洲国家摆脱贫困落后的面貌，就必须尊重非洲国家自我选择发展道路的权利。中国对非洲援助不附带任何政治条件，符合非洲国家的需要，使得中国对非援助的效果更加突出。中国对非援助不附带任何政治条件，可以使对非援助项目避开政策的干扰，直接使非洲人民得益，中国对非洲的援助都是切合了非洲国家和人民的需要，多年来在基础建设方面的援建，改善了非洲的基础设施的条件，有利于提升非洲经济发展的速度。

第二，改善民生是中国对非减贫政策的核心。从《中国对外援助的八项原则》到 2006 年 1 月中国政府发表《中国对非洲政策文件》，乃至第一届至第五届中非合作论坛政策宣示，减贫合作已成为中国对非政策中的要语之一。"减贫""千年发展目标""共同发展"等表述已明确成为中国对非政策的文件、中非合作的宣言，在中国领导人发表有关对非关系的重要讲话中，实施机制日益健全。2010 年 9 月 20 日，温家宝总理在联合国千年发展目标高级别会议上发表了题为《为实现千年发展目标而奋斗》的重要讲话。其中谈道，"推动发展中国家民生事业发展，是中国对外援助的首要目标。扶危济困、守望相助是中华民族的传统美德。新中国成立 60 多年来，我们一直本着国际主义和人道主义精神，竭尽所能向发展中国家提供形式多样、真诚无私的援助，

---

① 胡锦涛：《开创中非新型战略伙伴关系的新局面——在中非合作论坛第五届部长级会议开幕式上的讲话》，《人民日报》2012 年 7 月 20 日第 2 版。

促进了发展中国家的经济发展和民生改善，加深了中国与广大发展中国家的友谊，树立了"南南合作"的典范。今后，中国政府将进一步加强和改进援外工作，为全人类早日实现千年发展目标做出应有的贡献"。① 由此可见，中国对非援助的实质是民生援助。

第三，中国对非援助本着"授人以鱼，不如授人以渔"的精神，旨在提高非洲受援国的自主发展能力。中国除援建体育场馆、会议中心、医院、学校、道路等大型项目外，针对非洲国家技术和管理人才较为缺乏的现状，自1998年起开始在华举办多种类型的短期培训班或研修班，为提高非洲国家人力资源素质助一臂之力。在中国，一些高校已建立了多个援非培训基地，例如，中国天津工程师范学院着重为非洲培养中等专业技术人员，成功地与非洲国家开展职业技术教育合作；浙江师范大学非洲研究院举办了"非洲高等教育管理研修班""非洲国家大学校长研修班"等。

第四，在援助领域和项目的选择上，中国政府根据非洲国家的优先考虑和实际需要确定项目，并注重援助项目的实效性。从全非层面看，"非洲发展新伙伴"计划勾勒了非洲大陆的发展蓝图，也是非洲大陆最重要的发展议程。当然，每个非洲国家均根据各自的国情，制定了经济与社会发展战略，并各有不同的优先发展领域。据此，在确定援助领域与项目方面，中方注重发挥非洲国家援助合作中的主导作用，使援助资金与非洲大陆或非洲国家的发展战略相适应，援助资金流向非洲国家急需发展的领域，选择一些有关国计民生的项目，无论是农业灌溉、修桥、建医院，还是轻纺工业，抑或是技术培训项目，均是这些非洲国家迫切需要改善的领域。因此，中国与非洲国家援助项目的有效沟通与协调，能够使援助资金充分发挥效益，保证了援助效果。例如，安哥拉在2002年结束内战，全国百废待兴。基于该国战后重建的需要，中国政府与安哥拉签订了基础设施援建项目协议，包括援建罗安达医院、铁路、卡希托灌溉工程等，有力地支持了该国战后经济恢复与重建计划。

第五，中国对非援助内容日益丰富。20世纪50～70年代，中国向非洲提供援助的主要形式包括项目建设、提供实物以及派遣专家等。当时，中国援建了一些大型项目，如在坦桑尼亚建立农场、马里糖厂、几内亚糖厂、布基纳法索水电站、马里甘蔗农场、赞比亚卢萨卡公路等，这些项目对于受援国

---

① 温家宝：《为实现千年发展目标而奋斗》，《人民日报》2010年9月24日第2版。

经济和社会发展具有重要作用。当然，援非医疗队已成为机制化援助内容。自 1978 年起中国开始实施改革开放政策，中国对非洲援助方式和项目形式开始出现多样化，内容更加丰富，效果更加显著。无偿赠送、无息贷款、贴息贷款、技术援助、项目建设、直接建厂、专家指导、劳务服务、人员培养、技术培训等逐渐成为援助或合作的方式。尤其突出的是，自 20 世纪 90 年代以来，中国对非洲的援助内容不断增加。到目前，中国对非援助的方式主要有 8 种：成套项目、一般物质、技术合作、人力资源开发合作、援外医疗队、紧急人道主义援助、援外志愿者和减免债务。

第六，中国对非洲援助重在落实。从 2006 年中非合作论坛北京峰会上中国国家主席胡锦涛宣布的 8 项援非政策措施实际执行情况看，至 2007 年底，中方行动体现了"言必信、行必果"的特点：（1）中国国家开发银行出资并承办的中非发展基金有限公司已在北京开业，首期 10 亿美元全部由国家开发银行出资到位。（2）中国承诺援建的非洲联盟会议中心于 2007 年 5 月 25 日在埃塞俄比亚首都亚的斯亚贝巴正式奠基。（3）中国已与 28 个非洲重债穷国和最不发达国家签署了免债议定书。（4）中国向非洲国家开放市场，26 个非洲最不发达国家 2007 年 7 月起享受 454 个税目输华商品零关税待遇；中国政府批准在赞比亚、毛里求斯和尼日利亚的经济贸易合作区项目已经启动；中国 2007 年已为非洲国家培训了 4150 名各类人员；中国第一个援非疟疾防治中心已在利比里亚成立；中国 2007 年 8 月向刚果（金）提供了 4000 万元人民币的无偿援助；等等。由此可见中国援助非洲的真心实意，一诺千金。

可以说，中国与非洲国家的援助合作是南南框架下的合作，也是国际发展合作的一部分。50 多年来，中国对向非洲国家提供的援助虽然数量有限，但成效显著，合作双方都从中受益：中国的援助一方面在一定程度上支持了非洲国家的政治独立、经济发展和社会进步；与此同时也有力地配合了中国的外交工作和经济建设，推动了中非经贸关系乃至整个双边关系的发展，拓展了中国的外交空间和国际影响，也有助于树立中国是负责任的积极参与国际事务的大国形象。

三　中国对非援助的主要领域及成效

第一，农业援助。在中国对非发展援助中，农业援助是一个重要的组成部分。中国向非洲提供农业援助始于 1959 年，即中国向几内亚政府提供属于发展援助范畴的无偿粮食援助。① 从 20 世纪 60 年代开始，中国对非农业援助获得长足发展，至 2011 年 6 月，中国在非洲的农业援助项目达 100 多个。② 近 60 年来，中国对非农业援助方式与内容日渐丰富，主要包括：其一，援建农场，如坦桑尼亚姆巴拉利农场和鲁伏农场、索马里费诺力农场、乌干达奇奔巴农场、几内亚科巴甘蔗农场、马里两个甘蔗农场、毛里塔尼亚姆颇利水稻农场、塞拉利昂甘蔗农场、尼日尔 4 个垦区、多哥甘蔗种植园、刚果（金）甘蔗农场等。其二，援建农业技术实验站、推广站和农业技术示范中心。中国曾先后帮助几内亚、马里、坦桑尼亚、刚果（布）、索马里、乌干达、塞拉利昂、尼日尔、多哥、刚果（金）、毛里塔尼亚等十多个国家建设了技术试验站和农业技术推广站。截至 2011 年 6 月，中国已在坦桑尼亚、赞比亚、莫桑比克、乌干达、津巴布韦、苏丹、利比里亚、刚果（布）、贝宁、多哥、卢旺达、喀麦隆、埃塞俄比亚和南非建立了 14 个农业技术示范中心。其三，派遣农业技术专家。中国政府在双边援助框架内派出农业专家，或者参与国际组织等多边对非农技援助计划。

中国对非农业援助的成效体现在三个方面：其一，中国对非农业援助，符合非洲国家农业发展与减贫的利益诉求，与《非洲农业综合发展计划》有诸多共通之处，这说明中国对非实施的农业援助举措与非洲国家经济与社会发展需要保持了一致性，彼此之间可形成合力，推动非洲国家尽快实现脱贫致富的发展目标。其二，中国对非农业援助重心是帮助非洲国家提升农业技术水平，提高其自身农业发展能力，由此推进非洲国家的减贫进程。其三，中国对非农业援助注重为非洲国家引进农作物新品种，丰富了受援国农产品收获物与居民的"菜篮子"，对于改善当地人民的饮食结构起到了重要作用。非洲是世界上营养不良人口最为集中的地区，撒哈拉以南非洲约有 1/3 人口处于营养失衡状态。③ 而来自中国援建培育的营养丰富的农产品供应当地市场，逐渐被更多的民众食用，从而为塑造民众的健康体魄

① 李小云等：《小农为基础的农业发展：中国与非洲的比较分析》，社会科学文献出版社，2010，第 204 页。

② 参见迟建新《助力非洲粮食安全》，《人民日报》2011 年 11 月 30 日。

③ David Bigman, Poverty, *Hunger, and Democracy in Africa: Potential and Limitations of Democracy in Cementing Multiethnic Societies*, Palgrave, 2011, p. 77.

做出了贡献。

第二，工业援助。从中国对非工业援助的类型看，主要分为以下两种：一是资源加工型项目，如中坦友谊纺织厂、贝宁洛克萨棉纺厂、马里上卡拉糖联、马里法拉科制茶厂、多哥阿尼耶糖联、马达加斯加糖厂、几内亚卷烟火柴厂、阿尔及利亚盖尔玛陶瓷厂等。二是市场开拓型项目，如卢旺达水泥厂、刚果（布）水泥厂、津巴布韦华津水泥厂、喀土穆炼油厂等。从援助模式看，中国对非工业援助项目大多是通过成套项目援助实施的，即中国提供无偿援助和无息贷款等援助资金，且负责受援项目的考察、勘察、设计和施工的全部或部分过程，提供全部或部分设备、建筑材料，派遣工程技术人员组织和指导施工、安装和试生产。项目竣工后，移交受援国使用。[①]

中国对非工业援助取得了积极效应。其一，中国对非工业援助促进了受援国民族工业的发展，助推其努力实现经济现代化，积累社会财富。例如，2000 年，苏丹境内第一座现代化炼油厂——喀土穆炼油厂的建成投产，结束了苏丹石油产品长期依赖进口的历史，并帮助苏丹建立了上下游一体化的石油工业体系，为苏丹国民经济和社会发展注入了强劲动力。其二，中资援非企业通过生产经营活动，创造产值，增加了当地税收，促进了当地经济增长，增加了政府财政收入，为非洲国家实施减贫行动提供了资金。其三，中国援非工业企业能够提供传统农业部门所不能给予的就业机会，为当地人创造了新的就业岗位，使他们参与经济活动从而拓宽收入来源，提高了当地民众的购买力和生活水平，有助于穷人减贫。其四，在援非企业发展过程中，中方通过在职培训、建立培训中心、选派优秀员工赴华培训等方式，实现技术转移，为受援国培训了一批熟练技术人员，提高了当地人力资源素质。其五，一些援非中资企业在从事生产经营的同时，还通过捐资、修路、架桥、打水井、建医院、盖学校等形式，积极履行社会责任，参与当地社区发展的公益事业，从而惠及当地民众，促进当地民生的改善。

第三，基础设施建设。从基础设施的功用来看，中国在非洲国家此领域实施的援助项目大致可分为两类：一类是公路、铁路、机场、港口、通信、水电设施等经济基础设施；另一类是各类办公大楼、学校、医院、体育场馆、

---

① 参见《中国对外援助》白皮书（2011 年 4 月）。

文化设施、住房等社会公共基础设施。截至 2009 年底，中国在非洲援建了 500 多个基础设施项目，社会影响较大的项目包括坦桑尼亚 - 赞比亚铁路、索马里贝莱特温 - 布劳公路、毛里塔尼亚友谊港、突尼斯麦热尔德 - 崩角水渠、佛得角泡衣崂水坝、坦桑尼亚国家体育场、肯尼亚莫伊国际体育中心、科特迪瓦阿比让文化宫、非洲联盟会议中心等。① 中国对非基础设施融资主要通过两个路径：一是无偿援助项目，属赠予性质。这类项目由商务部援外司根据非方的需求确定具体项目，项目金额在 1000 万美元以下，受援国不需偿还项目资金。二是通过优惠贷款方式实施。从 1995 年起，中国政府开始实施对外提供政府贴息优惠贷款，利率一般为 2% ~ 3%，期限为 15 ~ 20 年，大中型基础设施项目是最主要的受益领域。

中国对非基础设施援助取得的积极效果包括：其一，建设基础设施满足了非洲国家当下经济与社会发展的迫切之需。当前，非洲国家仍处于基础设施供需赤字状况②，从而将提高基础设施建设水平视为国家发展战略的优先领域之一。中国在此领域实施的援助行动，迎合了非洲国家经济与社会发展的需求，其效果亦会显现出来。其二，基础设施建设（尤其是经济类基础设施）会在一定程度上拉动经济增长，这主要源于基础设施投资的乘数效应，即基础设施需求诱发了生产活动，进而涉及个人消费和其他投资领域，最终使国内生产总值出现一定程度的增长。其三，基础设施的逐渐完善，会大大降低商品交易成本和使用成本，为经济发展提供基础条件，民众亦会从中受益。非洲国家大多为外向型经济，经济发展很大程度上得益于基础设施的持续改善。基础设施的改善会增强非洲出口商品的国际竞争力，同时增加出口产品生产者的收益。而基础设施相关使用费用的降低，则意味着使用者会减少相应支出。其四，由于基础设施是公共产品，因此基础设施建设在一定程度上改善了非洲当地人民的生产和生活条件。例如 1984 年，中国援建的突尼斯麦热尔德 - 崩角水渠竣工，全长 120 公里，总灌溉面积 1.9 万平方公里，该项目实现了突尼斯人民长期以来西水东调的夙愿，从根本上解决了当地脐橙种植业发展的缺水瓶颈。

---

① 参见商务部国际贸易经济合作研究院编《中国与非洲经贸关系报告 2010》，第 6 页。

② Vivien Foster and Cecilia Briceño - Garmendia edited, *Africa's Infrastructure：A Time for Transformation*, The World Bank, 2010, p. 4.

第四，教育与人力资源开发。1954年，中国向埃及开罗大学派遣了教师，[①] 开了中国教育援非的先河。此后，随着中非友好关系的进一步发展，尤其是中非合作论坛机制建立以来，中方秉承"授人以鱼，不如授人以渔"的理念，不断赋予中非间教育与人力资源开发合作新路径、新内涵，注重通过人力资源开发合作提高非洲受援国自主发展能力。其主要形式：一是派遣援非教师，教授课程涉及汉语、数学、物理、化学、生物、计算机、土木工程、体育等十几个学科。二是提供政府奖学金，接收来华留学生。自1956年中国与首个非洲国家埃及建交后，便开始接收非洲留学生。除中国政府奖学金以外，北京、上海、重庆、浙江等地先后设立了地方政府奖学金，部分高校设立了校内奖学金。一些企业，如华为公司、国家开发银行等也设立了来华留学企业奖学金。享受中国政府奖学金的受益面现在涵盖与我国建交的所有非洲国家，来华留学生攻读学位的层次逐年提高，本科生和其他学生（短期生）招生比例有所缩减，而攻读硕士和博士学位的研究生相对增加，有利于为非洲国家培养高层次的管理和科技人才。三是举办多种专业研修班。为进一步适应非洲国家经济建设和社会发展的实际需要，教育部与商务部自2008年起在对外援助人力资源培训规划中设立"为发展中国家培养硕士人才项目"。商务部专门成立了研修院，承接各类援非培训项目。中国国际扶贫中心致力于开展国家间分享发展经验、促进南南合作、以减贫为主题的培训项目。四是援建学校。包括小学、中学、职业技术学校等。截至2011年中，中方已与埃塞俄比亚等25国签订了36所学校立项换文。五是创建中非人文交流新平台。中方在第四届中非合作论坛上提出的援非新八项举措之一，即实施"中非联合研究交流计划"。此外，"中非高校20+20合作计划"业已正式启动，"一对一"合作院校（如北京大学与开罗大学、北京语言大学与埃及苏伊士运河大学、华东师范大学与达累斯萨拉姆大学、吉林大学与津巴布韦大学等）校际交流项目逐步展开。"中非青年领导人论坛"和"中非民间论坛"相继成功举行。上述机制搭建了中非国家间政治、经济、文化交往的平台，其成效之一是非方通过各类人文交流新平台加快了对中国发展经验的认知、分享与借鉴。

[①] 《中非教育合作与交流》编写组编著《中国与非洲国家教育合作与交流》，北京大学出版社，2005，第22页。

中国对非教育援助与人力资源开发合作的成效如下：其一，中国对非教育援助与人力资源开发领域的合作有助于帮助非洲国家提高人力资源水平。通过派遣援非教师和"中非高校20＋20合作计划"的实施，中国帮助非洲国家的高等院校发展薄弱学科，解决了其因缺乏专业教师而难以开课的问题，从而直接提高了非洲国家高等院校的教学与科研水平，为非洲国家经济与社会发展培养了一批专业人才。其二，中国针对非洲国家实施的各类培训项目、政府奖学金项目以及多渠道人文交流项目，有助于非洲国家分享与借鉴中国经济发展与减贫的经验。中国政府的执政能力建设、发展经济、减贫社会政策、外援的管理与利用等方面的经验为非洲国家需要的当务之急。在中非智力援非诸项目上，尤其是研修与培训项目均围绕上述专题进行，中国经验为非洲国家提供了减贫与发展的"他山之石"。

第五，医疗卫生援助。医疗卫生领域一直是中国对非援助的重要领域。50多年来，根据受援国的要求，中国对非医疗援助方式与内容不断拓展，以期更好、更长久地服务于非洲人民解除病痛、强身健体的需要。一是派遣援非医疗队。也就是，通过政府自上而下的实施路径，国内接受承派的省、直辖市、自治区与非洲相关国家建立长期医疗合作关系，形成"对口支援"接替式连续派遣模式，在受援国开展医疗服务。二是援建医院和医疗卫生中心。援建医院是中国援非社会类基础设施项目之一，一般以"交钥匙"方式进行。在2006年中非合作论坛北京峰会前，中国共为非洲24个国家援建了38所医院。除土建外，中方在援建医院时，还提供了X光机、CT机等必要的医疗设备。这些医院建成后，为科特迪瓦中西部地区人民就诊看病提供了方便。三是设立疟疾防治中心。截至2011年底，中国分别向赞比亚、乍得、中非共和国、莫桑比克、利比里亚、多哥、布隆迪等国设立了25个"中国疟疾防治中心"（其中19个为新建，6个与当地医院合并而成），并交付东道国使用，其余5个为正在建设中。中方向疟疾中心无偿提供必要的疟疾诊疗设备，每年赠送一定数量的青蒿素药品，同时派遣短期疟疾防治专家小组，负责传授治疗经验、临床治疗指导和指导使用青蒿素类抗疟药等药品，以及现场培训当地医护人员。四是开展形式多样的医疗援助活动。2010年11月、2011年3月和9月，"非洲光明行"慈善活动分别在马拉维、津巴布韦和莫桑比克举行。除此以外，中国援非医疗队也开展了一些与医疗相关的活动。如援莫桑比克医疗队在该国中心医院举办了"艾滋病治疗新进展""热带病预防和治疗"

等专题讲座；援塞内加尔医疗队在达喀尔工商学院举行针灸相关知识报告会；援马拉维医疗队员受邀参加马拉维骨科年会；等等。

从中国医疗卫生援非的社会效果看：其一，中国对非实施的医疗援助行动，为当地病患解除了痛苦，为当地人民带去健康，使其免受因病致贫之苦。中国援非医疗队工作地点大多是缺医少药的地区，但他们妙手仁心，治愈了大量常见病、多发病，并采用针灸、推拿以及中西医结合诊疗方法诊治了不少疑难杂症，挽救了许多垂危病人的生命，在一定程度上改善了非洲当地的医疗生态。其二，中国在非洲援建的医疗卫生设施，帮助当地缓解了医疗资源不足问题。中国援助非洲设立的 30 个疟疾防治中心，为非洲当地疟疾患者提供了更多的专业医疗机构，提供了更多机会得到对症医治。同理，中方按非洲国家需要援建的数十所医院，亦起到雪中送炭、改善当地医疗卫生条件的作用。如中方援建的利比里亚塔佩塔医院自 2011 年 2 月开业以来，共诊治门诊病人 7139 人，住院病人 3128 人，手术病人 357 人，CT 检查病人 125 人。① 其三，中国援非医务工作者向当地医务人员传授医疗技术，促进了当地医疗卫生水平的提高。在实施对非医疗援助过程中，中方医务人员不仅做好自身的医疗工作，还注重对受援国医护人员进行培训和业务指导。有的援非医疗队员利用门诊、手术等对身边当地的医务人员进行"一对一"带教，将自己掌握的精湛的医疗技术无私地传授给当地医护人员，增强了受援国医务人员的自我发展能力。

第六，债务减免。中方主要通过中非合作论坛机制实施减免非洲债务计划。2000 年的第一届中非合作论坛部长级会议、2006 年的中非合作论坛北京峰会，以及 2009 年的中非合作论坛第四届部长级会议上，中国政府均承诺对非洲与中国建交的重债穷国和最不发达国家免除不同额度的对华到期未还的政府无息贷款债务。根据中国国务院新闻办发布的《中国与非洲的经贸合作》白皮书（2010 年 12 月）统计，2000～2009 年，中国已免除 35 个非洲国家的 312 笔债务，总计 189.6 亿元人民币。这推动国际社会更加重视非洲债务问题，中方采取切实、有效、快速的方案也使非洲债务负担真正有所缓解。

非洲国家外债负担沉重，已成为经济与社会发展的桎梏，而中国的减债举措会减少政府对于偿本付息的财政支出，使政府扩大用于社会发展的支出

---

① 参见中国驻利比里亚使馆经济商务参赞处资料。

成为可能。长期以来,非洲有 30 多个国家属于重债穷国或最不发达国家,发展问题十分严峻。一般说来,非洲国家主要通过三种方式偿还外债:一是源于政府的财政收入;二是举新债还旧债;三是与债权方协调,进行债务重新安排或争取部分债务减免,延期偿还部分债务。虽然中国不是非洲国家主要债权方,但中国对非减债举措一方面是向国际社会昭示中国政府尽己所能已采取务实性行动,有助于推动国际社会加大减免非洲债务的力度,使非洲国家从中受益;另一方面,减债意味着政府还债压力有所减轻,有助于政府加大对内经济领域和社会发展领域的投资,政府制订的各项减贫计划得以实施,同时也会为外国投资者创造更好的投资环境,带动国民经济增长,就业机会随之增多,居民从经济增长中获益。

第七,减灾救灾和人道主义援助。鉴于非洲部分地区在应对自然灾害和突发事件方面的脆弱能力,当非洲国家遭受自然灾害和战乱影响时,中国坚持及时向其提供人道主义援助。中国对非提供的紧急人道主义援助主要通过两种路径:一是采用双边对非援助方式,即在非洲有关国家和地区遭受各种严重自然灾害或人道主义灾难的情况下,中国政府本着"以人为本"的人道主义精神,履行国际道义,主动或应受灾国要求提供紧急救援物资、现汇或派出救援人员,以减轻灾区人民生命财产损失,帮助受灾国应对灾害造成的困难局面。例如,2003 年中国向遭受 6.8 级强烈地震的阿尔及利亚政府提供了一批帐篷、毛毯、药品等共计 9 吨 367 件紧急物资援助,并派遣国际救援队赴该国参加救援工作,救灾援助总计 536 万美元。[①] 2011 年,东非地区遭受近 60 年来最为严重的干旱和饥荒。中国政府分两次向非洲之角地区提供总额为 4.432 亿元人民币的粮食援助和粮援现汇。二是参与多边对非援助机制,即中国通过联合国等国际机构,提供紧急救援物资或现汇,实施人道主义救援。中国是提供国际人道主义援助的重要成员,既多次受益于来自国际组织的援助,也积极响应国际组织发起的各类援助活动。例如,2009 年和 2010 年,为帮助莱索托解决粮食不足问题,以向世界粮食计划署认购捐赠金额的方式,分别向莱索托捐赠了价值 100 万美元和 50 万美元的粮食,满足了该国居民的粮食消费需要。

[①] 参见商务部部长助理陈健在中国对外实施人道主义援助新闻发布会上的发言,http://news.163.com/06/0118/09/27O7VOBP0001124T.html,2012 - 3 - 15。

非洲大陆是世界上自然灾害和社会动荡频发的地区之一。由于贫困人口基数大，国力有限，大多数非洲国家没有能力建立减轻穷人所面临危险的机制，灌溉系统、基础设施、公共卫生保健等干预措施不健全。在遭受国内冲突和战争、经济危机、自然灾害等危机时刻，非洲国家又会新增大量贫困人口。世界银行的研究表明，非洲国家约有 1/4 的人口处于贫困化边缘①，当他们面临上述突发性事件时，常常会因此而致贫。因此，减贫与减灾救援密切相关。基于非洲大陆的上述情势，中国为非洲国家提供的雪中送炭的人道主义援助，不仅展现了中国负责任的大国形象，而且有效帮助受援国减轻了灾害影响，有助于减少因灾致贫现象的发生。

四 几点思考

中国向非洲国家提供力所能及的经济援助是在"南南合作"框架下进行的，具有特殊意义。

第一，中国对非以减贫为实质的对非援助形成了"南南合作模式"，有助于探索国际援助合作的新思路、新路径。长期以来，发达国家以其较为快速的经济发展和占优势的教育、科技、文化水平，在对非援助合作中占据主流。随着近些年非洲国家在改善民生方面出现的新问题，对国际援助合作模式、内容、方式等也提出了新挑战。中国在与非洲国家减贫合作中所采用的加强基础设施建设、农业技术合作以及减贫人力资源培训（尤其是分享中国减贫的经验）等做法，丰富与发展了国际援助合作的内容。国际减贫合作正从以"南北合作模式"为主向"南北合作模式"与"南南合作模式"双向度趋势发展。发展中经济体在对非援助体系中的出现，为非洲国家接受国际援助合作注入了新的"血液"，也为之提供了多元化的合作主体。由此，在国际合作领域出现的"南北合作模式"和"南南合作模式"将在非洲形成援助绩效的参照系。中国以创新发展理念参与其中，非洲国家可以选择更多的外部合作伙伴，支持本国的经济与社会发展。

第二，推动南南合作，深化中非友谊，有利于体现中国的大国责任担当。

①　The World Bank, *African Poverty at the Millennium*：*Causes*，*Complexities*，*and Challenges*，Washington，D. C.，2001，p. XV.

中非友谊源远流长，基础深厚。20世纪五六十年代以来，中非双方通过在政治、经济、文化等领域的真诚友好、平等互利的合作，使双方友谊更加坚实。中国几千年文明发展史，蕴藏着深厚的文化积淀，扶贫济困、守望相助是中华民族的传统美德。新中国成立60多年来，一直本着国际主义和人道主义精神，量力而行、尽力而为地向非洲国家提供形式多样、真诚无私的援助，体现了中方长期而坚定的国际主义情怀，促进了非洲国家的经济发展与民生改善。可以说，中国对非援助合作内容的拓展，是双方深化务实合作特点的很好体现，切实回应了非洲国家当前的发展需求，加深了中国与非洲国家的友谊，树立了"南南合作"的典范。同时，非洲亦是中国履行发展中大国责任的重要场所，中国提供的援助资金和实施的援助项目对非洲国家的减贫事业有一定的推动作用。

与此同时，我们也应清醒地看到中国对非援助模式亦面临挑战。发达国家作为"南北合作模式"的一方，是非洲国家获得国际援助的重要外部支撑，但是，基于发达国家的国际援助价值取向、国际援助中存在的附带条件性、履约的脆弱性、政治偏向性等缺陷，为非洲国家所诟病。① 与中国对非援助模式不同，西方国家对非援助提出附加政治条件，即发达国家发展援助的政治化，与受援国的人权状况、良政、民主化进程等挂钩。例如，美国对受援国提出的附加政治条件是：受援国国家领导人必须实施"民主政治改革"，实行"诚实管理和法治"；英国则强调受援国要"良治"和"有负责精神"。事实上，这些附加条件很可能造成一些非洲急需外援的穷国得不到外部资金援助，非洲国家若得到援助必须付出政治经济代价。这就使得当前的发展援助在很大程度上服务于西方共同的价值理念的全球化要求，而不是缓解全球化与贫困化的内在矛盾，国际援助资金的流向与穷国的贫困化程度不一致，即充分体现发达国家在国际援助上的价值取向，未真正把贫国利益视为全球利益。

正是由于中国对非援助理念与西方国家未能"步调一致"，一些西方国家对于中国与非洲国家的日益密切交往深感不安，尤其对中国向一些非洲国家提供的援助非议颇多，认为中国"不附加任何条件"的援助是在"忽视人权，容忍暴政"。2008年3月18日，美国国会美中经济与安全评估委员会在华盛

---

① 关于发达国家对非援助的作用，参见安春英《非洲的贫困与反贫困问题研究》，中国社会科学出版社，2010，第204～212页。

顿举办了一场以"中国日益增长的全球影响"为主题的听证会。在会上，应邀出席的美国国务院负责东亚和太平洋事务的助理国务卿帮办柯庆生对中国"不附加任何条件"的对外援助政策提出质疑，称中国的政策可能阻碍美国、欧盟等援助方"促进发展中国家经济长期发展、保持政治稳定"方面的努力，"担心与国际社会不协调的中国外援项目，将抵消其他援助方促进良政、提高透明度的努力"。实际上，西方国家之所以在当下鼓吹这种论调，主要归因于以下两个方面：其一，近年中国的快速发展以及在非洲影响力的加强，使西方国家感到其在非洲的利益受到"威胁"了；中国对非援助的另类思维对长期以来形成的西方国家主导国际事务构成了直接挑战，西方国家当然要提出质疑，甚至大加指责。其二，中国的援助模式使非洲国家既能吸收外援，又能减轻西方政治压力，解决国家经济发展的资金困境问题。西方国家由此担心通过外援制衡非洲的手段失效，损害其在非洲的传统影响力，削弱其在非洲的战略利益、政治利益和经济利益。

中国在对非援助方面强调不附加任何政治条件，并不意味着中国不关心非洲国家的发展问题。中国希望非洲国家在社会治理方面取得成效，重视中非双方在反腐败领域的国际交流合作，签署批准了《联合国反腐败公约》，等等。中国在对非援助中，正视非洲国家当前的社会发展阶段，强调真诚友好、平等相待、尊重差异、循序渐进、相互学习、共谋发展。其实，检验国际援助是否合适与恰当，作为当事国的非洲国家最有发言权。有非洲媒体就指出，"由于中国对非洲的援助所树立的榜样，让西方发达国家有了紧迫感"。西方有条件援助的做法也确实遭到一些非洲国家领导人的批评。埃塞俄比亚总理梅莱斯曾表示："西方人以为能用钱在非洲买到良政，这是完全错误的，良政只能从内部催生。中国的做法打碎了西方的梦幻。"

从未来发展看，虽然中国与西方国家在对非援助理念方面不同，但双方在对非合作方面也有利益交汇点。中国与西方国家在援非项目中亦有合作的可能，如防治艾滋病、人力资源培训等领域，中国对援非合作是不排他的，通过加强协调与合作，可以达致三方共赢的效果。

非洲经济问题与中国经验的启示

杨　光　安春英　姚桂梅　贺文萍　张春宇[*]

过去 30 年，中国保持了高速经济增长，完成了从计划经济体制向社会主义市场经济体制的重大转折，实现了从内向型发展到全方位对外开放的巨大转变，显著提高了全国人民的生活水平，迅速成长为世界经济大国。然而，迄今为止，人们对于中国经验对非洲发展的适用性尚未形成统一和系统的认识。在我们看来，现有的讨论大致可以分为两个层面：第一个层面是对中国经验一般特征的讨论，并试图发现这些特征与影响非洲发展战略的新古典主义、新自由主义和"依附论"的主要区别；第二个层面是总结中国在具体领域中的相关经验，并讨论这些经验对非洲发展的有效性，其中许多中国经验具有创新性并带有鲜明的中国特色。因此，本文试图在丰富的中国发展经验宝库之中，围绕非洲发展面临的主要问题，从这两个层面对中国经验进行归纳、梳理和提炼，为满足非洲国家学习中国经验的需求，提升中国对非洲国家的影响力，增进中非友好合作关系的发展，尽一份努力，提供一份参考。

一　当前非洲经济发展面临的重大问题

（一）政治环境不稳定问题

非洲国家独立后大都经历过不同形式、持续时间长短不一的战乱或政局

---

[*]　杨光，中国社会科学院西亚非洲研究所所长、研究员；安春英，中国社会科学院西亚非洲研究所编审；姚桂梅，中国社会科学院西亚非洲研究所研究员；贺文萍，中国社会科学院西亚非洲研究所研究员；张春宇，中国社会科学院世界经济与政治研究所助理研究员。

动荡，这些冲突可以说是非洲经济发展的头号杀手。由于这些战乱和政局动荡一般都有比较复杂的历史、民族、宗教和文化等方面的因素，并且这些因素不可能在短时间内彻底消除，所以，未来非洲经济发展还会继续面临这一问题的困扰。尤为严重的是，2008 年国际金融危机爆发后，非洲政治安全大格局非但未发生根本改变，而且呈现局部动荡多发的态势。除索马里、苏丹达尔富尔等原有热点问题的解决无实质进展外，2009～2010 年底先后有马达加斯加和几内亚比绍等国发生非正常政权更迭，几内亚、尼日利亚等国发生大规模政治流血冲突，南非、刚果（金）、莫桑比克、苏丹等国发生大规模民众罢工、游行等事件。可以说，非洲大陆各种动荡隐患在金融危机爆发后明显增多，导致非洲经济发展所处的外在环境趋于恶化。

（二） 政府治理能力问题

非洲经济极不发达，民族资本和私人资本势单力薄。发展经济离不开政府的有效管理。只有提高政府的治理能力，才能保证有限的资源得到最大限度的合理使用，保证社会经济效率的提高。然而，非洲国家政府管理能力较差，已经成为经济发展的阻碍因素之一。非洲国家政府管理能力差表现在以下几个方面：政府机构庞大而效率极其低下；各种法律、规章和制度极不健全；高素质的行政管理人员严重缺乏；腐败现象严重。

（三） 单一经济结构问题

从历史上来看，单一经济是殖民列强在非洲殖民地片面发展经济作物和采矿业的结果。独立后，虽然大多数非洲国家力图扭转这一局面，但由于缺少切实的国家发展规划、多元化发展缺乏资金，加上不合理的国际分工因素，至今仍未能摆脱殖民时期遗留下来的以生产和出口低附加值的农矿初级产品，进口中间产品和制成品为特征的生产和贸易格局，国际市场商品价格的波动关系到非洲国家经济的兴衰。其危害是：生产与消费严重脱节，严重依赖国际市场，西方发达国家加大贸易保护政策力度，限制非洲的出口能力，使非洲各国在国际贸易中处于不利地位；相似的经济结构，不仅造成非洲国家间出口产品在国际市场上激烈竞争，而且导致非洲国家之间贸易非常有限，制约着经济一体化、多样化的发展。

（四）粮食安全问题

中国有句古语："民以食为天。"但非洲农业作为撑"天"的产业地位却在下降，农业生产水平低下。主要表现为非洲农业生产方式落后。迁徙种植、轮种撂荒仍是非洲农业的主流，农业生产的 90% 依靠使用简单的手工工具，农药、化肥、良种未被广泛使用，农业机械、水利设施缺乏。其结果是非洲农业粮食单产不足世界平均水平的一半，无法满足快速增长的人口所需。近年，非洲粮荒的新闻经常见诸报端。而且，一些外国公司在非洲大量购买土地，种植用于出口加工用的生物燃料作物（玉米、麻风树籽等），不仅破坏土壤和环境，而且剥夺了人类对粮食的需求，加剧全球粮荒。作为世界粮食进口的主要目的地，非洲深受全球粮食危机之害。

（五）经济发展资金短缺问题

经济发展需要大量而持续的资金投入，但非洲国家发展资金不足问题一直未得到根本解决。从国内情况看，非洲国家不太重视国内的资本积累，整个社会缺乏一种鼓励、刺激储蓄的内在机制，导致非洲国家维持了较低的水平，进而影响了非洲国内投资水平。而作为资金来源主渠道的农矿产品出口收入，因深受西方发达国家操控的国际市场商品价格波动无常的影响，波动较大。况且，非洲大多数国家属重债穷国，外债规模庞大，2010 年全非洲外债总额高达 3247 亿美元[①]，总体外债负担沉重。这些国家政府每年需从有限的外汇收入中拿出很大一部分资金用于偿还外债。从外部情况看，外资、外援是外部资金流入非洲的主要形式，受资金来源国政治意愿、投资利润考量因素影响，外部资本的流入常常缺乏稳定性。因此，无论是内部资金动员，还是寻求外部资金流入，都无法满足非洲国家经济与社会发展的现实需要。

（六）基础设施落后问题

在交通基础设施方面，非洲是世界上最为落后的地区。非洲尚未形成覆盖整个大陆、分布均衡、完整的交通运输体系。大多数陆路交通线路由沿海

---

① Economic Commission for Africa African Union，*Economic Report on Africa 2010：Promoting High - level Sustainable Growth to Reduce Unemployment in Africa*，2010，p. 101.

港口伸向内地，但彼此互不衔接。陆路交通运输以公路为主，公路网建设密度偏低。非洲铁路承担着大部分货运功能；但各国铁路或是互不贯通，或是轨距不统一，加之设施老化，严重制约着铁路的运能。非洲海运业和航空业的发展也相对滞后。非洲的交通基础设施具有分布不平衡的特征，在陆路交通设施的布局上，不仅地域分布不平衡，除了南非、马格里布国家外，非洲多数国家的交通设施薄弱；而且在同一个国家内部城乡间、沿海与内陆间分布也不平衡。非洲大陆交通设施的普遍落后与分布不平衡的状况，不利于人员、货物在大陆内的自由、有效流动。

在动力和能源基础设施方面，除南非外，撒哈拉以南非洲的多数国家都不同程度地存在供电不足的问题。由于经常断电，导致非洲工业设备利用率普遍不高，严重制约着制造业的发展步伐。

（七）人口与就业压力问题

目前，非洲大陆的人口增长率高达 2.3%，专家估计，到 2050 年，仅撒哈拉以南非洲人口就可达 20 亿人。快速增长的人口使得每年有 700 万~1000 万名非洲青年进入劳动力市场，而持续多年的经济增长并没有拉动非洲就业的增长，失业问题比较严重。据国际劳工组织统计，2008 年北非的撒哈拉以南非洲青年失业率分别达 24.1% 和 11.3%，[1] 随着全球金融危机的蔓延，非洲国家失业问题愈加严重。不仅如此，过快的人口增长也使非洲各国在粮食安全、教育、医疗、基础设施等方面面临沉重的负担，因此，增加就业、改善民生已成为非洲各国面临的紧迫任务。

值得注意的是，2008 年金融危机爆发后，非洲领导人再次反思其发展战略，正视国家经济发展面临的问题，希望另辟蹊径，加强南南合作，借鉴中国发展的成功经验。实际上，在此之前，非洲国家就已关注"中国模式"。他们探究中国改革开放 30 年来的经济发展道路，希望学习中国经验，借鉴中国经济发展的政策，进而结合本国实际，制定依靠自身努力的长远发展战略，探索自主的、以人为本的、多样化的发展道路，[2] 破解国内经济发展难题。因

---

① Economic Commission for Africa African Union, *Economic Report on Africa 2010*: *Promoting High-level Sustainable Growth to Reduce Unemployment in Africa*, 2010, p. 160.

② 姚桂梅：《金融危机对非洲探索发展道路的启示》，载杨光主编《中东非洲发展报告（2009~2010）》，社科文献出版社，2010。

而，中国经验对非洲的吸引力进一步增强。有迹象表明，随着时间的推移，越来越多的非洲国家表示愿意分享中国的发展经验，期盼与中国深化合作，这为中非全面深化合作提供了新空间。

二 中国经验与非洲经济发展

中国改革开放的理论与实践，与深刻影响非洲国家经济调整和发展的"华盛顿共识"，以及非洲国家提出的发展理论和战略相比，具有许多不同的一般性特征。

（一）中国改革发展的一般性特征

1. 坚持独立自主

中国长期坚持独立自主、自力更生，改革开放也没有放弃这一方针。中国的改革开放政策，并不是西方施加压力的结果，而是中国在"文化大革命"结束以后，在充分认识到计划经济弊端基础上的自主选择。改革开放的目标、方针和政策，都是根据国情自主决定的。中国所进行的改革是从计划经济向市场经济转型，但并没有走"全盘西化"的道路，而是在改革开放的进程中，摸索出一条独具中国特色的发展道路，以及一套包括邓小平理论、"三个代表"重要思想、科学发展观等思想理论的中国特色社会主义理论体系。中国的对外开放在积极利用全球化提供的机遇的同时，坚持有所控制的原则，特别是关注对外开放与经济安全的关系，防范和化解国际风险的冲击，对金融领域的对外开放很慎重。融资方面的自主性是中国保持改革发展自主性的重要保障。中国在启动改革开放之时，是一个既无内债也无外债的国家，已经长期没有通货膨胀，因此具有良好的国际融资条件，以及运用财政货币政策解决发展资金问题的灵活空间。在改革开放的过程中，中国依靠强大的国内储蓄，以及改善投资环境吸引侨资和外国直接投资，较好地解决了经济发展的资金问题，因此较少受到国际融资机构的条件制约。中国也曾经是一个接受援助的大国，但并没有形成对援助的依赖，而且利用援助发展扶贫事业和基础设施建设，把"输血"变为"造血"，提升了自身的发展能力。

相比之下，非洲国家虽也曾经提出许多发展方案和发展战略，但实际上都是采用了外来的发展方案和模式。非洲国家长期严重依赖国际援助，是造成这种现象的重要原因。20 世纪 70 年代末以来，尽管非洲国家启动经济调整的时间与中国改革开放的时间差不多，但初始条件与中国有很大不同。它们一般都是在陷入严重的外债和内债危机，以及出现高通货膨胀情况下，为获得国际援助机构的紧急援助，被迫接受国际援助机构和债权国的调整方案，致使并不符合非洲国情的新自由主义《结构调整方案》在非洲大行其道。最近 30 年左右，尽管一些非洲国家的债务状况有所改善，但仍然没有完全解决债务问题，依然严重依赖国际援助。在经济调整和发展的道路上，仍然难以摆脱西方国家的影响，难以获得经济调整的主动权。自从 20 世纪 80 年代"依附论"的影响渐趋衰落以来，非洲国家再也没有提出什么有影响的发展理论。

2. 坚强领导

中国共产党的长期执政及其领导下的强有力的中央政府，是中国改革发展成功的重要政治条件。第一，中国共产党长期执政并且承诺坚持改革开放，走中国特色的社会主义道路，为确保改革开放的方向不变和稳妥推进，提供了坚强的政治保障。第二，邓小平提出"三步走"战略，[①] 为中国从 20 世纪 80 年代初每年人均国内生产总值 250 美元的低收入国家到 21 世纪上半叶达到中等发达国家水平，规划了中国发展的长远目标。而中国共产党的长期执政，以及中国历届中央政府根据这一目标，制定和落实指导性的"五年发展规划"和各项改革发展政策，确保了改革开放政策的长期连续性和长远战略目标的逐步实现。第三，中国共产党领导下的全国统一局面，以及强大的中央政权与地方的密切联系，确保了中国改革开放各项战略和政策措施的强大执行力。第四，中央政府有效进行宏观经济调控，确保了经济比较平稳地运行，确保市场经济的发展能够坚持社会主义方向，走共同富裕的社会主义道路。第五，政府通过开展和平外交，成功应对世界经济波动和国际金融危机的冲击，为改革开放和经济发展创造了有利的国际环境。

相比之下，非洲国家的政府往往比较软弱。首先，非洲国家被迫接受的《结构调整方案》，基本上以新自由主义为指导，具有著名经济学家斯蒂格利茨所说的"市场原教旨主义"色彩，在价值取向上强调自由市场的作用，具有否定权威政府的倾向。在这样的理论指导下的《结构调整方案》，不可能重

---

① 中共中央文献编辑委员会编《邓小平文选》第 3 卷，人民出版社，1995，第 226 页。

视发挥政府的作用。其次，西方国家利用援助手段，其中包括对非洲国家政府提供的一般性预算援助，为援助附加各种各样的政治条件，要求受援国按照援助国的模式进行政治和经济改革，极大限制了非洲国家对政治和经济发展道路的选择。再次，20世纪90年代以来，非洲国家逐渐实行多党制并普及了多党竞选的政治制度，政府变更频繁。由于各个党派的利益和政见不同，经济发展战略难以保持连续性，更难以确定长远发展目标并长期追求、逐步实现。最后，非洲经济社会发展的一个重要特点是，部族主义依然盛行，有些国家还存在不同宗教或教派的分歧。在许多情况下，民众对部族和宗教的认同甚至超过对国家的认同，政党的背后往往也有部族主义的背景，非洲国家因部族利益和宗教分歧引发的冲突不胜枚举，导致国家的政局不稳甚至分裂。这也是造成非洲国家政府比较软弱的原因所在。

3. 强调发展生产力

从思想文化层面来看，中国改革发展的成功，与坚持发展生产力的观念有密切关系。新中国成立以来，中国一直以马克思主义为指导思想。马克思主义的重要组成部分是历史唯物主义，它强调生产力的发展决定历史发展进程，对于60多年来一直以马克思主义为指导思想的中国来说，影响至深。发展生产力的理念也一直深深地贯穿于中国经济改革开放的指导思想之中。中国共产党认为，在当前中国所处的社会主义初级阶段中，我国所要解决的主要矛盾，是人民日益增长的物质文化需要同落后的社会生产之间的矛盾。[①] 在此认识基础上，中国的改革开放一直把解放和发展生产力作为一项根本任务。邓小平在1992年就曾强调："社会主义的本质，是解放生产力，发展生产力，消灭剥削，消除两极分化，最终达到共同富裕。"他同时提出，是否有利于发展社会主义社会的生产力是衡量一切工作是非得失的判断标准。在更早些时候（1988年），他就提出"科学技术是第一生产力"。马克思主义的发展生产力的思想，对于中国在改革过程中统一全国人民的认识、坚持以经济建设为中心，以及坚持改革开放，发挥了核心作用。发展生产力的观点可以说是中国改革发展的基本精神动力。

在非洲国家的思想文化中，似乎没有把发展生产力摆到重要的位置，而是消费文化的倾向更加突出。南非学者莫莱齐·姆贝基在对南非与中国进行

---

① 参见1981年6月中共十一届六中全会通过的《关于建国以来党的若干历史问题的决议》。

比较研究后认为，在南非执政的民族主义者往往优先考虑财富再分配问题，以及如何满足自己和支持自己的选民的消费，而并不重视投资和生产，以及为此改善投资环境。在他看来，南非国内生产总值中的私人消费比重上升，固定资产投资比重停滞不前，净出口的比重趋于下降，是南非不能像中国那样依靠扩大投资、加快制造业发展和出口生产，实现快速经济增长，以及发生大量资本外逃的原因。[①] 非洲的一些矿产资源输出国，特别是石油输出国，在国际石油价格暴涨中获得了大量的石油收入，虽然具有加快资本积累的良好条件，但经济发展仍然长期缓慢，有些学者把这种现象称为"资源诅咒"或"荷兰病"。其实，这与这些国家仅仅满足于对石油地租的再分配，而不是把石油收入投资于经济多样化发展的做法有关，也是消费文化的一种写照。值得注意的是，非洲的传统文化也存在不利发展的因素。特别是在广大农村地区盛行的一些根植于前资本主义的村社、氏族、酋长制度，以及部落土地公有制等基础上的集体主义、财富共享、部落和村社意识等传统文化，对于现代化来说也具有负面作用，[②] 特别是不利于发挥人的生产积极性，不利于资本积累和统一市场的形成。总体来看，非洲传统文化对社会经济发展的消极影响要远远大于积极影响。[③] 在非洲的外来文化中，伊斯兰教影响着全大陆人口的40%。然而，伊斯兰教作为一种宗教意识形态，与历史唯物主义格格不入。就其经济方面的内容而言，仍是大多强调公正分配财富，却很少讲到发展生产。

4. 积极对外开放

中国在改革开放中，强调吸收人类的一切先进文明成果，[④] 通过引进、消化和吸收，把包括西方发达国家在内的人类创造的优秀精神文明成果和物质文明成果，转化为自身的发展能力，形成落后国家的"后发优势"，实现加速发展。在理论上，中国注意学习借鉴，在坚持中国化的马克思主义经济学的同时，对西方经济学理论从不盲目排斥，特别注意吸收其在市场经济和资源

---

① Moeletsi Mbeki, "Architects of Poverty: Why African Capitalism Needs Changing," 参见〔南非〕莫莱齐·姆贝基在中国社会科学院西亚非洲研究所的演讲，2011 年 11 月 10 日。

② 参见艾周昌主编《非洲黑人文明》，中国社会科学出版社，1999，第 393 页。

③ 谈世中主编《反思与发展——非洲经济调整与可持续性》，社科文献出版社，1998，第 185 页。

④ 参见江泽民在中国共产党第十四次全国代表大会上的报告——《加快改革开放和现代化建设步伐 夺取有中国特色社会主义事业的更大胜利》（1992 年 10 月 12 日）。

配置等方面的理论成果，借鉴其有用的分析工具和分析方法。在实践中，中国积极应对经济全球化的大趋势，努力寻找发展机遇，特别是利用跨国公司调整全球部署的机遇，发挥国内市场巨大和劳动力密集的优势，通过改善投资环境，大规模吸引外国直接投资，以"三来一补"等方式承接国际技术转移，实现了乘势而起和制造业的快速发展。正如一位中国领导人和学者所说的，对外开放"使中国的现代化站在世界文明的肩上"①，使中国的发展站在更高的起点。

由于非洲殖民化的特殊经历，非洲领导人和学者比较容易机械地片面强调对外依赖的负面效应。尽管非洲并不缺乏熟悉西方经济学的人才，却很少有人成功地把西方经济理论与非洲发展实际相结合，提炼出符合非洲实际的经济发展学说。非洲的"依附论"学者一直主张采取与国际市场"脱钩"的战略，完全否定发展中国家在世界市场体系中实现发展的可能。这种主张有悖全球化潮流，是不切实际的幻想。与先前的非洲发展方案相比，《非洲发展新伙伴计划》对于全球化的认识已有所变化，特别是认识到非洲国家需要通过自身的调整，提高对外国直接投资的吸引力。但是对于如何在经济全球化条件下，发现机遇，加快发展，仍然没有提出系统的理论。

5. 推行渐进式改革

"摸着石头过河"是中国渐进式改革的形象比喻。一般是指从局部摸索经验，然后逐渐全面铺开。中国改革开放的每一个领域几乎都经历了渐进的过程。中国的经济改革从农村和农业开始，逐渐扩大到城市和工业、服务业。价格改革经过双轨制以后，逐渐实现价格全面放开。市场化改革（产权制度、定价制度、市场组织等）首先从农村和非公有制企业等中央计划经济体制外进行，逐步扩展到国有企业。所有制改革从单一的公有制经济逐步过渡到以多种实现形式的公有制经济为主体，多种所有制经济共同发展。收入分配方式从平均主义逐渐过渡到以按劳分配为主体，多种分配方式并存，生产要素参与分配。对外开放的地域从特区试验开始，逐渐过渡到沿海港口城市开放、建立沿海经济开发区、沿边开放、沿江开放、内地开放。对外开放的形式从"引进来"开始，逐渐发展到利用国内和国外"两种资源、两个市场"和企

---

① 邹东涛等著《中国经济体制改革基本经验》，中国人民大学出版社，2008，第11页。

业"走出去"战略，最后以加入世界贸易组织的形式与新的国际贸易和投资体制全面对接。这种渐进式的改革开放，根据具体情况在探索中推进的办法，社会震动较小，比较稳妥。

非洲国家进行的结构调整，基本上是按照国际援助机构的"一刀切"方案进行的。宏观经济稳定化（通常是实行剧烈的财政和货币紧缩政策）、资源配置市场化（特别是大范围地放开价格）、对外贸易自由化（削减进口关税和非关税壁垒措施）和全面的国有企业私有化等改革措施，在很短的时间之内全面推开。这种急进式的调整，忽略了非洲国家市场经济不发达和市场很不完善的现实，以及民众对这种急进式改革的承受能力，缺乏一个围绕国情试验探索和循序渐进的过程。其结果往往是激励生产方面效果有限（非洲国家20世纪90年代以来经济增长的恢复，仍然主要是国际初级产品价格回升的结果），而造成的社会代价却比较高，特别是在非洲国家还严重缺乏社会保障体系的情况下，造成了民众失业扩大、收入减少，甚至出现了新的穷人，给社会带来不稳定因素。西方学者在对非洲结构调整的评估中得出的结论是，尽管人们对结构调整的看法莫衷一是，但"共同接受一个不争的事实，即成果少得令人失望，改革过程弱不禁风"。①

6. 减轻社会震荡

中国是在错综复杂的经济社会矛盾中开始改革开放的，因此在改革过程避免因过度的社会震荡而影响了改革和发展，始终是中国中央领导高度关注的问题。中国把发展、改革和稳定分别视为目的、动力和保障，并努力处理好三者的良性互动关系，特别是在改革过程中化解社会动荡的风险。就主要的方法而言：第一，在改革引起的利益格局变化中，不损害绝大多数民众的既得利益，并且在短期内能够获得新的利益，以此赢得广大民众对改革的支持和参与。第二，在经济体制改革中不采用与旧的体制立即一刀两断的方法，而是通过在旧的体制中注入新机制或允许新旧体制并存一段时间的办法，让新体制壮大成长并最终取代旧体制。第三，任何改革措施的出台，都不仅考虑到经济可行性，也要考虑到社会可行性，特别是民众的承受能力。第四，对于那些在改革中利益受到损害的民众给予适当的补偿，其中既包括物质补

---

① Poul Engberg – Pedersen, PeterGibbon, Phil`Raikes and Lars Udsholt, *Limits of Adjustment in Africa*, Heinemann of Reed Publishing Inc, USA, 1996, p. 419.

偿，也包括机会补偿。第五，区别不同情况，利用法律、行政、舆论、道义等手段，对损害社会安定的行为进行约束和治理。[①] 第六，努力建设全国基本社会保障制度。此外，中国在政治层面采取广泛的政治协商制度、民族区域自治制度，以及对老少边穷地区的转移支付政策，对于缓解社会矛盾和防范社会动乱，也具有重要作用。

非洲国家的经济调整和发展也是在十分复杂的环境中进行的。非洲国家一般都还不能称为民族国家，民众对国家的认同远远低于对部族的认同，该地区存在的 2000 多个大大小小的部族和五花八门的宗教，使部族和宗教矛盾十分普遍，成为社会稳定的最大挑战。一些国家尽管实行了多党制，但在许多情况下，党派之间的政治分野背后，是不同部族和宗教的利益。执政党和政府在平衡部族和教派利益上的失误，加上急进式结构调整造成的社会震荡，往往使非洲国家经常爆发社会动乱，特别是在选举之年，往往都是社会动乱的敏感时期，逢选易乱。在有些情况下，社会动乱甚至会演化为内战。2010年底以来在北非地区爆发的局势动荡、政权更迭和利比亚战争，就其原因而言，在很大程度上与执政党和政府没有能够妥善应对国际金融危机的冲击，没有采取有力措施减轻经济调整中付出的社会代价（例如粮食价格控制问题、失业问题、贫富差距问题等），以及没有合理关照部族之间的利益（例如利比亚的情况），有着直接的关系。

7. 缔造和平环境

中国在短短的 30 年里经济与社会发展取得的成就，根源于中国根据国情所进行的自主探索，而不是照搬照抄任何西方自由经济理论或政治制度。正是由于中国的快速崛起及其发展模式有别于西方的独特性，使得一些西方人士对中国的"和平崛起"感觉到所谓的"威胁"。从冷战结束初期盛行西方的所谓"中国崩溃论"到后来的"中国威胁论"以及近年来的"中国责任论"，伴随中国发展的西方舆论环境远非善意的理解和支持，而更多是"唱衰"、"遏制"或者"捧杀"。为打破这一不利于发展的舆论环境，中国政府最广泛地在国际上结交朋友，秉承平等互利、合作共赢的精神，执行以"大国是关键、周边是重点、发展中国家是基础、多边是舞台"为核心的外交方针，对发展中国家、周边国家和发达国家进行准确的外交定位，在谈判解决

---

① 邹东涛等著《中国经济体制改革基本经验》，中国人民大学出版社，2008，第 13~20 页。

历史遗留的边界问题、香港澳门回归中国主权、海峡两岸缓和关系并加强往来、妥善处理中美关系、建立中俄战略伙伴关系、实行安邻和睦邻政策、巩固和扩大与非洲等广大发展中国家的关系基础、加入世界贸易组织等方面，进行了成功的外交努力，为经济改革发展创造了必要的和平环境。21世纪初，中国政府又进一步提出了建设和谐世界的外交新理念，其基本内涵是持久和平、共同繁荣以及人与自然和谐相处。中国高举"和平、发展、合作"的旗帜，不仅为国民经济发展创造了发展机遇期和有利的国际环境，也为世界的持久和平做出了贡献。

与中国情况形成鲜明对照的是，非洲是当今世界上局部动乱和武装冲突的高发地区。从冲突类型看，非洲大陆不仅存在国内各类冲突，而且不同国家间也因边界问题、资源开发归属问题、跨境武装冲突问题，发生不同烈度的冲突。此外，非洲部分国家与英、美等大国在一些时段有过交恶，遭受经济制裁，乃至直接军事干预。从冲突的解决方式看，虽然联合自强、在非洲联盟的框架内解决非洲问题一直是非洲国家多年来追求和努力的方向，但非洲冲突的复杂性又使非洲无法凭自身的力量解决冲突和安全问题，暴露出其在愿望和能力之间纠结的无奈。因此，频仍、复杂并呈现多元化发展趋势的非洲地区冲突构成了制约非洲经济发展的重要障碍。

（二）面向非洲的中国经验

基于中非经济发展与调整的不同国情，以及关切非方的发展需要，现提出以下领域可供非洲国家借鉴的相关中国经验。

1. 农业发展与减贫

中国是个农业国，农业是关乎国计民生的国民经济基础产业，是国家安全和社会稳定的关键，是国家实现经济增长与减贫的依托。中国农业改革的实施路径包括：第一，实施土地经营制度改革，保障农民的土地使用权。1978年实行的土地改革是以家庭承包经营制度取代人民公社的集体经营制度，农民可以对其土地使用权转包、租赁和交换。因此，在保证农地集体所有权的基础上确保了农户的独立经营权，调整了农村土地的经营收益分配关系，激发了农民的劳动热情，兼顾了效率与公平，提高了土地产出率。第二，实施农业补贴政策，鼓励农民种植粮食作物。政府现已实行的主要农业补贴有：对使用优良种子种植水稻、小麦、玉米、大豆四大粮食作物及棉花、油菜两种经济作物进行良种补贴；为平抑粮价、促进粮食稳定增长而在粮食生产领域实行粮食直补；实施农机具购置补贴，加快农业机械化发展；为减少煤电、化肥、农药等农资价格上涨且导致农民种粮成本增加而采取了农资综合补贴举措，以此鼓励农民多种粮、种好粮。第三，重视农业研发和农技推广，推动农业现代化进程。国家不断加大农业基础研究工作力度，先后启动了"攀登计划"、国家"973"计划等一批农业领域研究课题，在全国各省市区县设立农业科研和推广院所和机构，研发与推广农作物栽培、遗传育种、培肥地力、水土保持、防治荒漠化等方面的农业技术，提高农作物产量。第四，完善与构建农业金融支持体系，形成多元化支农金融体系。国家财政、金融机构、企业集团、社会个人、农户自行融资及外国援助，是当前中国农业发展的主要融资渠道。其中，中央和地方政府不断加大对农业稳定而持续的财政投入，并设立政策性农业保险制度，支持农业发展。第五，以解决"三农"问题为核心，推动社会主义新农村建设。中央政府采取发展生产与非农产业、改善基础设施、提高基础教育、培训剩余农业劳动力、建立农村医疗保障体系等举措，提高了农民自我积累、自我发展的能力。

中国农业发展经验对非洲的有效性：第一，从经济地理看，非洲大多数为农业国，与中国情况类似，贫困人口高度集中在农村地区，因此解决农村人口的温饱问题是减贫的关键。当前，发展农业与减贫已成为非洲国家经济与社会发展战略或政策的核心。无论从全非层面的《非洲农业综合发展战略》（CAADP），还是国别减贫战略文件，均把消除饥饿、减少贫困和粮食危机作为近期国家发展的重要战略目标，由此成为政府的政治意愿与行动纲领。第二，非洲大陆现有2/3以上国家存在程度不同的粮食短缺问题，其症结在于：在农业发展的内部结构中，基于长期以来形成的单一经济作物生产的惯性，政府往往重视经济作物生产（以期满足出口换汇的需要），轻视粮食生产。粮食作物生产在种植业中处于弱势，许多非洲国家都把最好的土地、大部分水利设施、资金、劳动力、化肥等用来发展经济作物，导致国内粮食短缺问题愈加严重，贫困人口始终无法解决温饱问题。第三，非洲农业生产发展水平仍然低下，对减贫作用不强。从土地制度看，在非洲，由于土地集中在少数大地主手中，小农户土地所有权得不到保障，加上由土地而产生的冲突，会降低土地的生产力。从农业生产投入看，化肥、农药等制品投入程度低，灌溉设施覆盖率低，增加土地投入和劳动投入成为农民增加农业产出的主要手段，但稻谷、玉米等粮食单产不及中国的一半。从金融支持体系看，无论是政府对农业的财政投入强度还是小农获得信贷资本的数额，均与中国存在相当差距。因此，非洲农业发展仍处于"低投入–低产出"的格局。

因此，如何以农业发展推动国家经济增长与减贫，是非洲国家迫切需要解决的问题。

2. 工业化发展

工业化是实现现代化的重要途径，对于中国这样的大国经济尤其如此。第一，工业化拓展了中国产业发展的空间，资本品的生产为农业、建筑业和第三产业的发展准备了必要的条件。工业门类众多，与单一的传统农业部门相比，可以提供更多的产业发展机遇。第二，工业化提供了传统农业部门所不能给予的就业机会，增加了人民收入，提高了人民生活水平。第三，通过增值税等税种，工业化为国家财政提供了重要的收入来源。第四，工业化需要科学技术的支持，同时也推动了科学技术的不断发展。第五，工业化增强了中国对外出口能力和国际竞争力，提升了中国的综合国力和在世界经济体系中的地位。

工业化居于"四个现代化"之首，是新中国成立以来中国确立的经济社会发展主要目标。60多年来，中国政府促进工业化发展的主要政策和做法包括：第一，把工业置于优先发展的地位，在计划经济条件下通过工农业产品价格"剪刀差"最大限度动员已有资源支援工业发展。尽管"剪刀差"政策不无弊端，但是其对新中国成立以来工业化早期发展的历史贡献却是毋庸置疑的。第二，按照工业化发展的实际进程选择符合国情的工业体系并加以坚持，通过关税等政策保护自身工业安全。第三，通过外商投资优惠政策吸引外国资金和先进技术，并且通过出口退税等政策促进本国工业生产能力的提升。第四，引导和鼓励非公有制工业企业的发展，促进工业产品市场竞争的良性发展。第五，通过"双轨制"的实施逐步实现工业产品价格的市场化改革，促进工业生产面向市场的平稳过渡，保持工业的稳定发展。第六，实行九年义务教育，推动高等教育的跨越式发展，为工业发展提供高素质的人才和具备合格技能的劳动力。第七，通过分税制改革提高地方政府发展工业的积极性。第八，坚持公有制经济的主体地位和国有经济的主导地位，实现国家对关系国家经济命脉的重要工业行业的控制，保证国家经济稳定和产业安全。

中国工业化经验对非洲的有效性：第一，非洲国家大多工业发展落后，工业化水平较低，政府坚定不移地实施工业优先发展的战略。长期以来，非洲各国深受殖民统治时期形成的以原材料生产为主的低层次经济结构的影响，制造业发展水平低。非洲国家国情差异大，工业体系的实现选择也会有较大差异，但是应大力发展工业这一条是相同的。第二，非洲国家需要大力促进国家资源向工业行业集聚，力争实现工业发展的跨越式发展。当前许多非洲国家工业发展水平低，与新中国成立之初的情况相似。非洲国家虽然很难实现与中国工业化早期类似规模的资源动员，但仍可通过财政、税收等政策向工业部门倾斜。第三，非洲国家可通过优惠政策吸收工业领域外商投资。第四，从产业安全角度出发，非洲国家可保持对工业领域外资的适当控制。非洲国家经过多年私有化，国有经济规模已经很小，这一点与中国国情有重大差异。但对工业领域外资的适当控制可减轻外部经济不利因素对国内工业发展的冲击。第五，大力发展教育事业，提高非洲广大民众的劳动力素质。非洲劳动力众多，但较低的教育程度使得劳动力优势难以转化为制造业发展的成本优势。

3. 基础设施建设[①]

中国政府历来重视基础设施建设，成效彰明较著。其具体的实施路径包括：第一，中国政府统筹安排国内的基础设施建设，且与基础产业发展态势密切结合，最终与国家发展战略和政策保持协调一致。在促进工业化和现代化的过程中，国家各产业发展遵从农业、轻工业和重工业这一顺序。按轻重缓急先后次序划分，基础设施建设位居国家发展战略的第二次序，排在农业和乡镇企业之后，彰显科学发展观。第二，推进投资主体多元化，拓宽基础设施建设融资渠道。中国的基础设施融资主要通过两大渠道获得：一是源于财政资源的直接预算投资。政府遵循"量力而行"的原则，始终保持积极稳健的财政政策，通过中央政府和地方各级政府的财政预算投资于基础设施建设。当然，中国政府也利用国际援助建设了一大批基础设施，但在基础设施建设投资上的国际贷款（包括优惠和非优惠）数额不大（占基础设施总投资

---

① 本部分中的基础设施特指公路、铁路、机场、通信、水电煤气等经济类公共设施，不包括教育、科技、医疗卫生、体育、文化等社会类基础设施。

的比例在 5% 以下)。国内投资占主体,未形成对外资依赖现象。二是以市场为导向的融资,包括贷款与公私合作。中国政府鼓励银行业向基础设施投资,还通过发放基础设施建设公债筹资。近年来,由于政府引进"建设－运营－转让"模式,也批准一些私营部门参与基础设施建设项目。第三,国家以实物折款或现金形式投入到受赈济地区,进行基础设施建设,让受赈济地区的困难群众参加劳动并获得报酬,使基础设施建设与扶贫行动相结合。政府在以"以工代赈"方式进行基础设施建设时,以县乡村公路、农田水利等农村小型基础设施工程为主,使大量农村劳动力从中获得劳务报酬,直接增加收入。

基于历史与现实原因,非洲国家大多呈现外向型出口经济的特点,经济发展很大程度上得益于基础设施的持续改善,因此无论从地区层面还是从国家层面,急需提高基础设施建设能力,满足经济与社会发展需求。第一,从国家层面看,提高基础设施建设水平是改善非洲国家贸易条件的重要因素。由于非洲有 30% 以上的人口生活在内陆地区,许多农、矿产品生产地与国际出口市场相距较远,凸显国与国之间交通运输系统的通达性问题。而非洲缺乏道路网络,这就造成了运输费用高昂,影响了非洲出口商品的国际竞争力,也相对减少了出口产品生产者的收益。显然,基础设施的改善仅仅依靠市场机制的自我调节难以实现,政府必须在其中发挥主导作用。从国际层面看,非洲大陆基础设施建设问题已被非盟提上重要的议事日程。《非洲发展新伙伴计划》的目标之一是促进基础设施发展,推动非洲区域一体化。2002 年非盟制订了基础设施短期行动计划。2010 年,非盟宣布实施涉及全非交通、能源、跨境水管理和信息通信技术的基础设施建设计划。加强计划的执行力是关键。第二,基于发展战略的失误,非洲国家在独立之初的 20 年曾依靠借贷进行过大规模基础设施建设。这不仅成为外债负担剧增的原因之一,还因基础设施投资过快挤占了其他方面的资金,未实现基础设施建设与产业发展的协调。如何量力而行、确定基础设施建设的适度规模,非洲国家需要基于自身的历史教训和他国的经验进行反思。第三,非洲国家在基础设施建设中普遍存在资金短缺及本土企业不具备实施大型基础设施项目的能力,现主要通过国际合作渠道来融资,经合组织发展援助委员会、欧盟、美国、英国、中国均参与其中。对于非洲国家来说,需要思考的是:如何根据本国的实际需求、财力及可能的筹资情况进行基础设施建设的统筹规划?如何扩大基础设施资金来源？如何权衡基础设施融资主要依赖外资的利弊？

4. 对外经贸合作

改革开放30多年来，中国对外经贸合作发展迅猛，特别是21世纪初随着中国加入世界贸易组织，中国对外经贸合作更是进入了一个高速发展的新时期，成就极为显著。对外经贸合作的发展是中国经济发展的重要推动力量。改革开放以来，中国促进对外经贸合作发展的主要政策举措包括：第一，开办经济特区，实施特殊的贸易和外商投资政策，以促进对外经贸合作。改革开放以来，在试办经济特区、逐步开放沿海城市和沿江、沿边贸易的同时，积极开辟贸易区域，先后办起了经济技术开发区、高新技术产业开发区、保税区、出口加工区、边境经济合作区等多种形式的贸易和投资区域，实行特殊的贸易和外商投资政策，有力地推动了贸易的发展和外资的流入。其中，侨资的作用不容忽视。2008年，中国大陆侨资总额估值为629亿美元，占全部外商投资额的68%。[①] 第二，实施以"三来一补"[②] 为主的加工贸易形式，以此吸收外商投资，扩大进出口贸易，承接发达国家产业转移，促进国内产业升级和技术进步。第三，在国际收支管理上，中国采取有管理的渐进开放政策，确保了国际收支和外汇流动的正常秩序。中国在开放资本账户上的谨慎态度使得国内经济得以避免外部经济形势变化带来的资金大幅流动。第四，通过进出口税收政策，根据国内实际情况，对进口和出口产品数量和价格加以调控。中国长期实行的出口退税、信用保险扶持等政策带动了企业出口的积极性；资源类产品的高关税或配额制度则对国内资源类产品的出口行为进行了规范。第五，中国制定了外商投资产业指导目录，有关部门对外资企业并购等涉及产业安全的行为实行审查制度。

中国对外经贸合作经验对非洲的有效性：第一，非洲国家总体吸收外资和对外出口的能力不足，制约了其经济的发展。因此，非洲国家需要通过实施经贸合作区、出口加工区、吸引侨汇投资等特殊贸易投资政策，增加吸收利用外资的能力，并且提高本国出口加工能力。2006年中非合作论坛北京峰会召开以来中国已经帮助部分非洲国家建立了若干个经贸合作区，取得了明

---

① 龙大为、谭天星：《中国大陆侨资与外资发展比较研究——基于2005—2008数据分析》，《云南师范大学学报》2011年第4期。

② "三来一补"指来料加工、来样加工、来件装配和补偿贸易，是中国在改革开放初期尝试性地创立的一种企业贸易形式。

显的成效。第二，非洲国家应吸取历史教训，对国际收支账户实行一定的管制。20 世纪 80 年代以来，大部分非洲国家按照世界银行、国际货币基金组织等的要求推行了以经济自由化为核心内容的改革。按照上述国际组织制定的改革方案，许多非洲国家推行了贸易和投资自由化的政策，放弃或减少了对国际收支的管制。但 2008 年金融危机发生后非洲多国资本市场出现突发性资金抽逃致使外汇短缺、本国货币贬值的情况表明，过度自由化的做法不利于维护资本市场的稳定发展。第三，基于国家经济安全考虑，非洲国家应限制外资对金融等命脉行业的掌控。除南非等少数国家外，非洲国家金融业发展程度较低，特别是有许多国家外资金融机构通过并购等手段占有较大的市场份额，实际上掌控着这些国家的金融命脉，不利于非洲国家的经济安全和自主发展。

5. 外援管理与利用

自 1978 年以来，中国开始大规模接受外国援助，这为中国的经济建设和社会发展提供了重要支持。中国管理与利用外援的实施路径：第一，中国政府对外援的管理采用的是"统一管理"与"对口管理"的原则。中国自接受外援之始就设立了管理外援的制度安排，即外援资金首先进入中央政府部门，再由中央政府部门分配到地方，各级政府部门实际上承担了外援监管的职能，并把援助资金纳入了政府可以动用的财政资源的范畴。政府以商务部和国家财务部为支点，分别对外援赠款和贷款实施具体的项目。在此过程中，对应的政府部门与外援方进行对口接洽并执行项目，如财政部负责来自世界银行与亚洲开发银行的援助项目。另外，中国遵循"官对官、民对民"的管理方法，由民政部门归口负责注册和管理非政府组织在华援助事宜，国内非政府组织（如国际民间组织合作促进会）承担具体援助项目的实施。第二，确立"以我为主"和"为我所用"利用外援指导思想。在此指导思想下，中方形成了选择外援项目的三大标准：一是必须符合中国的长期发展规划；二是必须符合中国的扶贫计划；三是必须因地制宜。[①] 外援计划和项目由此被充分纳入中国自身的发展规划及规划的执行过程中。中国发展和改革委员会由此负责与商务部、财政部协调援助项目的执行。这种受援国主导的做法使得中国

---

① 参见周弘《中国对外援的管理》，载"国际发展合作：增长与减贫经验的分享"国际研讨会议资料，中国国际扶贫基金会，2009 年 10 月 28 日。

掌握了接受援助和管理援助资金的主动权，能够把有限的援助资金引导到国内需要重点发展的项目上，从而使援助资金发挥最大的效能。第三，注重发挥援助方的"知识传播"作用，提高消化与吸收外援能力。由于发展援助为新思想、新方法、新知识和新经验开辟了途径，中方借此契机积极、主动地向援助方学习相关技术与接受培训，更新观念，改善管理，创新机制，从援助项目开发到项目设计，执行过程中的管理、评估与监测，以及参与项目人员均从中获益，提升了自身可持续发展能力，使外援充分释放知识转让的效能，中方取得能力开发与提高的成效。

中国管理和利用外援经验对非洲的有效性：第一，非洲接受国际援助的主要地域，约占国际援助总额的 1/3，因此国际援助已成为大多数非洲国家解决发展资金不足的重要补充。当前，非洲有 20 余国属中度或高度依赖国际援助国家，这清楚地表明国际援助在非洲国家经济与社会发展中的重要地位。国际组织虽相继出台了《巴黎援助效益宣言》、《阿克拉行动议程》等有关提高援助效益的文件，但仅靠援助方改变做法是行不通的，非洲国家作为受援方应该从自身做起，分享中国管理与使用外援的成功经验，扭转其在接受国际援助中的不利地位。第二，在非的各国际援助方凭借其主导的国际援助体系、手中掌控的强势话语权，在很大程度上对在非洲国家实施的援助项目方式、重点领域等强力干预。无论是多边援助方，还是双边援助方，它们在为非洲国家提供援助时，均确定了符合援助方的援助条件、援助资金流向，甚至把援助方所认同的价值观强加给非洲受援国，这与非洲国家谋求建立与援助伙伴国之间平等关系、发挥受援方主导作用的意愿相左，非洲国家正在探求与争取更大的话语权和影响力。第三，与中国情况不同，非洲国家虽强调加强政府在援助中的自主性，但尚未出台选择与接受外援的标准。恰恰相反，为了获得国际援助，非洲国家一方面应援助方的要求，提交国别《减贫战略报告》；另一方面，出于国家发展战略考虑，又有《2030 国家发展远景规划》，未形成二者的有效统一。非洲国家当下需尽快且主动地确定接受外援的标准，弥合国际援助资金流向与国家发展战略的鸿沟，且使前者服务于后者的需要。

6. 人力资源开发

医疗卫生事业与教育事业是人力资源开发的核心内容和主要途径，是一个国家建设人力强国的重要方式。高速发展的医疗卫生事业，为中国经济增长提供了保障。

中国医疗卫生和教育改革的实施路径：第一，在发展医疗卫生方面，中国政府采取的举措主要有：一是逐步健全中国公共卫生服务体系；二是大力发展中国农村卫生事业；三是逐渐完善中国医疗保障制度。第二，在发展教育事业方面，中国政府采取的举措主要有：一是自 1993 年中国政府发布《中国教育改革与发展纲要》后，逐年加大中国教育经费投入，义务教育现已被全面纳入公共财政保障范围。二是关注弱势群体，帮困助学体系不断完善。对于接受义务教育的贫困学生，国家给予"三免一补"① 特殊扶助；对中等职业学校家庭经济困难学生和涉农专业学生免除学费。此外，以国家奖学金、助学金制度和以风险补偿金为核心的高等教育国家助学贷款新机制业已形成。三是发展壮大中国教师队伍。进入 21 世纪以来，政府先后推行了"对口支援西部地区高等学校计划""免费师范生制度""中小学教师国家级培训计划"等，扩大与优化教师队伍。四是大力支持科学研究工作，推动科技创新。

世界银行统计资料显示，目前非洲国家的人力资本开发较为薄弱，医疗卫生与教育事业发展不容乐观。第一，非洲国家人力资源素质总体低下。在医疗方面，大部分非洲国家的医院数量很少，设备落后，医院病床数量有限，每千人拥有医生数量等指标在世界各大洲中居末位；居民的营养不良率、新生儿死亡率、平均寿命等指标也同样居于末位；在教育方面，非洲大陆居民的识字率、大学数量、入学率等也均较低。第二，低水平的医疗和教育状况，导致非洲国家居民整体身体素质较差，劳动者技能低。劳动素质的低下是非洲大陆失业率较高的重要原因之一，外资企业在非洲面临一方面无人可用；另一方面由于雇用当地劳动力少而受到当地社会指责的尴尬境地，严重影响着非洲经济社会的健康发展。近年来，随着非洲经济进入历史上较好的发展期，非洲国家对医疗和教育事业的重视程度逐步加深，投入也逐步加大，但由于起点低，非洲国家对人力资源开发的资金投入依然较少，低于世界平均水平。2009 年，非洲国家医疗卫生与教育投入分别占国内生产总值的 6.1%和 3.8%，而世界平均水平为 9.4% 和 4.5%。非洲国家和中国都是发展中国家，只是处于不同的发展阶段。在发展过程中面临的各种经济社会问题有一

---

① "三免"是指免课本费、免杂费、免文具费。"一补"是指对小学半寄宿制学生和初中困难学生生活给予补助。

定的共性，在医疗和教育方面也是如此，探讨、学习中国在人力资源开发方面的经验教训，对非洲国家的发展是必要的，也是有意义的。

7. 扩大就业

丰富的劳动力资源是中国经济赖以获得持续快速发展的基本要素。面对巨大的人口总量和与之相应的就业压力，中国政府把扩大就业放在优先位置，针对不同时期就业工作的难点和特点，采取多种措施创造就业岗位，扩大就业。第一，国家的农村经济政策为劳动力就业问题的解决提供了坚实的保障。在坚持集体所有制的前提下，农村地区实行家庭联产承包责任制改革，增强了农村经济的活力，一方面增强了农村经济吸收就业的能力；另一方面使农村既能作为农村剩余劳动力向城镇转移的基地，又能够给回流的外出务工人员提供一定的收入保障，免除了农村剩余劳动力流动的后顾之忧。第二，结合调整所有制结构，积极引导非公有制经济发展，吸纳了大量劳动力就业。个体经济等所有制形式提供了大量的、形式灵活多变的就业机会。第三，根据产业结构调整的需要，大力发展轻工业和第三产业，扩大了就业规模。国家为了扩大就业，十分重视发展轻工业和第三产业等劳动密集、劳动力吸收能力强的产业。第四，国家坚持市场化的改革方向，通过市场配置劳动力资源，逐步发挥劳动力市场在实现劳动力就业中的主渠道作用。各项制度改革尤其是就业管理体制的改革和经济的快速发展，促进了我国就业规模的不断扩大。

非洲国家人口众多，二元经济结构特点突出，存在大量农业剩余劳动力，与中国改革开放初期劳动力就业问题的特点相近。经过 30 多年的发展，中国就业规模迅速扩大，劳动力就业矛盾在经济发展过程中得到不断的化解。因此，中国扩大就业方面积累的经验对非洲有较强的适用性。第一，扩大就业的根本出路在于坚持工业化的战略。中国经验表明，只有走工业化的道路才能为农村大量剩余劳动力提供足够的就业机会。第二，应该重视失业人口的基本保障问题。中国农村土地实行集体所有制，是为农村剩余劳动力提供基本保障的制度基础。非洲国家大多实行土地私有制，失业人口缺少必要的保障，容易形成长期失业人群，增加了失业问题的复杂性。对于非洲国家来说，尽管很难像中国一样实现土地改革，但是在处理就业问题时注意为失业人群提供基本保障也可以收到相似的成效。第三，非洲国家可根据非洲资源禀赋的特点，大力发展农产品加工业、矿产品加工制造业等劳动力吸收能力较强的产业。非洲农产品和矿产资源丰富，具有发展农产品加工业和矿产品加工制造业得天独厚的条件。这些工业的发展能够最大限度扩大就业，促进非洲国家劳动力资源的开发和利用。

8. 共同富裕社会政策

共同富裕社会政策是伴随改革深入而出现的一种带有全新理念的国家政策，为解决当前经济增长带来的问题提出了新的视角。中国共同富裕社会政策的实施路径：第一，顺应富裕本身有一个由低层次到高层次的动态发展规律，政府提出了"先富带后富，实现共同富裕"的政策。在改革开放之初，宣布实行"让一部分人先富起来"政策，促进民营企业迅猛发展，为企业家致富创造良好外部环境，鼓励一部分人通过合法经营先富起来，体现初次分配注重效率的原则，为国民经济增长注入活力。第二，对于西部欠发达地区，包括少数民族地区，实行特殊区域政策。中国政府实施了西部大开发战略，加大财政投入和政策支持力度，优化资源配置。在西部地区优先安排基础设施、生态环境和资源开发等建设项目，并不断加大对西部地区的投入和财政转移支付力度，以期通过加快西部地区的发展，缩小地区间发展差距，实现全国的均衡发展。第三，深化分配制度改革，改革税收，加强政府对收入分配的调节职能，体现二次分配注重公平的特点。从 2000 年开始，国家相继取消牧业税、生猪屠宰税和农林特产税，尤其是取消了在中国存在 2600 多年的农业税，并以法律形式固定下来，减轻了农民负担，间接提高了农民的经济效益。此外，政府数次提高个人所得税起征点，以此提高居民收入，增加居民福祉，提高居民生活水平和生活质量。第四，逐步完善社会保障制度。一方面，我国继续实行社会救济制度，对那些丧失劳动能力和生活没有依靠的老、弱、孤、寡、残居民，在吃、穿、住、医、葬等方面给予生活照顾和物质帮助，所需资金由国家财政负担。另一方面，完善社会保障制度。我国现已建立失业保险制度、医疗保险制度、生育保险制度、工伤保险制度、基本养老保险制度等。此外，针对农村地区，政府还建立了新型农村合作医疗制度和农村最低生活保障制度，推进社会民生事业的发展。

中国共同富裕社会政策对非洲的有效性：第一，近十几年来，虽然大多数非洲国家持续保持中速增长态势，但穷人在初次分配中所占份额偏低，拥有财富和资产的富人是经济增长的最大受益群体。而且，非洲国家普遍存在社会保障项目不全、覆盖面缺损问题。尤其广大农民基本上被排除在国家社会保障体系之外，会因各种原因而致贫或返贫，生活处于脆弱状态。因此，这种增长并非是对穷人友善的经济增长，而是贫困化增长。若从贫困化增长过渡到包容性增长范式，需要摸索一套社会政策来支撑。第二，2009 年底至 2010 年初以来爆发的北非动荡原因之一在于未解决好民生问题，越来越多的非洲国家认识到必须高度重视社会财富的"存量不公"和"流量不公"问题。由于非洲国家的执政者在很大程度上是维护某一地区或某一个部族利益的，由此凸显出资源收入管理问题、政治权贵过多占有社会财富问题、国内部分地区发展被边缘化问题，等等。随着非洲大陆有越来越多国家进入中等收入发展阶段，也意味着进入社会矛盾高发期，需要政府的力量来处理增长后的分配问题，实现社会财富二次分配的制度化、公平化和合理化。

9. 执政能力建设

执政能力建设是中国共产党执政后的一项根本建设，中国历代中央领导集体对此高度重视，努力提高领导水平和执政水平，与时俱进地推进具有中国特色的社会主义民主和良治、良政，有力地推动了中国经济与社会的快速发展。第一，实行集体领导决策机制。中国各层级领导体现了集体领导、民主集中制、个人分工负责制的特点，这就明确了党和政府的重大决策是组织的行为、集体的行为，而不是领导者个人的行为，并用制度建设加以规范，以此避免国家权力过分集中，最大限度地保障党的决策科学化。在进行重大决策之前，通常要经过专家或专业机构的论证评估或法律分析。对于涉及民众切身利益的决策，则通过社会公示或听证会等形式听取意见建议，并及时跟踪决策执行情况，确保政令畅通。第二，深化干部人事制度改革，建立科学的干部选拔任用机制。中国政府现已建立以业绩为重点，由品德、知识、能力等因素构成的各类人才评价指标体系，推行领导干部述职述廉制度、重大事项报告制度、质询制度、问责制度和民主评议制度，以此选拔贤能之士进入领导岗位。第三，强调依法执政，把党的执政行为纳入法制轨道。依法执政是中国共产党执政的主要经验之一，在新的历史条件下被不断强化。经 1999 年修宪，"社会主义法治国家"被写入宪法。在这一基础上，2004 年初，国务院颁布《全面推进依法行政实施纲要》，明确提出："经过 10 年左右坚持不懈的努力，基本实现建设法治政府的目标。"同年 9 月，在党的十六届四中全会上，中国共产党第一次将依法执政、科学执政、民主执政列为"执政党的三大目标",并首次在党的决议中写明:"依法执政是新的历史条件下党执政的一个基本方式。"正是通过这些政策文件,依法执政成为党领导人民治理国家的基本方略。第四,构建学习型政府,不断提高政治领导层及政府各级管理人员驾驭社会主义市场经济的能力。学习型政府是知识经济的必然产物。20世纪80年代以来,中国经济改革面临构建市场经济的考验、经济全球化的考验、社会信息化的考验等,为此政府机构倡导领导干部不断更新知识、加强理论学习,并健全干部培训、激励和考核机制,提高公务员的素质,努力塑造知识化、专业化的行政管理干部队伍,以适应中国经济快速发展的要求。

中国执政能力建设经验对非洲的有效性:第一,非洲大多数国家为总统制政治模式,常常会出现个人至上、"赢者通吃"和总统大权独揽的情势。国家的发展在很大程度上取决于领导人的个人视野、智慧和治国理念,影响国家决策的科学化程度。近期,北非地区部分国家发生的持续动荡,就蕴含着民众对政治领导人决策不满的因素。这就需要非洲国家反思与探求提高政治精英或行政管理人员的科学决策能力。事实上,不少非洲国家在独立后就经历了发展政策偏差带来的恶果。盲目工业化造成了农业的长期停滞,快速城市化加剧了社会经济的二元化,人口的高速增长蚕食了经济增长的成果,等等。第二,在"外植"的经济自由化和政治民主化的过程中,非洲国家普遍出现了如诺贝尔经济学奖得主缪尔达尔所说的"软政府"问题。"软政府"的突出表现是执行能力极弱,政府被各种既得利益绑架,政客们为了自己所代表的特定阶层、部落或群体的利益相互攻讦。其结果是国家的现代化事业举步维艰,人民生活迟迟得不到改善,有限的国家资源被用于周期性的选举等民主的实现"形式"和"程序"中。民主化所导致的领导人频繁更替客观上也使得发展政策的延续性和有效性受到影响。第三,虽然大多数非洲国家已经建立了多党民主政治体制,但还存在选举舞弊、执政党利用权力修改选举法以及军事政变"回潮"等"反民主"的行为。另外,一些国家政府官员存在或多或少的裙带关系,领导干部选拔会出现关照同一部族、同一地区、同一宗派情况。因此,如何遏制日益严重的腐败现象、探索适合非洲土壤的"民主"体制等问题已成为实现非洲国家振兴必须解决的问题。

三 中国的经验不可照搬

中国改革开放 30 余年来，经济与社会发展取得了显著的成效，但中国发展取得的经验具有明显的中国历史、政治、经济、文化和社会特征，这些方面均与非洲国家存在显著的差异。因此，中国经验是不能照搬到非洲国家的。

第一，从政治基础看，自秦始皇统一中国伊始就确立了以"强势政府"为表现形式的"中心驱动"政治文化传统，延续至今。这种主导型政府依靠自己所掌握的政治资源、经济资源和文化资源，对国家经济建设具有很强的动员和干预能力。因此，执政者的政治治理能力对国家经济发展具有决定性影响。新中国成立以来，中国共产党进入政权的核心，一直处于执政地位，在实行集体领导、遵循立党为公与执政为民的理念下，把国家的发展和人民生活的改善置于首位，与时俱进地加强自身的执政合法性建设，巩固和扩大了自身的执政基础。而且，由于党的政治权力可以自我延续，中国共产党领导下的多党合作制政府可制定中长期国家发展目标和长远的战略规划，而不受政治领导人更迭的影响，保持国家经济发展战略的高度可持续性。此外，中国业已建成了自上而下的各层级行政机构，且职能部门相互对应，加之拥有规范且制度化的各级干部考核和提拔机制做支撑，国家政策能够一以贯之地得到执行。因此，中国发展型政治特点为经济发展提供了有力保障。

而非洲国家大多移植或参照某种欧洲范式而形成本国的政治制度，属移植型政治制度。国内或隐或显的各种族群冲突、宗教冲突、党派斗争在一定程度上消解或侵蚀着国家权力。国家权威的缺失导致国家无法有效动员和整合各种资源，集全国之力推进国家的经济建设。目前，非洲的多党制也是在外来干预的基础上形成的，没有根植于非洲社会，未能超越狭隘的部族或地区利益，因此在政党与国家关系建构中，凸显政治领导人及其所代表政党利益观、政治经济政策发展取向。由于每个当政者拥有不同的治国理念，执政党有可能追求自己的短期利益，而不是国家长期发展目标，政府更迭后，往往出现国家原有经济发展战略难以为继的现象，代之以新战略、新方案。

第二，从经济发展初始条件看，中国地域广袤，人口众多，国内市场广阔，为中国发展劳动密集型制造业提供了人力资源和市场空间，可以实施面向国内市场和国际市场的产业发展体系，使得中国经济具有很强的独立性。且新中国成立之初，就建立了以农本经济、粮食生产为核心的国民经济体系，而后发展重点是基础设施与制造业，最后序次是完善社会保障体系经济。[①] 可以说，在政府有限的可支配的财力情况下，体现了符合中国国情的发展道路。

而非洲大陆有 54 个国家，大多为小国，人口地理分布平均密度小，国内市场狭小。值得注意的是，非洲国家独立之时，承继了殖民时期形成的单一经济结构产业模式，呈现外向型经济发展特征。尽管非洲国家也在力图改变经济结构失衡格局，但由于实行工业化优先发展战略的未竟成功，出口型经济结构未发生根本性变化，依旧严重依赖国际市场，经济基础脆弱。加之非洲大陆内部国家间产业结构有很大程度的趋同性，无法形成互补性产业及区域性消费市场。即使非洲国家构建了规模化工业，也必然面临消费市场掣肘问题，这方面与中国情况大不相同。

第三，从社会文化背景看，中华民族的建构经历了 3000 多年历史发展。统一多民族国家的长期延续，极大地促进了各民族之间政治、经济和文化交流，增进了各民族对中央政权的向心力和对中华文化的认同感，增强了中华民族的凝聚力、生命力和创造力，促进形成了中华文明的统一性和多样性。中国传统文化中的政治认同使其具有"治乱"政治文化，民众的矛盾冲突和利益诉求常常服务于全局整体性的社会和谐，更倾向于在行政机构框架内解决，从而保持中国内部的稳定。此外，中华文明中的重储蓄、崇尚自强不息、勤俭节约的风尚深深烙印在民众的内心深处。上述特质造就了中国政府在对外交往和经济建设中独立自主的观念和与不同民族齐心协力做事的风格，而且还具有促进国内资本形成的经济意义。

而大多数非洲国家是在极不合理的殖民地政治基础和边界范围内建立起来的，属新生国家。这种"发育不良"的民族国家认同，不利于形成对非洲民族国家的统一的集体身份认同，民众的认同往往属于其所在的部族，而不是归属于民族国家。因此，非洲政治文化中并没有这样一种长期形成的上下一致并由下层来支撑的观念体系。国家与地方、不同部族之间可能随时发生分裂，这种状况既不利于国家对资源的集中调控，也不利于实现治下的和平。

---

① 参见中国国际扶贫中心编《"经济转型与减贫：中国的经验对非洲发展的启示"政策研讨会会议论文集三》，2011，第 12 页。

另外，非洲传统文化中尚存的财富共享财产观与集体主义家庭观，容易使民众产生依赖思想，企业家精神被弱化，甚至潜移默化地反映到政府在治国理政方面的自主性。

第四，从外部国际因素看，20 世纪五六十年代，西方国家对社会主义中国进行孤立、排斥与封锁，中国政府对于西欧在华经济势力（包括在华财产）进行了各种形式的废除、没收和斗争，建立了强大的、完全由国家管控的经济体系。随着中苏关系的破裂，中国完全走上依靠国内力量、通过自我积累进行经济与社会发展的道路。直到改革开放之前，中国既无外债，也未接受外国援助。中国政府无论在政治上还是在经济上，均未与西方国家形成依附关系。

而非洲国家在独立之初，就与其原宗主国建立了紧密联系。西方大国利用在非洲国家继续存在的跨国公司，对其国家经济生活深度参与甚至干预。非洲国家受累于经济发展战略的失误，造成国家外债负担沉重。西方国家利用向非洲国家提供外援之机，侵蚀其经济主权，非洲国家由此陷入既欲摆脱对西方国家的依赖又迫切需要外援维系其经济运行的悖论之中。这与中国发展经济面临的国际环境大相径庭。

正是基于中国与非洲国家在历史条件、经济基础与社会、人文特点方面的异质性，中国发展的经验对于非洲国家而言，是"他山之石"，可分享、可借鉴，但不可照搬。

中非减贫合作：现状、特点与经验分享

安春英[*]

从混沌之初与洪荒之始，到当今五光十色、数字化生存时代，人类从未停止过为自身生存与发展而进行的抗争。从兽皮遮体到彩缎时装，从野果生兽为食到精制的各色美食，从篱笆、草木栖身到钢筋水泥为居，从口传文化到以电话、手机、电脑等传输信息……无不标志着人类文明在提高生活质量方面的发展历程。人类文明的进步终极目的是实现人类社会的共同福祉——建立一个没有贫困、没有因贫困带来痛苦的世界。减少贫困、让人类过上拥有幸福感的丰裕生活自古以来就是人类追求的社会理想。

世界上许多发达国家和发展中国家在实现民族国家独立后，就致力于经济的高速发展和现代化进程，致力于消除国家普遍存在的贫困现象。经过半个多世纪的发展，全世界经历了复杂而深刻的变化，展现的是一个失衡的图景，贫富悬殊和南北差距不断扩大，地球上不同国家的人们过着不同质的生活。虽然人类社会已然进入 21 世纪，科学技术发展突飞猛进，但饥饿、疾病和贫困问题依然困扰着许多发展中国家，贫困问题仍然威胁着人类的和平与发展，解决自身的温饱问题依旧是人类文明史的主题。尤其在发展中国家，实现共享式增长[①]、促进社会进步是现阶段的主要任务。

---

[*] 安春英，中国社会科学院西亚非洲研究所编审，研究方向为非洲经济、非洲减贫与可持续发展问题。

[①] 共享式增长（inclusive growth）又称"益贫式增长"，是发展经济学的一个新概念，近年在国际上受到高度关注，但到目前为止并没有一个统一和公认的定义，观点各异。一是认为共享式增长的重点应在贫困人群的情况改善上，它应是益贫式增长。二是认为益贫式增长定义为贫困人群的收入增长高于社会平均收入增长。三是认为只要贫困人口减少，就应称作益贫式增长。参见汤敏《共享式增长与中国新阶段扶贫》，载林毅夫等编《以共享式增长促进社会和谐》，中国计划出版社，2008，第 130～132 页。

中国是世界上最大的发展中国家，非洲是世界上发展中国家最为集中的大陆。鉴于此，中国与非洲国家减贫方面取得的绩效关乎世界反贫困事业的进程。再者，中非双方均属南方国家，社会发展方面具有一定共通之处。本文以减贫为切入点，探讨中非贫困化的不同态势、特点、合作现状及经验分享。

一　中国与非洲贫困化状况比较[①]

第二次世界大战结束后，随着中国与非洲国家的纷纷独立，各国制定了发展经济、摆脱贫困的国家发展战略。进入 20 世纪八九十年代以来，以改善民生为要义的减缓贫困问题得到中非国家的高度重视，中非各国采取一系列相应举措，以期提高民众的生活水平。经过 20 余年的不懈努力，发展中国家减贫成效出现不同的情势。中国作为最大的发展中国家，在减缓贫困方面已经取得了显著进展。据世界银行减贫评估专家陈少华和马丁·瑞沃林发表的《发展中国家比我们早先的设想更贫困，但贫困斗争依然成功》报告中指出，就中国而言，自 1981 年以来，中国实行农村经济体制改革，中国经济迅速增长，中国国内生产总值增长了 4 倍，若以人均日消费不足 1.25 美元的新国际贫困线来衡量，贫困人口数量在 1981～2005 年间减少了 6 亿人左右，减贫成效极为突出。[②] 然而与此形成鲜明对比的是，非洲作为发展中国家最集中、人口最多的大陆，地域辽阔，物产丰富，遗憾的是，这些优厚的条件却没能转化为发展的动力。非洲大陆食无保障、居无定所、艾滋病蔓延等贫困化问题依然十分突出，减贫进展缓慢，直到今日，非洲大陆有近一半的人口生活在贫困线以下（见表 1）。

[①] 非洲有 54 个国家，每个国家国情各异，鉴于非洲国家之间在贫困化方面存在诸多共性，这里将其作为一个整体进行框架性比较与分析。

[②] Shaohua Chen and Martin Ravallion, *The Developing World is Poor than We Thought, But No Less Successful in the Fight against Poverty*, Development Research Group, World Bank, August 2008, p. 30, http：//siteresources. worldbank. org/JAPANINJAPANESEEXT/Resources/515497 - 1201490097949/080827_ The_ Developing_ World_ is_ Poorer_ than_ we_ Thought. pdf, 2009 年 5 月 20 日。

表 1 中国与撒哈拉以南非洲国家贫困状况变化

年 份		1981	1984	1987	1990	1993	1996	1999	2002	2005
贫困发生率（%）	中国	84.0	69.4	54.0	60.2	53.7	36.4	35.6	28.4	15.9
	撒哈拉以南非洲	50.8	54.7	53.4	54.9	54.8	57.5	56.4	52.7	50.4
	世界平均	52.0	47.1	41.8	41.6	38.9	34.8	33.7	31.0	25.7
贫困人口数量（百万）	中国	835.1	719.9	585.7	683.2	632.7	442.8	446.7	363.2	207.7
	撒哈拉以南非洲	202.0	237.1	252.8	283.7	305.9	347.8	370.0	373.2	384.2
	世界平均	1904.3	1825.8	1717.7	1815.5	1787.2	1673.8	1695.1	1627.0	1399.6
贫困深度指数（%）	中国	39.3	25.6	18.5	20.7	17.6	10.7	11.1	8.7	4.0
	撒哈拉以南非洲	20.9	23.7	23.2	24.6	24.3	26.4	25.1	22.5	20.8
	世界平均	21.7	17.1	14.5	14.2	12.9	11.2	10.9	9.8	7.7

注：本表统计数字均按 1995 年购买平价计算所得，以日均消费 1.25 美元新国际贫困线测度。

资料来源：Shaohua Chen and Martin Ravallion, *The Developing World is Poor than We Thought*, *but No Less Successful in the Fight against Poverty*, Development Research Group, World Bank, August 2008, http://siteresources.worldbank.org/JAPANINJAPANESEEXT/Resources/515497 – 1201490097949/080827_The_Developing_World_is_Poorer_than_we_Thought.pdf, 2009 年 5 月 20 日。

从目前来看，非洲大部分国家尚处于生存型贫困[①]向温饱型贫困[②]过渡阶段，而中国则由温饱型贫困迈向发展型贫困[③]之路。

二　中非减贫合作的现状与特点

（一）减贫合作的基础

中国与非洲国家虽处于不同的贫困化态势，但双方在进行反贫困斗争中

[①]　生存型贫困是指生活资料匮乏，满足不了基本需要，解决食物和衣物成了主要的奋斗目标；基本生活没有保障，生存受到威胁。

[②]　温饱型贫困是指在正常条件下，食物和衣物能够得到供给，但经济发展还很困难，生活水平还很低，抵御灾害的能力还很弱，食物和衣物的供给还缺乏可靠的基础，收入水平制约着进一步的发展，实现小康的道路还很漫长。

[③]　发展型贫困是指在解决吃饭、穿衣等基本生存问题之后进一步发展过程中的相对贫困。

具有一些共通之处，使双方减贫合作成为可能。

第一，解决农村贫困问题是中国与非洲国家减贫的关键所在。与中国国情类似，大部分非洲国家也是农业国。由于农村地区在食品、饮水、住房、教育、医疗、就业、交通运输等基础设施方面得到的社会服务远远落后于城市地区，无论在中国，还是在非洲国家，绝大多数贫困人口均生活在经济条件相对较差的农村地区，集中程度很高。依照世界银行的贫困线标准，当前，中国的农村贫困人口占全国贫困人口的90%，[①] 撒哈拉以南非洲地区贫困人口总量的约70%生活在农村地区。[②] 据此可以推断，中国与非洲国家的绝对贫困问题，实际上就是农村的绝对贫困问题。贫困化特征的这一趋同性决定了中非双方易于携手、探索减缓贫困的路径。

第二，减贫过程的长期性是中国与非洲国家共同面临的现实挑战。从表1可以看出，非洲国家在减贫方面进展缓慢。中国虽取得了显著的减贫绩效，但中国贫困人口规模仍然庞大，贫困程度深，返贫率高。因此，中国和非洲国家在短期内均难以根本解决贫困问题，减贫斗争充满艰巨性与长期性。中非双方的减贫经验与教训既需要总结、借鉴、分享，也需要不断创造，对于双方来说，这是一个动态的变化过程。

第三，中非国家之间减贫合作政治意愿日益强烈。自20世纪八九十年代以来，以人为本的经济与社会发展战略得到发展中国家的普遍认同，中国与非洲国家制定了国家减贫战略，并把其置于国家发展战略的高度。2001年，《非洲发展新伙伴计划》的推出，搭建了非洲与国际社会合作的新平台。2006年，中国政府发布的《中国对非洲政策文件》及之后的《中非合作论坛北京峰会宣言》，也强调中国欲加强中非在减贫领域的合作，把中非减贫合作逐渐推向深入。

（二）减贫合作的内容、路径与方式

中非国家减贫领域的合作与中非经济关系、中国对非援助具有很强的正相关性，密不可分。近年来，中非减贫合作呈现以下主要特点：

---

① http://cn. chinagate. cn/worldbank/2009 – 04/10/content_ 17585295. htm.

② Iain Frame, *Africa South of the Sahara 2009*, London and New York：Routledge，Taylor & Francis, 2008，p. 10.

　　第一，中非减贫合作内容日益丰富，领域不断拓宽。随着中非双方经济与社会的发展，双边关系的日益密切，给中非国家间在减贫领域的合作注入了新的生机。目前，中非减贫合作的领域及其内容主要有：一是坚持农业领域的长期合作，以满足贫困人口的基本生存需要。中非农业合作始于 20 世纪 60 年代，合作形式以中国对非洲国家提供农业援助为主，包括帮助非洲国家援建农业技术试验站、农业技术推广站和一些规模较大的农场及农业加工项目等。目前，中国已与埃及、埃塞俄比亚、南非等 10 多个非洲国家签署农渔业合作协议或谅解备忘录。中国每年与非洲国家互派 20 多个技术交流团组，已与几内亚比绍、塞内加尔、摩洛哥等 11 个非洲国家开展渔业合作，为当地提供了数千个就业机会。① 2006 年中非合作论坛北京峰会后，中国与非洲国家进一步加强"粮食安全特别计划"框架下的"南南合作"。二是减免非洲国家欠华债务，为非洲国家解决减贫资金支出助一臂之力。在 2000 年中非合作论坛首届部长级会议后的两年时间内，中国兑现会议承诺，减免了非洲 31 个最不发达和重债穷国对华债务105 亿元人民币，为促进上述国家经济、社会发展做出了积极的贡献。三是遵循智力扶贫理念，帮助非洲国家培养各类技术人才，比如水稻种植、蔬菜栽培、综合养鱼、医疗、工业机械等技术专业人才；开展对非洲国家的官员进行经济管理方面的培训；互派留学生，提高非洲国家的人力资源水平，使其成为推动国家减贫的中坚力量。四是加大中国对非洲国家在基础设施建设、疾病防控等有关民生领域的支持力度，如 2004～2006 年中国与安哥拉政府签订了为当地援建或修缮道路、桥梁、铁路、医院、民用住房、水利设施等项目；② 自 2007 年以来，中国相继在利比里亚、马里、多哥等国成立了"中国疟疾防治中心"，并无偿为当地病患提供抗疟疾特效药青蒿素等药品。

　　第二，注重中非减贫发展经验的交流与分享。多年来，中国实现了大规模减贫的现象引起了同为发展中国家的非洲国家的关注与兴趣。中国扶贫开发成功的奥秘是什么？中国的减贫理念何在？中国在减贫过程中的具体做法有哪些？于是，中国与非洲国家多元渠道加强双方对减贫问题的理解与沟通。一是举办减贫经验论坛或研讨会。例如，2004 年 9 月，旨在进一步加强中非合作、交流

---

① 参见新华网，2009 年 7 月 3 日。

② Lucy Corkin & Martyn Davies, "China's Engagement in the Construction Sector in Africa: The Case of Angola," a presentation to the international symposium of China – Africa Shared Development, Beijing, Dec. 18 – 19, 2006.

减贫经验的"支持非洲发展：分享减贫经验"研讨会在北京举行。中国的专家学者、非洲国家驻华使节、有关国际和地区组织驻华代表等各界人士逾百人参加了讨论。2006 年 5 月 23 ~ 24 日，中方承办了"新千年减贫战略：问题、经验与教训"国际研讨会，包括非洲国家在内的扶贫政策制定者、研究者和实际工作者与会，讨论了国家在扶贫事业中出现的新情况、新问题，交流了各国促进经济增长和社会发展的经验与教训。2008 年 12 月 10 ~ 14 日，在坦桑尼亚达累斯萨拉姆举行了"中国 – 非洲发展与减贫：经验分享与国际合作"研讨会。2009 年 7 月，由中国国务院扶贫办等部门主办的第二届中非共享发展经验高级研讨会，对金融危机形势下中国及非洲的发展和减贫问题进行了分享和交流。这些政府智囊团的频密交流，增进了中非之间的相互了解和交流，深入推动了南南知识合作。二是中方为非洲国家举办减贫研修培训班。例如，苏州大学分别于 2005 年和 2006 年承办了"社会经济发展与减贫"高级研讨班与"减贫与教育发展"高级培训班，学员来自非洲十几个国家。中国国际扶贫中心在为非洲国家举办国际减贫研修培训班方面更为活跃。自 2005 年 12 月以来，该中心已经举办了 6 期专门面向非洲国家的国际减贫培训班[1]。这些以扶贫为主题的研修班，通过理论讲解、经验介绍、案例分析、实地考察和参与式讨论等方式，有力推动了中非国家之间分享发展经验。

第三，减贫合作模式多样化。从中方参与中非减贫合作主体看，分为 3 个层次：一是政府间合作。通常是中非国家间通过签署有关减贫的合作框架协议，落实到具体的援助项目加以实施，这与西方国家侧重资金援助的做法有所不同；或是通过临时动议支持非洲国家的扶贫济困行动，如一些非洲国家遭受突发性国内暴乱、旱、涝灾害时，中国政府会提供紧急救援物资。二是中国企业的参与。中国企业通过在非洲国家投资项目，属地化经营方式，吸纳当地人员就业；或是企业在当地开展造福于民众的公益事业。例如，截至目前，中石油已通过各种方式向苏丹社会公益、慈善事业团体及油区周边社区和百姓累计捐资 4500 万美元，用于改善和发展基础设施、医疗卫生、人才培养与学校建设等，直接受益人数约 200 万。[2] 当然，中国企业在履行社

---

① 最近一期是于 2009 年 7 月 5 日举办的"非洲国家扶贫政策与实践官员研修班"。

② 参见中国石油天然气勘探开发公司网站文章《中国石油在苏丹石油合作中履行社会责任情况得到全球契约组织高度评价》，http://www.cnpc.com.cn。

责任方面做得还很不够，需要进一步改善。三是非政府组织的参与。除了中国专业从事扶贫工作的全国性非政府组织——中国扶贫基金会参与支持非洲国家的减贫行动外，近年来中国的志愿者赴非从事教学、农技指导，司职"无国界医生"的现象逐年增多，表明双方减贫合作潜力较大。

三　中非减贫经验借鉴与分享

尽管中非国家在减贫方面取得的成效迥然不同，但双方在减贫过程中均探索和积累了各自可资借鉴的经验，因此这种减贫经验的交流与分享是双向的、互动的。

（一）来自中国的经验[①]

第一，强调政府的主导作用。政府作为强制性制度供给的主体、管理和使用公共资源的主体和社会经济发展的直接干预者，通过政策工具、选择经济与社会发展模式，可以有力地影响国家减贫的进程和效果。因此，中国在减贫过程中，注意处理好政府与市场的关系，认为贫困主要涉及的是公平问题，而市场追求的是效率目标；效率优先主要由市场机制来实现，兼顾公平则主要由政府政策来实现。鉴于政府在整合全社会资源、制定国家发展战略导向方面拥有其他力量无法比拟的支配能力，强调政府在减贫过程中的有效干预是完全必要的，中央政府必须加强市场经济转型的主导作用。在上述认知前提下，中央政府成立了由相关行政职能部门组成的扶贫开发领导小组，负责组织、领导、协调、监督、检查总体扶贫开发工作，并在其下设立办公室，负责扶贫开发的具体工作，如拟定政策、规划并组织实施，协调社会各界扶贫协作。中国的减贫行动得到中央政府的直接领导，并承担减贫的最主要责任，通过强力干预，推动了国家减贫工作的稳步向前发展。

第二，正确处理独立自主、自力更生和争取外援的关系。独立自主、自

---

① 近年来，关于中国减贫模式与经验的相关研究很多，从不同角度对中国实现大规模快速减贫的经验进行了归纳与总结，涉及内容颇多。这里笔者仅针对非洲国家这一特殊群体，评介可资分享的减贫经验。

力更生，就是从中国的实际出发，依靠本国革命力量和人民群众的努力，走出一条适合本国特点的革命与建设道路。这一理念也始终贯穿于中国减贫行动中。中国在减贫过程中，树立了以中国人民的自身力量为依托，艰苦奋斗，靠自己的双手改变贫困落后面貌的思想。在实施减贫行动中，中国政府自主制定并实施了《国家八七扶贫攻坚计划》、《中国农村扶贫开发纲要（2001~2010年)》等减贫战略，确保了国家在经济与社会发展政策上的稳定性。[①] 这表现出中国在解决减贫资金来源、减贫项目实施等方面也立足于国内力量。当然，中国减贫相关机构与组织也积极与各类国际机构（国际金融机构、国际多双边机构和国际非政府组织）开展扶贫项目开发、技术援助、合作研究等，使之服务于中国减贫事业的发展。而非洲国家在减贫过程中对外援的过分倚重、自主性的不充分，都会或多或少地对其减贫实效产生影响。这一点值得我们反思。

第三，重视发展农业，夯实减贫的基础。中国的扶贫行动发端于20世纪50年代的土地改革，政府将土地等主要农业生产资料划归集体所有，广大农民获得减贫资源——土地的使用权，有效地促进了农业生产力的发展和农村人口福利水平的提高。继而，政府又实施了给予粮食作物生产农业补贴、取消农业税、建立新型农村合作医疗制度、免除农村义务教育阶段贫困学生学杂费，以及整村推进扶贫等一系列有利于"三农"[②] 的政策措施，既解决了农民的温饱及基本生活需要问题，又为国家可持续发展与减贫奠定了良好的基础。鉴于非洲的贫困水平、主要贫困人口分布在农村、相对丰富的土地资源以及当前的高粮食价格，关切农业、农村与农民的发展应成为有效脱贫方案的核心。

第四，实施立体式开发扶贫策略。所谓"立体式"扶贫，指在减贫资源动员方面多元性、多层次性。在中国政府的倡导下，东部经济较为发达的省、市与西部较贫困的省、区、市建立了"对口帮扶对子"，中央党政机关和大型国有企业确立了各自的定点帮扶重点县，民营企业投入到扶贫济困的"彩虹

---

① Martin Ravallion, "Are There Lessons for Africa from China's Success against Poverty?" Policy Research Working Paper, No. 4463, p. 18.

② "三农"指农业、农村和农民。"农业"问题，具体指的是粮食问题和农业的产业化问题；"农村"问题是指农村的户籍问题（涉及农民流动等）和其他存在的问题（如农村的文化建设、治安问题等）；"农民"问题主要指的是农民的增收问题。

工程"中，普通民众为"希望工程"① "幸福工程"② 捐助善款，等等，形成了社会各类力量减贫的合力。此外，中国还与有关国际组织、双边机构和国际非政府组织合作，联合实施多种形式的扶贫项目或相关活动。所谓"开发式"扶贫，就是通过改善贫困人口基本生产生活条件（如提供更好的基础设施和社会服务）、增加收入（如创新就业）、提高经济参与能力（如通过培训提高人力资源水平）等路径，提高贫困地区和贫困人口的反贫困能力，以实现自我积累和自我发展。这些做法对非洲国家减贫有一定启示。

（二）来自非洲的经验

第一，非政府组织是国家实施减贫行动的一个重要支撑点。非政府组织在非洲国家活动范围宽泛，对社会弱势贫困群体的扶助是众多非政府组织的重要使命之一。非政府组织在其所在国开展了一系列积极有效的活动，为国家减贫事业发挥独特的作用。这些作用概括起来主要表现在四个方面：一是非政府组织作为"草根"阶层诉求的代言人，积极参与国际、国内相关减贫政策的制定。这些组织努力确立自己的话语体系、价值体系和行动议程，以影响国际社会和所在国家的减贫议程。例如，肯尼亚的非政府组织——"非洲妇女儿童信息网"（African Woman and Child Information）③ 就是一例。该组织成立于1994年3月，出版期刊、信息公报、研究报告等，还制作广播、电视节目，通过该组织网站，反映其对家庭暴力、儿童维权、妇女生育保健等问题的看法，也评估、监督政府的一些相关政策实施情况。④ 二是当贫困人口陷于长期贫困，或面临饥荒、旱涝灾害、战乱等情境时，非洲当地的一些非政府组织经常通过直接提供资金、物资等经济资源，以强制投入的方式打破

---

① "希望工程"创建于1989年10月，是募集海内外民间资金救助贫困地区失学儿童重返校园并完成小学学业的一项社会公益事业。目前，希望工程对贫困地区办学条件的改善方式有两种，即救助与建校。

② "幸福工程"一项以救助贫困地区的贫困母亲为主题的全国性社会公益行动，于1995年正式启动。该项目主要以贫困地区计划生育家庭的贫困母亲为救助对象，围绕"治穷、治愚、治病"，采取"小额资助、直接到人、滚动运作、劳动脱贫"的救助模式（每户给予1000～3000元），帮助她们发展家庭经济，脱贫致富。

③ 笔者曾于2008年4月拜访该组织，并对该组织负责人奥凯罗（Rdello Okello）进行访谈。

④ African Woman and Child Information, *African Woman & Child Feature Service*：*Annual Report 2003 - 2004.*

贫困所固有的恶性循环，直接为需要帮助的人提供救助服务，为贫困人口的基本生存提供保障，体现其人道主义关怀。三是鉴于贫困人口发展能力的脆弱性，非政府组织也选择一些旨在提高贫困人口自主摆脱贫困能力的项目，如开展各种形式的职业培训，将大量有用的信息和实用技术传授给当地穷人，使之掌握一定的生产技能，帮助其顺利就业，以实现技术扶贫；设立小额信贷项目，资助贫困人口自谋职业，实现自我发展；通过提供资金，增加贫困人口特别是少年儿童受教育的机会，实现教育文化扶贫；通过改善医疗卫生基础设施，关注老、弱、病、残、孕特殊群体的卫生保健，以实现卫生健康扶贫。例如在乌干达，非政府组织——"行动援助"（Action Aid）[①]自1981年开始参与该国的农村发展与农村扶贫计划。四是非政府组织作为国际社会救助非洲国家贫困人口的中介组织发挥作用，执行监督或落实有关缓贫项目。事实上，非洲国家的非政府组织在实践中已形成了评估政府扶贫效果的参照系，为国家减贫事业做出了自己独特的贡献。而在中国，非政府组织需要时间和实践来成长，以期在减贫中发挥更大的作用。

第二，积累了丰富的国际合作的经验。缘于历史联系与国际政治发展的特点，非洲国家与西方发达国家及国际组织在发展经济、减缓贫困等领域的合作时间较长。可以说，在一定程度上，双方或多方合作始终伴随着独立后非洲国家减贫的进程。长期以来，非洲在全球国际援助中占据重要的位置，约占全球援助总额的1/3。[②] 2007年，流入非洲的官方发展援助占当年全球国际援助净交付总额的37%。[③] 在非洲，援助形式以官方发展援助、债务减免、技术援助、紧急援助和战后重建援助为主，国际援助更多流入社会公共基础设施与服务领域（包括教育、健康、医疗卫生、供水、公用民用设施、就业、住房等基础设施建设与涉及各类能力建设的政府管理部门），以及用于受援国政府债务减免。毋庸置疑，国际援助已成为非洲国家获得减贫资金的重要途径，对这一地区的减贫行动产生了一定的推动作用。非洲国家在与外部伙伴

---

① 它是一个以消除全球贫困为宗旨的国际公益性非政府组织，1972年成立于英国，2004年秘书处迁至南非。

② Robert Picciotto & Rachel Weaving, *Impact of Rich Countries' Policies on Poor Countries: Towards a Level Playing Field in Development Cooperation*, Transaction Publishers: New Brunswick, 2004, p. 38.

③ DAC, *Development Cooperation Report 2009*, Table 25, http://www.oecd.org/dataoecd/55/59/42193704.pdf, 2009年6月1日。

的减贫合作中，在争取国际援助资金支持，项目运作合作中的相互协调与减少摩擦，应对项目执行中的管理、检查、评估等具体程序诸方面，均有成熟的做法与经验。而中国在减贫领域的国际合作从 20 世纪 90 年代逐渐增多，需要研究与吸纳非洲国家在该领域的经验。目前，随着中国人均收入水平的提高，国际金融组织取消了对中国的软贷款。事实上，中国财力的增长还难以满足贫困人口对资金支持的需求，仍需要继续争取国际援助。这也是中国开展扶贫开发领域国际合作面临的挑战。

四　结语

本文通过比较与分析中国与非洲国家在减贫过程中采取的策略与措施，阐释了中、非在减贫理念、方法方面各自的特色。从上文所述可以看出，一方面中国与非洲国家在减贫经验方面确有可以相互借鉴、取长补短之处。而且，这种经验交流是双方的、互动的。"他山之石，可以攻玉。"别国减贫发展经验与模式的理性认识与借鉴，势必会使本国的减贫事业少走弯路，同时也会构建"穷人经济学"（即研究如何帮助穷人成为富人的经济学）的实践和理论基础。另一方面，中国与非洲国家毕竟拥有不同的经济、历史和文化背景，非洲各国家之间也不相同，减贫经验绝不能照抄、照搬。通过国际减贫经验的交流，引进符合本国国情的理念和方法，并实现国际经验本土化，这是中非减贫合作的核心所在。

中国与非洲利用外资的经济发展效应比较

朴英姬[*]

改革开放以来，中国利用外资增长迅猛，对国民经济的高速增长和工业化进程的加快都起到了至关重要的作用。由于国内建设资金匮乏，非洲国家也普遍采取鼓励外资流入的政策，将利用外资视为促进经济发展的重要途径之一。尽管中国和非洲国家均采取了较为积极的引资政策，但是中国自从1992年以来就成为外资流入量最多的发展中国家，而非洲大陆的外资流入量却远不及中国。本文通过对比中非利用外资对经济发展的影响效应，总结出对非洲国家未来吸引外资的一些启示。在未来，非洲国家应致力于改善投资环境，提升吸引外资的区位优势；建立与国家战略、产业发展相匹配的引资政策；对关乎国民经济命脉的关键性民族产业，实施必要的保护，并完善有关环保的法律法规，以防范外资流入可能造成的危害国家经济安全和环境破坏的负面影响等。

一 利用外资与经济发展的关系

在发展经济学的研究中，外国直接投资被视为弥补储蓄、外汇、技术、管理等诸多缺口，促进经济发展的重要途径。国内外许多学者从不同角度分析了外国直接投资对东道国经济发展的影响效应，并形成了许多共识，主要包括以下几个方面：

---

[*] 朴英姬，中国社会科学院西亚非洲研究所助理研究员，主要研究领域为非洲经济和外国投资。

第一，对资本形成的影响。外国直接投资对于东道国资本形成的影响有两种，即互补效应和替代效应。一方面，外国直接投资从母国和国际资本市场带来了东道国急需的资金和技术，同时还促进了东道国基础设施等投资环境的改善，这对东道国的资本形成起到了补充和促进作用。外国直接投资还通过在产品市场上的相互补充，或通过先进技术的转移或外溢提高东道国企业的生产率，从而支持东道国企业的扩张。这些正面的促进作用被称为外国直接投资的互补效应。另一方面，如果外资企业凭借其竞争优势，夺走了东道国民族企业原来所占据的市场份额，使东道国民族企业破产，或者夺走了熟练技工等关键资源，外国直接投资对于东道国资本形成就产生了抵消作用等，这些负面作用称为外国直接投资的替代效应。

第二，对技术进步的影响。跨国公司的直接投资能够对东道国的技术进步产生积极影响，主要通过技术外溢效应实现。外国直接投资对东道国的技术外溢效应，指的是跨国公司所具有的研发产品的技术、先进的管理经验向东道国企业非自愿扩散的效应，客观上促进了东道国技术和管理水平的提高。它是跨国公司经济正外部性的表现。许多研究都表明，外国直接投资趋向于提高东道国的生产率和技术水平，在大多数国家，外国直接投资的流入对增长都表现出正的促进作用，而且东道国的开放程度越高、出口促进政策越好、发展程度越高，这种促进作用就越大。[1]

第三，对产业升级的影响。外国直接投资对东道国产业结构升级的促进作用体现在三个层面：一是产业部类升级，即指东道国产业结构从第一产业向第二产业、再向第三产业转变；二是产业内部升级，即指东道国产业结构从低生产率、低技术含量、劳动密集型工业向高生产率、高技术含量、技术和资本密集型工业转变；三是行业内部升级，即指东道国产业结构从低技术含量、低附加值的产品和服务生产向高技术含量、高附加值的产品和服务生产转变。[2]

第四，对就业效应的影响。一般而言，外国直接投资对东道国产生的就

[1] De Mello, Luiz R., Jr., "Foreign Direct Investment in Developing Countries and Growth: A Selective Survey", *The Journal of Development Studies*, Vol. 34, No. 1, October 1997, pp. 1 - 34. 转引自庄芮《FDI流入的贸易条件效应：发展中国家视角》，对外经济贸易大学出版社，2005，第66 ~ 67 页。

[2] 参见崔新健《外国直接投资下的产业结构升级》，《当代财经》2002 年第 10 期。

业效应主要表现为就业数量、就业质量、就业区位分布三个方面。联合国贸发会议跨国公司与投资司在《1994年世界投资报告》中，将外国直接投资对东道国就业的潜在效应做了归纳（见表1）。

表1 外国直接投资对东道国就业的潜在效应

		就业数量	就业质量	就业区位
直接效应	积极	增加净资本并创造就业机会	工资较高，生产力水平也较高	为高失业区增加新的和更好的就业机会
	消极	兼并形式的外国直接投资可能导致"合理化"裁员	在雇用和晋职等方面引进不受欢迎的各种惯例	使已经拥挤不堪的城市更为拥挤，加剧地区不平衡状态
间接效应	积极	通过前后向关联效应和乘数效应增加当地就业	向国内企业传播"最佳运营"工作组织方法	促使供应商企业转移到劳动力可得地区
	消极	依赖进口或挤垮现有企业都会降低就业水平	在国内试图竞争时降低工资水平	如果外国附属企业取代当地生产或者依赖进口，当地生产商会被挤垮，地区性失业现象也会恶化

资料来源：联合国贸发会议跨国公司与投资司：《1994年世界投资报告——跨国公司、就业与工作环境》，储祥银等译，对外经济贸易大学出版社，1995，第231页。

第五，对制度变迁的影响。首先，外国直接投资对东道国经济制度具有示范和扩散效应。当某一个经济制度创新能够提高经济效益时，就会在东道国诱发模仿行为。跨国公司通过对外直接投资能够起到将先进的制度安排，如产权制度、企业制度、分配制度和资源配置制度等，向东道国进行示范和扩散的效应。其次，在经济全球化的背景下，为了争取利用跨国公司直接投资来促进本国经济发展，各国在吸引外资的区位优势方面展开竞争。而吸引外国直接投资的区位优势不仅包括资源禀赋，还包括制度安排。由此，为了获得更多的外国投资，竞争的焦点之一就是制度竞争，这必然会推动制度变迁。最后，由于外国直接投资会促进东道国的经济发展，为制度的变革创造更佳的经济环境。经济发展会导致社会变革，从而需要新的制度安排重新进行资源配置，调整收入或财富分配模式，为经济可持续发展创造条件。①

① 参见崔新健主编《中国利用外资三十年》，中国财政经济出版社，2008，第196~197页。

二 中非利用外资概貌

根据世界银行发布的《2010 年世界发展报告》中 2008 年人均国民收入的统计数据，将世界经济体划分为四个类别，分别是低收入国家（人均国民收入在 975 美元及以下）、中低收入国家（人均国民收入在 976 ~ 3855 美元之间）、中高收入国家（人均国民收入在 3856 ~ 11905 美元之间）、高收入国家（人均国民收入在 11906 美元及以上）。根据报告统计，中国属于中低收入国家。非洲国家中，阿尔及利亚、利比亚、博茨瓦纳、加蓬、毛里求斯、纳米比亚、塞舌尔、南非 8 个国家属于中高收入国家，还有 15 个中低收入国家和 30 个低收入国家。2008 年撒哈拉以南非洲地区的人均国民收入为 1082 美元（如果加上北非国家将近 1500 美元），中国人均国民收入为 2940 美元。[①] 从收入水平划分来说，非洲大陆和中国均属于中低收入水平。

作为发展中国家最集中的非洲大陆和最大的发展中国家中国，最紧迫的任务就是大力进行经济建设，努力赶超发达国家。由于利用外国直接投资对于经济发展有诸多裨益，中国和非洲国家都在努力吸引外资，带动经济增长。自改革开放以来，中国政府制定并不断完善利用外资的法律法规，改善外商投资环境，积极引导外资流入促进国民经济整体发展。在改革开放初期，中国面临资金短缺的问题，吸引外资的重点是数量的扩张。1996 年中国告别了"短缺经济"之后，引进外资的重点开始从注重数量扩张逐步转向注重质量、效益和优化结构。具体来说包括：扩大服务业外商投资领域；鼓励外资企业在华设立研究与开发机构，对于外资在中国境内设立的研究与开发中心，给予税收优惠政策；强化产业政策导向，划分对外资实行鼓励、限制和禁止政策的产业范围；引导外资流入的区域分布，鼓励外资参与西部大开发等。[②] 2002 年，中共十六大报告中明确提出要提高利用外资的质量和水平，标志着中国利用外资进入了"以质量和效益为导向"的新阶段。在中国政府的政策推动下，中国利用外资规模快速增加，已经连续 18 年位居发展中国家外资流入量之首。2008 年，中国外国直接投资流入量占发展中国家外国直接投资流

---

① World Bank, *World Development Report 2010*: *Development and Climate Change*, pp. 377 – 379.
② 参见桑百川《30 年外商投资的贡献、经验与前景》，《国际贸易》2009 年第 1 期。

入量的 17.4%，占世界外国直接投资流入量的 6.4%。[1] 利用外国直接投资毋庸置疑成为中国经济高速增长的重要推动力量，在技术进步、结构升级、就业创造、制度变迁等方面均呈现出突出的作用。

反观非洲国家，20 世纪 70 年代，非洲外国直接投资的流入量占世界外国直接投资流入量的 4.4%，占发展中国家外国直接投资流入量的 17.4%。但在 20 世纪 80 年代以后，非洲外国直接投资流入额占世界和发展中国家外国直接投资流入额的比重均有所下降，到了 2000 年这两个比重分别下降到0.6% 和 3.5%，随后有所上升，到 2005 年为 3.1% 和 9.4%。[2] 联合国贸发会议在 2006 年的《世界投资报告》中指出，非洲在过去 20 多年中外国直接投资流入额占世界和发展中国家外国直接投资流入份额有所下降，反映了非洲国家在提高生产能力、经济多样化以及创造更大的地区市场方面还需更加努力。近年来，全球市场对能源和金属矿产品需求的大幅增长是非洲外国直接投资流入量急剧攀升的重要推动因素。2005 年非洲吸引外国直接投资达到了自 1980 年以来的最好水平，这归因于世界商品市场的繁荣使非洲第一产业吸引到了更多的外国直接投资。2008 年，非洲外国直接投资流入量占世界外国直接投资流入量的比重进一步提高到 5.2%，首次超过了 20 世纪 70 年代的水平；占发展中国家外国直接投资流入量的比重也提高到 14.1%，却仍不及 20世纪 70 年代水平。[3]

由于非洲国家的公共投资和私人投资仍然面临资金短缺的问题，这种状况限制了非洲经济快速增长的实现。这种资金短缺来自出口与进口的不平衡、资金流入和外债偿付的不平衡，以及国内储蓄和投资的不平衡。为了弥补发展资金的不足，非洲国家需要外部资金支持，而外国直接投资被认为是增加外部资本、促进经济发展的重要途径。非洲国家的政策趋势也是对外国直接投资更加开放，并确保得到更大的利益。近年来，非洲国家政府为吸引外国直接投资，出台了形式多样的引资政策措施，主要包括：①降低税率、免征进口税、对外国直接投资和再投资实行税收减免、对贷款实行担保等财政、金融方面的鼓励措施；②制定吸引外国直接投资的法律法规，与世界多个国

---

① UNCTAD, *World Investment Report 2009*, pp. 247 – 249.

② UNCTAD, *Economic Development in Africa—Rethinking the Role of Foreign Direct Investment 2005*, Geneva, 2005, p. 5.

③ UNCTAD, *World Investment Report 2009*, pp. 247 – 248.

家签订双边和多边的投资协定，及避免双重征税协定；③组建专门的投资促进机构，从事吸引外资的具体工作；④出台鼓励外资参与国内私有化进程的政策措施等。

综上所述，中国和非洲国家均将利用外国直接投资作为促进经济发展的重要举措，并采取积极的引资政策。但是整个非洲大陆外国直接投资的流入量远不及中国一个国家。同是发展中国家，非洲和中国在利用外资促进经济发展方面有哪些相似性和相异性呢？以下就这一问题进行深入分析。

三　中非利用外资的经济发展效应比较

（一）　中非利用外资的相似性

第一，弥补资金缺口。外商直接投资是中国和非洲国家经济发展中的外部资金来源之一，有助于弥补国内建设资金不足的状况。据统计，中国外商直接投资占固定资本形成的比重从 1980 年的 0.07% 增加到 1994 年的 17.27%，之后有所下降，到 2007 年为 7.56%。[①] 1970～2003 年间，非洲吸收的外国直接投资占外部资金流入的 1/5。[②] 近几年，外国直接投资流入额在非洲固定资本形成中的比重不断上升，从 2005 年的 16.3% 增至 2006 年的 27.3% 和 2008 年的 29%，而中国外国直接投资流入额在国内固定资本形成中的比重从 2005 年的 7.7% 下降到 2006 年的 6.4% 和 2008 年的 6%。[③] 从外国直接投资对资本形成的贡献来说，非洲国家比中国更需要引进外资促进经济发展。

第二，促进制度变迁。改革开放以来，中国利用外资带来了经济制度的巨大变迁。外国直接投资的引入，使中国的市场环境、法律体系更加完善；国有企业的现代企业制度建设更加规范；外资并购促进了国内公司治理结构

[①] 江小涓：《中国吸收外资 30 年：利用全球资源促进增长与升级》，《经济与管理研究》2008 年第 12 期，第 7 页。

[②] UNCTAD, *Economic Development in Africa—Rethinking the Role of Foreign Direct Investment 2005*, Geneva, 2005, p. 4.

[③] UNCTAD, *World Investment Report 2008*, pp. 263, 268；UNCTAD, *World Investment Report 2009*, pp. 257, 262.

的完善；等等。良好的制度环境是吸引外国直接投资的先决条件之一。尽管许多非洲国家的投资环境仍然充满了复杂性和变动性，但为了持续而稳定地吸引外国直接投资的流入，各国政府纷纷致力于维持强有力的宏观政策环境，制定并完善对外国直接投资的鼓励政策，不断加强制度建设以支持法律法规的变动。

第三，提升出口竞争力。利用外资对中国出口产品结构的优化升级起到了巨大的推动作用。2007 年中国出口的机电产品和高技术产品占出口总额的比重分别达到了 57.6% 和 28.6%，而外商投资企业占这两类商品出口额的比重分别为 73% 和 87%。[1] 外商投资企业在中国提升出口竞争力方面的作用突出。对于大多数非洲国家来说，尽管出口产品多为附加值低的初级产品，出口竞争力低下。例如，2006 年科特迪瓦的可可和原油出口额占出口总额的61.5%。[2] 但通过利用外资可以提升出口产品竞争力。例如，在纳米比亚南部的德资商业化大农场中，运用先进的技术和生产设备，形成了现代化的农产品产业链条，生产的产品主要面向国际市场，以欧盟标准为主，提升了出口产品竞争力。

第四，对可持续发展产生影响。在中国引进外资的初期，由于环保意识不强，一些跨国公司将污染密集产业的生产转移到中国，造成了生态环境的破坏。例如，制革、电镀、杀虫剂、橡胶、塑料等产业一般具有高能耗、高污染的特点，是造成环境污染的主要产业。而这些产业都曾经是外资企业在中国沿海地区投资的重点，对当地的生态环境造成了破坏。[3] 同样，非洲资源行业的外资流入也对经济社会的可持续发展造成了威胁。大量外国直接投资流入非洲矿产资源产业的同时，也使得非洲付出了诸如环境恶化及对当地居民造成负面影响等社会问题。可见，一些跨国公司对非洲资源型外国直接投资的发展，是以环境污染、自然资源掠夺性开采、生态平衡遭到破坏为代价的，威胁了非洲国家的可持续发展。

---

① 参见魏作磊《FDI 对我国三次产业结构演变的影响——兼论我国服务业增加值比重偏低现象》，《经济学家》2006 年第 3 期，第 67 页；江小涓：《中国吸收外资 30 年：利用全球资源促进增长与升级》，《经济与管理研究》2008 年第 12 期，第 7 页。

② 舒运国、路征远：《世界金融危机对非洲的影响》，《西亚非洲》2009 年第 3 期，第 5 页。

③ 鞠娟、储诚诚：《我国利用外资的形势与新趋势》，《经济研究导刊》2009 年第 2 期，第 51页。

（二）中非利用外资的相异性

第一，外资的产业流向不同导致对经济发展的负面效应有差异。外资在中国的产业布局不尽合理。绝大多数外国投资集中于第二产业，部分行业的外资企业已经形成了垄断。2006 年在中国工业 39 个分行业中，已经有 8 个行业的外资企业市场占有率超过 40%，5 个行业超过一半，其中通信设备、计算机及其他电子设备制造业的外资企业市场占有率甚至超过 80%。[①] 而一些中国经济发展的瓶颈产业和资金短缺产业，如交通运输业、信息通信、科技服务业、教育文化业和农林牧渔业等，外资流入的比重较低。这种状况对经济发展造成了两个方面的负面效应：一方面，跨国公司在国内市场形成垄断地位，无疑会抑制中国民族产业的发展，如果跨国公司垄断的产业关系到国家经济命脉时，就会对国家经济安全造成严重威胁；另一方面，外资企业对于中国经济发展资金短缺的行业投资较少，会进一步加剧中国经济发展的结构性失衡问题。

对于非洲国家来说，大多数的外资均投向了自然资源开发领域，尤其是石油、天然气和矿产领域（尽管有逐渐向服务业和制造业转移的倾向）。这种状况会对非洲国家的经济发展带来三个方面的负面影响：一是自然资源开发与国内其他产业部门的关联度较少，因此导致了外国直接投资对非洲当地经济增长的促进作用有限；二是由于跨国公司在资金、技术、人才、管理等方面具有更强的竞争实力，非洲本土企业很难在竞争中胜出，因而有可能被迫退出市场，导致民族产业规模的缩减和就业的减少；三是外资大规模流入资源丰富的国家，可能会给非洲资源富国带来经济发展的"资源诅咒"。格雷厄（Collier）和高德瑞斯（Goderis）（2007）的研究表明，资源丰富的非洲国家通过吸引采掘业的投资能够在短期内获得经济增长，但是过了 20 年后，其经济增长率将会比资源匮乏状况下的经济增长率低 25%，这就是"资源诅咒"。尽管资源丰富的非洲国家的收入会大幅增加，却有可能导致国内生产能力的下降。[②] 例如，2000 年以来，尼日利亚一直是非洲外国直接投资流入最多的

---

① 杨永华：《FDI 对我国产业结构竞争力安全的影响问题》，《对外经贸实务》2010 年第 1 期，第 82~84 页。

② UNIDO，*Industrial Development Report 2009*，pp. 21–23.

国家，但是大多数外资都进入了石油行业。石油领域的外国直接投资带动了尼日利亚石油出口收入的增加，但最终这些收入大多用来购买海外的商品、服务或资产，而非增加其国内生产能力。

第二，外资对工业化的贡献程度有所差异。在中国吸收的外商直接投资中，工业项目占到70%以上的份额，外商投资工业领域明显加快了中国工业化发展速度。据统计，1990年外商投资工业产值在中国工业总产值中的比重只有2.3%，到2006年提高到31.5%。2007年外商工业增加值占当年全国工业增加值的28.0%，占当年国内生产总值的10.7%。[①] 综合国内学者的研究成果，中国利用外资对工业化的贡献除了前面提及的弥补国内资金缺口和促进国内制度变迁以外，还可以加快技术进步和升级的步伐，促进就业结构的转变，带动产业结构升级等。

非洲国家利用外资对工业化的贡献主要集中在完善工业体系建设方面，对于提升工业竞争力至关重要的技术转移、就业结构转变和产业结构升级等方面的带动作用还很有限。当前非洲国家的工业以石油、矿产品、食品和纺织品的生产和出口为主，工业体系还很不完善。即使在工业种类最多样化的非洲国家，如埃及、摩洛哥、南非和突尼斯，工业重心也仍然主要集中在传统部门，如食品加工和纺织业。近年来，随着非洲国家宏观形势和投资环境的改善，外国直接投资流入从过去的过度集中于采掘业，逐步转向了与促进工业化发展直接相关的制造业。2008年，跨国公司在非洲制造业部门的投资猛增，当年在制造业跨国并购的总额达到了156亿美元。阿尔及利亚、尼日利亚、南非都吸引了规模较大的绿地投资，如化学、纺织、服装和皮革、交通运输和其他交通设备等。[②] 工业部门的外国直接投资对于完善非洲工业体系的建设有重要的推动作用。例如，由中地海外建设集团公司和中非发展基金合资成立的埃塞俄比亚汉盛玻璃厂是埃塞俄比亚及整个东非地区第一家玻璃生产企业，该厂的建成与投产结束了埃塞俄比亚不能自主生产玻璃的历史。[③]

---

① 赵晋平：《改革开放30年我国利用外资的成就与基本经验》，《国际贸易》2008年第11期，第4页。

② UNCTAD, *World Investment Report 2009*, p. 47.

③ 李智彪：《对中国企业投资非洲的实证分析与思考——以埃塞俄比亚中资企业为研究案例》，《西亚非洲》2010年第5期。

四　几点启示

在利用外资促进经济发展和工业化进程方面，中国取得了突出的成就。关于中国发展经验的总结，美国高盛公司高级顾问舒亚·库伯·雷默在 2004 年提出了"北京共识"理论，他认为"北京共识"的核心是一个国家应该根据自己的特点进行发展。中国发展的三个基本定理是：艰苦努力、主动创新和大胆试验；坚决捍卫国家主权和利益；循序渐进、积聚能量。墨西哥学者杜塞尔·恩里克认为，在"北京共识"中，政府发挥了积极的作用，即根据发展情况，不断在实践中总结经验，不断对政策实施进行修正。[①] 在利用外资方面，中国也是遵循了"北京共识"的特点，即循序渐进、政府主导、大胆试验、主动创新等。尽管非洲国家众多，利用外资的成效各异，但从总体上来说，非洲国家利用外资水平还远低于中国。而中国从改革开放以前没有外资流入到 1992 年以来一直处于发展中国家利用外资之首，中国利用外资从无到有、从量变到质变的成功经验对于急需外部资金支持的非洲国家具有一定的借鉴作用。通过前文对中非利用外资的比较分析，可以总结出中国与非洲国家在利用外资过程中的几点启示。

第一，明确利用外资的渐进发展目标。经济发展水平较低的国家在吸引外国投资的初期，为了解决资金缺口，更加注重外资"数量"上的增加。当外资的数量增加显著，资金缺口不再存在时，发展中国家吸引外资就转而更加注重外资"质量"上的提升。此时利用外资更加注重提高本国的技术、管理等方面的缺口。因此，非洲国家利用外国直接投资时应制定阶段性渐进发展目标，在当前资本匮乏时期，吸引外资的首要目的就是弥补资金缺口，此时既要允许外资有利可图，也要权衡利弊。尽量规避利用外资对经济发展造成的负面影响。一旦非洲国家利用外资补充了国内资金不足的问题，就需要逐步提高外资利用效率和水平，优化外资结构，更好地促进国民经济的可持续健康发展。

第二，着力提升吸引外资的区位优势。中国的外国直接投资流入数额巨大，

[①] 中国社会科学院工业经济研究所：《2009 中国工业发展报告——新中国工业 60 年》，经济管理出版社，2009，第 36 页。

得益于良好的基础设施建设、人力资本素质、经济体制改革、对外资的鼓励政策、良好的市场运行环境等区位优势。而当前非洲国家存在许多阻碍外国直接投资流入的因素，主要是：不稳定的政治和经济环境；效率低下和烦琐的官僚体系，腐败严重；缺乏宏观政策的透明度和连续性；基础设施建设不完善，通信、交通、电力和水供给不足等。为了吸引更多的外国直接投资流入，非洲国家应努力提升外国直接投资流入的区位优势，营造一个更具吸引力的投资环境。具体来说，包括以下几个方面：①确保政治局势、安全形势和宏观经济的稳定性；②完善经济和社会基础设施建设，提供有效的公共服务；③加强人力资源培训，提高劳动力素质；④建立完善国内的制度和法律体系；⑤保证公共政策的透明度和连续性，提高政府办事效率，减少腐败行为等。

第三，引导外资与国民经济均衡发展。由于跨国公司是根据自身发展战略来对东道国进行投资，难免会导致跨国公司的利益目标与东道国经济发展战略有所背离。为了保证外资能够带动东道国经济均衡发展，有必要通过产业政策来引导外国投资与国家发展战略相匹配。为此，非洲国家政府应在吸引外国直接投资、促进国内经济发展中起到政策引导作用，制定国民经济整体的发展策略，侧重于让外国直接投资的流入带动上游和下游产业的发展，实施以国家战略和产业发展为核心的引资模式。重点关注那些能充分发挥比较优势、关联性强、技术升级空间较大的外资行业，并实行优惠的引资政策。

当前，非洲国家都期望通过吸引外资提升国内的生产能力和技术水平。为了提高外国直接投资对非洲东道国的技术外溢效应，非洲国家一方面应出台鼓励政策措施，引导跨国公司对东道国进行技术转移；另一方面，还要努力提升自身的技术水平，缩小与跨国公司间的技术差距。因为，一般来说东道国企业与跨国公司间的技术差距越小，跨国公司直接投资的技术外溢效应就越大。

第四，防范利用外资带来的负面效应。中国和非洲国家在利用外资过程中都出现了对经济可持续发展的负面影响。为了促进利用外资与国民经济健康发展，在未来中国和非洲国家都应尽可能规避利用外资对经济发展的负面影响。例如，要加强环保法规和反垄断法的制定和完善，避免对环境的过度破坏及外资在国内市场形成垄断；对关系国民经济命脉的关键性民族产业加以适度的保护，防止外资垄断造成对国家经济安全的威胁。对于非洲资源丰富的国家来说，应充分利用丰富的自然资源，使之成为工业发展的基础，避免陷入"资源诅咒"。

图书在版编目（CIP）数据

西亚非洲经济问题研究文选 / 杨光主编. -- 北京：
社会科学文献出版社,2016.6
ISBN 978 - 7 - 5097 - 8456 - 3

Ⅰ.①西… Ⅱ.①杨… Ⅲ.①经济 - 西亚 - 文集②经
济 - 非洲 - 文集 Ⅳ.①F137 - 53②F14 - 53

中国版本图书馆 CIP 数据核字（2015）第 284922 号

西亚非洲经济问题研究文选

主　　编／杨　光

副 主 编／安春英　姚桂梅　陈　沫

出 版 人／谢寿光
项目统筹／高明秀
责任编辑／王晓卿　李　博　李秀梅

出　　版／社会科学文献出版社·当代世界出版分社（010）59367004
　　　　　　地址：北京市北三环中路甲 29 号院华龙大厦　邮编：100029
　　　　　　网址：www. ssap. com. cn
发　　行／市场营销中心（010）59367081　59367018
印　　装／三河市尚艺印装有限公司

规　　格／开　本：787mm × 1092mm　1/16
　　　　　　印　张：42.5　字　数：714 千字
版　　次／2016 年 6 月第 1 版　2016 年 6 月第 1 次印刷
书　　号／ISBN 978 - 7 - 5097 - 8456 - 3
定　　价／169.00 元